한국 지방정부외교론
-이론과 실제에 관한 연구

Local Foreign Policy in Korea
Theory and Practice

Editor
Ik-Sup Shim
Dongguk University, Seoul

Contributors

Jae Gyeu Kang
Inje University

KyungKook Park
Chungcheongbuk-Do

Hyunmo Yang
KIPA, Seoul

Jong-Guk Lee
Tokyo University, Japan

Kee-Ho Yang
Sungkonghoe University

Hans F. Illy
Konstanz University, Germany

ORUEM Publishing House
Seoul, Korea
2006

KLAFIR 한국지방자치단체국제화재단 기획총서

한국 지방정부외교론
-이론과 실제에 관한 연구

심익섭 편저

공동 연구 및 집필진

강재규·박경국·양현모·이종국
양기호·한스 F. 일리

발간사

우리나라가 민선지방지치제를 본격 시행한지 벌써 10년이 넘었습니다. 이런 시점에 '지방외교의 이론과 실제'를 주제로 한 연구서를 발간하게 된 것을 매우 뜻 깊게 생각합니다. 그리고 이 연구의 성공적 수행을 위해 각고의 노력을 해주신 한국지방자치학회 이주희 회장님과 연구진 여러분께 그간의 노고에 깊은 감사를 드립니다.

저는 지난 2년 남짓 한국지방자치단체국제화재단 이사장으로 있으면서 우리나라 지방자치단체들이 세계의 많은 지방정부들과 자매결연 등 일정한 관계를 맺기도 하고, 또 서로 교류도 하고, 협력도 하는 현상들을 가까이서 지켜봐 왔습니다. 특히 2004년 5월 파리에서 열린, 전 세계 지방자치단체들의 유엔 격(格)인 세계지방자치단체연합(UCLG: United Cities and Local Governments) 창립총회와 2005년 4월 하순 대구광역시에서 열린 이 기구의 아시아태평양지부(UCLG ASPAC) 총회에 참석해 보고는 "아하! 이제는 국제관계에서도 지방자치단체가, 지방정부가 당당히 주역으로 등장하고 있구나!"하는 것을 느꼈습니다.

이것이 바로 이번 연구의 주제가 된 지방자치단체 혹은 지방정부에 의한 '지방외교'입니다. 그러나 '지방외교'라는 용어나 개념은 아직 행정적·법률적으로는 물론 학술적으로도 명확하게 정의되고 있지 않다고 생각합니다.

"미네르바의 부엉이는 황혼녘에 날개를 펼친다."고 합니다. '세계화'와 '지방화', 그리고 그 둘의 접점에서 '지방의 세계화'가 현실적인 과제로 등장한 지금이야말로 부엉이가 날개를 펼치고 날아오를 때가 아닌가 하는 생각을 저는 했습니다. 그리고 심익섭 교수님을 비롯한 많은 학자들과 관계자들도 같은 생각을 가지고 있음을 확인했습니다. 오늘 이 연구서 가 나오게 된 연유입니다.

'지방의 세계화'는 곧 '외교의 지방화'를 의미합니다. "외교는 내치(內治)의 연장(延長)"이라는 말이 있습니다만, 지난 10년간 진행되어 온 '내치의 지방화'가 자연스럽게 '외교의 지방화'로 연장되어가고 있다고 볼 수도 있을 것입니다. 또 지방자치제를 풀뿌리민주주의라고 부르기도 합니다만 그렇다면 '지방외교'는 '풀뿌리외교'라고 부를 수도 있을 것입니다.

세계 각국은 이제 지방으로 경쟁합니다. 지방의 세계화를 통한 지방의 국제경쟁력 제고는 바로 나라의 국제경제력 제고로 이어집니다. 그러나 지방의 세계화를 본궤도에 오르게 하기 위해서는 이제 학계와 언론계, 시민사회 그리고 정책당국 등 사회전반이 이 '지방외교'의 실체를 제대로 인식하고 또한 걸음 더 나아가서는 그것을 제대로 자리매김해 주지 않으면 안 될 때라고 생각합니다.

이번에 발간되는 이 연구서가 그러한 일을 해나가는 데 있어서 하나의 자그마한 자극제가 되기를 기대해 마지않습니다. 이번 연구를 수행하시느라 불철주야 애쓰신 심익섭 교수님을 비롯한 연구진 여러분께 다시 한번 뜨거운 감사를 드립니다.

2006년 5월
한국지방자치단체국제화재단
이사장 조영호

서문

이 책은 지방자치단체의 마지막 남은 기능이라고 할 수 있는 '지방의 세계화', 즉 '지방외교'의 체계화와 활성화를 위한 지방정부외교정책의 기본방향과 전략을 심도 있게 논의하려는 목적으로 구상되었다. 19세기 민족주의(Nationalism)의 등장과 함께 지난 20세기는 주권국가가 지구촌의 주역으로 국민을 이끌어가는 국가중심주의가 일반적인 경향이었다. 이런 상황에서는 당연히 정치와 외교의 주역은 국가였고, 국민이나 지방정부 등의 대외관계 또한 "나라와 나라 사이"라는 한계 내에서만 가능한 국가 중심으로 움직인 것이 사실이다. 지방화와 세계화를 강조하면서도 여전히 지방외교라는 말은 그 용어 자체가 생소한 실정이다.

그러나 근래 들어 세계화와 지방화 그리고 개방화와 지식정보화가 보편화되면서 국제적 상호의존의 확대·다원화와 국제교류의 심화가 국경의 벽을 서서히 낮추고 있다. 국가만이 정치와 외교의 사안들을 움직이는 핵이라고 말할 수 있는지에 대해 현실상황은 회의를 갖지 않을 수 없게 되었다는 것이다. 논리적으로는 이에 대한 문제제기가 전통적인 국가운영을 정부(Government)로부터 이제는 거버넌스(Governance)를 지향해야 한다는 것에서 시작되며, 이로부터 글로벌거버넌스와 로컬거버넌스의 조화가 필요한 시점에서 지방정부외교정책의 의미가 갈수록 증대되고 있다고 할 수 있다.

　많은 나라들에서 유행처럼 국가혁신과 정부개혁이 지상의 과제처럼 거론되고 있는데, 이는 결국 합리적 국가운영을 위한 정치행정에 대한 문제제기라고 할 수 있다. 한마디로 정부혁신이라는 것은 사실상 국가의 기능과 역할을 전통적인 중앙정부 이외의 다른 곳으로 분권화하거나 양도하는 것이기 때문이다. 그것이 지방자치단체(이 책에서는 '지방자치단체'의 용어를 '중앙정부'의 상대적 개념으로서의 '지방정부'란 표현으로 혼용 표기한다) 일 수도 있고 시민사회나 국제기구일 수도 있겠는데, 특히 지방화 시대를 맞아 국가가 할 수 없거나 하지 않는 것을 지방정부(지방자치단체)가 적극적으로 행동에 옮길 수도 있다는 것이다.

　이러한 문제의식을 배경으로 할 때, 지금까지의 국가 중심 외교의 존재 방식을 새검토하는 것과 함께 보다 미래지향적인 새로운 관점에서 지방정부에 의한 '지방외교' 또는 '지방외교정책'을 조명하는 것이 절실히 요구되는 시점이다. 전통적인 사무배분 이론에서 보면 국방과 함께 외교 분야는 일반적으로 국가사무로 인식되어 왔다. 그러나 세계화(Globalization)와 지방화(Localization)의 경향을 동시에 나타내는 '世方化(Glocalization)'라는 용어에서 보듯이, 오늘날의 외교주체는 이미 중앙정부만이 아니라 지방자치단체가 동시에 역할을 수행하는 전사회적인 과제로 정립된 지 오래 되었다. 이러한 문제의식에 바탕을 둘 때 본격적인 지방자치 시대를 맞고 있는 우리도, 이제는 새로운 21세기 국가발전 전략이면서 동시에 한국지방자치의 발전방향으로서 「지방외교정책(Kommunale Aussenpolitik/Local Foreign Policy)」의 이론과 실제를 새로운 패러다임으로 시급히 정립할 때이다.

　국가중심의 외교론적 논쟁에 상관없이 현실적으로 지방외교정책이란 용어가 정착된 것은 반인륜적인 제2차 세계대전의 치욕을 반성하면서 지난 1960년대 초 프리드리히(C. J. Friedrich)가 유럽의 평화와 유럽통합을 위한 풀뿌리(국가가 아니라 시민과 지방자치단체)의 역할강화를 강조하면서 '풀뿌리 외교정책(Aussenpolitik aus den Graswurzeln)'이란 개념을 사용한 이래 일반화되었다. 지방자치를 통상 '풀뿌리 민주주의'라고 부르고 있거니와, 이때 '풀뿌리'의 의미는 본질적으로 시민사회적인 '저변운동(Basisbewegungen)'

을 의미하고, 이러한 국가 이외의 대외협력 관계를 원용하여 국가의 외교정책 역시 풀뿌리운동이 필요하고 보완되어야 함을 강조한 것이 바로 지방자치단체의 외교정책으로 정립된 것이며, 그를 위한 구체적 수단으로 국경을 넘어서는 도시 간 또는 지방자치단체 간 자매결연의 중요성을 주장하면서 「지방외교」로 발전되었다.

프락시스 차원 이전에 학문적으로도 지방외교(정책)라는 용어는 여전히 어색한 용어로 남아있다. 다른 사회과학 분야와 달리 행정학이나 정책학에서는 '국제행정'이라는 단어 사용에서도 한계를 보이고 있듯이, 지방자치학에서는 '지방외교'나 '지방외교정책'에 대한 기본적인 논의조차 제대로 이루어지지 못하고 있다는 것이다. 그러나 전 세계적인 현실은 '세계거버넌스(Global Governance)'와 '지역거버넌스(Local Governance)'라는 양대 거버넌스 수준을 두 개의 축으로 하는 '초국가거버넌스(Supranational Governance)'의 시대로 나아가고 있다. "가장 지방적인 것이 국가적인 것이다"라는 말에서 보듯이, 오늘날의 국가경쟁력은 지방에 존재하고 지방으로부터 이끌어내야 한다는 것이다. 특히 한국의 경우 지방자치의 정착과 실질적인 세계화를 위하여 지방자치단체의 세계화모델을 위한 지방외교정책의 활성화가 시급한 실정이라고 할 수 있다.

지방외교의 법·이론적 근거로는 국제법적인 논거(유럽지방자치헌장, 세계지방자치선언 등)와 국내법적인 근거(헌법, 지방자치법 등 법률, 기타 법령 등)들로 구분된다. 특히 지방외교는 '충실한 지방자치'를 전제로 한다는 점에서 그의 토대가 되는 법·제도적 장치는 매우 중요하다. 자치단체가 외교정책을 적극적으로 추진할 수 있는 여건을 조성하고, 지방자치단체의 자치권을 확대·강화하자는 것은, 단순히 자치단체의 권한을 확대하자는 데 목적이 있는 것이 아니라, 자치권의 강화가 우리 헌법이 지향하는 민주주의 및 국민주권주의를 실질적으로 구현하고, 주민의 기본권 실현이라는 헌법의 궁극적 이념과 목적을 달성하는데 필수불가결하기 때문이다.

따라서 국가(중앙정부)는 지방자치의 확대강화가 갖는 의미를 명확히 인식하고, 지방자치단체의 외교활동을 포함한 지방자치단체의 적극적인 역할에 미흡하거나 장애가 되는 국가법령은 신속하게 정비해 나가야 할 것이다.

왜냐하면 시민사회와 NGO의 역할이 갈수록 강조되고 있고, 동시에 시민에게 가장 가깝고 시민에 대해 가장 직접적인 책임을 담보할 수 있는 지방정부의 활동영역이 확대되고 있기 때문이다. 그 확장대상의 끝머리쯤에 위치하는 것, 즉 지방분권화의 종착점과 국가사무의 권한이양의 마지막 단계쯤에 위치하는 기능이 바로 지방외교정책이라고 할 수 있다.

국가를 단위로 하는 외교(Diplomacy)를 부정하는 것이 아니라 지방자치단체를 주체로 한 '새로운 외교'를 하나의 보완적 대안으로 제시하고자 하는 뜻이 여기에 담겨져 있음을 강조한다. 이는 연역적이기 보다는 선진국에서의 경험을 바탕으로 할 때 우리에게도 당연한 경향으로 받아 들여야 할 부분이기도 하다.

이처럼 미묘한 상황을 고려하여 이 책에서는 국가차원의 외교정책이 지방자치단체 차원에서 어떻게 상호보완 가능한지를 이론(Theory)과 실제(Praxis) 측면에서 종합 정리해 보았다. 특히 세방화 시대를 맞아 새로이 강조되고 있는 지방외교(정책)의 개념논의와 함께 외국의 사례연구를 중심으로 귀납적인 접근을 하고 있음을 밝힌다. 지방자치단체의 마지막 남은 기능으로서 '지방외교'의 체계화와 활성화를 위하여 한국 지방외교정책의 기본방향과 전략을 심도 있게 논의하여 21세기 미래지향적인 근본적 대안을 검토해 보는데 연구의 목적이 있다.

이를 위해 구체적인 책의 구성은 '지방외교'와 '지방외교정책'의 의미 분석을 시작으로 선진외국 지방외교(정책)의 비교사례분석, '한국적 지방외교모델'의 구상, 지방자치단체 간 교류협력관계의 발전방향, 지방외교담당 전문기관의 활성화 방안 그리고 세계화와 지방화의 실천적 접목가능성 확보 등으로 엮어졌다.

이러한 지방외교 또는 지방외교정책의 체계화를 통하여 궁극적으로 두 가지의 기대효과를 노리는데, 그 하나는 학문적으로 새로운 세계화전략의 패러다임을 형성하는 것이고, 다른 하나는 21세기형 지방자치 정착을 위한 지방자치단체의 새로운 세계화모델을 정립하는 것이다. 좀더 구체적으로 이 책이 의도하는 기대효과를 나열하면 아래와 같다.

(1) '국가 간의 무한경쟁'이라는 현대적 세계화 현상의 위기를 돌파할 수 있는 새로운 방법론적 접근을 지방외교를 통해 모색해 본다.
(2) 새로운 학문적(또는 실천적) 용어인 '지방외교'와 '지방외교정책'에 대한 체계적인 개념적 정립이 기대된다.
(3) 국가 및 지방자치단체 등 전 정부 차원에서의 지방외교에 대한 의미와 중요성 및 필요성을 확산시킨다.
(4) 형식적인 자매결연으로부터 실질적인 지방자치단체 간 국제교류협력 관계를 강조하여 한국지방자치의 세계화 전략의 토대를 구축한다.
(5) 지역주민과 국민의 세계화·지방화에 대한 구체적인 의식제고로, 궁극적인 세방화 시대의 국가경쟁력 강화방향을 제시한다.

현실적으로 지방자치단체의 대외관계를 의미하는 지방외교정책의 형태로는 국경을 뛰어 넘는 '도시 간 자매결연(도시 간 파트너십/Staedtepartnerschaft)'이 가장 대표적이다. 이때 도시 간 자매결연은 이 민족 간의 지속적인 상호이해와 평화체제의 구축, 지역풀뿌리 간의 상호지원, 세계 국가들의 공동번영 추구, 시민 간의 우호협력 관계 지원, 국제적인 연대 강화, 그리고 지방자치행정의 경험교환 등을 목표로 한다. 이처럼 국가 간의 외교관계를 넘어서는 지방자치단체 간 자매결연의 필요성으로는 가장 전통적인 역사적인 이유(Historisches Motiven)가 있고, 그 외에도 인접국가 간에 나타나는 지리적·공간지향적 영역(Raumbezogenes Kriterium) 그리고 현대적인 과제공유에 따른 구체적 과제지향(Aufgabenstellung)에 의한 동기부여가 있다.

중요한 것은 지방정부에 의한 지방외교가 국가 차원의 외교와는 달리 이념과 종교, 체제, 국가 간의 이해, 경제력이나 군사력과 같은 요인들을 초월하여 순수하게 지역과 지역 간의 우의와 신뢰를 바탕으로 전개되는 외교이므로, 국가차원의 외교정책에서 중요시하고 있는 사회·문화구조 및 변동요인, 국가의 능력, 국가 간의 관계 및 국제관계적 요인 등은 직접적인 결정요인이 아니라고 볼 수 있다. '지방외교'란 용어는 연역적이기 보다는 귀납적으로 생겨난 말이라고 했거니와, 이에 따라 우리의 지방외교 발전을 위해서는 무엇보다도 이러한 경험을 거친 외국의 사례분석이 벤치마킹 차원에서 중요하다. 특히 지방외교가 가장 정교하게 제도화 되고 운영되고 있는 독일 등을 중심으로 한 유럽의 지방외교정책 사례는 한국 지방외교의 발전을 위한 중요한 자료라고 할 수 있는데, 이들 국가와의 비교분석을 통한 우리의 지방외교 활성화 방안들을 이 책에서는 중요하게 다루고 있다.

지방자치단체가 외교정책의 효과적인 수행을 위해서는 전담조직 및 전담인력은 물론 재정의 확충이 시급하다. 선후진국을 막론하고 지방외교 자체의 개념적 일천성으로 인해서 여전히 많은 문제점들이 야기되고 있는 것이 사실이다. 여기서 한국 지방외교의 문제점들을 정리해 보면 우선 관련 법령과 제도 및 역할분담 체계의 비합리성을 지적할 수 있고 나아가 지방외교 전담조직과 인력 및 예산의 열악성, 지방외교정책 운영과 추진상의 문제점, 지방외교 외부지원체제 및 기반시설의 열악성 그리고 지방외교관련 학문적 이론과 시민의식의 한계 등을 지적할 수 있다. 지방외교정책이 대외적으로는 외교주체와 영역의 다원화로 인한 국제정치체제의 변화와 WTO 체세로 대표되는 새로운 경제질서의 출범, 대내적으로는 지방의 창의와 자율성이 존중되는 지방화의 흐름에 효율적으로 대응하기 위한 실천적 대안으로서 유용한 수단이 되고 있음에도 불구하고 여전히 한국의 경우 구조·기능·환경 면에서 많은 미비점을 보여 왔으며 그 결과 정책효과도 미미한 수준에 머물러 있다. 우리나라가 새로운 국제질서와 환경의 변화 속에서 세계일류국가로 발전하기 위해서는 외교정책의 지방화를 전제로 지방외교의 독자적 영역과 수단에 대한 연구가 보다 활발히 전개되어 제도화되어야 하고, 이를 위한 실질적인 방안들이 보완 발전되어야 한다.

구체적으로는 중앙-지방 간 외교에 대한 '분권적 협력'이 이루어지는 것을 필두로 지방외교 전담 조직과 인력보강 및 예산 지원, 지방외교 비전 정립과 내실화, 외부지원기관과의 유기적 협력체제 강화, 지방외교 기반시설의 확충, 지방외교의 전문성 강화, 나아가 지방외교정책의 분야 개발, 국가별-권역별 지방자치단체 국제교류 매뉴얼 준비, 대등한 파트너십과 합리적인 국제협력 추진체계 정립, 지역주민·지역사회단체 등과의 지방외교 네트워크 구축 등을 제안할 수 있다.

우리의 경제규모나 OECD 회원국으로서의 입장 등을 고려할 때 이제는 지방외교라는 (아직은) 작지만 구체적이고도 실천적인 정책개발을 소홀히 할 때가 아니다. 이 책에서 제시한 기본적인 원칙들을 바탕으로 합리적인 지방외교 활성화를 위한 정책대안 마련이 이제는 절실하게 요구된다. 지방외교 정책의 활성화를 위한 제도와 운영의 동시적인 합리화가 세계화, 지방화, 개방화, 지식정보화 시대에 국익을 위한 첩경임을 직시해야 할 때이다.

이 책은 그 제목에서 보듯이 우리나라에서는 물론 외국에서도 여전히 미개척분야로 남겨두고 있는 것으로서 필자들의 선구자적인 도전의 결과물이다. 따라서 새로운 용어의 사용은 물론 그에 대한 개념문제나 내용상의 한계 또는 논리적 비약이 있을 수 있으나, 이는 모두 편저자 본인과 필자들의 책임하에 생각들을 정리한 것임을 밝혀둔다. 이에 따라 우리 공동필자들은 이후 주제와 관련된 관계전문가들의 치열한 토론과 많은 질책이 있기를 기대하며, 아울러 지방외교와 관련된 법적·정치사회적·정책적 차원의 활발한 논의구조가 형성되기를 바라는 바이다.

특히 이 책이 나오는 데는 여러 분들로부터 물심양면의 지원이 있었기에 이 자리에서 일일이 사의를 표해야겠으나 공통적 관심사인 '지방외교'의 발전에 답하는 것으로 사례를 대신하고자 한다. 그러나 본 저서가 세상에 빛을 볼 수 있게 된 데는 한국지방자치단체국제화재단(KLAFIR), 특히 조영호 이사장님의 전폭적인 성원이 있었기에 가능했음을 밝히지 않을 수 없다. 또한 전혀 새로운 분야로서 마케팅 고민을 할 수 밖에 없음에도 불구하고 쾌히 출판을 허락해 주신 오름출판사 부성옥 사장님께 그 순수성을 여기에 적어 심심한 사의를 표하는 바이다. 끝으로 지방외교라는 처음 도전하는 주제라 아직 개념 차원에서도 농익지 않은 '지방정부외교론'이지만 겁 없이 도전한 필자들에게 다시 한번 동학 제현 여러분들의 많은 관심과 질정을 진심으로 바라마지 않는다.

2006년 5월
편저자 심익섭

차례

▌발간사 _5_
▌서 문 _7_

제1장 서 론

Ⅰ. 연구의 목적 ·· 21
Ⅱ. 연구방법 및 연구설계 ·· 24
   1. 연구의 방법 _24_   2. 연구의 설계 _25_
Ⅲ. 연구의 범위 및 기대효과 _26_
   1. 연구범위 _26_   2. 연구의 기대효과 _26_

제2장 지방외교에 관한 이론적 배경

Ⅰ. 지방자치단체의 세계화와 지방외교 ···················· 29
   1. 개방화와 세계화 _29_   2. 지방자치단체의 세계화모델 _31_
   3. 지방외교의 개념 _33_   4. 지방외교정책의 범주 _40_
Ⅱ. 지방자치단체의 세방화전략 ································· 43
   1. 세방화와 지방외교의 논거 _43_   2. 지방자치단체의 세방화 _44_
   3. 세계화모델 선행사례 _50_

Ⅲ. 지방외교정책의 내용 ································· 51
  1. '풀뿌리 외교정책'의 전개과정 _51   2. 지방외교의 법리론 _54
  3. 도시(지방자치단체)자매결연 _56
Ⅳ. 지방외교(정책)의 내용과 논리 ················· 59
  1. 지방외교정책의 내용 _59   2. 지방자치발전과 지방외교정책 _62
  3. 지방외교 선행연구사례 _64   4. 지방외교정책 이론 _67

제3장 지방외교의 법·이론적 근거

  Ⅰ. 서론 ································· 75
  Ⅱ. 지방외교의 법적 근거 ················· 79
    1. 국제법적 근거 _79   2. 국내법적 근거 _84
  Ⅲ. 지방외교의 법 이론적 근거 ················· 97
    1. 개설 _97   2. 자치권 확대를 요구하는 환경 _97
    3. 지방자치의 강화 필요성 _106
    4. '충실한 지방자치'와 관련한 각국의 전통 _120
  Ⅳ. 자치단체 외교정책의 법적 문제 ················· 143
    1. 개설 _143   2. 일본 고지현 비핵항만조례 _144
    3. 외교정책과 관련한 미국의 판례 _152
  Ⅴ. 마치며 ································· 161

제4장 지방외교정책의 실태분석

Ⅰ. 실태 분석대상의 설정과 조사방법 ·················· 165
  1. 지방외교정책의 구성요인 _165   2. 실태분석 대상의 설정 _168
  3. 조사방법 _168

Ⅱ. 지방외교정책 관련 법령과 제도 및 역할 분담 체계 ········· 170
  1. 지방외교정책 관련 법령과 제도 _170
  2. 지방외교정책 관련 중앙과 지방 간 역할분담 체계 _174
  3. 법령과 제도, 역할분담 면에서의 특징 _178

Ⅲ. 지방외교정책 전담조직과 인력 및 예산 ·············· 179
  1. 지방외교정책 전담조직 _179   2. 지방외교정책 전담인력 _190
  3. 지방외교정책 관련 예산 _194

Ⅳ. 지방외교정책 추진 실태 ···························· 196
  1. 지방외교정책의 목표 _196   2. 지방정부의 국제교류 실태 _199
  3. 지방정부의 국제협력 실태 _221   4. 지방정부의 국제통상 실태 _242
  5. 지역의 국제화 지원 실태 _260

Ⅴ. 지방외교정책의 외부지원체제와 기반시설 ············· 268
  1. 지방외교정책의 외부지원체제 _269   2. 물적 기반시설 _279

제5장 외국의 지방외교 사례연구

Ⅰ. 독일 ·· 287
1. 독일 지방자치에서 지방외교의 의미와 중요성 _287
2. 독일의 지방외교 I _291   3. 독일의 지방외교 II _305
4. 독일의 지방외교 III _313

Ⅱ. 일본 ·· 319
1. 서론 _319   2. 일본의 자치체 외교 전개와 현황 _321
3. 일본의 자치체 외교 이념과 가능성 _328
4. 자치체 외교의 필요성과 내용 _331
5. 자치체 외교 논리와 지원구조 _338   6. 자치체 외교의 사례 _346

Ⅲ. 중국 ·· 370
1. 개설 _370   2. 중국의 지방조직 _372
3. 중국의 지방외교 _377

Ⅳ. 프랑스 ·· 400
1. 서설 _400   2. 프랑스 자치단체 국제교류 현황 _402

Ⅴ. 한국과의 비교연구 시사점 ································· 411

제6장 지방외교 담당 전문기관의 역할강화: 한국과 일본의 사례

Ⅰ. 지방외교 전담기관의 의미와 중요성 ················· 417
Ⅱ. 일본의 지방외교 전담기관(I) ······················· 418
1. 조직체계 _418   2. 구체적 활동내용 _420

Ⅲ. 일본의 지방외교 전담기관(Ⅱ) ··· 455
    1. 조직체계 _455   2. 사업개요 _456
    3. 제안형기술협력 _456   4. 공시내용에 대하여 _457
    5. 대상자와 자격 _457   6. 풀뿌리 기초 _457
    7. JICA와 지방자치단체 _458

Ⅳ. 전일본 자치단체 노동조합 ··· 458
    1. 개요 _458   2. 일본 각 현의 국제연대활동 _460

Ⅴ. 한국의 지방외교 전담기관 ··· 461
    1. 국가단위 지원기관 _461
    2. 지방자치단체 국제통상관련 지원기관 _463

Ⅵ. 한국 지방외교 전담기관의 문제점 및 역할 강화방안 ········· 466
    1. 전담기관의 문제점 _466   2. 제도적 개선방안 _467
    3. 운영상의 개선방안 _468

제7장 한국 지방외교의 활성화 방안

Ⅰ. 한국 지방외교(정책)의 문제점 ·· 471
    1. 지방외교 관련법령과 제도 및 역할분담 체계 _471
    2. 지방외교 전담조직과 인력 및 예산 측면 _472
    3. 지방외교 운영/추진상의 문제점 _474
    4. 지방외교 외부지원체제 및 기반시설 측면 _479
    5. 이론과 시민의식 측면 _481
    6. 실천적·운영상의 문제점 _482
    7. 이론과 제도적 문제점 _483

Ⅱ. 지방외교의 활성화 방안 ··· 485
　　1. 중앙-지방 간 분권적 협력체제 구축 및 관련 법률의 제정 _486
　　2. 지방외교 전담조직과 인력보강 및 예산지원 _487
　　3. 지방외교의 비전정립과 내실화 _489
　　4. 외부지원기관과의 유기적 협력체제 강화 _496
　　5. 지방외교 기반시설의 확충 _498　　6. 지방외교 전문성 강화 _498

Ⅲ. 지방외교정책의 분야 및 국제교류 매뉴얼 개발 ··············· 499
　　1. 전통적인 지방외교분야(도시, 인권문제 등) _499
　　2. 새로운 지방외교분야(환경, 지역경제 등) _500
　　3. 국가별-권역별 지방자치단체국제교류 매뉴얼 _500
　　4. 합리적인 국제협력 추진제제 _501
　　5. 국제협력전문가 양성 및 국가와의 적절한 연계 _503
　　6. 지방자치단체연합 활동의 충실 및 주민의 국제이해 증진 _504

제8장 결 론 _507

┃참고문헌 _513
┃부록: 보론 1 _549
　　　　보론 2 _563
┃색인 _588
┃공동 연구 및 집필진 소개 _598

제1장)

서 론

I. 연구의 목적

19세기 민족주의(Nationalism)의 등장과 함께 지난 20세기는 주권국가가 지구촌의 주역으로 국민을 이끌어가는 국가중심주의가 일반적인 경향이었다. 이런 상황에서는 당연히 정치와 외교의 주역은 국가였고, 국민이나 지방정부 등의 대외관계 또한 "나라와 나라 사이"라는 한계 내에서만 가능한 국가 중심으로 움직인 것이 사실이다. 이러한 배경에서 '외교'는 국방과 함께 당연히 국가의 고유사무로 인식되었던 것도 분명하다. 특히 우리나라의 경우 지방자치를 하면서도 여전히 '지방정치(Kommunalpolitik)'라는 용어가 낯선 것이 현실이고, 이러한 상황에서 현실세계는 물론 학문적으로도 '지방외교'라는 말은 그 용어 자체가 생소한 실정이다.

그러나 근래 들어 세계화와 지방화 그리고 개방화와 정보화가 전 세계적인 경향으로서 보편화되면서 국가와 민간을 포함하는 다면적인 국제적 상호의존의 확대 및 다원화와 심화가 국경의 벽을 서서히 낮추고 있다. 전통적인 국가중심주의적 사고로부터 국가만이 정치와 외교의 사안들을 움직이는 주체라고 말할 수 있는지에 대하여 다원화된 국제현실상황을 고려할 때 회의감을 갖게 되었다는 것이다. 논리적으로는 이와 같은 문제제기의 배경으로 전통적인 국가운영을 정부(Government)로부터 21세기는 국가-경제-시민이 함께하는 거버넌스(Governance)를 지향해야 한다는 것에서 일찌감치 시작되기도 했다.

많은 나라들에서 정부혁신과 행정개혁이 지상의 과제처럼 거론되고 있는데, 이는 결국 국가운영을 위한 정치행정에 대한 문제제기라고 할 수 있다. 한마디로 정부혁신이라는 것은 사실상 국가의 기능과 역할을 전통적인 중앙정부 이외의 다른 곳으로 분권화하거나 양도하는 것이기 때문이다. 그것이 지방자치단체일 수도 있고, NGO와 시민 그리고 국제기구일 수도 있겠는데, 이들 국가 이외의 다양한 주체들은 국경을 넘어 상호연대하면서 국가나 정부를 움직이게 할 수도 있고, 나아가 국가가 할 수 없거나 하지 않는 것을 지방정부가 적극적으로 행동에 옮길 수도 있다는 것이다. 이러한 문제의식을 배경으로 할 때, 국가 중심의 외교의 존재 방식을 재검토하는 것과 함께 보다 미래지향적인 새로운 관점에서 "지방외교" 또는 "지방외교정책"을 조명하는 것이 절실히 요구되는 시점이다.

전통적인 사무배분 이론에서 보면 국방과 함께 외교 분야는 일반적으로 국가사무로 인식되어 왔다. 국가 고유영역이라는 이러한 고정관념은 특히 한국에서 고도산업사회화와 함께 세계화가 강조되고 있는 현 상황에서도 크게 변하지 않았다. 그러나 세계화(Globalization)와 지방화(Localization)의 경향을 동시에 나타내는 '世方化(Glocalization)'라는 용어에서 보듯이, 오늘날의 외교주체는 이미 중앙정부만이 아니라 지방자치단체가 동시에 역할을 수행하는 전사회적인 과제로 정립된 지 오래 되었다. 이러한 문제의식에 바탕을 둘 때 본격적인 지방자치 시대를 맞고 있는 우리도, 이제는 새로운 21세기 국가발전 전략이면서 동시에 한국지방자치의 발전방향으로서 '지방외교정책(地方外交政策, Kommunale Aussenpolitik)'의 이론과 실제를 새로운 패러다임으로 시급히 정립할 때이다.

사실 프락시스 차원 이전에 학문적으로도 "지방외교(地方外交)"라는 용어는 여전히 어색한 용어로 남아있다. 다른 사회과학 분야와 달리 행정학이나 정책학에서는 '국제행정'이라는 단어 사용에서도 한계를 보이고 있듯이, 지방자치학에서는 '지방외교'나 '지방외교정책'에 대한 기본적인 논의조차 제대로 이루어지지 못하고 있다는 것이다. 그러나 전(全) 세계적인 현실은 '세계거버넌스(Global Governance)'와 '지역거버넌스(Local Governance)'라는 양대 거버넌스 수준을 두 개의 축으로 하는 "초국가거버넌스(Supranational Governance)"의 시대로 나아가고 있다. "가장 지방적인 것이 국가적인 것이다"라는 말에서 보듯이, 오늘날의 국가경쟁력은 지방에 존재하고 지방으로부터 이끌어내야 한다는 것이다. 특히 한국의 경우 지방자치의 정착과 실질적인 세계화를 위하여 지방자치단체의 세계화모델을 위한 지방외교정책의 활성화가 시급한 실정이라고 할 수 있다.

20세기가 국가 중심의 사회였다면(Government의 시대) 21세기는 국가와 사私영역(경제) 그리고 시민사회가 함께하는 거버넌스(Governance)의 시대로 변하고 있다. 이에 따라 시민사회와 NGO의 역할이 갈수록 강조되고 있고, 동시에 시민에게 가장 가깝고 시민에 대해 가장 직접적인 책임을 담보할 수 있는 지방정부의 활동영역이 확대되고 있다. 그 확장대상의 끝머리쯤에 위치하는 것, 즉 지방분권화의 종착점과 국가사무의 권한이양의 마지막 단계쯤에 위치하는 것이 바로 지방외교라고 할 수 있다. 국가를 단위로 하는 외교(Diplomacy)가 아니라 지방자치단체를 주체로 한 '새로운 외교'를 하나의 보완적 대안으로 제시하고자 하는 뜻을 이 글에서 지향하고자 한다. 이는 연역적이기 보다는 선진국에서의 경험을 바탕으로 할 때 우리에게도 당연한 경향으로 받아들여야 할 부분이기도 하다.

이 책에서는 국가차원의 외교정책이 지방자치단체 차원에서 어떻게 상호보완 가능한지를 이론과 실제 측면에서 종합 정리해 본다. 특히 새로이 강조되고 있는 지방외교의 개념논의와 함께 지방외교의 법·이론적 근거, 지방외교정책의 실태분석, 외국의 사례연구 등을 중심으로 살펴본다. 지방자치단체의 마지막 남은 기능으로서 '지방외교'의 체계화와 활성화를 위하여 한국 지방외교정책의 기본방향과 전략을 심도 있게 논의하여 21세기 미래지향적인 근본적 대안을 검토해 보는데 연구의 목적이 있다. 지방외교정책의 이론(Theory)을 종합 정리하고 동시에 구체적으로 실천 가능한 실제(Praxis) 연구를 위하여 구체적으로는 다음과 같은 내용들이 이 책에서 집중적으로 종합 정리된다.

(1) '지방외교'와 '지방외교정책'이란 무엇인가?
(2) 선진외국의 지방외교정책의 비교 사례분석
(3) '한국적 지방외교모델'의 구상
(4) 지방자치단체 간 교류협력관계의 발전방향
(5) 지방외교담당 전문기관의 활성화 방안
(6) 세계화와 지방화의 실천적 접목가능성 확보
(7) 기타 지방외교정책

II. 연구방법 및 연구설계

1. 연구의 방법

지방외교가 보편화 된 서구의 경우에도 이는 연역적으로 발전 되었다기 보다는 귀납적으로 나타나서 정착된 개념이기 때문에 이를 논리적으로 접근 하기는 대단히 어려운 것이 사실이다. 그러나 이미 서구에서는 실천적인 학 문으로 자리 잡고 있고, 특히 현실적으로 그 중요성이 강조되어 왔다는 점에 서 이론적 접근이 불가능한 것은 아니다. 이곳에서는 이러한 문제의식을 바 탕으로 다음과 같은 연구방법을 적용한다.

(1) 한국사회에서는 상대적으로 새로운 개념인 '지방외교'에 관한 이론 정리를 위해 우선 국내외 관련 전문자료의 분석과 문헌조사를 통한 기술적 접근방법(Descriptive Research) 적용
(2) 과학적 논리 정립을 위한 국제적 비교연구(Comparative Study)와 선진 모델의 벤치마킹을 통한 실현가능한 정책대안 마련을 지향하는 외국 사례연구 (Field Study or Case Study)

(3) 순수 학문적 성격을 보완하고 이론과 실제의 접목 및 정책적 시사성을 감안하여 현실적용을 위한 경험적 연구 (Empirical Study)

(4) 관련 주제로 한국지방자치학회 차원의 특별기획세미나를 개최하여 연구성과를 공개하고, 동시에 이를 통하여 브레인 스토밍(Brain Storming)과 함께 지방외교 인식·저변확대를 위한 공론의 장을 마련 함

(5) 필요에 따라 실증적인 분석과 전문가 조사연구 병행

2. 연구의 설계

본 연구는 새로운 개념으로 부상하고 있는 '지방외교(정책)'라는 개념을 다루는 만큼, 부분적인 파편적 자료를 중심으로 새로 재정립해야 하는 어려움이 있다. 이를 위하여 최대한 객관적 자료를 수집하여 나름대로 과학적인 논리를 개발하는 데 노력하였다. 논제에 접근하기 위하여 이곳에서는 다음과 같은 세 가지 중점분야에 초점을 맞추어 연구설계 되었다 :

- 지방외교의 이론적인 논의 부분
- 지방외교 관련 경험적-기술적(empirisch-deskriptiv) 부분
- 이론과 경험적 분석을 통한 분석적-평가적(analytisch-evaluativ) 부분

지방자치 차원에서의 국가간 협력관계가 이론적으로 정리될 것이며, 이를 위한 지방의 대외관계 기구 등이 정리된다. 특히 경험적 차원에서는 지방자치단체와 지역주민 간의 지방외교를 둘러싼 긴밀한 관계가 중요한 바, 지방자치단체의 '내적관계(Innenbeziehungen)'와 '외적관계(Aussenbeziehungen)'의 역할자(Generator)이면서 수행자(Transformator)로서의 이중적인 역할과 기능 이해가 중요하다. 그리고 분석적 결론으로서 역량 있는 영향력요소로서 지방외교가 결과적으로 양자간의 관계를 발전시키고, 나아가 궁극적으로는 이를 통하여 긍정적인 국제관계 형성, 즉 세계평화에 기여할 수 있다는 지향점을 갖고 발전방안을 논구하도록 연구설계 되었다.

III. 연구의 범위 및 기대효과

1. 연구범위

본 연구는 아래와 같은 공간적, 시간적, 학문적 범위하에서 이루어 졌으며, 특히 세계 유일의 분단지역인 한반도라는 특수한 상황을 동시에 연구 범위로 설정하여 진행 되었다.

(1) 공간적 범위: 한국지방자치단체의 지방외교(정책)와 선진 외국의 지방외교 사례연구. 특히 지방외교가 체계화된 독일과 한반도 주변국인 일본과 중국을 집중 비교
(2) 시간적 범위: 한국지방자치 부활 전후의 지방외교 비교분석을 토대로 세계화시대의 미래조망
(3) 학문적 범위: 전문적인 국가 간의 '외교' 보다는 '작은 만남'과 '실질외교' 차원의 지방자치단체 국제관계에 초점을 둠

2. 연구의 기대효과

지방외교 또는 지방외교정책의 체계화를 통하여 궁극적으로 두 가지의 기대효과를 노리는데, 그 하나는 학문적으로 새로운 세계화전략의 패러다임을 형성하는 것이고, 다른 하나는 21세기형 지방자치 정착을 위한 지방자치단체의 새로운 세계화모델을 정립하는 것이다. 지방외교에 대한 이론과 프락시스 차원에서의 효과가 기대된다는 것이다. 구체적으로 이 연구가 가져올 기대효과를 나열하면 아래와 같다.

(1) '국가 간의 무한경쟁'이라는 현대적 세계화 현상의 위기를 돌파할 수 있는 새로운 방법론적 접근이 가능해 진다.
(2) 새로운 학문적 용어인 '지방외교'와 '지방외교정책'에 대한 체계적인 개념적 정립이 기대된다.

(3) 국가 및 전(全)정부 차원에서의 지방외교에 대한 의미와 중요성 및 필요성을 확산시킬 수 있다.

(4) 형식적인 자매결연 관계로부터 실질적인 지방자치단체 간의 국제교류 내용을 강조하게 된다.

(5) 지방자치단체 간 교류협력관계 모델로서의 '자매결연 매뉴얼'을 제시함으로써 한국지방자치의 세계화 전략의 토대를 구축한다.

(6) 지역주민과 국민의 세계화에 대한 구체적인 의식제고로, 궁극적인 세방화시대의 국가경쟁력 강화 방향을 제시한다.

제2장

지방외교에 관한 이론적 배경

I. 지방자치단체의 세계화와 지방외교

1. 개방화와 세계화

21세기 들어 급속히 전개되고 있는 세계화(Globalization)와 개방화(Openness)는 주권국가들로 구성된 국제사회라는 전통적인 구성적 특성을 그 근본부터 뒤흔드는 결과를 가져오고 있다. 아직은 여전히 개별적인 주권국가가 국제사회의 중요한 행위자로 작용하고 있지만, 근대사회 이후 세계의 질서를 규정했던 국가주권의 절대성은 여러 측면에서 도전받고 있다는 것이다. 특히 세계화 현상은 '지방'을 주권국가의 매개 없이 직접 세계의 무대로 나아가게 하는 이른바 '세방화'의 모습으로 표출시키기에 이르렀다.

이러한 변화는 분명 국가를 중심으로 설계되었던 인간의 근대적 공동생활의 모습에 대한 근본적인 변화를 의미하는 것이며, 또한 동시에 새로운 공동생활의 패러다임에 대한 논의의 필요성을 제기하게 된다. 바로 이처럼 새로운 공동생활의 한 모습 혹은 유형을 새로이 강조되고 있는 '지방외교'에서 발견할 수 있다(심익섭, 2005a 참조).

　글로벌거버넌스적 관점에서의 개혁의지에서 강조된 지방외교는 크게 다음과 같은 세 가지의 요소가 결합되어 나타났다고 할 수 있다. 첫째는 경제적 요인이고, 둘째는 국제정치와 세계경제적 여건의 변화이며, 셋째는 국민들의 국가, 즉 정치와 행정에 대한 불신감의 누적이라고 할 수 있다. 이들 중에서 앞의 두 가지는 상호 작용하여 보수주의적인 신자유주의 통치이념을 등장시켰으며, 세 번째의 요인은 무수한 문제들이 누적되고 있는데도 이를 국가가 해결하지 못한다는 불만이 증폭되는 결과를 야기하였다. 경제와 재정에 대한 불안과 불만, 여기에다 정부는 이러한 문제들을 해결하지 못할 뿐만 아니라 국가에 대한 국민들의 저항까지 누적되면서 자연히 총체적 대응이 외교 부문에서도 중시된 것이다.

　일반적으로 세계화는 자본주의적 생산과 교환의 기본 단위가 되는 기업과 경영의 공간적 범위가 전 지구적으로 확대되는 경제적 측면을 지칭하는 경우가 많다. 그러나 오늘날 세계화의 핵심적 함의는 국경을 넘어서는 종합적 상호 관계가 강화되고, 나아가 복합적 상호의존성이 심화된다는 특성을 갖고 있다. 그 결과 국경 개념은 느슨해지고 국민국가가 독점해 왔던 국민에 대한 장악력도 상대적으로 약화되고 있다. 특히 세계화의 확산과 더불어 외교나 군비통제 등 범지구적 문제를 해결하기 위한 국가의 고유한 주권에 대한 제약이 이루어지며, "지방 의제 21(Local Agenda 21)" 이후에는 국제정치 이슈에 대한 지방정부의 적극적 참여를 강조하고 있는 상황이다.

　그러나 이러한 경향은 사실 지난 1970년대부터 광범위하게 진행되어 온 것이기도 하다. '영국병' 또는 '복지병'으로 알려진 복지비 부담의 과중으로 민간기업의 투자를 감축시켜 왔다는 비난이 많았고, 독일에서는 냉전체제로부터 새로운 '동방정책(Ostpolitik)'의 실시로 과거와는 다른 외교적 접근이 필요하게 된 것이다. 결국 영국에서는 대처(M. Thatcher) 정권이 등장하게 되었고, 미국에서는 레이건(R. Reagan)이 대통령에 취임하게 된다. 특히 1990년대에 접어들어 콜(H. Kohl) 정부 주도로 동서독이 통일되고, 이어 소련연방의 붕괴와 동구권의 몰락으로 냉전체제가 가시적으로 종식되자, 세계화라는 이름으로 국가 간의 경제대결이 격렬하게 전개되었음은 지방외교의 역할 강

화에 중요한 분수령이 되기도 했다. 지방의 경쟁력이 국가의 운명을 좌우한
다는 논리하에 지방의 발전을 위해서 일면으로 분권화(Decentralization)라는
전략을 추진하고, 다른 면에서는 지방의 경쟁력 강화를 위해서 국가의 개입
을 축소하고 대외적인 역할 강화를 강조하게 된 것이다.

2. 지방자치단체의 세계화모델

종종 '세방화'라는 말을 사용하고는 있으나, 실제로 세계화의 경향 속에서
지방이 지향할 방향에 대한 심도 있는 논의는 없었다. 그러나 일찍이 리우회
의에서 보듯이 이미 오래전부터 "세계적으로 생각하고, 지역적으로 행동하
자!(Globales Handeln Lokal Verankern!)"라는 구호는 이제 전 세계적인 대세
가 되고 있다. 여기에서 지역중심의 "하나의 세계작업(Kommunale Eine-Welt-
Arbeit)"을 보아야 하며, 이때 '지방 의제 21'을 수행하는 핵심역할자 둘은 바
로 지방자치행정과 시민사회단체(NGO) 임을 직시해야 한다. 결국 현대적 경
향은 초국가적 국제기구, 국민국가, 지방 및 지역을 단위로 하는 수직적인
"다층적 거버넌스"를 구축할 필요가 있다는 것이며, 국가 중심에서 지방 중
심으로 행동주체가 변화되어 가고 있다고 할 수 있다.

본격적인 지방자치 시대를 맞아 이제는 지방의 변화이니셔티브(Urban
Exchange Initiative)를 인정해야 하며, 여기에는 세계화 시대의 다음과 같은
세 가지 핵심적인 도시변화에 토대를 두어야 한다: (1) 시민생활의 질(새로운
풍요속의 빈곤에 대한 해결방안과 총체적 대응), (2) 환경문제와 도시화(새로
운 도시관리), (3) 지역민주주의(좋은 지방정치리더십과 지방책임성). 이로부
터 21세기 들어서는 두 가지 새로운 국면이 추가되는데, "지속가능한 공간이
용" 과 "도시계약으로서의 교통정책"이 그것으로서, 이는 도시의 역할을 더
욱 분명히 한 것으로 평가된다(Frey/Manthey, 2000: 143). 여기서 지방외교정
책을 이해하기 위해서는 기존의 복잡한 국가중심 글로벌네트워크의 문제점
을 인식하고, 분권화된 협력(Dezentralisierte Kooperation)에 입각하여 지방자
치단체의 세계화 역할을 존중해야 한다.[1] 세계적인 글로벌 사고(globale

---

1) "Decentralised Cooperation"을 개념적으로 요약 형상화해서 자세히 설명하고 있는

Denken)는 '지방적 행동(lokale Handeln)'의 중요성과의 갈등과정에서 성공적인 결과를 확보할 수 있다.

이를 위해서는 아래의 <그림 II-1>에서처럼 세계화와 보충성(Subsidiaritaet)이라는 개념의 조화가 중요함을 인식할 필요가 있다. 세계화는 현실적인 과제로서 행위수준에 따라서 정당성과 조정가능성을 차별적으로 유지하게 된다. 즉 세계적 과제로부터 세계화된 문제복합성에 이르기까지 지방차원부터 지역, 국가, 그리고 국제적인 연합체에 이르기까지 상호 조화를 이루면서 역할 분담을 하고 있다는 것이다. 여기서 문제근접성이 유리한 지방자치단체는 조정능력성에 따라서 세계화 과제에 대한 정당성을 확보하게 된다는 것이다. 결국 세계화와 지방화는 보충성의 원리에 입각하여 국제적인 과제를 공유하게 된다는 것이다(Frey/Manthey, 2000: 143).

〈그림 II-1〉 세계화와 보충성의 균형(조화)

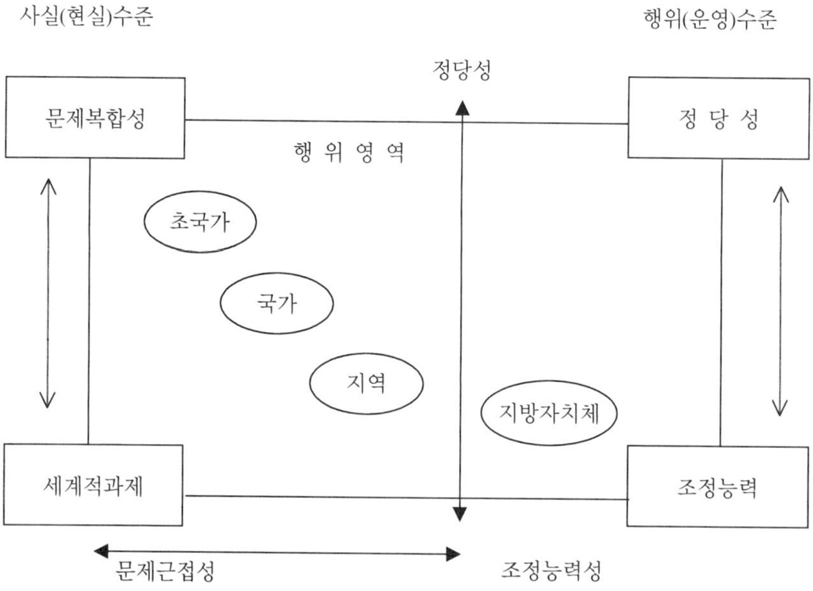

자료: Frey/Manthey, 2000: 143.

것으로 다음을 참조. Hafteck(2003), 341쪽.

3. 지방외교의 개념

과연 지방자치단체가 '외교(Diplomacy)' 또는 '외교정책(Aussenpolitik, Foreign Policy)'이라고 할 수 있는 대외적 관계를 형성할 권능이 있는지의 정당성 여부는 항상 논란이 되어온 부분이다. 특히 그것은 중앙과 지방 간의 사무배분과 관련된 사항이기도 하나, 보다 근본적으로는 국가최고법상 외교정책은 통상 국가이해와 관련되기 때문에 국가사무로서 중앙정부 소관으로 되어 있는 것이 상례이기 때문이다. 실제로 우리의 경우만 보아도 헌법상에는 외교와 관련된 사항은 국가(대통령) 소관으로 명시하고 있고(헌법 제38조), 구체적으로는 조약체결과 비준 및 선전포고와 강화에 관한 권한이 대통령에게 귀속됨을 적시하고 있다(동 제48조). 이는 우리나라만이 아니라 "외교관계의 처리는 연방의 직무이다"라고 독일 헌법에서 명시하고 있듯이(독일기본법 제32조), 대부분의 국가에서 동일하다고 할 수 있다.

특히 법적인 측면에서의 갈등 소지가 많은 것이 지방외교라고 할 때, 지방외교를 이해하기 위해서는 최소한 국가 간의 법률구조와 국내법적 요소를 동시에 이해해야 한다.

(1) 우선 국제법과 연관되어 이해할 경우는 다음과 같은 세 가지 문제제기를 고려해야 한다.
 - 과연 지방자치단체가 자신의 고유한 이름으로 국제법적인 조약(Vertrag)을 체결할 수 있는가?
 - 지방자치단체가 중앙정부의 위탁(Auftrag)으로 국제법상의 조약을 체결할 수 있는가?
 - 소위 '초국가적인(transnational)' 법 논리가 실질적으로 현실화될 수 있는가?
(2) 국내법과 연관해서도 다음과 같은 세 가지 문제제기를 고려해야 한다.
 - 지방외교(지방 간 자매결연조약)에서 사법적 계약(privatrechtliche Vertrag)이 가능한가? 도시 간 자매결연에서는 도시나 시장이 사법적인 과제는 수행할 수 없는 것으로 본다(Blumenwitz, 1980: 21).

- 그렇다면 공법상의 계약은 가능한가? 여기에 대해서는 이의가 없다.
- 개별 국내법적 관점에서 일방적이긴 하나 대의성을 지닌 의무부여가 가능한가? 국내법상의 의무는 존재하는 것으로 본다.

그러나 국가중심의 이론적인 논쟁에 상관없이 현실적으로 지방외교정책(Kommunale Aussenpolitik/Local Foreign Policy)이란 용어가 정착된 것은 이미 제2차 세계대전 이후 "풀뿌리 외교정책(Aussenpolitik aus den Graswurzeln)"이란 개념이 쓰여진 이래 일반화되어 있다.[2) 지방자치를 통상 "풀뿌리 민주

---

2) 지방외교나 지방외교정책을 논하기에 앞서 우리가 흔히 접하고 있는 "외교"라는 용어와 "외교정책"에 대한 개념을 명확히 이해할 필요가 있다. 외교(Diplomacy)란 용어는 그리스어 동사인 diplon(to deploin)에서 유래된 말로서 Diploma(그리스어의 둘로 접는 종이, a letter folded) 즉 Diplomacy란 용어가 생겼다. Diploma는 원래, 여행허가증, 특권, 명예, 특허를 주는 증명서, 또는 공식적인 국가문서, 역사적 기록 등을 의미하기도 하였다. 사전적으로 『외교』라는 말은 "국가가 공적 대표인 외교사절을 통하여 여러 다른 나라들과 국제 간 관계 또는 그 실무적 사항을 처리하는 기술 혹은 활동"(吉田 均, 2001: 6), 또는 "외교라 함은 협상에 의하여 국제관계를 다루는 일이며 국제관계가 대사나 사절에 의하여 조정, 처리되는 방법이며, 외교관의 업무 또는 기술"(Oxford English Dictionary), "외교란 독립된 국가의 정부사이에 일어나고 있는 공식적인 관계의 행위에 대한 지략(Intelligence)과 요령(Tact)"(Sir Ernest Satow) 등으로 정의되고 있으며, 보다 광의적 의미로는 "국가를 대표하는 관료들에 의하여 행해지는 국가간 모든 공적행위"이며, 외교정책의 결정 및 집행과정까지도 포함하는 모든 대외적 관계를 총칭하는 용어이다(김기정, 1996: 106). 이러한 외교는 공식적 정부 간의 상호작용 행위를 일컫는 말이며, 이런 의미에서 외교란 정부간 커뮤니케이션을 위한 고도의 '정치적 기술'을 의미한다. 반면, 외교정책이란 일반적으로 "한 국가가 어떤 목표를 설정하고 그것을 성취하기 위해 그의 영토 밖에서 어떤 행동을 하겠다는 의사결정"을 의미한다(김정원, 1996:15-16). Reynolds는 "국제문제에서 국가를 지도하는 일반원칙, 즉 국가가 국가이익을 대외관계에서 추구하고 달성하기 위한 행동 경로" (Reynolds, 1980: 13)로 정의했고 모델스키는 "타국의 행위를 변형시키고 국제관계에 그들 자신의 활동을 적응시키는데 공동체가 전개하는 활동체계"로, 로즈노(James N. Rosenau)는 "국제환경의 바람직한 국면을 보전하거나 바람직하지 않은 국면을 변경하기 위해 정부가 취하거나 취하겠다고 공언한 권위적 조치 또는 조직된 국가사회가 국제환경과 싸우고 거기에서 이익을 취하려고 노력하는 모든 태도와 활동"으로 정의하였다(전 웅, 1999: 24-25). 즉, 외교정책이란 "한 국가가 자국의 이

주의"라고 부르고 있거니와, 이때 풀뿌리의 의미는 본질적으로 시민사회적인 저변운동(Basisbewegungen)을 의미하고, 이러한 국가 이외의 대외협력 관계를 원용하여 국가의 외교정책 역시 "풀뿌리운동"이 필요함을 강조한 것이 바로 "지방자치단체의 외교정책"으로 정립되어 발전한 것이다. 이러한 용어가 처음 사용된 것은 1963년 프리드리히(C. J. Friedrich)에 의해서였는데, 특히 그는 유럽의 갈등을 풀 수 있는 방안으로 "유럽통합을 위한 풀뿌리의 역할강화(Grassroots-Support for the Unification of Europe)와 그에 대한 지원 필요성"을 강조하면서, 그를 위한 구체적 수단으로 국경을 넘어서는 도시 간 또는 지방자치단체 간 자매결연의 중요성을 주장하면서 '지방외교'를 처음 사용하였다.

지방자치단체의 대외적 관계를 의미하는 지방외교정책의 형태로는 국경을 뛰어 넘는 "도시 간 자매결연(도시 간 파트너십/Staedtepartnerschaft)"이 가장 대표적이다. 물론 이외에도 또 다른 형태가 존재하는바, 예를 들면 구체적인 문제해결을 위한 특별한 자치단체 간의 관계가 그것인데, 여기에는 국경을 마주하고 있는 2국 이상의 지방자치단체 간에 수자원 문제, 교통문제, 긴급피난문제 등을 해결하기 위한 형태의 존재 등을 들 수 있다. 특히 "풀뿌리외교정책"으로서의 도시 간 자매결연관계는 유럽의 역사상 공통의 경제적, 사회적, 문화적 이해관계를 바탕으로 하여 거의 모든 시기에 나타났다. 예를 들면 과거 한자도시(Hansestadt)들 간의 한자동맹이나 북부이탈리아 도시들 간의 긴밀한 결연관계, 혹은 북해연안의 플랑드르지방 도시들 간의 긴밀한 교류관계 등이 그것이다.

결국 지방자치단체 간의 파트너 관계란 혈연공동체적인 선천적, 자연적

___

익을 달성하기 위해 자국의 영토 밖에서 행하는 활동경로나 의사결정"으로 정의할 수 있다. "외교"와 "외교정책"을 위와 같이 정의할 때 외교는 외교정책을 달성하기 위한 한 수단으로서의 성격을 갖게 된다. 외교정책은 각 국이 국제정치를 통해 자국이 국제관계를 이룩해 내고자 하는 목표 하에 결정되어지며, 외교는 이러한 외교정책을 실현하기 위한 도구인 것이다. 즉, 각 국은 자국의 이익을 위해 자국이 원하는 형태의 국제관계를 형성시키고자 여러 방면에 걸쳐 결정을 내리게 되며, 이렇게 결정된 외교정책은 국제정치의 장에서 외교를 통해 구현돼 궁극적으로 그 국가의 국제관계를 결정짓게 되는 것이다(김정원, 1996: 20).

교류가 아니라 참가 당사자 간의 의도적인 특수한 행위형태를 나타내는 개념으로 이해할 수 있다. 특히 독일어 '파트너셰프트(Partnerschaft)'는 언어적으로 "전체의 한 부분으로서 참여자들이 인식하고 상호 인정하는 관계"라고 개념화하고 있는바, 이러한 '한 동아리'라는 성격으로서의 파트너 관계는 다른 언어구조에서도 유사하게 나타난다. 이처럼 본래 개인적인 관계로부터 파생된 파트너십의 개념은 동시에 지방자치단체 간의 자매결연관계에도 적용되는 바, 이때는 친밀한 교류관계와 지속적인 공동체정신과 함께 부분적인 이해관계의 공감대를 강조하게 된다. 현대에 와서는 이러한 양자 중심에서 한걸음 더 나아가서 다자간의 도시 간 연합 등으로 발전하고 있다.

국가 간의 외교관계를 넘어서는 지방자치단체 간 자매결연의 필요성으로는 여러 가지 이유가 있다. 우선 지방자치단체의 대외적 교류관계의 개념을 바탕으로 하여, 이론적인 도시(지방정부) 간 자매결연 영역 내지 배경을 보면 다음과 같이 세 가지로 분류될 수 있다.

(1) 역사적 동기 (Historisches Motiven): 가장 전통적인 배경으로 전쟁을 극복하고 평화를 보장하기 위한 수단으로서의 지방교류.
(2) 지리적·지역적 공간지향적 영역 (Raumbezogenes Kriterium): 우리에게 중국, 일본처럼 인접 국가 간의 상호이해를 위한 지방교류.
(3) 구체적 과제지향 (Aufgabenstellung): 현대적인 경향으로서 '지방 의제 21'에서처럼 구체적인 과제를 중심으로 하는 지방정부 간 교류.

이러한 지방외교는 지방자치단체가 국제적 활동에 나서는 심리적 동인(動因)에 따라 크게 경제적 자기이익 증대를 도모하는 통상외교와 공동체의 연대 강화를 추구하는 국제협력으로 구분될 수 있다. 지방정부의 자기이익 동기는 세계를 하나의 시장으로 만드는 경제적 세계화에 의해 추동되는 경향이 있다. 경제의 세계화는 국가의 역할과 기능을 제약하면서 지방정부를 무한경쟁의 세계시장에서 개별행위자로 나서도록 밀어내고 있다는 것이다. 이것은 지방정부에게 국가의 엄격한 통제로부터 벗어나 활동할 자유의 공간을 제공한다. 그러나 이것은 동시에 지방정부를 무한경쟁의 족쇄로 채우는 것이기도 하다. 세계시장의 실패를 예방하고 치유하는 데 UN의 활동 강화와 EU의 전향적 정책 전환이 유효할 수 있다. 그러나 우리 주변에 경제적 세계화에 대한 좀더 근원적 대항세력이 싹트고 있다. 지방의 시민사회에서 솟아나는 환경운동, 인권운동, 평화운동, 자매도시운동 등 세계시민사회(Global Civil Society) 건설을 지향하는 시민운동들이 지방정부들의 지자체국제협력(MIC : Municipal International Cooperation) 또는 도시간 협력(City-to-City Cooperation)을 추동하기 시작했다. 갈수록 지방외교의 중요성이 강조되고 영역이 확대되고 있다는 것이다.

여기서 지방외교의 개념 논의를 좀더 부연 설명할 필요가 있다.

협의의 외교란 국가의 공적 대표인 외교사절을 통해 여러 외국과 국가 간 관계 혹은 그 실무 사항을 처리하는 기술 또는 행동을 말한다. 외교는 17세기 후반부터 유럽 주권국가에 있어서 정부의 전관사항이 되었으며, 고전외교는 외교 목적, 대상, 행위자의 급속한 확대와 외교용어의 다양화로 현재 각각의 이슈나 외교방침(평화외교, 협조외교, 자주외교), 외교과제(인권외교, 자원외교, 환경외교), 교섭상대(유엔외교, 대미외교, 대 EU외교), 교섭수단(다국 간 외교, 2국간 외교, 회의외교)에 따라 다르게 전개되고 있다. 이러한 가운데 외교행위자에 따라 자치체 외교(구체적인 집단), 민제외교, 민간외교(추상적인 방법)가 현대외교의 다양성을 반영하면서 그 중요성이 더해지고 있다(吉田 均, 2001: 6).

특히 국제 상호의존의 확대와 심화로 기존의 국가 중심적인 외교는 다양한 문제들을 해결하는데 어려움에 직면하였다. 그 결과 여러 국가들은 행정개혁을 통하여 국가의 기능과 역할 그리고 정부 이외의 행위자에게 권력 분산, 이양을 행하고 있다. 이러한 과정 속에서 지방자치체의 외교는 국가가 전권적으로 행하던 외교의 곤란함을 극복하는 하나의 대안으로 등장하여, 국가외교로 어려운 분야에 적극적으로 활동하고 있다. 이러한 활동은 기본적으로 자치체외교의 이념과 개념으로 표현되어 정책으로 전개되었다. 일본에서는 민제외교가 그 대표적이라 할 수 있으며, 민제외교 담당자는 자치체, NGO, 시민이고, 그들이 국제적인 역할과 활동을 전개한다는 것이다.

현재 국제정치의 권력이동(Power Shift)으로 국가 중심적인 외교 개념이

상대적으로 후퇴하면서, 비정부간 행위자가 중심이 되어가고 있으며 글로벌화가 급속하게 진행되고 있다. 그 결과 NGO나 자치체가 국제정책의 형성에 직접 참가하게 되어, 새로운 형태의 시스템을 구축하게 되어 자치체 외교가 중요시되고 있다(臼井久和·高瀨幹雄, 1999: 6). 자치체 외교로 대표되는 '민제외교(民際外交, Internpeople Diplomacy)'는 종래의 전통적인 국제정치 시각과는 달리, 기본적으로 국제사회를 중층적으로 인식하고 있다. 다시 말해 국가에만 구속되지 않고 시민이 중심이 되어 전개되는 외교를 말한다. 그 이념으로는 지구화, 민주화, 지방화가 강조되었다.

현대외교의 다양화와 복잡화의 진전으로 정부와 국민 대립, 집권당과 정부기관 대립, 각 행위자 이익대표 간 정책 조정이 매년 복잡하게 되어, 결국 일본의 외교도 헌법72조, 73조에서 제시된 내각만이 외교권을 갖는다는 것이 그 한계에 직면하게 되었다. 다시 말해 일본의 국익이 주변 여러 나라 지역과 협조에 의한 평화유지 확대, 다양성의 수용에 의한 경제적 안정, 주변국과 공동시장 형성에 있다고 한다면 기존의 외무성 중심의 외교는 새로운 변화를 모색하여야 할 것이다.

동아시아와의 관계는 정부가 중심 행위자로 행하는 것 보다는 지방자치체나 NGO가 참가하여 관계국과 접촉하면서 변화와 기회를 증가시켜 나가는 다각적인 교류를 실시하고 있음을 볼 때 지방자치체 외교는 매우 중요하다(吉田 均, 2001: 3).

지금 세계는 글로벌화, 지역화, 지방화라는 현상이 명확하게 진전되고 있다. 이러한 상황 아래서 기존의 국가중심의 외교는 많은 영역에서 그 한계를 드러내었으며 중앙정부의 중요도는 지방정부에 대하여 상대적으로 저하하게 되었다. 앞으로는 국제적으로 자립한 지방자치체가 어느 정도 확립되는가에 따라 21세기 국가의 힘이 결정될 수도 있다. 이러한 점에서 자치체 외교는 지방자치단체의 사활의 문제이며 국가의 미래를 좌우하는 것이다(吉田 均, 2001: 3).

지방외교의 필요성은 다원적으로 전개되고 있는 국제관계를 고려한다면 대단히 중요하다.

〈그림 II-2〉 자치체의 외연적 다양성

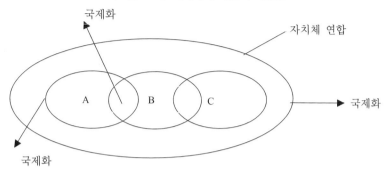

자치체 A,B,C

참조: A가 단독으로 행하는 국제화, AB가 공동으로 행하는 국제화, ABC가 공동으로 행하는
국제화

자료: 薮野裕三, 『自治体の國際戰略』(岩波講座XI グローバル・ネットワーク, 岩波書店, 1994),
21쪽

   오늘날 국익은 가치의 다양화 함께 다각적으로 나타나고 있다 각각의 이
익을 대응하는 주체로 국제기구, 중앙정부, 지방자치체, NGO등이 다양하게
활동하고 있다. 자치체의 외연적 다양화를 정리해 보면 <그림 II-2>와 같다.
아울러 자치체의 내포적 다양성을 정리해 보면 <그림 II-3>과 같다.

〈그림 II-3〉 자치체의 내포적 다양성

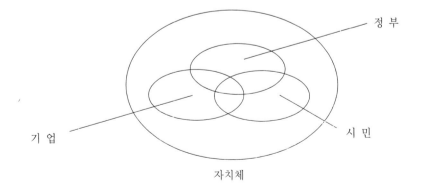

4. 지방외교정책의 범주

이러한 교통, 통신, 인적, 물적 이동이 다양하게 세계적인 규모로 일어나고
있는 오늘날, 국가만이 독보적인 정책판단의 주체로서 활동하는 국가간의
국제교류(國際交流) 만이 아닌 지방정부 스스로 국익에 도움을 주는 풀뿌리
교류로서의 민제교류(民際交流)의 시대를 열어가지 않으면 안 되는 시대가
되었다. 이로부터 일본에서는 전통적인 국가차원의 외교와 함께 지방정부
또는 NGO 차원의 새로운 '민제외교'를 강조하고 있다.

지방공무원은 지역살림만을 챙기고 돌보는 역할에 그치지 않고 지방자치
단체도 하나의 국제적인 정책단위로서 스스로의 경쟁력을 높여가야 한다는
것이다. 주지하다시피, 최근 들어 중앙정부의 지방분권의지는 그 유례를 찾
아보지 못할 정도로 매우 강력한 편이다. 따라서 지방자치 영역 또한 확대되
는 것이 당연하며, 이미 지방자치 선진국에서는 국제교류 차원까지 지방사
무 영역을 확장시키고 있다.

특히 과거 사회주의 동구권 국가들에서는 지방외교의 범주를 강조하면서
지방교류를 통해서 국제관계 및 국가외교를 접근하려는 노력을 보이기도 했
다. 이 때문에 이미 국제관계론의 개념모색과 관련하여 '국민(시민)외교
(Volksdiplomatie)'로서의 국제정치 이론을 발전시키기도 했다(Schroeder,
1972). 본래 '국민외교'는 레닌이 이끈 러시아 10월혁명 이후 "기존 정부의
지휘부를 축출하고" 이를 대신하는 "외교전쟁의 새로운 형태(Neuform des
diplomatischen Kampfes)"를 발전시키면서 등장시킨 개념이다(Blumenwitz,
1980: 17). 즉 여기서는 '국민외교'를 통해서 노동자, 농민 대중과 호흡하고,
나아가 영국, 프랑스, 독일, 미국의 인텔리계층(Intellektuellen)과 직접 대화한
다는 혁명전략의 일환으로 제시된 것이다.

세계화는 이제 더 이상 중앙정부의 독점물이 아니다. 지방자치단체들이
세계화의 파도에 그대로 노출되면서 순발력 있는 대응을 요구받고 있기 때
문이다. 자본과 생산의 다국적화로 지방정부가 세계화의 주체로 등장하면서
지방의 개방성과 통상경쟁력, 외국문화 수용능력이 세계화의 척도로 인식되
게 되었다. 이제는 지방브랜드의 중요성과 함께 '도시마케팅'에 이르기까지

지방자치단체의 대외관계가 강조되고 있다고 할 수 있다. 오늘날 이처럼 통상외교가 가장 강력하고 일반적인 형태의 지방외교이지만, 그 동안 세계의 선도적 지방자치단체들은 세계발전을 위한 국제협력을 강조하고 있다. 실제로 제2차 세계대전 이후 축적된 수많은 국제적 지방교류 사례들은 환경보호, 사회개발, 개발원조, 인권보장, 긴장완화, 평화건설 등의 영역에서 세계발전을 위해 기여하는 지방정부의 잠재력을 입증해 왔다. 이런 배경에서 1985년 지방자치 선진국들의 선도적 지방정부들과 NGO들은 "세계발전을 지방이 주도하자"는 슬로건을 내걸고 "Towns & Development"라는 국제협력네트워크를 결성하고 남북문제(North-South-Dialog)의 해결과 세계의 지속가능한 발전을 위한 지방정부들 간의 협력과 연대를 도모해 왔다. 21세기 들어와서 이는 '도시 간 협력(City-to-City-Cooperation)'으로 발전되어 세방화 시대의 지방외교를 정당화 시키고 있다.

여기서 지방외교가 일반화 된 독일에서 특히 '남북협력'과 관련된 지방정부간 발전교류협력(KEZ=Kommunale Entwicklungszusammenarbeit)을 중심으로 전개한 지방외교정책의 구체적인 대상영역들을 살펴보면 <그림 Ⅱ-4>와 같이 정리할 수 있다(Frey/Marthey, 148). 여기에서 볼 수 있듯이 지방외교정책은 근본적으로 네 가지 핵심 영역이 존재하는데, 그것은 국가관계나 연방주의 같은 상위 단계의 국면, 경제나 건축 등 전문정책 분야, 행정발전 및 행정혁신과 같은 관리기술적 현대화, 그리고 지역간의 공동협력 분야가 그것이다.

'지방 의제 21(Local Agenda 21)'로 유명한 지난 1992년 리우의 지구정상회의(Rio-Konferenz)는 국가차원을 넘어 지방정부의 중요성을 공언한 국제회의였으며, 1996년 UN 주도하에 이스탄불에서 개최된 도시정상회의(HABITAT II-Konferenz)는 환경과 인간정주(人間定住) 등 지구적 문제해결에 지방자치단체의 참여를 공식화한 회의였다. 이에 앞서 1995년 9월 네덜란드 헤이그에 모인 1,400여 명의 전세계 지방정부 관계자들은 "지방자치단체들의 세계: 국제협력의 지방적 쇄신방안"이란 주제로 열린 국제지자체연맹(IULA/ International Union of Local Authorities) 제32차 세계총회에서 탈냉전 시대 지방정부들의 국제협력방안을 구체적으로 논의하기도 했다. 1997년 아프리카의 동쪽 섬나라인 모리셔스에서 개최된 IULA 제33차 세계총회는

MIC에 대한 정책지침을 채택하였다. UN 역시 MIC의 잠재력을 인정하고 세계의 평화와 발전을 위해 지방이 동참할 것을 강조해 왔다.

이윽고 2000년 UN은 지방정부들과의 협력을 강화하기 위해 내부기구로 국제연합지자체자문위원회(UN Advisory Committee of Local Authorities)를 설치하였다. 나아가 리우회의 10년을 기념한 2002년 요하네스버그에서의 "리우+10회의(Rio+10-Konferenz)"에서는 지방정부의 대외관계를 공식화하기에 이르렀다. 최근 MIC에 대한 관심과 기대는 더욱 증대되고 있는 추세이다. 예컨대, 2002년 5월 이탈리아 로마에서 세계은행(World Bank)의 지원을 받아 열린 제1차 세방화포럼(Glocal Forum)의 핵심 주제는 "21세기 세계평화와 발전을 위한 지방정부, 특히 지방자치외교의 역할"이었다. 또한 통합된 지방정부의 역할강화를 위해 지난 2004년 봄에는 그동안 핵심적 국제기구였던 IULA와 UTO(United Towns Organization) 등 다른 여타의 지방정부국제기구들이 통합하여 새로운 "도시·지방정부연합(World Organisation of United Cities and Local Governments)"이라는 조직을 탄생시켜 지방외교의 활성화를 위한 새로운 지평을 열었다.

〈그림 II-4〉 지방정부간 발전교류협력의 대상분야

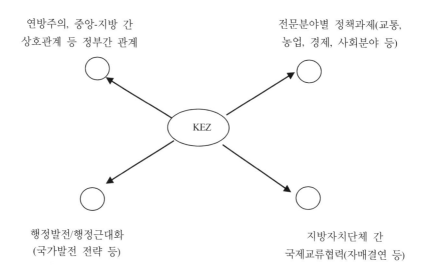

연방주의, 중앙-지방 간
상호관계 등 정부간 관계

전문분야별 정책과제(교통,
농업, 경제, 사회분야 등)

KEZ

행정발전/행정근대화
(국가발전 전략 등)

지방자치단체 간
국제교류협력(자매결연 등)

II. 지방자치단체의 세방화전략

1. 세방화와 지방외교의 논거

 지방외교를 설명할 때 역사적인 이유 내지 흐름을 이해하면, 먼저 현대에 있어서 주권국가의 능력이 퇴보하고 있다는 것을 의미하는 현상으로 이해할 수 있다. 글로벌화 시대에 발생하는 여러 가지 문제를 해결할 수 있는 능력을 주권국가가 잃어가고 있다는 것이다. 다시 말하면 국민의 안전이나 복지와 같은 기본적인 문제를 하나의 국가단위로 해결할 수 없는 상황이 발생하였으며, 국내정치와 국제정치, 국내경제와 세계경제가 서로 연동하며 상호의존하게 되었다. 그리고 인간의 사회관계의 평등화 현상이 급속하게 진전되었다. 여러 국가에서 국내정치 결정과정에 시민참가가 적극적으로 행하여지고 시민의 권리 요구 및 헌법에 보장된 참정권 보장이라든가 정치제도의 차원에서 평등화가 진행되었다. 이러한 두 가지의 역사적 흐름이 중복되어 주권국가의 능력 감퇴 현상이 나타나게 되었다(坂本義和, 1983: 17-18).
 기술진보 즉, 통신 교통의 스피드, 인간행위, 업무의 경계가 급속히 확대됨에 따라, 예를 들면 농업, 은행업, 교육, 제조업, 의료, 레저, 연구 등은 국경을 초월하고 있으며(새로운 형태로) 항공기, 원거리 통신 기술의 발달로 국제적인 네트워크으로 새로운 중심지가 형성되고 있다.
 그러므로 지구시민은 새로운 지구 시스템 가운데 여러 도시와 관계를 형성해 나가면서 새로운 지리학을 배워나가야 하고, 도시 간의 시간과 공간이라는 새로운 지리학을 만들어 내, 결국은 지구 시민의 지리적 이미지를 반영하지 못하였던 벽걸이 지도를 무용하게 만들고 있다. 우리들은 새로운 지구 시스템과 관련, 옛 지리학의 이미지를 가지면서 세계와 관계를 증진시켜 나가고 있다. 지금까지 주요시된 육상교통을 기초로 한 지리학은 최근 국제관계의 변화로 (대국, 소국) 인문지리학도 변화하게 되었다. 상호의존의 증대로 세계는 급격하게 변화하고 있으나, 그러나 국가는 이러한 폭넓은 변화에 대해 분석적 시점과 정보를 제공 하지 못하고 있는 것이 현실이다. 이러한 상황가운데 전개되고 있는 자치체 외교는 기존의 시스템과는 다른 차원의 시도임에는 틀림없다. 권력정치론적인 접근에서 상호의존론으로 국제정치 패러다임이 전환되면서 각국의 경제관계는 긴밀하게 되어, 결국 국가의 행동을 제약하는 시점을 제시하였다. 마찬가지로 1970년대 이후 초국가적 정치(Transnational Politics)의 국제정치 상황이 진행되는 과정에서 국가만이 아니라 다국적 기업이나 국가를 횡단하면서 활동하는 시민운동 등이 국제정치에 커다란 영향을 끼치게 되었다. 70년대 이후 적극적으로 전개된 일본의 자치체 외교도 기본적으로 탈 중앙적인 성격을 가지고 있으므로 글로벌화 상황 속에서 사람, 재화, 정보의 자유스러운 교류의 진전과 함께 활발하게 전개되었다.

2. 지방자치단체의 세방화

글로벌 시스템의 변용의 예로 1980년대 후반 사회주의국가의 붕괴를 이야기한다. 80년대 전반 신보수주의 혁명은 60년대 형성된 케인즈주의적인 큰 정부가 파탄에 이르면서 재정재건을 위한 작은 정부로 개혁을 실시하였다. 예로 영국의 민영화 정책은 정부에 의존하고 있던 경제시스템을 자립화시키기 위하여 민간 역활을 도입하여, 그러한 경제 원리로 60년대 형 산업구조를 개편하여 나갔다(예를 들면 레이건 혁명, 대처 혁명).

냉전 종식 후 글로벌 시스템의 변용으로 국민국가의 의미가 크게 변화하게 되었다. 그 결과 사회과학의 기초개념인 국가 구성 3요소인 영토, 주권, 국민도 많은 변화를 가져와, 지금까지 우리들이 분석개념으로 사용한 국민국가의 개념은 유효성을 잃어 갔다. 최근에 이르기까지 21세기 국민국가는 어떠한 방향으로 변용할 것인가의 문제는 현대인들에게 많은 문제제기를 하고 있다(薮野裕三, 1994: 153). 이러한 상황 가운데 현대 국가를 둘러싼 동향은 국민국가의 재편과 통합현상, 분기현상으로 전개되었다. 먼저 경제권은 미국을 중심으로 한 북미경제권과 유럽의 EU 경제권, ASEAN을 포함한 아시아 경제권으로 형성되었다. 그리고 일반 국가들은 재편의 방향과 통합의 방향으로 나누어지게 되었다. 물론 이러한 결과는 정치적 동기와 경제적 동기에 의해 촉발되면서 새로운 정치적 단위를 만들어 가고 있는 것이다.

〈그림 II-5〉 국가를 둘러싼 2가지 방향

```
기존의 연방국가 → 국민국가

기존의 국민국가 → 지역연합
```

자료: 荻野裕三, 1994: 155.

이러한 국민국가의 틀을 넘어 발생하는 운동이 바로 리저널리즘과 로컬리즘이라고 할 수 있다. 이 두 가지 운동은 위의 <그림 II-5>에서 보여주는 것처럼 국민국가의 범위가 한편으로는 국가를 초월하여 지역으로 확대되는 현상과, 다른 한편으로는 국가의 내부 즉 지방(로컬)로 그 활동 범위를 위양하는 방향으로 진행되고 있다.

국제관계 속에서 국가의 이미지는 일체성을 가지고 통치의 대상이었으며, 지켜야하는 대상이었고, 또한 경제활동의 장으로서 인간 활동의 적정한 규모로 인식되었으나, 과학기술의 발전으로 경제는 국경을 초월해 경제의 글로벌화, 인적·정보의 글로벌화 상태를 만들어 냈다. 동시에 국가대 국가가 행한 외교에서 그 형태를 국가와 시민, 지방이 점점 활발하게 움직인 결과 지방과 지방이라는 상호작용 네트워크를 형성해 나갔다. 이러한 현상은 바로 지방화시대의 도래를 말하는 것이며, 중앙정부의 보조 역할을 하였던 지방정부의 지위 향상을 말해주는 것이다.

과거 시민이 정부의 외교정책에 미치는 영향이 적었으나, 최근에는 아래 <그림 II-6>에서 보는 바와 같이 개개인이 글로벌한 문제에 접근하는 길이 상당히 열려있어, 자유스럽고 다양한 방법으로 접근할 수 있으며, 연대하면서 네트워크를 형성할 수 있게 되었다.

즉 국제사회 구조의 다양화로 정부의 기능도 다양하게 전개되고 있음을 알 수 있다. <정부 1>은 자치체, <정부 2>는 중앙정부, <정부 3>은 국제기구를 의미하는 구조 속에서 개인은 4가지 방법으로 각각 글로벌한 문제에 관심을 가질 수 있게 되었다.

〈그림 II-6〉 글로벌한 문제에 참가하는 길

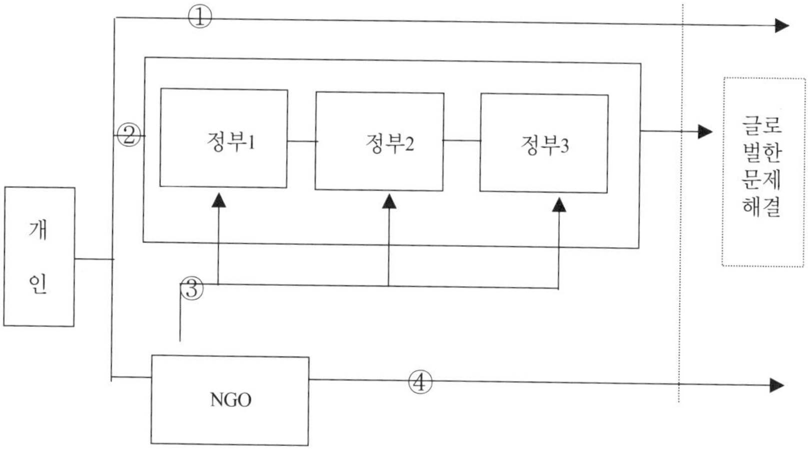

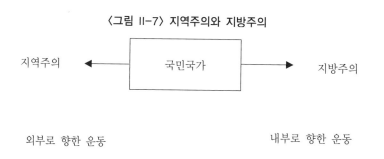

자료: 萩野裕二, 1994: 153-154.

〈그림 II-7〉 지역주의와 지방주의

지역주의 ← 국민국가 → 지방주의

외부로 향한 운동   내부로 향한 운동

자료: 萩野裕三, 1994: 156.

　그 결과 시민 한 사람 한 사람으로 구성되어 있는 자치체는 국제화 추진능력을 향상시킴으로써 지방자치단체가 보다 적극적인 지방외교를 전개할 수 있게 되었다. 그동안 일본이 전개한 자치체 외교를 살펴보면, 먼저 각 지방이 지구사회의 거점이 되어야 한다는 점을 강조하였다. 지역을 지구사회의 하나라고 인식하고, 지역주민은 지구사회의 일원이라는 목표로 지향하는 글로벌화 과정 속에서 이미 자치체 외교를 전개하였음을 알 수 있다. 그리고 자치체 외교의 중심은 시민이며, 시민교류의 사무국으로 자치체가 존재한다는 '시민화'가 이미 제창되어, 그것이 자치체 외교를 통하여 적용되는 민주화(Democratization)의 과정으로 이해되었다. 마지막으로 지방이 글로벌 시대의 주역이라는 것을 강조하면서, 자치체 외교의 실질적인 전개를 위하여 경제교류가 중요한 역할을 담당하여야 한다 점을 인식하면서 자치체 외교를 전개하였다. 이러한 의미에서 지방자치와 분권을 고려하는 로칼라이제이션(Localization)의 과정이었다고 이해 할 수 있다(民際外交10年史 · 企劃編輯委員會, 1990: 84).

20세기 국제시스템 가운데 자치체는 국민국가의 하위 구조에 불과하였으나, 21세기 글로벌 시스템 속에서는 국가를 대신하는 정치생활의 틀을 형성하게 되어, 자치체는 글로벌 시스템의 변화 속에서 새로운 행위자로 등장하고 있다. 이러한 변화 속에서 자치체는 지역주의 속에서 지역적인 정치단위로 일정한 힘을 발휘하게 되었으며, 다른 한편으로 로컬 차원에서 자치체는 경제기반을 충실히 해야 하는 책임감을 갖게 되었다. 이러한 양방향의 노력이 현재 일본의 자치체에게 요구되고 있는 것이 현실이며, 그러한 목적을 달성하기위하여 자치체 스스로 외교전략을 수립하여 자치체의 국제전략을 책정하기에 이르렀다. 그 결과 지금까지 국가의 하위구조에 불과하였던 자치체가 국가와 어깨를 나란히 하든가, 혹은 국가를 초월하여 21세기 글로벌 시스템을 구성하는 구성요소로 작용하여, 글로벌 네트워크를 만들어가는 행위자 역할을 담당하고 있다.

글로벌 시스템의 변용으로 국민국가가 새로운 상황에 직면하면서 지방정부는 격차를 보이며 어려움에 직면하게 되었다. 이러한 가운데 특히 국가의 한계성이 지적되고 있으며, 국가 간 분쟁을 억제하고, 국가를 초월한 경제의 활성화를 위해 지역의 역할이 중요하다는 인식이 증가하였다. 그 실례가 유럽의 EU경제권, 아시아 지역의 경제권, 북미지역의 자유 무역권 이 바로 그러한 것들이었다.

〈그림 II-8〉 21세기 글로벌시스템의 구성

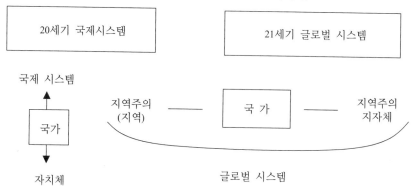

자료: 民際外交10年史·企劃編輯委員會 編, 『民際外交の挑戰－地域から地球社會へ』(日本評論社, 1990), 84쪽

　그러면 지방정부에게 있어서 세계화는 어떠한 의미를 가지고 있는가? 지방정부는 중앙정부가 행하는 정책체계와 행정의 하부구조로 통제의 수단으로 인식되었으나, 글로벌화의 진전으로 일본의 정치, 경제는 국가중심의 중앙집권체제의 한계를 드러내기 시작하였다(山口二郎, 2003: 18).

　첫째로 리스크 사회화의 비용문제로, 경쟁억제적인 규제로 상대적으로 고비용 사회가 정착되면서, 경제의 효율성이 저하된 결과 경제의 정체를 가져왔다.

　둘째로 룰의 표준화가 진행되는 가운데 재량정책의 폐단이 나타나게 되었다. 예를 들면 1990년 이후 일본의 관료나 정치가 스캔들이 발생하여 재량행위는 불투명하여 부패되기 쉽다는 인상을 가져다주었다. 그 결과 제도개혁을 실시하는 과정에서 유럽의 책임성 확보와 같은 제도가 집중 논의되었다.

　글로벌화의 의미가 다양하기 때문에 유효하게 정의하기 어려우나, 글로벌화라는 세계적 차원의 문맥에서 영역의 역할을 이론적으로 고찰하는 것은 중요하다. 글로벌화는 국민국가의 경계가 극복하여야 할 프로세스라고 정의한다면, 특히 경제, 문화 그리고 다른 여러 영역의 국제레짐의 거버넌스에서도 발생하고 있다. 다시 말해 글로벌화 현상은 영역시스템－특히 국민국가로 대표되는 특정의 영역시스템－의 외적 경계의 하강이나 침투 프로세스라고도 할 수 있다(Bartolini, 小川有美 역 2003: 33). 글로벌화의 영향으로 경제, 문화, 강제력, 정치행정을 단위로 한 경계3)의 4가지 차원에서 요소의 이동가능성이 발생하고 있다. 예를 들면, 시장건설과 경제경계 형성 과정에서 초점이 되는 것은 일정한 지리영역에서 거래의 개방성, 소유권 협정의 관련사항, 교환의 선택수단, 여러 요소의 이동가능성이며, 문화적 경계는 주민의 여러 가지 특징으로부터 성격이 이루어지는 구성원의 공간을 말하며, 강제력 경계란 유일한 지방권위가 통치하의 주민에 관한 물리적 강제의 궁극적인 권리를 행사하는 지리 공간을 의미하며, 정치·행정 경계는 교육시스템이나 복지시스템, 노동시장, 법원의 관할과 같은 기능적인 레짐과 규제시스템을 구분하는 기본적인 법적 경계를 규정한다.

일반적으로 일상적 경험과 역사적 기억이 서로 다르므로 이러한 여러 경계를 분석적으로 구별하기는 어려우나, 글로벌화의 영향으로 (1)국내 제도적 행위자(지방, 지방정부), 집단적 행위자(기능적 및 회원에 기초한 집단) 그리고 개별적 행위자(기업. 단체, 개인)가 국민국가의 외부 자원에 접근하는 능력을 상당히 확대 시켰으며, (2)국가와 그 영역적 상하 질서(주권국가의 정치적 권위)가 경제, 문화, 행정 나아가 강제력 분야에 있어서 경계의 초월 차원을 자주적으로 규정하고 조정하는 능력을 상당히 잃었다. (3)퇴출의 선택수단과 영역외의 자원으로의 접근을 다양한 형태로 배분하였다(Bartolini, 2003).

자치체의 지방외교는 글로벌화의 영향으로 중앙과 주변이라는 차원을 넘어 보다 열린 공간속에서 새로운 모색을 하지 않으면 안 되게 되었다. 전지구적 차원에서 전개되는 다양한 경계의 변화에 적응하기위하여 일본의 자치체는 20세기의 중앙-지방정부라는 구조의 틀을 극복하면서 새로운 구조를 재구축하기에 이르렀다.

---

3) Stefano Bartolini는 닫혀진 코드와 규칙을 위미하는 것으로 설명하고 있으며, 근대 국민국가는 여러 경계건설 과정의 통합이라 주장한다.

3. 세계화모델 선행사례

왜 지방자치단체가 세계화를 진행하기 위하여 자치체의 국제화 전략을 수립하려고 하는가? 이러한 문제는 기존의 국민국가의 유효성만을 강조해 온 연구에 커다란 도전이라고 할 수 있다.

글로벌화의 결과 일국 통치에 한정되었던 지역이나 국민, 기업이 스스로 한 나라의 범위를 초월해 활동하게 되어, 결국 국가의 정책의 유효성이 저하되게 되었으며, 한 국가를 단위로 하는 정책에서는 너무 작거나 혹은 너무 크다는 문제를 안고 있다. 환경문제나 난민문제, 금융문제 등은 한 나라 혼자서 대응하기는 정책적인 한계가 있고, 지역에 대한 정책은 한 국가단위라는 시점에서 너무 크므로 주민들의 필요에 적절하게 대응하지 못하게 되었다. 그 결과 국가와 세계, 중앙정부와 지방정부의 관계 재구축은 중요한 의미를 갖는다. 행·새성의 문제만 아니라 국경을 초월하여 활동하는 비정부단체나 다국적 기업의 활동을 위해서도 중요한 문제이다(宮脇 淳, 2003: 67).

글로벌화의 전개는 영역의 벽을 넘어 자금과 인재, 정보와 같은 경제자원이 자유로이 이동하므로, 지방은 여러 가지 심각한 상황에 직면하게 되었다. 현재 일본의 지방자치단체의 현상은 인구의 과소화와 고령화 현상이 현저하고, 지역 산업육성이 어려운 상황에 직면해 있다. 이러한 상황 속에서 지역 활성화 정책은 21세기의 새로운 지역재생 정책의 중심을 이룰 것이다(薮野 裕三, 1994: 146).

일본에서는 고도 성장기 중화학 공업정책을 통하여 지방의 공업도시가 형성되고 경제성장을 이룩한 경험을 가지고 있다. 그러므로 앞으로 일본의 지방정부의 세계화 전략 또한 이러한 역사적 경험을 바탕으로 전개하면서 새로운 개념 아래 자치체 경제 외교를 전개하였으므로, 일본의 자치체 국제전략은 글로벌 시스템의 변화를 이해하면서 자치체의 활성화 및 모델화 작업을 전개 할 것이다.

최근 일본의 자치제 외교는 ODA 예산의 일부를 위탁받아, 지방자치제가 지주성을 살려 환경보전, 도시계획, 보건의료 등 민생분야에서 국제협력을 촉진하는 방향으로 전개되고 있다

〈그림 II-9〉 활성화와 국제화의 관계

호황 지역	국제화=활성화의 결과
불황 지역	국제화=활성화의 수단

* 자료: 薮野裕三, 1994: 150.

　이러한 움직임은 자치체들의 월경협력이나, 연합에 관한 다국 간 조약을 염두에 두고, 국제협력 기본법 제정을 하면서, 다른 한편으로는 지자체의 국제 활동에 관한 국내법 정비, 지방사회의 대외교류를 위해 지역인프라, 인재육성 촉진 이 불가피함을 인식하는 유럽의 모습과는 많이 다르지만 과거 자매교류 중심의 교류로부터 많이 진전된 모습으로 이해 할 수 있다.

　앞으로 일본의 자치체 전략은 다원적 외교의 중핵으로 국제협력의 다원화를 통하여 국민참가형 국제협력 가능성을 모색하면서, 특히 ODA로부터 지방자치체 차원에서 국제협력을 적극적으로 전개한다면 ODA 정책의 새로운 가능성을 기대할 수 있을 것이다(吉田 均, 2001: 3).

III. 지방외교정책의 내용

1. '풀뿌리 외교정책'의 전개과정

　통상 사무 또는 기능으로 불리우기도 하는 행정과제(Verwaltungsaufgaben)란 한마디로 "행위수행자의 행정목표(Verwaltungszweck eines Handlungstraegers)"를 가르키는 것으로 개념화 할 수 있다. 이에 따라 독일에서 국가행정은 공공과제의 서비스에 바탕을 두게 된다. 전통적으로 유럽, 특히 독일에서는 정치체제와 관련하여 국가기능(국가사무)을 다음 네 가지 기본바탕 위에서 이해하였다:
- 질서유지 및 규율기능
- 방위·안보기능

- 조정과 서비스 기능
- 국가형태와 연관된 기능

  이러한 측면을 고려하여 독일의 공공행정을 문화횡단적인 비교 관점에서 특성화 시킨다면 전형적인 고전적 행정체제라고 표현할 수 있는데, 이 말은 이미 베버(M. Weber)가 규정했던 것처럼 오늘날 독일행정의 내부적인 질서체계 역시 전통적인 고전적 관료제에 뿌리내리고 있다는 것이다. 따라서 관청의 우월한 권능이라던가 계층제적 관청구조, 문서위주의 행정행위, 규정지향적인 행정지도, 직업공무원제도 등의 특징이 일반적으로 나타나고 있다. 특히 이러한 행정행위를 표출하기 위하여 독일헌법차원의 기본원칙은 자유주의적이며 동시에 사회주의적 법치국가라는 혼합된 기본모형을 구축하고 있다. 이와 같은 고전적 행정체제의 현실적용은 독일만이 아니라 유럽대륙의 서구민주주 국가에서도 나타나는데, 특히 행정전통이 강한 프랑스와 오스트리아가 그 예이다. 나아가 이와 같은 원리는 현대에 와서 유럽연합(EU)의 행정메커니즘에서도 나타난다. 한마디로 국가 전체의 관점을 강조하고 있다는 것이다.

  독일에서 지방자치단체의 대외관계, 즉 지방외교정책에 대하여는 이미 오래전부터 연구되고 실천되어 왔다. 그러나 정치·사회적인 관점과는 달리 법적 측면에서는 오랫동안 논란을 야기 시켰는바, 그 이유는 독일기본법(GG)이 명시하고 있는 "외교 관계의 처리는 연방의 소관이다"(제32조 제1항)라는 헌법규정 때문이었다.

  그러나 독일 연방의회는 일찍이 지방자치단체 차원의 대외교류 중요성을 인식하여 헌법개정까지 주장하였으니, 연방의회특별위원회는 "국가중대사가 아닌 일상적인 사안과 관련된 지방자치단체(시, 농촌게마인데 등)의 대외국관계는 국가의 외교관계처럼 일반적인 의미가 부여될 수 있으며 그것은 위헌적이라기보다 오히려 환영할 만한 일이다"라는 입장을 최종 정리하기에 이르렀다. 특히 동서독 분단시절 다른 서방국가들과는 달리 논쟁이 가열되었던 동구권 국가와의 지방외교 관계, 예를 들어 폴란드 지방정부와의 자매결연이나 시민이나 NGO 이니셔티브에 의한 "공동의 비핵지대(Atomwaffenfreie Zonen) 운동" 등과 관련해서도 이 논리가 적용되었다.

　독일의 지방자치이론, 즉 국가위임설의 근본적인 입장을 고려할 경우 지방자치단체의 대외교류관계는 국내법상의 합법성문제뿐만 아니라 국제법상의 문제도 야기 시킨다. 우선 지방자치단체 간에 형성된 조약의 국제법적인 문제는 다음의 세 가지로 요약할 수 있다:

- 과연 지방자치단체가 자신의 이름으로 국제법상의 조약을 체결할 수 있는가?
- 지방자치단체는 연방이 위임할 경우 국경을 초월하여 독자적으로 조약을 체결 할 수 있는가?
- 지방자치단체 간의 자매결연조약은 궁극적으로 소위 "초국가적인 국제법률행위 (Transnationales Rechtsgeschaeft)"로 인정할 수 있는가?

　이와 같은 근본적 질문에 대한 해석은 원칙적으로 외교정책이 연방소관인 것이 사실이나, 특별한 사안의 경우 연방은 주의 의견을 들어 조약을 체결할 수 있다는 헌법규정에서 출발한다(독일기본법 제32조 3항). 이러한 "외교권의 분권화 논리"에 의거하여 연방헌법재판소는 이 개념이 기초자치단체인 게마인데와 시에도 적용가능성이 있음을 인정하였다. 나아가 도시 간 조약 체결이 소위 준국제법적(quasi-voelkerrechtlich) 혹은 초국가적(transnational)인 법규로 인정 되는지와 관련하여, 통상 도시 간 조약은 특수한 법기초로서의 고유한 계약법(lex contractus)으로 인정하고 있다. 이 말은 원칙적으로 자매결연조약을 일반적인 국제법이나 국내법 차원으로 이해하는 것이 아니라 총체적인 법 기본원리에 입각하여 조약 성격이 있는 것으로(pacta sunt servanda) 본다는 것이다.

　한편 지방자치단체 간 조약의 국내법적인 문제와 관련해서는 다음과 같은 세 가지 문제제기가 가능하다:

- 이를 과연 사법상의 계약으로 볼 수 있는가?
- 도시 간 결연조약을 공법상의 계약관계로 볼 수 있는가?
- 조약이 해당 국내법과 연관될 경우 과연 국가는 대외적인 의무가 있는가?

　개인간 파트너십과는 달리 자치단체간 조약은 일단 사법상의 성격, 즉 단순하게 일반적인 "사적 이웃관계"로 불 수 없다. 따라서 도시 간 자매결연조약은 결국 국가법과 헌법차원에서 볼 때 공법상의 계약으로 이해된다. 한편

대외적 의무관계는 쌍방의 법률관계가 한쪽의 선언으로 파기될 수 있는 경우, 국가의 의무조항은 존재할 수 없다고 하겠다. 이러한 법적인 논란에도 불구하고 그동안 독일 지방자치단체의 대외관계는 계속 발전되어 왔다. 1947년 서독과 영국의 지방자치단체 간에 공식적인 최초의 자매결연이 맺어진 이후(Hannover- Bristol), 1950년에는 프랑스 꼼뮌과 서독 게마인데 간의 최초 자매결연이 조인되었으며(Ludwigsburg-Montbeliard), 이후 지속적으로 확대되어 양국은 가장 많은 지방교류를 실시하는 상대국가가 되고 있다. 제2차 세계대전 등 독일과 프랑스 간의 뿌리 깊은 갈등을 '지방외교'를 통해서 극복하고 있는 사례이다. 특히 지방문화차원의 교류관계도 중요하지만, 전쟁후유증을 완화시키고 국가와 민족간 이해를 도모하며 사회적 이해증진에 자매결연이 실제로 큰 역할을 담당해 왔다.

2. 지방외교의 법리론

글로벌화에 대해 각국은 구조적 대응책을 하지 않으면 안 되었다. 이것이 바로 민주주의의 민주화 즉, 탈 중앙집권화라고 할 수 있다. 다시 말해 글로벌화는 위로부터 아래로 권력위양뿐만 아니라 아래로부터 위로의 권력위양을 하지 않으면 안 된다는 논리를 제공하였다. 이러한 민주화의 양 방향은 국가권력을 재구축하는 조건을 정비하는 것이다. 그러므로 지방정부는 효율적인 활동을 하기 위하여 보충성(Subsidiarity)[4]이라는 측면에서 지방외교를 실시하기 위한 환경과 전략을 만들어 나가야 한다. 지방분권화의 문제, 자치체로부터 중앙정부로의 권한위양 균형관계가 유지되지 않는 한 지방분권화는 단지 분열현상으로 보여 진다. 지방분권화 그 자체가 민주화가 아니라 민주화에 기여하는 분권화가 되어야 한다는 것이다(기든스, 1999: 136).

일본에서 자치체 외교의 법리론이 논의되는 것은 외교권은 국가의 전권이며, 지방자치단체는 조약의 체결권이나 내각에 속하는 외교관계의 처리 등

---

4) 앤서니 기든스에 의하면 보완성이라는 것은 초강대국에서도 단지 자유무역권형 태도 아닌 정치적 질서를 재구축하는 이념임과 동시에 국가의 영향력을 쇄신하기위한 개념이라고 설명하고 있다(『第3の道』, 日本評論社, 1999). 128쪽

외교권을 갖지 못하나, 헌법상으로 내각 이외의 다른 주체가 정치적, 기능적 의미에서 외교관계를 행하는 것에 대해서는 금지하지 않고 있다. 헌법상 내각에 속하는 외교관계에 대해서는 외무성 설치법 2조에서 언급하고 있으나, 글로벌화가 진행되는 시대에 대외관계 사무 처리는 외무성만이 아니라 각 분야의 행정에서 담당하지 않으면 안 되게 되었다. 다시 말해 내정과 외교를 구별할 수 없는 상태이므로 일본의 외무성만이 아니라 다른 중앙성청에서도 국제관계 업무를 담당하는 조직을 두고 실제적으로 국제교류나 대외관계에 관여하고 있다. 이것은 바로 일본의 대외정책이 다원화되면서 정부의 대응 능력이 저하되고 있음을 지적할 수 있다. 그 결과 대외정책추진체제의 정비가 행정개혁의 대상이 되었다.

종래의 국제법의 일반원리나 헌법이론으로부터 보면, 지방자치단체는 국제법상의 법주체가 되지 않으므로, 외교권은 국가의 전권에 속한다는 것이다. 일본의 헌법학에서도 외교권은 국가의 전속사무이므로 지자체에는 외교관계를 처리하는 권한이 없다는 것이다.

자치체 외교론을 국가차원의 전권적 외교권으로부터 분리시켜, 외교권을 분권화시키려는 이론이다. 다시 말해 외교권은 국가의 전권이아니라, 지방자치단체를 포함한 다양한 주체에 의해 외교권이 중층화 되어 있다고 지적한다. 이 이론에 의하면 국제교류나 대외관계의 당사자가 외무성만이 아니라 지방자치단체, 기업, 정당, 시민단체, NGO, 경제단체, 노동조합 등 다원화 되고 기능적으로 분화되어야 한다는 것이다. 그러나 이 이론은 법률론으로는 성립하기 어려우나 정치학적, 기능론적인 시점에서 다루어지고 있다. 이러한 관점에서 보면 일본의 지방자치체는 국제법상의 법 주체 또는 행위능력을 가지지 못하므로 독립의 외교권은 가질 수 없게 된다. 특히 일본의 자치체가 외국의 자치체 혹은 주 사이에서 맺은 협정서는 헌법 및「조약법에 관한 비인 조약」이라는 조약도 아니며, 천황의 인증을 필요로 하는 외교문서도 아니라는 것이다. 그리고 각 지방자치단체가 대외관계 업무를 처리하기위하여 외국의 자치체에 직원을 파견하고 상주시키고 사무소를 두는 것도 외교관계에 관한 비인조약에서 정한 특권이나 면제를 받는 것도 아니라는 것이다(成田賴明, 1993: 548-549).

3. 도시(지방자치단체)자매결연

지방외교는 일반적으로 국가간의 외교관계와 직결되기 때문에 대부분 '정치성'을 배제하려는 노력을 기울이고 있다. 법적으로 지방외교를 사법상의 계약관계로 이해하려는 시도도 바로 정치적인 부담을 덜려는 노력이다. 그러나 이러한 접근을 좀더 넓게 보면 국가 차원에서는 오히려 법적인 부담은 덜고, 지방외교를 '정치적으로' 이해하는 것이 중앙–지방은 물론, 국가 간에도 서로 운영을 쉽게 하는 경향이 있다.

이와 관련된 구체적인 방식이 바로 도시(지방자치단체) 간 자매결연인데, 정치적 선언(Politische Absichtserklaerungen) 으로서의 도시자매결연을 다음과 같이 정리할 수 있다:

- 법률적 검토가능성(Rechtliche Ueberpruefbarkeit)
- 초법률적 연합(ausserrechtlichen Vereinbarungen)의 관계: 신사협정 (Gentlemen's Agreements), 비법적조약(Nichtrechtsvertrag), 경성 법(soft law) 등

1) 도시자매결연의 의미

지방외교의 가장 대표적인 형태로 인정되고 있는 지방자치단체 간의 "도시자매결연은 제2차 세계대전의 종전과 함께 본격적으로 시작되었다. 1950년 스위스의 셀리스버그(Seelisburg)에서 창설된 RGRE(Rat der Gemeinden und Regionen Europas)의 주도로 지방 차원의 완전히 새로운 관계모형이 제시 되면서 시작 되었다고 할 수 있다(Pawlow, 1990: 11). 이후 지금까지 전 세계적으로 지방자치단체 간 자매결연이 보편화 되고 있음에도 불구하고, 사실 여전히 '도시자매결연'의 개념은 공유된 한마디로 정의하기가 어려운 상황이다.

여기서 '파트너십(독일어: Partnerschaft)'이란 한마디로 "전체의 일부분으로서 참여를 인식하고 수용하는 것"(HdSW, Bd.8: 217)으로 정의되는데, 이런 개념에서 프랑스어의 'jumelage', 이탈이아어의 'gemellaggio', 영어의 'twinning',

스페인어의 'hermanamiento' 등이 같은 개념이다.

이 때문에 독일의 지방자치단체연합에서도 도시자매결연을 도시친목관계 (Staedtefreundschaft), 도시교류(Staedtekontakt) 등으로 조금씩 상이하게 이해 하고 있다(Pawlow, 1990: 11).

- 파트너관계가 자매결연(Verschwisterun)이라는 일반적인 개념으로 정착
- 교류(Kontakt)라는 개념이 또 다른 지방간 관계개념으로 정착
- "파텐셰프트(Patenschaft)"는 연대행동 등 보다 진척된 지향개념

도시자매결연의 체결은 외교라는 미묘한 개념 속에서 법적인 고유 개념을 확보하기가 쉽지 않은 상황이다. 최소한 지금까지 공유하는 법적인 개념정 의들을 요약하면 다음과 같다.

- 사법상의 계약(privatrechtliche Vertrag)으로서의 도시자매결연 체결
- 국내법적-공법적 계약(innerstaatliche oeffentlich-rechtliche Vertrag)으로 서의 도시자매결연 (i.S.d §54 S.1 VwVfG)
- 공법상의 조약으로서의 도시 간자매결연협정: 협정/협약(Verreinbarungen) 의 법적 관계

2) 도시자매결연의 전개과정

지방외교의 대표적인 형태인 도시자매결연은 제2차 세계대전이 중요한 계기가 되었다. 전통적인 지방외교로서의 자매결연(jumelage)은 유럽의 경우 3단계를 거쳐 발전되어 왔다.

자매결연의 기원이 되는 제1기의 경우는 한마디로 평화와 화해를 위한 풀 뿌리 교류를 지향했다고 할 수 있는데, 특히 독일과 프랑스의 경우 유럽의 화해와 재건에서 유럽통합과 번영의 토대를 구축하는 기반으로서 지방외교 정책을 처음 적용 했다고 할 수 있다. 이러한 지방자치단체 또는 도시 간 파 트너십과 함께 발전도상국과의 지방정부 간 발전협력을 통한 지방의 세계화 전략이 제2기에 해당하는데, 이때는 개발도상국 도시 원조형의 국제교류가 중심이 되었다는 특징이 있다. 그리고 오늘날의 제3기 지방외교는 도시 간 국제교류의 내실화, 다양화, 실리추구를 지향한다는 특징이 있다.

특히 독일의 경우는 이와 함께 동서독 통일에 따른 민족과 사회통합의 기 저로 지방외교정책이 활용되고 있음을 볼 수 있다. 여기서 독일 지방외교의

<표 II-1> 독일 지방외교의 발전단계

시 기	단 계	지역적 중점
1949년 전	"재교육", 개별적 화해기	스위스, 미국, 영국
1950년대	자매결연 부흥기, 의사소통기능	서유럽, 프랑스(1958년부터)
1960~1975	프랑스와 자매결연 활황, 단순 의사소통과 이해로부터 상호문화간 교류관계로의 과도기	프랑스(1963년부터), 제 3세계, 동유럽(1976년부터)
1975~1990	구조변화기 (상징적 정책에서 협력으로의 과도기), 새로운 중점분야와 지역이 등장	서유럽 (협력체계로의 구조변화가 중점), 남유럽, 제 3세계, 구동독(1986년부터)
1990년 이후	동유럽과의 자매결연 부흥기 (경제원조), 서유럽에서 새로운 협력모델 발전(도시네트워크 구성) 개발도상국 및 중국과의 발전협력 모델	서유럽, 동유럽, 개발도상국, 중국

발전단계를 정리해 보면 <표 II-1>과 같다.

지난 1992년 리우의 지구정상회의(Rio-Konferenz)는 국가차원을 넘어 지방정부의 중요성을 공언한 국제회의였으며, 1996년 UN 주도하에 이스탄불에서 개최된 도시정상회의(HABITAT II-Konferenz)는 환경과 인간정주(人間定住) 등 지구적 문제해결에 지방자치단체의 참여를 공식화한 회의였다. 1997년 아프리카의 동쪽 섬나라인 모리셔스에서 개최된 IULA 제33차 세계총회는 MIC에 대한 정책지침을 채택하였다. UN 역시 MIC의 잠재력을 인정하고 세계의 평화와 발전을 위해 지방이 동참할 것을 강조해 왔다. 이윽고 2000년 UN은 지방정부들과의 협력을 강화하기 위해 내부기구로 국제연합지자체자문위원회(UN Advisory Committee of Local Authorities)를 설치하였다. 나아가 리우회의 10년을 기념한 2002년 요하네스버그에서의 '리우+10회의(Rio+10-Konferenz)'에서는 지방정부의 대외관계를 공식화하기에 이르렀다. 최근 MIC에 대한 관심과 기대는 더욱 증대되고 있는 추세이다. 또한 통합된 지방정부의 역할강화를 위해 지난 2004년 봄에는 그동안 핵심적 국제기구였던 IULA와 UTO(United Towns Organization) 등 다른 여타의 지방정부국제기구들이 통합하여 새로운 "도시·지방정부연합(World Organisation of United Cities and Local Governments)"이라는 조직을 탄생시켜 지방외교의 활성화를 위한 새로운 지평을 열어가고 있다.

IV. 지방외교(정책)의 내용과 논리

1. 지방외교정책의 내용

지방자치단체의 외교는 중앙정부가 행하는 국익중심의 외교만이 아니라 지방자치체 고유의 영역에서 전개되고 있다.

자치체의 외교정책 영역은 자치체가 직면한 여러 가지 상황과 직접 관련되어 전개된다. 지차체 외교는 자치체가 상정하고 있는 이념과 지역주민의 요망에 의해 전개되는 것이 보통이다. 그동안 일본의 지방자치체 외교는 각각 자치체가 상정한 구상과 추진체계 보다는 국가가 정한 메뉴얼에 따라 진행되었다. 그와 관련된 정책들을 보면 대체로 자매교류를 중심으로 하면서, 국내의 산업구조와 국토종합개발이라는 측면에서 진행되었다.

1980년대 이후 전개된 자치체 외교는 국제교류의 주체가 국가에서 지자체로 나아가 개인으로 확대되면서 지방화와 국제교류의 활성화 및 국제화를 전전시켰다. 다시 말해 자치체 외교의 전개가 종래 국가만을 주체로 한 국제교류가 갖지 못한 폭과 깊이를 낳고 있기 때문에 보다 지구적인 교류가 형성되고 지방화가 국제교류의 국제화를 촉진시키게 되었다. 그 결과 국제교류의 존재방식이 현저히 다양화되고, 자치체 외교의 목적·방법·담당자라는 측면에서 특히 주민들의 구상이 각각 유니크한 독자성과 특성을 보이기 시작하자 더욱 주민참가의 정도가 늘어나고 자치체 교류도 활발하게 전개 되었다.

그동안 자치체 외교의 내용은 대체로 자매교류, 국제협력, 국내에서의 국제교류, 비핵·평화 등등의 영역에서 전개되어 왔고, 최근에는 자치체가

NGO의 역할을 하면서 보다 적극적인 자치체 외교가 전개되고 있는 것이 현실이다. 자치체 외교 정책은 자치체가 직면한 상황을 극복하기위한 것으로부터 출발하여 현재는 국제협력을 보다 실천적으로 진행하는 수준에까지 이르렀다. 예를 들면 경제정책에 있어서 국가의 무역수지가 적자 상태에 놓이면 곧바로 지역경제에 영향을 주므로, 자치체 의원 등이나 자방공무원들은 수출촉진과 해외자본 도입에 관심을 갖기 시작한다. 이러한 경우 자치체 차원에서 개발, 외국 무역을 담당한 경험이 부족하므로, 지역상공회의소와 협력하여 해외무역진흥사절단 파견, 수출 촉진책을 강구하기 위하여 해외자본 유치 담당 부서를 증가시키면서, 활동목표인 지역의 고용증대, 지역 경제진흥, 국제적 활동이 지역으로부터 시작 되어, 지역인의 손으로 진행되게 하기 위하여 자치체는 노력하였다.

또한 거대도시가 대체로 국제무역이나 투자를 실시하므로 상대적으로 자치체는 국가와 도시사이의 깊은 골을 극복하여야 하는 상황에 있다. 그러므로 자치체는 지역 활성화를 실현할 수 있는 수단들을 개발하면서, 적극적인 경제외교를 통하여 어려움을 극복해 나가는 전략을 수립하여야 한다. 최근에는 국제문제를 시정의 의제로 다루기도 하여 자치체 외교문제가 지방선거의 쟁점(시민의 선거 캠페인)이 되기도 하면서 지자체 외교의 중요성이 강조되고 있다(Alger, 吉田新一郎 訳, 1987: 65쪽 이하).

종래 국제교류는 국가의 전결사항이었기 때문에 지방자치단체의 국제교류 현상과 문제는 다양하게 문제제기 되었지만(鈴木佑司, 1983: 203-205), 오늘날 국경을 초월한 교류의 눈부신 발전, 역사적 변화, 지방과 지방 국제교류, 시민과 시민의 국제교류, 민제외교의 개념화로 지방자치체의 외교는 활발하게 진행되고 있으며, 중앙정부의 외교를 보완할 수 있는 대안외교의 차원을 넘어 독자적인 외교영역을 구축해 나가고 있는 것이 현실이다. 오늘날 경제의 국제화로 민간기업의 해외진출 사람·금융·정보의 국제화로 이윤추구의 결과 새로운 국제관계의 사회와 경제적 기반이 형성되어가고, 지자체는 이러한 사회 경제적 기반위에서 새로운 국제관계 그 가운데 국제교류 지방자치체에 의한 국제교류 활동을 전개하여야 한다. 다시 말해 그동안 자치체의 국제교류의 다양성은 국가의 국제교류에 대체, 보완하는 역할을 맡아 왔으나, 자치체 외교는 국가의 국제교류와는 다른 차원에서 교류 개척, 기업 활동 관련(지역산업육성), 비경제적인 목적으로 전개되고 있다. 각 자치체 차원의 차이가 있음에도 불구하고 도도부현, 시정촌은 다양성을 살려가며, 국가와는 별개의 주체로, 다양한 국제교류의 담당자로 등장하였다는 것은 주목할 만하다.

과거에는 인권보다 주권이 우위에 놓여 있었으나, 21세기 글로벌 시대에는 국가보다는 지방자치단체가, 주권보다는 인권이 중요시되는 시스템으로 전환하고 있다. 그러므로 자치체의 국제전략은 탈근대의 가치실현을 하기위한 것이어야 한다(薮野裕三, 『自治体の國際戰略』: 166-167). 구체적으로 인권문제, 여성문제, 환경문제, 고령화문제 등 경제개발과 경제성장을 기축으로 하였던 20세기 시스템이 무관심 했던 문제들을 자치체는 글로벌 전략 속에 넣어야 한다. 그러나 현재 진행되고 있는 일본의 자치체 전략은 아직까지 성장위주의 경제 활성화를 중심으로 한 전략을 계속하고 있다. 예를 들면 국제회의장 설치, 싱크탱크의 창설, 공항 건설 및 정비, 도속도로나 신칸선 유치등이 대표적이며, 지방산업의 육성화를 위한 것들이 대분이다. 그러나 앞으로 일본은 고령화, 과소화가 진행되므로 기간산업을 이용할 인구가 상당히 격감하게 된다. 이러한 문제에 어떻게 접근할 것인가 새로운 문제로 제기되고 있다.

또한 자치체 중에는 지역경제를 활성화시켜 활발한 기업 활동이 가능하게 한 지역이 있는 반면, 산업공동화나 인구유출로 지역사회가 심각한 상황에 있는 자치체도 많이 있다. 구조개혁 특구제도 활용이나 지역재생·고용창출 사업계획도 진행되고 있지만, 단기적으로는 수익확보나 다른 지역과의 차별화만이 아니라, 지역문화 등에 뿌리내린 장기적인 관점에서 지역산업육성이나 지속가능한 지역을 주민참가로 만들어 나가는 것이 필요하다. 지역의 고용창출·활성화를 위한 시책으로 지역생활기반을 재생하는 예를 들면, 공공사업으로 전환, 농업 재확립과 도시교류, 안심한 식품·식재료를 확보하고 제공 가능한 행정, 임업의 재생·삼림보전, 수산자원의 보전·재생과 어업진흥, 지역 노동 행정 확립, 그리고 시민과 협동에 의한 지역만들기·일자리 창출 등이 지방자치체의 과제로 들 수 있다

2. 지방자치발전과 지방외교정책

지방자치 선진국들과는 달리 우리의 경우 '지방외교'는 용어 자체가 아직까지도 생소할 정도로 초보적인 단계이다. 잘해야 지방의 국제화는 형식적인 자매결연 정도이며, 그나마 세계화를 주도하는 기관이나 자치단체장들이 있어 유지되고 있는 실정이다. 우리나라의 지방자치단체가 21세기 동북아가 직면하고 있는 다양한 도전들에 창의적으로 대응하여 지방외교를 제대로 실천하기 위해서는 적어도 다음 몇 가지 개혁과제를 실천해야 할 것이다.

우선 세계화를 주도하기 위한 21세기 지방외교의 그랜드 비전을 정립하는 것이 중요하다. 언뜻 보기에 한낱 지방자치단체가 지방외교를 말하는 것이 지나치게 낭만적이고 공허하게 들릴 수 있다. 그러나 이미 세계의 선구적 지방정부들은 이런 원대한 비전을 품고 국제협력을 실천하여 세계를 변화시켜 왔다. 1940년대 말 프랑스와 서독의 정책결정자들은 전쟁의 상처를 아물게 하고 상호이해와 우의를 다질 목적으로 프랑스와 서독의 도시들 간에 '1,000개의 자매도시 결연운동'을 전개하여 유럽시민의식을 함양하는 데 기여하였다. 과거 서독 도시들의 끈질긴 노력의 결과로 1986년 시작된 동서독 도시들의 자매결연이 양독(兩獨) 주민들 간에 우의와 신뢰를 쌓아 통일의 가교역할을 수행하였고, 나아가 통일 이후에는 국민통합에 크게 기여한 것은 우리에게 타산지석의 교훈을 시사한다.

다음으로 지방외교의 성공에는 돈독한 민관(民官)파트너십의 형성이 필수적임을 인식해야 한다. 시민사회는 지방외교정책 추동하는 힘일 뿐만 아니라 사업의 내용을 풍부하게 만들고 사업을 일관되게 지속시키는 원동력이기 때문이다. 지방외교에 있어서 민관파트너십의 핵심은 충실한 시민참여의 보장이다. 특히 제3세계와의 발전지원사업을 모범적으로 추진해 온 독일의 본(Bonn)시는 우즈베키스탄(Buchara), 중국(Chengdu), 볼리비아(La Paz), 브라질(Petropolis), 벨로루시(Minsk), 몽골(Ulan Bator) 지방정부들과 자매결연을 맺어 지속가능한 발전, 평화, 인권, 환경보호에 관한 지방외교계획을 수립하여 적극적으로 실천해 오고 있다.

이처럼 전후 50년 동안 구서독 수도였던 본이 추진해 온 지방외교의 성공

비결은 계획수립 초기부터 모든 시민과 함께하고 시민단체들을 참여시켰으
며, 이들이 자유롭게 의견을 개진하고 비판할 수 있는 지방외교정책심의회
를 지속적으로 개최한 데 있는 것으로 평가되고 있다.

　또 다른 실천과제로 지역주민들이 국제협력의 중요성을 일깨우고 배운 것
을 행동으로 옮기도록 동기부여 하는 체계적인 민주시민교육(독일의 정치교
육/Politische Bildung, 미국의 시민교육/Civic Education, 등)이 절실히 요구된
다는 점이다. 지방외교정책을 적극 추진해온 선도적 지방정부들은 일찍부터
일반적인 시민성 발전교육(Grassroots Development Education) 또는 구체적인
분야로서 예를 들면, 지속가능성 교육(Sustainability Education)과 같은 이름
으로 세계시민사회의 공동체의식을 함양하기 위한 시민교육을 실시해 왔다.
이들이 활용해온 시민교육 교과과정에는 국제협력 관련 과목의 개설, 지구
촌공동체의 실천, 공정무역(fair trade) 운동, 제3세계 상점 개설, 지방의제 21
의 추진행동 등이 폭넓게 포함된다. 그리고 민주시민교육의 궁극적 목적이
일방적으로 행정을 홍보하거나 새로운 정보를 제공하는 데만 있는 것이 아
니라, 지구촌공동체의 일원으로서 시민의식을 함양하고 세계가 당면한 문제
들을 함께 해결하기 위한 행동에 나서도록 지역사회와 개인들을 동기유발
하는 데 있다는 것이다.

　마지막으로 지방외교정책을 추진할 때 겪는 현실적 어려움은 역시 예산확
보의 문제다. 지방외교에 소요되는 예산은 중앙정부 또는 국제기구의 지원,
기업이나 시민의 기부금, 지방정부의 예산 등으로 충당될 수 있지만, 가장
안정적인 자금원은 아무래도 국제협력의 추진 주체인 국가 및 지방정부의
예산일 것이다. 선진국들의 많은 지방정부들은 일정액을 지방정부국제협력
예산으로 배정하고 있다. 예컨대, 독일이나 네덜란드의 많은 지방정부들은
시민 1인당 1유로, 프랑스 지방정부들은 예산의 0.5%를 국제협력예산으로
쓰고 있다. 일찌감치 UN은 선진국들에게 GNP의 0.7%를 제3세계 발전원조
에 할당하도록 독려하고 있다. 또한 EU의 경우 Tacis-Project(Tacis-City-
Twinning-Program)를 통하여 많은 재정을 지원하고 있다.

　최근 우리나라 중앙정부는 지방정부들이 북한과 교류협력사업을 추진할
경우에 소요경비의 일부를 남북교류협력기금으로 보조하고 있는바, 앞으로

지방외교정책 수행을 위한 자매결연 등의 사업을 국가가 폭넓게 지원하는 방안을 강구할 필요가 있다. 개별 지방자치단체들이 스스로 국제교류기금을 조성하는 것도 중요하지만, 중앙정부의 재정분담이 훨씬 효율적이라는 것이다.

현대적 지방외교의 대표적인 형태인 국제 도시 간 교류는 제1차 세계대전 후인 1920년대 유럽에서 처음 시작 되었는데, 전후 국가 간 갈등을 뛰어넘어 국제도시간 우호협력관계를 형성함으로써 평화와 공존에 기여했다는 평가를 받고 있다. 그 후 지방분권화와 본격적인 지방시대를 맞아 지방자치단체는 환경, 도시, 복지, 인권문제 등 지구촌 차원의 문제해결에 있어서도 국가를 대신 또는 보완하는 중심적 역할담당자로 대두하게 되었다.

특히 세계화의 보편적 경향으로 지구촌 시대가 일반화 되면서 국경의 개념이 퇴색되는 세계시장 개방화에 대응하여 새로운 개념의 국제관계가 강조되고 있다. 이러한 경향 중에서도 '세방화'의 정착으로 선후진국을 막론하고 세계 각 지역은 국제도시간의 긴밀한 교류를 바탕으로 정보교환, 무역, 투자유치 등 상호 교류협력관계를 강화함으로써 '지방외교'는 갈수록 그 의미와 중요성이 강조되고 있음을 직시해야 한다.

3. 지방외교 선행연구사례

분단되었던 동서독에서 민족적인 이해, 문화적인 교류, 인간적인 공동체정신의 추구 등 양독 지방정부 간의 긴밀한 관계의 중요성이 사회학적으로 강조되어 온 것과는 달리, 이들 교류에 대한 형식적·법적(국제법적)인 판단은 오랫동안 유보되어 왔다. 이 말은 일찍이 프리드리히가 지방자치단체 간의 교류증진이야 말로 유럽의 평화와 통합을 가져오는 핵심요소라고 강조했던 것에 대한 분단국가로서의 법적인 고민이었다. 특히 서유럽 국가와의 자매결연으로 대표되는 지방외교가 큰 문제가 없었던 것과는 달리, 이처럼 법적해석이 분명치 않았던 상황에서 동구권 국가와의 관계, 특히 분단국가라는 특수상황에서 동독도시와의 파트너관계는 더욱 난해한 법적 논쟁을 야기하기도 했다.

일반적으로 독일에서는 지방자치단체 간의 자매결연조약을 "비법률적인 성격에 입각한 상호관계"로 해석하여, 국가기능을 넘어서지 않는 한도 내에서의 상징적인 '계약증서(Urkunde)'로 이해하였다. 이 말은 지방외교의 경우 국가차원의 법적 의무(Rechtspflichten)가 없다는 것을 의미하며, 따라서 자매결연은 어떤 정형화된 모델이 있을 수 없음을 말한다. 외교관계를 국가 차원의 '큰 만남'으로 이해한 것과 비교해서, 지방정부 간 만남은 '작은 만남'으로 표현 하면서 양자를 조화시켜나간 전략에서 나온 것이다. 결국 국경을 넘어 선 도시 간 자매결연관계는 친선관계, 선린교류관계, 상호이해, 상호접근, 우호관계, 협력관계 등의 추상적인 개념으로 이해되고, 이에 따라 개인적(친지) 교류, 학교(학생)차원의 교류, 문화·예술·종교·스포츠 분야의 관계 등 시민중심으로 교류가 이루어졌다.

특히 동서독 도시 간의 자매결연관계는 법적 연관성 보다 사회적인 의미가 더욱 강하게 나타났다. 즉 지방자치단체 간의 관계를 동서독 중앙정부는 국가적 또는 연방정부 차원에서 직접 개입하거나 조정을 고려하지 않았으며, 자매결연 관계의 미래발전에 대하여도 개별 당사자들 간의 책임관계로 해석했다는 것이다. 이 점은 폴란드나 구소련 등 다른 동구권 국가들에 대한 국가적 입장과도 유사하다. 그러나 여기서 중요한 것은 1960년대 중반이후 동·서 진영과의 도시 간 자매결연을 '독일·프랑스', '독일·폴란드' 간의 파트너관계라는 공식적 용어로 정리한 것과는 달리, 동독과의 관계는 '서독·동독'이 아니라 의도적으로 '독일·독일(deutsch-deutsch)' 자매결연이나 '내독(innerdeutsch)' 관계라고 표현했다는 점이다. 이 점은 서독이 동독과의 관계를 다른 국가들과는 달리 외국이 아닌 공존관계(fuereinander nicht Ausland)라고 규정했던 것에서 연유한다.

게르만민족은 존재했어도 단일국가를 형성하지 못한 채 분열된 역사로 점철되었던 독일은, 비스마르크(O. von Bismarck)에 의하여 1871년에 와서야 통일국가인 독일제국을 어렵게 탄생시킴으로써 국가형성 자체도 늦었을 뿐 아니라 민주주의 전통도 그만큼 취약하였다. 그나마 통일국가의 당위성으로 인식되었던 민족주의가 변질되어 지난 20세기 두 번에 걸친 세계대전의 중심에 위치하였고, 제2차대전의 패전으로 또다시 두 개의 독일로 분단되었던 것은 독일민족에게 있어서 분명 역사적인 시련이었다. 그러나 20세기 전반

부의 좌절을 세기말을 맞아 새로운 희망으로 변형시킨 민족 또한 게르만이
었다.

　역사상 유례없이 아래로부터의 혁명을 기폭제로 하여 1989년 11월 9일 베
를린 장벽이 무너진 지 1년만인 1990년 10월 3일 독일민족은 자유와 평화
속에서 통일이라는 위업을 달성하였던 것이다. 불과 몇 년 전까지만 해도 불
가능하다고 보았던 독일통일이 민주적으로 달성된 지금, 남북으로 분단된
우리는 독일통일을 우연히 주어진 기적이나 행운쯤으로 이해해서는 안 될
것이다. 통일 뒤에는 독일인들이 침묵과 절망감 속에서도 땀과 고통으로 얼
룩진 엄청난 노력이 있었음을 분명하게 인식해야 한다.

　바로 그들 노력의 한 단면, 보다 구체적인 민족동질성 확보를 위한 접근으
로써 지방자치단체 간의 긴밀한 교류협력이 중요한 역할을 담당했음을 기억
해야 한다. 즉 분단국가에서 '통일'이라는 허구에 찬 추상적인 용어가 구체
화되면 될수록 보다 현실적인 정책적 논의, 즉 행정적인 노력이 중요한데,
바로 그러한 노력의 구체적이고도 중요한 수단으로 지방정부의 활동이 중심
에 위치했다는 점이다.

　이것은 한마디로 국가주권을 완전히 상실했던 상황에서도 지방자치는 "파
괴되지 않는 부분"으로 계속 기능했다는 것이며, 나아가 새로운 모습으로 나
타난 분단 독일과 재통일의 정치발전을 위한 가장 중요한 초석이 되었다고
할 수 있다. 물론 서독과는 달리 동독의 지방자치제도가 형식적이었으나, 그
럼에도 불구하고 국민의식 속에는 전통적인 '게마인데(Gemeinde) 정신'이라
고 할 수 있는 향토애(Heimatsinn)가 계속 살아 있었던 것이다. 패전 뒤에 정
치·경제발전을 이끈 실질적인 원동력이 지방자치로부터 나왔고, 평화적인
통일과정에서 지방자치단체 중심의 긴밀한 상호교류가 기초적인 역할을 담
당했음은, 통일이라는 민족적 과제와 민주화를 위한 지방자치 모두를 함께
추진해야 할 우리에게 시사하는 바가 매우 크다.

　여하튼 서로 상이한 이데올로기와 정치체제 속에서도 동·서독의 이질성
극복을 위한 지방자치단체 수준에서의 노력은 이미 오래전부터 있어왔던 것
이 사실이다. 그의 전형적인 예가, 도시 내지 게마인데 간의 파트너관계 형성
인데, 법적인 문제에 의한 중앙정치권의 미묘한 관계로 오랫동안 비공식적

인 교류관계를 형성해 오다가 1980년대 들어서면서 서독의 적극적인 노력으로 공식화되기에 이르렀다. 이는 이미 80년대 전반 서독의 3백여 개 이상의 기초자치단체들이 동독 게마인데와 파트너관계를 희망했다는 점에서 국가외교와 함께 본격적으로 '작은 만남'으로서의 풀뿌리 외교정책의 막이 올랐다고 할 수 있다. 특히 서독의 자치단체연합체(독일도시연합, 독일게마인데연합 등)들이 적극적으로 동독과의 자매결연을 지원하였고, 양독의 중앙정부가 외교적 차원에서 묵시적으로 수용하기 시작하면서 매우 빠르게 진척되었다. 그리고 이를 바탕으로 풀뿌리 차원에서 양쪽 주민들의 자유로운 접촉과 교류가 활성화됨으로써 통일을 위한 기반조성에 중요한 일익을 담당한 것이다.

4. 지방외교정책 이론

최근의 지방자치 외교는 국제교류만이 아니라 국제협력이라는 차원까지 확대되고 있다. 그러므로 이론화는 명확하게 이루어지지 않은 상태에서 전개되었다. 일반적으로 국제정치에서 논의되는 세계의 이미지는 세계를 어떻게 인식하며, 어떻게 행동하느냐와 깊이 관련되어 논의되었다. 그래서 사람들은 국제관계를 당구공 모델로 많이 설명하였다. (<그림 II-10> 참조) 이것은 주권국가가 스스로 다른 세계와 국익을 중심으로 서로 경쟁하고 있음을

〈그림 II-10〉 당구공 모델의 국제관계

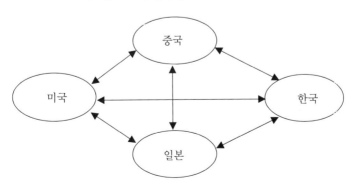

이야기하는 것이다.

그리고 이 모델은 기본적으로 전통적인 국제관계의 외교로 특정한 외교정책 결정자들에 의해서 이루어지는 경우를 말한다. 이 경우 일정한 사람만 정책결정에 참가하므로 많은 사람들은 외교정책입안에서 거의 제외되는 점이 단점이라고 할 수 있다. 특히 다양한 외교 행위자들이 등장한 글로벌시대의 외교라는 측면에서 본다면 많은 보완이 필요해진다.

첫째로 외교정책 결정에 시민이 참가할 수 있는 경우가 있다.

당구공 모델의 출구를 통제하는 대통령이나 국무장관에 의해 외교정책이 결정되게 되는 구조이다. 미국 국내정치를 보면 외교정책에 적극적으로 관심을 가지고 있는 일부 사람들이나 이익단체들을 통해서 의사가 전달되는 것이라고 볼 수 있다. 물론 일정한 정책결정자들에 의해 최종적으로 정책이 결정된다.

〈그림 II-11〉 시민참가형 외교정책 수립 – 미국

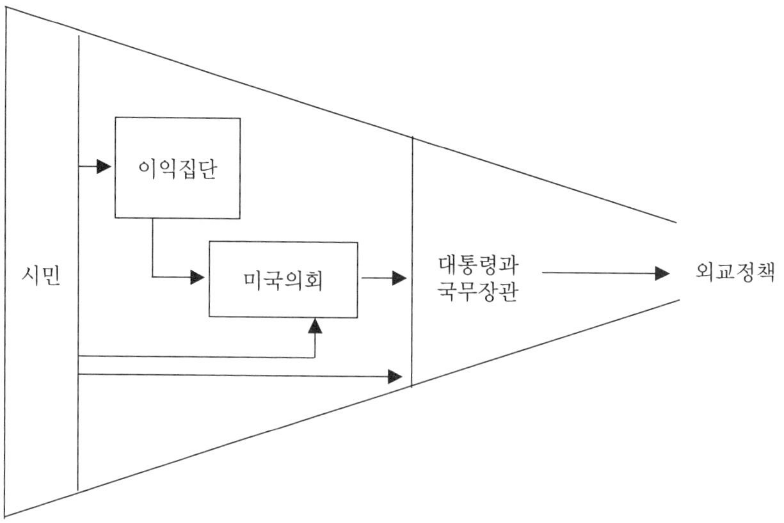

자료: Chadwick F. Alger/吉田新一郎 訳, 『地域からの国際化─国際関係論を超えて』(東京, 日本評論社, 1987年), 32쪽.

〈그림 II-12〉 비정부간 관계가 정부의 외교정책에 영향

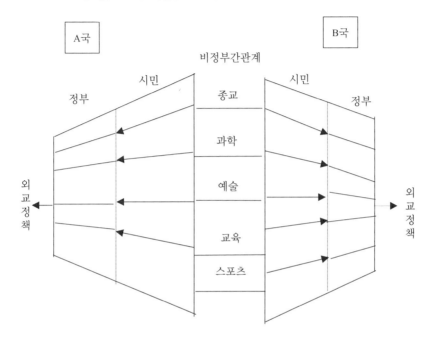

자료: Alger, 1987: 33.

둘째로, 비정부간 관계가 외교정책에 미치는 영향으로 아이젠하워 대통령에 의해 제안된 '시민과 시민(People to People)' 관계에 많은 관심이 모아지고 있다. 이것은 다양한 시민그룹들이 각각의 관심사에 관한 활동을 전개하면서 직접 관계를 갖게 된다. 그러나 이러한 비정부간 행위자들은 정부의 외교정책에 보조적인 역할 밖에 할 수 없었다.

세 번째로, 다음 모델은 반드시 정부의 정책에 보완적인 차원에 머무르지 않고, 비정부간 단체가 직접적으로 자신들의 세계적인 네트워크를 이용하여 적극적으로 협력활동을 전개하는 것이다. 그들의 활동은 정부의 간섭을 전혀 받지 않고 국경을 넘나들며 국제적인 활동을 전개하고 있다.

물론 그들은 폭넓은 국제적 경험을 가지고 있으며, 국내외에 국제적인 조직을 가지고 활동하고 있다.

〈그림 II-13〉 비정부간의 외교정책

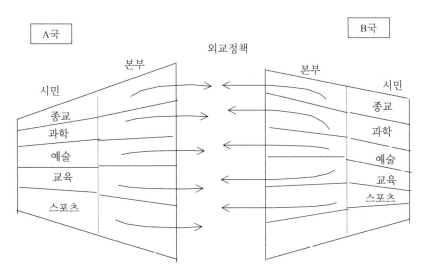

자료: Alger, 1987: 34.

바로 이러한 국제적인 활동이 최근 많은 영향을 끼쳐 글로벌한 차원에서 좋은 평가를 받고 있다. 아래 그림을 통해 글로벌한 차원을 살펴보면, 직접 국제적인 협력이나 교류 활동에 적극적으로 참여하는 방법이 두 가지가 있다. 먼저 그들의 이름 아래 수행된 정부의 외교정책에 직접 관여하는 방법이 있고, 다른 하나는 그들의 이름아래 수행된 비정부 활동의 외교정책에 관여하는 방법이 있다.

1) 이론적 분석의 국면들

가. 사회적 기초 (Sozialogische Basis)
  - 인구 일반 (Bevoelkerung allgemein)
  - 지역엘리트 (lokale Eliten)

나. 현실수준 (Wirkungsebenen)

- 지방외교의 영향은 시민 개인적인 행태변화를 가져올 수 있다(상호이해).
- 지방외교를 통하여 국경을 뛰어넘는 실질적인 교류활성화를 야기한다.
- 지방외교는 국제기구, NGO등 다양한 기관을 통한 다차원의 교류활성화를 기대할 수 있다.

다. 분석변수: 통합이론(Integrationstheorien)에서 지방외교의 5대 변수
  - 인구 (Bevoelkerung)
  - 엘리트 (lokale Eliten)
  - 태도/가치관 (Attitueden)
  - 상호관계 (Transaktion)
  - 조직/지원기구 등 (Organisationen)

2) 다양한 이론들

가. 신연방주의이론 (Neo-Foederalistischer Ansatz: C.J. Friedrich, 1964)
나. 기능주의 이론 (D. Mitrany, 1966)
다. 신기능주의 이론 (Haas, 1964; Schmitter, 1970; Nye, 1970)
라. 시스템이론 (Lindberg/Scheingold, 1970)
마. 학습이론적 접근방법 (Lerntheoretischer Ansatz: K.W. Deutsch, 1967)
사. 협의민주적 시스템이론 (Konkordanz-System-Ansatz: D.J. Puchala, 1970)
아. 신통합이론적 접근방법

여기서 볼 수 있듯이 지방외교(정책)에 관한 다양한 논리들이 주장되고는 있으나 여전히 현실적으로는 이론적 한계를 보이고 있는 것이 사실이다. 즉 보는 관점에 따라서 기존의 개발된 이론을 적용하는 수준이라는 것이며, 이런 점에서 지방외교론은 아직도 그 정체성에 한계가 있다고 할 수 있다. 이와 같은 관점에서 볼 때 지방외교는 여전히 현실적으로나 학문적으로 아직은 완성된 단계라고 하기는 어렵다.

그러나 본래 시민사회 중심으로 발전된 영미제국과는 달리 국가 중심으로

사회발전을 이룩한 유럽 대륙계 국가들에서는 외교라는 고유한 국가과제를 전사회적 차원에서 대응하려는 체계화를 위해 노력해 온 것이 사실이다. 헌법재판소의 유권해석을 통하여 실천적 지방외교의 개념을 확보함과 동시에, 학문적인 이론화 작업을 이루어 냈다는 것이다.

결국 우리의 경우도 연역적이기 보다는 귀납적 차원에서 지방외교정책의 현실성을 인정할 수밖에 없다고 할 때 지방외교에 대한 논거는 충분한 토대가 설정 되었다고 할 수 있다.

우리나라의 경우는 지난 90년대 이후 지방자치가 제도적으로 정착되어 가면서 역시 현실적 차원에서 지방외교의 필요성이 강조 되었다고 할 수 있다. 이에 부응하여 지방외교정책에 대한 박사학위 논문이 나오는 단계에 이르렀다(박경국, 2003). 그러나 이미 90년대 초에 지방외교라는 용어를 처음 도입하면서, 그의 의미와 중요성을 강조했다는 점을 상기한다면(심익섭, 1992), 10년이 훨씬 지난 오늘에 와서야 겨우 지방외교라는 용어의 확산에 정부가 나서기 시작했음은 우리의 위치를 이해할 수 있는 부분이기도 하다.

그동안 이와 관련된 연구는 대부분 지방자치단체의 국제교류 수준에서 논의되어 왔다고 할 수 있다. 물론 지방외교의 가장 분명한 부분으로 지방정부간 자매결연이 발전된 것은 사실이나, 오늘의 세계화 현상을 정밀하게 살펴보면 지방외교는 자매결연만으로 설명하기 어려운 부분이 존재한다. 우리의 선행연구가 결과적으로 국제교류에 초점을 두고 있음을 감안할 때, 관점에 따라 자치단체장이나 정책결정자의 개인적 특성에 대한 연구, 지방외교의 구조적 요인에 관한 연구, 기능적 요인에 관한 연구, 지방외교정책의 환경적 요인이나 효과에 관한 연구 등으로 구분할 수 있다.5)

---

5) 단체장 개인특성을 연구한 경우는 이정주(2000)가 대표적이며, 구조적 요인연구로서는 이형민(1999), 허수정(1998), 임판택(1998), 김종학(1997), 이현길(1996) 등을 들수 있다. 한편 환경적 요인에 관한 연구로는 배창제(1996), 최봉기(1996), 우동기(1995) 등을 들수 있고, 지방외교정책의 효과에 대한 연구자로는 이윤식(1999), 김종호(1999), 김병준(1999), 조정임(1998) 등을 들수 있다. 그러나 이러한 경우보다 그동안 지방국제교류 관련 논의는 기능적 요인을 많이 강조 했는데, 여기서 기능적 요인이란 지방자치단체가 추구하는 정책목표를 달성하려는 조직의 구체적 행동에 관한 것으로서 지방외교정책을 수행하는 구조의 활동내용이

그러나 이러한 경우보다 그동안 지방국제교류 관련 논의는 기능적 요인(Functional Variables)을 많이 강조 했는데, 여기서 기능적 요인이란 지방자치단체가 추구하는 정책목표를 달성하려는 조직의 구체적 행동에 관한 것으로서 지방외교정책을 수행하는 구조의 활동내용이 주요 분석대상이 되는 것이다.6)

그러나 현 시점에서 눈여겨 볼 것은 최근 새로운 경향으로 지방자치단체에서 추진하고 있는 국제교류 활동을 하나의 단위사업 내지 단순한 행정현상으로만 볼 것이 아니라, 이제는 세계화 시대에 걸맞게 하나의 정책으로 이해하여 국가차원의 외교와 동일한 수준에서 검토하여 국가외교정책과 합리적인 연계방안을 모색하거나 더 나아가 독자적인 지방외교정책의 영역을 개척해 나가야 한다는 주장이 제기되고 있다.

지방자치가 부활되는 1991년부터 이미 '지방외교'를 남북관계에 적용할 것을 주장한 심익섭(1992, 2000)으로부터 안성호(1997), 김기섭(1995), 박복재(1995) 등이 여기에 속한다. 바로 하나의 독립된 영역으로 지방자치와 함께, 나아가 국가외교와 함께 발전시켜 나아가야 할 분야가 지방외교라는 것이며, 이곳에서는 이들의 시각을 기본적으로 수용하는 입장에서 논지가 전개되고 있음을 밝힌다.

주요 분석대상이 되는 것이다.
6) 여기에는 자매결연처럼 국제교류에 초점을 둔 김판석(2000), 황정홍(1998), 윤설현(1996), 하영수(1996), 강신일(1995), 이정주(1995), 이은재(1990) 등이 있는가 하면, 국제협력 기능에 중점을 둔 연구로 안성호(2000), 최병익(1999), 안영훈(1999), 박기홍(1997), 정덕주(1996), 채은경(1996), 문장순(1996) 등이 있다. 그리고 국제통상 기능을 중심으로 연구한 경우가 있는데, 조돈영(1999), 손용엽외 3인(1998), 박영철(1995), 이희태(1995), 김선기(1995) 등이 그들이며, 특히 지역의 국제화와 관련된 연구로는 신인용(2000), 성기중(1999), 강형기(1999), 이달곤(1995), 김종기외(1994) 등이 있다.

제3장

지방외교의 법·이론적 근거

Ⅰ. 서론

근대국가가 성립된 이후 국제관계는 전통적으로 주로 중앙정부 차원에서 외교관련 공무원과 특정한 국제기구, 전문가 등이 중심적인 역할을 수행하였다(阿部 齋·新藤宗幸, 2000: 190). 즉 '외교(Diplomacy)' 또는 '외교정책(Foreign Policy)'은 국가주권의 발현으로서, 중앙정부가 전권을 갖고서 행사하여야 할 사항으로 파악해 왔던 것이다(강재규, 2001: 85).

일반적으로 외교 또는 외교정책이란 국가적 이해와 직접 관련되는 사무로서 국가의 전속적 관할사항으로 보아 중앙정부가 관할하여 왔으며, 우리나라 헌법 역시 외교와 관련된 사항은 국가(대통령) 소관으로 명시하고 있고(헌법 제72조, 제73조)[1], 지방자치법 제11조 제1호는 지방자치단체의 처리가

---

1) 헌법 제72조는 "대통령은 필요하다고 인정할 때에는 외교·국방·통일 기타 국가안위에 관한 중요정책을 국민투표에 붙일 수 있다."고 하고, 동법 제73는 "대통령은 조약을 체결·비준하고, 외교사절을 신임·접수 또는 파견하며, 선전포고와 강화를 한다."고 규정하고 있다.

제한되는 사무로서 "외교, 국방, 사법, 국세 등 국가의 존립에 필요한 사무" 를 규정하고 있다.

　이는 우리나라뿐만 아니라, 미국 연방헌법 제1편 제8조 제3항의 대외통상 조항2) 및 제10조 제2항에 규정되어 있는 수출입조항(Export and Import Clause)도 그들 사항에 대해서는 연방 법률로 제정하고 있고, 독일기본법 제 32조도 "외교관계의 처리는 연방의 직무이다"라고 규정하고 있어, 대부분의 국가에서 최고법인 헌법에서 동일한 방식으로 규정하고 있는 것이다.

　그러나 오늘날 어떠한 국가도 국가와 국가 간의 관계를 국가주권의 관점 에서만 파악하는 것은 불가능한 시대로 접어들었다(阿部 齋·新藤宗幸, 2000: 189). 현대사회가 세계화, 정보화, 지방화시대로 접어들면서 지방정부, 시민 단체(NGO), 시민이 국제협력 사업에 적극적으로 참여하게 되었다. 이들이 주축이 된 국제교류활동이 인류발전을 위하여 중요한 공헌을 하고 있다는 사실이 입증됨으로써, 이제는 지방정부의 국제협력활동이 커다란 의미를 갖 게 되었다(안영훈, 1999: 190).

　국가적 차원과는 달리 지방정부 사이에서 이루어지는 협력체제는, 먼저 민주국가에서 가장 기본적인 정치적 단위인 자치정부가 경제·사회 분야와 인적 교류, 환경 분야 등 지역 수준에서 특별한 국제교류 관계를 맺어 주체 적 역할을 행사한다. 국제교류의 동기나 지향목표, 참여자의 범위, 협력방식 등에서도 국가의 그것과는 차이가 난다. 지방정부 사이의 협력관계는 단지 제한적인 특정 프로그램만 실천하는 일시적인 관계에 한정되지 않는다. 지 방정부 사이에 이루어지는 국제교류활동은 지방정부가 상호 협력하여 영속 적인 공동이익을 바탕으로 정치, 경제, 사회 분야에서, 공직자나 민간인 등 다양한 지역 주체들이 함께 참여하여 지방자치 수준에서의 협력관계를 형성 하는 것이다(안영훈, 1999: 190-191).

　지금은 중앙정부가 외교를 독점하던 지난 시대와는 그 상황이 많이 변화 되었다. 그런데 조약이나 국제협정의 체결은 앞으로도 중앙정부의 외교기능

---

2) "To regulate commerce with foreign nations, and among the several States, and with the Indian tribes."

에 맡겨지겠지만, 지방정부나 지역 나아가 시민이 국경의 벽을 넘어 경제·문화·평화·기술교류의 주체로서 중요한 기능을 수행할 것이다.[3] 지방정부와 지방정부, 시민과 시민의 활발한 국제교류야말로 국제적 협조를 촉진하는 가장 중요한 조건이 될 것이다. 즉 앞으로 지방정부가 국제사회에서 수행할 역할은 더욱 확대될 것이라 기대된다.

우리나라에서도 21세기 국제화, 지방화시대를 위하여 각 지방정부의 해외활동 및 국제교류업무를 효율적으로 지원하여, 지역의 국제화와 지방자치발전에 기여하고자, 전국의 지방정부가 공동 출연하여 1994년 6월 '한국지방자치단체국제교류재단'을 설립하였다.

1995년 3월에는 '지방자치단체국제화재단'으로 명칭을 변경하여 지방정부의 국제교류를 지원하고 있다. 이 재단은 지방의 국제화 전략에 관한 기획·조사·연구, 국제화 인재육성을 위한 공무원연수 및 교육프로그램 운영, 해외정보의 수집·제공 및 지방정부 해외홍보, 지방정부의 해외통상활동 지원 등의 업무를 수행하고 있다(http://www.klafir.or.kr). 또 1998년 9월 16일에는 외국인투자촉진법을 제정하여, 이 법 제14조는 지방자치단체의 외국인 투자유치 활동에 대한 지원에 관하여 규정하고 있다.

지금까지 외교정책은 국가(중앙정부)의 전속적 권한으로 생각해 왔고, 또 실제로도 그러한 외교정책은 주로 국가(중앙정부) 주도로 이루어져 온 것이 사실이다.

그런데 국제화시대를 맞아 오늘날 지방정부가 외국(또는 외국의 지방정부)과의 관계에서 경쟁적으로 수행하고 있는 다양한 정책들의 법적 성격은 무엇이며, 또 이것이 국가가 전속적으로 수행해 왔던 외교권 내지는 외교정책에 포함할 수 있다면, 지방정부의 그러한 권한은 국가의 고유한 권한을 침

---

3) 그러나 자치단체의 국제활동은, ① 자치단체에는 국제적 차원에서 "경쟁"할 내재적 필연성이 없으며, ② 자치단체에는 국제적 과제에 대응하지 않는다는 이유로, 그 책임이 추궁될 수 있다는 책임관념이 없고, ③ 시민과 기업의 국제활동이 활발해지고, 그 영향이 당해 자치단체에 미칠 때, 비로소 국제적 과제를 자각하게 된다는 이유로, 자치단체의 국제활동은 필연적으로 "후발형"이 될 수밖에 없다는 견해도 제시된다. 須田春海(寄本勝美 編集), "地球環境時代の自治体の國際協力", 『地球時代の環境政策』(きょうせい, 1992), 52쪽 참조.

해하는 것은 아닌지, 나아가 지방정부의 권한으로 이해할 수 있다면 어떤 법적·이론적인 근거에 토대를 두고 있는지 등 많은 의문이 제기될 수 있을 것이다.

위에서도 살펴보았듯이 지금까지 외교란 중앙정부의 전권사항으로 보아 국가의 외교 관련 정책은 중앙정부가 전적으로 수행해 왔으나, 오늘날은 외교주체의 다원화와 외교영역의 다양화로 지방정부는 물론, 시민단체, 일반시민까지 외교활동의 주체로 활동하고 있는 추세이므로, 외교정책과 관련한 중앙정부 기능의 지방이양, 지역이익의 실현을 목표로 하는 지방정부의 독자적 외교영역의 설정 등이 중요한 이슈로 등장하게 될 것이다(김익식, 1999: 122-139).

그런데 이러한 외교(정책) 역시 행정의 한 유형이라 할 수 있으므로, '법률에 의한 행정'의 요청에 따라 지방자치단체가 수행하는 다양한 외교정책은 법령의 근거를 필요로 할 것이다. 따라서 아래에서는 지방외교정책의 정당성을 뒷받침하는 국제법 및 국내법 규정들을 검토하고, 지방외교정책을 정당화하는 지방자치에 관한 다양한 법정·이론적 근거들에 대해서도 검토하고자 한다.

즉 지방정부가 외국이나 외국의 지방정부와 수행하는 다양한 활동들4)(여기서는 일단 지방정부의 외교활동이라 해둔다)이 국가외교권의 내용을 이루는 것인지, 또 그러한 국가의 외교권을 지방정부가 수행할 수 있다고 한다면, 어떠한 법적·이론적 근거 아래서 이루어지는지에 대하여 차례대로 검토를 할 것이다.

---

4) 이에 대해서는, 지방자치단체국제화재단 『지방자치단체 국제교류매뉴얼』(2001. 1) 제1장 제5절 참조; 지방자치단체의 국제교류의 주요내용은, 지방자치단체 간의 자매결연이나 우호결연, 우호협력관계, 이에 따른 양국 자치단체 간의 문화, 예술, 스포츠, 학술 등의 상호교류, 양국간의 지방공무원 및 지방의원의 연수시찰, 투자유치를 비롯롯한 통상무역상담회, 각종 정보의 교환·수집 등 실로 다양한 형태로 이루어지고 있다. 문창수, "한국지방자치단체의 국제교류·협력," 지방자치단체교류국제화재단 5주년 기념논문집 『지방의 국제화』(1999. 7), 558쪽 참조.

II. 지방외교의 법적 근거

1. 국제법적 근거

1) 1985년의 유럽지방자치헌장과 세계지방자치선언

근대법 체제 아래서 인권문제를 국내문제라고 보고 다른 나라의 인권상황에 대한 관여를 내정간섭이라고 배척하던 시대가 있었으나, 제2차 세계대전 이후 인권의 국제화는 현대기본권사상의 뚜렷한 특징으로 정착되고 있다. 마찬가지로 지방자치 문제도 국내 정치적인 구조의 일환으로 파악되고, 다른 나라와는 무관한 문제로 생각되어 왔지만, 민주주의의 실현이 한나라의 문제로 그치지 않고 국제적인 관심사가 되고 있다. 오늘날 민주주의는 도전에 직면해 있다. 정치가 밑바닥으로부터 멀어질수록 추상화되고 민주주의는 그만큼 약화된다. 정치를 주민에게 근접시키는 지방자치는 세계화현상에 수반되는 민주주의의 안전장치라고 할 수 있다. 이 점에서 경제영역에서 세계화에 대한 정치적인 대응은 '지방자치의 세계화'라고 할 수 있다(이기우, 2005: 28).

인권의 국제화에 유럽인권협약이 선구적인 역할을 하였듯이, 지방자치의 국제화에서도 유럽지방자치헌장이 견인차 역할을 하였다. 인권의 보장과 권력, 권력기구와의 관계에 대해서 살펴보면, 적어도 인권을 인정하는 헌법에서는 근대초기부터 인권의 보장이 목적이고, 권력이나 권력기구는 인권보장을 위한 수단으로 파악하여 왔다. 인권의 보장은 시대의 변화에 따라 충실해지고 강화되어 왔지만, 더욱 확실한 보장을 위해서는 수단의 민주화, 즉 충실한 민주주의가 불가결하다는 사실에 대해서도 이해가 깊어졌다.

그리고 충실한 민주주의체제는 충실한 지방자치체제를 불가결한 요소로 한다는 사실에 대해서도 차츰 이해가 넓혀지고 있다. 충실한 지방자치의 상징적인 형태가 1985년 유럽 지방자치헌장과 세계지방자치선언이다(杉原泰雄, 2002: 103).

유럽지방자치헌장은 유럽회의(CE, Council of Europe)의 관료위원회가

1985년 7월 25일에 채택하고, 1988년 9월 1일에 발효되었다. 이는 마땅히 있어야 할 지방자치의 제반 원칙을 명확히 한 국가간 조약이다. 유럽인권조약, 유럽사회헌장, 유럽문화협정과 더불어 CE의 '4대 지주'로 불리는 조약이다. 이는 유럽제국에 '충실한 지방자치' 체제를 법적 구속력을 갖는 조약의 형식으로 제안하려고 한 것이지만, 각국의 사정을 고려하여 구속적인 헌장규정에 대한 선택의 여지를 인정하고 있다.5)

지방자치의 강화를 목표로 하는 세계적인 조직인 국제지방자치단체연합(IULA)은 1985년 9월에 개최된 제27회 세계대회에서, 세계지방자치선언을 채택하였다. 유럽지방자치헌장이 정한 지방자치의 제반 원칙은 유럽뿐 아니라, 세계의 모든 국가가 채용하여야 할 원칙들을 선언한 것이다. IULA는 그것을 위원회에서 이를 심의하였다. 그러나 경제위원회는 이에 대해 상당히 호의적이었으나, 소련 등 동유럽사회주의 국가들의 혼란·붕괴 등을 이유로 그 심의가 중단되었다. 1993년 6월의 IULA 제31회 세계대회에서 새로운 선언이 채택되었다. 본문은 85년의 것과 동일하지만, 전문은 개정되어 자치단체의 적극적인 역할을 재확인하고, 유럽지방자치헌장이 중구·동구 제국에서도 지방자치의 가이드라인의 역할을 수행하도록 의도하고 있다.

헌장과 선언은 거의 동일한 내용의 원칙들을 규정하고 있는데, 그 요점을 정리하면 다음과 같다.

① 헌법 또는 통치구조에 관한 기본법에서 지방자치의 원칙을 승인하여야 한다(선언 제1조). 헌장은 가능한 한 헌법으로 보장하도록 하였다(제2조).6)

---

5) 유럽자치헌장의 내용이 일부 국가에 대해서는 가입을 어렵게 만드는 요인이 될 수도 있다. 가능한 한 많은 나라들에서 헌장을 수락하고 가입할 수 있도록 하기 위하여 헌장의 모든 내용이 가입한 국가를 구속하는 것이 아니라, 일정한 한도 내에서 구속적인 조항에 대한 선택가능성을 부여하고 있다. 국가의 구조, 법적 전통, 문화적인 유산, 주거상황 등에 적합한 조항을 선택할 수 있다. 이에 헌장을 음식메뉴판(Menu à la carte)에 비유하기도 한다. 이기우, 앞의 글, 40쪽 참조.
6) 헌장 제2조에 따라 계약의 당사국들은 지방자치의 원칙을 국내법으로 인정하고 가능하면 헌법으로 보장해야 한다. 지방자치를 국가의 최고규범인 헌법으로 보

② 지방자치단체의 권한에 대하여 '전권한성', '보충성'의 원칙을 채택한다. "지방자치단체는 다른 단체에 배타적으로 배분하지 아니 하고, 또한 지방자치단체의 권한으로부터 명백히 배제하고 있지 않은 모든 사항에 대하여 자주적으로 활동할 수 있는 일반적 권한을 갖는다."(선언 제 3조 제2항). 헌장도 "법률의 범위 내에서"로 유보하면서, 전권한성을 인정하고 있다(제4조 제2항). 자치단체는 널리 주민을 위한 것으로서, 법률이 명백히 부정하고 있지 않는 한, 주민의 생활·산업·문화의 모든 사항에 대해 권한을 행사할 수 있다. 헌장이나 선언은 공적인 사무는 원칙적으로 시민에게 가장 친근한 지방자치단체가 우선적으로 처리하도록 하고 있다(헌장 제4조 제3항, 선언 제3조 제1항). 공적인 사무 배분에서 지방자치단체우선의 원칙(시군구 최우선, 시도우선)의 원칙이다. 헌장은 "임무의 범위와 성질 및 능률과 경제적 요청"으로부터, 선언은 "각국의 실정에 맞게", 예외가 인정되도록 하였다. "주민에 의한, 주민을 위한 정치"를 요구하는 '주민자치'의 원칙에서 보면 당연한 원칙이다.

지방자치단체에 수권되는 권한은 포괄적·배타적이어야 한다는 점(헌장 제4조 제4항, 선언 제3조 제4항), 지역 실정에 맞는 수임권한의 행사(헌장 제4조 제5항, 선언 제3조 제5항) 및 지방자치단체에 직접 관계되는 '모든 사항'에 대해, 다른 단체가 의사결정을 하는 경우, '가능한 한 의견을 구할' 권리(헌장 제4조 제6항)나 다른 단체에 의한 의사결정과정에의 참가권(선언 제3조 제6항) 등도 인정하고 있다.

③ 주민자치의 원칙도 아래와 같이 승인하고 있다. "이 권리[자치권]는 직접·평등·보통선거에 의해 비밀투표에 따라 자유로이 선출된 자로부터 구성되는 의회에 의하여 행사된다. 이 의회는 그것에 대해 책임을 지는 집행기관을 가진다. 이 규정은 법률에 따라 인정되는 경우에 시민집회, 주민투표 또는 기타 직접적 시민참가의 방식을 방해하지 않는

장하는 것은 지방정부와 그의 활동을 국가활동, 특히 입법부에 대하여 법적으로 보장하는 의미를 가진다. 여기서 헌법은 연방국가에서는 연방헌법을 의미하며, 주헌법을 의미하는 것은 아니다. 이기우(2005), 34쪽.

다."(헌장 제3조 제2항, 선언 제2조 제2항도 참조). 헌장의 전문이 "이 권리[공적 사항의 운영에 참가하는 시민의 권리]가 가장 직접적으로 행사될 수 있는 것은 지방차원이다."고 규정하고, 또한 선언의 전문이 "지방자치단체는… 시민의 생활환경에 관한 의사결정에 시민을 참가 시키고, 또한 …시민의 지식과 능력을 활용하는 데 가장 적합한 지위 에 있다"고 하는 바로부터 보면 직접적 시민참가에의 기대는 소극적인 것이 아니고, 또한 시민의 역할을 의원의 지명에 한정하는 "순수대표 제"적인 의회제를 요구하고 있는 것도 아니다.

④ 현행 지방자치단체의 보호에 대해서도 규정하고 있다. 그 한계를 변경 하는 경우에는 반드시 관계있는 지방자치단체와 사전협의가 필요하고, 동시에 사전협의는 주민투표의 방법에 의할 수도 있다(헌장 제5조, 선 언 제4조 제2항).

⑤ 선언은 지방자치단체에 "지역의 필요에 따라 효과적인 행정운영을 확 보하기 위하여" 그 행정기구를 자주적으로 결정할 수 있다고 하고(제5 조 제1항), 헌장도 "법률의 일반적 규정에 반하지 않을" 것을 조건으로 같은 권한을 인정하고 있다(제6조 제1항).

⑥ 지방자치단체에 대한 행정감독에 대해서도 그 실체·절차의 법정과 그 목적이 헌법·법률의 준수에 한정될 것을 요구하고 있다(헌정 제8조, 선언 제7조).

⑦ 자주재정권을 보장하여야 하고, ⓐ 고유재원과 그 자유로운 처분권(헌 장 제9조 제1항, 선언 제8조 제1항), ⓑ 권한과 재원의 적정한 대응관 계(헌장 제9조 제2항, 선언 제8조 제2항), ⓒ 자주과세권(헌장 제9조 제 3항=지방세·수수료의 결정권, 선언 제8조 제3항=지방세·수수료요금 의 결정권), ⓓ 재정력이 불충분한 지방자치단체를 위한 재정조정제도 (헌장 제9조 제5항, 선언 제8조 제5항), ⓔ 자주 기채권(헌장 제9조 제8 항) 등이 구체적으로 보장되고 있다. 풍부한 자치권을 갖더라도 그에 합당한 내용의 자주재정권이 없다면 자치권은 자치를 위하여 기능할 수가 없다. 자치권의 보장에 불가결한 것이다.

⑧ 헌장과 선언은 지방자치단체에 그 권한의 행사를 위하여 다른 지방자

치단체와 협력하고, 연합조직을 설립할 권리도 보장하고, 나아가 지방
자치단체의 공통이익의 보호증진을 위하여 국내적 및 국제적인 지방
자치단체의 연합조직에 가맹할 권리도 보장한다(헌장 제10조, 선언 제
9조, 제10조).

⑨ 지방자치단체가 그 자치권을 침해받은 경우, 사법적 구제를 받을 수 있
도록 인정하고 있다(헌장 제11조, 선언 제11조).

⑩ 헌장은 각국의 지방자치제도의 상황을 고려하여 체약국에 일정한 재량
권을 인정하고 있다. 체약국은 ⓐ 헌장의 제1부(30조항)의 적어도 20조
항에 구속되고, ⓑ 그 20조항 중 10조항은 제12조 제1항에 규정되어 있
는 14조항부터 선택하여야 한다는 것이다. ⓑ는 "핵심부분 강제제도"
이다.

유럽지방자치헌장의 성공적인 정착은 유럽의 경계를 넘어 세계적인 수준
에서 지방자치를 보장하려는 노력에 영향을 미치고 있다. 유럽지방자치헌장
이 유럽각료회의에서 통과된 직후에 지방자치단체국제연합(IULA)은 1985년
9월 26일에 세계지방자치선언을 결정하였다.

이것은 내용적으로나 구조에 있어서나 유럽자치헌장의 영향이 강하지만,
그 경직성 때문에 보편적인 수용성은 떨어진다. 대부분의 규정이 당위규범
으로 이루어져 있다. 이는 비정부적 조직의 결정으로 처음부터 법적인 구속
력은 전혀 없었다.

IULA는 국제연합(UN)에 대해 이 선언을 국제법적인 효력을 가질 수 있는
총회의 결정 형식으로 수용해줄 것을 요청하고, 1993년에 거듭 촉구하였으
나 총회에서 결정은 이루어지지 않았다.

이와 같이 유럽지방자치헌장과 세계지방자치선언은 각국에 큰 영향을 미
쳤다. 그것들은 충실한 지방자치 체제로의 전환을 세계적 차원에서 초래하
는 기폭제의 역할을 수행하도록 하고 있는 것이다.

2. 국내법적 근거

1) 헌법

앞에서도 살펴보았듯이 우리 헌법은 외교와 관련된 사항은 국가(대통령) 소관으로 명시하고 있는(헌법 제72조, 제73조) 것은 사실이다. 즉 헌법 제73 조는 "대통령은 조약을 체결·비준하고, 외교사절을 신임·접수 또는 파견하며, 선전포고와 강화를 한다."고 규정하고 있다. 하지만 우리헌법 제1조는 "대한민국은 민주공화국이다", 동법 제2조는 "대한민국의 주권은 국민에게 있고, 모든 권력은 국민으로부터 나온다"고 규정함으로써, 민주주의와 국민 주권주의를 그 기본원리로 하고 있다.

또 동법 제10조는 "모든 국민은 인간으로서의 존엄과 가치를 가지며, 행복을 추구할 권리를 가진다"고 규정한다. 다시 말해 인간은 존엄하며 또 존엄할 가치를 가진 존재이며, 국가의 모든 법과 제도는 이를 증진하고 봉사하도록 마련되어야 함을 의미한다. 그리고 인간의 존엄과 가치를 실현하기 위해 작용하는 모든 권력은 주권자인 국민으로부터 비롯된다는 것이다. 즉 모든 국가권력의 민주적인 정당성의 원천은 주권자인 국민임을 천명한 것이다. 헌법 제117조와 제118조는 지방자치에 관해 규정하고 있다. 우리 헌법이 규정하는 지방자치 역시 국민주권주의와 민주주의 원리를 구현하기 위한 하나의 수단인 것이다.

국민주권이란 "인민에 의한, 인민을 위한 정치"를 철저히 요구하는 "인민주권"을 의미하는 것이라고 해석한다면, 현행 헌법이 보장하는 "지방자치"는 이러한 인민주권원리에 따른 '충실한 지방자치'(杉原泰雄, 2002: 1)의 보장을 요구하는 것으로 해석하여야 할 것이다. 이러한 헌법규정은 중앙집권 체제를 취한 이전의 근대시민헌법과는 달리, 지방자치를 중요시한다는 취지를 헌법규정에 명시한 주목할 만한 현대시민헌법이라 할 수 있다.

우리 헌법의 민주주의, 국민주권주의, 그리고 제8장 지방자치 규정들을 비추어 볼 때, 우리 헌법이 충실한 지방자치 체제를 요구한다는 사실을 쉽게 이해할 수 있을 것이다. 나중에 자세히 검토하겠지만, 중앙집권 체제는 정치적, 경제적 및 문화적인 다양한 폐해를 초래한다. 그런데 이와는 대조적으로 충실한 지방자치 체제는 여러 가지 장점을 가지고 있다. 중앙집권 체제 아래서는 헌법이 인민주권을 선언하고 있다하더라도 국민은 정치의 방관자로 전락되어, 각 지역 역시 국가의 정치를 강 건너 불구경하는 꼴이 될 것임에 틀림없다. 또한 새로운 문화의 창조라든가, 전통적 문화의 유지조차 어려운 상황에 빠질 것이다. 이러한 문제는 충실한 지방자치 체제로의 전환을 통해서만 제대로 대처할 수 있을 것이다.

원래 중앙집권 체제는 통일 국내시장의 창출이라는 요청에 부응할 목적으로 등장하였다. 이러한 체제가 갖는 폐해들은 그 등장 초기부터 예측할 수 있었던 사항이었다. 그래서 나중에 자세히 검토하겠지만, 이에 대해서는 근대초기부터 충실한 지방자치 사상과 운동이 일관되게 제기되어 왔던 것이다. 또한 미국과 같이 근대초기부터 인민주권 원리를 토대로 하여, 중앙집권체제를 채택하지 않은 국가도 있었다. 제2차 세계대전 이후 세계의 동향을 살펴보면, '현재'야말로 충실한 지방자치 체제로의 전환기에 맞이하고 있다는 사실은 부정하기 어려울 것이다.

하지만 여전히 문제가 남는다. 중앙집권체제의 폐해가 백일하에 드러나더라도 국가의 정치체제를 규정하는 기본법인 헌법이 중앙집권체제를 채택한다면 헌법을 개정하지 않는 한, 충실한 지방자치체제로의 전환이 이루어질 수 없고, 중앙집권체제의 폐해를 고스란히 받아들일 수밖에 없을 것이다. 따라서 우리 헌법은 중앙정부와 지방자치단체의 바람직한 관계를 어떻게 정립할 것인가 하는 것이 중요한 문제가 된다.

우리 헌법이 ① 충실한 지방자치제도를 법률로 도입하도록 인정하고 있는가, ② 보다 적극적으로 법률로써 그것을 구체화하도록 요구하고 있는가, ③ 중앙정부에 종속하는 지방자치단체를 상정하고 있는가 하는 것이 문제가 된다.

첫째, 위 ③의 입장을 도출할 수 있는 이전의 전래설(승인설) 또는 그 아류라 할 수 있는 '제도적 보장설'이 우리 학계의 지배적인 견해이고, 제8장 지방자치도 그러한 이론적 틀 속에서 해석을 한다. 우리 헌법이 인정하는 지방자치제도는 근현대의 시민헌법의 공리라고 할 수 있는 "통치권은 단일·불가분성"이라는 원칙에서 유래하는, 즉 국가로부터 유래하지 않는 고유한 자치권이 아니라, 그 행정은 크건 작건 국가의 감독에 따른다는 사고방식이 그것이다. 지방자치단체의 권한·조직·운영은 기본적으로는 법률로 정하고, 그 활동도 중앙정부의 지휘감독을 받는다고 한다. 예를 들면, 헌법 제117조가 "법령의 범위 안에서 자치에 관한 규정을 제정할 수 있다"고 규정하고 있는 것에 대하여, 이러한 입장은 "조례제정의 절차는 법률로 정한다.", "조례의 소관사항도 법률의 제약을 받는다.", "조례의 형식적 효력은 법률의 효력보다 약하다."라는 견해가 그것이다.

통치권은 '국가'가 가진다는 사실은 부정할 수 없지만, 그것으로부터 그 통치권이 국내에서 어떻게 행사될 것인가 하는 모습까지 결정되는 것은 아니다. 중앙정부는 통치권(통치의 권리)의 소유자로서의 국가는 아니다. 중앙정부가 어떠한 권한을 가지며, 지방자치단체와 어떠한 관계를 맺을 것인지는 헌법원리와 헌법이 규정하는 개별 헌법조항이 정하는 것이다. 이러한 사실에 대한 고찰을 철저히 하지 않고서, 우리 헌법을 해석하고 운용하는데 독일 근대에 형성된 국가의 개념이나 이전의 '전래설'적인 지방자치권론을 보편적인 것으로서 그대로 도입하는 데에는 근본적으로 의문을 제기하지 않을 수 없다.[7]

---

7) 전래설적인 견해가 지배적이므로 그에 대한 논의를 정리해두고자 한다. (1) 근현대의 시민헌법은 통치권의 단일·불가분성을 공리로 하고 있다. 그러나 그렇기 때문에 자치권이 당연히 중앙정부의 법률에 의한 수권에서 유래하고, 동시에 수권된 자치권의 행사가 당연히 중앙정부의 감독에 따른다는 것에는 문제가 있다. (2) 통치권에 대하여 우선 "권리로서의 통치권(A)"과 "권한으로서의 통치권(B)"을 구별해야 한다. (A)는 단일·불가분한 것으로서 '국가'에 전속한다. 프랑스에서는 루이 14세가 말한 "짐은 곧 국가"라거나, 프랑스 혁명 과정에서 처음으로 제정된 1791년 헌법의 "주권 [(A)의 것]은 단일, 불가분, 불가양이며, 소멸시효에도 걸리지 않는다. 그것은 국민에게 속한다."라는 규정에서 보는 바와 같이, (A)는 주권자만이 소유하는 것으로 되어 있다. 주권자는 즉 통치권의 소유자로서의 국가이고, 국가는 주권자 속에 해소되고 있다. 19세기 후반 독일 국법학은 (A)를 법인인 국가의 전속적 소유물로 설명하였다. 그러나 프랑스나 독일 어디서나 입법권·행정권·사법권을 국회·내각·법원이 분담하고 있는 사례로부터도 명확하듯이, (B)는 단일·불가분은 아니다. 헌법이 규정하는 바에 따라 제기관이 그것을 분담하여 "국가(주권자)"를 위하여 행사하는 것이 정상이다. 이러한 사실에 비추어, 단일 국가에서는 권리로서의 자치권("고유한 자치권")은 지방자치단체에는

확실히 헌법 제117조는 "법령의 범위 안에서"라고 규정함으로써 법령에 유보하고 있지만, 우리 헌법이 제1조에서 국민주권주의를 규정하고, 제2장에서 국민의 권리와 의무를 규정하며, 나아가 제8장에서는 별도로 지방자치의 장을 두고 있는 것은, 지방자치단체 우선의 사무배분의 원칙이나 "자치사무의 승인"이 포함되어 있다고 해석할 수 있을 것이다. 따라서 그러한 자치사무에 대하여 법률로 기준을 정하는 것이나, 법률에다 조례에 우선하는 형식적 효력을 인정하는 것은 원칙적으로 '지방자치의 본의(本義) 혹은 본지(本旨)'에 반하는 것이라고 해야 할 것이다.[8]

없는 것이 되고, 권한으로서의 자치권은 헌법이 정하는 바에 따라 지방자치단체에도 인정되는 것이 된다. (3) 그러나 그래도 문제는 남는다. 헌법이 단체자치를 인정하고, 지방자치단체에 그 자치사무에 대해 중앙정부로부터 독립하여 처리하는 자치권을 인정하는 경우에는, 지방자치단체는 중앙정부로부터 간섭받지 않는다고 하는 의미에서 "고유한 자치권"에 유사한 자치권한을 가질 수 있다. "사법권의 독립"을 생각해 보면 쉽게 이해할 수 있다. 확실히 헌법이 그러한 자치의 권한을 인정하지 않고, 중앙정부에 입법적·행정적·사법적 개입을 인정하고 있는 경우에는 헌법이 인정하는 개입의 정도에 따라 구체적인 자치권은 법률에 의한 제한이나 그 구체적인 행사에 대한 중앙정부에 의한 감독이 가능하게 된다. 근현대의 프랑스나 독일에서 자치권법률전래설이나 중앙정부에 의한 지방행정에 대한 다양한 감독은 헌법이 그것을 인정하고 있기 때문만은 아니다. (4) 우리 헌법이 어떠한 지방자치 체제를 인정하고 있는지는 헌법에 대한 철저한 분석·검토의 결과 결정되는 것으로써, 프랑스나 독일의 전통적인 지방제도나 이론을 염두에 두고 결정할 일은 아니다.

8) 일본의 경우 헌법 제94조는 "법률의 범위 내에서"로 법률에 유보하고 있지만, 헌법 제92조로부터 본다면, 그것은 법률은 "지방자치의 본지"에 토대를 두지 않으면 아니 되는 것이 분명하므로, "지방자치의 본지"의 해명에 따르지 않고, 예를 들어 헌법 제94조의 법률의 역할이 당연히 위에 들고 있는 것과 같이 되는 것만은 아니다. "지방자치의 본지"에 지방자치단체 우선의 사무배분의 원칙이나 "자치사무의 승인"이 포함되어 있다고 해석하는 경우에는, 그 자치사무에 대하여 법률로 기준을 정하는 것이나, 법률에다 조례에 우선하는 형식적 효력을 인정하는 것은 원칙적으로 "지방자치의 본지"에 반하는 것이라고 하여야 할 것이다. 헌법 제95조는 "하나의 지방자치단체에만 적용되는 특별법"에 대한 국회의 입법권을 제한함으로써, 조례의 영역으로서의 자치사무의 존재를 확인하고 있는 것으로 보인다. 그것에 헌법 "제8장 지방자치"가 지방자치단체에 자치를 인정하고 있는 사실에 비추어 보면 그 내부사항을 자치사무로서 인정하고 있다고 해석하는

여하튼 헌법이 지방자치의 바람직한 방향에 대하여 또는 중앙정부와 지방자치단체의 관계에 대하여 어떻게 규정하고 있는가, 헌법의 원리와 그것에 규정되는 '지방자치의 본지'를 비롯한 관련 헌법규정을 신중히 검토하는 일이 전제되어야 할 것이다.

2) 법률

가. 지방자치법

우리 지방자치법 제1조는 "이 법은 지방자치단체의 종류와 그 조직 및 운영에 관한 사항을 정하고, 국가와 지방자치단체와의 기본적 관계를 정함으로써 지방자치행정의 민주성과 능률성을 도모하며 지방의 균형적 발전과 대한민국의 민주적 발전을 기함을 그 목적으로 한다."고 규정한다. 동법 제3조 제1항은 "지방자치단체는 법인으로 한다."고 규정하고, 동법 제4조 제1항은 "지방자치단체의 명칭과 구역은 종전에 의하고..."라고 하고, 제8조 제1항은 "지방자치단체는 그 사무를 처리함에 있어서 주민의 편의 및 복리증진을 위하여 노력하여야 한다."고 하고, 제2항은 "지방자치단체는 조직 및 운영의 합리화에 노력하고 그 규모의 적정화를 도모하여야 한다."고 하며, "지방자치단체는 법령이나 상급 지방자치단체의 조례에 위반하여 그 사무를 처리할 수 없다."고 하여 지방자치단체 사무처리의 기본원칙을 규정하고 있다.

동법 제9조 제1항은 "지방자치단체는 그 관할구역의 자치사무와 법령에 의하여 지방자치단체에 속하는 사무를 처리한다."고 하고, 제2항은 제1항의 규정에 의한 지방자치단체의 사무를 예시하고 있다.

그리고 동법 제10조는 지방자치단체의 종류별 사무배분기준을 정하고 있는데, 동법 제1항 제1호에서 시·도의 사무로는, ㉮. 행정처리결과가 2개 이상의 시·군 및 자치구에 미치는 광역적 사무, ㉯. 시·도단위로 동일한 기준에 따라 처리되어야 할 성질의 사무, ㉰. 지역적 특성을 살리면서 시·도단위

것이 자연스럽다. 국회의 입법권이 원칙적으로 전체 국민을 대상으로 하는 일반적 추상적 법규범의 정립에 한정되어 있다는 것을 고려하면 더욱 그러할 것이다. 杉原泰雄, 『地方自治の憲法論』(勁草書房, 2002), 58-59쪽 참조.

로 통일성을 유지할 필요가 있는 사무, ㉛. 국가와 시·군 및 자치구 간의 연락·조정 등의 사무, ㉜. 시·군 및 자치구가 독자적으로 처리하기에 부적당한 사무, ㉝. 2개 이상의 시·군 및 자치구가 공동으로 설치하는 것이 적당하다고 인정되는 규모의 시설의 설치 및 관리에 관한 사무로 규정하고, 제2호는 시·군 및 자치구의 사무로는, 제1호에서 시·도가 처리하는 것으로 되어 있는 사무를 제외한 사무. 다만, 인구 50만 이상의 시에 대하여는 도가 처리하는 사무의 일부를 직접 처리하게 할 수 있다. 제3항은 "시·도와 시·군 및 자치구는 그 사무를 처리함에 있어서 서로 경합하지 아니하도록 하여야 하며, 그 사무가 서로 경합되는 경우에는 시·군 및 자치구에서 우선적으로 처리한다."고 규정하고 있다.

동법 제11조는 국가사무의 처리제한을 규정하고 있는데, 즉 "지방자치단체는 다음 각호9)에 해당하는 국가사무를 처리할 수 없다. 다만, 법률에 이와 다른 규정이 있는 경우에는 그러하지 아니하다."고 규정하고 있다.

또 제12조는 주민의 자격, 제13조는 주민의 권리에 대해서 규정하고, 제13조의 2는 주민투표, 제13조의 3은 조례의 제정 및 개폐 청구, 제13조의4는 주민의 감사청구, 제13조의 5는 주민소송에 대해서 규정하고 있다.

동법 제15조는 "지방자치단체는 법령의 범위 안에서 그 사무에 관하여 조례를 제정할 수 있다. 다만, 주민의 권리제한 또는 의무부과에 관한 사항이나 벌칙을 정할 때에는 법률의 위임이 있어야 한다."고 규정하고, 동법 제16조는 "지방자치단체의 장은 법령 또는 조례가 위임한 범위 안에서 그 권한에 속하는 사무에 관하여 규칙을 제정할 수 있다."고 규정한다.

---

9) 각호는 다음과 같다. 1. 외교, 국방, 사법, 국세 등 국가의 존립에 필요한 사무, 2. 물가정책, 금융정책, 수출입정책 등 전국적으로 통일적 처리를 요하는 사무, 3. 농림·축·수산물 및 양곡의 수급조절과 수출입등 전국적 규모의 사무, 4. 국가종합경제개발계획, 국가하천, 국유림, 국토종합개발계획, 지정항만, 고속국도·일반국도, 국립공원 등 전국적 규모 또는 이와 비슷한 규모의 사무, 5. 근로기준, 측량단위 등 전국적으로 기준의 통일 및 조정을 요하는 사무, 6. 우편, 철도 등 전국적 규모 또는 이와 비슷한 규모의 사무, 7. 고도의 기술을 요하는 검사·시험·연구, 항공관리, 기상행정, 원자력개발 등 지방자치단체의 기술 및 재정능력으로 감당하기 어려운 사무.

동법 제17조는 "시·군 및 자치구의 조례나 규칙은 시·도의 조례나 규칙에 위반하여서는 아니된다."고 규정한다.

동법 제35조는 지방의회의 의결사항을 규정하고 있다. 동조 제1항이 규정한 지방의회의 의결사항은 다음과 같다. 1. 조례의 제정 및 개폐, 2. 예산의 심의·확정, 3. 결산의 승인, 4. 법령에 규정된 것을 제외한 사용료·수수료·분담금·지방세 또는 가입금의 부과와 징수, 5. 기금의 설치·운용, 6. 대통령령으로 정하는 중요재산의 취득·처분, 7. 대통령령으로 정하는 공공시설의 설치·처분, 8. 법령과 조례에 규정된 것을 제외한 예산외 의무부담이나 권리의 포기, 9. 청원의 수리와 처리, 10. 외국 지방자치단체와의 교류협력에 관한 사항, 11. 기타 법령에 의하여 그 권한에 속하는 사항. 제2항은 "지방자치단체는 제1항의 사항 외에 조례가 정하는 바에 의하여 지방의회에서 의결되어야 할 사항을 따로 정할 수 있다."고 규정한다.

나. 지방분권특별법

우리나라의 경우 2003년 2월에 출범한 노무현 참여정부는 자신이 대선공약으로 제시한 지방분권과 지역균형발전을 구체화하기 위해 2003년 12월 국회 본회의에서 지방분권 관련 3대 법률(지방분권특별법, 국가균형발전특별법, 신행정수도건설을 위한 특별조치법)이 통과되고 대통령이 이를 공포함으로써 지방분권을 의욕적으로 추진하려하였으나(강재규, 2004: 1-19), 지방분권 관련 3대 법률 중 신행정수도건설을 위한 특별조치법이 헌법재판소에 의해 위헌결정이 남으로써, 참여정부 출범초기의 의욕은 많이 저하된 것으로 보인다. 하지만 이전 정부와는 달리 중앙정부가 솔선하여 지방분권의 추진에 강력한 의지를 갖고 있다는 측면에서 지방자치단체로서는 고무적인 일이 아닐 수 없다. 지방분권특별법의 주요 내용을 살펴보면 다음과 같다.

동법 제1조는 "이 법은 국가 및 지방자치단체의 지방분권에 관한 책무를 명확히 하고 지방분권의 기본원칙·추진과제·추진체계 등을 규정함으로써 지방을 발전시키고 국가경쟁력을 높이는 것을 목적으로 한다."고 규정하고, 동법 제2조는 "이 법에서 '지방분권'이라 함은 국가 및 지방자치단체의 권한과 책임을 합리적으로 배분함으로써 국가 및 지방자치단체의 기능이 서로 조화를 이루도록 하는 것을 말한다."고 규정하고 있다.

동법 제3조는 지방분권의 기본이념을 규정하고 있는데, "지방분권은 주민의 자발적 참여를 통하여 지방자치단체가 그 지역에 관한 정책을 자율적으로 결정하고 자기의 책임하에 집행하도록 하며, 국가와 지방자치단체간 또는 지방자치단체 상호간의 역할을 합리적으로 분담하도록 함으로써 국정의 통일성을 확보하고 지방의 창의성 및 다양성이 존중되는 내실 있는 지방자치를 실현함을 그 기본이념으로 한다."고 규정하고, 동법 제4조는 "지방자치와 관련되는 법령을 제정하거나 개정하는 경우에는 지방분권의 기본이념에 적합하도록 하여야 한다."고 규정한다.

동법 제5조는 국가와 지방자치단체의 책무를 규정하고 있는데, 제1항은 "국가는 지방분권을 추진하기 위한 정책을 수립·시행하고, 이에 필요한 행정상 및 재정상의 조치를 마련하여야 한다."고 하고, 제2항은 "지방자치단체는 국가가 추진하는 지방분권정책에 부응하여 행정 및 재정의 효율성을 높이는 등의 개선조치를 마련하여야 한다."고 규정한다.

제6조는 사무배분의 원칙을 규정하고 있는데, 제1항은 "국가는 지방자치단체가 행정을 종합적·자율적으로 수행할 수 있도록 국가와 지방자치단체간 또는 지방자치단체 상호간의 사무를 주민의 편익증진, 집행의 효과 등을 고려하여 서로 중복되지 아니하도록 배분하여야 한다."고 하고, 제2항은 "국가는 제1항의 규정에 의하여 사무를 배분하는 경우 지역주민생활과 밀접한 관련이 있는 사무는 원칙적으로 시·군 및 자치구의 사무로, 시·군 및 자치구가 처리하기 어려운 사무는 특별시와 광역시 및 도의 사무로, 특별시와 광역시 및 도가 처리하기 어려운 사무는 국가의 사무로 각각 배분하여야 한다."고 하며, 제3항은 "국가가 지방자치단체에 사무를 배분하거나 지방자치단체가 사무를 다른 지방자치단체에 재배분하는 때에는 사무를 배분 또는 재배분받는 지방자치단체가 그 사무를 자기의 책임하에 종합적으로 처리할 수 있도록 관련 사무를 포괄적으로 배분하여야 한다."고 하고, 제4항은 "국가 및 지방자치단체는 제1항 내지 제3항의 규정에 의하여 사무를 배분하는 때에는 민간부문의 자율성을 존중하여 국가 또는 지방자치단체의 관여를 최소화하여야 하며, 민간의 행정참여기회를 확대하여야 한다."고 규정한다.

제7조는 자율과 참여의 원칙을 규정하는데, "국가는 지방분권정책을 추진하는 때에는 지방자치단체의 자율성을 존중하여야 하며, 주민의 참여를 최대한 보장하여야 한다."고 하고, 제9조는 권한 및 사무의 이양에 대하여 규정하는데, 제1항은 "국가는 제6조의 규정에 의한 사무배분의 원칙에 따라 그 권한 및 사무를 적극적으로 지방자치단체에 이양하여야 하며, 기관위임사무를 정비하는 등 사무구분체계를 조정하여야 한다."고 하고, 제2항은 "국가는 권한 및 사무를 지방자치단체에 포괄적·일괄적으로 이양하기 위하여 필요한 법적 조치를 마련하여야 한다."고 규정한다.

또한 동법 제11조는 지방재정의 확충 및 건전성 강화를 규정하는데, 제1항은 "국가 및 지방자치단체는 각 지방자치단체가 사무를 자주적·자립적으로 수행할 수 있도록 하기 위하여 지방재정을 확충하고 지방재정의 건전성을 강화하는 등 지방재정의 발전방안을 마련하여야 한다."고 하고, 제2항은 "국가는 국세와 지방세의 세원을 합리적으로 조정하는 방안을 마련하여야 하며, 지방세의 새로운 세목을 확대하고 비과세 및 감면을 축소하는 등 지방자치단체가 자주적으로 과세권을 행사할 수 있는 범위를 확대하여야 한다."고 하며, 제3항은 "국가는 사무의 지방이양 등과 연계하여 지방교부세의 법정률을 단계적으로 상향조정하고, 국고보조금의 통·폐합 등 포괄적인 지원방안을 마련하는 등 국고보조금 제도의 합리적 개선 및 지방자치단체간의 재정력 격차를 완화하는 방안을 강구하여야 한다."고 하고, 제4항은 "지방자치단체는 자체 세입을 확충하고 예산지출의 합리성을 확보하기 위하여 노력하여야 한다."고 하며, 제5항은 "지방자치단체는 복식부기회계제도를 도입하는 등 예산·회계제도를 합리적으로 개선하여야 하며, 재정운영의 투명성과 건전성을 확보하여야 한다."고 규정하고 있다.

제12조는 자치행정역량의 강화에 대하여 규정하는데, 제1항은 "국가는 지방자치단체의 자치입법권을 강화하기 위하여 조례제정범위가 확대되도록 하는 등 필요한 조치를 하여야 한다."고 하고, 제2항은 "국가는 지방자치단체의 조직 및 정원에 관하여는 필요한 최소한의 기준만을 정함으로써 지방자치단체의 조직운영과 인력관리의 자율성을 최대한 보장하여야 한다."고 하며, 제3항은 "국가 및 지방자치단체는 지방공무원의 전문성을 높이고 역량

을 강화하기 위하여 국가와 지방자치단체 간 또는 지방자치단체 상호간의 공무원 인사교류를 활성화하고 교육훈련제도를 개선하는 등 필요한 조치를 하여야 한다."고 규정하고 있다.

이외에도 제10조는 특별지방행정기관의 정비 등, 제13조는 지방의회의 활성화와 지방선거제도의 개선, 제14조는 주민참여의 확대, 제16조는 국가와 지방자치단체의 협력체제 정립에 대하여 규정하고 있다.

다. 중앙행정권한의 지방이양촉진 등에 관한 법률

김대중 국민의 정부는 1999년 1월 29일 법률 5710호로 '중앙권한의 지방이양촉진에 관한 법률'을 제정하고, 이에 근거하여 지방이양추진위원회를 구성하여 분권화작업을 시도하였다. 그러나 동 위원회의 활동실적은 기대에 미치지 못하였다.[10][11] 법률의 주요내용은 다음과 같다.

---

10) 이는 무엇보다도 ① 추진체제의 구성에 많은 결함이 있었기 때문이다. 지금까지 중앙집권을 선호하던 인사들이 위원으로 구성되었고, 최고 책임자인 대통령의 관심 역시 추진체제에 두어져 있지 않았다. 당연직으로 참여한 일부 부처의 장관은 분권추진위원으로서가 아니라, 자신이 소속하고 있는 부처의 업무가 이양되지 않도록 하는 방패막이 역할을 담당하였던 것이다. ② 분권을 위한 핵심적인 사안은 방치하고, 지엽적인 문제에만 매달린 결과 그 효과는 미미할 수밖에 없었다. '권한이양위원회'는 그 위상의 한계로 인하여 지방정부와 특별행정기관의 관계재조정, 경찰권의 지방이양, 지방교육자치의 개선 등에 대해서는 아예 손조차 대지 못하였다. ③ 재원과 인력의 개혁이 동반되지 않아 지방의 적극적 참여가 결여되었다. ④ 중앙공무원들의 지방분권에 대한 몰이해가 분권을 크게 가로막았다. 지방분권의 의미를 모르는 중앙공무원, 자신의 일터는 자신이 보호해야 한다는 논리에만 충실한 국장과 과장들을 개별 업무 단위로 설득해 가면서 지방분권을 추진해야 하는 것은 쉬운 일이 아니었다. 심지어 인신공격까지 마다 않는 공무원을 상대로 하여 지방자치의 원론적인 개념을 교육해야 했던 실무위원회의 고통은 헤쳐나가기 어려운 경우가 많았다. ⑤ 일부언론은 원천적으로 지방분권을 문제시하는 왜곡된 보도를 하기도 했다. 그리고 이러한 언론의 보도를 그대로 따르는 국민들이 많았다는 것은 지방분권에 대한 국민의 이해가 그만큼 낮았다는 것을 의미하는 것이었다. 강재규(2004), 14쪽 참조.

11) 중앙관료들은 분권으로 인한 기득권 상실을 우려하여 분권을 가로막으려는 자세를 굽히지 않았으며, 중앙언론들도 분권에 그다지 호의적이지 않았다. 문제는 분권을 추진하려는 세력들 내부에도 있었다. 분권세력은 조직화되지 못하였

제1조는 "이 법은 중앙행정기관의 권한 중 주민의 복리증진과 지역의 발전에 이바지할 수 있는 권한을 지방자치단체에 최대한 이양함과 아울러 지방자치단체 간에 사무를 합리적으로 배분하여 지방자치단체의 자율성을 제고하고 국민생활의 편익을 도모함을 목적으로 한다."고 규정하고, 제3조 제1항은 지방이양의 기본원칙[12]을 규정하고, 제2항은 "중앙행정기관의 장은 제1항의 원칙에 따라 지방자치단체에 이양한 사무에 대하여는 중앙행정기관의 감독을 최소한의 범위로 제한하는 조치를 취하여야 하며 그 사무를 처리함에 있어서 전국적인 통일을 기하기 위한 사무처리기준을 마련하고자 하는 때에는 이를 당해 법령에 직접 규정하거나 사무처리기준의 고시근거를 당해 법령에 명시하고 그 내용을 관보에 게재하여야 한다."고 규정한다.

제4조는 국가와 지방자치단체 간 사무배분 등의 기준을 정하고 있는데, 제1항은 "국가와 지방자치단체 간에 사무를 배분함에 있어서는 지방자치법 제11조에 규정된 국가사무를 제외하고는 가능한 한 지방자치단체에 배분하여야 한다.", 제2항은 "지방자치단체에서 처리하는 사무중 지방자치단체의 전문적·기술적 능력을 초월하거나 그 업무의 성격상 중앙행정기관에서 처리함이 합리적인 사무는 중앙행정기관으로 이양하여야 한다."고 규정한다.

제5조는 행정적·재정적 지원노력에 대해 규정하는데, 제1항은 "중앙행정기관의 장은 중앙행정권한의 지방이양을 함에 있어서 지방자치단체가 그 이

고, 지방공무원들은 분권에 미온적이었으며, 지방자치단체장과 지방의원들은 적극적이었으나 연대성이 약했다. 강형기, 『향부론』(비봉출판사, 2001), 12쪽.
12) 동법 제3조 제1항의 각호는 다음과 같다. 1. 지방자치법 제9조제2항 각호에 예시된 사무를 지방자치단체에서 가능한 한 독자적으로 처리하도록 할 것, 2. 지방자치단체의 여건 및 능력을 고려하고 지방자치단체의 의사를 존중할 것, 3. 지방자치단체가 이양받은 사무를 자주적인 결정과 책임아래 처리할 수 있도록 이양되는 사무와 관련되는 일체의 사무를 가능한 한 동시에 이양할 것, 4. 지방자치법 제10조에 규정된 지방자치단체 간 사무배분의 기준을 준수할 것, 5. 주민의 복리 및 생활편의와 직접 관련된 권한 내지 사무는 시·군·자치구에 우선적으로 배분할 것, 6. 시·군·자치구가 처리하는 사무중 시·군·자치구의 전문적·기술적 능력을 초월하거나 지방자치법 제10조 제1항 제1호 각목에 규정된 사무 등 그 업무의 성격상 시·도에서 처리함이 합리적인 사무는 시·도로 이양할 것.

양반은 사무를 원활히 처리할 수 있도록 행정적·재정적 지원을 병행하여야 한다."고 하고, 제2항은 "중앙행정기관의 장은 제1항의 규정에 의한 재정지원을 함에 있어서는 그 방법 및 규모 등에 관하여 중앙행정기관간 및 지방자치단체간에 재정지원의 균형유지 등을 위하여 대통령령이 정하는 바에 따라 행정자치부장관과 협의하여야 한다. 이 경우 행정자치부장관은 관계 중앙행정기관의 장과 협의하기 전에 당해 지방자치단체의 장의 의견을 들을 수 있다."고 규정한다.

3) 기타 법령

정부조직법 제30조 제1항에서 "외교통상부장관은 외교, 외국과의 통상교섭 및 통상교섭에 관한 총괄·조정, 조약 기타 국제협정, 재외국민의 보호·지원, 국제사정조사 및 이민에 관한 사무를 관장 한다."라고 규정하고 있다. 그리고 외교통상부와 그 소속기관의 직제(대통령령 제17276호) 및 외교통상부와 그 소속기관의 직제규칙(외교통상부령 제29호)에서는 외교통상부 문화외교국 홍보과에서 "지방자치단체의 국제교류에 관한 지원"업무를 담당하도록 하고 있고, 지역통상국 통상투자진흥과에서 "기업·민간단체 및 지방자치단체의 해외시장 개척 활동 등 지원의 총괄, 외국인투자유치의 지원 및 대외홍보에 관한 사항, 우리기업의 해외투자 지원에 관한 사항"을 담당하도록 하고 있다. 또한, 여권법 제15조 및 동법 시행령 제26조에서는 특별시장·광역시장 및 도지사에게 "일반여권 및 여행증명서의 발급, 기재사항의 변경, 유효기간 연장, 재발급, 반납명령 및 몰취에 관한 권한"을 위임하고 있으며, 한국국제협력단법(법률 제6475호) 제7조 및 동법 시행령(대통령령 제17268호)에서 "개발도상국에 파견되는 전문가 또는 한국청년해외봉사단원이 공무원인 경우에는 지방공무원법 제30조의 4의 규정에 의한 파견근무"로 볼 수 있도록 규정하고 있다. 한편, 지방자치단체에 대한 지원을 담당하고 있는 행정자치부의 경우에는 행정자치부와 그 소속기관의 직제(대통령령 제17277호) 제13조제2항 제9호 및 동령 시행규칙(행정자치부령 제138호)제9조 제3항 제9호에서는 자치행정국 자치행정과에서 "지방자치단체의 대외협력업무추진에 관한 지도"업무를 관장하게 하고 있다.

지방공무원법 제30조의4제1항에는 국내외의 교육기관·연구기관 기타 기관에 일정기간 파견 근무하게 할 수 있는 근거를 마련하고 지방자치단체의 개방형직위의 운영 등에 관한 규정(대통령령 제17274호) 제2조 제2항 제6호에는 "국제교류·통상업무를 담당하는 담당관 또는 과장"을 개방형직위로 지정하고자 할 때는 행정자치부장관과 사전 협의절차를 생략할 수 있도록 하여 개방형직위로의 운영을 유도하고 있다. 그 밖에 국제회의의 유치를 촉진하고 그 원활한 개최를 지원하여 국제회의산업을 육성·진흥함으로써 관광산업의 발전과 국민경제의 향상을 도모하기 위하여 국제회의 산업육성에 관한 법률(법률 제5210호)을 제정하고, 제8조(전담부서의 설치)에서 "국제회의도시 또는 국제회의도시를 관할하는 지방자치단체는 국제회의 관련업무의 효율적인 추진을 위하여 필요하다고 인정할 때에는 국제회의 전담부서를 설치"할 수 있도록 규정하고 있으며, 국토기본법 제4조 제3항은 "국가 및 지방자치단체는 국제교류가 활발히 이루어질 수 있는 국토여건을 조성함으로써 대륙과 해양을 잇는 국토의 지리적 특성이 최대한 발휘되도록 하여야 한다"라고 규정하고 있다.

지방자치단체의 국제활동과 관련한 중앙부처의 지침, 예규, 훈령 등을 살펴보면, 우선, 행정자치부는 "국제도시간 자매결연 업무처리규정(행정자치부훈령 제47호, 2000. 3. 27)"을 제정하여 국제도시간 자매결연체결절차와 방법들을 폭넓게 규정하고 있으며, 국무총리지시 제1995-1호로 "대외관계 업무처리에 관한 지침"을 발령하여, "외국인사 및 주한외교사절과의 면담에 관한 사항이나, 정부에 부담을 주는 대외약속 등에 관한 사항, 외국인사 초청에 관한 사항, 국제대회유치에 관한 사항, 외국정부기관과의 회의개최, 협의체 신설 또는 합의문서 작성에 관한 사항" 등에 관하여 규정하고 있다.

또한 외교통상부는 외교통상부지침(1992. 2. 1)으로 「지방자치단체 대외교류」 지원지침을 시달하여, 광역지방자치단체장의 공무국외여행과 지자체공무원 단체 공무국외여행 및 지자체공무원 외국기관 방문, 방문국가 사증발급 신청, 외국 지자체와의 자매결연추진, 광역지자체 주최 국제행사, 지자체 명예 해외협력관 임명, 자료수집 등에 관하여 규정하고 있는 등 지방자치단체의 국제활동에 관하여 폭넓게 관여하고 있다.

이외에도 지방자치단체가 제정하는 조례나 규칙 등을 들 수 있다.

III. 지방외교의 법·이론적 근거

1. 개설

충실한 지방자치를 보장하지 않고서는 지방에서 정치적, 경제적, 문화적 발전을 보장할 수는 없을 것이며, 그러한 지방자치의 보장을 통해서만 주권자로서의 의식과 지식을 가진 '진정한 시민'을 창출해낼 수 있으며, 충실한 지방자치의 보장이야말로 민주주의 국가의 토대이며, 우리 헌법 역시 이러한 충실한 지방자치 체제를 도입하고 있다고 할 수 있을 것이다.

2. 자치권 확대를 요구하는 환경

1) 근현대 시민국가와 중앙집권 체제

근대 시민국가(자본주의 국가)는 성립 초기부터 원칙적으로 중앙집권체제를 채택하였다. 현대의 국가형태도 이러한 기본적인 성격은 변함이 없다. 중앙정부를 국가로 부르고 국가 - 시·도 - 시·군·구의 관계를 자연적인 위계질서로 보았을 정도로 지방자치단체에 대한 중앙정부의 우월적 지위는 당연한 것으로 생각하였다.

이렇게 본 첫째 요인으로는 자본주의 경제체제를 들 수 있다. 근대화는 봉건체제를 종결시키는 근대시민혁명 또는 혁명의 방식에 의하지 않는 "위로부터의 근대화"와 더불어 시작되었다. 근대화는 경제적으로는 자본주의의 본격화, 법정치적으로는 입헌주의화·법치주의화를 근본적인 특색으로 하였다. 근대 자본주의국가의 헌법(이후 근대시민헌법이라 부른다)은 봉건체제를 종식하고 자본주의체제를 본격적으로 구축하려는 그 역사적 과제로 인하여 뒤에서 검토하는 바와 같이 미국 등 일부 예외적인 국가를 제외하고는, 통치기구의 근본적인 특색은 중앙집권체제였다.13) 근대시민헌법은 원칙적으로는 지방자치단체의 존재를 인정하면서도 그 권한·조직·운영 방안에 대해서는 헌법상 어떠한 구체적인 보장도 하지 않고, 중앙정부가 제정하는 법률에 백지위임하였다. 그 구체적인 운영은 법률에 의해 중앙정부의 지휘감독 아래 두었던 것이다.

현대(제1차 세계대전 이후를 현대라 한다) 자본주의국가의 헌법(이후 현대시민헌법이라 한다)에서도 중앙정부가 우월한 지위에서 지방자치단체의 권한·조직·운영의 바람직한 방향을 법률로 정하고, 동시에 그 구체적인 운영을 지휘 감독하는 체제는 변하지 않았다.

2) '충실한 지방자치'를 요구하는 사상과 운동

그러나 이상과 같은 중앙집권 체제에 대해서는 근대 초기부터 강력한 비판이 제기되었으며, 충실한 지방자치를 보장하고, 그러한 지방자치의 보장을 토대로 하는 국가체제(이후 그러한 국가의 바람직한 방향을 충실한 지방자치 체제라 한다)를 요구하는 사상과 운동이 반체제(반자본주의 체제) 쪽에서나 체제에 우호적인 쪽에서도 일어났다. 반체제 쪽의 대표적인 사례로서는 예컨대 프랑스 혁명기의 상퀼로트운동이나 1871년의 파리코뮌을 들 수 있다. 또한 체제에 우호적인 대표 사례로서는 미국의 지방자치의 실태를 소개한 토크빌(Alexis de Tocqueville, 1805-59)의 입장을 들 수 있다.

그런데 충실한 지방자치란 ① 충실한 주민자치의 원칙(지방자치단체의 사무는 주민의 의지에 따라 주민에 의해 처리할 것을 요구한다), ② 충실한 단

---

13) 자본주의의 본격적인 발전은 경제적 자유권의 보장, 생산력의 규모와 더불어 시장의 크기와 관계가 있다. 자본주의의 본격적인 발전을 확보하기 위해서는 봉건적 할거체제의 해체와 언어·도량형 등의 통일을 수반한 가능한 한 시장(통일국내시장)을 형성하는 일도 불가결하였다. 이러한 목적은 지방자치단체를 중앙정부의 말단행정기구로 하는 중앙집권 체제에 의해 달성되었다. 그러한 정치 체제를 정당화 하는 법 이론은 각각의 헌법원리를 포함하여 프랑스나 독일에서도 형성되었다. 杉原泰雄,『地方自治の憲法論』(2002), 3쪽.

체자치의 원칙(지방자치단체에 법인격을 인정하고, 그 사무는 지방자치단체가 지방의 사정을 잘 모르는 중앙정부로부터 독립하여 처리할 것을 요구한다), ③ 지방자치단체 우선의 사무배분의 원칙(주민에게 가장 가까운 지방자치단체에 우선적으로 공적 사무의 배분을 요구하는 것으로, 보다 포괄적인 단체인 시·도는 보다 작은 단체인 시군구에서 효과적으로 처리할 수 없는 사무를 보완적으로 담당하고, 중앙정부는 지방자치단체가 효과적으로 처리할 수 없는 전국민적인 성질·성격의 사무나, 국가의 존립과 관련된 사무만을 담당하는 것을 요구하는 것으로, 근접성의 원칙(Principle of Proximity), 보충성의 원칙(Principle of Subsidiarity)라고도 한다),14) ④ 사무배분과 더불어 자주재원배분의 원칙(자주재원의 보장 없이는 지방자치는 기능할 수 없다) 등을 포함한 지방자치의 보장과 그것을 초석으로 하는 국가의 체제를 요청한다. 이러한 체제에서는 ③, ④, ⑤로부터도 명확하듯이, 자치단체는 자치행정권 뿐만 아니라, 자치입법권도 가지며, 중앙정부와 더불어 공적 사무를 분담하는 지방정부로서의 위치를 부여받게 된다. 이상이 충실한 지방자치 체제의 모습이다.

이러한 지방자치의 체제를 요구하는 사상과 운동은 그것이 결여된 중앙집권체제에서는 ① 각 지방에서 정치적, 경제적 및 문화적 발전을 도모할 수 없을 뿐만 아니라, ② 주권자의 구성원으로서의 의식과 지식을 가진 진정한 시민을 창출할 수가 없고, 지방자치단체의 정치에서도 중앙정부의 정치에서도 정치를 방관하는 시민만이 길러진다는 것이다. 지방자치단체가 권한이나 재원을 가지지 못하고, 단체자치나 주민자치가 함께 보장되지 않으면 지방자

---

14) 지방자치단체 특히 시군구에 대한 전권한성의 원칙이 ③의 원칙(지방자치단체 우선의 사무배분 원칙)의 전제로서 요구된다. 법률상 중앙정부나 다른 지방자치단체에 전속적인 사무로서 배분되지 않은 사무나 지방자치단체 특히 시군구의 권한으로부터 명시적으로 배제되지 않은 사무의 모두에 대하여 지방자치단체 특히 시군구가 권한을 갖는다는 원칙이다. 최근의 충실한 지방자치론에는 이 원칙을 지적하는 경우가 많다. 지방자치단체 우선의 사무배분의 원칙의 전제로서 구해지는 것이므로, 명시적으로 지적하지 않더라도 그 원칙에 포함되어 있는 것으로 해석한다. 시·도에도 중앙정부와의 관계에서 이와 비슷한 원칙이 인정되는 것은 당연한 것이다.

치단체에서 정치적, 경제적, 문화적인 발전이 있을 수 없는 것은 당연하다. 국가를 지방자치단체의 집합체로 보더라도 국가 전체의 정치적, 경제적 및 문화적 발전이 어려워질 것은 피하기 어려우며, 또 각 지방자치단체에서 그 공동생활에 관한 사무를 주민 스스로가 중앙정부로부터 독립하여 처리하지 아니 하고, 중앙과 지방의 대표나 관료라는 타자에게 계속 맡기게 되면 주권자로서의 의식과 지식을 가진 진정한 시민은 육성되지 않는다는 것이다.

반체제 쪽에서도 체제 내의 개혁진영 쪽에서도 이러한 점에서는 대개 공통적이다. 다만 차이는 반체제측이 이러한 충실한 지방자치 체제는 자본주의체제하에서는 실현불가능하다고 생각하는데 대해, 체제 내 개혁진영 쪽은 충실한 지방자치의 체제 없이는 자본주의체제의 안정을 확보할 수 없다고 생각한다는 것이다.

3) 근현대 시민헌법 아래서의 지방자치 동향

중앙집권체제하에서도 이성과 같은 충실한 지방자치 체제를 요구하는 사상이나 운동의 영향을 받아 점차 지방자치에 대한 보장이 강화되었다.

근대 시민 혁명기부터 제1차 세계대전기까지 자본주의국가의 헌법을 '근대시민헌법'이라 한다. 근대시민헌법은 원칙적으로 지방자치단체를 인정하면서도 그 권한·조직·운영의 바람직한 방향을 법률에 백지위임하였지만, 시간이 경과함에 따라 그러한 법률에서 중앙정부의 감독·개입의 여지를 완전히 불식하지는 못했지만, 지방행정에 대한 자치(자치행정)를 서서히 인정하여 갔다. 중앙집권 체제를 유지하면서도 원칙적으로 지방행정에 대하여 주민자치 또는 단체자치, 또는 그 모두를 점차 인정해 갔던 것이다.

제1차 세계대전기 이후의 자본주의국가의 헌법을 '현대시민헌법'이라고 하는데, 이는 헌법상에서 주민자치나 단체자치에 대하여 다소간의 구체적인 보장을 하기에 이르렀다. 헌법에 의한 지방자치의 보장이라고 할 수 있을 것이다. 그러나 여기서도 충실한 지방자치 체제를 헌법이 명시한 것은 아니다. 주민자치·단체자치의 보장조차도 불충분하였을 뿐만 아니라, 지방자치단체 우선의 사무배분원칙·전권한성의 원칙이나 사무배분에서 본 자주재원배분의 원칙은 현대시민헌법에서도 원칙적으로 명시되지는 않았다.

4) 본격적인 전환기로서의 '현재'

여기서 '현재'란 제2차 세계대전기 이후를 말한다. 그 '현재'에는 현대를 거치면서 겪은 중앙집권체제의 비참한 경험, 특히 히틀러나 스탈린 정권의 경험을 비판적으로 받아들여 세계적인 차원에서 '충실한 지방자치' 체제로의 본격적인 전환이 이루어졌다. 앞에서도 간단히 살펴보았듯이, 1985년의 유럽지방자치헌장(국가간 조약)이나, 같은 해 있었던 국제자치단체연합 (IULA, International Union of Local Authorities)에 의한 세계지방자치선언은 '현재'에는 충실한 지방자치 체제를 정치적·경제적 및 문화적 발전을 위해서는 불가결한 것이라고 하였다. 또한 중동구의 구사회주의 제국이나 1990 년대 동독5주(구동독)의 헌법은 유럽지방자치헌장이나 세계지방자치선언을 가이드라인으로 하여, 충실한 지방자치 체제를 요구하고 현대 시민헌법에서 지방자치의 보장의 수준을 뛰어넘으려 하고 있다.

현재는 이러한 충실한 지방자치 체제로의 동향에 대한 그 연장선상에서 세계지방자치헌장의 제정이 전망되고 있다. 21세기 초두에 국제연합에서 '충실한 지방자치' 체제를 내용으로 하는 헌장을 국제연합의 다국간 조약으로 제정하려는 움직임이 있다. 1998년 5월에는 제1차 초안이, 2000년 6월에는 제2차 초안이 발표되었다.

지방자치의 보장에 관한 세계헌장의 핵심적인 내용은 12개 조항 중에서 10개 조항이 유럽헌장과 유사하다. 이에 속하는 것으로 지방자치의 헌법적·법률적 기초(제2조), 지방자치의 개념(제3조), 지방자치의 범위(제4조), 지방자치보장의 한계(제5조), 적정행정구조와 물적 수단의 충당(제6조), 지방수준에서 업무수행의 조건(제7조), 지방자치단체에 대한 국가의 감독(제9조), 지방자치단체의 권리구제(제10조) 등을 들 수 있다.[15] 중앙집권 체제로부터

---

15) 세계헌장을 추진하는 과정에서 유럽회의가 직접 혹은 간접적으로 간여함으로써, 유럽헌장은 세계헌장의 성립과정에 영향을 미치게 된다. 이기우, 앞의 글, 45쪽 참조.

충실한 지방자치 체제로, 나아가 세계적인 차원에서의 전환이 본격화되기 시작하였다. 21세기가 충실한 지방자치 시대로 접어들 것이라는 점은 분명해 보인다.

중앙집권체제의 시대가 종언을 고하려 한다는 것은 물론 중앙정부의 역할이 소멸되는 시대가 올 것이라는 것을 의미하는 것은 아니다. 중앙정부는 중앙정부가 아니면 효과적으로 처리할 수 없는 전국민적인 성질·성격의 사무나 중앙정부의 존립에 관한 사무 등 중요한 사무가 남는다. 그 이외의 공적인 사무를 지방자치단체가 주민자치나 단체자치 등 충실한 지방자치 체제의 제반원칙을 포함하여 담당한다는 것이다. 지방자치단체가 중앙정부의 지휘감독하에 중앙정부의 사무를 담당하는 시대가 끝나고, 지방자치단체와 중앙정부가 공무의 분담자로서 대등한 입장에서, 각 지역에서건 전국적 차원에서건 정치·경제·문화를 국민의 생활의 관점에서 발전시킬 수 있는 시대를 맞이하게 될 것이라는 점이다.

이러한 사실과 관련하여 유의하여야 할 것이 있다. 그것은 특히 1990년대 접어들고부터 대두되기 시작한 세계 단일 시장화(Globalization)에 대한 국내적 대응의 일환으로서의 지방분권의 움직임이다. "예외 없는 자유화"를 표방하는 세계화는 국내에서는 그것에 대응할 수 있는 중앙정부의 바람직한 역할을 요구한다. 정치개혁, 행정개혁(혁신)이 그것이다. 그 일환으로서 중앙정부의 전통적 기능이 선별·정리되고, 그 일부가 지방자치단체에 이양되는 강제적 분권이다. 그것은 중앙집권체제의 개혁이라는 외양을 갖추고 있어도, 특히 충실한 지방자치 사상이나 운동의 전통을 갖지 못한 나라에서는 충실한 지방자치의 제반원칙을 결여하기 쉽다. 그러한 제반원칙을 결여한 지방분권은 그러한 제반원칙의 결여 때문에 중앙집권체제의 폐해들을 극복하기 어려울 것이다. 인류의 역사적인 노력을 무의미하게 하는 개혁을 충실한 지방자치 체제를 위한 개혁과 혼동해서는 아니 된다. 이러한 세계화 현상을 막을 길이 없다면 민주주의의 세계화가 필요하다. 이러한 민주주의의 세계화는 '지방자치의 세계화'로 대응할 수 있을 것이다.

5) 지방자치는 근본적이고 바람직한 국가론의 문제

지방자치 문제는 국가의 근본적이고 바람직한 방향과 관련된 국가론의 문제이고, 헌법의 근본문제이다.

첫째, 어떠한 국가라도 중앙집권체제 아래서는 국민 생활의 관점에서 보아 정치적으로, 경제적으로 그리고 문화적으로도 성공을 거두기 힘들 것이다. 국가가 성공을 거두기 위해서는 충실한 지방자치 체제가 불가결하다. 이것은 반체제의 이론가뿐 아니라, 체제의 안정을 구하는 이론가에 의해서도 실증된 것이고, 또 근대·현대·현재의 경험을 통해서도 실증이 가능한 것이다.

근현대 국민국가에서 국민들은 정치적·경제적·문화적으로 전국적인 공통성을 가진 생활(국민으로서의 생활)을 하고 있을 뿐만 아니라, 동시에 정치적·경제적·문화적으로 그러한 공통성을 결여한 생활(지역 주민으로서의 생활)을 하고 있다. 국민으로서의 생활을 부정하자는 것은 아니지만 지역의 주민으로서의 생활의 중요성을 부정할 수도 없는 일이다. 과소지역과 과밀지역 어느 곳에서도 일반국민으로서는 인간다운 생활을 영위하기가 곤란하다. 중앙정부의 문제와 지방자치단체의 문제를 분리하여 어느 것이 중요한가를 논의하는 방식은 잘못된 것이다. 국민·주민의 양면적 생활은 불가피한 것이고, 국민 누구나가 국민으로서의 생활뿐 아니라, 주민으로서의 생활도 하고 있다. 주민으로서의 생활 부분을 중앙정부의 정치 아래에 둘 것인가, 지방자치단체의 자주적인 정치 아래에 둘 것인가는 국민 모두의 생활과 관련된 국가의 바람직한 방향의 문제이다.

둘째, 토크빌이 미국과 프랑스 정치의 비교를 통해서 반복적으로 지적하듯이, 시민이 지방자치단체의 정치 속에서 그 공동생활에 관한 문제에 대해 스스로 그 처리의 방침을 결정하고, 동시에 그것을 집행하는 담당자를 스스로 선임하고, 동시에 통제하는 것을 일상적으로 경험함으로써 주권자의 성원으로서의 의식과 지식을 몸에 체득한 진정한 시민으로 육성된다고 하는 것이다. 그렇게 함으로써 지방자치단체와 중앙정부는 실질을 갖춘 진정한 시민과 주권자가 될 수 있다.

토크빌은 이러한 기능을 수행하는 지방자치단체를 민주주의의 초등학교라

불렀다. 중앙집권 체제하에서 시민이 스스로의 공동생활에 관한 문제를 정치가(대표)와 관료에게 계속 맡기면 시민은 정치의 방관자가 될 뿐, '진정한 시민'·실질을 겸비한 주권자를 양성할 수 없다는 것이다. 헌법상 시민의 총체로서의 인민을 주권자로 규정하고 있는 경우라도 마찬가지이다. 충실한 지방자치의 보장은 그러한 의미에서 민주적인 국가의 초석·토대로서의 역할을 하며, 민주적인 국가에는 불가결한 조건이다.

셋째, 중앙집권체제냐, 충실한 지방자치체제냐 하는 문제는 주권원리와 관련된 헌법문제로서 근대초기 이후 줄곧 제기되어 온 문제이다.

이러한 주권론은 특히 프랑스에서 형성·발전되었다. 그러나 주권론에 대한 논의는 19세기 독일의 특수사정으로 인해 크게 왜곡되었으며, 일본의 경우에는 지금까지도 그러한 독일적인 왜곡에서 벗어나지 못한 상태라고 한다. 일본을 통해 계수된 우리나라도 예외는 아닐 것이다. 원래 주권원리는 국내에서 누가 통치권의 소유자인가를 제시하는 헌법원리이고, 국가의 권한·조직·운영의 바람직한 방향을 정하는 원리이다. 그것은 입법권·행정권·사법권 등의 통치권한을 누구의 수권에 의해 누구의 의사에 따라 누구의 이익을 위하여 행사되어야 할 것인지를 제시하는 헌법원리이다.

근대이후 주권원리를 둘러싼 주요한 쟁점의 하나는 군주를 통치권의 소유자로 하는 군주주권을 부정하고, "인민의, 인민에 의한, 인민을 위한 정치"를 철저하게 요구하는 인민주권론을 취할 것인가, 아니면 그렇지 아니한 주권원리[프랑스는 국민(nation)주권, 영국은 의회주권, 독일은 국가주권]를 취할 것인가 하는 것이었다. 미국 등 몇몇 국가를 제외하고는 대부분의 자본주의 국가는 후자를 도입하였다. 전자의 인민주권은 미국 등 몇몇 국가만이 채택하였고, 근대 이후에는 체제의 전환을 요구하는 변혁의 원리로서, 또는 체제 내에서의 개혁의 원리로서, 즉 정치나 경제의 민주화를 요구하는 비판의 원리로써 제시되었던 것이다.

"인민에 의한, 인민을 위한 정치"를 철저히 요구하는 인민주권은 그러한 정치에 적합한 조건을 갖춘 지방자치단체를 중시하고, 충실한 지방자치 체제를 요청하였다. 충실한 지방자치 체제는 인민주권의 원리에 내재하는 원리라고 할 수 있을 것이다. 인민주권을 채택할 것인가 여부는 충실한 지방자치 체제를 인정할 것인가 여부와 직결되는 문제이고, 주권원리를 둘러싼 문제는 근대 이후에는 지방자치단체의 바람직한 방향의 문제를 포함하는 국가의 바람직한 방향과 관련된 문제였던 것이다.

6) 우리 헌법과 '충실한 지방자치' 체제

우리헌법은 제1조에서 민주주의와 국민주권원리를 규정하고, 그 구체화의 하나로서 제8장에서 지방자치를 규정하고 있다. 국민주권이 미국의 경우와 마찬가지로 "인민에 의한, 인민을 위한 정치"를 철저히 요구하는 인민주권을 의미하는 것이라고 한다면, 현행 헌법이 보장하는 지방자치는 미국의 경우와 마찬가지로 그러한 인민주권원리에 따른 충실한 지방자치의 보장을 요구하는 것으로 해석하여야 할 것이다. 중앙집권체제를 채택하였던 시민헌법과는 달리, 직접 헌법에서 지방자치의 중요성을 명시한 주목할 만한 현대시민헌법이라 할 수 있을 것이다. 하지만 우리 헌법은 아직까지 철저히 충실한 지방자치를 채택하였다고 단언하기는 힘들 것이다.

그런데 나중에 자세히 검토하겠지만, 일본의 경우에는 1949년의 '샤우프 권고'나 1950년의 '칸베 권고' 등을 통해서도 이해할 수 있듯이 일본국 헌법 아래서는 '충실한 지방자치' 체제를 채택할 것을 요구한다는 견해가 동 헌법 시행 초기부터 제기되었다고 한다.[16]

---

16) 일본국 헌법의 국민주권, '제8장 지방자치'의 장에서는 그 제반규정 등(특히 제92조, 제41조와 제95조)을 비추어 볼 때, 일본국 헌법이 충실한 지방자치의 체제를 요구하고 있다는 것은 대체로 틀리지 않다고 해석할 수 있다. 제41조는 국회의 입법을 원칙으로서 전체 국민을 수범자로 하는 일반적 추상적 법규범의 정립에 한정하면서, 제95조는 국회의 입법권을 "1개의 지방자치단체에만 적용되는 특별법"과의 관계로 크게 제한하고 있다. 구 독일이나 프랑스의 자치행정론에 입각하여 일본국 헌법의 지방자치제도를 해석하는 것은 잘못이라고 해야 할 것이라고 한다. 杉原泰雄, 『地方自治の憲法論』, 13쪽 참조.

3. 지방자치의 강화 필요성

우리나라에서도 중앙집권 정치체제는 많은 문제점을 야기하였고, 민주주의와 국민주권주의를 규정한 헌법 원리나 인권의 보장이라는 헌법이념도 제대로 구현되지 못했으며, 아울러 그러한 중앙집권체제는 실패했다고 할 수 있을 것이다. 중앙집권 정치체제가 실패한 이후에도 우리나라에서는 "왜 지방자치인가", "어떠한 지방자치인가", "중앙집권체제에는 어떠한 문제가 있는가" 하는 등 지방자치의 기본문제·기초이론을 국가론의 문제로서 깊이 있게 검토하지 않았다.

이와 관련하여 최근 언론보도에 따르면, 대한민국 정부 수립 이전인 1947년, 맥아더 당시 일본 점령군 사령관이 한·일 양국을 비교하면서 한국에 대해서는 "민주주의 준비가 안됐다"고 평가한 반면, 일본은 "민주주의를 할 만한 자질이 있다"는 등의 상반된 평가를 내놓았다고 한다. 허버트 노먼 캐나다 주일대표부 대표에 따르면, 맥아더 장군은 당시 한국을 평가하면서 "한국인들은 민주주의를 할 준비가 돼있지 않다"며, "한국인들에겐 (권위적인) 강력한 통치자가 필요하다"고 말했다고 한다. 노먼 대표는 "맥아더가 '일본인의 미군 점령 수용을 민주주의적 생활방식에 대한 심리적 성숙으로 간주하지만, 소란스런 한국인들에겐 민주주의 대신 권위주의 체제가 적합하다'고 말했다"고 한다.[17]

또 다른 견해에 따르면 일본의 경우에는 일본국 헌법을 제정할 무렵, 점령군 총사령부는 지방자치를 경시하는 일본정부와 국민의 대응에 놀랐다고 한다. 일본인들의 헌법의식과 자치의식, 그리고 그것을 지탱하는 중앙정부와 지방자치단체의 바람직한 방향과 관계에 대한 기초이론이 변하지 않을 경우,

---

17) "맥아더 장군의 이런 발언은 허버트 노먼 캐나다 주일대표부 대표가 본국 정부에 보고한 비밀문서(캐나다 오타와 문서보관소 소장)에 담겨 있다"며, "문서 분석 결과 '맥아더 장군과의 대화'란 제목의 5쪽짜리 문서에는 동아시아 각국에 대한 맥아더 장군의 평가가 솔직하게 담겨있다"고 보도하였다. 『한겨레신문』, 2005년 10월 25일자, "맥아더 '소란스런 한국인에겐 권위주의가 적합' — 1947년 캐나다 비밀문서 발굴… 당시 일본 사령관과의 대화록 분석 — 기사 참조.

일본국 헌법이 국민주권을 규정하고, '제8장 지방자치'를 규정했다 할지라도 변화를 기대하기가 어렵다는 판단 때문이었을 것이다(杉原泰雄, 2002: 39).

1) 전통적인 지방자치 이론과 그 문제점

헌법에 지방자치제도를 도입한 이후에도 "왜 지방자치여야 하는가", "어떠한 지방자치여야 하는가"를 비롯하여, 지방자치의 바람직한 방향에 대한 원리적인 검토가 이루어졌어야 하였다. 그러나 이들 문제에 대한 본격적인 검토는 거의 이루어지지 않았다. 우리 헌법 아래에서 지방자치를 정당화 하는 주요 이론으로는 민주주의 학교론과 권력분립론적 정당화론을 들 수 있다. 이들 중 특히 전자에 대해서는 헌법이나 지방자치법의 모든 교과서가 언급하고 있다. 그러나 "어떠한 지방자치여야 하는가", 특히 충실한 지방자치 체제 문제는 헌법학계가 아무런 관심도 제시하지 않았다.

가. 민주주의의 학교론과 권력분립론적 정당화론

민주주의 학교론은 국민이 지방자치단체의 진정한 시민이 되기 위하여 필요불가결한 훈련을 받음으로써 시민(주권자의 구성원)으로서의 의식과 지식을 체득할 수 있다는 것이다. 이러한 이론은 토크빌이 쓴 『미국의 민주주의』(1835년, 1840년), 제임스 브라이스(J. Bryce, 1859~1992)가 쓴 『미공화국』(1888)이나 『근대민주정치』(1921) 등에서 유래하는 것이다. 또한 권력분립론적 정당화론은 자유정치를 지향하는 중앙정부에서도 권력의 분립이 요구될 뿐만 아니라, 중앙정부와 지방자치단체 사이에도 그것이 요구된다고 하는 것이다.

나. 문제점

위에서 제시한 지방자치의 정당화론은 어느 것이나 경시할 수 없는 이론으로서 모두가 중요한 사안이다. 그러나 이러한 이론들이 중앙집권 체제를 당연한 것이라고 생각하는 권력담당자와 국민 사이에서 충분한 설득력을 가지며, 지방자치의 필요성·중요성을 정당화할 수 있는지에 대해서는 여전히 의문이 남는다. 권력담당자나 국민들을 충분히 설득할 수 없었다는 사실이, 헌법에서 국민주권을 규정하고, 별도의 장(제8장)에서 지방자치를 규정하고 있음에도 불구하고, "지방자치가 부정적인 이미지"로 인식됨으로써, 지금까지 중앙집권 체제를 계속 유지해온 이유가 아닐까 한다. 좀더 구체적으로 설명하면 다음과 같다.

첫째, 민주주의 학교론이 충분한 설득력을 가지기 위해서는 지방자치의 조건은 어떠한 방향이어야 하는가, 특히 충실한 지방자치를 강조하였던 토크빌이, 어떠한 지방자치 체제를 염두에 두고 그러한 주장을 한 것인지에 대해서는 충분한 검토가 없었다는 것이다. 지방자치단체의 권한과 자주재원을 크게 제한하고, 시민의 역할을 사실상 단체장과 지방의회 의원의 선거에만 한정하는 것과 같은 지방자치라면 그러한 기능을 바랄 수 있는 여지는 없다. 우리 지방자치의 현실은 그러한 기능을 결여한 대표적인 사례인지도 모른다. 국가선거에 비해 오히려 지방자치단체 선거의 기권율이 높고, 지방정치에 대한 무관심의 정도가 더 큰 현실이 그것을 증명한다. 진정한 시민의 부재상황이 오히려 지방자치단체 차원에서 두드러지고, 여기서 그러한 현상이 오히려 조장된다고 할 수 있을 것이다.

뒤에서 검토하지만, 토크빌은 각 지방자치단체 주민의 공동생활과 관련된 문제의 처리를 원칙적으로 지방자치단체의 사무로 하고, 주민의 참가를 통하여 그 사무를 처리하는(예를 들면 주민총회에서 방침을 정하고, 그 집행을 주민이 선출한 위원회에 담당시켜, 그 위원회에 의한 집행을 주민이 통제한다) 것과 같이, 지방자치(충실한 지방자치)야말로 주민공동체를 형성하고, 주권자의 성원으로서의 의식과 지식을 가진 진정한 시민이 창출된다고 하였다.

둘째, 이러한 지방자치의 정당화론만으로써는 이미 검토한 바와 같은 중앙집권체제의 정당화론에 대항하기는 어려울 것이다. 구체적으로는 이러한 지방자치의 정당화론을 충실한 지방자치론으로 보완하면서, 나아가 중앙집권체제가 가진 문제점을 그 정당화론과 중앙집권체제가 가진 현실적인 문제점을 대비하여 검토할 필요가 있을 것이다.

2) 중앙집권체제의 문제점

지방자치는 "민주주의를 구현하기 위한 하나의 수단에 불과하다.", 중앙정부의 정치와 지방자치단체의 정치의 상관관계를 "중앙정부의 민주화에 비례하여 지방자치의 독립 필요성은 그만큼 줄어든다."라는 명제가 타당하다고 한다면, 자코뱅주의의 중앙집권적 민주주의론에 관심이 집중되는 것은 당연한 일이다. 그러나 문제는 그렇게 간단하지 않은 것 같다. 중앙집권 체제는 결코 무시할 수 없는 커다란 한계나 많은 문제점을 갖고 있다. 중앙집권 체제아래서는 정치적으로도 경제적으로도 그리고 문화적으로도 결코 설명하기 힘든 경험적 사실에 토대를 둔 많은 문제점도 존재한다.

가. 중앙정부의 정치적 성격과 한계

중앙정부의 정치는 민주주의의 실현을 표방하고 있는 경우라 할지라도 '인민에 의한 정치', '인민을 위한 정치'를 충분히 실현할 수 없는 구조적인 한계를 가지고 있다.

ㄱ) '인민에 의한 정치'의 곤란성

중앙정부의 정치는 사안의 성질상 국민대표제를 원칙으로 하지 않을 수 없다. 직접 민의에 의한 정치(직접 민주제)는 현재에도 국가의 중요사항에 대한 국민투표나, 헌법개정 등 아주 예외적인 사항에 한정되어 있다. 확실히 현대의 국민대표제는 근대의 그것과는 달리 '직접민주제의 대체물'이 되기를 요청하고, 그를 위해 필요한 제반 조건을 구비하도록 요청한다. 의회의 구성이 민의의 분포상태를 제대로 반영한 축소판이 뒤기를 요청하는 사회학적 대표제의 조건, 즉 중요문제를 실재 분포한 민의에 따라 처리하도록 하는 공약선거나 민의를 확인하기 위한 의회해산제도 등을 고려한 '반대표제'의 조건 등을 구비하는 것이다. 그러나 국민대표제는 오늘날 계속되는 위기상황의 상존(재정·경제적 위기, 구조적인 부정부패, 냉전 상황, 남북문제, 민족적 종교적 대립, 세계화 등등)과 그에 대한 신속하고도 전문기술적인 대응을 필요로 하는 행정국가상황에 부딪혀, 국가부재의 관료정치나 노골적인 당파

정치로 몰리고 있는 실정이다. 최근에는 이러한 경향이 더욱 두드러진다. 역사적이고도 형용할 수 없을 정도의 중요한 국가적 과제들이 필요 최소한의 논의도 없이 처리되는 경향이 강하다.

ㄴ) '인민을 위한 정치'의 불충분성

위에서도 지적하였듯이, 현대국가에서 대표제가 구비하여야 할 제반 조건을 충분히 갖추지 못한 중앙정부의 정치는 인민을 위한 정치에 반하는 결과를 초래하게 될 것이라는 점은 군이 지적할 필요조차 없을 것이다. 이와 같이 중앙정부의 정치는 인민을 위한 정치를 구현하는데 본질적으로 일정한 한계를 갖지 않을 수 없다.

중앙정부가 정치·행정의 가이드라인을 정하기 위해서는 원칙적으로 "일반적 추상적 법규범"이라 할 수 있는 법률로써 규정할 수밖에 없을 것이다.[18] 일반적이란 전체 국민을 대상으로 한다는 의미이고, 추상적이란 모든 사안에 적용된다는 것을 의미하는 것으로, 예컨대 정치의 기준이 되는 법률은 특정 국민이나 사건, 일부 국민이나 사건을 대상으로 하는 것이어서는 아니 되고, 전체 국민·전체 사건에 적용되는 것이어야 한다는 것이다. 모든 국민이 불가침의 인권을 가지며, 법적으로 평등한 가치를 가진다고 천명하고 있는 헌법 아래에서는, 국민대표(의회)에 의한 입법은 원칙적으로 일반적 추상적 법규범을 법률의 형식으로 정립하여야 하는 것이다. 이것은 불가침의 인권과 "법 아래서의 평등"을 도입한 헌법에서는 근대 초기부터 인정되었던 원칙이다. 예를 들면 프랑스 혁명기에는 "법률은 보호를 받는 경우에도, 처벌을 하는 경우에도 모든 자에게 동일하여야 한다."(1789년 프랑스 인권선언 제6조 제2문)는 취지를 반복해서 표명하고 있다. 이러한 입법개념이 우리 헌

---

18) 우리 헌법을 포함하여 현대시민헌법은 사회국가(복지국가)의 이념을 도입하여, 사회경제적 약자에 대한 특별한 보호 및 사회경제적 강자의 경제활동의 자유와 공공성이 강한 경제활동의 자유에 대한 적극적 제한을 요구하고, 동시에 그것을 인정하고 있다. 이러한 목적을 달성하기 위한 입법에 대해서는 일부만을 규율 대상으로 하는 것도 인정된다. 생활보호법이나 사적 독점금지법 등은 그 대표적인 예이다. 즉 국민을 직접 대상으로 하지 않는 정치의 기준에 대하여 이러한 제약이 없다는 것은 말할 필요도 없다.

법 아래서도 원칙적으로 타당하다는 점에 대해서는 학설상 거의 이론이 없다.

그러한 의미에서 중앙정부의 입법은 자연적, 사회적 제반 조건을 달리 하는 각 지방자치단체의 서로 다른 다양한 요구에 제대로 대응할 수 없으며, 또한 그러한 의미에서 중앙정부는 본래 전체 국민과 관련된 성질·성격의 사항이나, 국가(중앙정부)의 존립과 관련된 담당 사무밖에 적합하지 않다는 한계를 가지고 있다. 중앙정부가 각 지역의 사정을 자세히 알 수 없다는 사실을 고려하면 당연한 것이다. 우리 헌법이 국회의원을 포함한 공무원에 대하여 "공무원은 국민 전체에 대한 봉사자"로 규정하고(제7조 제1항), 제8장에서 "지방자치"를 규정하고 있으며, 또 일본국 헌법 제95조가 "하나의 지방자치단체에만 적용되는 특별법"에 대해서는 국회의 입법능력을 제한하고 있는 것은 당연하다 할 것이다.

나. 중앙집권체제의 폐해

이미 검토한 바와 같이 이상과 같은 성격과 한계를 가진 중앙정부가 자신이 담당하기에 적합하지 않은 지방적인 성질·성격의 사항[19]이나, 지방자치단체가 효과적으로 처리할 수 있는 사항에까지 확장하는 중앙집권 체제는 (가)의 (ㄱ)과 (ㄴ)에서 제시한 문제점을 확대 강화할 뿐만 아니라 다양한 폐해를 초래하게 될 것이다. 중앙집권 체제가 초래할 폐해로는 다음과 같은 것을 들 수 있을 것이다.

ㄱ) 지방자치단체의 하급기관화

우리 헌법이 지방자치의 장(제8장)을 규정한 것은 지방자치단체는 중앙정부와 함께 공적 사무를 분담하고, 그것을 자주적으로 처리하는 지방자치단체, 지방자치정부(local self-government)여야 한다는 것을 의미한다. 그러나 현실적으로 지방자치단체는 그 본래의 사무가 아닌 기관위임사무의 처리에 경황이 없으며, 자주재원의 비율도 아주 낮아 중앙정부의 하급기관에 머물

---

19) 지방적 성질의 사항이란 다른 지방자치단체나 중앙정부에는 본래 관계가 없는 사항을 의미하고, 지방적 성격의 사무란 정황에 따라서는 다른 지방자치단체나 중앙정부에도 영향을 미치는 사항을 의미한다.

러 있는 '3할 자치'의 상황에 처해있다. 참여정부가 들어선 이후 이루어진 지방자치법의 개정에서도 그러한 사태가 본질적으로 개선되었다고는 할 수 없는 실정이다.[20]

ㄴ) 이익유치정치와 부정부패의 구조화

지방자치단체가 효과적으로 처리할 수 있는 사무를 중앙정부의 사무로 하고, 동시에 중앙정부에 지나친 세원을 유보하면 중앙정부의 사무 담당자인 장차관을 비롯한 고위직 공무원들이나 국회의원들은 자신의 재선확보를 위하여 출신선거구에 대한 공공사업의 유치, 출신선거구를 위한 보조금이나 허인가의 획득 등에 전념하게 된다. 선거구로 국책사업 등을 유도하는 것은 자신의 재선을 쉽게 한다는 의미에서 자신에 대한 이익유치가 될 뿐만 아니라, 유치한 공공사업 등을 자기의 영향력 아래에 있는 특정 기업 등에 담당시킴으로써, 구조적 부정부패라 할 수 있는 정치인과 기업 사이에 정경유착의 부패관계를 초래하게 된다.

이러한 점은 '진정행정(陳情行政)'으로 부를 수 있다. 즉, 각 지방자치단체는 자기지역으로 이익을 유도하고 확보하기 위해, 모두가 서울사무소를 두고 일정직원을 상주시켜서 "진정행정"을 담당시키고 있는 실정이다.[21]

---

20) 일본의 경우에도 1999년 지방자치법을 개정하였으나 기관위임사무와 유사한 법정수탁사무가 대량으로 남아있고, 자치사무에 대한 외부적 관여(예를 들면 시정요구)는 더욱 강화되었다고 한다. 게다가 자주재원의 개선에는 거의 손을 대지 못했다고 한다.

21) 행정현장에 근무한 경험이 있는 어떤 공무원은 이러한 문제에 대하여 다음과 같이 지적하고 있다. "보조금에 대해서는 국고보조에 수반하는 진정행정의 폐해, 초과부담의 문제, 나아가 각 부서가 행정을 통하여 지방재정에 지시, 지도 등을 행하는 사례가 있다는 점 등의 문제가 있다. 특히 국고보조금에 대해서는 교부금의 결정기준이 애매하고, 어떠한 절차로 어떠한 기관이 어떠한 판단으로 결정하였는지는 직접 그 보조금의 교부에 관계한 자 이외에는 알 수없다는 실정이다. 이 때문에 이러한 보조금 획득을 위해 각 시도는 다수의 진용을 갖추어야 하고, 국가는 역시 그러한 보조금을 교부하기 위하여 다수의 인원이 요청되며, 정치가 등 행정에 직접 책임을 갖지 않는 기관이 다른 권한을 내세워 이러한 보조금의 교부에 관여하게 되며, 기타 관계자가 진정, 시찰을 반복하는 등, 보조금의 교부에 관한 낭비, 비효율은 문제가 아닐 수 없다. 또한 보조금의 교

ㄷ) 전체 국민의 대표와 주권자 국민의 상실

이미 위에서 지적한 바와 같이 중앙정부의 정치인은 "전체 국민의 대표"임에도 불구하고, 헌법상의 본분이라 할 수 있는 전체 국민을 위해 활동하지 않고, 출신지역이나 선거구에 대한 사업유치 등에만 전념하게 된다. 그것이 자신의 재선이나 정치자금의 확보 등 자신의 이익을 옹호하는데 도움이 되기 때문이다. 이리하여 "전체 국민의 대표"라는 대표 부재현상이 초래되는 것이다.

이러한 상황과 연동하여 주권자 국민의 부재현상도 초래한다. 국민들도 눈앞의 가시적인 이익에만 현혹이 되며, 사적인 이익유치에만 전념하는 정치인에 대한 통제를 망각하고, 나아가서는 그러한 정치인을 오히려 환영하게 된다. 그리고 때로는 부정부패사건으로 실형을 받은 정치인을 "선거구의 은인"으로 평가하여, 다음 선거에 출마하거나 옥중 출마하는 경우에도 당선시키는 웃지 못할 사태가 벌어지기도 한다. 이는 주권자로서의 역할을 포기하여 부패한 정치인에게 면죄부를 부여하고, 이익을 유도할 만큼 힘 있는 정치인을 가지지 못한 선거구 유권자들의 희생을 토대로 수익자이자 가해자로 전락하는 것이다.

중앙집권체제는 진정한 시민을 창출하는 민주주의 학교라는 지방자치단체의 역할을 박탈해버릴 뿐만 아니라, 지방자치단체를 민주주의의 도살장으로 만들어버린다. 중앙집권체제의 해소 없이는 지방자치단체가 이러한 상황에 빠지는 것을 막기란 지극히 어려운 일이다.

ㄹ) 지역 불균형 초래

중앙집권체제는 각 지역의 생활·산업·문화의 균형적인 발전을 곤란하게 하고, '과소·과밀'을 초래하게 된다. 중앙집권체제 아래에서 지방자치단체는 그 발전을 위하여 필요불가결한 권한도, 재원도 절대적으로 부족하다. 과소지역은 지역의 산업·문화의 발전을 담당할 청년층을 잃어버리고 그 주요한

부를 통하여 국가의 각 부서가 지방자치단체에 개입하는 사례가 많다는 점...."
『新版地方自治辭典』(1986년), 597쪽 참조. 이는 일본의 사례를 소개한 것이지만, 우리나라도 예외는 아닐 것이다.

산업·문화의 붕괴를 가져오면서도 새로운 산업·문화를 육성할 수 없게 되었다. 또한 청년들이 집중되는 과밀지역에서는 중앙정부의 주택·토지정책의 실패와 더불어, 주민들에게 주택을 확보하는 일도 곤란하고, 제2차 산업의 공동화나 '버블 경제'와 그 파탄에 이르고 있다. 과소·과밀 어느 지역에서도 산업의 활성화도 생활의 안전도 그리고 지역문화의 유지·발전도 어려워지고 있다. 각 지역에서 생활·산업·문화의 발전이 곤란해진다는 것은 국가 전체의 발전이 어려워진다는 것을 의미한다.

우리나라는 박정희의 5·16군사쿠데타 이후 1990년대 중반까지 철저한 중앙집권체제였다. 지나친 중앙집권은 지역경제의 불균형을 야기하고, 다원화를 특징으로 하는 세계화시대에 국가 경쟁력을 상실하게 하였고, 지방은 국가의사결정과정에 철저히 소외되었다. 이에 분권화 요구가 점증되었으며, 결국 1995년 단체장과 지방의원을 주민이 직접 선출함으로써, 지방자치가 본격석으로 재개되기에 이른 것이다.

중앙집권주의 및 권위주의 정부는 수도권과 동남권(영남)을 중심으로 한 불균형개발전략 및 성장거점전략을 취한 결과, 지나칠 정도로 국토의 불균형 현상을 고착시켜버렸다(수도권과 비수도권, 동남권과 호남권·중부권의 불균형 초래). 따라서 국가의 균형적인 발전을 위해서는 중앙집권의 시급한 해소가 국가적 과제가 되었으며, 특히 참여정부가 출범한 이후 분권·분산(균형발전)[22)]에 대한 국민적 요구가 강력하게 대두된 것이다.

ㅁ) 중앙집권체제의 파국적 성격

중앙집권체제는 2중의 의미로 파국적 성격을 갖고 있다.

첫째, 그것은 특정의 방침(예를 들면 A)을 전국적으로 관철시키고, 기타 고려할 가치가 있는 방침(예를 들면 B, C, D 등)을 배제할 수 있는 것을 특색

---

22) '분권'은 지방정부의 역할강화를, '균형발전'은 중앙정부의 역할강화를 내포한다는 사실을 고려할 때, 양 정책은 근본적인 성격차이를 가지고 있다. 균형발전의 경우 발전지역과 낙후지역간 차별화가 불가피하다. 이에 대해 수도권지역 자치단체(장)의 반발이 야기되는 것도 거기에 기인한다. 이승종, "분권과 균형발전", 『지방행정연구』, 제17권 제3호(2003. 12), 73쪽 참조.

으로 한다. 특정방침 A가 잘못되었을 때에는 그 부정적인 효과가 전국에 미친다. 또한 다른 방침 B, C, D등을 시행할 수가 없으므로 보다 우수한 방침의 발견이 늦어질 수 있다. 전국 단위에서 일률적으로 이루어지는 환경정책이나 에너지 정책 및 농업정책의 실패 등은 그 전형적인 사례일 것이다.

둘째, 중앙집권체제의 파국적 성격은 민주주의 측면에서도 심각한 수준이다. 이 점은 이미 논한 (가)의 (ㄱ), (ㄴ), 특히 (나)의 (ㄷ)에서 명확하게 제시되었다. 여기서는 다음 사안을 추가로 지적해두고자 한다. 중앙집권체제는 각 지역의 주민으로부터 그 공동생활에 관한 사무에 대해 스스로 방침을 결정하고 집행할 기회를 박탈하고, 주민을 정치적 방관자로 만들어버린다. 여기서는 주권자의 성원으로서의 의식과 지식을 가진 '진정한 시민'은 육성되지 못한다. 지방자치단체가 그러한 기능을 수행하는 '민주주의 학교'가 되지도 못한다. 이러한 의미에서는 중앙집권체제는 주권자·국민의 성원인 시민을 정치의 방관자로 만드는 '독재정치의 한 형태'로 규정하지 않을 수 없다. 이 점과 관련해서는 이후 토크빌을 설명할 때 보다 상세히 다루고자 한다.

중앙집권정치는 이리하여 지방주민의 생활뿐 아니라, 전체로서의 국민생활도 정치적으로도, 경제적으로도, 그리고 문화적으로도 피폐하게 하고, 파탄으로 이끄는 요인이 된다. 이것은 우리나라에서 뿐만 아니라 세계적인 차원에서도 분명한 사실로서 입증된 것이다.

3) '충실한 지방자치' 체제의 요소 및 기대효과

이처럼 중앙집권 체제에는 간과할 수 없는 많은 문제점이 있다. 이러한 문제점들은 지방자치를 통해 많은 부분 극복할 수 있을 것이다. 물론 이는 어떠한 지방자치제도를 도입하더라도 그러한 문제가 극복된다는 의미가 아니라, 중앙집권 체제가 가진 결함을 극복할 수 있는 원리와 구조를 가진 지방자치제도여야 할 것이다. 그러한 지방자치의 바람직한 모습은 근현대 헌법사에서 제도·사상·운동, 제2차 세계대전 이후의 '현재'에 있어서 헌법이나 조약을 통하여 점차 분명한 모습을 드러낼 것이고, 또 일반화될 것이라 기대된다. 그러한 전개과정에 대해서는 이후에 검토하겠지만, 여기서는 그러한 지방자치의 바람직한 방향을 충실한 지방자치라 하고, 그것을 불가결한 요소로 하는 국가를 충실한 지방자치체제라 부르기로 한다.

가. '충실한 지방자치' 체제

앞에서 간단히 살펴보았지만, 충실한 지방자치 체제의 특색을 제시하면 다음과 같다. 즉 인권의 보장을 목적으로 하고, 인민주권을 원리로 하는 아래와 같은 특색을 가진 바람직한 지방자치를 보장하는 국가체제를 의미한다. 즉 인민주권이란 특히 루소에 의하여 제창되고, 시간이 흐름에 따라 영향력이 커지고 있는 통치권의 바람직한 방향에 관한 주권원리이다. 통치권(국가권력)을 인민의 소유물로 하고, 그래서 "인민에 의한, 인민을 위한 정치"를 철저히 요구하는 주권원리이다. 이러한 주권원리에 대해서는 나중에 개략적으로 검토한다.

ㄱ) 충실한 주민자치의 원칙

지방자치단체가 처리하는 사무(정치)는 주민의 의지에 토대를 두고 주민의 이익을 위하여 이루어져야 한다. 인민주권을 원리로 하고 있기 때문에 지방자치단체에서는 주민에 의해서 정치의 기준이 결정(대표제를 취하는 경우 그러한 대표제는 주민에 의한 기준의 결정을 보장하는 '직접민주제의 대체물'로서 내실 있는 것이어야 한다)되고, 주민에 의해 그 집행 담당자가 선임되고 통제가 이루어져야 한다.

ㄴ) 충실한 단체자치의 원칙

지방자치단체가 국가로부터 독립적인 법인격을 가지고, 그 자치사무를 중앙정부로부터 독립하여 처리하는 것을 요구하는 것이다. 이 원칙은 (ㄷ)이하의 제 원칙들과 관련이 있으며, 지방자치단체에게 그 자치사무에 대한 자치행정권뿐 아니라 자치입법권도 보장하고, 지방정부의 내실을 보장하는 것이어야 한다.

ㄷ) 지방자치단체 우선의 사무배분의 원칙(시·군·구 최우선, 시·도 우선
　　의 사무배분원칙)

이 원칙은 "보충성 또는 근접성의 원칙(the principle of subsidiarity or proximity)"으로 불린다. 주민 생활과 가장 가까운 지방자치단체가 공적사무를 우선적으로 분담하고, 국민생활로부터 거리가 먼 보다 포괄적인 지방자치단체는, 주민과 보다 가까운 지방자치단체가 효과적으로 처리할 수 없는 공적사무를 보완적으로 분담하며, 중앙정부는 지방자치단체가 효과적으로 처리할 수 없는 전체 국민과 관련된 성질·성격의 사무와, 중앙정부의 존립에 관한 사무만을 분담한다는 사무배분의 원칙이다. 단체가 크면 클수록 인민의 의사에 의한 정치도, 인민의 구체적인 요구에 부응하는 정치도 어려워진다. 따라서 이 원칙은 "인민에 의한, 인민을 위한 정치"를 철저하게 요청하는 인민주권의 원리에 부응하는 사무배분의 원칙이라고 할 수 있다.

사무의 성질·성격의 문제도 이러한 원칙과 밀접한 관계가 있다. 중앙정부는 지방적인 성질·성격의 사무를 지방자치단체에 맡겨, 그러한 사무를 담당시킬 뿐만 아니라, 지방자치단체가 효과적으로 처리할 수 없는 국민 전체와 관련된 성질·성격의 사무나 국가(중앙정부)의 존립과 관련된 사무만을 담당하여야 한다는 것이다.

또한 시군구 최우선의 사무배분원칙의 당연한 귀결로서 시군구에 '전권한성'의 원칙도 철저하게 지켜져야 한다. 법률이 중앙정부나 다른 지방자치단체의 전속적인 사항으로 배분하지 않은 사무나, 시군구의 권한에서 명백히 배제하지 않은 사무에 대해서는, 시군구가 권한을 가진다는 것이다. 또한 시도(광역자치단체)에도 중앙정부와의 관계에서 이와 비슷한 원칙이 인정된다.

ㄹ) 사무배분의 원칙에 부응하는 자주재원배분의 원칙

(ㄷ)의 원칙에 따라 사무를 배분하더라도 그에 맞는 자주재원의 배분이 보장되지 않으면 (ㄷ)의 원칙은 지방자치단체의 자주적인 사무처리를 어렵게 하고, 또한 그 질의 저하를 초래할 것은 불가피하다. 지방자치를 중시하는 인민주권 아래서는 (ㄷ) 원칙은 (ㄹ)원칙과 연동될 수밖에 없다.

ㅁ) 지방정부(local government)로서의 지방자치단체

이상과 같은 원칙들이 준수되는 지방자치 체제에서는 지방자치단체가 단순한 행정단체가 아니라, 통치단체·지방정부[23]가 된다. 중앙정부와 지방자치단체 사이의 사무배분의 원칙에 비추어보더라도 지방자치단체는 그가 담당하는 사무에 대하여 입법권(헌법적 제약을 전제로 한 것이지만, 시원적인 의사결정권)을 가지는 것은 지극히 당연하다. "인민에 의한, 인민을 위한 정치"의 관점에서 볼 때, 지방자치단체에 배분한 자치사무에 대해서 중앙정부가 사무처리의 방침을 정하는 것은 원칙적으로 배치된다고 하지 않을 수 없다.

이러한 제반 원칙이 지켜지는 지방자치의 보장을 불가결한 요소로 하는 국가를, 중앙집권체제와 대비하여 "충실한 지방자치"체제라 부른다.

나. '충실한 지방자치' 체제의 장점

충실한 지방자치체제 아래서는, (2)의 (가)와 (나)에서 지적한 중앙집권 체제가 가진 정치나 사회의 문제점을 극복함으로써, 우리가 희망하는 바람직한 정치나 사회를 구현할 수 있을 것이다. 중앙집권체제가 가진 한계나 폐해를 효과적으로 극복할 수 있는 충실한 지방자치체제가 가진 장점을 제시하면 다음과 같다.

---

23) 아직까지 '지방자치단체'라는 용어가 법적 용어로 통용되고 있으나, 이는 지방자치의 제도정착을 위해 '지방정부'로 개칭해야 한다고 하면서, 그 이유로 과거의 지방자치단체는 집행기관중심이었으나 지방자치가 제도적으로 실시된 이후에는 의결기관인 지방의회가 구성되어 있는 만큼 지방자치단체도 정부의 형태를 띠고 있다고 보아야 하며, 둘째 집행기관과 의결기관이 공존하고 있는 상황에서 지방자치단체라고 하면 집행기관의 역할이 사전적으로 절대적 우위를 점하도록 선점의 기회를 암묵적으로 부여하는 것으로 상대적으로 지방의회의 생산적 역할이 위축될 소지가 있으며, 셋째 중앙정부와의 관계개선을 위해 필요한데 지방자치단체라는 용어는 중앙집권적 관리로 길들여진 개념으로 중앙의 존성에 익숙하게 만드는 구조적 요인을 제공하므로 중앙정부와의 관계에서 정당한 지위를 보장받기 위해서도 용어 면에서 지방정부라고 칭하는 것이 타당하다고 한다. 본 연구에서는 지방자치단체와 지방정부를 같은 의미로 혼용하고자 한다. 박경국, "지방외교정책의 결정요인과 정책효과", 충북대학교 대학원 박사학위논문(2003. 2), 9쪽 주)1 참조.

첫째, 중앙정부가 맡는 사무는 지방자치단체가 효과적으로 처리할 수 없는 성질·성격의 사무에 한정하고, 그 이외의 사무는 지방자치단체가 담당하게 하며, 동시에 그에 맞는 자주재원을 보장한다. 따라서 (2)의 (가)에서 지적한 것처럼 중앙정부의 정치에 수반되는 병리현상이나, 그에 내재하는 한계(직접 민의에 의한 정치를 확보하기 어려운 점이나, 각 지역의 구체적인 필요·요구에 응하기 어려운 점)를 최소한으로 줄일 수 있을 것이다. 나아가 충실한 지방자치 아래서의 경험에 따라, 국민부재의 관료정치나 당파정치로 흐르기 쉬운 중앙정부의 정치를 줄이거나 개선할 수 있을 것이다. 지방자치단체의 주민은 "인민에 의한, 인민을 위한 정치"를 철저하게 요구하는 인민주권의 정치에 익숙해지고, 주권자의 성원으로서의 의식과 지식을 체득한 진정한 시민으로 변신할 수 있을 것이다. 국회의원은 전체 국민의 대표로서 전체 국민적인 문제에 전념하는 "진정한 전체 국민의 대표자"가 될 수 있을 것이고, 그들을 효과적으로 통제할 수 있는 진정한 시민으로 거듭날 수 있을 것이다.

둘째, 충실한 지방자치체제 아래서는 지방자치단체 우선의 사무배분원칙, 전권한성의 원칙, 사무배분에 맞는 자주재원배분의 원칙이 보장되고, 인민주권에 입각한 주민자치를 보장하기 때문에, 지방자치단체는 원칙적으로 중앙정부의 하급기관으로 전락하는 것이 아니라, 각 지역의 생활·산업·문화의 발전에 전념할 수 있게 된다. 과소·과밀로 상징되는 지역의 궁핍상태는 지방자치단체가 그것을 극복하기 위하여 필요불가결한 권한, 재원 및 주민자치를 갖추지 못한 결과의 산물인 것이다.

셋째, 충실한 지방자치체제 아래에서는 각 지방자치단체는 적어도 그 자치사무에 대해서는 특정 방침 A를 강요받지 않을 것이다. 즉 B나 C 등의 방침을 자주적으로 선택하고 실시할 수 있을 것이다. 따라서 전국적인 차원에서의 실패를 피할 수가 있고, 다양한 실험과 경쟁을 통하여 각 지역에 가장 알맞은 방침을 찾을 수 있을 것이다. 충실한 지방자치체제는 중앙집권 체제와 비교해서 얼핏 보아 비능률적인 것처럼 보이지만, 전국적인 차원에서의 실패를 피하면서, 중장기적으로는 가장 좋은 방침을 확실히 발견할 수 있는 체제라고 할 수 있을 것이다.

4. '충실한 지방자치'와 관련한 각국의 전통

근대국가는 몇몇 국가를 제외하고는 중앙집권국가로 출발하였고, 그러한 중앙집권체제는 현재까지 계속되고 있다. 그래서 중앙집권체제는 당연한 것으로 받아들이면서 중앙정부의 민주화야말로 민주주의의 근본문제이자 헌법학의 주요 과제라는 사고방식이 지배적이었다. 그러나 민주주의의 확대강화를 요구하는 사상이나 운동은, 지방자치를 경시하는 자코뱅주의적인 사고방식에 집착하고 있는 것만은 아니다. 중앙집권 체제에 대해서는 근대초기부터 그러한 체제가 초래하게 될 각 지역의 생활·산업·문화의 파괴와 민주주의에 대한 위협과 그 위험성을 지적하면서, 충실한 지방자치체제의 필요성을 강조하는 사상과 운동이 존재하였던 것이다. 근대이후 민주주의 발전은 인민주권론에 의지하고 있는데, 그러한 인민주권의 원리는 충실한 지방자치 체제를 요구한다는 사고방식이야말로 인민주권론의 본질이다. 이러한 충실한 지방자치 체제를 요구하는 사상과 운동을 추적하여 정리할 여유는 없다. 여기서는 근현대의 헌법사 속에서 우리들에게 특히 참고가 된 만한 사례를 소개하는데 그치기로 한다.

1) 프랑스의 '충실한 지방자치' 사상과 운동

가. 프랑스 혁명기의 상퀼로트 운동과 지방자치론
프랑스 혁명기에 민중들은 국민회의나 국민공회에 결집한 부르주아지와는 달리 의회 바깥에서 독자적인 활동을 전개하였다. 농촌지구의 농민혁명이나 도시지역의 상퀼로트 운동이 그것이다. 소불(A. Soboul)은『공화력 2년의 파리 상퀼로트(Les sans-culottes parisiens en l'an Ⅱ)』로 1956년에 박사학위를 취득하고, 1958년에 이를 책으로 출간하였다. 그는 그의 저서에서 상퀼로트 운동이 인민주권의 수립을 요구하고, 그 원리의 구체화로서 충실한 지방자치체제를 요구하였다는 사실을 명확히 하였다.
즉 상퀼로트 운동은 인민 단위로서의 "총회(sections)의 연중회기제와 자치(permanence et autonomie des sections)"를 요구하였다. '연중회기제'란 총회의 유권자는 언제라도 문제를 처리하기 위하여 자주적으로 그 총회에 모일 수 있었다. "상퀼로트들은 총회(여기서 인민의 대표가 선출되고, 인민의 대표를 통제한다)를 전체정치[중앙정부의 정치]의 조정기관으로서 뿐만 아니라, 스스로 관리하는 자치조직으로서도 생각하였으므로, 그것만으로 한층 강한 연중회기제의 유지를 강력하게 요구하였다. 총회는 주권적이고, 그 내부사항은 그 총회만의 권한이다."(Id. at 537)라고 하였다. 또한 그러한 총회의 바람직한 모습이 "시민의 공민적 형성(la formation civique des citoiyens)"을 위하여 필요하다고 생각하였던 점도 지적하고 있다. 인민의 단위로서의 인민의 대표를 선임하고 통제할 뿐만 아니라, 그 내부적인 사무를 쌩숑총회에서 처리할 수 있도록 권한을 부여하였다. 단체자치, 주민자치, 자치사무의 보장, 재정자주권(이를 결여하면 자치사무를 자주적으로 처리할 수 없게 된다) 등의 원칙들을 읽을 수 있다. 충실한 지방자치 체제를 염두에 두고 있었다는 것은 틀림없는 사실이다. 또한 상퀼로트들이 그 체제야말로 주권자로서의 의식과 지식을 가진 진정한 시민을 창출할 수 있는 민주주의 학교의 기능을 기대하였다는 사실을 간과하여서는 아니 될 것이다.[24]

---

24) 프랑스 혁명기의 혁명세력은 크게 두 개로 분류할 수 있는 상황이었다. 첫째는 국민회의·국민공회 등에 집결한 대표를 통하여 행동하는 부르주아지이다. 또 하나는 의회 바깥에서 부르주아지에 종속하는 민중들의 해방을 요구하고 독자적인 행동을 한 민중들이다. 예를 들면 상퀼로트운동이나 농민혁명이 그것이다. 각각의 내부에는 다양한 정치적 경향성이 포함되어 있었지만, 양자 사이에는 큰 차이가 있었다. 양자는 봉건체제를 타도하는 데에는 의견을 같이 하였지만, 타도 후에 수립할 정치와 사회의 바람직한 방향에 대해서는 큰 차이가 있었다. 부르주아지는 프랑스 혁명 당시 제1차 산업혁명을 맞은 영국으로부터 배워, 자본주의의 본격적인 전개를 도모하려하였다. 그를 위해 자유권 중심의 인권보장, 재산권에 대한 신성불가침 선언, 민중의 정치참가를 배제할 수 있는 국민주권, 권력분립 등을 핵심으로 하는 "근대입헌주의 시민헌법"의 제정을 요구하였다. 이에 대하여 민중들은 부르주아지에 종속하는 사회계층으로서 주권(통치권)의 행사에 참가할 권리, 충실한 정신적·신체적 자유권, 사회권의 보장이나 경제적 자유권의 적극적 제한(농지균분법이나 생산수단의 사유폐지까지), "인민에 의한, 인민을 위한 정치"의 철저한 실시와 "충실한 지방자치 체제"를 요구하는 인민주권을 주요 내용으로 하는 헌법의 제정을 요구하였다. 두 개의 혁명세력은 새로운 정치와 사회에 대한 구상이 크게 달랐으므로, 대립하는 경우도 있었다.

그러나 그 양자간의 대립은 혁명 상황에 따라 변하는 경우도 분명히 있었다. 혁명의 주역은 자기의 혁명과제를 명확히 자각한 부르주아지였지만, 그들은 그 혁명과제를 표현하고 동시에 구체제의 재건(반혁명)을 저지하기 위하여, 필요한 무력(군대와 경찰)은 적어도 혁명의 전반기에는 갖고 있지 않았다. 그들은 혁명과 반혁명의 문제에 대처하기 위해서는 "민주의 철의 팔"에 의지하지 않을 수 없었던 입장이었다. 그래서 의회(부르주아지) 측에서는 민중층과의 파이프 역할을 수행하는 그룹이 불가피하였다. 이러한 그룹은 혁명 상황과 함께 변화하였지만, 1793년부터 1794년에 걸쳐서는 몽테뉴파(의회 바깥조직으로서는 자코뱅 그룹이었다. 그들은 민중층과 마찬가지로 인민주권을 내세워 민중층의 대표인 것처럼 가장하였다. 그러나 민중층과 크게 대립하는 태도를 취하였다. 1793년에는 인민주권을 원리로 하는 헌법(자코뱅헌법 · 몽테뉴헌법이라고도 부른다)을 제정하였지만, 제1조에서 프랑스가 "단일 불가분의" 공화국인 점을 선언하고, 시군구의 장이나 기초자치단체에 대해서는 하급행정기관의 지위를 인정하는데 그쳤다. 또한 "평화가 도래하기까지" 동 헌법의 시행을 정지하여(동 헌법은 시행될 수가 없었다), "공안위원회의 독재"로 치달렸다. "공안위원회의 독재" 아래서는 민중층이 요구하는 인민독재(인민주권의 원리를 토대로, 가능한 한 민의에 따라 내외의 반혁명에 대처할 것을 요구하는 것)를 엄격하게 거부하였다. 이 시기 자코뱅과 민중과의 대항에는 "피의 숙청을 포함할 정도의 일종의 긴장관계가 유지되었다". 柴田三千雄, "バブフの陰謀"(1968), 207쪽. "공안위원회의 독재" 아래서 가장 많이 처형된 것은 민중층이었다고 한다. 로베스피에르나 산주스트의 정치 · 사회 구상이 민중의 그것과 어떠한 친소관계가 있었는지는 더 깊은 검토가 필요하지만, 자코뱅(몽테뉴)의 대응을 떠받든 것은 그 부르주아지로서의 이해였다고 해석된다. 그러나 한 시기 프랑스 혁명사의 연구에서도 자코뱅(몽테뉴)와 민중층과의 동질성, 전자에 의한 후자의 대표성이 강조되었던 것이었다. 프랑스나 일본을 포함하여 세계적인 차원에서 그것이 강조되고, 그 속에서 프랑스 혁명에 대한 인식이 커졌다. 자코뱅(몽테뉴)이야말로 산업 부르주아지의 당시에 있어서 구체적 존재형태로서의 중소생산자층(농민층)의 이해를 대변하게 되었다. 그 이해를 통하여 국민주권이 아닌 인민주권의 실현이 프랑스 혁명기의 주요한 역사적 과제가 되었고, 또한 "충실한 지방자치" 체제를 요구하지 않는 중앙집권적 인민주권론이 인민주권론의 실제 모습이 되었다. 1871년의 파리코뮌으로까지 이어질 수 있는 문제제기를 하였던 상퀼로트 운동 등의 민중운동은 자코뱅(몽테뉴) 운동 속에 해소되었다. 그에 따라 민중운동 속에서 특히 그 리더들에 의하여 제기되었던 충실한 지방자치체제를 요구하는 인민주권의 헌법구상은 그러한 자치체제를 요구하지 않는 자코뱅(몽테뉴)적 인민주권의 헌법구상 속에 소거되어버린 것이다. 이러한 사태가 어떻게 하여 학문의 세계로 들어온 것일까. 그것을 정확하게 해결할 수 있는 능력을 갖고 있

나. 1871년의 파리코뮌과 충실한 지방자치

1871년의 파리코뮌은 충실한 인권의 보장(정신적·신체적 자유권의 "완전한 보장"과 여러 가지 사회권의 보장), 사회주의의 수립(생산수단을 인민의 것으로 하는), 군사소국주의(상비군의 폐지를 주장)를 목표로 하고, "인민에 의한, 인민을 위한 정치"를 철저히 요구하는 인민주권을 그들이 실현·유지하려는 수단적·권력적 원리로 생각하였다. 파리코뮌은 그러한 인민주권 원리를 규정하고, 충실한 지방자치체제를 요구하였다. 파리코뮌이 구상하는 국가는 시·군·구 등의 지방자치단체에서 효과적으로 처리할 수 없는 전체 국민과 관련된 성질·성격의 사무를 인민주권의 원리에 따라 그 자치에 맡기려는 통일국가였다.

인민주권은 인민을 통치권의 소유자로 하는 것으로서, "인민에 의한, 인민을 위한 정치"를 철저하게 요구한다. 이러한 원리 아래서도 중앙정부의 정치는 그 성질상 대표제를 원칙으로 하지 않을 수 없고, 게다가 그 정치의 기준은 전체 국민을 대상으로 하는 일반적 추상적 법규범으로서 규정하지 않으면 아니 된다(특정 국민이나 일부의 국민만을 대상으로 하는 법률을 제정하는 것은 원칙적으로 불가능하다). 거기서는 "인민에 의한 정치"도, "인민을 위한 정치"도 충분히 실현할 수 없을 것이다.

그러나 지방자치단체는 지역이 좁고 인민(주민) 자신에 의한 정치도, 인민

지 못하다. 여기서는 R. B. 로즈의 지적을 빌려 다음의 점들만을 지적해두고자 한다. ① 1930년대부터 20년간 민중운동의 리더들이 사실상 망각해버린 것은 마르크스주의의 역사가들이 로베스피에르와 자코뱅의 옹호에 결집하는 경향이 있었다는 것에서 유래한다. 프랑스에서는 아마도 인민전선이 보다 풍부한 역사적 유사물로 보였던 때문이고, 러시아에서는 아마도 프로레타리아 독재의 수용 가능한 유사물로 보였던 때문이고, ② 특히 스탈린이 죽은(1953) 후 로베스피에르와 자코뱅에 대한 부당한 숭상으로부터 해방되어 프랑스 혁명기에 있어서 민중운동에 대한 연구가 부활하였다는 것이다. 정치적 목적에 의하여 진실이 왜곡되었다고 하면 그렇다고밖에 말할 수 없지만, 인민주권, 충실한 지방자치 체제에 관한 역사적 사실이 왜곡되어버린 듯하다. 이 점에 대해서는 R. B. Rose, *The Enranges: Socialists of the French Revolution?* (Melbourne University Press, 1965)의 "Introduction"; 杉原泰雄, "제1편 프랑스혁명과 인민주권," 『人民主權の史的展開』(1978)을 참조.

(주민)의 구체적인 필요에도 적절하게 대처할 수가 있다. 따라서 인민주권 원리 아래서는 "인민에 의한, 인민을 위한 정치"를 위하여 충실한 지방자치 체제가 요구되게 된다.

파리코뮌은 각 지방자치단체에 단체자치를 인정하면서, 아래와 같은 점들을 더 제시하였다.

① 충실한 지방자치: 원칙적으로 모든 공무원을 선거로 뽑고 소환할 수가 있다고 하였다. 정치적인 집회·표현의 자유보장도 당연한 것으로 하였다.

② 지방자치단체 우선의 사무배분원칙: 1871년 3월 15일의 내무담당위원의 선언은 "국가의 전반적인 관리, 국가의 정치적 방향만을 중앙정부에 맡긴다."고 하고, 4월 19일의 코뮌의회의 선언은 "지방적 사무의 관리"를 시·군·구의 고유한 권리로 하였다.

③ 지방자치단체 우선의 사부배분원칙과 연동하여 그에 타당한 자주재원 배분의 원칙: 이러한 보장을 결여하면 지방자치단체는 효과적으로 기능할 수 없게 된다. 3월 27일의 20구 공화주의 중앙위원회의 선언은 중앙정부의 사무에 대한 파리시(시군구)의 분담금을 유보한 후, "파리시가 그 예산을 내부적으로 자유로이 처리하는 것을 인정하면서 법과 형평에 따라 받은 서비스에 맞게 납세자의 부담을 배분하는 재정제도"를 인정하였다. 중앙정부에 납부하는 부분까지 포함하는 과세권과 예산편성권이 시군구에 있다고 하였다.

파리코뮌은 이와 같이 충실한 지방자치체제를 인민주권국가에 불가결한 요소라고 하였다.

파리코뮌을 깊이 고찰한 마르크스는 그러한 파리코뮌을 "그것은 본질상 노동자계급의 정부이고", "노동의 경제적 해방을 완수하기 위해, 마침내 발견된 정치형태였다"[25]고 평가하였다. 레닌도 같은 평가를 한 후 "[러시아에는]

---

25) 마르크스는 『프랑스 내란』(1871)에서 "충실한 지방자치"의 보장을 불가결의 요소로 하는 파리코뮌의 국가상을 다음과 같이 묘사하였다. "코뮌은 전국적 조직의 대범한 겨냥도 — 코뮌에는 그것을 전개할만한 여유가 없었다 — 속에서 어떤 조그마한 시골부락에서도 코뮌이 그 정치형태를 취하지 않으면 아니 된다는

19세기 프랑스의 코뮌이 처음 만들어졌지만, 코뮌이 부르주아지에 의해 분쇄되었기 때문에 불과 단기간에 만들어진 것을 어떻게 영속적인 것으로 만들어 나갈 것인가"(노동자·병사·농민대표 소비에트 제3회 러시아대회)라고 논평하였다. 충실한 지방자치제도를 갖는 인민주권의 국가제도는 그 후의 사회주의 국가에 계승되어 실현하여야 할 국가체제의 원리가 된 것이다.

　그러나 스탈린 아래서 확립된 소련형(동구형)이라고 유형화 할 수 있는 구 사회주의 국가는 이러한 원형과는 전혀 다른 형태라고 할 수 있을 정도로 크게 일탈하였다. 그것은 반인민주권적이고, 중앙집권적인 국가였던 것이다.

점[을]...확실히 해야 한다. 각 현의 여러 가지 농촌코뮌은 중심도시에 설치된 대표의회에 의하여 그 공통의 사무를 처리하도록 되어 있고, 나아가 이들 현 대표의회가 파리의 전국대표의회에 대표를 보내도록 되어 있었다. 대표의원은 모두 언제라도 해임할 수 있고, 또 그 선거인의 명령적 위임에 구속되도록 되어 있었다. 중앙에는 즉 소수의 중요한 기능이 남아 있지만, 이것은 고의로 잘못 전달되어 왔듯이, 폐지된 것이 아니라, 코뮌의 대리인들, 따라서 엄격한 책임을 지는 대리인이 그것을 완수하도록 되어 있었다. 국민의 통일은 깨부수는 것이 아니라, 반대로 코뮌제도에 의하여 조직되도록 하였던 것이다." 파리코뮌이 구상하는 국가가 코뮌을 기초단위로 하고 코뮌-현-중앙정부라는, 아래로부터 쌓아 올라가는 단일국가인 점, 중앙정부에는 소수의 중요한 기능이 남는 점(코뮌 내의 공통사무는 코뮌이, 거기서 처리할 수 없는 사무는 현에 맡긴다), 각 단계의 대의원이 선거인의 명령적 위임에 복종하고 언제라도 선거인에 의하여 해임되는 것을 특색으로 하는 것이었다는 점을 지적하고 있다. 여기서는 마르크스의 창조도 더해져 있다. 예를 들면 현대표의회·전국대표의회가 인민의 직접선거에 의하지 않고, 간접선거의 일종인 복선제에 의하여 선출되도록 하고 있는 사실에 의문이 남는다. 파리코뮌이 "인민주권"을 원리로 하고 있는 점으로부터 비추어볼 때, 또 민의를 왜곡하여 표현되기 쉬운 간접선거의 특색에 비추어 볼 때, 파리코뮌은 현대표의회·전국대표의회에 대해서도 코뮌의회와 마찬가지로 인민에 의한 직접선거, 명령적 위임 및 리콜제도를 요구하고 있었다고 해석하여야 할 것이다. 1871년의 파리코뮌이 분명히 내세운 국가의 구상과 "인민주권"과의 관계 및 그 국가구상과 소련(동구)형 사회주의국가의 국가구상과의 관계에 대해서는, 杉原泰雄, 『民衆の國家構想 – 失われた理念の再生を求めて』(日本評論社, 1992) 참조.

다. 민중 지방자치론의 특색

근대국가는 원칙적으로 그 출발 당시부터 자본주의를 본격적으로 진전시키기 위하여 통일적인 국내시장을 요구하였으며 중앙집권적이었다. 그러나 중앙집권주의 국가체제는 처음부터 지역의 생활·산업·문화의 발전을 확보할 수 없었을 뿐만 아니라, 국가적인 차원에서도 정치적·경제적 및 문화적인 발전도 보장할 수 없다고 하여, 인민주권을 원리로 하고 충실한 지방자치의 보장을 불가결한 요소로 하는 국가구상이 대치하였는데, 그것이 민중의 국가구상이다. 그러한 국가구상은 중앙집권체제가 자본주의체제와 연결되는 경우도 있으므로 그러한 자본주의체제에 대한 비판적 또는 부정적인 경향이 강하다.

2) 미국의 '충실한 지방자치' 전통과 토크빌의 자치관

충실한 지방자치의 보장을 요구하는 것은 체제에 반대하는 사람들만의 전유물은 아니었다. 체제 속에서의 개혁론자라 할 수 있는 토크빌은 충실한 지방자치의 보장 없이는 체제의 안정을 이룰 수 없다고 하여, 미국의 사례를 배워서 그러한 제도를 도입하고자 노력하였다. 중앙집권체제가 지역에서 생활·산업·문화의 발전을 도모할 수가 없고, 게다가 민주주의의 발전도 도모할 수가 없다고 판단하였다면, 그렇게 생각하는 것은 당연한 일일 것이다.

가. 토크빌이 미국에서 발견한 것

토크빌은 1830년의 7월 혁명 이후 10개월 정도 미국의 행형제도를 조사하기 위해 미국을 방문하였다. 그가 당시 경험하였던 미국 민주주의에 대해 받았던 충격은 강렬하였다. 그러한 경험과 충격 및 그 이후의 연구를 바탕으로 1835년에『미국 민주주의(De la democratie en Amérique)』제1권을, 1840년에는 제2권을 출간하였다. 그는 특히 제1권에서 미국 민주주의가 "인민주권"을 원리로 하고 있다는 점, 그리고 그것을 철저히 구체화하는 뉴잉글랜드형 지방자치의 충실한 지방자치를 보장함으로써 지탱되고 있다는 점을 반복적으로 지적하고 있다.26)

① 인민주권 원리는 정치적 평등 원리이고, 그 아래서 각인(各人)은 평등하다. 따라서 "자기 자신에 관한 모든 사항에 대해서는 각인은 여전히 주인이다. 그는 자유이고 그 행위에 대해서는 신에 대해서만 책임을 진다." 시군구는 중앙정부와의 관계에서는 개인과 같은 지위를 가진다. 이러한 시군구의 지위도 인민주권의 원리에서 유래한다. "시군구에만 관련된 모든 사항에 대하여 시군구는 여전히 독립적이다. 또한 뉴잉글랜드의 주민들은 순수하게 시군구의 이해와 관련된 사안에 주정부의 개입권을 인정하는 것은 아주 싫어한다."(『미국 민주주의』, 제1권 제1부 제5장). 시군구에 대해서는 단체자치의 원칙뿐 아니라 시군구 최우선의 사무배분원칙도 확인하고 있다.

② 시군구에서는 주민자치도 철저히 이루어지고 있다고 한다. "시군구는 모든 행정관을 임면한다. 그것은 스스로 조세를 부과하고 그것을 스스로 할당하고 징수한다. 뉴잉글랜드의 시군구에서는 대표법은 전혀 인정되지 않는다. 전체 시민의 이해와 관련된 문제를 처리하는 것은 아테네의 경우와 같이 공공의 광장과 시민총회이다(『미국 민주주의』, 제1권 제1부 제2장)." [뉴잉글랜드에는] 시군구 의회는 존재하지 않는다. 선거인단은 그 행정관을 임명한 후 주법률의 순수한 집행 이외의 모든 사항에 대하여 스스로 행정관을 지휘·감독한다."(『미국 민주주의』, 제1권 제1부 제5장). 시민은 시민총회(타운 미팅)에서 정치방침과 조세를 결정하고, 그 집행을 스스로 선임한 행정관에게 자신의 지휘감독 아래에 행하도록 한다. 예를 들면 학교를 설립하려는 경우 행정위원회는 시민총회를 소집하여 그 필요성·비용·장소를 설명하고, 시민총회가 그에 대한 모든 것을 결정하고, 그 지휘감독 아래 행정위원회로 하여금 집행시키는 구조이다. 시민 누구나가 시민총회의 소집을 요구할 수 있다. 주민자치도 충실하다. 재정자주권도 당연한 것으로 하고 있다.

③ 평등과 인민주권을 기초로 하는 뉴잉글랜드의 정치는 약간의 변화를 수반하면서 인근 주들에게 영향을 미치고, 이윽고 그러한 영향은 미국 전역으로 확산되었다. 왜 이러한 정치가 전국에 영향을 미친 것인가에 대해서는,

---

26) 즉 토크빌의 저서에 대해서는 1981년의 GF-Flammarion판과 1998년의 Robert Laffont판을 참조하고, 또 井伊玄太郎 譯, 『アメリカの民主政治(上)·(中)·(下)』, (講談社學術文庫版, 1998)을 참고로 하였다.

여기서는 토크빌이 제시한 다음 두 가지 사실을 제시하고자 한다.

첫째, 유럽(특히 프랑스)과 정반대의 근대국가의 형성과정을 들 수 있다. 프랑스는 프랑스 혁명을 통해 중앙집권체제를 구축하였고, 시군구를 그를 위한 수단으로 당연히 법률로써 그것을 행정의 하부기구로 하여 재조직하였다. 그러나 미국에서는 "[자치권을 가진]시군구는 군보다 먼저, 군은 주보다 먼저, 주는 연방보다 먼저 조직되었다(『미국민주주의』, 제1권 제1부 제2장)." 작은 단체는 보다 큰 단체가 조직될 때에 자기의 이해를 벗어나는 보다 포괄적인 임무를 보다 큰 단체의 권한으로 넘겼지만, 시군구는 자신의 고유한 이해와 관련된 사항을 이전한 것이 아니라, 스스로 계속 처리하였다.

둘째, 미국에서는 독립 전부터 인민주권의 원리가 특히 시군구에서 실질적으로 구현되었다. "미국의 정치법(lois politiques)에 대하여 논의하려면 항상 인민주권의 원리로부터 시작해야 한다." "미국에서 인민주권의 원리는 일부 국가의 경우처럼 계획되었거나 불모지였던 것이 결코 아니다.[27] 그것은 관습에 의하여 인정되고, 법에 의해 선언되었다. 그것은 자유와 함께 넓어지고 장애를 만나지 않고 최종 결과에 도달하였다." "미국 혁명이 발효하였다. 인민주권의 원리는 시군구에서 나와 정부의 원리가 되었다. 전체 계급이 그

---

27) 예를 들면 프랑스의 경우 프랑스 혁명 이후 일관해서 1789년의 인권선언이 프랑스 정치의 원리·원칙을 표명하는 것인 것처럼 취급되었다. 동 선언은 인민주권의 입장을 취하고 있다. 그러나 동 선언을 제1부로 하는 프랑스 최초의 헌법(1791년 헌법)은 "인민주권"과는 이질의 "국민주권"을 원리로 하였다. 나중에 보는 것처럼 "국민주권"은 "인민주권"과는 달리 "인민에 의한, 인민을 위한 정치"를 요구하는 것이 아니라, 제한선거에 의한 국민대표제(민의에 의하지 않는 정치)를 인정하는 것이다. "인민주권"을 게재한 1789년의 인권선언은 현실정치를 은폐하고, "인민"을 가공의 주권자로 보게 하기 위한 수단으로서 이용되었던 것이다. "인민"은 제한선거 아래서도 헌법제정권을 행사를 통해 언제든지 정치의 바람직한 방향을 그들이 요구하는 데로 변경할 수 있다고 하는 "인민주권"="인민헌법제정권력"론이 가공의 주권자 "인민"을 진정한 주권자로 보이게 하는 이론으로서의 역할을 수행해왔다는 것에도 주목하여야 할 것이다. 이리하여 프랑스에서는 프랑스 혁명 이후에도 "인민"은 가공의 주권자에 머물러 있는 것이다. 즉 프랑스에서 이러한 사정에 대해서는 杉原泰雄, 『國民主權の研究 - フランス革命における國民主權の成立と構造』(1971) 제2장 2의 (3) 및 제3장 2와 3을 참조.

대의를 위하여 타협하였다. 사람들은 그 이름으로 싸워 승리를 얻었다. 그것
은 법 중(속)의 법이 되었다(『미국 민주주의』, 제1권 제1부 제4장)."28)29)

---

28) 확실히 미국에서도 연방이나 주의 정치에서는 직접민주제가 아니라 대표제를
취하고 있다. 그러나 미국의 대표제는 근대 초기에 영국과 프랑스에서 출현한
대표제와는 달리 "인민주권" 원리를 그 기초로 하고 있어서, "직접민주제의 대
체물"이지 않으면 아니 된다고 생각하였다. 여기서는 버치(A. H. Birch)의 간단
한 설명만을 소개하고자 한다. "[이 시기에] 출현한 다른 [대표] 개념은 주권은
인민에게 있고, 정치적 대표는 인민의 대리인이라는 급진적인 사고방식이다.
이것은 미국 리더들의 다수(모두는 아니지만) 사이에 유포된 견해에도 있었다.
예를 들면 1776년에 공포된 버지니아주 권리장전 제2조는 "모든 권력은 인민에
게 있고, 따라서 인민으로부터 나온다. 통치를 맡은 자는 인민의 수탁자로서 봉
사자이고, 항상 인민에게 책임을 진다"고 논하고 있다." "미국 헌법 전문에는
"우리들 합중국 인민은...이 헌법을 확정한다."라는 형식으로 규정하고 있다. ...
이러한 정치관은 톰 페인에 의해 확장되고, 로베스피에르로부터는 공감을 얻었
지만, 그 종자는 비옥한 토지에는 왜곡되지 않았으며, 그 이념은 유럽에는 한번
도 튼튼하게 뿌리를 내리지 못하였다. 영국이나 기타 국가의 급진적 대변자는
때로 그것을 언급하였지만, 그러나 현실적으로 기능하고 있는 정치의 개념으로
서는 그것은 미국만의 것이다.

29) 토크빌의 이러한 인식은 19세기 전반의 미국에 대한 것이었다. 그 이후에도 이
러한 인식이 유지될 수 있을지 여부는, 현대·"현재"는 어떤가가 문제가 된다.
이 점에 대해서 더 깊이 다룰 여유도 능력도 없지만, 다른 연구자의 연구성과에
비추어 보면, 현실 헌법정치에서는 특히 20세기에 들어와서부터의 헌법정치에
서는 "인민주권"에 입각한 "충실한 지방자치"의 사고방식을 살려내려는 듯하
다. 여기서는 아래의 제점을 지적하고자 한다. (1) 미국에서 지방자치제도의 문
제는 헌법상으로는 연방사항이 아니라, 주사항으로 되어 있다. (2) 19세기 후반
특히 남북전쟁 이후가 되면 지방자치단체는 주의 창조물로, 그 자치권은 주로
부터 수권된 것이고, 그 조직·운영은 주의 통제에 따른다는 사고방식이 일반화
되어 있다. 연방대법원도 "주의회는 지방자치단체에 대해 수용할 수 있는 일체
의 권한을 부여하고, 지방자치단체를 주의 영역 내에서 소국가로 하는 것이 가
능하면 지방자치단체로부터 모든 권한을 박탈하고...명목만의 법인으로 할 수
도 있다"(Barnes v. District of Columbia, 91 U. S. 540(1876)), "지방자치를 주의회
로부터 지키기 위한 주헌법상의 규정이 없는 경우, 지방자치단체는 주의 입법
적 통제가 미치지 않는 지방자치의 고유한 권리를 아무것도 갖지 못한
다"(Trenton v. New Jersey, 262 U. S. 182(1923)) 등으로서, 이러한 입장을 인정하
고 있다. (3) 그래서 지방자치단체는 자치단체로서 기능하기 위해서는 주의회로
부터 그것을 인정하는 헌장(charter)을 받지 않으면 안 된다. 헌장의 종류는 일의

④ 토크빌은 인민주권론에 입각한 충실한 지방자치를 통하여, "진정한 시

적이지 않고 다음과 같은 것이 있다. ① 개별적 헌장(Special charter): 주의회가 특별입법 형식을 취해 주내의 지방자치단체에 여러 가지 다른 내용의 헌장을 교부하는 제도이다. ② 획일적 헌장(General charter): 모든 지방자치단체에 대해 동일한 내용의 헌장을 주는 제도이다. ③ 유형별 헌장(Classified charter): 인구, 면적, 과세평가액 등을 기준으로 하여 지방자치단체를 분류하고, 각 부류마다 다른 헌장을 수여하는 것이다. ④ 선택적 헌장(Optional charter): 주의회가 몇 개의 헌장 모델을 준비하고, 지방자치단체에 그 중 하나를 선택시키는 것이다. 이러한 4가지 헌장제도에는 여러 가지 난점이 있었다. 공통의 난점은 자치단체의 조직·운영의 바람직한 방향은 주의회가 정하는 것이고, 그 권한은 원칙적으로 주가 명시적으로 수권하는 것에 한정된다는 것이다. 이러한 사태는 지방자치단체가 주에 선행하는 존재라는 역사적 사실 및 지방자치단체에서 충실한 자치의 전통에 비추어 보아 문제일 뿐만 아니라, 자유를 요구하는 도시의 발달도 있고, "충실한 지방자치"를 요구하는 활동을 강화한다. (4) 자치헌장(Home rule charter) 제도가 도입하려고 한다. 주헌법으로(때로는 법률로도 하지만 대부분은 주헌법으로) 지방적 사항(local and municipal matters, municipal matters)을 지방자치단체가 자주적으로 정할 수 있는 헌장사항으로 하는 것이다. 헌법에 의한 "충실한 지방자치"의 보장이다. 그 기본 특색은 다음과 같다. ① 각 지방자치단체는 헌장의 기초위원을 선거로 뽑고, 그들이 작성한 자치헌장초안을 주민투표로 결정한다(자치헌장개정의 경우도 마찬가지다). ② 지방적 사항에 대해서는 지방자치단체는 전권한성을 가지고, 자치헌장에서 구체적으로 정한다. 헌장에서 정한 사항을 주법률로 무효로 할 수 없다. 지방적 사항에 대해서는 자치헌장 및 거기에 기초하여 제정되는 조례가 주법에 우선한다. 예를 들면 캘리포니아 주헌법은 시(city)의 경우에 대해 아래와 같은 규정을 두고 있다. "어떠한 시헌장에서도 그것에 따라 정치를 수행하는 시는 시정사항(municipal affairs)에 대해서는 그 헌장에서 정한 제한에만 따라 모든 조례와 규칙을 정할 수가 있고, 기타 사항에 대해서는 그것들은 일반 법률에 종속한다고 정할 수가 있다. 헌법에 따라 제정된 시헌장은 모든 기존의 헌장에 우월하고, 또 시정사항에 대해서는 그것과 모순되는 모든 법률에 우월한다."(제11조 제5절 (a), 1970년 채택). ③ 자치헌장제정권에는 각 자치단체가 그 조직·운영을 정하는 권한의 보장도 포함되어 있다. ④ 자치헌장의 보장은 당해 자치단체의 존립의 보장도 포함한다. 이 제도를 헌법에서 인정하는 주는 40개 이상에 달하고, 인구 20만 명 이상의 도시는 대개 3분의 2, 인구 50만 명 이상의 도시는 약 80%가 이 제도를 채용하고 있다고 한다. 이 부분에 대해서는 何部照哉他 編『地方自治體系 I』(1989) 제6장 제2절 "ホ-ム·ル-ルシティ"(南川諦弘 執筆); 橫田淸『アメリカにおける自治·分權·參加の發展』(1997), 제2장 都市憲章と自治權の擴充; Arther B. Gunlicks, "アメリカの地方自治-多樣性と不均一の發展," ヨヒア·J.ヘッセ 編,『地方自治の世界的潮

민" — 주권자의 구성원으로서의 의식과 지식을 갖춘 시민 — 이 창출된다는 사실에 주목한다.

"뉴잉글랜드의 주민은 자신의 시군구에 애착을 가지고 있다. 그것은 그가 거기서 태어났기 때문이라고 하기 보다는 자신이 그곳의 구성원이고 [공동체의 일을] 지휘감독하려고 애쓸 가치가 있으며, 자유로이 강력한 자치단체를 만들었기 때문이다." "유럽의 지배자들도 자치단체 정신이 결여되어 있는 것을 종종 한탄한다. 누구나 정신이 공적인 질서와 안녕의 중요한 요인이라는 점을 인정하고 있기 때문이다. 그러나 그들은 그것을 어떻게 하여 창출할 것인지는 몰랐던 것이다. 그들은 시군구를 강력하고 독립적인 것으로 만들고, 사회 권력을 분담하고 국가를 무정부상태로 만들어버리지는 않을까 라고 우려하였다. 그런데 시군구로부터 힘과 독립성을 박탈해버리면 거기에는 피치자만이 나오고, 시민은 부재한다."

그리고 토크빌은 다음과 같이 정리하였다. "시군구야말로 자유로운 인민의 힘이 머문다. 시군구제도와 자유[자치·자기통치]의 관계는 초등학교와 과학의 관계와 마찬가지이다. 시군구제도는 그것은 인민의 손이 닿는 곳에 두고, 그것은 인민에게 자유[자치·자기통치]를 평화적으로 행사하도록 체험시켜 그 행사에 익숙하게 한다. 시군구제도가 없더라도 국민은 자유로운 정부를 가질 수가 있지만, 그 국민은 자유정신을 몸에 체득하지 못한다. 일시적인 열정, 한순간의 이해, 우연한 상황으로부터 국민은 외형적인 독립형태를 가질 수는 있다. 그러나 사회 속에 잠복하고 있는 독재제가 언젠가는 또 표면화된다."[30]

流(上)』,北海道比較地方自治研究會 譯, (1997), 75쪽 이하; 金子善次郎 『米國聯邦制度と地方團體』(1977) 등 참조. 즉 스위스에서도 미국의 자치헌장제도와 유사한 지방자치제도가 취해지는 것 같다. 스위스의 경우에 대해서는, 小林武, 『現代スイス憲法』(1989) 36쪽 이하 참조.

30) 자코뱅파는 인민주권을 선언하는 1793년 헌법을 제정하면서도 그것을 시행하지 않고, "공안위원회의 독재"로 질주하고, 나폴레옹 1세는 3번의 인민투표를 악용하여 황제의 지위에 있었다. 또한 나폴레옹 3세는 인민주권을 선언한 1848년 헌법을 쿠데타로 타도한 후 인민투표를 악용하여 황제가 되었다.

나. 토크빌의 기본 시각

여기서 문제로 삼는 것은 그의 학문적 방법론이 아니라, 프랑스 정치에 대한 그의 기본적 견해이다. 그것도 1851년 12월 2일의 쿠데타[31]로 집필을 중단한 회상록까지 가졌던 그의 기본적인 견해이다.

첫째, 그는 프랑스 혁명, 왕정복고(1818), 7월 혁명(1830), 2월 혁명(1848)과 변동이 끊이지 않았던 프랑스에 대해 특정 계급의 이익과 권력의 집중 및 파리(중앙정부)로의 권력집중이야말로 프랑스 불안정의 요인이라고 하면서 다음과 같이 지적하였다.

① 한 계급의 이익과 권력의 집중 : "프랑스에서 정부는 항상 단 하나의 계급의 배타적 이익과 이기적인 열정에만 지지기반을 구하는 오류를 범하고 있다. ...모두를 감안하면서 프랑스에서 정부가 존속하기 위해 취할 수 있는 가장 확실한 방법은 만인의 이익을 위하여 정치를 하는 것이다...."[32] 이것은 토크빌이 1848년의 2월 혁명 중에, 특히 1830년의 7월 혁명 이후 중산계급 중심의 정치를 회상하면서 논의한 프랑스 정치에 대한 감회이다.

② 파리로의 권력의 집중 : 프랑스 혁명은 나폴레옹을 거치면서 가장 강력한 중앙집권 체제를 수립하였다. 토크빌은 그러한 중앙집권체제를 "프랑스

---

31) 루이 나폴레옹의 쿠데타, 동월 21일 국민투표로 지지를 받았다.
32) A. de, Tocqueville, *Souvinirs*, 1983(여기에는 1986년의 R. Laffont판에 따른다)의 제1부 Ⅳ, 喜安朗 譯, 『フランス二月革命の日日ートクヴィル回想録』(岩波文庫, 1988). 토크빌은 1830년의 7월 혁명으로 부르주아지 혁명으로서의 프랑스 혁명이 완결되고, 부르주아지의 승리가 결정적이 된 것으로서 그 승리의 양상을 이렇게 지적한다. "[이 승리는] 이와 같이 완전한 것이어서 전정치권력, 전자유권, 전통치권, 전정부가 법적으로는 중산계급의 하위에 있는 모든 것을 또는 사실상은 일찍이 그 위에 있었던 모든 것을 배제하여, 이 유일한 계급의 틀 내에 폐쇄시키고 막아버린 것과 같이 되었다"(『회상록』제1부 1). 그들은 자기의 사익을 위하여 정치를 이용할 것만을 생각하여 국민전체의 것을 망각하였다. 토크빌은 나아가 1848년의 2월 혁명(발발 2월 22일) 직전인 1월 29일 대의원에서 "지금부터 1년 후, 1개월 후, 1일 후에 일어날 사실을 알고 있습니까" 라는 유명한 연설을 하였다. 그는 그 속에서 정치적인 변혁에는 그칠 수 없는 사회적인 변혁이 발생할 것이라고 하는 것을 지적하고, 동시에 지배계급이 권력을 상실하는 요인에 대해 "지배계급이 그 무관심, 그 에고이즘, 그의 악덕 때문에 통치할 능력도 자격도 잃어버리기 때문이다"(『회상록』제1부 1)라고 논하고 있다.

에는 사람이 파괴할 수 없는 것이 단 하나가 있다. 중앙집권이다(『회상록』, 제2부 Ⅳ).”라고 평가하였다. 그는 이러한 중앙집권 체제도 프랑스 정치의 불안정 요인이 된다고 생각하였다. 이미 설명한 바와 같이, 사람은 스스로 정치에 참가하여 공동의 문제를 처리하는 과정에서 그 자치단체나 국가에 애착을 갖게 되고(우리 마을, 우리나라를 실감), 그들의 안녕과 질서에 관심을 가지는 시민이 된다. 참가와 자치를 보장하는 충실한 지방자치 체제가 그것을 가능하게 한다. 그러나 프랑스를 비롯한 유럽 제국의 권력 담당자는 충실한 지방자치 체제가 통일국가를 분열상태로 빠뜨려, 무정부상태를 초래한다고 하여, 계속 중앙집권체제를 선호하였다. 중앙집권체제야말로 시민을 정치로부터 배제하고 정치를 불안정하게 하는 요인임에도 불구하고, 그것을 이해하지 못했다고 주장한다.

둘째, 지금까지 지적한 것과도 관련이 있는데, 그는 충실한 지방자치 체제야말로 주권자의 성원으로서의 의식과 지식을 가진 진정한 시민을 창출하며, 중앙집권체제가 시민을 정치의 방관자로 만드는 동시에 진정한 시민의 부재 상황을 만들어 낸다는 점을 강조하였다. 이 점에 대해서는 쟈르뎅이 잘 요약하고 있으므로 여기서는 그것을 인용해둔다.

“중앙집권화는 “여러 가지 힘의 재생산”에는 해를 끼친다. …중앙집권화는 자신의 일은 스스로 처리한다고 하는 시민의 기분을 망쳐버리기 때문이다. …[“충실한 지방자치”가 도입되고 있는] 미국에서는 도로가 파괴되었을 때에는 공권력에 도움을 요청하지 않고 인근 주민들이 모여 복구를 위한 집회를 연다. 범죄가 발생한 때에는 인류의 적인 살인범을 검거하는데 협력하기 위하여 인근주민들이 모인다. 하지만 프랑스에서는 경찰과 범인과의 결투를 시종일관 관객의 입장에서 지켜본다. …중앙집권적인 행정은 전제주의의 한 형태이다(大津眞作 譯, 1994: 233). …”

중앙집권체제 아래서는 “진정한 시민”을 창출할 수 없다. 토크빌은 이 점에 대하여 세 번의 충격적인 경험을 하였다. 한번은 1830년의 미국 방문 때이고, 두 번째는 1848년의 2월 혁명 때이고, 세 번째는 1851년 12월의 루이 나폴레옹에 의한 쿠데타이다. 1830년에는 인민주권을 토대로 충실한 지방자치체제 아래서 진정한 시민의 존재와 활동을 접하게 된다.『미국 민주주의』

제1권 제1부에서는 이를 감탄하면서 반복적으로 논의하고 있다. 또한 1848년의 2월 혁명 때에는 인민주권론 원리가 표방되었음에도 불구하고, 진정한 시민의 부재를 확인하지 않을 수 없었다.

"[1848년의 헌법제정의회에서 처음 의원으로 선출된 모든 자는] 앙시앵 레짐으로부터 갓 벗어난 풋내기에 불과하였다. 중앙집권 탓에 정치생활은 의회 안에서만 폐쇄된 채 계속되었으므로, 대의원도 귀족도 아니었던 자로서는 의회란 무엇인가, 거기서는 어떻게 말하고 행동하는 것이 타당한지 대부분 몰랐기 때문이다. 그들은 의회의 일상적인 관행이나 가장 가까운 관습조차도 몰랐다. ...여기저기서 끌어 모은 900명의 영국이나 미국의 농민들 쪽이 훨씬 더 정치체[의회]로서의 모습을 제시하지 않았을까 하고 믿었다(『회상록』, 제2부 Ⅴ)."

나아가 1851년 12월에 그는 쿠데타를 비판하면서도 12월 14일자 편지에서 "지금 시기의 국민은 사회주의자에 대한 공포감과 생활의 안정을 되찾으려는 열렬한 희망으로 머리가 이상하게 되어버렸다. 국민은 자유로워지기 위하여 필요한 능력을 갖지 못했으며, 유감스럽게도 자유를 받아들일 수밖에 없었지만 그러한 자유에는 가치가 없었던 것이다(大津眞作, 1994: 508-509)."라고 논평하였다. 쿠데타를 지지하는 인민 속에서 진정한 인민의 부재를 보았다. 진정한 시민을 창출하는 충실한 지방자치체제가 필요하다. 인민주권 원리를 채택하더라도 중앙집권 체제 아래서는 시민은 정치의 방관자가 되고, 그 정치는 사실상 독재제가 된다고 하였다.[33]

---

33) 토크빌은 『미국 민주주의』 제2권(1840)의 말미(제4부)에서 민주제 아래에서 독재체제의 출현을 논하고 있다. 평등화, 그 정치적 표현으로서의 민주화는 신의 섭리에 의한 것으로써, 불가피하게 진전한다. 평등의 진전은 중앙집권 체제를 초래하기 쉽지만 그 중앙집권 체제가 독재체제의 요인이 되기 쉽다. 평등화와 민주화가 진전되면 한쪽에서 중앙정부의 권력이 일찍이 없었을 정도로 강대화한다. 그것은 전 국민을 대상으로 하는 일반적 추상적 규범을 정립하여 전 국민을 규율하고, 게다가 치안과 국방이라는 한정된 생활면만 아니라, 국민의 사생활의 면에도 개입하게 된다. 다른 쪽에서는 평등화의 진행으로 소재산의 소유자가 된 시민은 개인적 안락을 추구하게 되고, 공생활의 분야로부터 철퇴를 하게 된다. 중앙집권 체제는 독재체제로 전환한다. 강대한 중앙집권국가에서 개인은 그 국가, 그것도 한 사람의 인간 또는 하나의 국가조직에 체현된 국가에

3) 일본의 '충실한 지방자치' 전통

일본에서 충실한 지방자치의 전통에 대해 본격적으로 검토되기 시작된 것은 일본국헌법 아래서이다. 일본에서는 헌법상 국민주권과 '제8장 지방자치'를 도입한 이후에도 현실적인 정치형태는 변함없이 중앙집권적이었다. 권력담당자들은 중앙집권 체제를 헌법을 넘어 보편적으로 타당한 자연스런 체제로 받아들였던 것 같다. 그러나 인민주권으로 해석되는 국민주권 아래에서 헌법상 독립된 장으로서 지방자치를 보장한 것이다. 명치헌법 아래서의 중앙집권 체제가 아무런 비판을 받지 않은 것은 아니다. 점령군 아래에 있던 일본국 헌법 시행초기 충실한 지방자치체제의 도입을 요구하는 권고가 두 번에 걸쳐서 이루어졌다. 1949년의 '샤우프권고(Shoup勸告)'와 1950년 12월의 지방행정조사위원회 회의의 '행정사무재배분에 관한 권고("神戶勸告")'가 그것이다. 이 두 건의 권고를 통해 일본국민(일부)은 "왜 지방자치인가", "어떠한 지방자치인가"를 포함하여, 지방자치의 의의를 아마도 처음으로 이해하게 되었고, "부정적인 문제가 아닐지도 모른다."는 생각을 갖게 된 것 같다

보호를 요구하게 된다. "이러한 체제에서는 시민들은 그 주인을 지명하기 위하여 순간적으로만 노예상태에서 벗어나지만, 또 그 곳으로 돌아간다." "제 권력의 집중과 개인의 예속은 …민주적인 국민에게서는 평등과 무지에 비례하여 증대한다."(이상 제2권 제4부 제4장). 장래의 민주적 체제는 각 시민이 평등과 독립을 요구함으로써 생기는 무정부주의적인 혁명운동에 의해 위협을 받는 것이 아니라, 오히려 문명의 진보를 멈추어버릴지도 모르는 공적 생활에 대한 무관심에 의하여 위협받게 될지도 모른다. 그러한 사태를 저지하기 위해서는 결사의 자유, 언론의 자유 등의 보장과 "충실한 지방자치"의 보장이 불가결하다. 그것들에 의하여 자유와 자치의 정신을 체질화 한 진정한 시민을 확보하고, 민주적 체제의 실체를 확보하려고 한다. 제1권에서도 중앙집권 체제를 취하면서 "인민주권"을 원리로 하고, "인민에 의한, 인민을 위한 정치"를 표방할 수 있지만, 거기서는 자치의 정신을 체질화 한 "진정한 시민"이 존재하지 않으므로 "인민주권"의 체제가 실질적인 독재제로 전환되어버리는 것을 지적하고 있다. 이러한 점에서 토크빌의 견해는 일관하고 있다. "현대의 제국민은 국민의 내부에서 제 조건이 평등하지 않은 것처럼 하는 것은 불가능할 것이다. 그러나 평등이 제 국민을 예속 또는 자유, 지성 또는 야만, 번영 또는 빈곤 중 어느 곳으로 끌고 갈 것인지는 국민 스스로에게 달린 것이다."(제2권 제4부 제8장).

(杉原泰雄, 2002: 94; 최우용, 2002: 123-125).

　가. "샤우프권고(Shoup勸告)"(1949년 9월 제출된 제1차 권고)

　1949년 연합국 최고사령관의 요청으로 일본의 세제조사를 위해 일본에 온 샤우프(C. S. Shoup) 미 컬럼비아 대학교수를 단장으로 하는 조사단의 보고서를 "샤우프권고"라고 한다. 샤우프 사절단의 특색은 일본의 세제에 대한 권고를 하기 위하여 중앙정부의 정치와 지방정부의 정치관계를 상세히 검토하여 권고를 하였던 것이다. 이 점에 대하여 샤우프권고는 그 부속문서 A ["지방정부의 재정(Finance of Local Government)"]에 제시되어 있다. 그 기본적인 입장은 일본의 민주화를 위해서는 지방자치의 강화·충실이 필요하고, 그를 위해서는 지방재원을 강화하여야 한다는 내용이었다. 특히 주목해야 할 점은 다음과 같다.

　① [당시의] 일본지방재정에는 다음과 같은 약점이 있었다. ⓐ 시정촌, 도도부현, 중앙정부간의 사무배분과 책임분담이 불필요하게 복잡하고 중복되어 있다. ⓑ 세 개의 정부기관 사이에 재원배분도 부적당하고, 중앙정부에 의한 지방재정의 통제가 지나치다. ⓒ 지방자치단체의 재원은 불충분하고, 기본적인 지방 지출에 대응할 수 없다. ⓓ 국고보조금과 교부금은 독단적으로 결정되는 경우가 많고, 그것들의 사용에 대해 때때로 지방에 국고 지출금과 동액의 부담을 요구하는 것 등을 비롯해서 지방에 지나친 통제가 이루어지고 있다. ⓔ 지방자치단체의 기채권은 엄격하게 제한되어 있다.

　② 보다 강력한 지방정부가 다음과 같은 점들에 비추어 볼 때 필요하다. ⓐ 지방정부의 사무에는 교육, 병원, 질병의 예방, 위생시설, 모자후생, 경찰, 소방, 레크리에이션, 주택 등등 국민과 밀접한 것이 포함되어 있다. 한 나라의 장래에 진보와 복지는 지방정부의 역무의 양과 질에 어떻게든 관련되어 있다. ⓑ 지방정부는 정치권력을 분산하고 동시에 인민에게 가까워짐으로써, 민주주의의 발전에 기여하는 것이므로, 강화되지 않으면 아니 된다. ⓒ 지방정부는 시민을 교육하고, 민주주의 기술의 지도자를 육성하는 유효한 수단이 된다. 지방정부의 운영방법은 시민이 쉽게 관찰하고 이해할 수 있는 것이다. 지방역무를 통해 받는 이익과 그것에 드는 비용 사이의 관계를 금방 잘

이해할 수가 있다. 지방단계에서 길러진 습관과 태도가 국정단계에서 정부의 행동에 미칠 것으로 기대할 수 있다. ⓓ 지방적 일은 그것을 숙지하는 작은 단위 쪽이 보다 효과적으로 처리할 수가 있다.

③ 현재의 3단계 정부에 대한 사무배분은 복잡하여 다음과 같은 점에서 지방자치와 지방책임상 유해하다. ⓐ 현재의 사무배분은 개별 사무에 대하여 어디에 정치적 책임이 있는지 불명확하다. ⓑ 현재의 사무의 복잡성은 시민이 지불하는 세금이 "어떻게 유익한 정부역무 형태를 취해 그들에게 되돌아오는가?"에 대한 이해를 막고, 그러한 정부에 대한 이해를 방해하고 있다. ⓒ 중앙정부가 '시정촌 정부(Municipal Government)'의 활동에 상당히 관여하고 있어서, 지방자치가 훼손되고 있다. '시정촌 정부'는 나아가 중앙정부로부터 충분한 재정적인 지원 없이 일방적으로 새로운 일을 하도록 압박받는 경우도 있다. ⓓ 특정 사무가 그것을 유효하고 능률적으로 처리할 수 없는 정부단위로 할당되는 경우가 있다.

④ 제단계의 정부에서의 사무배분을 검토하여 그 재배분을 행할 위원회를 조직하도록 권고한다. 이 위원회는 다음과 같은 일반원칙에 따라 그 재배분을 하여야 한다. ⓐ 가능한 한 또는 실행할 수 있는 한 3단계의 정부 사무는 명확히 구별하여 각각의 특정 사무는 1단계의 정부에 할당해야 한다. 그러면 그 단계의 정부는 그 사무를 수행하면서 일반재원으로 이를 조달하는 일에 대해 전적인 책임을 지게 될 것이다. ⓑ 각각의 사무는 그것을 능률적으로 수행하기 위하여 그 규모, 능력 및 재원에 의하여 준비하고 있는 어느 단계의 정부에 할당하여야 할 것이다. ⓒ 지방자치를 위하여 각각의 사무는 적당한 최저단계의 정부에 부여하여야 할 것이다. 시정촌이 적절하게 수행할 수 있는 사무는 도도부현 또는 중앙정부에 부여하지 않는다는 의미에서 시정촌에는 제1의 우선권이 부여될 것이다. 둘째로는 도도부현에 우선권이 부여되고, 중앙정부는 지방의 지휘 아래서는 유효하게 처리할 수 없는 사무만을 인수하게 될 것이다.

⑤ 지방자치정부를 위하여 다음과 같은 원칙을 가진 세제를 설치하여야 할 것이다. ⓐ 조세는 간단하여야 한다(수가 적고 납세자가 쉽게 이해할 수 있어야 한다). ⓑ 각 지방세는 유효한 지방관리(Local Administration)가 가능

하도록 하여야 한다. ⓒ 중앙정부, 도도부현과 시정촌 사이에서는 가능한 세원을 분리하여야 한다. 그렇게 함으로써 시민은 자신에게 부과된 세액 및 그 사용의 방법과의 관계에서 정치적 책임을 정할 수가 있다. ⓓ 지방단위는 지방 유권자의 필요와 요구에 맞게 세율을 높이거나 내릴 권한이 있어야 한다.

⑥ 지방당국이 이용할 수 있는 세수를 대폭적으로 증가하고, 보조금을 감액하고, 지방당국이 필요로 하는 세입의 차액은 평형교부금으로 보상하여야 한다. "이러한 교부금은 담세력과 필요를 달리하는 지방의 세부담과 지방역무의 질을 대체로 균등화 할 수 있도록 배분하여야 한다."

이상이 '샤우프권고'에서 행한 지방자치 관련 권고의 요점이다. 세제에 대한 권고를 주요 취지로 하는 것으로서, 마땅히 그러하여야 할 지방자치제도론을 체계적으로 전개하고 있는 것만은 아니다. 그럼에도 불구하고 이 권고에서 충실한 지방자치체제가 의도되고 있다는 점은 일목요연하다고 할 수 있을 정도로 분명하다. 중앙정부(National Government)와 나란히 시정촌과 도도부현 지방정부로서 위치가 부여되고, 시정촌 최우선·도도부현 우선의 사무배분원칙, 그 사무배분원칙에 맞는 자주재원배분의 원칙이 "인민에 의한, 인민을 위한 정치"의 확보의 관점에서 제기되었다는 것은 그 시점에서 정치에 미친 영향이 어떠하였던지 간에 일본의 지방자치론·국가론에 있어서는 획기적인 것이었다. 샤우프권고는 그러한 의미에서 기념비적이었던 것은 분명했다.34) 또한 일본의 중앙집권 체제에 대한 병리진단도 정확해서, 현재도 대부분 통용되는 내용의 것으로 되어 있다. 그 후 50년간 이 권고를 무시해 온 중앙집권 체제의 병의 뿌리의 크기를 확인시키는 문서도 있다.

나. "행정사무 재배분에 관한 권고"[1950년 12월 제출한 "神戶(칸베)권고"]

---

34) 1949년 9월에 제출된 "샤우프권고"(제1차 권고)는 이미 정부가 번역을 하였지만, 마음에 걸리는 역어·역문도 적지 않았다. Government가 "행정기관", local government가 "지방단체", local governing bodies가 "지방행정단체", local service가 "지방행정", governmental service가 "행정작용"으로 번역되었던 것은 그 일례이다. 여기서는 그러한 번역으로는 권고의 취지가 오해되지 않겠느냐고 생각하여, 정부의 역어·역문은 참조하는데 그치기로 한다.

'샤우프권고'를 받아들여 제정한 지방행정조사위원회의 설치법에 근거하여 지방행정조사위원회가 설치되었다. 神戸正雄 경도대학 교수(당시)가 동위원회의 위원장을 맡게 되어, "칸베위원회(神戸委員會)"라 불렀다. 동위원회가 1950년(소화 2년) 12월에 국회와 내각에 제출한 권고에도 샤우프권고를 근거로 한 주목할 만한 가치가 있는 다음과 같은 내용을 담고 있다.

① "헌법이 규정한 지방자치 원칙은 헌법의 기본원리인 국민주권에 근거한 민주적 체제를 지방행정 부분에 채택함과 동시에, 이로써 국가의 민주적 정치적 체제의 기초를 배양하려는 것이다."

② 샤우프권고의 행정사무재배분에 관한 원칙 – 1. 행정책임 명확화의 원칙, 2. 능률의 원칙, 3. 지방자치단체 우선 및 시정촌 최우선의 원칙 – 을 당회의는 전제로 한다.

③ "국가와 지방자치단체 사이에 사무배분의 조정은 그 사무의 성질상 당연히 국가가 처리하여야 하는 국가의 존립을 위하여 직접 필요한 사무를 제외하고, 지방자치단체 내의 사무는 가능한 한 지방자치단체의 사무로 하고, 국가는 지방자치단체가 유효하게 처리할 수 없는 사무만을 처리하도록 해야 한다."

④ 이러한 사무 재배분의 원칙에 따르면 국가의 사무로 하여야 할 것은 다음과 같다. (i) 국가의 존립을 위하여 직접 필요한 사무, (ii) 정책상 전국적 차원에서 종합적으로 행할 기획에 관한 사무, (iii) 부현의 구역을 넘는 사무로 부현이 유효하게 처리할 수 없는 사무 및 지방자치단체와 무관한 사무, (iv) 전국적 차원에서 지방자치단체의 의사와 상관없이 통제하여야 할 사무, (v) 권력작용을 수반하지 않는 국민에게 편리를 제공하기 위한 시설로, 지방자치단체가 수행하는 것이 현저히 비능률적이고 부적절한 것. 기타 사무에 대해서는 국가와 지방자치단체가 다소 중복해서 처리하더라도 상관이 없다. 더욱이 이 경우에 국가는 지방자치단체의 창의를 훼손하지 않도록 하여야 한다."

이상과 같은 방침에 따를 때 국가사무는 구체적으로 외교에 관한 사무, 폐제에 관한 사무, 국가의 조직 및 재정에 관한 사무, 사법 및 행형에 관한 사무, 우편·전신전화·전파 관리 및 항공보안에 관한 사무, 전매에 관한 사무, 무역 및 검역에 관한 사무, 전국적인 통계조사 및 측량에 관한 사무, 국토종합개발에 관한 사무, 국유철도 및 국영보험에 관한 사무, 국립대학·박물관·도서관·시험연구시설·검사시설·의료시설·복지시설에 관한 사무, 중요한 문화재의 보호에 관한 사무, 무체재산권에 관한 사무, 도량형의 기본에 관한 사무, 마약금지에 관한 사무, 노동기준 및 전국적 규모의 노동관계 조정에 관한 사무, 의사·약제사 등의 시험 및 면허에 관한 사무, 은행업·보험업·공업·전기사업·지방철도 및 궤도사업·해상운송사업 등의 감독에 관한 사무, 공정거래의 확보에 관한 사무, 식량관리·물자 및 물가의 통제에 관한 사무, 농지제도 및 어업권제도의 개혁에 관한 사무 등에 한정되어야 한다(모두 29 개를 예시하고 있다).

⑤ "국가사무로 배분되는 것 이외의 모든 사무는 지방자치단체의 사무로 하여야 한다."

⑥ 시정촌은 주민과 밀접한 기초 지방자치단체이기 때문에 지방자치단체의 사무로 하는 것은 원칙적으로 시정촌에 배분하여야 한다. 시정촌의 구역을 넘어 처리하여야 할 사무나 시정촌이 처리하는 것이 현저히 비능률 또는 현저히 부적절한 사무는 도도부현에 배분하여야 한다.

⑦ "당해 지방자치단체 또는 그 주민에게만 관련이 있고, 다른 지방자치단체에 대한 영향도, 국가적 영향도 적은 사무에 대해서는 국가는 원칙적으로 관여하여서는 아니 된다. 법률로써 기준을 정하거나 처리를 의무화하는 것은 물론, 비권력적인 관여를 하는 것도 불가능하다고 해야 한다. 다른 지방자치단체와 관계가 있는 경우에도 그 영향을 미치는 바가 국소적인 것에 대하여는 가능한 한 관계 지방자치단체가 상호 협의하여 해결하는 것이 바람직하고, 협의가 성립하지 않는 경우에 비로소 국가가 관계 지방자치단체의 청구에 따라 조정 또는 알선하여야 한다."

지방자치단체의 사무로 국가적 영향이 있다고 인정되는 것에 대해서도 법률로 지방자치단체에 의무지우는 사무는 가능한 한 한정하고, 어떠한 사무를 어떠한 형식으로 처리할 것인지는 지방자치단체가 자주적으로 행하도록 하고, "법령에서는 필요 최소한도에서 주로 최저한도의 수준을 정하는 정도에 그쳐야 할 것이다." "지방자치단체가 사무처리를 태만히 하는 경우, 또는 그 처리방식이 적절하지 않는 경우 등의 폐해는 본래 당해 지방자치단체의 주민이 선거 또는 각종 직접청구제도 수단을 통하여, 또는 여론을 환기시켜 비판하고, 시정하여야 한다."

"국가의 지방자치단체에 관여하는 방법으로서 허가, 인가, 명령, 취소, 변경, 대집행 등 이른바 권력적 감독은 원칙적으로 이를 폐지하여야 한다."

⑧ 국가책임으로 되어 있는 사무를 지방자치단체에 위임하여 처리하는 것(기관위임사무)은 가능한 한 피해야 하지만, 국회의원의 선거, 국가가 수행하는 지정통계조사, 식량관리와 같이 지방자치단체에 밀접하게 관계하는 것에 대해서는 인정해도 좋다. 그러나 그러한 경우에도 그 사무의 처리를 위하여 지방자치단체에 경비를 부담시키는 것은 절대로 피해야 한다.

⑨ "확충된 지방자치단체 사무의 원활한 처리는 지방공무원의 자질을 향상시키고, 유능한 인재, 나아가 지방공무원이 되도록 조치를 강구함으로써, 비로소 기대할 수 있는..." 민주적이고 능률적인 지방공무원 제도의 확립이 반드시 필요하다.

⑩ "책임의 소재와 경비의 부담은 원칙적으로 일치하여야 한다. ...그 책임으로 하는 사무의 처리에 드는 경비는 각각 시정촌, 도도부현 또는 국가가 스스로 부담하여야 한다." 지방재정평형교부금제도 등의 운용을 통해 가능한 한 이상의 원칙을 관철되도록 하여야 한다.[35]

"칸베(神戸)권고"가 중점을 두고 있는 것은 사무배분과 재원배분이지만, 이 권고에서도 충실한 지방자치체제를 지향하고 있다는 사실은 분명하다. "행정사무의 재배분"의 표현에도 불구하고, 지방정부에 우선적인 사무배분을 요구하는 샤우프권고를 실질적인 토대로 하여 지방자치단체에의 사무배분이 행정권한의 배분에 그치지 않고, 사무처리를 위하여 필요한 기준을 정립하는 입법권의 배분을 수반하는 것이라는 점을 명시하고 있다(예를 들면 ⑦부분을 참조).

이러한 권고는 중앙성청의 저항에 부딪혀 거의 실현되지 못했다. 그러나

---

35) "神戸委員會"는 1951년(소화 26년) 2월 제2차 권고를 하였지만, 그것은 사무의 재배분에 따르는 지방재정제도의 개혁을 내용으로 하는 것으로, 구체적으로는 지방세의 강화, 국고보조금의 감축, 지방채에 대한 허가제의 폐지 등을 권고한 것이었다.

칸베권고는 샤우프권고와 더불어 일본의 지방자치론에서는 기념비적인 의의를 가진 것이다. "그 권고에서 논의된 정신은 지방자치의 본지라는 입장에서 보면 지금도 여전히 타당한 것"이라는 평가가 있다는 사실에도 주목하고 싶다(橋本勇, 1995: 296).

4) '충실한 지방자치'를 위한 현재상황

충실한 지방자치를 중시하는 민주주의 전통이나 사상, 그리고 충실한 지방자치이론에 토대를 두고 제정되는 1990년대 헌법들은 충실한 지방자치 체제를 도입하고 있으며, 21세기 초에는 국제연합 차원에서 세계지방자치헌장(다국간 조약)을 제정하려는 노력이 전개되고 있다.

앞에서 살펴본 바와 같이 1985년의 유럽 지방자치헌장이나 1993년의 세계지방차지선언은 지방자치의 보장수준을 넘어, 충실한 지방자치체제야말로 현대시민헌법의 불가결한 요소임을 제시하고 있다. 그러한 흐름의 연장선상에서 세계지방자치헌장이 구상되고 있는 것이다.

이러한 국제사회의 동향은 지방자치를 국경에 갇힌 국내문제로부터 해방시켜 국경을 넘어 국제적인 공동작업으로 승화시키는 인식의 전환 및 국제법적인 실천의 문을 열어가고 있다. 오늘날 세계화 현상 속에서 민주주의의 기반이 동요되는 시점에서 삶의 거점을 확보하는 일과 공동체 문제에 대한 자기결정을 통한 정체성과 시민성회복은 지방자치를 통해서 비로소 가능해진다(이기우, 2005: 48).

따라서 이러한 국제사회의 흐름은 각국 헌법이 지방자치를 보장하는 데 영향을 미칠 뿐만 아니라, 최근에 제정 또는 개정되는 헌법들이 충실한 지방자치 체제를 적극 도입하는 방향으로 유도하는 역할을 한다. 예를 들면 구소련(동구) 사회주의국가에서는 소련(동구형사회주의)체제의 붕괴 이후 유럽지방자치헌장이나 세계지방자치선언 등을 가이드라인으로 하여, 지방자치의 보장을 강화하고, 국가에 따라서는 그러한 보장을 헌법의 단계로까지 높여가고 있는 것(杉原泰雄, 2002: 135)이 그러한 사례들이다.

IV. 자치단체 외교정책의 법적 문제: 일본과 미국의 사례를 중심으로

1. 개설

세계화·국제화시대를 맞이하여 각국의 자치단체는 초기에는 자치단체간 자매결연으로 시작하여, 경제·기술교류, 문화·예술교류, 비핵·평화를 위한 자치단체 외교까지, 지금까지는 중앙정부(국가권력)가 독점적으로 행사해 왔던 다양한 영역에 걸쳐서 국가와 대등한 입장에서 적극적인 국제교류활동을 수행하고 있다.

그런데 자치단체간의 여타 국제교류와는 다르게, 비핵선언과 같은 사항까지도 자치단체가 주체적으로 행사할 수 있는가 하는 문제 등이 오늘날 지방자치에서 중요한 쟁점으로 부각되고 있다. 이와 관련하여 일본에서는 1988년 4월 "외국 지방자치단체의 기관 등에 파견되는 일반직 지방공무원의 처우 등에 관한 법률"(지방공무원해외파견법)을 제정하여, 자치단체의 대외활동을 국가 법률로써 명확히 긍정하였다. 이러한 의미에서 이 법률을 "획기적인 법률"이라고 평가하기도 한다(江橋崇, 55).

또 몇몇 논문에서도 자치단체가 국제정책의 주체가 될 수 있다는 점을 분명히 하고 있다. "중앙정부가 국가의 외교권을 독점한다는 헌법이론 아래에서도, 자치단체의 국제적인 활동은 광범위하게 허용된다고 할 수 있다. 국가의 '외교'권을 부당하게 확대함으로써, 외교정책에서 중앙정부의 리더십을 지나치게 인정하는 것은 일원적 외교라는 정책론과, 외교권의 법적 구성을 혼동한 데서 비롯된 것이다. 실제로는 중앙정부가 주권국가로서 필수적인 업무를 떠맡음으로써, 때로는 국가간의 대립을 초래하고, 그 진퇴를 구속해 버리는 것과는 대조적으로, 자치단체는 주권국가 그룹의 성가신 일로부터 해방된 자유로운 입장에서, 자신의 정책에 전념하여 활발하게 국제교류를 전개할 수 있다는 점에서 오히려 바람직한 입장에 있다고 할 수 있다"(江橋崇, 55)는 견해가 그러한 것이다.[36]

실제 일본에서는 북방권·동해권·남방권의 자치단체간 교류가 진행되고

있으며, 국제환경협력분야에서도 북해도, 동경도, 요꼬하마시, 북구주시 등
이 전문가를 파견하여 국제교류업무를 수행하고 있다고 한다.[37]

2. 일본 고지현 비핵항만조례

그런데 1998년 일본 고지현에서는 핵무기를 적재한 함선에 대해, 현이 관
리하는 항만시설을 이용하지 못하게 할 목적으로, 현지사가 현항만시설관리
조례개정안[38]을 제안하였다. 그런데 현의회가 1999년 3월 동 개정안에 대한
심의를 계속하기로 하였으나, 통합지방선거로 현의회가 해산되자 동 조례안
은 폐안이 되고 말았다. 하지만 하시모토(橋本)현 지사는 선거 후 적절한 시
기에 다시 현의회에 조례안을 제안하려는 생각이라고 한다(浜川淸, 1999). 이
문제는 외교권과 관련하여 국가와 자치단체의 권한관계와 관련한 중요한 사
안이므로, 이래에서 구체적으로 검토하고자 한다.

항만에 핵무기의 반입을 거부하는 것은 "핵무기를 보유하지 않고, 제조하

---

36) 또 다음과 같은 견해도 있다. 즉 "앞으로는 아시아와 연대의식을 강화할 필요가
있다. 그러나 정부가 그러한 역할을 주도적으로 수행하면 국내적으로나 국제적
으로 색안경을 끼고 보며, 대동아 공영권의 현대판이 아닌가 경계한다. 그에 비
해 지방자치단체의 경우에는 그러한 우려가 없다"는 것이다. 凌星光, "地方自治
團體의 國際交流," 『市政硏究』, 1992년 겨울호(제94호) 참조. 또 凌星光 교수는
같은 논문에서 정부 ODA(국가대외원조)에 관하여, "ODA의 일부, 예를 들면 총
액 20%정도를 지방자치단체에 할당하여, 구체적 운용은 지방에 맡겨서, 중앙은
그것을 감독한다는 새로운 방식"을 제안하고 있다.

37) 須田春海(寄本勝美 編集), 앞의 글, 58쪽. 자치단체가 중앙정부와는 다른 "독자"
적인 외교주체로 성장해가고 있다. 오늘날 일본에서는 도도부현과 시 차원에서
많은 자치단체가 "국제교류과"를 두고 있다. 앞으로 자치단체는 "자치단체와
자치단체(local government to local government)", "시민과 시민(people to people)"
에 의한 외교 촉진을 위하여, 자치단체가 독자적인 국제정책을 추진할 필요가
있다고 한다. 또 神奈川縣은 1993년도부터 '민간외교기금'을 창설하여 해외뿐
아니라, 국내의 외국인 주민에게 원조활동을 하는 NGO에 대한 자금지원을 하
고 있다고 한다. 이 기금은 현의 재정과 법인 및 시민의 기부를 토대로 운영된
다고 한다. 阿部 齊·新藤宗幸, 앞의 책, 196쪽 참조.

38) 이것이 이른바 비핵항만조례이다.

지 않고, 반입하지 않는다"는 핵 3원칙(소화 46년 중의원 결의)에 합치되며, 1996년 고지현 의회도 현내의 모든 항은 비핵 3원칙을 준수하여야 한다는 내용의 "고지현 항만에서의 비핵평화이용에 관한 결의"를 한 바 있다. 고지현의 위 조례개정안이 통과되지 못한 이유는 현의회의 다수가 반대하였기 때문만이 아니라, 국가의 외교권을 제약한다는 정부·외무성 측의 견해 때문이었다고 한다(浜川淸, 1999: 1). 이른바 비핵항만화를 도모한 자치단체가 고지현이 처음은 아니며, 고베시도 1975년에 이미 조례를 제정하여 시행하고 있다. 하지만 고베시의 경우에는 조례 속에 비핵조항을 명시한 것이 아니라, 시의회의 "핵무기 적재함정의 고베 항 입항거부 결의"를 수용하여, 시장이 시항만시설조례 제3조의 사용허가권과 제36조의 관계서류 제출요구권에 근거하여, 입항함선에 대하여 비핵 증명서 제출을 요구하는 방식을 채택하였다. 1975년 이후 고베 항에 입항한 미군함은 단 한 척도 없었다고 한다.[39]

고지현의 항만시설조례의 개정은 현재의 조례에다, "제1조의 2 현은 항만시설을 관리함에 있어서 국가의 기본정책인 비핵 3원칙에 근거하여 평화적이고 현민에게 친숙하도록 노력한다" 라는 조문을 추가하는데 그쳤다. 문언 자체는 1997년의 현의회가 하였던 결의의 내용과 거의 같다. 현의회에서 문제가 되었던 것은, 외무성에다 외국함선이 핵을 적재하지 않았다는 사실에 대한 비핵증명서를 제출하도록 요청하고, 그 "결과에 근거하여 사용여부에 대한 결정을 한다"(이후에 요청의 "결과를 현민에게 공표한다"로 변경하였다)는 절차를 규정한 "사무처리요강"이었다. 함관시(函館市)의 의원제안 조례안이 조례의 내용에 증명서 제출을 규정하였음에 반해, 고지현의 조례 개정안은 고베방식에 가까웠다. 즉 고지 현 개정조례안의 특징은 비핵증명을 외국함선에 대해 직접 요청하는 것이 아니라, 외무성을 통하여 비핵증명을 요청하였다는 점이라 할 수 있고, 이는 국가의 외교권을 배려한 때문이었다고 한다.

---

39) 비핵항만조례를 제정하려는 움직임은 일본의 다른 도시에서도 찾아볼 수 있다고 한다. 함관시(函館市)에서도 동일한 취지의 조례안이 의원 제안되어, 1999년 3월 현재 계속심의 중이었고, 苫小牧市나 石垣市에서도 제안 움직임이 있다고 한다. 앞의 글, 같은 쪽.

1) 항만과 자치단체의 권한

일본의 경우 항만 관련 행정권한은 아주 다양하고 복잡하다.[40] 항만시설 등을 관리하는 행정과, 항만이라는 공간에서 행사되는 행정권한은 구별된다.

---

40) 항만법은 항만의 질서있는 정비와 적정한 운영을 도모함과 동시에 항로를 개발 하고 보전함을 목적으로 하는 법률이다(제1조). 항만은 국가의 이해에 중대한 관계를 가지는 것으로서, 정령이 정한 "중요항만"과 그 이외의 "지방항만"으로 구별할 수 있다. 그 외에 "특정중요항만"이 있다. 항만 및 개발보전항로의 개발 등에 대해서는, 먼저 운수대신이 항만의 개발·이용·보전 및 개발보전항로의 개발에 관한 방침(기본방침)을 정하도록 하고 있다. 기본방침에는 ① 항만의 개발·이용 및 보전의 방향에 관한 사항, ② 항만의 배치·기능 및 능력에 관한 기본적 사항, ③ 개발보전항로의 배치·기타 개발에 관한 기본방침을 정하도록 하고 있다. 중요항만의 항만관리자는 항만의 개발·이용 및 보전, 나아가 항만에 인접하는 지역의 보전에 관한 정령에서 정하는 사항에 관한 계획을 정하여야 한다(제3의 3 제1항). 이것이 항만계획이다. 항만계획에 정하여야 할 사항으로는 시행령 제1조의 5가 열거하고 있지만, 그 중에서는 항만 환경정비 및 보전에 관한 사항(제4호)이 포함되는 점이 주목된다. 또 이를 받아들여 "항만계획의 기본적인 사항에 관한 기준을 정하는 성령" 제11조는 항만의 환경정비 및 보전에 관한 사항은 자연조건, 항만 및 그 주변지역에서의 사업활동의 상황, 항만에 있어서 노동환경 등을 고려하여 항만의 환경 유지 및 개선을 도모할 수 있도록 정하는 것으로 한다고 규정하고 있다. 이와 같이 항만계획은 항만을 둘러싼 각 방면으로부터의 제 요청을 고려한 장래시점에서 항만공간의 있어야 할 모습을 제시하는 것이고, 단순히 항만시설의 배치뿐만 아니라, 항만의 개발·이용 및 보전에 관한 중요사항 일체를 포함하는 공간이용과 관련한 기본계획으로서의 성격을 갖는다. 따라서 항만 내에서 시설의 건설, 항만공사, 매립 등은 모두 항만계획에 따라 결정 또는 변경된다. 항만계획을 책정함에 있어서 주요 항만의 항만관리자는 항만계획을 정하거나 또는 변경하려고 할 때에는 지방항만심의회의 심의를 거쳐야 한다(제3조의 3 제3항). 주요 항만의 항만관리자는 그것을 지체없이 운수대신에게 보고하여야 하고, 운수대신은 제출된 계획에 대하여 중앙항만심의회의 의견을 들어야 한다. 운수대신은 제출된 항만계획이 기본방침 또는 운수령으로 정한 기준에 적합하지 않다고 인정할 때, 기타 당해 항만의 개발·이용 또는 보전상 현저히 부적당하다고 인정할 때에는 당해 항만관리자에 대하여 이를 변경할 것을 요구할 수 있다(제3조의 3 제6항). 木佐茂男 外,『環境行政判例の總合的研究』(北海道大學圖書刊行會, 1995), 292-293쪽; 浜川清, 앞의 글, 같은 쪽.

출입국관리 및 난민인정법에 의한 외국인의 상륙규제, 관세법에 의한 수출입규제, 항칙법에 의한 항내 선박의 교통안전을 위한 규제 등이 후자에 해당하고, 이들 모두는 입국심사관, 세관, 해상보안청 등 국가 행정기관의 권한에 속한다. 이에 대하여 항만시설에 대한 관리는 지방자치단체의 사무로 되어 있다. 1950년에 제정된 항만법은 주요 항만에 대하여 국가의 직할로 해 왔던 전전(戰前)의 태도를 버리고, 항만관리를 원칙적으로 지방자치단체 또는 지방자치단체가 설립한 항무국의 사무로 전환하였다. 이 역시 지방자치를 확충할 목적으로 단행된 전후 개혁입법의 하나라고 한다. 이 법률은 항만관리의 주체, 즉 항만관리자로서 항만과 관련성을 가진 관계 지방자치단체가 설립하는 독립법인으로, 그 운영기관으로는 위원회를 둔 항무국을 제도화하였지만, 지방자치단체가 스스로 항만관리자가 될 수 있다 (이 경우 위원회를 설치할 수가 있다). 항무국을 설립한 곳은 전국적으로 단 한 곳밖에 없고, 전국 1,202개의 항만 관리자는 대부분 도도부현이나 시정촌이고, 1995년 현재 나고야항 등 5개 항만이 사무조합의 형식을 취하고 있다고 한다.

항만사무는 항만관리자가 지방자치단체인 경우에도 다른 자치사무와는 차이가 난다. 항무국을 설립(또는 지방자치단체가 항만관리자로 된다)함에 있어서는, 예정항만구역을 정해 인가신청을 하는데, 그 결과 항무국(또는 지방자치단체)은 그 권한이 미치는 새로운 구역을 취득하며, 이러한 항만구역은 다른 지방자치단체의 연안에 미치는 경우도 있다. 지방자치단체가 항만관리자가 되는 경우, 그 본래의 구역과는 별도로 새로이 해(수)상에 항만구역을 갖게 되는 것이다. 그리고 당해 지방자치단체는 "항만질서의 정비와 적정한 운영을 도모함과 동시에 항로를 개발하고 보전할"(항만법 제1조) 목적으로, 항만시설의 관리권한 이외에 항만구역내의 안전규제라는 경찰권을 포괄적으로 취득하게 된다 (항칙법이 정하는 사항은 제외된다). 실제 항만법 제12조는 항만구역과 항만시설의 유지, 항만의 개발·이용 및 보전, 수역시설의 사용규제, 계류시설의 운영과 사용규제, 입항서 또는 출항서의 수리, 소화·재난구제 및 경비를 위한 설비 등을 관리자의 업무로 하고 있다.

지방자치단체는 항만시설관리조례 등이라는 명칭으로 조례를 제정하지만, 지방자치단체가 항만관리자가 되는 경우에는, 항무국의 '규정' 제정권을 규

정한 항만법 제12조의 2는 적용되지 않고, 당해 지방자치단체가 자치사무인
항만관리에 대한 공공시설로서의 항만시설의 설치·관리와 관련한 조례(지
방자치법 제244조의 2) 또는 항만구역내의 안전·질서의 확보를 위한 행정사
무조례(같은 법 제14조 제2항)로써 제정할 수 있다고 한다(浜川淸, 1999: 2).
  항만관리자인 지방자치단체가 강력한 자치권을 가지는데 반해,41) 항만법
이 정한 국가의 권한은 대체로 한정적이다. 지방자치단체가 항만관리자가
되는 경우에 도도부현 및 전국 133개 주요 항만과 관련된 시정촌에 대해서
는 운수대신의 인가를 요하고, 항만구역의 변경에 대해서도 마찬가지다(항
만법 제33조, 제4조). 이 외에 특정 주요 항만에 대해서는 운수성령이 정한
기준에 따른 항만계획의 작성과 운수대신에게 항만계획을 제출하도록 함과
동시에, 운수대신의 변경요청을 인정하거나(같은 법 제3조의 3), 또는 국가가
항만관리자와의 협의를 전제로 직접(직할로) 항만공사를 행할 수가 있다(같
은 법 제52조)는 것 등이다.

---

41) 어업법과 관련하여 어업관리자인 町이, 어항수역내에 불법설치된 요트係留杭
   을 법규에 근거없이 강제철거한, 이른바 浦安町 요트 係留杭사건에서, 최고재
   판소는 "浦安町은 浦安漁港 구역내의 수역에서 장해를 제거하여 그 이용을 확
   보하고, 나아가 지방의 공공질서를 유지하고, 주민 및 체재자의 안전을 보호유
   지(지자법 제2조 제3항 제1호)할 의무를 지는 바, 同町의 町長으로서 위 사무를
   처리하여야 할 책임이 있는 상고인은, 위와 같은 상황에서 선박항행의 안전을
   도모하고, 주민의 위난을 방지하기 위하여, 그 존치가 허용되지 않는다는 사실
   이 명백하고, 철거를 강행하더라도 그 재산적 가치가 전혀 손상되지 않는다고
   해석되는 본건 철항을, 그의 책임으로 강제적으로 철거한 것이고, 본건 철항철
   거가 강행되지 않았다면, 지바현지사에 의한 제거가 동월 9일 이후에 이루어졌
   다 하더라도, 그 사이 본건 철항에 의한 항행선박의 사고 및 그에 따른 주민의
   위난이 생기지 아니하였으리라고는 반드시 보장하기 어려운 상황이었다는 사
   실, 그 사고 및 위난이 발생한 경우의 불행·손실 등을 고려하면, 오히려 상고인
   의 본건 철항철거강행은 어쩔 수 없는 적절한 조치였다고 평가받아야 할 것이
   고, 상고인이 浦安町의 町長으로서 본건철항철거를 강행한 것은 어항법 및 행
   정대집행법상 적법하다고는 인정할 수 없는 것이지만, 위 긴급사태에 대처하기
   위해 취하지 않을 수 없는 조치였다"고 판시하였다(最判 平成 3년 3월 8일 『民
   集』, 제45권 제3호, 164쪽).

2) 비핵조례의 적법성 여부

고지현의 비핵조례에 반대하는 이들은 조례가 국가의 외교권을 침해할 우려가 있다는 것이었지, 항만법 등 국내법령 위반이라는 주장은 거의 하지 않았다. 항만법을 소관하는 운수대신 역시 1999년 3월 16일 국회(참의원예산위원회)에서 비핵조례가 항만법 위반이라고는 할 수 없다는 취지의 설명을 하였다고 한다(浜川清, 1999: 2).

전시에는 핵무기가 다른 나라를 공격하거나, 핵무기를 보유한 지역이 공격의 대상이 될 수 있으므로 주민의 안전을 위협한다는 것은 분명하다. 하지만 평화시에도 방사능 오염 등의 사고위험이 있으므로 주민의 안전을 위협하는 요소가 될 수 있다. 물론 이러한 위험은 핵무기뿐 아니라 원자로도 마찬가지다. 항만 관련 사항에만 한정하더라도 이미 핵원료물질, 핵연료물질 및 원자로의 규제에 관한 법률은 원자력선의 입항에 대해서 특별한 허가를 받도록 의무화하고 있으며, 또 운수대신(항장)의 항행규제권을 인정하고 있다. 한편 핵원료물질 또는 핵연료물질에 의해 오염된 물질의 운반에 대한 지시, 보고의 수리 및 진입검사등의 사무에 대해서는 도도부현의 자치사무로 하고 있다. 이러한 규제는 외국적의 원자력선에도 미친다.

핵무기를 규제하는 법률은 존재하지 않지만, 이를 규제하는 지방자치단체의 조례가 종종 문제가 된다. 국가의 법령이 공백인 이상, 지방자치단체가 핵무기 반입의 제한을 위하여 자신이 관할하는 항만구역에 대한 독자적인 조례를 제정하는 것은, 조례정정권을 규정한 일본헌법 제94조나 지방자치법 제14조 제1항에 저촉되지 않는다. 규제목적의 타당성이라는 실질적인 측면에서 보더라도, 국회의결인 비핵 3원칙의 법규성이나 외국함선의 인권향유 주체성은 차치하더라도, 평화로운 항만 내에 핵무기의 반입을 금지하는 것은 자유권에 대한 불합리한 제한이라고는 할 수 없을 것이다(「判例時報」, 제1250호, 3). 운수대신은 항만법 제13조 제2항의 불평등 취급금지원칙에 저촉한다는 견해를 피력한 바 있지만, 주민의 안전을 위해 핵무기의 반입을 금지하는 것이 항만의 평등이용권을 침해한다고는 할 수 없을 것이다.

3) 비핵조례와 외교·조약

고지현지사는 비핵조례안에 비판적인 외무성에 대하여 조례안에 대한 의견을 제시해 줄 것을 요청하였는데, 1998년 12월 28일 외무성은 다음과 같은 답변을 제시하였다. 비핵증명서 제출 유무에 따라 항만시설의 사용여부를 결정한다는 조례는, 외국 군함의 "일본국 기항 동의권"이라는 국가 권한을 침해하는 것이고, 또 미국군함은 일미안전보장조약과 관련법규에 따라 일본항 출입이 인정된다는 것이었다.

먼저 외국 군함에 대한 '기항동의'는 외교와 관련된 국가의 권한에 속한다고 하지만, 기항동의의 법률적 근거가 명확하지 않다고 한다. 일반적인 선박의 입항에 대해서는 항만법, 항칙법, 관세법 등에서 입항시에 의무적으로 신고하도록 규정되어 있고, 수선법은 주요한 항에 대하여 강제 수선 제도를 채용하고 있다. 특히 외국선박과 관련하여서는 관세법이 개항과 불개항을 구별하여, 외국선의 입항에 대해서는 개항에만 한정하고,[42) 또 출입국관리 및 난민인정법은 상륙항을 한정하고 있다. 이와 같이 외국선에 대해서도 현행 제 법령은 원칙적으로 입항을 인정한 후, 국내법에 따라 항행, 항만시설의 이용, 사람의 상륙 및 물자 양륙 등에 대하여 규제하고 있다. 항만관리자인 지방자치단체가 행하는 규제도 그 중 하나이다(浜川淸, 1999: 3).

확실히 국제법상 일반적으로 인정되는 무해통항이 아닌 경우에, 외국선박의 영해 내 항해는 규제할 수 있으며, 또 국교가 없는 경우에도 외교적인 이유로 내수역이나 항만진입을 거절할 수 있을 것이다. 그러나 항만관리자의 규제란 이상과 같은 외교상이나 영토를 보전하려는 국가행위와는 무관하며, 국내법적인 규제방법밖에 없다. 법률뿐만 아니라 조례도 국내법이다. 조례의 제정이 법률에 위반되지 않는 이상, 다른 국가와의 외교에 있어서도 조례는 준수되어야 한다(浜川淸, 1999: 3).

또 하나의 논점으로서는 미군시설·구역(기지) 이외에서 일본국내의 항·

---

42) 상용선만이고 공용선 등은 제외된다. 즉 미군함선의 입항을 개항에 한정한다는 일미합의가 있었다고 한다.

공항에 대한 미군의 '이용권'문제인데, 이러한 이용은 안보조약이 아니라, 미일지위협정 제5조 제1항의 "합중국 및 합중국 이외의 국가의 선박 및 항공기...는 입항료 또는 착륙료를 부과하지 않고, 일본의 항 또는 비행장에 출입할 수 있다"고 한 규정에 따른 것이다. 그러나 미국 군함에 한하지 않고, 외국선의 입항은 일반적으로 자유라는 측면에서 보면, 동조의 규정은 오히려 입항료나 착륙료를 부과하지 않는다는 것을 의미하는 것이고, 미국 선박 등은 일본 국내법에 의한 제한을 받지 않는다는 점을 인정한 것이라고는 해석할 수 없다(浜川淸, 1999: 3).

일본 외무성이 미국 군함에 대해서는 안보조약 등에 의해 일본 입항이 허용된다고 하지만, 미군뿐 아니라 외국군함의 출입은 안보조약과 무관하게 입항이 인정되고 있다. 분명한 것은 그러한 함선이 국내법을 위반해서는 아니 되는 것이다. 더욱이 미국 군함에 대하여 국내항의 이용을 인정하여야 할 의무가 있다고 하더라도, 그것은 국가(중앙정부)의 의무이지, 지방자치단체의 의무는 아니다. 1,202개의 모든 항만이 비핵조례를 제정하고 있지는 않으므로, 외무성은 법령위반이 없는 항만을 이용하도록 당해 국가를 설득하는 것이야말로 외무성이 기울여야 할 외교노력인 것이다.[43]

아래에서는 미국에서는 외교정책과 관련하여 연방과 주, 자치단체간의 권

---

43) 浜川淸 교수는 이 글의 결론에서 다음과 같이 논하고 있다. "외무성은 관계 국내법에 대한 해석권이 없으면서도, 타국의 이익을 위해 지방자치단체의 조례제정을 방해하는 것이 과연 허용되는 것일까. 고지현의 사무처리요강안이 외국 함선의 비핵증명을 외무성을 통하여 요청하는 것은, 외국과의 절충이 필요하므로 타당하다. 조례가 개정되면 외무성은 그 준수를 담보하기 위해 노력하여야 한다. ...지방분권법안과 중앙성청재편법안이 일미 신 가이드라인에 근거한 주변사태법안과 함께 국회에 제안되어 심의 중이다. 국가가 내각총리대신의 극단적인 권한강화와 국민관련 행정의 외부화, 지방의 중앙집권적인 재편성을 일본의 군사적 역할강화와 함께 진행시키려는 것은 상징적이다. 고지현과 기타 비핵항만조례제정 움직임은 이상과 같은 국가(중앙정부)의 반 평화적인 흐름에 대한 자치단체의 대응인 것이다. 정쟁으로 밤낮 실정에 실정을 거듭하고, 국민의 미래를 점점 불안하게 하면서 군사대국화를 지향하는 중앙정부에 대하여, 평화에 대한 주민이나 자치단체의 염원은 절실한 것이다." 浜川淸, 앞의 글, 같은 쪽.

한배분이 어떻게 이루어지는지, 법원의 구체적인 사례를 통하여 검토하고자
한다.

3. 외교정책과 관련한 미국의 판례

미국에서 국내법적 효력을 갖는 조약, 행정협정, 기타 국제법규와 주 헌법
내지 법률과의 사이에 저촉이 생기는 경우에는, 합중국헌법의 연방우위조항
에 따라 연방법 또는 조약 등이 우선한다(U. S. Const. art. Ⅵ (2)). 조약 등이
최고법규성을 갖기 위해서는 그것이 합중국의 권한에 근거하여 체결된 것이
라면 필요하고 충분하다.44) 여기서 중요한 쟁점은 '대외통상'에 관한 연방규
제가 전속적, 배타적인 것이고, 따라서 외국의 수입품 내지 수출품에 대한
주의 규제는 배제되는가 하는 것이 문제된다. 달리 말하면 주가 그의 고유한
기능인 규제권(Police Power)을 행사하여 대외통상에 어느 범위까지 영향을
미칠 수 있는가 하는 문제이다. 예컨대 주가 주민의 건강, 안전, 복지 등을
보호하기 위하여 수입품에 대하여 검사를 하거나 제품표시를 의무화하거나,
환경오염규제를 위한 비용을 징수할 수 있는가 하는 문제가 그것이다. 주 내
에 있는 법인의 외국소득에 대하여 주 과세권이 미치는가 여부의 문제도 이
런 부류에 속한다(강재규, 2001: 2; 『미국환경법과 법원』, 1998: 제2장).

그런데 주는 연방과는 달리 합중국헌법 내지 당해 주의 헌법에 의하여 금
지되어 있지 않는 한, 어떠한 입법조치도 강구할 수 있다. 단, 연방우위조항
에 따라 연방의 법률, 연방의 행정위원회규칙(Pennsylvania R. R. v. Illinois
Brick Co., 297 U. S. 477(1936) ,Regulations of ICC), 조약 또는 행정협정
(United States v. Belmont, 301 U. S. 324, 1937); United States v. Pink, 315
U. S. 203, 1942)에 반하는 주의 입법은 효력이 없다.

아래서는 연방우위조항이 적용되는 사례 중 대통령의 조약, 행정협정, 기

---

44) 동조는 "합중국 헌법에 준거하여 제정되는(made in Pursuance thereof)" 법률과
"합중국의 권한에 근거하여 체결되는(made under the Authority of the United
States)"조약과 구별한다. 조약의 경우에는 법률의 경우와 달리 입법권의 체계가
없다는 것도 이 문언상의 차이를 근거로 하고 있다.

타 국제적 협약을 체결할 권한과 주의 권한(Police Power)이 충돌하는 경우에 대하여 검토하고자 한다.

1) 연방, 주, 자치단체 간 권한의 충돌: 구체적인 판례를 중심으로

대통령의 조약체결권에 근거한 대외통상규제권과 주의 폴리스파워에 입각한 입법권이 저촉하는 경우로서 다음 두 가지 경우가 중요하다. ① 대통령이 조약체결권을 행사하지 않음에도 불구하고 주의 입법권이 부정되는 경우(Dormant Commerce Clause), ② 대통령이 체결한 조약, 행정협정 내지 기타 국제적 협정이 이미 존재하고, 주의 법률이 그것과 저촉하는 경우(Preemption)가 그것이다.

이들 쟁점에 대해서는 미연방법원이 명확한 기준을 제시하고 있지 못하다. 따라서 연방의 조약, 행정협정, 기타 국제적 법규와 주법 또는 자치단체의 조례 등의 관계를 규명하기 위해서는 여전히 판례분석이 유익할 것이다.

기본적으로는 주의 대외통상은 금지되므로, 주는 외국제품의 수입을 규제하는 등, 통상에 중대한 부담을 주는 제약은 할 수 없다. 그런데 주는 주민의 건강, 안전, 복지를 증진하기 위한 입법조치는 강구할 수 있는가 하는 것이 종종 문제된다. 아래에서는 이와 관련된 판례를 분석해 보고자 한다.

첫째, 대외통상과 관련하여 문제가 되는 것은, 어떤 주가 다른 주 내지 외국에서 생산된 제품에 대하여 자주의 제품을 우선하도록 의무화하는 경우(L. Glick, 1984)를 생각해 볼 수 있다. 이와 관련하여 주의 국산품우선법(Buy American Act)[45]이 연방의 대외통상규제권을 침해하지는 않는가 하는 문제, 또는 이러한 주의 국산품우선법(Buy American Act)이 GATT, 미일통상조약

---

45) 미국의 국내제품우선구입법 또는 미국제품우선법이라 번역된다. 미국국내의 산업·노동자 보호를 위하여 정부가 물품 등을 구입하는 경우, 국산품·주 제품의 구입을 의무화하거나, 정부기관이 건설도급계약을 체결할 때에는 상대방에 대하여 계약의 이행에 있어서 국내제품을 우선하여 사용할 것을 의무화하는 연방 및 주의 법률을 말한다. 단, 다수의 예외조항이 있다. 田中英夫, 『英米法辭典』(東京大學出版會, 1991) 115쪽 참조.

등에 규정되어 있는 내국인 대우의 보장에 반하지는 않는가, 나아가 어떤 주가 소련제 위스키의 판매를 금지하였을 경우, 이러한 결정이 위헌은 아닌가 하는 것이 문제가 된다.

이러한 문제에 대한 고전적 선례가 Baldwin-Lima-Hamilton Corporation v. Superior Court of California사건판결(208 Cal. App. 2d 803, 1962)이다. 이 사건에서는 S시가 발전소건설용 터빈 등의 입찰을 하였던 바, Y사가 낙찰되었지만, 낙찰을 받지 못한 X사는 Y사가 공급하는 기재에 일본제품이 포함되어 있으므로, S·Y간의 계약이 캘리포니아주 국산품우선법(Buy American Act)에 위반하였다고 하여 제소하였다. 캘리포니아주 제2차 항소법원은 이 법률이 GATT 제3조 및 일미통상항해조약에 따른 최혜국대우와 저촉되어 무효라고(supersede) 판시하였다(208 Cal. App. 2d 819-820, 1962). 하와이주의 그러한 입법도 GATT에 저촉된다는 이유로 무효라고 하였다(Territory v. Ho, 41 Hawaii 565, 1957).

1969년의 Bethlehem Steel Corporation v. Board of Commerces사건판결(276 Cal. App. 2d 211, 80 Cal. Rptr. 800, 1969)도 이러한 종류의 전형적 사례이다. 본 건은 L시의 프로젝트를 낙찰한 Y사가 일본산 철강재를 사용한 사실에 대하여, 미국제품만을 사용하는 업자 중 가장 낮은 입찰가격을 제시한 X사가, 캘리포니아주 국산품우선법(Buy American Act)(Cal. Gov't Code § 4303)에 위반하였다고 주장하여 제소한 사건이다. 캘리포니아주 항소법원은 이 법을 대외적 조항에 대한 연방정부의 배타적 권한을 침해하는 위헌적 행위라고 하여, 다음과 같이 판시하였다. "연방정부가 갖는 대외적 조항에 관한 권한은 주권으로서의 고유한 것으로, 배타적이고 완결적이다. 그러한 권한은 그 존립근거를 합중국헌법이 명시적으로 위임한 사항에 한정되어 있지 않으므로, 고유 내재적인 것이다. 그것은 이 분야는 주에 대하여 명시적으로 금지하고 있고, 연방에만 대외적 주권이 귀속되므로, 연방정부에 전속한다. 외국과의 관계를 포함하는 연방의 목적상 우리들은 하나의 국민이고, 하나의 국가이고, 하나의 권력이다"(United States v. Curtiss-Wright Export Corp., 299 U. S. 304, 315-316, 1936)라고 판시하였다(Bethlehem Steel Corporation v. Board of Commerces, 80 Cal. Rptr. 800, 1969).

이와 유사한 최근의 사건으로서는 연방대법원의 1984년 판결인 South-Central Timber Development Inc. v. Wunnicke사건판결(467 U. S. 82, 1984)이 주목된다. 본 건은 알래스카주 천연자원국이 일정지역의 입목을 매각한다는 취지의 고지를 하고, 매매보고서 및 매매계약서에, 알래스카주 법률(11 Alaska Admin. Code § 76. 130)에 근거하여, 중요부분의 제조는 알래스카에서 하여야 한다는 점을 요건으로 해야한다는 취지를 정하였다. 이러한 주내 가공처리요건이 통상조항에 위반하는지가 쟁점이었다. 연방대법원은 이러한 규제에 의해 대외통상이 저해된다는 점을 들어 당해 규제를 무효라고 하였다. 이와 같이 주의 국산품우선법(Buy American Act) 내지 그에 준한 주의 규제조치와 연방의 대외통상규제조치가 저촉하는 경우에는 주법이 위헌무효가 될 개연성이 훨씬 높다.

둘째, 대외통상조항의 또 하나의 목표는 주 내지 지방자치단체 차원의 규제가 국제적 통상을 저해하지 않도록 하려는 데에 있다. 예컨대 복수의 주마다 존재하는 핵무기부품의 판로가, 비핵지대조례로 인해 현저히 방해받는다고 판단되는 경우, 그러한 조례는 위헌인지가 문제될 수 있다. 이러한 경우 주간통상 내지 대외통상도 중요하지만, 주민의 건강, 안전, 복지 등을 보호하는 주의 이익 쪽이 훨씬 중요하다고 주장할 수도 있다(Metropolitan Life Ins. Co. v. Massachusetts, 471 U. S. 724(1985) ; Silkwood v. KerrMcGee Corp., 464 U. S. 238, 247-249, 1984). 특히 주가 주민의 건강, 안전, 복지 등을 보호하기 위해 폴리스파워의 행사가 가능한 법률의 제정이 필요한 경우에는, 법원도 연방우위조항을 발동하는데 보다 신중하다.

Portland Pipe Line Corp. v. Environmental Improvement Commission사건판결(307 A. 2d 1/1973)이 대표적인 사례라 할 수 있다. 사안은 다음과 같다. 메인(Maine)주가 영해에서 선박으로부터의 석유오염을 방지하기 위해 법률을 제정하고, 동 주의 해상(coastal waters)에서 운송되는 석유의 양에 따라 배럴 당 0.5센트의 세금(Annual License Fee)을 징수하여, 그 기금을 위반자를 알 수 없는 석유오염이 발생했을 때 정화비용에 충당하였다. 이러한 비용의 징수가 실질적으로 석유의 수입에 부과되는 관세와 같이 합중국 헌법 제1편 10조 2항 및 대외통상조항에 저촉하여 위헌이라고 주장하여 다툰 사건이 본건이다. 이에 대하여 메인주 대법원은 이 법률의 전체적 효과는 공익을 보호하는데 필요한 석유오염의 방지를 위한 규제기구를 설립하고, 그 이용자에게 편익을 제공하는데 목적이 있으므로 위헌이 아니라고 판시하였다.

또 오일탱크의 디자인 내지 크기를 규제하는 것은 위헌이지만, 탱크의 안전항해를 위해 탱그보드의 호위를 의무화한 주의 규칙은 합헌이라고 한 Ray v. Atlantic Richfield Co.(435 U. S. 151, 1978)도 이와 유사하다. 그리고 뉴욕주 내에서 멸종위기에 처한 종의 동물모피 매매를 금지한 주법도, 연방법(Endangered Species Conservation Act)도 있지만, 이러한 연방법이 주법을 선점하지 않는다는 이유로 합헌이라고 하였다.[46]

새로운 원자력발전소의 건설에 관해 주가 일시정지조치를 취하거나, 국방성관계의 계약수주자가 고농도의 유독 화학무기 세제를 실험, 저장, 수송 내지 폐기하는 것을 시 조례로 금지하는 것을 인정한 사안도 종종 찾아볼 수 있다(Pacific Gas & Electric Co. v. State Energy Resources Conservation & Development Comm'n, 461 U. S. 190, 1983).

이들 사안에서 공통적으로 찾아볼 수 있는 것은, "적절한 어프로치는 … 연방과 주의 제정법 체계의 한쪽을 완전히 배제하기보다는, 오히려 상호 작용시키도록 조화시키는 분석(Silver v. New York Stock Exchange, 373 U. S. 341, 1936)"이라고 할 수 있다.

이에 대하여 주의 규제가 실질적으로 외국제품을 차별하고, 이를 배제하는 취지일 경우에는 위헌이 될 개연성이 높다. 1966년의 Tupman Thurlow Co. v. Moss사건판결(252 F. Supp. 641, 1966)은 연방지법의 판결이긴 하지만, 이러한 경향을 제시하고 있다. 이 사건에서는 테네시주의회가 1965년에 제정한 Labeling Act 및 Licensing Act의 위헌성이 문제되었다. 전자의 Labeling Act는 테네시주에서 외국산 육류 내지 육 가공품을 판매하는 경우 "해외 원산지(shall so identify each product and its foreign origin)"로 규정하고, 후자의

---

46) Palladio v. Diamond, 321 F. Supp. 630(S. D. N. Y. 1970), aff'd., 440 F. 2d 1319, cert. denied, 404 U. S. 983(1971) ; A. E. Nettleton Co. v. Diamond, 27 N. Y. 2d 182, 264 N. E. 2d 118(1970), app'l dismissed sub non ; Reptile Prod. Association v. Diamond, 401 U. S. 969(1971).

Licensing Act는 테네시주 내에서 수입한 육류 내지 육 가공품의 판매, 가공 등을 업으로 하는 자는 소매상과 도매상을 불문하고, 테네시주 농무성에 등록하고, 세금(Licensing Fee)을 지불할 의무를 부과하였다. 이러한 테네시주 법의 위헌성을 뉴욕주법인인 수입업자가 대외통상조항에 위반한다고 하여 다툰 것이 본 건이다. 테네시주 중부지구 연방지방법원은 두 법률이 모두 주 간통상 및 대외통상에 대한 불합리하고 차별적인 제한 내지 부담을 부과한 다는 이유로 위헌이라 판시하였다(252 F. Supp. 645, 1966).

셋째, 대외통상조항과 관련하여서는 지방자치단체가 독자적인 판단으로 계약의 상대방, 투자 상대방 등을 선택하거나 결정하는 경우에도 문제가 된다.

메릴랜드주의 허가를 받은 중고차에는 보조금을 지급하고, 다른 주의 고철가공업자에게는 보다 엄격한 증거서류의 제출을 의무화한 메릴랜드주 프로그램은 통상조항에 위반하지 않는다고 한 Hughes v. Alexandria Scrap Corp.(426 U. S. 794, 1976), 사우스다코타주 소유의 공장에서 생산된 시멘트 판매를, 자주의 시민에게만 한정하는 정책을 추진하더라도, 주가 주간시장에 참가하고 있는 경우에는 통상조항에 위반하지 않는다고 한 Reeves, Inc. v. State사건판결(447 U. S. 429, 1980)등이 그 예이며, 1983년에 나온 White v. Massachusetts Council of Constitution Employers, Inc.사건판결(460 U. S. 204, 1983)도 이와 관련된 것이다. 이 사건은 보스턴시의 기금 내지 동 시가 관리하는 기금을 이용하여 수행하는 건설프로젝트는, 적어도 그 과반수가 보스턴시민의 노동력(Work Force)으로 이행하여야 한다는 시장의 행정명령이 쟁점이 된 사건이다. 연방대법원은 Dormant Commerce Clause의 도전에 대한 요건을 지지하였다. 즉 "주 또는 지방자치단체가 당사자로서(as a Participant) 시장에 참가하는 경우는, 통상조항의 규제에 구속되지 않는다"(460 U. S. 208, 1983)고 판시하였다. 법정의견을 쓴 렌퀴스트 판사는 "시 당국이 시장참가자인 경우, 통상조항은 시가 그러한 참가에 요구하려는 조건에 대한 장벽이 되지 않는다. 주외(州外) 시민에 대한 영향은 시가 시장에 참가하기보다도, 오히려 그것을 규제한다고 판단되는 경우에 뚜렷하다. 시가 시장규제자로서 등장하는 경우에만 주간통상에 미치는 부담이 통상조항에 비추어 허용되는지 여부를 결정할 필요성이 있기 때문이다(460 U. S. 210, 1983)"라고 하였다.

이러한 시장참가이론이 미치는 범위는 어디까지인지, 연방대법원이 본 건 판결이유를 대외통상에까지 적용할 것인지 여부는, 앞으로의 판례 추이를 지켜볼 수밖에 없겠지만, 이러한 선례에 의거하는 한, 지방자치단체가 독자적으로 행하는 선택적 투자, 계약업무 등도 동일선상에 있다고 볼 수 있을 것이다(M. Shuman, 1986: 166).

더욱이 이러한 점은 1968년 Zschernig v. Miller사건판결(389 U. S. 429, 1968)과의 관계를 어떻게 해석할 것이냐 하는 문제와 관련이 있다. 주가 대외정책을 추진함에 있어서 최대의 장애로 작용하는 것이 본 건이기 때문이다. 이 사건에서는 외국인거주자의 재산상속권의 유무를 정한 오리건주의 법률이 쟁점이었다. 이 법은 오리건주 주민의 유산을 외국인 거주자에게 수령하게 하는데 있어서, 검인법원에 특히 외국국적을 취득한 그 외국정부의 실태를 조사하기 위하여 3단계의 조사를 의무화하였다. 오리건주의 법률은 외국인거주자의 본국이 미국인 거주자에 대한 재산상속을 금지하는 경우에는, 그 외국인거주자에게는 재산상속을 부인하는 내용이었다(상호주의). 게다가 이 법률은 공산주의 국가의 상속법이 재산몰수적 성격이 강하다는 점을 문제로 하였다. 이상의 사실관계에 근거하여 연방대법원은 오리건 주법을 "합중국헌법이 대통령 및 합중국 의회에 위임한 외교권을 주가 침해하는 것(389 U. S. 432, 1968)"이라고 하여 위헌이라고 판시하였다. "오리건주 법률에는 대외관계를 손상시키거나 혼란을 초래할 잠재적인 요인이 있다(389 U. S. 435, 1968)"는 점을 이유로 들었다. 이 판결에 따라 대외관계를 다루는 중앙정부의 권한에 악영향을 미칠 뿐 아니라, 대외관계 자체에 직접 영향을 미치는 주의 대외정책은 전면적으로 금지되게 되었다.

그러나 Zschernig v. Miller판결이 내려지기 전에는 주 및 지방자치단체는 연방법률 내지 대외통상조항에 명시적으로 위반하지 않는 한, 대외문제에 대해서 경합적으로 자유로이 활동할 수 있다고 생각하였다. 1947년의 Clark v. Allen사건판결(331 U. S. 503, 1947)은 그러한 방향을 시사하고 있다. 본건에서는 Zschernig사건에서 쟁점이었던 오리건주의 법률과 마찬가지로, 외국인거주자의 상속권의 유무를 정한 캘리포니아주 법률이 미국의 대외관계에 "부수적인 내지 간접적인 영향(33 1 U. S. 517, 1947)" 밖에 주지 않는다는 이유로 합헌이라 판시하였다. 이러한 Clark판결은 Zschernig사건으로 명시적으로 파기된 것이 아니라, 어떠한 유형의 주의 대외정책은 용인될 여지가 남아있다고 해석되어 왔다. 이러한 해석은 Zschernig사건 이후 내려진 같은 해인 1968년의 Ioannou v. New York사건판결(3 91 U. S. 604, 1968) 및 1970년의 Gorun v. Fall사건판결(3 93 U. S. 398, 1968; 3 99 U. S. 901, 1970)에 의해 지지되고 있다. 둘 다 오리건주의 법률보다도 선진적인 내용을 가진 주의 상속법 (뉴욕주와 몬타나주)이 문제가 된 사건이다.

2) 평가

이상에서 살펴본 것처럼 연방대법원도 통일된 기준을 제시하고 있지 못하다. 원래 주나 지방자치단체의 대외정책은, 연방의 대외정책에 부수적 내지 간접적인 영향을 미치는 이상의 대외적 권한을 가진 것일까? 합중국 헌법은 주에 "연방의회의 동의 없이는…외국과 협정(Agreement) 또는 협약 (Compact)을 체결…하여서는 아니 된다(U. S. Const. art. Ⅰ, § 10(3). Cf., Virginia v. Tennessee, 148 U. S. 503, 1893; United States Steel Corp. v. Multistate Tax Commission, 434 U. S. 452, 1978)"라고 규정하고 있다. 그러나 이러한 규정을 반대 해석하면, 주는 합중국의회의 동의를 조건으로 한, '협정' 내지 '협약'을 체결할 수 있는 여지가 인정될 수 있을 것이다.

또 대외정책에는 다른 나라의 정치, 법제도 내지 이데올로기에 관한 판단까지 요구되는가, 또 주나 지방자치단체의 이해와 그러한 대외정책이 외교관계에 미칠 영향을 어떻게 조화시킬 것인가 하는 문제도 있다. 그러나 이들 문제에 관한 판단기준이 아주 유동적이고 애매하여, 사례별로 그에 합당한 해결을 하도록 맡겨져 있는 부분이 적지 않다. 주 및 지방자치단체는 합중국 의회의 동의를 얻지 않고서도, 수년간이나 효력을 미치는 쌍무적 협정 내지 협약을 여러 외국과 체결해오고 있다.

이와 같이 연방정부가 주나 지방자치단체의 대외정책을 묵인해 온 사실에 비추어, Henkin은 다음과 같은 흥미로운 설명을 하고 있다. "연방대법원은

(연방과 주의 관계에 대하여) 확고한 헌법 이론적인 토대를 구축하거나, 그것에 반대하는 실질적인 논의에 직면한 적이 없었다. 비평가는 가령 연방의 대외 관계의 기능이 주로 주권에 내재하는 헌법의 범위 밖의 것이었다고 하더라도, 주권은 연방제도에 있어서 연방과 주 간의 책임분배에 관해 어떠한 시사점도 제시하지 않는다고 주장할 것이다.

합중국헌법이 대외관계에 관하여 논하고 있는 것도, 대부분 연방대법원의 이론의 기초로 되어 있지 않다. 확실히 연방헌법 제1편은 주가 상대방과 조약을 체결하고, 대외관계에서 기타 특정행위를 하는 것을 금지하고 있지만, 이들 행위는 일방이건 쌍방이건 불문하고 Zschernig사건의 판시와 같이, 주의 관여를 일반적으로 배제하는 것까지 지지하는 것은 아니다. 또 어떤 사항에 관하여 주의 간여를 금지하고 있다는 것은, 반대로 금지된 행위 이외의 사항에 대해서는 주의 관여를 묵인하는 것이다. Zschernig이론은 연방의 3권에 대한 명시적 권한 위임 내지 "전체합중국헌법"으로부터 당연히 추정되는 것은 아니다.

다른 사항에 있어서는 연방의 통치기구에 대해 명시적인 권한 위임이 있는 경우에도, 연방의 권한행사가 없는 경우에는 반드시 주의 행위를 배제하고 있는 것으로는 볼 수 없기 때문이다. …실제적으로 헌법의 역사상 Zschernig 사건을 지지하는 것과 같은 판결례는 없다(L. Henkin, 1972: 476 n. 51)."

이상에서는 주로 미연방헌법 제1편 제8조 제3항의 "대외통상조항"과 관련하여 연방과 주 및 지방자치단체간의 권한관계에 관한 판례를 검토하였다. 그런데 미연방헌법 제1편 제8조 제1항 및 제10조 제2항에 규정되어 있는 '조세조항(Taxation Clause)' 및 '수출입조항(Export and Import Clause)'과 관련하여서도 위와 같은 문제가 발생한다. 이에 대해서는 이미 필자가 다른 문헌에서 검토한 바 있어(강재규, 2001: III. 2.), 여기서는 더 이상의 검토는 하지 않기로 한다.

V. 마치며

현대사회가 세계화, 지방화시대로 접어들면서 지방자치단체, 시민단체(NGO), 시민이 국가정책의 거의 모든 부분에서 국가와 더불어 주체로서 등장하게 되었으며, 이러한 추세는 앞으로 더욱 가속화될 것이다.

유럽지방자치헌장이나 세계지방자치선언의 내용 및 세계지방자치헌장을 마련하기 위한 현재의 노력들, 그리고 미국, 프랑스, 일본 등에서 이루어지는 지방자치와 관련한 논의들을 통해서도 이해할 수 있듯이, 지방자치의 확대강화는 세계적 흐름이자 바람직한 방향임을 이해 할 수 있었다.

특히 이 글에서 중점적으로 논의한 것은 현행법상 지방외교의 국제법적·국내법적 근거보다는, 오히려 '지방자치의 본지(本旨)'에 초점을 맞춰 그 이론적 근거에 대한 모색과 지방자치를 둘러싼 외국의 논의 및 실제현황에 대해서 중점적으로 논의를 전개한 까닭도 사실은 여기에 있는 것이다.

외교정책의 경우에는 지금까지 국가가 전속적 권한을 가지고 외국과 대외관계를 맺어왔던 부분이었다. 그러나 오늘날 미국, 독일, 일본 등 대부분의 지방자치 선진국에서는 대외정책과 관련하여 지방자치단체(연방국가의 경우에는 주를 포함하여)가 국가와 대등한 입장에서 외국과의 협정을 체결하는 등 대외정책을 활발하게 전개하고 있다는 사실을 확인할 수 있었다.

우리나라의 경우에도 지방자치가 본격화되기 시작한 1990년대 중반이후로는, 자치단체의 외교의 초기단계라 할 수 있는 자매결연에서부터 시작하여, 경제·기술교류, 예술·문화교류 등으로 그 범위를 점차 확대해 가고 있다. 물론 우리의 경우에는 아직 지방자치의 역사가 깊은 미국, 독일, 일본 등과 같은 단계까지는 미치지 못하겠지만, 이들 외국의 사례들은 우리나라의 지방자치단체나 시민들이 나아가야 방향에 많은 시사점을 제공해 준다.

이미 살펴보았듯이 우리 헌법이나 지방자치법이 '외교' 등을 국가존립에 필요한 사무로 분류하여 국가사무로 규정하고 있고, 이는 또 현행법이 중앙집권주의 의식을 떨치지 못한 우리의 법적·정치적·사회적 현실을 반영한 현상이라고 파악할 때, 지방자치단체가 수행할 수 있는 외교정책이란 제한적일 수밖에 없을 것이다.

하지만 일본의 경우 환경문제와 관련한 자치단체의 적극적인 외교정책, 고지현의 비핵조례와 관련한 논의나, 미국의 경우 연방헌법이나 다양한 연방 법률의 규정에도 불구하고, 주나 자치단체가 자주적으로 외교정책을 추진할 수 있는 법규를 제정하여 이를 토대로 대외정책을 펴더라도, 연방법원에서는 이를 허용하는 사례가 많다는 사실을 확인할 수 있다.

그런데 앞으로의 세계적 흐름은 세계화·지방화시대를 맞아 민주주의의 확대강화, 이를 위한 분권화 확대, 지방자치단체나 시민의 자기결정권을 강화하는 방향으로 나아갈 것이 확실하다. 지방자치의 확대강화는 우리 헌법이 규정하는 민주주의 및 국민(인민)주권주의를 실질적으로 구현하고, 주민의 기본권 실현이라는 헌법의 궁극적 이념과 목적을 달성하는 데에도 불가피한 실정이다. 아울러 이러한 헌법 규정이 실질적인 규범력을 가지는 살아 있는 규범으로 되살리는 데에도 지방자치는 아주 중요한 의미를 가지는 것이다.

따라서 이전에는 국가(중앙정부)의 전속적인 관할사항으로 여겨졌던 업무들에 대해서도 최근에는 지방자치단체의 권한사항으로 점차 확대되는 경향에 있는데, 예를 들면 영해에 대한 자치단체의 관할권 인정, 국가 외교권이나 항만관할권에 대한 지방자치단체의 권한 인정, 분권과 환경운동 차원에서 제기되는 지역화폐에 대한 실험 등은 자치권의 확대강화를 제시하는 좋은 사례라 생각된다. 또 전통적으로 법률의 전권적 규율영역으로 보았던 사항에 대해 조례로써 규율이 가능하다는 조세조례주의나 기본권제한 조례주의와 같은 주장도 그 연장선장에서 이해할 수 있을 것이다.

이 글의 목적은 현재 추진되고 있는 우리나라 지방자치단체의 외교실태 및 지방자치단체 외교활동의 근거가 되는 현행법의 규정내용, 외교정책과 관련한 법적 문제점들을 분석함으로써, 앞으로 우리나라의 자치단체가 외교정책을 적극적으로 추진해나갈 경우, 어떠한 법적 걸림돌이 제기될 것인지, 또 국가는 자치단체의 외교활동을 지원하기 위해 어떠한 자세와 법적 조치들을 강구하여야 할 것인지를 전망해보기 위해 준비한 것이다.

자치단체가 외교정책을 적극적으로 추진할 수 있는 여건을 조성하고, 지방자치단체의 자치권을 확대강화하자는 것은, 단순히 자치단체의 권한을 확대하자는데 목적이 있는 것이 아니라, 자치권의 확대강화가 우리 헌법이 지향하는 민주주의 및 국민(인민)주권주의를 실질적으로 구현하고, 주민의 기본권 실현이라는 헌법의 궁극적 이념과 목적을 달성하는 데 필수불가결하기 때문이다. 따라서 국가(중앙정부)는 지방자치의 확대강화가 갖는 의미를 명확히 인식하고, 지방자치단체의 외교활동을 포함한 지방자치단체의 적극적인 역할에 미흡하거나 장애가 되는 국가법령은 신속하게 정비해 나가야 할 것이다. 중앙정부는 국내정치행정구조의 분권화를 통해서만 비로소 급격하게 변화하는 국제사회에 적절히 대응할 수 있다는 사실을 명심하여야 할 것이고, 이러한 의미에서 중앙정부의 책임은 무겁다고 할 수 있을 것이다.

제4장

지방외교정책의 실태분석

I. 실태 분석대상의 설정과 조사방법

1. 지방외교정책의 구성요인

지방외교는 국가 차원의 외교와는 달리 이념과 종교, 체제, 국가 간의 이해, 경제력이나 군사력과 같은 요인들을 초월하여 순수하게 지역과 지역 간의 우의와 신뢰를 바탕으로 전개되는 외교이므로, 국가차원의 외교정책에서 중요시하고 있는 사회·문화구조 및 변동요인, 국가의 능력, 국가 간의 관계 및 국제 체제적 요인 등은 직접적인 결정요인이 아니라고 볼 수 있다. 지방외교는 오히려 그러한 요인들을 초월하여 이루어질 수 있는 외교라는 점에 그 특징이 있기 때문이다. 따라서 국가 차원의 외교정책 결정요인 중 이들 요인을 제외하면, 정책결정자의 개인적 요인, 역할적 요인, 구조적 요인 및 기타 환경적 요인 등이 지방외교정책의 결정요인으로 고려될 수 있다.

반면, 지방외교정책은 중앙정부의 하위체제인 지방정부에 의해 추진되는 정책이기 때문에 국가차원의 외교정책과는 다른 제약조건을 가지고 있다.

첫째, 중앙정부와 지방정부 간의 관계에서 오는 여러 가지 요인을 고려하여야 한다. 특히 외교활동은 속성상 국가의 경계를 초월하여 이루어지기 때문에 중앙정부가 지방정부의 외교적 활동을 어느 수준까지 인정하고 보장해 줄 수 있는가가 매우 중요하다. 둘째, 지방외교는 생활외교, 종합외교로서의 특징을 가지고 있기 때문에 국내외의 정치적 상황이나 국제체제의 변화와 같은 거시적 환경의 변화보다는 인구나 산업여건, 문화적 특성, 각종 기반시설 등 지역단위의 미시적 여건들이 더 중요하게 작용한다고 볼 수 있다. 특히, 지역이 개방된 국제도시로 발전하기 위한 기반시설과 여건, 즉 외국인들도 지역에 거주하거나 경제활동을 하는데 아무 불편이 없도록 국제적 수준의 기반시설과 여건을 갖추는 일 등이 중요한 과제가 되고 있다.

위와 같은 제반 고려요소를 감안하고 그간의 연구 성과를 종합하여 지방외교정책의 결정요인을 정리해 보면 다음과 같다[47].

1) 정책 결정자: 자치단체장의 인식과 태도

정책 결정자는 보통 공직의 최고 책임자로서 지방자치단체에서는 당연히 자치단체장이 되며, 넓은 의미로는 정책에 참여하는 소수의 엘리트, 관료조직을 포함한다. 지방외교정책 역시 우선적으로 고려해야할 요인은 정책결정자인 자치단체장의 외교정책에 관한 인식과 태도, 성향, 가치관, 경험 등 개인적 요인들이다. 그러나 이러한 요인들은 정책결정자의 심리적 요인은 물론, 성격적 속성과 학습된 반응 등에 관한 것으로서 이를 객관적으로 분석하기란 매우 어려우며 정책결정 상황과 환경에 따라 매우 유동적인 것이 특징이다.

2) 구조적 요인

일반적으로 구조란 '공식적인 제도 일반'이라고 할 수 있으며 목표, 법제, 직책, 절차, 역할 등을 말한다. 따라서 지방정부의 구조란 지방정부를 구성하

---

47) 이와 관련하여 보다 상세한 것은 박경국(2003) 참조

고 있는 지방정부의 목표와 정책, 지방정부의 과업수행을 위한 조직과 절차, 그리고 이것을 만들어 내고 있는 법령과 조례 및 규칙, 이들에 의한 역할 등을 포함하는 매우 광범위한 개념이다(최봉기, 1996: 20). 모든 기구(機構)는 움직이는 하나의 체계로서 그리고 보다 포괄적인 체계의 하부체계로 생각될 수 있다. 알몬드(Gabriel A. Almond)는 베버(Max Weber)와 파슨스(Talcott Parsons)의 사회학 이론을 빌어서, 모든 정치체계가, 어떤 특정한 구조와 과정에서 한 사람이 무엇을 해야 하는가, 왜 그렇게 해야 하는가, 다른 사람이 하는 일과는 어떻게 관련되는가 하는 문제를 결정 지워 주는 정치체계의 단위로서의 '역할(the role)'을 지닌 하나의 행동체계라고 정의하였다(최창윤, 1990:432-433). 따라서 국가차원의 외교정책 결정요인에서 제시되었던 역할적 요인과 구조적 요인을 합한 개념으로 이해해도 큰 무리가 없어 보인다. 즉, 지방외교정책의 목표와 법제, 전담조직, 활용 가능한 인적 물적 자원 등과 관련된 요인으로서 그간의 많은 연구에서도 이러한 개념으로 사용해 왔다(황정홍, 1998; 조홍남, 1994; 임판택, 1999; 허수정, 1998).

3) 기능적 요인

기능적 요인은 지방자치단체가 추구하는 정책 목표를 달성하려는 조직의 구체적 활동에 관한 것으로 지방외교정책을 수행하는 구조의 활동내용이 주요 분석대상이 된다. 다만 지방자치단체의 구조와 기능은 상호 밀접히 관련되어 있어서 이를 둘로 나누어서 구조적인 것과 기능적인 것으로 구분하기가 어려운 것이 현실이다(최봉기, 1996: 21; 황정홍, 1998: 36-37). 그러나 개념적으로는 지방외교정책의 결정 구조와 과정을 통해 산출되는 정책적 행위에 관한 것으로서 보다 구체적으로는 지방외교정책의 내용에 관한 것으로 정리해 볼 수 있다. 즉, 국제교류, 국제협력, 국제통상 및 지역의 국제화 등 분야별 정책의 활동 내용에 관련된 것이다.

4) 환경적 요인

환경적 요인은 지방외교정책과 관련된 제반 외부적 요소를 말한다. 앞서 설명한 바와 같이 지방외교와 관련된 정치, 경제, 사회, 문화적 제 요인들은 물론, 국제정치상황과 권력구조에 이르기까지 실로 매우 광범위하고 다양한 요인들이 영향을 미치고 있다고 볼 수 있다. 정책 결정자들은 끊임없이 자국 정치체제의 내적 배경(internal setting)과 외적 배경(external setting) 즉, 국제환경의 영향을 받는다. 하지만 앞서 검토한 바와 같이 지방외교정책은 그 개념적 특성 상 국제정치 상황이나 국제체제의 변화 등 거시적 환경보다는 국가의 외교정책과 지역의 사회·경제·문화적 여건 등 미시적 환경이 보다 직접적 영향을 미치고 있는 것이 특징이라 할 수 있다.

2. 실태분석 대상의 설정

앞에서 제시한 바와 같이 지방외교정책을 구성하는 많은 요인들 중 주요 요인을 선정하여 분석하였다. 우선 구조적 요인으로는 지방외교정책의 목표와 방향, 관련법령과 제도, 전담부서와 인력 및 관련 예산 등 5개 자료를 이용하였다. 기능적 요인으로는 국제교류활동으로서 자매결연, 우호교류, 민간외교활동을 분석하였고, 국제협력활동으로 동북아자치단체연합 등 6개 협력활동을, 국제통상활동으로 지역 내 기업의 수출증대시책, 외국기업 및 외국자본 유치활동을, 지역의 국제화는 외국인 학교, 외국인을 위한 행정서비스, 국제행사 등 3개 요인을 각각 분석대상으로 하였다. 환경적 요인으로는 외부지원체제로서 국가단위기관 단체, 지역 내 대학, 외국 지방자치단체와 기관들의 한국사무소를 조사하고 물적 기반시설로서 공항과 항만에 대해 조사하였다.

3. 조사방법

<표 Ⅳ-1>은 2004년과 2005년을 기준으로 항목별로 자료명, 단위, 수집내용, 출처 순 등을 정리한 것이다. 표에서 보는 바와 같이 구조적 요인과 기능적 요인에 대한 자료는 주로 시·도를 대상으로 한 실태조사에 의해 수집된 자료를 활용하여 작성하였다. 환경적 요인에 관한 자료는 각급 지방자치단

체에서 발행하는 통계연보와 해당기관의 홈페이지 게재자료 등 공식적으로
발표되는 통계를 활용하여 작성하였다.

다만, 지방외교정책의 목표는 지방외교정책 추진 실태 분석 시 기능적 요
인들과 함께 검토하였다. 왜냐하면 지방외교정책의 목표 설정은 정책 수행
을 첫 단계로서 목표가 어디에 있는가에 따라 분야별 추진 실태가 상이하게
나타나기 때문이다.

〈표 Ⅳ-1〉 요인별 분석자료

구분	분석대상	자료수집내용	자료출처
구조적 요인 (5)	정책목표와 방향	광역자치단체별 목표	조사자료
	관련법령과 제도	지방외교정책관련 법령, 조례와 예규	〃
	전담 부서	지방외교정책을 담당하는 조직과 체계	〃
	인 력	지방외교정책을 담당하는 공무원	〃
	예 산	국제교류협력분야에 투자되는 예산	〃
기능적 요인 (14)	국제교류	자매결연, 우호교류, 민간교류	〃
	국제협력	유형별 국제협력실태 및 동북아자치단체연합 등6개 협력활동 사례	〃
	국제통상	지역 내 기업의 수출증대, 외국기업 및 외국자본 유치활동	〃
	지역의 국제화	외국인학교운영현황, 외국인을 위한 행정서비스, 국제행사	〃
환경적 요인 (6)	외부지원체제	국가단위기관, 지역 내 소재하는 대학, 민간단체, 외국지방자치단체나 기관의 한국사무소	조사자료 및 해당 기관별 홈페이지
	국제공항	공항운영현황과 지방차원의 활성화노력	건설교통부
	항 만	지정항만 현황과 지방차원의 노력	해양수산부

II. 지방외교정책 관련 법령과 제도 및 역할 분담 체계

1. 지방외교정책 관련 법령과 제도

1) 관련 법령

우리나라는 현행법에서 외교에 관한 권한은 국가에서 전담하도록 규정하고 있다. 즉, 헌법 제73조는 "대통령은 조약을 체결하고, 비준하고, 외교사절을 신임·접수 또는 파견하며, 선전포고와 강화를 한다"라고 규정하고 있으며, 정부조직법 제29조 제1항에서 "외교통상부장관은 외교, 외국과의 통상교섭 및 통상교섭에 관한 총괄·조정, 조약 기타 국제협정, 재외국민의 보호·지원, 국제사정조사 및 이민에 관한 사무를 장리 한다."라고 규정하고 있고, 지방자치법 제11조에서는 법률에 특별한 규정이 있는 경우를 제외하고 지방자치단체는 "외교, 국방 등 국가의 존립에 필요한 사무"와 "수출입정책 등 전국적으로 통일적 처리를 요하는 사무"는 처리할 수 없도록 규정하고 있다.

다만, 외교통상부와 그 소속기관의 직제(대통령령 제17276호) 및 외교통상부와 그 소속기관의 직제규칙(외교통상부령 제29호)에서는 외교통상부 문화외교국 홍보과에서 "지방자치단체의 국제교류에 관한 지원" 업무를 담당하도록 하며, 지역통상국 통상투자진흥과에서 "기업·민간단체 및 지방자치단체의 해외시장 개척 활동 등 지원의 총괄, 외국인투자유치의 지원 및 대외홍보에 관한 사항, 우리기업의 해외투자 지원에 관한 사항"을 담당하도록 하고 있다. 또한, 여권법 제15조 및 동법 시행령 제26조에서는 특별시장·광역시장 및 도지사에게 "일반여권 및 여행증명서의 발급, 기재사항의 변경, 유효기간 연장, 재발급, 반납명령 및 몰취에 관한 권한"을 위임하고 있으며, 한국국제협력단법(법률 제6475호) 제7조 및 동법 시행령(대통령령 제17268호)에서 "개발도상국에 파견되는 전문가 또는 한국청년해외봉사단원이 공무원인 경우에는 지방공무원법 제30조의 4의 규정에 의한 파견근무"로 볼 수 있도록 규정하고 있다.

한편, 지방자치단체에 대한 지원을 담당하고 있는 행정자치부의 경우에는

행정자치부와 그 소속기관의 직제(대통령령 제18858호,2005.6.8) 제13조제3
항제15호 및 동령 시행규칙(행정자치부령 제284호,2005.6.8)제12조제5항제2
호에 의거 자치행정본부 자치행정팀에서 "지방자치단체의 국제협력업무 지
원"업무를 관장 하고 있다.

지방공무원법 제30조의4 제1항에는 국내외의 교육기관·연구기관 기타 기
관에 일정기간 파견근무하게 할 수 있는 근거를 마련하고 지방자치단체의
개방형직위의 운영 등에 관한 규정(대통령령제17274호)제2조 제2항 제6호에
는 "국제교류·통상업무를 담당하는 담당관 또는 과장"을 개방형직위로 지
정하고자 할 때는 행정자치부장관과 사전 협의절차를 생략할 수 있도록 하
여 개방형직위로의 운영을 유도하고 있다. 그 밖에 국제회의의 유치를 촉진
하고 그 원활한 개최를 지원하여 국제회의산업을 육성·진흥함으로써 관광
산업의 발전과 국민경제의 향상을 도모하기 위하여 국제회의산업육성에관
한법률(법률제5210호)을 제정하고, 제8조(전담부서의 설치)에서 "국제회의도
시 또는 국제회의도시를 관할하는 지방자치단체는 국제회의 관련업무의 효
율적인 추진을 위하여 필요하다고 인정할 때에는 국제회의 전담부서를 설
치"할 수 있도록 규정하고 있으며, 국토기본법 제4조 제3항은 "국가 및 지방
자치단체는 국제교류가 활발히 이루어질 수 있는 국토여건을 조성함으로써
대륙과 해양을 잇는 국토의 지리적 특성이 최대한 발휘되도록 하여야 한다."
라고 규정하고 있다.

2) 지방외교관련 지침, 예규, 훈령

지방자치단체의 국제 활동과 관련한 중앙부처의 지침, 예규, 훈령 등을 살
펴보면, 우선, 행정자치부는 "국제도시간 자매결연 업무처리규정(행정자치부
훈령 제47호, 2000.3.27)"을 제정하여 국제도시간 자매결연체결절차와 방법
들을 폭넓게 규정하여 "지방자치단체가 자매결연할 수 있는 외국도시의 수
는 지방자치단체의 재정여건과 국제교류협력 수요 등을 감안하여 적정한 범
위 내에서 정하되, 지속적인 교류가 가능하고 지역여건 등이 대등한 도시를
선정하여 추진"하도록 하고 있다. 또한 결연제의에서부터 사전교류, 결연승

인, 자매결연의 체결, 교류활동의 촉진, 사후관리 등에 관하여 규정하고 있다.

또한 외교통상부는 외교통상부지침(1995.3.24)으로 「지방자치단체 대외교류」 지원지침을 시달하여, 광역지방자치단체장의 공무국외여행과 지자체공무원 단체 공무국외여행 및 지자체공무원 외국기관 방문, 방문국가 사증발급 신청, 외국 시사체와의 자매결연추진, 광역지자체 주최 국제행사, 지자체 명예 해외협력관 임명, 자료수집 등에 관하여 규정하고 있는 등 지방자치단체의 국제활동에 관하여 폭넓게 관여하고 있으며, 「국제관계자문대사 활동지침(1995.3.24)」을 시달하여 지방주재 국제관계 자문대사는 지방자치단체의 국제관계 업무(자매결연, 방문 외국인사 영접 등 의전업무, 외국과의 인사교류, 주한 외교단과의 접촉 등), 지역사회의 세계화 지원(도시행정 개선 대상 발굴 및 외국의 제도 관례조사, 지방소재기업의 해외진출 및 해외시장 개척 활동 등), 지방자치단체의 국제문화, 학술, 체육행사 유치 및 개최 등을 지원하고 지방행정기관 및 지역 주민에 대해 주요 외교현안에 대한 정부 입장 및 외교정책을 설명하도록 하고 있다. 현행 지방자치단체에 적용되는 중앙정부의 지침이나 예규 및 훈령 등은 <표 Ⅳ-2>와 같다.

〈표 Ⅳ-2〉 지방자치단체의 외교관련 업무에 대한 중앙부처의 지침, 예규, 훈령

명 칭	성격	주 요 내 용	소관부처
국제도시간자매결연 업무처리규정	훈령	지방자치단체와 외국도시간의 자매결연에 관한 사항	행정자치부
국제관계자문대사 활동지침	지침	지방주재 국제관계자문대사의 기본활동지침을 정함.	외교통상부
「지방자치단체 대외교류」 지원 지침	지침	광역자치단체장 및 지방공무원 공무국외여행, 국제행사, 자치체명예협력관 운영 등에 관한 지원지침	외교통상부
지방공무원국외훈련 업무처리지침	지침	지방공무원 국외훈련업무와 관련된 사항	행정자치부
지방자치단체 통상진흥에 관한 규정	예규	지방자치법제155조에 의거하여 지방자치단체의 국제통상에 관련된 업무를 촉진하기 위하여 필요한 사항을 규정	행정자치부

자료: 충청북도, 2001, 충청북도 내부자료

〈표 IV-3〉 시·도별 자치법규 제정 운영 현황

시·도	자치 법규 명
서울	▷ 국제 경제 자문단 설치 및 운영에 관한 조례(2002.04.20)
부산	▷ 부산 광역시 해외 무역 사무소 운영 규정(1997.10.30)
인천	▷ 인천광역시 국제도시간 자매결연체결에 관한 조례(1995.4.12) ▷ 인천광역시 해외명예국제자문관 위촉 및 운영조례(1995.1.1) ▷ 인천광역시 시민명예외교관 위촉 및 운영 조례(1997.10.4)
대구	▷ 국제 도시간 자매 결연에 관한 조례(1993.3.10) ▷ 대구광역시주식회사 대구 전시 컨벤션센터 설립 조례(2002.3.11) ▷ 통상 모니터 요원 운영에 관한 조례(1995.6.10) ▷ 외국인 투자 진흥관실 및 외국인 투자 심의 위원회 설치 운영 규칙(2005.1.31) ▷ 한미 친선 협의회 조례(1992.7.20) ▷ 기업 유치 촉진 조례(2004.10.30) ▷ 국제 회의 산업 육성에 관한 조례(2005.7.20)
광주	▷ 광주 광역시 국제화추진 협의회 조례(1994.5.17) ▷ 외국인 투자 유치 자문관 운영 조례(1999.4.15) ▷ 국제 도시간 자매 결연에 관한 조례(1997.1.19)
울산	▷ 국제도시간자매결연에 관한 조례(2000.10.26) ▷ 울산광역시 해외사무고 설치 및 운영 조례(2003.4.17)
경기	▷ 해외협력관 운영조례(2000. 11. 24) ▷ 명예국제관계고문 운영조례(1996. 10. 7) ▷ 외국인투자유치 및 지원조례(2004. 7. 19) ▷ 민간투자사업심의위원회 조례(2005. 4. 11)
강원	▷ 강원도 해외자매도시연수장학금 지원조례(1991. 1. 21) △ 외국인투자유치 촉진에 관한 조례(2002. 11. 16) ▷ 강원도 외국지방자치단체와의 공무원교환근무에 관한 규정(1993. 6. 22) ▷ 해외주재 강원도 명예협력관 운영규정(1997. 10. 18) ▷ 강원도 명예통역관 운영규정(1998. 12. 26)
충북	▷ 충청북도 외국인투자진흥관실 및 외국인투자유치협의회 설치운영 규칙(2000. 9.14) ▷ 충청북도 외국인자치단체와의 자매결연에 관한 조례(2001. 7. 6) ▷ 충청북도 국제자문관위촉 및 운영에 관한 규정(2003.5.30) ▷ 국제통상센터 운영규정(2002.2.28)
충남	▷ 충청남도 외국인기업투자유치 촉지조례(2004.11.10)
전북	▷ 전라북도 무역회사설립 조례(1996. 1. 18) ▷ 국제교류협력 증진에 관한 조례(2004. 11. 12) ▷ 기업및투자유치 촉진 조례(2004. 7. 23) ▷ NGO 국제교류 추진위원회 설치조례(2002. 12. 13)

전남	▷ 전라남도 국제자매결연에관한 조례(1993. 11. 1)
경남	▷ 주식회사경남무역설치조례(1994. 4. 7) ▷ 경상남도명예도민증서수여조례(2003.7. 18) ▷ 경상남도와 외국지방자치단체간자매결연에 관한 조례(1997. 6. 12) ▷ 경상남도해외통상사무소설치운영규정(2003.12.4) ▷ 경상남도해외통상자문관위촉및 운영규정(1995. 7. 26) ▷ 경상남도 기업 및 투자유치 등에 관한 조례(2004.9.30)

3) 지방외교정책 관련 지방자치법규

지방자치단체에서도 조례나 규칙 등을 제정하여 지방자치단체의 국제 활동에 관하여 규정하고 있는데 <표 Ⅳ-3>에서 보는 바와 같이 외국인투자유치와 관련한 조례와 지방외교를 뒷받침하기 위한 국제 자문관, 각종 위원회, 통상센터, 해외사무소 설치 운영 근거를 마련하기위한 규정들이 대부분을 차지하고 있다. 특이한 것은 인천, 대구, 광주, 울산, 충북, 전남, 경남 등이 외국지방자치단체와의 자매결연을 조례로 정하여 자매결연의 대상, 자매결연의 제의, 사전교류, 자매결연체결, 사후관리 등에 관하여 규정하고 있으며, 전북은 보다 포괄적으로 국제교류협력 증진에 관한 조례를 제정하여 시행하고 있다.

2. 지방외교정책 관련 중앙과 지방 간 역할분담 체계

중앙정부와 지방정부 간의 효율적인 역할 분담체계는 중앙정부 차원에서는 여러 가지 제약이 있는 국제적 교역장벽을 우회적으로 극복하는데 활용될 수 있고, 지방정부는 국가의 기존 재외공관이나 정보를 활용하여 보다 손쉽게 실질적 교류를 할 수 있는 이점이 있으므로 전체 국익차원에서 역할분담 방안이 마련되어야 한다. 특히, 지방정부와 중앙정부와의 관계는 아직까지 우리나라의 지방정부가 완전한 분권화를 달성하지 못하고 있기 때문에 어느 정도 자율성을 갖고 있느냐 하는 사실에서 지방의 국제교류의 외적 한계성을 파악하는 데 도움이 된다(이형민, 1999:149).

〈표 Ⅳ-4〉 외교정책관련 중앙과 지방간 기능분담 현황

구분	담당기능	근거법령
외교통상부	· 외교정책의 수립 및 시행, 외국과의 통상교섭 및 통상교섭에 관한 총괄·조정, 조약 기타 국제협정, 재외국민의 보호·지원, 국제사정조사 및 이민에 관한 사무	정부조직법 제29조제1항
	· 지방자치단체의 국제교류에 관한 지원 · 기업 및 지방자치단체의 해외시장 개척활동 지원에 관한 사항 · 외국인투자유치의 지원 및 국내투자환경 개선에 관한 대외 홍보	외교통상부와 그 소속기관 직제 (대통령령제17276호)
행정자치부	· 지방자치단체의 대외협력업무추진에 관한 지도	행정자치부와 그 소속기관 직제(대통령령제17277호)
	· 지방자치단체의 외국도시와의 자매결연체결	국제도시간자매결연업무처리규정(행정자치부훈령제47호)
	· 지방자치단체의 통상진흥 지원	지방자치단체 통상진흥에 관한 규정(행정자치부제 1147호)
한국지방자치국제화재단	· 지방자치단체의 국제화전략 기획 · 국제통상교류사업의 지원, 해외시장개척, 투자유치 활동지원, 해외연수·교육프로그램운영, 해외시장정보 수집, 제공	지방자치단체 통상진흥에 관한 규정

자료: 대한민국 현행 법령집

　지방외교정책과 관련한 권한이나 기능 등이 중앙과 지방 간에 어떻게 배분되고 있는가는 명확하지 않으나 앞서 검토한 제반법령과 관련 부처의 훈령, 예규, 지침 등에 근거하여 구분해 보면 <표 Ⅳ-4>에서 보는 바와 같이 외교통상부에서는 지방자치단체의 국제교류에 관한 지원, 기업 및 지방자치단체의 해외시장 개척활동 지원에 관한 사항, 외국인투자유치의 지원 및 국내투자환경 개선에 관한 대외 홍보 등을 관장하고, 행정자치부에서는 지방자치단체의 대외협력업무추진에 관한 지도, 지방자치단체의 외국도시와의 자매결연체결, 지방자치단체의 통상진흥 지원 등에 관한 사항을, 그리고 행

〈표 Ⅳ-5〉지방외교정책 관련 사무범위를 규정하고 있는 법령·중앙부처의 지침

분야	주요내용	근거법령
국제교류	▷. 외국 자치단체와의 자매결연의 체결	국제도시간자매결연업무처리규정 (행정자치부훈령제47호)
	▷. 국제대회유치, 외국성부기관과의 회의개최, 협의체 신설 또는 합의문서 작성 ▷. 지자체 명예해외협력관 임명	「지방자치단체 대외교류」 지원지침 (외교통상부지침)
	▷. 외국지방자치단체와의 자매결연 ▷. 방문외국인사 영접관련, 의전 업무 ▷. 외국과의 인사교류	국제관계자문대사활동지침 (외교통상부지침 1995.3.24)
국제협력	▷. 국내외의 교육기관·연구기관·기타 기관에의 소속직원 파견	지방공무원법제30조
국제통상	▷. 통상진흥계획의 수립 ▷. 해외시장개척활동 ▷. 지방무역회사의 설립·지원 ▷. 지역상품의 해외 홍보 ▷. 명예해외주재관의 위촉 ▷. 통상진흥기금의 설치·운영 ▷. 통상전문인력의 양성 ▷. 통상정보체계의 구축·활용	지방자치단체통상진흥에관한규정 (행정자치부제1147호)
	▷. 외국인 투자유치 활동	외국인투자촉진법제18조의4
	▷. 지역내 소재기업의 해외진출 지원	국제관계자문대사활동지침 (외교통상부지침 1995.3.24)
국제화	▷. 외국관광객을 위한 각종 서비스체제, 대민봉사체제 및 일상생활에 밀접한 영향을 미치는 행정사항의 개선 ▷. 국제문화,학술,체육행사의 유치	국제관계자문대사활동지침 (외교통상부지침 1995.3.24)

자료: 충청북도, 2002 충청북도 내부자료

정자치부 산하 한국지방자치단체국제화재단이 구체적인 지원실무를 맡고 있다. 즉 외교통상부와 행정자치부가 유사한 기능을 수행하도록 규정하고 있으나 관여의 정도는 소극적인 것으로 조사되고 있다. 이를 다시 분야별로 구분해 보면 <표 Ⅳ-5>와 같다. 표에서 보듯이 국제교류나 국제통상에 관해서는 포괄적인 규정을 하고 있으나 국제협력이나 지역의 국제화에 대해서는

〈표 Ⅳ-6〉 충청북도 경제통상국 국제통상과 분장사무

1. 국제교류·협력업무
2. 외국인사 영접 안내
3. 국제통상정책 수립 및 집행관련 업무
4. 농·공산품 해외시장 개척 및 지원
5. 지역특화산업 해외홍보 사업
6. WTO, IMF대책 등 국제경쟁력 강화 시책
7. 외국인 투자유치·지원 안내
8. 중소기업 통상업무 지원
9. 수출진흥계획 수립 및 무역관련 민원 업무
10. 국제화시책 개발, 연구 및 외국 지방자치단체의 각종 자료 수집
11. 외국의 과학기술 진흥에 관한 조사, 연구 지원
12. 세계화추진 관련 업무
13. 농축산물 유통구조 개선방안 연구

자료: 충청북도 자치법규집

별다른 규정을 하지 않고 있다. 국제협력과 관련해서는 소속 공무원을 파견할 수 있는 근거규정만 있을 뿐 구체적 언급이 없으며, 지역의 국제화에 대해서는 "국제관계 자문대사 활동지침"에서 규정하고 있으나 국제관계자문대사가 극히 일부 시·도에만 배치되어 있어 지역의 국제화와 관련된 규정을 없는 것으로 볼 수 있다. 지방외교와 관련한 중앙정부의 관장사항도 훈령이나 지침에 불과하여 지방외교정책을 규정하고 있는 법적 근거는 매우 취약한 것으로 볼 수 있다.

한편, 지방자치법제11조(국가사무의 처리제한)에서는 지방자치단체에서 처리할 수 없는 국가사무로 외교, 국방 등 국가의 존립에 필요한 사무와 물가, 금융, 수출입정책 등 전국적으로 통일적 처리를 요하는 사무 등을 명시하고 있다. 이 규정에 의해 지방자치단체에서는 외교와 수출입정책에 관한 사무를 전혀 처리할 수 없는가가 의문시 될 수 있다. 그러나 여기에 규정한 것은 외교에 관한 사무 중 국가의 존립에 필요한 사무, 즉, 조약이나 국가 간 협정의 체결, 선전포고, 강화 등의 사무를 처리할 수 없다는 의미이며, 수출입정책도 국가적 차원에서 통일적으로 처리되어야 할 사무의 지방자치단체 처리를 제한하고 있는 것이지 지방자치단체가 외국과의 선린우호관계를 맺

고 상호 교류하거나 지역 내의 산업의 진흥을 위한 수출입정책을 추진하는 것을 제한하는 것은 아니라는 것이다. 한편, 상위법령에는 명문규정이 없으나 시·도별 자치법규에서는 지방자치단체의 대외활동에 대한 폭넓은 규정을 두고 있다. 즉, 시·도별 행정기구설치조례와 동 시행규칙으로 실·국·과별 분장사무를 규정하면서 지방자치단체의 국제 활동과 관련된 사무를 폭넓게 규정하고 있다. 참고로, 충청북도 경제통상국 국제통상과의 분장 사무를 살펴보면 <표 Ⅳ-6>과 같다.

3. 법령과 제도, 역할분담 면에서의 특징

이상에서 살펴 본 바와 같이 지방자치단체의 외교정책과 관련된 법령과 제도, 역할분담 면에서의 특징을 요약해 보면, 첫째, 지방자치단체의 외교정책과 국제 활동에 관한 법령이나 명문규정이 없다는 것이다. 지방자치단체의 사무를 규정하고 있는 지방자치법이나 관련 법령에는 명문규정이 없고, 중앙정부의 사무를 규정하고 있는 법령이나 대통령령, 훈령, 예규, 지침 등을 통하여 간접적으로 파악할 수 있을 뿐이며, 자치단체의 행정기구 설치조례나 시행규칙으로 실·국·과별 분장 사무를 규정하고 있는데 불과하여 법적 근거가 미약하다.

둘째, 지방자치단체의 대외활동에 대해 훈령이나 예규, 지침 등을 제정하여 조정·통제하고 있으나 법적 구속력이 없어 그 실효성은 의문시 되고 있다. 차라리 중앙정부에서 관여하거나 지원하여할 사항, 지방정부의 의무와 책임 등은 법률로 명문화하고 그 외의 사항은 지방자치단체 자율에 맡기는 것이 효율적일 것으로 판단된다.

셋째, 지방자치단체의 대외활동에 관한 자치법규 제정노력이 부족하다는 것이다. 앞서 살펴 본 시·도별로 자치법규 제정 현황과 같이 지역에 따라 많은 차이를 보이고 있다. 지방외교정책에 대하여 법령에 명문규정이 없기 때문에 자치법규를 제정하여 지역별 특색에 맞는 지방외교정책을 발전시켜 나가는 노력이 필요할 것으로 판단된다.

III. 지방외교정책 전담조직과 인력 및 예산

1. 지방외교정책 전담조직

1) 지방외교정책 전담부서

시·도에 지방외교정책을 전담하는 부서가 설치된 것은 비교적 최근의 일이다. 즉, 1990년대에 들어와 우리 사회가 급속히 국제화되고, 지방자치제의 본격적인 실시로 지방차원의 국제교류활동이 활발해지면서, 이를 전담할 조직이 설치되기 시작했다. 초창기에는 계 단위 조직에서 출발하여 현재에는 최소한 실·과 단위, 나아가 실·국 단위 기구까지 설치하고 있는 지방자치단체도 있으며, 일부 시·도는 부지사 직속의 전담 조직으로 설치하고 있다. 시·도별 전담조직을 표로 정리한 것이 <표 IV-7>이다.

<표 IV-7>에서 보는 바와 같이, 가장 많은 조직을 설치하고 있는 시·도는 경기도로서 3개 과 10개 팀을 두고 있으며, 서울, 전북, 경남이 2개 실·과, 기타 시·도는 대체로 1개 과 4개 팀 정도를 설치하고 있다.

현재, 16개 시·도의 외교정책 전담조직을 살펴보면, 첫째, 국제교류협력기능과 국제통상기능이 통합된 형태와 분리된 형태가 병존하고 있다. 즉, 부산, 인천, 강원, 제주 등은 국제교류협력 기능과 국제통상기능을 서로 다른 실·국 단위 조직에서 담당하도록 하고 있으며 기타 시·도는 경제통상실·국 소속으로 전담조직을 설치하고 있다. 다만, 인천과 강원은 부지사 직속의 기구로, 서울은 산업국 내에 국제협력과와 투자진흥과를, 부산은 문화관광국 내에 국제협력과를, 제주는 국제자유도시관광국 내에 국제자유도시과, 투자유치과, 관광마케팅과 등을 설치하여 외교관련 기능을 분산 배치하고 있다. 외교기능과 통상기능의 분리·통합에 대한 많은 논의가 있어왔으나 각각의 제도가 장단점을 가지고 있기 때문에 어느 형태가 효율적이라고는 판단하기 어렵다.

둘째, 16개 시·도가 거의 유사한 전담조직을 형성하고 있다는 것이다. 다만 서울, 경기, 경북 제주도가 비교적 큰 규모의 전담조직을 설치하고 있고,

부산과 제주도가 관광문화교류의 활성화와 이 분야의 투자유치를 위해 외교
정책 전담조직을 문화관광국과 국제자유도시관광국 내에 각각 설치하고 있
는 것이 다소 특이한 점이라고 할 수 있다.

〈표 Ⅳ-7〉 시·도별 외교정책 전담조직 (2005.9.30 현재)

시도	실·국 단위 / 실·과 단위		담당(또는 팀) 단위
서울	산업국	국제협력과	국제통상, 국제행사, 미주, 구주, 아시아
		투자진흥과	투자정책, 금융도시, 투자자원, 투자사업
부산	문화관광국/국제협력과		국제협력, 국제교류, 국제회의
	경제진흥실	투자유치과	기업유치, 외자유치, 민자유치, 경제자유구역지원
		산업입지과	통상진흥팀
인천	(부시장직속) /국제협력관		국제협력, 중국교류, 구미교류, 투자협력
	경제통상국/기업지원과		수출진흥
대구	경제산업국/국제협력과		국제교류, 미주협력, 전시컨벤션, 통상지원, 투자유치
광주	경제통상국/경제통상과		국제협력, 통상진흥
대전	경제과학국/ 국제 통상과		국제협력, 통상지원, 투자유치
울산	경제통상국/경제정책과		통상교류 담당
경기	경제투자 관리실	국제통상과	교류통상,해외마케팅,무역기반조성, 아주협력,구미협력
		투자진흥과	투자정책,아주유치,미주유치,구주유치, 투자입지
강원	(부시장직속)/국제협력실		미주담당, 아주담당
	산업경제국/기업지원과		수출지원
	국제스포츠지원단		국제행사과, 시설과
충북	경제통상국/국제통상과		국제기획,아시아,미주유럽,투자진흥, 통상지원,서울사무소
충남	경제통상국/국제통상과		국제기획, 국제교류, 통상진흥, 투자유치, 중국지원
전북	경제통상실/국제통상과		국제협력, 통상지원, 교류정책, 외자유치
전남	경제통상국/경제통상과		통상지원, 국제교류
경북	경제통상실	국제통상과	국제협력, 국제교류, 통상진흥
		투자유치과	해외투자유치

경남	경제통상국/국제통상과		통상지원,시장개척,국제협력,산업이벤트
제주	재정경제국/경제통상과		수출판매지원, 국제교류
	국제자유도시 관광국	국제자유도시과	외국어지원팀
		투자유치과	투자유치담당
		관광마케팅과	중화권, 일본권

자료: 충청북도 내부조사자료, 2005

셋째, 대부분의 시·도가 경제통상관련 실국 내에 전담부서를 설치한 것은 앞서 살펴 본 지방외교정책의 목표와도 깊은 관련이 있다는 것이다. 즉, 우리나라 광역자치단체의 지방외교 목표가 외국 지방정부간의 우호교류나 특정 현안에 대한 상호협력, 지방정부의 공동관심사에 관한 공동협력 보다는 지역 내에 외국인투자를 유치하거나 지역 내 산품의 수출 증대 등 경제적 실리추구에 관심이 모아져 있다는 것을 단적으로 보여주고 있다.

2) 해외사무소

일부 시·도에서는 외국과의 업무량이 급속히 증가하면서 소속직원을 직접 파견하거나, 현지인을 채용하여 해외사무소를 운영하고 있다. 주로 외국과의 업무연락이나, 외국인 투자유치를 위한 설명회, 상담회 등을 개최하는 업무를 담당하고 있다. 해외사무소는 서울, 부산, 인천, 울산, 경기, 강원, 충남, 전남, 경북, 경남 등 10개 시·도에서 총17개소를 운영하고 있으며, 경상남도가 4개 해외사무소에 16명의 직원을 파견하여 가장 많은 해외사무소를 두고 있다. 시·도별로 운영하고 있는 해외사무소를 정리한 것이 <표 IV-8>이다.

표에서 보듯이 총 68명이 해외사무소에 배치되어 있으며, 그 중 58명은 공무원이고 10여명은 현지인을 채용하여 활용하고 있다. 그러나 아직 해외사무소 운영실적은 비교적 저조한 편이다. 그 이유는 해외사무소가 설치 된지 얼마 되지 않아 자리를 잡지 못한 탓도 있으나 주된 임무가 외국과의 업무연락이나 현지를 방문하는 공무원이나 인사들의 안내에 많은 시간을 뺏기고 있는 것도 그 원인의 하나로 지적되고 있다. 그러나 고무적인 것은 부산, 울산, 충남, 경남의 경우 구체적인 목표를 설정하여 성과를 가시화 시켜 나가고 있는 점을 미루어 앞으로 그 운영이 기대되고 있으며, 타 시도에서도 해외 사무소 설치를 늘려가고 있는 추세에 있다는 점이다.

<표 IV-8> 시·도별 해외사무소 운영 현황 (2005. 9 현재)

시·도	사무소명	근무인원	주요 기능
계	17개소	68	
서울	계	8	해외시장개척 지원
	북경해외사무소	2	
	LA해외사무소	2	
	동경해외사무소	2	
부산	계	12	해외시장개척 지원
	마이애미 무역사무소	4	
	오사카 무역사무소	4	
	상해 무역사무소	4	
인천	계	7	해외시장개척 지원
	기타큐슈 무역사무소	2	
	천진 대표처	3	
	필라델피아 무역사무소	2	
울산	장춘 해외사무소	3	수출상담 및 지원, 바이어발굴
경기	뉴욕 사무소	1	외자유치업무
강원	길림성경제무역사무소	4	수출유망품목선정 집중지원
충남	계	8	해외시장개척 지원
	구마모토 사무소	2	
	뉴욕 사무소	3	
	상해 사무소	3	
전남	계	8	해외시장개척 지원
	상해 사무소	4	
	오사카 사무소	2	
	뉴욕 사무소	2	
경북	유럽 사무소(프랑스알자스)	1	해외시장개척 지원
경남	계	16	해외시장개척 지원
	시모노세키 통상사무소	2	
	산동성 통상사무소	4	
	상해 통상사무소	6	
	호치민 통상사무소	4	

자료: 충청북도,2005, 충청북도 조사자료

3) 해외 주재관

해외 사무소와는 별도로 외국주재 한국대사관이나 외국의 지방정부에 해외 주재관을 파견하고 있다. 이들의 주요 임무는 해당 지방자치단체와 외국 지방자치단체 간의 업무연락, 주재국 동향파악 보고, 특정 프로젝트의 추진, 어학연수, 본국 방문단의 안내와 통역, 해외 시장개척 및 외자유치 활동 지원 등 다양한 임무를 수행하고 있다. 대부분 자매결연 자치단체와 상호파견 형태로 운영되고 있으나 서울의 경우 프랑스 파리와 미국 뉴욕주재 대한민국 대사관에 주재관을 파견하여 운영하고 있다.

2005년 10월 현재 우리나라 광역자치단체에서 해외에 파견한 주재관은 9개 시·도에 총 26명으로서 중국이 11명으로 가장 많고, 일본이 8명, 미국이 5명, 프랑스 1명, 베트남 1명 등이다. 이와 관련하여 몇 가지 특징 및 문제점을 정리해 보면 첫째, <표 IV-9>에서 보는 바와 같이 중국과 일본, 미국에 대부분의 해외 주재관이 파견되어 있어 일부 지역에 편중 배치되어 있다는 것이다. 이는 자매결연 단체가 이 지역에 편중되어 있기 때문인 것으로 분석되고 있다. 둘째, 해외 주재관의 직급이 기대하는 역할에 비해 지나치게 낮다는 것이다. 직급이 낮을 경우 이들의 활동범위나 역할, 접촉 가능한 인사들이 극히 제한적이어서 폭넓은 활동을 기대하기 어렵다는 것이다. 셋째, 파견기간이 1년 내지 2년으로 너무 짧다는 것이다. 1년 내지 2년으로는 현지 적응하기도 어려운데 과연 기대하는 역할을 해 낼 수 있을지 의문시 되고 있다.

4) 지방외교정책 추진을 위한 지역 협의체

지방외교에 대한 지방자치단체의 전문성 부족을 극복하고 의사결정을 신중히 하기 위하여 지역 전문가들이 참여하는 각종 협의체를 구성하여 활용하고 있다. 이들 협의체는 비 상설기구로서 사안 발생시마다 소집하여 운영하고 있는 경우가 대부분이다. <표 IV-10>에서 보는 바와 같이 서울특별시는 서울국제경제자문단과 외국인투자자문단을 구성하여 주로 외자유치와 외국기업인들의 애로사항이나 불편사항을 해소해 나가고 있다.

〈표 Ⅳ-9〉 시·도별 해외 주재관

시·도	파견국가	파견인원	파견자직급	파견기간
계		26		
서울	계	2		
	파리주재관	1		
	뉴욕주재관	1		
부산	계	3		
	미국	1	5급	2년
	일본	1	5급	2년
	중국	1	5급	2년
대구	계	3		
	중국 칭타오	2		
	베트남 다낭	1		
인천	계	3		
	일본 기타큐슈	1	7급	1년
	중국 제남	1	6급	1년
	중국 연대	1	7급	1년
광주	계	4		
	미국 시카고	1	5급	2년
	미국 LA	1	5급	2년
	중국 광저우	1	5급	2년
	일본 동경	1	5급	2년
울산	중국	1	6급	1년
충북	계	2		
	일본 야마나시현	1	6급	1년
	중국 흑룡강성	1	6급	1년
충남	일본 구마모토	1		1년
전남	계	3		
	중국 절강성	1	행정7급	1년
	일본 사가현	1	토목7급	1년
	일본 고치현	1	기계8급	1년
경북	계	4		
	미국국제화재단	1	행정5급	1년
	중국국제화재단	1	행정5급	1년
	일본KOTRA	1	행정5급	1년
	중국KOTRA	1	행정6급	1년

자료: 시·도별 내부자료 및 조사표에 의한 조사자료

〈표 Ⅳ-10〉 지방외교정책 추진을 위한 지역협의체

서울	▷ 서울국제경제자문단(SIBAC)(19-23명) ▷ 외국인투자자문회의: 주한 외국상공회의소회장, 외국기업 지사장등 26명
부산	▷ 자매도시 위원회(18명): 자매도시와의 교류활성화 추진 ▷ 부산 국제교류재단 설립 운영 ; 국제민간네트워크 구성, 국제정보서비스 　활동, 국제교류활동지원, 국제자원봉사연계활동 ▷ 부산거주 외국인 대표자 회의(23-30명): 문화교류를 통한 친목도모, 　시정참여, 행활불편사항 모니터링
광주	▷ 국제화추진협의회(14명) -. 국제교류계획 및 교류방향 설정에 관한 협의와 국제교류협력사업선정, 　추진지원. ▷ 통상협력기업인협의회(29명) -. 해외 자매도시 등과의 교류협력사업에 적극 참여를 유도
대전	▷ 대전국제화포럼(200-300명) -. 지역의 국제화에 대한 폭넓은 정보교류의 장 마련 -. 시민의 국제화에 대한 인식제고 ▷ 대전국제화추진협의회 구성·운영(30인) -. 국제화를 위한 정책방향 제시 및 상호 정보교환 -. 외국기관 단체 등과 우호증진 및 국제교류사업 추진 -. 시민의 국제화 의식함양 및 국제 홍보에 관한 사항 협의 ▷ 자매도시교류연합회 -. 9개 자매도시위원회를 통합, 연합회 단일체제로 운영 -. 교류사업 관련 자문, 시민의 국제화 의식 제고
강원	▷ 국제 Sounding Board 운영(10-20명): 기업인 중심의 유력인사 중심으로 　정책자문가 그룹을 구성, 중요한 도정시책에 대한 국제적 시각에서의 　조언과 기업경영의 노하우를 행정에 접목하기 위한 인적 네트워크 구축 　및 관리 ▷ 국제교류 기관·단체협의회(40명 내외): 국제화를 촉진하기위한 유관기관 　단체간 정보교환과 유기적인 협조체제 유지 ▷ 해외 명예협력관 운영회의(18개국31명): 도정홍보 및 해외정보 수집
충북	▷ 국제민간교류단체협의회: 국제교류회, 청소년연맹, 사회복지협의회, 대학, 　NGO등참여 ▷ 국제교류부서협의체: 국제통상과, 체육청소년과 등 국제교류 관련 부서 　협의체, 관련 부서간 상호 정보 공유 교류 및 추진 전략 협의

자료: 시·도별 내부자료 및 조사표에 의한 조사자료

부산시는 자매도시 위원회를 구성하여 자매도시와의 교류정책에 대한 자문을 받고 있으며, 부산국제교류재단을 설립하여 국제민간네트워크 구성과 국제교류활동을 지원하고 있다. 또한, 부산거주 외국인 대표자회의를 개최하여 시정에 참여시키고 있다. 광주시는 국제화추진협의회와 통상협력기업인협의회를, 대전은 대전국제화포럼, 대전국제화추진협의회 및 자매도시교류연합회를, 강원도는 "국제 Sounding Board"를 구성하여 기업인 중심의 유력인사를 중심으로 정책자문가 그룹을 참여시켜 중요한 도정시책에 대한 국제적 시각에서의 조언과 기업경영의 노하우를 행정에 접목하기 위한 인적 네트워크를 구축해 나가고 있으며, 국제교류기관·단체협의회도 운영하고 있다. 충북도는 국제교류회, 청소년연맹, 사회복지협의회, 대학, NGO 등이 참여하는 국제민간교류단체협의회를 구성하여 운영하고 있으며, 국제교류부서 협의체도 운영하고 있다.

5) 해외 시민 네트워크

기타 해외 동향이나 정보를 입수하고, 현지 사정을 파악하기 위해 다양한 형태의 해외 네트워크를 구축하고 있다. 대부분 해외 출향인사나 향우회원들 중 도움을 받을만한 인사들을 명예영사, 명예대사, 국제자문관, 명예외교관 형태로 위촉하여 활용하고 있다. 이들이 주로 하는 일은 해당 시·도 방문단의 영접 및 안내, 통역, 거주국 동향파악 보고, 특정 프로젝트에 대한 협조, 현지 교류정보 및 시장정보 제공 등 다양하다. 이들은 대부분 해당 지역 거주 교민들로서 교민행사에 초청하거나 다양한 교류정보를 제공하여 지방외교의 가교 역할을 수행하고 있다. <표 IV-11>은 시·도별로 운영되고 있는 해외 협력네트워크 현황을 정리한 것이다. 표에서 보는 바와 같이 시·도별로 해당지역 교민들 중 유력인사를 명예 영사관이나 국제자문관, 명예협력관, 명예외교관 형태로 위촉하여 활용하고 있으며, 충북의 경우 현지인 사무소를 해외 사무소로 지정하여 통신비 등 최소경비를 지원하여 필요한 역할을 수행토록 하고 있다.

〈표 IV-11〉 시·도별 해외 시민 네트워크

시·도	해외 시민 네트워크
부산	▷ 명예영사관: 프랑스, 영국, 독일 등 24개국
인천	▷ 해외명예국제자문관(6개국 14명) ▷ 국제자문관(2개국 2명) ▷ 시민명예외교관 101명
강원	▷ 친 강원인 인적네트워크 영문 홈페이지 구축 ▷ 해외 에이전트 운영: 국제교류 전반에 관한 업무 현지처리, 각종정보의 실시간 제공 ▷ 해외명예협력관(18개국 31명)
충북	▷ 국제자문관 위촉(33개국 84명) ▷ 해외충청향우회(11개국 23개지역) ▷ 해외사무소(8개국 9개소)
충남	▷ 해외 충청 향우회 유대강화(17개 단체)
전북	▷ 국제교류자문관 (11개국 20명) ▷ 통상자문관(13개국 24명) ▷ 해외호남향우회(6개국 12개단체)
전남	▷ 해외향우회: 3개국 11개 향우회
경북	▷ 경북명예국제자문관(31개국 67명) ▷ 해외도민회 (4개국 5개단체)
경남	▷ 재외도민회 : 재일도민 10개 도민회 6,700명 등 재외도민 도정참여 강화
제주	▷ 관광홍보관 운영(중국 북경, 일본 후쿠오카, 오사카)

자료: 시·도별 내부자료 및 조사표에 의한 조사자료

　이들은 현지인들이기 때문에 현지 사정에 밝아 경우에 따라서는 매우 큰 도움을 받는 경우도 있으나 위촉한 후 사후관리가 제대로 되지 않아 유명무실하게 운영되는 경우도 적지 않다.

6) 종합정리

앞서 검토한 바와 같이 지방외교정책을 전담하는 조직은 시·도 본청의 1 개과 내지 2개과와 해외사무소, 해외주재관, 민간 전문가들이 참여하는 협의 체, 해외 시민 네트워크로 편제되어 있다. 충청북도의 경우 <그림 IV-1>에서 보는 바와 같이 도 본청의 경제통상국 국제통상과를 중심으로 국제교류단체 협의회가 있고, 각종 해외 정보 및 인터넷 무역을 담당하는 국제통상센터, 8개국 9개소의 해외사무소[48](중국 대련, 일본 동경, 오사카, 브라질 상파울 로, 아르헨티나 부에노스아이레스, 독일 프랑크푸르트, 오스트리아 비엔나, 미국 LA, 러시아 모스크바), 자매결연 지방자치단체인 중국 흑룡강성, 일본 야마나시현에 해외주재관 2명을 파견하고 있으며, 세계 32개국에 82명의 국 제자문관을 지정하여 각종 정보와 도움을 받고 있고, 서울에 연락사무소를 설치하여 각종 동향파악과 의전업무 등을 수행하게 하고 있다.

충청북도의 예에서 보듯이 본청의 기구도 국제통상 분야에 초점이 맞추어 져 있으며 해외 네트워크도 주재관을 제외하고는 매우 느슨한 형태로 운영 되고 있어 해외동향이나 정보를 수시로 파악하고, 지방외교에서 요구하는 전문성이나, 고도의 정책적 판단을 수행하기에는 매우 미흡한 실정이다. 이 를 요약정리해 보면, 첫째, 시·도 본청의 전담기구는 일부 시·도를 제외하 고 대부분 경제통상 분야를 관장하는 실·국에 편제되어 있어 국제교류와 협 력보다는 국제통상업무에 중점을 두고 있는 것으로 나타나고 있다.

즉, 단순한 수출 진흥 사업이나 외자유치에 중점을 두다보니 보다 차원 높 은 국제교류나, 협력은 소흘 할 수 밖에 없으며, 시·도정의 각 분야를 국제 적 수준으로 향상시키기 위한 종합조정기능은 기대하기 어렵게 되어 있다.

둘째, 해외사무소는 10개 시·도에서 17개의 해외사무소를 두고 있으나 아 직은 큰 성과를 내지 못하고 있다. 그 이유는 설지 지역이 일부지역에 편중 되어 있을 뿐만 아니라 배치된 인력의 전문성이 부족하고, 근무기간이 짧아 현지사정을 익힐 만하면 다시 복귀하는 현상이 빈발하고 있다.

---

48) 충청북도의 경우 직원은 파견하지 않고 현지인의 사무실이나 사업장을 해외사 무소로 지정하여 활용하고 있다.

〈그림 Ⅳ-1〉 충청북도 지방외교정책 전담조직 체계

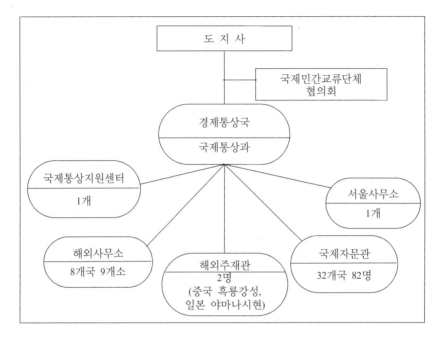

셋째, 해외주재관은 10개 시·도에서 26명을 파견하고 있으나 해당 지방자
치단체를 대표하는 지방외교관으로서의 역할을 수행하기에는 직급, 전문성,
근무기간, 활동 내용면에서 모두 역부족이라는 것이다.

넷째, 지방외교정책을 지원하기 위한 지역협의체는 다양한 형태로 운영되
고 있으며, 지역 내 많은 전문가들이 위원으로 위촉되어 있으나 비상설기구
인데다 운영실적도 저조하여 별다른 도움이 되지 못하고 있다.

다섯째, 해외시민 네트워크로서 해외에 거주하는 관련인사를 국제자문관,
명예대사, 통상자문관 등으로 위촉하여 활용하고 있으며, 현지 향우회와도
유대를 강화해 나가고 있으나 전반적으로는 크게 활성화되지 못하고 있다.
그 이유는 이들의 활동에 대한 실비 보상 등이 이루어져야하나 그것이 현실
적으로 어렵고, 위촉 후 사후관리가 되지 않아 이름뿐인 자문관들이 대부분
인 것으로 파악되고 있다.

2. 지방외교정책 전담인력

1) 직급별 지방외교 전담인력

16개 시·도의 지방외교정책을 담당하고 있는 인력은 2005년 현재 총418명으로서 일반직이 329명, 계약직이 65명, 기능직이 24명이다. 이 중 일반직은 4급(과장급)이 17명, 5급(팀장, 사무관)이 75명, 6급 이하가 237명 등 329명이며, 계약직은 언어, 통상정책분야의 전문직으로서 석·박사급 전문가를 계약직으로 채용하고 있다. 이를 표로 정리한 것이 <표 Ⅳ-12>이다.

<표 Ⅳ-12> 시·도별 외교정책전담인력

(단위: 명, %)

시·도	총정원 (A)	외교정책 담당인력						B/A
		계 (B)	4급	5급	6급 이하	전 임 계약직	기능직	
총계	71,313	418	17	75	237	65	24	0.51
서울	16,142	50	2	9	27	5	7	0.30
부산	6,137	35	1	5	22	7		0.57
대구	5,006	21	1	4	9	6	1	0.42
인천	4,482	35	1	6	18	8	2	0.78
광주	2,683	35	1	2	26	4	2	1.30
대전	2,767	19	1	2	9	5	2	0.69
울산	2,209	6	1	1	4			0.27
경기	7,279	50	2	10	28	8	2	0.69
강원	3,286	15	1	3	7	3	1	0.46
충북	2,521	23	1	5	11	5	1	0.91
충남	3,173	30	1	7	16	4	2	0.95
전북	3,104	16	1	2	12	1		0.52
전남	3,395	11	1	2	7	1		0.32
경북	3,845	23	1	6	10	5	1	0.60
경남	3,654	26	1	5	17	1	2	0.71
제주	1,630	23		6	14	2	1	1.41

자료: 충청북도, 2005 충청북도 내부자료

<표 Ⅳ-12>에서 보는 바와 같이, 가장 많은 외교담당인력을 배치하고 있는 시·도는 서울과 경기도로서 50명의 인력을 배치하여 각각 총 정원의 0.30%, 0.69%를 점하고 있다. 그러나 총 정원에 비하여 가장 많은 인력을 배치하고 있는 곳은 제주로서 23명을 배치하여 총 정원의 1.41%를 점하고 있다.

인력과 관련하여 몇 가지 정리해 보면, 첫째, 광역지방정부별로 인력의 편차가 심하게 나타나고 있다. 즉 울산 6명, 전남이 11명인데 비해 서울과 경기가 50명, 부산, 인천, 광주가 각각 35명으로 나타나고 있다.

둘째, 고도의 전문성을 요하는 업무인데 비해 하위직의 비중이 너무 높다는 것이다. 지방외교정책의 담당자는 직무의 성격상 싫든 좋든 지방정부의 외교업무를 담당하는 외교관으로서의 직무를 수행해야 한다. 따라서 국제적 시야는 물론 유창한 외국어 구사능력과 지역의 이익을 판단할 수 있는 전문지식이 요구되는 분야이다. 이러한 점을 감안한다면, 직급별 구성은 타 분야와는 달라야 할 것이다.

셋째, 표에서 보는 바와 같이 전임 계약직의 활용이 미흡하다는 것이다. 계약직은 일반직에 비해 상당히 개방적인 인사운영을 할 수 있는 직종으로서 외교 분야에 민간 전문 인력을 활용할 수 있는 좋은 방안임에도 불구하고 적극적으로 활용되지 않고 있다.

2) 재직기간

지방외교를 담당하는 공무원들의 재직기간을 조사해 본 결과 조사인원 190명 중 58.9%가 2년 미만의 짧은 재직기간을 보이고 있었다. 그러나 다행스러운 것은 3년 이상 장기 재직자가 전체의 33.7%를 차지하고 있어 지방자치단체의 잦은 인사이동에 비추어 볼 때 상당히 높은 비중을 차지하고 있다는 것이다.

지방외교 분야는 다른 분야와는 달리 여러 외국 지방정부와 교류를 해야 하고, 업무의 질 자체도 고도의 전문성과 경험을 필요로 하기 때문에 장기간 재직을 해야 하고, 공무원들의 자질과 능력 면에서 전문화가 매우 시급한 분야라고 할 수 있다.

<표 Ⅳ-13> 지방외교전담인력의 재직기간

(단위: 명, %)

계	1년 미만	2년 미만	3년 미만	3년 이상
190	70(36.8)	42(22.1)	14(7.4)	64(33.7)

자료: 2005 시·도별 조사표에 의한 조사자료

3) 담당 공무원의 학력 수준과 전공 분야

지방외교를 담당하고 있는 공무원들의 학력수준을 8개 시·도 공무원을 대상으로 조사한 결과를 정리해 보면 <표 Ⅳ-14>와 같다. 표에서 보는 바와 같이 대졸 이상의 학력을 가진 공무원들이 조사대상 공무원 138명 중 83.3%를 차지하고 있어 타 분야 보다는 높은 수준을 보이고 있다.

한편, 시·도 지방외교 담당공무원의 전공분야를 살펴보면 정치 외교학을 전공한 공무원은 조사대상 127명 중 단 2명에 불과하고, 행정 법학, 경제통상이 각각 22%를 차치하고 있으며 외국어 전공자는 17.3%, 공학 계열이나 자연계열 전공자가 8%, 기타 전공자가 28%를 각각 점하고 있는 것으로 나타나고 있다.

<표 Ⅳ-14> 지방외교전담인력의 학력수준

(단위: 명, %)

계	고졸	전문대졸	대졸	대학원졸업 이상
138	17(12.3)	6(4.3)	90(65.2)	25(18.1)

자료: 2005 시·도별 조사표에 의한 조사자료

<표 Ⅳ-15> 지방외교전담인력의 전공분야

(단위: 명, %)

계	정치외교	행정 법학	외국어	경제통상	공학자연	기타
127	2(1.6)	28(22.0)	22(17.3)	28(22.1)	11(8.0)	36(28.0)

자료: 2005 시·도별 조사표에 의한 조사자료

이를 종합해 보면, 지방외교 전담 공무원들의 학력수준은 꽤 높은 편이나 관련분야 전공자는 매우 적은 것으로 나타나고 있다.

4) 공무원 자질향상을 위한 프로그램

위와 같은 전문성 부족현상을 보완하기 위해 다양한 채용방식 및 교육 프로그램을 마련하여 운영하고 있다. <표 Ⅳ-16>에서 보는 바와 같이 서울시의 경우 특별채용방식을 통해 영어 우수자를 확보하고 있으며, 재직 공무원을 대상으로 한 영어학습프로그램의 운영, 영어 능력 인증 보유자에 대한 승진 우대제도 등을 시행하고 있다. 부산광역시에서는 자매결연 도시와 직원을 상호 파견하거나 장기 해외연수, 국내 대학 위탁교육 및 해외 단기 어학연수, 외국어 학원 및 인터넷 강의 위탁교육, 시청 내에 상설 외국어 강좌 개설, 외국어 특기공무원 선발, 직원 배낭여행 등을 통해 공무원들의 전문성과 언어능력, 현지 적응력 등을 증진시켜 나가고 있다. 기타 충남도의 공무원의 국제마인드 수준향상을 위한 프로그램, 경북도의 명예자문관을 통한 해외체험연수 등이 눈길을 끌고 있다.

〈표 Ⅳ-16〉 공무원 자질향상 프로그램

서울	▷ 특별채용을 통한 영어 우수자 확보 ▷ 재직공무원 영어학습 강화 및 영어인증보유자 승진우대제 도입
부산	▷ 자매도시와 직원 상호파견 교류, 공무원해외장기연수 ▷ 국내대학 위탁 및 해외단기어학연수 ▷ 외국어학원 및 인터넷 강의 위탁교육 ▷ 청내 외국어강좌 개설 ▷ 외국어특기공무원 선발 ▷ 직원배낭여행
인천	▷ 공무원 외국어 경진대회 개최
강원	▷ 공무원영어연수프로그램 운영(20명, 케나다 앨버타대학교)
충북	▷ 국제교류 통상역량 제고 워크숍 개최, ▷ 국제행사 의전 전문교육과정 설치운영

충남	▷ 해외연수 사업 내실화: K2H 사업을 활용한 외국공무원 연수, 충남 공무원 해외파견 ▷ 국제통상전문인력 효율적 활용: 전직 대사 등 ▷ 공무원의 국제마인드 수준향상 -. 공무원 국외연수를 통한 해외 정보망 구축(350명) -. 교류자치단체별 참고 시책자료 발굴 전파
전북	▷ 공무원 국제화 마인드 함양: 전문인력양성을 위한 장기 해외연수(6개과정 12명), ▷ 공무원 외국어 능력 강화 (3과목 4과정 100명)
전남	▷ 외국자치단체와 공무원 상호교류 (8명)
경북	▷ 명예자문관을 통한 해외체험연수 ▷ 외국지방공무원 초청연수

자료: 2005 시·도별 내부자료 및 조사표에 의한 조사자료

5) 종합정리

지방외교정책을 전담하는 인력은 고도의 전문성과 정책 기획력, 판단력, 경험과 세련된 국제 감각 등을 요구하는 분야임에도 불구하고 첫째, 하위직이 차지하는 비중이 지나치게 높다는 것이다. 그들이 수행해야 할 업무의 비중과 질적 수준, 접촉하는 상대국 공무원의 직급에 비추어 너무 낮기 때문에 직무수행 상 많은 애로를 겪고 있다는 것이다. 둘째, 업무의 성격 상 고도의 전문성과 유창한 외국어 실력이 요구됨으로 외부 전문가를 활용할 수 있는 개방형 직위공모제나 계약직 공무원을 많이 활용하여야 하나 미흡한 수준에 머물러 있다. 셋째, 지방외교 전담 공무원의 재직기간이 지나치게 짧고, 학력 수준은 비교적 높은 편이나 관련 분야 전공자는 매우 적은 것으로 조사되었다. 넷째, 지방외교 담당인력의 전문성이나 능력향상을 위한 프로그램을 시·도 자체적으로 운영하고 있으나 매우 미흡한 실정이어서 보다 전문적이고 체계적인 교육훈련 프로그램의 마련이 시급한 실정인 것으로 조사되었다.

3. 지방외교정책 관련 예산

2005년 우리나라 지방자치단체의 대외활동 즉, 외교활동 관련 예산은 약

4,502억 원으로서 16개 시·도 평균 전체예산의 1.01%를 이 분야에 투자하고 있으며, 이 중 경상경비가 전체 지방외교정책 관련 예산의 62.6%, 사업성 예산이 37.4%를 점하고 있다.

여기에서 경상비에는 인건비, 통역비, 수용비, 회의비 등 사업성 경비를 제외한 일상적 경비를, 사업성 예산에는 지방자치단체의 해외활동과 관련된 사업성 경비를 포함시켰으며, 점유비는 시·도별 일반회계 당초예산에서의 외교활동관련 예산이 차지하는 비중을 백분율로 각 각 표시하였다. 시·도별 외교정책 관련 예산 투입 현황을 정리한 것이 <표 Ⅳ-17>이다.

〈표 Ⅳ-17〉 2005년 시·도별 외교정책 관련 예산

(단위: 백만원, %)

시·도	총 예 산	외교관련예산			점유비 (%)	비고
		계	경상비	사업비		
총계	44,565,800	450,218	281,893	168,325	1.01	
서울	10,150,000	266,202	130,202	136,000	2.62	
부산	3,249,700	923	23	900	0.03	
대구	2,379,100	3,194	257	2,937	0.13	
인천	2,016,200	15,367	11,496	3,871	0.76	
광주	1,345,000	3,812	1,671	2,141	0.28	
대전	1,239,600	1,207	517	690	0.10	
울산	1,067,900	2,504	2,062	442	0.23	
경기	7,081,700	110,900	99,400	11,500	1.57	
강원	1,905,500	2,769	754	2,015	0.15	
충북	1,314,000	3,656	3,204	452	0.28	
충남	2,055,500	5,662	4,716	946	0.28	
전북	1,969,700	20,184	18,332	1,852	1.02	
전남	2,564,900	1,902	1,000	902	0.07	
경북	2,429,100	3,633	2,295	1,338	0.15	
경남	2,958,900	7,542	5,673	1,869	0.25	
제주	839,000	761	291	470	0.09	

자료: 충청북도, 2005 충청북도 내부자료

표에서 보는 바와 같이, 전체 예산에서 외교정책 관련 예산이 차지하는 비중이 가장 높은 시·도는 서울시로 총 2,662억 원을 투자하여 전체예산의 2.62%를 지방외교 분야에 투자하고 있다. 그 다음이 경기도로서 총 1,109억 원을 투자하여 전체 예산의 1.57%를 점하고 있으며, 전라북도가 1.02%를, 인천시가 0.76%를 차지하고 있다.

지방외교정책관련 예산 측면에서의 문제점은 첫째, 지방외교정책의 수요가 지속적으로 증대되고 있는데도 불구하고 이 분야의 예산은 극히 미미한 수준에 머물러 있으며, 둘째, 전체 예산 중에서 사업비의 비중이 지나치게 낮고, 셋째, 전체적으로 일반회계 예산에 의존하고 있어 일정규모의 예산을 안정적으로 확보하지 못할 위험이 있다는 것이다.

IV. 지방외교정책 추진 실태

1. 지방외교정책의 목표

일반적으로 정책의 목표란 정책을 수립·집행함으로써 달성하려고 하는 바람직한 최종상태로서 각종 대안의 탐색 및 분석의 지침이 될 뿐만 아니라 정책결정의 준거가 되고 또한 정책집행의 성과를 평가하는 기준이 된다. 그러므로 정책목표는 타당하고 실현 가능하도록 설정되어야 하며, 명료하고 구체적으로 제시되어야 한다(김수영, 1992: 134; 유 훈, 1995: 246-252). 지방외교정책의 목표 역시 지방정부가 외교활동을 통해 달성하려는 구체적인 목표가 제시되어야 한다. 또한 지방정부의 제반 국제정책을 분석하기 위해서는 우선 지방정부가 추구하고자하는 정책목표가 무엇인가를 살펴보는 일이 무엇보다 중요한 과제인데도 불구하고 지금까지 이에 대한 연구가 부족하였다.

우리나라 광역지방자치단체의 외교정책 목표를 2005년도 16개 시·도별 국제통상 부서의 업무계획과 인터넷 홈페이지 게재 자료에 나타나 있는 정책목표와 기본방향을 정리해 보면 <표 IV-18>과 같다.

〈표 Ⅳ-18〉 시도별 지방외교정책 목표 및 기본방향 (2005년)

시·도	정책목표 및 기본방향
서울	"세계일류 국제도시로의 성장기반 구축" -. 국제사회에서의 도시외교역량 강화, -. 아시아에서 TOP5이내의 국제도시기반 구축 -. 기업의 해외진출과 외국인 투자유치활동 집중지원
부산	"국제교류 거점 확보를 위한 「부산의 세계화 전략」" -. 국제교류 및 도시 세일즈·투자유치활동 강화와 시장개척·통상역량 제고
인천	"국제항만과 국제공항을 통해 세계화 전진기지로 성장하는 국제도시" -. 국제도시 인천의 발전역량 강화·외국관광객 유치활동 강화 -. 해외시장개척과 수출증대 및 투자유치활동 전개
대구	"국제교류 활성화 및 통상지원 강화" -. 해외 자매, 우호협력 도시 등과 교류협력강화 -. 전시 컨벤션 산업 육성 -. 중소기업 해외시장 개척 지원 및 수출능력 배양 -. 국내외 투자유치 확대
광주	"국제교류협력 강화" -. 내실있는 국제교류협력 강화 -. 중소기업의 해외 마켓팅 지원
대전	"민간중심의 해외자매도시와의 교류협력 기반구축" -. 해외 자매도시와의 교류 협력 증대 및 자매결연 확대 -. 해외시장 개척 활동 및 환동해권 교류 사업 적극 추진
울산	"국제중심도시역할 강화, 수출 증대" -. 전략적 경제 통상교류 추진 -. 중소기업 통상지원 전담기관 운영 -. 내향적 국제화 심화 -. 자매도시와의 교류확대 -. 동아시아 도시회의 교류활성화
경기	"동북아 경제중심 실현기반 구축" -. 국제교류협력 활성화 -. 해외 마케팅을 통한 수출경쟁력 강화 -. 외국첨단기업 및 글로벌 R&D 단지조성
강원	"강원도의 GLOBALIZATION" -. 글로벌 역량의 강화 -. 글로벌네트워킹의 강화 -. 글로벌 인프라 구축
충북	"글로벌시대에 걸 맞는 국제역량 강화" -. 수출증대 및 외국인 투자유치 촉진 -. 글로벌시대에 부응하는 국제교류활동 강화
충남	"글로벌 스탠더드의 수용과 세계시민을 지향하는 진취적 세계참여" -. 지역경제에 기여하는 외자유치와 통상진흥시책 추진, -. 자치역량에 부합하는 국제화 시책의 개발추진
전북	"외자유치 및 통상기반 확충을 위한 국제교류 추구" -. 내실 있는 국제화기반 구축 -. 해외시장 개척단 파견 -. 외국기업 적극적 투자유치 마케팅 전개
전남	"교류협력 강화를 통한 국제화기반구축과 실리를 추구하는 국제교류 추진" -. 정례 국제행사 참여활동 강화 -. 활발한 인적교류를 통한 해외네트워크 강화

경북	"글로벌 경제경북 실현" -. 지역기업의 세계화를 촉진하는 시장개척 지원 -. 지구촌 교류협력네트워크 구축
경남	"국제교류 및 수출역량 강화로 도민의 삶의 질 향상" -. 해외 마케팅 및 공격적인 통상지원 활동과 수출 250억불 달성 -. 지역산품의 국외판로 확대를 통한 지역경제 활력 회복 -. 국제역량강화 및 남북교류 준비
제주	"국제교류협력 활성화" -. 수출시장 다변화와 통상지원 강화 -. 교류지역의 다변화와 민간중심 실리위주의 국제교류 확대

자료: 시·도별 내부자료 및 조사표에 의한 조사자료

　　표에서 보는 바와 같이 대부분의 시·도가 수출증대와 해외자본 및 기업의 유치, 국제교류의 다변화 등에 중점을 두고 있으며, 일부 시·도에서는 세계시민으로서의 역량을 확충하는 데에도 관심을 쏟고 있다. 먼저, 서울특별시의 경우, "세계일류 국제도시로의 성장기반 구축"을 목표로 국제사회에서의 도시외교역량 강화, 아시아에서 TOP 5 이내의 국제도시기반 구축, 기업의 해외진출과 외국인 투자유치활동 집중지원 등에 중점을 두고 있다. 부산은 국제교류 거점 확보를 위한 「부산의 세계화 전략」을 추진하기 위해 국제교류 및 도시 세일즈, 투자유치 활동 강화와 해외시장개척, 통상역량 제고 등을 중점 추진하고 있다. 인천은 "국제항만과 국제공항을 통해 세계화 전진기지로 성장하는 국제도시"를 목표로, 대구는 국제교류 활성화와 통상지원 강화, 광주는 국제교류협력의 강화를, 대전은 민간중심의 해외자매도시와의 교류협력기반구축을, 울산은 국제중심도시 역할 강화를 목표로 하고 있다.

　　도의 경우 경기도는 동북아 경제중심 실현기반 구축, 강원도는 강원도의 Globalization, 충북도는 글로벌시대에 걸 맞는 국제역량 강화를, 충남도는 글로벌 스탠더드의 수용과 세계시민을 지향하는 진취적 세계참여를, 전북도는 외자유치 및 통상기반 확충을 위한 국제교류 추구, 전남도는 교류협력 강화를 통한 국제화기반구축과 실리를 추구하는 국제교류 추진, 경북도는 글로벌 경제 경북 실현, 경남도는 국제교류 및 수출역량 강화로 도민의 삶의 질 향상을, 제주도는 국제교류 협력 활성화를 목표로 하고 있다.

　　이상에서 살펴본 바를 토대로 우리나라 지방정부의 외교정책이 추구하는 목표에 대하여 몇 가지 특징을 정리해 보면, 첫째, 외교정책의 목표가 지나치게 경제적 실리추구에 치중되어 있다는 점이다. 물론, 지방정부의 외교정책은 외국과의 국제교류를 통한 지역산업의 발전과 수출증대에 일차적인 목표를 두어야 하지만. 외국과의 관계에 있어서 경제적 실리를 추구하기 위해서는 우선 교류 대상국과의 충분한 선린우호관계가 구축되어야 하고, 국제사회의 일원으로서 인류공동의 문제에 대한 기여와 저개발국에 대한 지원 등보다 차원 높은 정책적 배려가 병행되어야 한다.

둘째, 지방정부의 외교정책목표가 장·단기 지역발전 비전에 기초한 고도의 정책적 판단에 의해 설정되었다기보다는 단순한 국제교류사업이나 외자유치 및 수출 진흥 시책의 종합화 수준에 머물러 있다는 것이다. 따라서 목표자체가 지나치게 구체적이고 단위사업의 나열 수준에 그치고 있다. 그러나 다행스러운 것은 일부 시·도에서는 지역발전전략 차원에서 전략적 목표를 설정하고 여건이 유사한 여러 외국 지방자치단체들과 연합체를 구성하여 교류협력을 강화시켜 나가고 있다.

셋째, 지방정부별 외교정책 목표가 대동소이하다는 것이다. 지방외교정책의 특징은 지역의 여건과 특성에 따라 다양한 지역이익을 추구하는 "내용과 형태의 다양성"에 있음에도 불구하고 대부분의 자치단체가 국제교류의 다변화, 외자유치, 수출 진흥시책 등 유사한 목표를 설정하고 있다.

2. 지방정부의 국제교류 실태

1) 국제교류의 개념과 필요성 및 목적

가. 개념과 의의

국제교류의 개념은 논자의 시각과 논의의 초점에 따라 다양하게 정의되고 있다. 교류의 목적과 대상에 따라 달라질 수 있다. 일반적으로 지방자치단체에 있어서의 국제교류란 인종, 종교, 언어, 체제, 이념 등의 차이를 초월하여 개인, 집단, 기관, 기업, 국가 등 다양한 주체들이 상호간에 우호적으로 협력과 이해증진 및 공동이익 도모 등을 목적으로 관련 주체간에 공식 혹은 비공식적으로 추진하는 각종 협력관계(Cooperative Relation)라고 정의할 수 있다 (김판석, 2000: 10). 즉 외교가 국가와 국가 간의 법률적 계약사항의 결정이 며, 친선은 상호 접촉의 기회를 가지는 상호간의 경의의 표현이라고 한다면 국제교류는 국경을 초월한 행동과 활동을 말한다(신기현, 1996: 166).

이러한 지방자치단체 간의 국제교류는 국가수준의 국제교류와는 다른 보다 적극적인 의미에서 다음과 같은 의의가 있다(황정홍, 1998: 14).

첫째, 국가수준에서의 이해나 대립을 초월해서 인간대 인간(People to People)의 교류로서 국제사회에 유연하게 대응할 수 있다.

둘째, 지역의 산업이나 경제를 자극해서 지역사회 전체에 활력과 변혁을 가져다 준다.

셋째, 활발한 국제교류를 통하여 지역주민의 국제인식과 국제이해를 환기 시킨다.

넷째, 지방자치단제 간 국제교류를 강화함으로써 국제교류수준을 다원화하고 동시에 지역사회를 국제사회에 주지시키고 심화시킴으로써 지역의 국제이미지를 제고하는 데 그 의의가 있다.

나. 필요성과 목적

우리가 국제교류를 하는 이유로는(이은재, 1999: 245에서 재인용), 첫째, 생활안전보장을 위한 국제교류이다. 이것은 우리가 개개의 시민생활에 필수불가결한 물자, 에너지를 해외에 의존하고 있는데서 기인하는 것이다. 둘째, 평화에 대한 공헌을 하기 위한 국제교류이다. 즉, 평화로운 시민생활이 한 나라의 방위의 틀을 넘어선 국제사회 속에 공존하고 있기 때문이다. 셋째는 지역의 경제적 생존을 위한 국제교류이다. 지역의 생계를 지키는 경제활동이 한 나라의 영역을 넘어 세계의 여러 지역에 미치고 있는 것이다. 이와 같은 이유에서 국제교류의 필연성이 존재하는 것이다.

이러한 입장에서 지방자치단체의 국제교류 필요성을 정리해 보면, 첫째, 국제교류를 통하여 세계적 기준(Global Standard)에 대한 인식을 확대시킬 수 있고, 국제수준에 맞는 각종제도와 행정서비스 및 산업 활동에 대한 이해를 제고함으로써 지방자치단체의 선진화를 위한 아이디어와 정보 및 각종 우수

사례를 수집할 수 있다.

둘째, 인력과 문물의 교류를 통하여 상호협력과 이해를 증진할 수 있고 경제활동은 물론 지역개발과 각종 협력사업을 도모할 수 있으며, 나아가 해당 자치단체의 국제화기반을 심화시킬 수 있다.

셋째, 선진화된 기술과 지식정보를 보다 직접적으로 입수함으로써 지역산업 등에 활력을 가져올 수 있고 지역경제활동에 대한 국제적 기반을 마련할 수 있다(강형기, 1996: 380).

넷째, 국제적인 교류행사(문화, 예술, 학술교류 등) 등을 통하여 시민들의 생활문화와 교육의 질 향상에도 기여할 수 있으며 나아가 국제적인 친선과 신뢰관계 구축에 기여할 수 있다(김판석, 2000: 12).

요약하면, 국제교류는 한 지방자치단체가 지금까지 한 나라의 작은 지방 도시라는 소극적인 수준을 넘어서, 세계무대 혹은 지구촌 속의 도시로 발전 하고 성장하는데 필요한 필수적인 발전전략 중의 하나라고 할 수 있다.

〈표 Ⅳ-19〉 지역 간 국제교류의 목적

구 분	목 적
인식제고	· 국제기준(international standard)에 대한 이해와 시민의식 개혁 · 주민의 국제화마인드 함양 및 국제협력 공감대 형성 · 해외연수. 견학. 시찰등을 통한 견문 및 세계적 시야의 확대 등
도시의 국제화	· 발전된 선진행정과 제도 및 우수사례의 도입 · 지역간 상호협력체제의 강화 · 도시 국제화 기반의 조성 및 내부 수용능력의 향상 등
지역경제 활성화	· 지역산업과 경제를 자극하여 지역경제활성화의 도모 · 외국인 경제활동 지원 · 우수기술과 해외자본의 유치 등
공동협력	· 공동관심사(환경.보건.안전 등)협의 및 상호협력 · 국제기구 가입 및 국제적 연대활동의 증대 · 국가외교의 보완 및 실무협의 증진
기타	· 인재의 육성 · 외국문화의 이해 · 지역사회에 필요한 국제정보의 수집 등

자료: 행정자치부, 2001: 21

이상의 여러 가지 국제교류의 필요성을 감안하여 국제교류의 목적을 정리해 보면 <표 Ⅳ-19>와 같다(행정자치부 외, 2001: 20-21). 표에서 보는 바와 같이 국제교류의 목적은 크게 국제화 인식제고, 도시의 국제화, 지역경제의 활성화, 공동협력, 기타 인재의 육성이나 지역사회에 필요한 국제정보의 수집 등으로 나누어 볼 수 있으나 궁극적 목적은 국제교류를 통하여 주민생활의 질적 수준을 높이고 국가 간의 정치-경제-문화의 격차와 마찰을 해소하면서 지구촌 사회에 기여하는 것이다(신기현, 1996: 168).

다. 국제교류의 형태와 발전단계

ㄱ) 국제교류의 형태

지방차원의 국제교류는 다양한 분야에서 다양한 형태로 이루어지고 있다. 우선 교류주체를 기준으로 살펴보면, 첫째, 지역 대 지역 간의 교류, 즉, 지방자치단체 간의 교류로서 지역에 풀뿌리를 둔 지역주민의 상호신뢰와 이해에 기반을 둔 것과, 둘째로 민간단체간의 상호교류로써 교류의 가장 저변적인 흐름이며, 주민과 가장 밀착된 민간교류에 의하여 이루어지는 것으로 나누어 볼 수 있다(이은재, 1990: 13).

국제교류를 내용상으로 분류해 보면(조정임, 1998: 15-16),

첫째, 자매결연이나 우호교류협약의 체결이다. 지방차원에서 가장 일반적인 국제교류형태는 외국의 지방자치단체나 지역과의 자매결연이나 우호교류협약을 체결함으로써 인적, 물적 교류를 망라한 종합적인 교류를 하는 것이다. 이는 지역 대 지역 간 혹은 기관 간의 상호교류의 형태로서 해당 지방자치단체의 지역주민 간의 상호이해와 협력 등에 기반을 두는 교류이다.

둘째, 인적교류이다. 인적교류는 국제교류의 가장 기본적이고 중요한 요소로서 인적교류의 확대는 국제화를 추진할 수 있는 인재양성은 물론 주민의 국제화 의식을 고양할 수 있는 지름길이다. 이를 위해서 지방공무원 상호간의 교류, 그리고 민간단체 상호간의 방문 등을 통해 이해를 증진시키게 된다. 또한 그 준비를 위해 외국어 교육을 실시하고, 국제이해를 제공할 수 있는 정보를 제공하고, 외국의 민간단체와의 교류기회를 확대하는 것을 주 내용으로 한다.

〈표 Ⅳ-20〉 자매도시간 국제교류유형

교류 분야	교 류 내 용
경제 교류	경제교류협정의 체결, 지역기업 진출 및 합작투자사업, 전용공단 조성, 무역센터의 건립, 상품전시관 및 특산품 상설전시관 개관, 시장개척단 파견, 산업시찰, 상공회의소간 자매결연, 중소기업연합회 조직, 투자설명회, 관광전 개최, 기술이전 협의, 직항로 개설
문화 교류	민속축제 참가, 합창단·시립가무단 및 민속무용단 공연, 사진전 개최, 서적기증, 바둑 및 서예교류전, 국악 연수, 민속품 전시회,
체육 교류	스포츠 교류단 파견, 친선스포츠 경기, 프로팀 친선경기
인적 교류	교환(파견)근무, 시찰 및 조사단, 학생교류(수업참관 등)
상징 사업	공원조성(상호), 한국정자건립, 거리명명식, 자매도시 전시관 개관, 명예시민증 수여
기타 교류	명예 박사학위 수여, 재난 시 원조(성금), 의료봉사활동(초청진료, 무료진료 등), 동물교환(동물원)

자료: 이은재, 1999: 266.

셋째, 물적 교류로서 산업·경제교류와 기술·학술교류를 포함하는 것이다. 지역산업·경제의 국제화를 촉진할 수 있는 산업·경제교류 분야는 지역경제의 진흥과 직접 관련 있는 분야이므로 적극적인 추진체계를 구축할 필요가 있는 분야이다. 경제교류사절단의 교환, 지역상품전의 개최, 양 지역 기업 간의 합작투자 및 기술협력 등을 통해 지역산업의 진흥을 촉진하는 것을 주요 내용으로 하고 있다.

넷째, 문화교류로서 스포츠, 관광, 정보의 교류까지 포함한다고 볼 수 있다. 국제회의, 세미나, 미술전, 연극 및 국제경기 등 친선행사를 개최하고 외국에서 행하여지는 행사에 주민을 파견하는 것 등을 그 내용으로 한다. 상이한 문화와의 접촉에 의해 지역문화의 재인식, 지역 동질성의 확립, 스포츠의 향상, 나아가서는 상호이해 및 국제감각의 습득 등의 효과를 얻으며, 경제교류 등 지속발전의 기초를 마련하게 된다. <표 Ⅳ-20>은 자매도시간 교류 가능한 세부사업 들을 예시한 것이다. 이런 유형의 사업들은 비단 자매도시간의 국제교류뿐만 아니라 일반적인 국제교류의 유형을 나타내 주고 있는 것들이다.

ㄴ) 국제교류의 발전단계

국제교류는 대체로 3단계를 거치면서 발전되고 있다고 한다(강형기, 2001: 420-421; 신기현, 1996: 167). 첫째, 수도에 있는 중앙정부나 외교관 등 소수의 엘리트가 전적으로 수행하는 일극 집중형 내지는 점(點)의 국제교류이고, 둘째, 기업 등의 생산자나 자치단체의 공무원 등 지역의 엘리트를 중심으로 이루어지는 단계로서 일종의 다극분산형 내지는 선(線)의 국제교류이며, 셋째, UR이 상징하는 것처럼 외교관이나 기업 등 엘리트층을 중심으로 한 교류차원을 넘어 주민의 일상생활 그 자체가 국제화의 열풍에 영향을 받고 있다는 점에서 단순한 선이 아닌 면(面)의 국제교류 내지는 다면중첩형 또는 전면분산형 국제교류단계가 바로 그것이다. 이러한 면의 단계에서는 특별히 훈련받은 적이 없는 일반 주민이 그 주역이 되고, 이에 대한 서비스는 그 면을 관장하여 경영하는 주체인 지방자치단체가 적극적인 역할을 할 수밖에 없게 되었다.

라. 국제교류의 파급효과

지방차원에서의 국제교류가 가져올 수 있는 파급효과를 요약해 보면(조정임, 1998: 17), 첫째, 정치적 통로를 이용한 국제교류는 외국과의 우호관계를 유지하고 자국의 안전보장을 확립하는 효과를 가져올 것이다. 이는 궁극적으로 세계평화로 이어지게 된다.

둘째, 경제적 수단을 통한 국제교류는 경제활동의 국제적 협력, 보완을 통해 물질 면에서 보다 고도의 생활수준(생산, 소비, 소득)을 달성할 수 있도록 하며 이는 상호이익 추구와 연계된다.

셋째, 문화적 수단을 통한 국제교류는 정신문화면을 비롯하여 물질적 측면을 보완하는 비물질적 분야에서 정신적으로 보다 풍요한 생활을 실현케 한다.

넷째, 지방자치단체의 국제교류를 풀뿌리 수준의 국제교류를 통해 국제사회의 변화에 대한 유연한 대응, 지역의 산업경제의 자극, 지역주민의 태도의 변화, 지방자치단체간의 교류를 통한 상호 지역사회에 대한 이해, 지역 이미지의 제고 등을 유발하는 효과를 가진다.

2) 지방자치단체 간 자매결연

자매결연(Sisterhood Relationship)이란 우리나라의 지방자치단체가 외국의 지방자치단체와 우호제휴를 통해 상호공동관심사에 대한 긴밀한 협력을 바탕으로 각 분야에서의 친선과 공동발전을 해나가는 지방차원에서 가장 보편화된 국제교류활동(행정자치부 외, 2001: 38)이다. 이는 외국 지방자치단체와의 우호제휴를 통해 상호 공동관심사에 대한 긴밀한 협력을 바탕으로 인적, 문화, 경제, 행정 등 각 분야에서의 친선과 공동발전을 도모해 나가는 자치단체에서 가장 보편화된 국제교류 활동이다. 중앙정부에서 국제협력이 외교라고 하면 지방자치단체에서 국제자치단체 간 자매결연은 국가의 외교를 뒷받침하고 협력기반을 조성할 뿐 아니라 국가간의 우호증진에도 크게 기여 및 보완하는 역할을 수행한다(한국지방자치단체국제화재단, 2004: 1).

가. 자매결연 절차

먼저, 자매결연을 체결할 상대 자치단체의 추천에서부터 시작된다. 대부분 외교통상부(홍보과)나 재외공관, 주한외국공관, 한국지방자치단체국제화재단, 출향인사, 외국과의 교류가 빈번한 기업인 등 추천 경로는 매우 다양하다. 일단 교류 상대방을 추천 받으면, 해당지역에 대한 각종 자료와 기본현황을 파악하기 위한 절차에 착수하여 추천기관으로부터 보내온 자료를 분석하고, 부족할 경우 당해 자치단체 혹은 그 국가의 주한외국공관에 추가자료를 요청하여 교류의 실익이나 가능성 여부를 분석하게 되는데 이 때의 중점고려사항으로는(행정자치부 외, 2001:41), 첫째, 면적, 인구 및 행·재정수준 등 지역여건의 유사성. 둘째, 산업, 지역특성 등의 공통점과 상호보완성. 셋째, 상호 대등한 입장에서의 협력 및 우호증진 가능성. 넷째, 교류를 통한 실익의 실현 가능성. 다섯째, 역사적·문화적 배경, 지리적 특수여건 등을 감안한 교류의 필요성. 여섯째, 기타 교육, 사회복지분야 등을 종합적으로 검토하게 된다.

또한, 위와 같은 검토결과 교류의 실익이 있다하더라도 특별한 사유가 없는 한 우리나라의 타 자치단체와 이미 자매결연이 체결되어 있거나, 그 나라의 타 자치단체와 교류를 하고 있는 경우, 그리고 대륙별로 지나치게 편중되어 있는 경우에는 가급적 자매결연의 체결을 피하도록 하고 있다.

일단, 자매결연 대상지가 선정된 경우에는 단체장의 자매결연의향이 담긴 공식서한을 발송하여 상대방의 의향을 묻거나, 이미 의사가 확인된 경우에는 실무대표단이 상대 자치단체를 방문하여 자매결연 의향서를 체결하고, 자매결연체결을 전제로 교류를 시작하게 된다. 경우에 따라서는 자매결연을 염두에 두지 않고 상호간에 교류가 시작되어 자연스럽게 자매결연에 이르게 되는 경우도 있다, 대개 1년 내지 2년간의 상호교류를 통해 교류의 실익과 상호신뢰가 확인되면 본격적인 자매결연협정체결 절차에 들어가게 되는데, 먼저 자매결연체결을 위한 그동안의 추진실적을 의회에 보고하여 사선 동의를 받아야 한다. 이는 향후 사업추진 시 집행부와 의회 간에 공조를 한다는 점에서 매우 중요한 절차이며 아울러 법적 시비를 사전에 방지할 수 있다. 지방의회의 승인이 이루어지면 해당 자치단체에 통보하여 상대측의 준비상황을 확인 후 상대측 자치단체를 방문하거나 상대측을 초청하여 자매결연조인식을 갖게 됨으로써 본격적인 자매결연 자치단체로서 교류하게 된다.

한편, 자매결연체결 후 장기간 교류가 두절되거나 중대한 문제가 발생했을 경우, 또는 양 지역 간의 교류가 실익이 없다고 판단될 경우 지방의회 의결을 거쳐 취소할 수 있다. 그러나 특별한 사유 없이 취소할 경우 국가의 위신이 실추되거나 외교적 마찰을 불러일으킬 수 있으므로 신중을 기해야 하고, 취소절차를 이행하기 전 상대 자치단체와 외국공관, 외교통상부 및 관련 부서와 충분히 협의하여 결정하여야 한다.

나. 자매결연 현황

2005년 1월 현재, 우리나라의 16개 시·도는 134개 지역과 자매결연을 맺고 있다. 우리나라의 광역 자치단체 중에서 가장 먼저 외국도시와 자매결연을 체결한 것은 인천광역시로서 미국의 캘리포니아주 버뱅크(Burbank)시와

1961년 12월 18일에 자매결연을 체결하였다. 자매결연 체결현황을 연도별로 구분해 보면, <표 IV-21>과 같다. <표 IV-21>에서 보는 바와 같이, 70년대 이전까지 12개 단체로 지방차원의 국제교류가 미미했으나 80년대 들어서면서 서서히 증가하기 시작하여 90년대 가장 높은 증가세를 보이고 있다. 그 이유는 90년대 이후 우리나라가 급속히 국제화되기 시작한데도 원인이 있지만, 30년 만에 부활된 지방의회와 1995년 민선 자치단체장 선거 이후 급속한 지방화 추세에 따라 지방의 자율성이 크게 신장 된데 기인하고 있다. 특히, 90년대 중반, WTO체제의 출범으로 전 세계가 새로운 자유무역체제로 재편되고, 범정부적 차원에서 추진했던 세계화 추진 전략에 따라 우리나라 각 지방자치단체가 세계로 눈을 돌리게 된 것이 주된 요인 중의 하나였다. 아무튼, 90년대 이후 급속히 증가한 지방자치단체 간 자매결연은 지방자치단체가 국제사회에 눈을 뜨게 되고 나아가 국가외교를 보완하거나 독자의 외교영역을 넓혀 나가는 데 결정적 역할을 하고 있다.

〈표 IV-21〉 광역지방자치단체 연대별 재매결연 현황 (2005년 3월 17일 현재)

시·도	계	60년대	70년대	80년대	90년대	2000년대
계	134	6	6	24	75	23
서울	19	1	4	3	9	2
부산	16	2	1	2	8	3
대구	8			1	6	1
인천	9	1		3	2	3
광주	5	1		1	2	1
대전	9			2	5	2
울산	8	1		3	1	3
경기	14			1	12	1
강원	5		1		4	
충북	5			1	3	1
충남	6			1	3	2
전북	4			1	2	1
전남	3			1	2	
경북	9			2	4	3
경남	10			1	9	
제주	4			2	2	

자료: 한국지방자치단체국제화재단 홈페이지 게재자료, 2005.

〈표 IV-22〉 우리나라 지방자치단체의 자매결연 현황 (2005년 3월 현재)

구분	지방자치단체 수	자매결연을 체결하고 있는 자치단체 수	비율(%)
계	250	171	69
광역자치단체	16	16	100.0
기초자치단체	234	155	66

자료: 한국지방자치단체국제화재단 홈페이지 게재자료, 2005

한편, 우리나라 지방자치단체들의 국제교류 실태를 자치단체별로 구분하여 살펴보면 〈표 IV-22〉와 같다.

〈표 IV-22〉에서 보는 바와 같이 우리나라의 250개 지방자치단체 중 국제교류를 하고 있는 자치단체는 171개 지방자치단체로서 69%를 섬하고 있다. 광역자치단체는 16개 자치단체가 모두 국제교류를 하고 있으며, 기초자치단체는 66%수준을 보이고 있다.

다음, 이를 자치단체별로 살펴보면 〈표 IV-23〉과 같다. 표에서 보는 바와 같이 16개 광역자치단체가 134개 지역과 국제교류를 하고 있으며, 155개 기초자치단체가 317개 지역과 교류를 하고 있다. 가장 많은 외국지방자치단체와 자매결연을 맺고 있는 시·도는 서울특별시가 19개 지역, 부산광역시가 16개 지역, 경기도가 14개 지역, 경상남도가 10개 지역 순이며, 가장 적은 지역은 전라남도로서 3개 지역과 자매결연을 맺고 있다.

이를 다시 우리나라 지방자치단체들이 가장 많이 교류하고 있는 상위 10개국 현황을 살펴보면 〈표 IV-24〉와 같다. 표에서 보는 바와 같이 우리나라 129개 지방자치단체가 중국의 자치단체와 교류하여 전체의 28.6%를 점하고 있으며 미국이 82개 자치단체로 18.2%, 일본이 78개 자치단체로 17.3%를 차지하고 있어 이들 3개국이 전체의 64.1%를 점하고 있다. 이러한 현상은 외국지방정부와의 자매결연이 아직 초기 단계로서 보다 폭넓은 교류를 하지 못하고 있다는 것을 단적으로 보여주고 있어 향후 교류의 폭을 넓히고 교류의 내용도 보다 다양화 할 것이 시급히 요청되고 있다.

〈표 IV-23〉 우리나라 지방자치단체별 자매결연지역 수 및 교류지역 (2005. 3월 현재)

구 분	우리나라 지방자치단체 수			외국 자매결연단체 수		
	계	광역	기초	계	광역	기초
계	171	16	155	451	134	317
서 울	26	1	25	74	19	55
부 산	11	1	10	27	16	11
대 구	4	1	3	11	8	3
인 천	5	1	4	13	9	4
광 주	4	1	3	8	5	3
대 전	4	1	3	13	9	4
울 산	1	1	-	8	8	-
경 기	27	1	26	79	14	65
강 원	13	1	12	33	5	28
충 북	8	1	7	15	5	10
충 남	13	1	12	29	6	23
전 북	9	1	8	21	4	17
전 남	14	1	13	23	3	20
경 북	14	1	13	41	9	32
경 남	13	1	12	42	10	32
제 주	5	1	4	14	4	10

자료: 한국지방자치단체국제화재단 홈페이지, 2005.

〈표 IV-24〉 지방자치단체의 국가별 자매결연 체결비중 (2005.3현재)

국 가	비중(%)	계	광역	기초
44개국	100.0	451	134	317
중 국	28.6	129	16	113
미 국	18.2	82	23	59
일 본	17.3	78	14	64
러시아	3.5	16	10	6
호 주	3.3	15	5	10
멕시코	2.2	10	6	4
타이완	2.2	10	4	6
인도네시아	1.8	8	6	2
베트남	2.9	13	7	6
캐나다	1.6	7	3	4
기 타	18.4	83	40	43

자료: 한국지방자치단체국제화재단 홈페이지, 2005.

다. 자매결연 외국 지방자치단체와의 교류

자매결연 지역과의 교류협력활동은 크게 우호교류사업과 경제협력사업으로 나눌 수 있다. 자매결연의 궁극적 목적은 상호 공동발전에 있는 점에서 행정, 문화, 경제 등에서 상대지역의 비교우위분야와 상호보완관계에서 조화 있는 협력방안을 강구해 나가는 것이 무엇보다 중요하므로 교류기본계획에 의한 상호합의에 의거 시행되어야 한다(행정자치부, 2001: 57). 자매결연지역과의 교류사업은 대개 우호교류사업으로부터 시작하여 점차 교류의 폭을 넓혀 나가다가 점차 경제협력으로 발전해 나가기도 하지만, 처음부터 경제교류협력을 목적으로 한 자매결연이 체결되기도 한다.

〈표 Ⅳ-25〉 2003년 광역자치단체별 자매결연단체와의 교류실적

시·도	계	행정	우호	경제	회의	관광홍보	문화	민간	학생	스포츠	기술
계	326	53 (16.3)	120 (36.8)	20 (6.1)	15 (4.6)	3 (0.9)	23 (7.1)	51 (15.6)	24 (7.4)	14 (4.3)	3 (0.9)
서울	34	15	17		2						
부산	15	2	10		1	1	1				
대구	16		7	3			3	2	1		
인천	18		11	1					3	2	1
광주	37	7	9	3	1		2	9	4	2	
대전	18	2	3	2	1		4		5	1	
울산	15	2	7	1			1	1	3		
경기	8	3	3		1		1				
강원	67	13	7	3	3	1	2	30	3	5	
충북	15	2	6					5	1	1	
충남	22	4	12	1			1	2	2		
전북	9		2	4	1		2				
전남	4	1	1		1						1
경북	22	1	13	1	1		3	1		2	
경남	19	1	10			1	2	1	2	1	
제주	7		2		3		1				1

자료: 한국지방자치단체국제화재단 홈페이지 게재자료, 2005

그러나 거의 대부분이 우호교류사업에서부터 시작되는데 이를 위한 사업
으로는 상호 공식 대표단의 파견, 공무원, 의회의원, 민간단체의 상호방문 등
인적교류와 문화 및 스포츠 교류, 자매결연의 취지를 살린 각종 기념사업 등
이 있다. 한편 경제협력사업에는 산업기술협력과 경제 및 통상교류협력 등
경제적 측면에서의 교류 사업을 들 수 있는데 우리나라 지방정부의 자매결
연자치단체와의 교류실적을 분야별로 정리한 것이 <표 Ⅳ-25>이다. 표에서
보는 바와 같이 자매결연단체와의 교류 중 가장 많은 것은 우호교류분야로
서 총 120건의 교류가 이루어 졌으며 주로 상호방문과 우호친선교류였다. 다
음이 행정교류로서 53건, 민간교류 51건, 문화교류 23건, 경제통상교류 20건
순이며, 기술교류와 관광홍보를 위한 교류는 단 3건에 불과했다. 가장 활발
한 교류가 이루어진 지역은 강원도와 일본 돗토리현으로서 2003년 한 해 동
안 무려 41회의 교류가 이루어 졌으며, 그 다음이 광주광역시와 일본 미야기
현 센다이시가 18회, 충청남도와 일본 구마모토현 16회, 경상북도와 일본 시
마네현이 12회 순이었다.

한편, 2005년 자매결연지역과의 교류계획을 살펴보면, 종전 보다는 교류
의 내용과 방법이 매우 다양화되고 있으며 그 수준도 점차 향상되어가고 있
음을 볼 수 있다.

〈표 Ⅳ-26〉 2005년 자매결연 지역과의 교류계획

서울	△ 실·국 행정 교류단 파견(20) 및 초청(18) △ 하이 서울 축제 지구촌 한마당 문화공연단 초청(5) 등 43개 사업 △ 울란바토르 자매결연 10주년 기념행사 △ 외국도시 공무원초청 시정연수
부산	△ 자매결연체결 기념행사 (5주년:몬트리올, 10주년:호치민) △ 행정 교류단 파견 (4개지역) △ 자매도시 축제 기념일 메시지 및 선물 발송 △ 공무원상호파견 (4개 도시) △ 자매도시 한인의 날 행사지원 △ 자매도시 외교자문관제 도입 (14개 도시)
인천	△ 국제자매도시 조형물 교환사업 (3개 도시) △ 공무원 상호파견(4명)
대구	△ 자매도시와의 상호교류정례화(축제, 전시회 등 각종행사 시) △ 다낭해방 30주년 기념사업 참가.

광주	△ 대만 타이난시: 대표단 상호파견 △ 미국 샌안토니오시: 공무원파견(4급1명),자매도시 민속축제참가, 　학생민박교류, 시공무원민박교류 △ 중국광저우시: 시장방문, 청소년 바둑교류 △ 인도네시아 메단시: 고등학생 민박교류 △ 일본 센다이시 : 휠체어기증식, 여고생 민박교류, 하프마라톤대회참가, 　도자기 교류전, 뮤지컬 공연, 공무원 일본어 회화반 민박연수, 장애인 　스포츠 교류단 방문
대전	△ 공무원파견:2명(캘거리, 웁살라) △ 문화예술체육교류 추진 -. 오다: 전통 예능단 공연, 청소년 국제교류캠프, -. 과달라하라: 예술단 상호 　순회공연 -. 부다패스트: 부다패스트 페스티발 오케스트라 대전공연 -. 　남경: 서화 교류전 및 체육 교류전
울산	△ 전국체전에 자매도시 대표단초청 △ 공무원교류(2명) △ 청소년 문화교류(초중고생 30명)
경기	△ 경기도-광동성 간 중소기업 CEO 비즈니스 연수 상호실시 △ 중국3성(광동·산동·요닝)과 (경제)협력위원회 개최 △ 일본 가나가와현과의 재매결연15주년 기념행사: 상호 문화예술 공연 및 　우수상품전시회, 기념상징물교환
강원	△ 강원도-알버타주 교류30주년 기념사업: 대표단 상호방문, 교류30년사 발간, 　우정30년전 개최, 기념상징물 설치, 기념학술세미나 개최 △ 강원도-환동해권 교류10주년 기념사업: 한일 수공예품 전시회, 　타임캡슐매설, 한중서화대전, 교류10년사 발간, 　국제청소년한국어경진대회, 환동해권 대학생 Forum 2014 개최 △ 러시아 연해주: 백두산 항로활성화, 공무원초청연수, 　시설채소재배시범단지조성, 축산업 기술교류 △ 몽골 중앙도: 몽골 내 강원도 농업타운 조성 사업추진, 몽골 농업기술자 　초청연수
충북	△ 일본 야마나시현: 공무원 상호파견 및 문화예술 스포츠교류 △ 중국 흑룡강성 : 공무원 상호파견 및 문화 예술 스포츠교류 △ 미국 아이다호주: 공무원 학생, 대학간교류, 박람회 등 상호참가, 　바이오산업 등 기업교류 △ 멕시코 꼴리마주: 인적교류 및 문화행사 상호참가
충남	△ 결연 단체간 상호초청 다양한 교류전개 및 협력 증진: 의회, 직장협의회, 　여성계, 체육계, 청소년, 문화계 등, 상호연수, 관광홍보, 시장개척활동 등 　분야별 교류 행정지원 △ 자매결연단체와의 행정시책 교환: 자매결연단체와의 행정시책 의견교환 　우수시책 적극 반영, 교류협력을 통한 우호증진 및 도정의 내향적 　국제화에 기여 △ 아무르주와의 자매결연 10주년 기념행사 추진

전북	△ 중국 강소성 및 일본 가고시마현: 경제통상대표단, 투자유치설명회, 농특산물 판매, 관광설명회 개최, 사회, 복지, 농업관련 민간차원의 교류활성화 유도. △ 워싱턴 주정부: 해외사무소 연락관 2인 배치
경남	△ 근거리 지역위주 청소년, 체육, 문화, 관광 등 교류 추진 △ 해외 자매결연 자치단체간 실무회의 개최:7개국 7개 자치단체

자료: 2005시·도별 내부자료 및 조사표에 의한 조사자료

<표 IV-26>은 시·도별 2005년도 자매결연지역과의 교류계획을 요약 정리한 것이다. 표에서 보는 바와 같이 대부분의 시·도가 소속 공무원과 대표단을 상호 파견하여 우의를 증진시켜 나가고 있으며, 각종 기념사업도 추진하고 있다. 특히, 서울 부산 충남에서는 행정 교류단을 파견하고 자매결연 자치단체의 행정시책을 연구하여 시정과 도정에 반영하려는 노력을 하고 있으며, 강원도의 환동해권 교류 10주년 기념사업, 전라북도의 중국 강소성과 일본 가고시마현과의 교류사업에서 보는 바와 같이 보다 구체적이고 실질적인 경제협력사업을 추진해 나가고 있다.

자매결연 단체와의 교류 시 어디에 중점을 두고 있으며, 교류방법은 주로 어떤 방식을 선호하고 있는 지를 조사하여 표로 정리한 것이 <표 IV-27>이다. 표에서 보는 바와 같이 대부분의 시·도가 자매결연 자치단체와의 우호 증진과 지역산업 발전을 위한 경제교류, 문화예술교류에 중점을 두고 있는 것으로 나타나고 있으며, 경기도는 특정 현안에 대한 상호협력을, 충청남도는 환경 분야 교류를, 경상남도는 체육청소년 교류를 중시하고 있는 것으로 나타나고 있다.

자매결연 자치단체와의 교류방법은 6개 시도가 정기적인 상호교류 방식을 4개 시도가 각종 국제행사에의 참여, 2개 시도가 직원의 상호파견에 우선을 두고 있는 것으로 조사되었다.

〈표 Ⅳ-27〉 자매결연 단체와의 교류 중시분야 및 교류 시 방법

시·도	* 자매결연단체와 교류 중시분야			** 자매결연단체와 교류 시 방법		
서울	﹒2	1	3			
부산	2	1	3			
인천	1	2	3	1	2	3
대구	2	1	3	3	1	2
광주	2	1	3	1	2	4
대전	2	3	1			
울산	1	2	3	3	2	1
경기	2	1	6	2	1	3
강원	2	1	3			
충북	1	2	3	2	1	
충남	1	2	5	1	4	2
전북	1	2	3	3	2	1
전남	2	1	3	3	2	1
경북	1	2	3	1	3	
경남	1	2	4	1	4	3
제주	1	2	3	1	3	4
* 보기	1.지방정부간 우호증진 2. 지역산업발전 등 경제교류 3. 문화예술교류 4. 체육청소년교류 5. 환경분야교류 6.복지분야교류 7. 교육분야교류 8.특정현안에 대한 상호협력 9.기타					
** 보기	1. 정기적인 상호교류, 2. 직원의 상호파견 3. 각종 국제행사의 참여 4. 공동현안에 대한 상호협력					

자료: 조사표에 의한 조사자료

라. 우리나라 지방자치단체 간 자매결연의 특징

우리나라 지방자치단체의 외국지방자치단체와의 자매결연 실태에 대해 연구한 많은 문헌들(행정자치부, 2001; 한국지방자치단체국제화재단, 1999; 조정임, 1998; 박래영, 1998; 이은재, 1991)이 지적하고 있는 문제점을 종합해 보면, 첫째, 자매결연 대상지역의 선정 시 충분한 사전정보와 검토 없이 자매 결연이 이루어져 활발한 교류가 곤란하고 심지어는 한 두 번의 행사 후 장기 간 교류가 단절되는 현상이 지적되고 있다. 즉, 충분한 사전준비와 검토의

미흡을 공통적으로 지적하고 있다.

둘째, 교류대상지역이 일부지역에 편중되어 있다는 것이다. 앞서 살펴 본 바와 같이 자매결연 대상지역이 미국, 중국, 일본, 러시아 등 몇 개국에 편중 되어 있다. 특히, 자매결연 대상지역이 우리나라보다 비교적 발달되어 있거 나 규모가 큰 나라들 위주로 되어있고 규모가 작거나 우리보다 다소 뒤떨어 진 나라들과의 결연은 미미한 수준을 보이고 있다.

셋째, 교류의 계속성과 관련하여, 교류초기에는 높은 관심을 보이다가 시 간이 지남에 따라 시들해져 관심이 저조해 지는 현상을 지적하고 있다. 국제 간의 교류는 무엇보다 지속적인 교류를 통해 양 지역 간의 신뢰를 쌓아나가 는 일이다. 이러한 신뢰를 바탕으로 일반적인 과제로부터 출발하여 보다 구 체적이고 실질적인 과제로 발전해 가는 것이다.

넷째, 민간단체나 지역주민의 참여가 미흡하다는 것이다. 외국 지방자치 단체와 자매결연 맺는 궁극적 목적은 외국과의 교류를 통해 지역의 전반적 인 국제화 수준을 높이고 개방화를 촉진하여 지역주민의 삶의 질을 향상시 켜 나가는 것이기 때문에 무엇보다 지역주민의 적극적인 참여가 그 바탕이 되어야 하는 것이다. 그러나 지나치게 관 주도의 교류가 추진됨으로서 지역 주민은 수동적이고 소극적인 참여에 그치는 경우가 대부분이라는 것이다.

이와 같은 특징 외에 추가로 지적하고 싶은 것은, 첫째, 자매결연 대상국 가의 선정과 자매결연 여부 검토 시 해당지역과의 교류실익에 대한 검토가 미흡하다는 것이다. 다분히 의례적이고 형식적인 면에 치우쳐 지역사회에 가져다 줄 교류의 이익에 대한 면밀한 검토 없이 체결되는 경우가 대부분을 차지하고 있다. 둘째, 교류의 내용과 과제 면에서, 상호 방문단의 교환, 지역 내 문화예술행사에의 초청 등 대부분 비경제적 교류에 치중하여 경제적 측 면에서의 교류는 다소 미흡하다는 것, 셋째, 교류의 형식과 절차 면에서의 형평성의 문제이다. 우리나라의 경우 외국인에게는 지나치게 관대한 경향이 있어, 지나친 예우를 하거나 과도한 선물, 과도한 경비부담 등이 종종 문제시 되기도 한다. 넷째, 자매결연사업에 대한 정기적 모니터링과 평가가 미흡하 다는 것이다.

현재 진행 중인 자매결연사업의 성과를 평가하고 분석하여 향후 보완발전방안이 모색되어야 하나 이러한 사후관리 시스템이 확립되어 있지 않다는 것이다.

3) 외국 지방자치단체와의 우호교류 협정에 의한 교류

외국 지방자치단체와의 우호교류협정은 자매결연과는 달리 특정분야의 교류협력을 목적으로 체결된다. 대체로 양 지역의 행정적 교류를 목적으로 하는 행정협정이나 문화예술, 체육, 청소년 분야의 교류 또는 경제협력, 무역, 투자 분야 등 매우 다양하다. 지방자치단체들이 자매결연 이외에 분야별 우호교류협정을 체결하는 것은 여러 가지 이유가 있다.

첫째, 우호교류협정의 체결은 자매결연협정의 체결보다 절차가 간편하다는 것이다. 자매결연의 경우 사전에 의회와 행정자치부의 승인을 얻어야 하고 가급적 1개 국가에 1개 사치단체로 제한을 받는 등 번거로운 반면, 우호교류협정은 양 지역 당사자간의 협의에 의해 언제든지 가능하기 때문이다.

둘째, 자매결연은 문화와 예술은 물론 경제 사회 전 분야의 폭넓은 교류를 전제로 하지만 우호교류협정은 양 지역이 희망하는 분야를 정하여 자유롭게 교류할 수 있는 이점이 있다.

셋째, 우호교류협정은 교류 초기단계에서 양 지역 간의 교류를 시작하는 유용한 수단이 된다. 즉, 특정분야의 우호교류협약을 체결하여 교류를 시작한 후 양 지역의 우의가 돈독해지고 교류의 실익이 확인되면 보다 폭넓은 교류를 할 수 있는 형태인 자매결연으로 발전하게 되는 것이다.

이상과 같은 이점 때문에 우리나라 지방자치단체들이 이를 적극 활용하고 있는데 그 현황을 정리해 보면 <표 IV-28>과 같다.

<표 IV-28>에서 보는 바와 같이 우리나라 14개 시·도에서 65개국 103개 자치단체와 우호교류협정을 체결하고 있다. 교류분야는 우호친선협정에서부터 투자협정 및 기술협력에 이르기까지 매우 다양한 분야에 이르고 있다. 우호교류 지역과의 교류는 자매결연 자치단체와의 교류보다는 교류분야가 한정되어 있으며 특정 사안이나 구체적인 프로젝트에 대한 상호협력인 경우가 대부분이다.

〈표 Ⅳ-28〉 우호교류협정 체결현황

시·도	우호교류협정 체결단체		협정체결분야
	국가	자치단체	
계	65	103	
서울	3	3	우호교류협력: 오타와, 베를린, 암스테르담
부산	2	7	△경제교류협정: 일본 기타큐슈, 중국 청도 △관광교류협정: 일본 후쿠오카, 오사카, 중국 상해 △우호교류비망록 서명: 중국 북경, 심양
대구	2	6	우호협력도시
인천	4	8	경제, 투자, 물류, 청소년, 문화협력
광주	2	2	우호촉진협력도시
대전	10	19	문화 친선교류, 경제기술협력 등
울산	2	2	중국 광조우시-경제협력도시, 옌타이시- 우호협력도시
경기	4	5	상호경제협력
강원	7	7	문화예술,체육, 관광, 경제, 농업, 과학기술, 교육
충북	5	8	투자유치, 경제협력, 관광, 우호교류
충남	7	7	투자유치, 시장개척 등 경제교류와 상호친선방문
전남	9	18	행정협정
경북	4	7	문화우호도시
제주	4	4	우호교류 증진

자료: 2005년 각 시·도 내부자료 및 인터넷 홈페이지 게재자료

　그러나 2003년도 우호교류지역과의 교류실적을 살펴보면, 〈표 Ⅳ-29〉에서 보 는 바와 같이 총116건의 교류 가운데 52.6%인 61건이 자치단체간 상호방문 및 업무협의 등 우호교류였으며 행정교류가 12.9%인 15건, 경제교류가 12.1%인 14건 순이었다. 전체 교류실적에서 경제교류가 차지하는 비중은 자매결연단체와의 교류실적 보다 높지만 아직도 교류실적은 미미한 수준에 머물러 있다.

<표 Ⅳ-29> 2003년 외국 지방자치단체와의 우호교류 현황

	계	행정	우호	경제	회의	관광홍보	문화	민간	학생	기술
계	116 (%)	15 (12.9)	61 (52.6)	14 (12.1)	3 (2.6)	1 (0.9)	5 (4.3)	9 (7.8)	4 (3.4)	4 (3.4)
서울	2	2								
부산	4		4							
대구	5	1	3					1		
인천	35		22	7		1	3			2
광주	12	1	7	2	1				1	
울산	6	3	2	1						
경기	5	1	3					1		
강원	10	1	1		1			5		2
충북	10	1	6				1		2	
전북	5	1	1		1			1		
전남	13	4	3	4				2		
경남	5		5							
제주	4		4							

자료: 한국지방자치단체국제화재단, 2004

한편, 2005년도 우호교류지역과의 교류계획을 살펴보면, <표 Ⅳ-30>에서 보는 바와 같이 서울특별시는 2005년 베를린 아·태 주간행사에 참가하여 다양한 홍보행사를 가질 계획이며, 대전광역시는 중국 심양시와는 환경 분야 교류를, 베트남 빈증성과는 청소년 국제교류캠프를, 독일 프랑크푸르트시와는 도서박람회와 벤처기업 시장개척활동 등을 계획하고 있고, 경기도는 인도의 마하라슈트라주와 다양한 경제교류 프로젝트를 추진하고 있으며 EU, 독일, 영국 남동잉글랜드 지역과도 구체적인 경제협력을 추진하고 있다. 강원도도 문화예술, 농업, 관관, 경관형성 분야에 대한 교류를, 전라북도에서는 일본 이시가와현과 환경, 농업, 청소년, 스포츠교류를 확대해 나가고 있다. 경상남도도 일본 히로시마, 중국 요녕성과 경제통상, 투자유치 등 상호교류를 추진하고 있는 것으로 조사되었다.

〈표 Ⅳ-30〉 2005년 우호교류 지역과의 교류계획

서울	2005베를린 아·태 주간행사 참가
대전	-.중국 심양: 환경 분야 공무원 초청연수 -.베트남 빈증성: 청소년 국제교류캠프, 공무원초청 연수 -.독일 프랑크푸르트: 도서 박람회 전시회 참가, 벤처기업 시장개척활동 -.일본 삿포로: 청소년 국제교류캠프 -.중국 중경시: 아태도시 시장회의 참가
경기	-.인도에 대한 경제교류 활성화: 마하라슈트라주와의 경제 우호교류, IT,BT분야에 대한 인적 기술교류, 항만·물류 업무협약협정(평택항- 자와하랄네루 항만신탁공사), 문화교류(문화재 공동연구, 상호 유물전 개최 등) -.EU지역에 대한 기업인 경제교류지원 -.독일지역과의 첨단기술 교류협력 강화 -.영국 남동잉글랜드지역과의 과학기술교류협력 강화
강원	-.문화 예술 농업교류: 중국 안휘성 -.관광교류: 베트남, 일본 미야기현, 스페인 마드리드 -.경관형성: 스위스 발레주
전북	-.이시가와현: 환경연수, 어학연수생 상호파견, 농업연수단 파견, 청소년 홈스테이, 스포츠 교류 등
경남	-.히로시마, 요녕성 등 우호협력 자치단체와의 통상, 투자유치 등 상호교류 -.한일해협 연안 8개국과의 교류 활성화

자료: 시·도별 내부자료 및 조사표에 의한 조사자료

4) 주민과 민간단체에 의한 국제교류

지방외교의 참된 의미는 시민외교로서 시민이 주체가 되는 외교라는데 있다. 시민과 시민(People to People)이 세계시민의 일원으로서 가슴을 열고 마음과 마음(Heart to Heart)을 잇는 외교활동을 통해 우의와 신뢰를 쌓아 나갈 때 세계평화와 인류의 행복에 기여하고자 하는 지방외교의 본래의 목적이 달성되는 것이다. 그러나 민간차원의 교류는 개개인의 역할만으로는 곤란하므로 민간단체을 통하여 국제교류활동을 전개하고 있다. 또한 각 지방정부도 민간차원의 국제교류를 촉진하기 위하여 다양한 지원책을 시행하고 있다. 시·도별로 추진하고 있는 주요시책을 정리해 보면 <표 Ⅳ-31>과 같다.

〈표 Ⅳ-31〉 2005년 지역별 주민과 민간단체에 의한 국제교류 현황

서울	△ 해외취업지원시스템 구축 운영 △ 서울의 영어능력배가프로젝트 운영
인천	△ 시민 명예외교관 위촉활용(7개 언어권 109명) △ 국제교류센터 설립 추진
광주	△ 광주-센다이 도자기교류전시회 지원 △ 자매도시에 민속공연단 파견 △ 인니 메단시 고등학생 민박 교류단 상호 방문 △ 장애인 스포츠 교류단 교류
울산	△ 국제PTP 울산챕터: 일본 대만 PTP챕터회원교류
강원	△ 청소년 현장학습 △ 독일이주 연로도민 고향방문 △ 해외 강원도민회 활성화(6개국13개회) △ 연해주 고려인 조국문화 전파프로그램운영
충북	△ 재미 충청향우회와의 청소년 교류사업 △ 청소년 유럽 상호방문
전북	△ NGO 국제교류활동지원; 국외 장기연수, 주제별 단기테마연수 △ 해외봉사단 파견
충남	△ 민간차원의 교류협력 활성화 유도 및 적극지원 - 대학·상공회의소 등 유사 단체간 자매결연 추진 - 중고생 스포츠, 대학생 토론회, 교수·학생 교환연수 등 △ 해외 자치단체 청소년 교환연수 - 해외 청소년: 우리의 역사문화를 이해, 우수협력자로 육성 - 충남도 청소년: 진취적 정신 배양, 세계인으로 성장도모 △ 해외동포대상 교류협력 증진 - 지역별 교민들과의 유대강화로 다양한 교류협력 증진 - 도정의 세계화추진을 위한 유익한 협조자로 육성 활용
경남	△ 경남 한일친섭협회과 일본 토야마현과의 교류 △ 창원 정구협회 한일교류 △ 한일간 해양소년단 상호교류
제주	△ 도민 외국어 능력향상교육 △ 제주 국제화장학재단 운영 △ 대학생해외배낭연수

자료: 시·도별 내부자료 및 조사표에 의한 조사자료

<표 Ⅳ-31>에서 보는 바와 같이 민간차원의 교류를 활성화하기 위해 서울특별시는 해외취업지원시스템을 구축하고, 서울의 영어능력배가 프로젝트를 운영하고 있으며, 인천은 해외거주경험이 있거나 외국어능력을 갖춘 시민들을 명예외교관으로 위촉하여 참여시키고 있고, 국제교류센터를 설립하여 민

간차원의 국제교류를 지원하고 있다. 광주광역시는 도자기교류전시회, 민속
공연단 상호교환, 고등학생 민박교류, 장애인 스포츠교류 등을 지원하고 있
으며, 강원도는 독일이주 연로도민 고향방문, 해외 강원도민회 활성화, 연해
주 고려인 조국문화 전파프로그램 등을 추진하고 있다.

충청북도는 미국과 유럽에 청소년 교류단을 정기적으로 상호교환하고 있
으며, 충청남도는 민간차원의 교류협력을 체계적으로 지원하기 위해 대학
상공회의소 등 민간단체간의 자매결연을 유도하고, 해외자치단체와 청소년
교환연수, 해외 동포대상 교류협력 증진프로그램 등을 추진하고 있다. 전라
북도는 NGO의 국제교류활동을 지원하고 있으며, 주제별 장단기 테마연수를
추진하고, 해외봉사단도 파견하고 있다. 기타 경남과 제주도도 민간차원의
교류협력을 활성화하기 위한 다양한 시책을 추진하고 있다. 그러나 아직은
활성화되지 못하고 있으며, 관에 대한 의존도가 높아 독자적인 교류는 좀더
시일이 걸릴 것으로 분석되고 있다.

3. 지방정부의 국제협력 실태

1) 국제협력의 개념과 방식 및 영역

가. 개념 및 의의

국제협력이란 지방자치단체가 정부의 세계화 정책에 협력하거나, 독자적
으로 발전도상국과 그 나라 사람들을 지원하여 개발 협력하거나, 또 지구환
경의 보전에 관하여 세계의 지방자치단체 간에 협력하는 것을 말한다(이은
재, 1999: 242). 즉, 국제협력이란 우리나라의 지방자치단체가 외국의 지방자
치단체 및 국제기구 또는 단체 등과 함께 공동의 목적을 실현하기 위하여
상호 협력하는 것을 말한다. 우리나라에서는 지금까지 국제교류와 협력을
크게 구분하지 않은 채 거의 동일한 의미로 사용해 오고 있다. 다만, 몇몇
문헌에서 국제교류의 차원을 설명하면서 국제교류와 국제협력을 구분하고
있으며(이은재, 1999: 241-243; 강신일, 1995: 13-15), 앞서 설명한 바와 같이
일본의 富野暉一郞는 국제교류와 협력을 구분하면서 국제협력을 국제교류

보다 한 차원 높은 것으로 설명하고 있다(富野暉一郎, 1997: 5). 한편, 지난 20~30년 동안 일부 지방들은 세계발전을 위한 국제협력을 선도해 왔다. 1985년 지방자치단체들과 시민단체들은 "세계발전을 지방이 주도하자"는 슬로건을 내걸고 Town & Development(T&D)라는 국제적 협력 네트워크를 결성하였다. 그동안 T&D는 남북분제의 해결과 세계의 지속 가능한 발전을 위한 지방의 협력과 연대를 도모해 왔다. 1990년대 UN이 주도한 일련의 국제회의들은 세계발전을 위한 지방의 역할을 강조해 왔다. 특히, 1992년 브라질 리우의 지구정상회의에서 채택된 '의제 21'은 지방이 지구환경의 파수꾼으로 나설 것을 역설하였고, 1996년 터키 이스탄불의 도시정상회의(Habitat Ⅱ)는 인간정주의 질 향상을 위한 지방자치단체의 국제협력을 촉구하였다. 1995년 네덜란드 헤이그에 모인 국제지자체연맹(IULA) 제32차 세계총회는 지자체 국제협력(MIC: Municipal International Cooperation)의 중요성을 확인하고 활성화방안을 논의하였다. 1997년 아프리카의 동쪽 섬나라인 모리셔스(Mauritus)에 모인 IULA 제33차 세계총회에서 집행위원회는 MIC에 대한 정책지침을 채택하였다(안성호, 2001: 7).

즉, 세계 각국은 교육, 환경, 보건, 지역산업진흥 등의 분야에서 원조와 기술이전이 광범하게 전개되고 있으며 지방자치단체와 시민 레벨의 국제협력 활동으로써 지역 주민들의 손에 의한 지역사회의 자립적인 발전과 주민생활의 향상에 공헌하는 국제협력 활동을 활성화시켜 나가고 있다(富野暉一郎, 1997: 6). 국가적 차원과는 달리 자치단체 간 협력체제가 의미하는 것은(안영훈, 1999: 190-191), 먼저, 민주국가에서 가장 기본적인 정치적 단위체인 자치단체가 경제·사회분야 등 지방 수준에서 특별한 국제교류 관계를 맺어 주체적 역할을 행사한다는데 과거와는 다른 국제적 의미를 가진다. 둘째, 국제교류의 동기, 지리적 분야별 지향목표, 관련 참여자의 형태, 관련방식 등도 다르다. 세 번째, 자치단체 간 협력관계는 단지 제한적으로 특정 프로그램만 실천하는 일시적인 관계로 한정된 것을 의미하지 않는다는 점 등이 다르다. 그러므로 지방자치단체 간 국제교류활동은 자치단체가 상호 협력하여 영속적인 공동이익을 바탕으로 정치, 경제, 사회분야의 공직자와 민간인 등 다양한 지방 주체자들과 함께 동원되어 지방자치 수준에서의 협력관계를 형성하는 것이라고 볼 수 있다.

나. 국제협력의 방식

지방자치단체 간 국제협력관계는 주로 3가지 요소, 즉 협력주체와 형식 및 내용에 따라 방식도 달라질 수 있으나 기본적인 방식들을 살펴보면, 대체로 교환방식, 교육기회의 제공, 전문기술지원, 기술 등의 이전방식, 직접실현방식(투자) 등으로 분류될 수 있다(안영훈, 1999: 196-197).

ㄱ) 특정사업에 따른 협력관계(Cooperation by Project)

사업계획을 공동협력에 의해서 실천하는 방식으로 규모가 작은 공공사업으로부터 도시개발사업, 주거환경 개선사업, 하부기반시설의 건설에 이르기까지 관련될 수 있다. 자치단체간 협력은 보통 작은 규모의 개발협력 프로그램이 일반적인 협력방식을 구성하고 있다고 본다. 다양한 재정지원을 필요로 하지 않는 것으로 지방의 차원에서 필요에 의해 발생될 수 있기 때문이다. 자치단체가 주민 대 주민 간의 파트너 관계를 주도하는 입장에 서 있는 경우이다. 사업계획의 연장 또는 확대를 거쳐 제도적으로 재정적으로 더 야심적인 사업의 차원으로 이어갈 수도 있다.

ㄴ) 인류박애정신에 의한 원조활동(Urgent Actions/Humanitarian Aids)

긴급상황에 따른 박애활동처럼, 인류애의 발로에 의해서 행하는 활동으로 자치단체가 옷, 의약품, 식량 등과 같은 물자원조 또는 재정원조 등에 직접적으로 참여하게 되는 경우이다.

ㄷ) 상호교류, 기술·문화의 이전, 교육훈련제공, 전문기술의 제공

자치단체간의 경험을 교환(Exchanges)한다는 것은 주로 회의나 세미나 연구활동, 전문가의 의견교환 등 호혜성의 조건으로 교류가 이루어지는 방식이 된다. 대표적인 것으로는 문화적인 교류활동으로 축제, 박람회 개최, 예술 및 문화활동의 교환 등과 같은 것이 된다. 기술과 지식의 이전, 교육훈련 및 전문평가(Expertise) 등의 활동은 사업에 따른 협력관계 속에 이루어 질 수

있지만 반드시 그러한 것은 아니다. 이와 같은 교류협력관계는 다른 교류활동을 보완해주는 보조적인 역할을 하는 경우가 빈번하다.

이상과 같은 협력방식들은 지방자치단체가 고유의 권한을 행사하는 것이기 때문에 선택의 자유가 있다. 하지만 사전에 다음과 같은 원칙을 준수해야 할 필요가 전제되고 있다. 즉, 자치단체는 협력에서의 주체적 지위를 갖지만, 국가가 인정해 주는 법체계 내에서 자치단체·지역사회의 공익을 고려하여 협력관계를 맺을 수 있다. 또 다른 원칙을 보면, 자치단체의 협력관계는 일시적이고 제한적인 협력관계라기보다는 여러 구체적인 상호교류에 의해서 현실화되는 것이기 때문에, 언제나 선진국이 기술적인 도움을 주는 것과 같은 일방적인 협력은 아니며, 자치단체 간 협력관계라고 말할 때에는 반드시 파트너의 차원에서 의미를 갖는다는 점이 중요하다.

다. 지방자치단체 간 국제협력의 영역

지금까지 선구적인 지방자치단체들은 환경보호 및 지속 가능한 발전, 인권보장, 인종차별 반대, 연대운동, 긴장완화와 평화건설, 남북통일의 기반조성, 행정역량과 민주주의의 강화, 인도적 원조와 빈곤퇴치, 건강증진과 사회개발, 문화교류 등의 영역에서 국제협력을 시도해 왔다.

〈표 Ⅳ-32〉 지방자치단체 차원의 국제협력 영역별 주요 내용과 대표적 사례

협력분야	주요 내용 및 대표적 사례
환경보호 및 지속 가능한 발전	· 세계 350개 지자체로 구성된 "국제지방환경선도연맹(ICLEI)"의 지구환경보호를 위한 협력활동 · 국제지방자치단체연합(IULA)의 "환경, 보건 및 생활방식에 관한 선언"
인권보장	· 1990년대 초 미국 지자체의 국제인권보호 활동 · 네덜란드 라이덴 시의 "난민의 도시 라이덴" 캠페인 · 중국 천안문 사태시 미국 주정부의 인권보호운동
인종차별반대	· 남아공의 프리토리아 정권의 인종차별 금지를 위한 미국과 네덜란드 지자체의 캠페인
연대운동	· 1980년대 후반 미국과 유럽의 주 및 지방자치단체들이 위기에 처한 니카라과의 산디니스타 정부를 구하기 위한 국제적 연대운동(solidarity movement)

긴장완화와 평화건설	· 40년대 말 프랑스와 서독의 도시들 간의 "1000개의 자매도시 결연 운동"
통일의 기반조성	· 독일 통일에 결정적 기여를 한 동·서독 도시 간의 자매결연(1989 년 통일직전 62개의 자매결연)
행정역량과 민주주의 강화	· 자치단체들의 행정역량과 민주주의의 강화 · 캐나다의 코버그와 말라위의 므주주 간의 협력프로그램
원조와 빈곤퇴치	· 곤궁한 지자체를 돕거나 사회경제적 필요에 부응하기 위한 국제협력 · 일본 이와데현 쿠시시와 리투아니아공화국 클라베이다시와의 리투아니아 독립 지원과 의약품원조 사례
의료 보건	· 지자체들간에 병원의 신축이나 보강, 의약품과 의료장비의 기부 등을 통한 국제협력 · 일본 후쿠오카와 중국 광조우 간의 의료 보건 협력사업 등
사회개발	· 성차별, 노동조건, 지역사회개발 등 사회적 쟁점에 대한 지자체 간 국제협력 · 미국 신시내티와 우크라이나 카키브 간의 성 문제 협력사례
공정무역	· 개도국 상품을 적정가격으로 수입하여 적정이익을 보장해 줌으로써 무한경쟁과 약육강식의 자유무역 폐해 시정. · 유럽 지방자치단체들이 지원하는 1000여 개의 "제3세계 상점"
문화교류	· 결연관계를 맺은 양측의 상호이해와 우의를 다지는 전형적인 지자체 국제협력분야 · 호주의 다아윈과 동티모르의 딜리 사이의 요트경기를 통한 양 지역 간의 우의와 경제적 이익의 증진

자료: 안성호, 2001: 16-25

<표 Ⅳ-32>는 지방자치단체 차원에서 가능한 국제협력의 영역과 영역별 대표적 사례를 정리한 것이다. 표에서 보는 바와 같이 지방정부간 국제협력은 지방의 관심사인 동시에 인류 공통의 문제들을 대상으로 여러 지방정부들이 공동협력하고 있음을 알 수 있다.

라. 지방정부의 국제협력을 위한 국제기구 및 단체
지방정부의 국제협력을 지원하기 위한 국제기구나 단체들은 무수히 많다. 그 중에서 중요한 몇몇 기구들을 살펴보고자 한다(한국지방자치국제화재단, 2003: 8-72).

ㄱ) 세계지방자치단체연합(UCLG: United Cities and Local Government)

UCLG는 두 개의 대규모 지자체 국제기구인 IULA(지방자치단체 국제연합)와 UTO-FMCU(국제자매·교류도시연맹)의 통합으로 생긴 세계 최대규모의 지방자치단체 국제기구로서, IULA에서 가장 큰 비중을 차지하고 있던 지자체협회 회원들과 UTO의 개별 지자체 회원들을 한데 묶어주는 역할을 하게 되었다. 새로운 세계지자체기구를 만들자는 생각은 1996년 이스탄불에서 열린 UN 인간정주회의(United Nations Istanbul Conference on Human Settlements)에서 도래되었다. 이 회의에서 지방분권과 지자체 강화에 대한 국제적 인식이 증대된 것이다. 이에 따라 이스탄불에서 열린 WACLA(World Assembly of Cities and Local Authorities)에서 참석자들은 국제적인 자자체기구를 만들어 협력을 증대시키고 단일한 세계기구를 위한 토대를 만들어야 한다고 주창하기에 이르렀다. 그 이후로 IULA와 UTO는 함께 UCLG를 만들게 되었고, 2001년 5월 IULA-UTO통합총회(Unity Congress)가 브라질 리우데자네이로에서 열렸으며, 그 결과 두 국제기구의 통합 결정이 공식화 되었다.

현재 UCLG는 스페인 바르셀로나에 사무국을 두고 있으며, 아시아·태평양, 아프리카, 중미, 동지중해·중동, 유럽, 남미의 7개 지역으로 나누어 각 지부별로 특성에 맞는 활동하고 있다. UCLG는 지자체를 강화하기 위한 다양한 활동을 하고 있다. UCLG는 도시간 국제협력을 증진시키며, 프로그램·네트워크·파트너십을 도모하여 지자체 및 지자체협회의 역량을 증대시킨다. UCLG는 모범사례의 전파와 지자체 지원의 중요한 방법으로서 지자체협회를 강화 시키는 것이 필요하다는 판단하에 협회역량강화(ACB: Association Capacity Building)를 추진하고 있다. ACB 프로그램은 협회간의 파트너십을 도모하며 협회가 없는 나라에는 지자체협회를 구성하는 것을 지원한다. UCLG는 도시 간 협력(City-to-City Cooperation)을 통해 학습과 교류를 추구하며 주제와 지역별로 도시 간 네트워크를 지원한다. 국제적 역량 및 기관발전 (CIB : International Capacity and Institutions Building) 플랫폼은 지방 행정인들의 경험을 교류하고 파트너십을 개발하여 지자체 및 지자체협회의 역량을 강화하려는 목적으로 추진되고 있다. 지자체 결정과정에서 여성의 참여 확대 프로그램(Promoting Women in Local Decision-Making)은 UCLG에 추구하는 또 하나의 중요한 활동이다.

ㄴ) 자치단체 개발(T&D: Towns & Development)

자치단체와 개발(이하 T&D라 칭함)은 남·북 협력관계(North-South Partnership)를 홍보하고 지방 차원의 지속 가능한 개발을 위한 활동의 협력을 목적으로 하는 지방자치단체, NGO 그리고 지역 공동체 단체들의 국제 네트워크이다. T&D는 IULA 산하네트워크로서 국제 사회에서 , 특히 남·북 관계가 생활에 직접적으로 미치는 영향과 그 속에서 자신들의 역할에 대한 인식을 증진을 목적으로 설립되었다. T&D는 국제사회 및 환경 개발에 지방의 기여와 인력 활용을 지원하고 개발 협력과 교육 활동 등에 지방의 전문가와 자원을 적극 활용하는 것을 그 목표로 한다. T&D의 모든 활동은 1992년 「지방 주도의 지속 가능한 개발을 위한 남·북 국제회의(International North-South Conference on Local Initiatives for Sustainable Development)」에서 채택된 베를린 헌장과 '의제 21'의 28장에 근거한다. 베를린 헌장과 행동 강령이 T&D가 핵심 프로그램이 근간이 되는데 T&D의 모든 활동은 다음 두 개의 상호 보완적인 분야에 초점을 두고 있다.

(i) 분권화 협력(Decentralised Cooperation)

분권화 협력은 지역 공동체 주민들의 삶의 질을 향상시키고 보다 나은 서비스를 제공하자는 공공 협력 활동의 원칙에 기본을 두고 있으며 이 원칙에 근거한 구체적인 프로그램의 계획과 실행을 위해 적당한 파트너들을 모은다. T&D의 프로그램은 지방 차원에서 구체적인 발전 프로젝트를 기획하는 NGO와 지방 자치단체들의 국가 지역 네트워크들과의 협력을 강조하고 있다. T&D의 분권화 협력관련 활동은 중복되는 활동을 피하고 상호 보완성을 공고히 하기 위하여 실행 이전에 IULA와 다른 국제 기구들과의 충분한 논의와 상담을 거친 뒤에 행해진다.

(ii) 지방 위주의 활동 홍보 및 교육

T&D는 다음의 4가지 주제에 초점을 둔 프로그램의 기획 또는 지원을 통해서 지방 주도의 여러 활동과 역할에 대한 인식 및 교육을 증진시킨다.

첫째, 공정무역 거래로서 공정무역 거래 상품의 홍보를 통해 남·북 관계에 대한 일반적인 인식을 높이고 각 개인과 기관이 공정무역거래 상품을 통해 더욱 공정한 무역 관계 형성과 생산자들의 생활수준의 향상에 기여할 수 있도록 한다.

둘째, 일반 대중에 대한 개발 교육 홍보활동으로서 T&D 활동은 지방자치단체들의 개발교육센터 설립, 운영 및 유지 방법에 대한 연구 및 성공 사례들을 다른 지역의 자치단체들과 공유하는 데에 초점을 맞추고 있다.

셋째, 지속 가능한 발전을 위한 생활 방식으로서 지방의제 21과 관련된 남-북 차원의 수많은 기구와 네트워크가 환경과 조화를 이루는 지속 가능한 개발에 관심을 기울이고 있는데. 그 중에서 남-북 문제에 초점을 두고 있다.

넷째, 지방의 다양성으로서 지방자치단체들이 인종차별주의, 외국인에 대한 반감, 그리고 그 외 여러 형태의 편견과 차별에 대항함으로써 핵심적인 역할을 수행하고 있다.

다섯째, 지구촌의 자치단체로서 국제 협력 증진을 위해 노력하고 있는 자치단체들간의 상호 정보 교환을 위한 네트워크인 「지구촌 자치단체 프로그램(Global Cities)」을 마련했다. 이 프로그램은 1995년 IULA 세계 대회의 주제인 "자치단체의 세계 : 혁신적인 국제협력을 위한 지방자치단체의 방향"에 대한 후속조치로 시작되었다

ㄷ) 인간정주관리를 위한 지방정부망(CITYNET: The Regional Network of Local Authorities for the Management of Human Settlements)

1982년 UN-ESCAP(유엔 아시아·태평양 경제 사회위원회)와 UNCHS(유엔 인간정주센터)의 공동 주관으로 요코하마에서 열린 '인간정주개발을 위한 아시아·태평양 지역 지방자치단체회의'에서 역내의 지방정부간에 효율적인 연계망을 구성하자는 내용의 요코하마 선언문이 채택되었다. 그 후 1987년 나고야회의에서 Citynet이 창설되었다. Citynet은 급격한 산업화와 인구의 도시 집중으로 야기된 환경파괴와 대도시의 빈곤계층 확대 등 풍요로운 삶의 질을 저해하는 위협 요소로부터 인간을 보호하고 효율적인 도시개발과 인간정주를 보장하고자 아시아·태평양 지역 내의 개별 도시, 자치단체연합, NGO를 연계하여 종합적이고 다각적인 협력과 교류 진흥을 목적으로 한다.

주요사업은 첫째, 기술지원사업으로서 도시개발과 관련해서 개별분야 전문가와 도움을 필요로 하는 희망도시에 기술고문과 지원사업 알선을 펼치고 있다. 둘째, 자치단체 공무원 또는 NGO 소속 위원을 대상으로 단기연수를 알선한다. 셋째, 개별 정책사안별로 합작연구팀을 만들어 프로젝트 연구를 실시하고, 그 연구결과를 연수 프로그램에 활용한다. 넷째, 효율적 도시개발 및 인간정주 관리 사례와 자료를 수집, 분석하여 비디오, 사진, 소책자 등으로 발간, 배포해 아시아·태평양 지역내의 인간정주관리 정보은행(Data Bank) 역할을 한다.

ㄹ) 세계대도시정상회의(SUMMIT: Summit Conference of Major City of the World)

세계의 도시, 특히 대도시들은 경제, 사회, 문화 활동의 중심지로 수많은 인구가 도시로 유입되어 급격한 발전과 함께 인구 집중에 따른 환경 악화 등 해결이 곤란한 많은 문제들이 야기되고 있다. 이런 문제들의 해결을 위해 스즈키 동경도지사의 제창으로 1985년에 시작된 세계대도시정상회의(이하 SUMMIT라 칭함)는 대도시 행정의 최고 책임자인 시장들이 정치·경제체제 그리고 문화의 상이함이나 국경·인종의 벽을 넘어 한자리에 모여 갖가지 도시경영 이념과 정책에 관해 솔직한 의견을 교환하는 토의의 장을 가진다. SUMMIT는 세계 대도시 공통문제의 해결을 도모 하고 시장 상호간 이해를 돈독히 함으로써 세계 평화의 실현에 공헌하고 있다. 이 회의는 1985년 제1회 동경회의 이후 3년마다 개최되고 있다. 개최시기는 가능한 많은 시장이 참가 가능토록 배려하여 개최도시가 결정된다. 개최도시는 참가도시 중에서 선발되는 이사(理事) 도시의 협의에 의해 결정된다. 정상회의 후의 후속처리 및 다음 회의개최 도시 결정 등을 이사 도시로 선출된 10개 도시–아비쟌(아이보리 코스트), 북경(중국), 베를린(독일), 카이로(이집트), 멕시코시티(멕시코), 뉴사우스웨일즈(호주), 뉴욕(미국), 파리(프랑스), 상파울로(브라질), 도쿄(일본) –가 맡는다. SUMMIT 네트워크는 아래 27개 도시에 의해 구성되어 있다. 1991년 몬트리올에서 개최된 제3차 SUMMIT부터 SUMMIT는 IULA, METROPOLIS, UTO와 함께 1992년 지구정상회담에서 지방자치단체들의 입장을 표명하는 등 활발한 활동을 펼쳐왔다. 그 결과 지구정상회담에서 채택된 지방의제 21에서 G4가 지방자치단체 관련 프로그램을 지원하는 국제기구로 언급되었다. 1992년부터 G4는 지방자치단체 차원에서 지구정상회담의 정신을 구현하는 구체적인 실천 방안과 이에 따른 문제들을 논의하기 위해 필요할 때마다 개최하고 . G4는 지방자치단체들의 의견이 Habitat Ⅱ와 같은 국제회의에 충분히 반영되도록 노력하고 있다.

ㅁ) 세계대도시협회(METROPOLIS: World Association of the Major Metropolises)
도래하는 21세기 문명을 이끌어갈 주체인 대도시 경영 담당자들이 경제발전과 환경보존, 삶의 질 향상으로 대변되는 인류의 공동 목표 달성을 위한 협조체제를 구축하고 정보를 교환하며 시민참여를 제고하는데 공동의 구심점이 되고자 1985년 세계대도시협회(이하 메트로폴리스라 칭함)가 창설되었다. 메트로폴리스는 1985년 4월 캐나다의 몬트리올에서 결성된 국제조직으로 세계 대도시의 인프라 정비, 도시개발, 환경보전, 경제개발 등에 관한 정보, 의견 교환 및 기술 원조를 통하여 도시 간의 국제협력과 교류 촉진을 목적으로 한다. 현재 메트로폴리스는 UN, WHO, UNEP, UNDP, HABITAT, 세계은행, 유럽연합, OECD 등 전 세계 유수기관과 네트워크를 형성해 활발한 활동을 전개하고 있다 메트로폴리스의 운영은 매년 개최되는 연례 이사회(실무정보워크숍 동시개최)와 3년마다 개최되는 총회에 의해 이루어진다. 메트로폴리스의 활동을 집대성하는 심포지엄인 메트로폴리스와 최고의사 결정기구인 총회를 3년에 1회 개최하여 메트로폴리스의 기본방침을 결정하며 이사 선출 등의 업무를 처리하고 있다. 1984년 파리, 1987년 멕시코, 1990년 멜버른, 1993년 몬트리올, 1996년 동경에서 각각 총회가 개최되었는데, 이들 총회에서는 이론 및 실무정보 교환과 협조체제 구축을 모색하였다. 1999년 바르셀로나 총회에서 서울시가 총회유치에 성공, 2002년 5월에는 서울시에서 총회가 열렸다 4개의 상임위원회가 주제별로 계속적인 연구 활동을 벌인 활동내용은 다음과 같다.
첫째, 개발기획/경영 위원회(멜버른, 리스본)로서 주요 대도시 구조개선 프로젝트를 연구하고 있으며, 둘째, 환경/도시환경/보건 위원회(코르도바, 바르셀로나)는 환경문제, 특히 수자원보존과 관련된 문제 연구를, 셋째, 경제개발

위원회(리우, 바르셀로나)는 제조업 실태와 경제, 또 경제가 도시개발에 미치는 영향에 대한 연구를, 마지막으로 사회/문화개발 위원회(토론토, 아비잔)는 대도시 청소년문제를 집중적으로 연구하고 있다. 메트로폴리스는 회원도시 간의 정보교환을 장려하고 도시개발 및 경영 프로젝트 입안 및 실행을 지원하기 위해 기술지원 프로그램도 실시하고 있다.

ㅂ) 기타 국제기구들

날로 심각해지는 환경문제에 관한 지방자치단체간 국제협력을 위해, 1990년 8월 뉴욕 UN본부에서 개최된 '지속가능한 미래'를 위한 지방정부 세계총회를 계기로 발족된 자치단체국제환경협의회(ICLEI: International Council for Local Environment Initiatives), 지방자치단체들의 재난에 대한 대처 방안의 효율성을 향상시키고, 재난 극복 및 재난의 충격을 완화하기 위해 국가 기구나 국제기구들과 함께 연구 활동 증진을 목적으로 설립된 지방자치단체 재해대책 국제회의(LACDE: Local Authorities Confronting Disasters & Emergencies) 등 많은 지방자치단체의 국제협력을 지원하는 기구들이 있지만 생략하기로 한다.

마. 지방자치단체 간 국제협력의 장점

협력관계를 유지하는 지방자치단체간의 관계가 한 나라 자치단체에만 일방적으로 유익하도록 협력이 이루어지는 것이 아니고 '상호간의 이익'을 위해 협력을 원하는 자치단체끼리 동반자의 관계 위에 성립된다. 즉, 교류 자치단체 상호간 추구하는 이익이 다르다고 할지라도 이들이 앞으로 다양한 교류협력 계획을 추진함에 있어서 자유의지에 따른 선택을 가능하게 할 수 있는 미래지향적 우호관계의 형성을 말한다. 이런 의미의 자치단체간 국제교류협력관계가 보여주는 주요 장점들을 다음과 같이 정리할 수 있다(안영훈, 1999: 193-195).

첫째, 선진국과 후진국의 자치단체 간 교류관계는 그 성격에 있어서 민주화, 자치화의 과정을 보다 신속하게 추진할 수 있도록 지원해 주는 국제협력과 국제적 단결의지의 차원이 많이 작용하였다. 예를 들면 아프리카, 라틴아메리카, 중앙유럽과 과거의 사회주의 국가들에 대하여 미국, 유럽 등 선진 민주국가들의 자치단체들이 이들 나라와 교류협력관계를 구축하여 지속적으로 발전시킴으로써 인류 박애정신의 실천과 세계평화유지에 상당히 기여하였다.

둘째, 경제적 중요성에 의해 경제교류발전이 자치단체 간 협력계획의 주요 목표가 되기도 한다. 이러한 경제적 동기는 다른 계획이나 다른 교류동기와 함께 연계되는데, 전체적인 교류의 틀 속에서 기술협력 또는 민간기업 간의 사업발전 등과 같은 경제협력 주제가 담겨지게 된다. 또는 반대로, 교류협력의 목적이 경제적인 것이 아니었음에도 불구하고 상호협력 활동들이 경제적 차원으로 발전하는 경우도 발생한다.

셋째, 국제교류협력관계를 맺음으로 해서 지역사회와 지역문화에 상당한 영향을 줄 수 있다. 이는 자치단체 간 단순협력의 차원을 넘어서 지역사회의 문화적인 교류형태로 발전하는 경우이다. 자치단체의 고유경험을 서로 부딪쳐 보고 외부와의 접촉에 의한 문호의 수입과 개방으로 자치단체의 정체성을 더욱 강화시켜나갈 수 있다는 점에서 긍정적이다. 이때는 지역사회를 구성하고 있는 자치단체 행정기관, 시민협력단체, 전문경제단체, 기업, 여러 부류의 민간단체 등 지역공동체의 다양한 구성원들이 적극적으로 국제교류 협력관계에 연계가 되어 지역사회의 활력소로 작용한다.

넷째, 국제적 차원에서의 교류관계는 상대국과의 이미지 문제가 관련된다. 특히, 한 나라의 특정한 지방 또는 도시가 갖고 있는 경제적, 문화적, 그리고 관광차원에서의 잠재적 가치를 외부세계와의 접촉으로 높여 보려는 의지를 준다. 이러한 의도가 자치단체 간의 국제협력을 위한 하나의 전략이 되기도 한다.

다섯째, 보다 효과적인 지방자치가 실천되기 위해서는 지방자치단체의 재정적 책임성, 전문기술교육, 법제도, 주민을 위한 열린 교육, 민주절차의 확립 등이 요구되고 있는데 이러한 점들은 사실상 자치단체 스스로 조성하기가 쉽지 않다. 그러므로 시민단체 전문기업, 이미 여러 경험을 축적해 두고 있는 선진국의 지방자치단체 등 다양한 파트너들과의 국제협력을 통해서 더욱 확실하게 발전시킬 수 있다는 점을 지적하지 않을 수 없다.

2) 국제협력의 실태

우리나라의 경우에 앞서 살펴본 바와 같이 1990년대 중반부터 본격적인 지방자치제가 실시되면서 지방자치단체의 국제교류가 활성화되기 시작하여 주로 자매결연의 체결과 개별 사업에 대한 교류협정 등을 통한 우호증진과 경제교류에 중점을 두어 왔다.

즉, 우리나라의 지방자치단체는 국제교류를 통한 국제사회의 이해와 친선방문, 당면한 지역산업의 경쟁력 강화를 위한 경제통상 분야에 치중하여 세계시민사회(Global Civil Society)의 발전에 기여할 국제협력의 중요성과 잠재력에 대해서는 별다른 관심을 갖지 못해 온 것이 사실이다.

그러나 다행스러운 것은 지방차원의 국제교류가 활성화된 것이 비교적 최근의 일인데도 불구하고 여러 지방자치단체에서 국제협력의 중요성을 인식하고 다양한 분야의 국제협력을 위해 적극 나서고 있는 것은 매우 고무적인 일이라 할 수 있다.

즉, 1990년대 중반이후 우리나라 지방자치단체들이 IULA, METROPOLIS, ICLEI 등의 각종 국제지방정부연합체들에 가입하는가 하면, 경상북도 및 충청북도 등이 주도하는 동북아지방자치단체연합(NEAR), 대전시의 세계과학도시연합(WTA), 강원도가 주도하는 환동해권 지사·성장회의와 같은 국제협력 네트워크의 창설을 통해 지방정부 간의 공동발전을 도모해가고 있는 것이다.

가. 국제기구 가입을 통한 국제협력

먼저 국제기구 가입을 통한 국제협력을 살펴보면 <표 Ⅳ-33>과 같다. 표에서 보는 바와 같이 서울특별시와 부산광역시가 국제도시답게 가장 많은 국제기구에 가입하여 활동하고 있으며, 인천광역시와 광주광역시, 대전광역시, 제주도 등이 국제기구 가입을 통한 국제협력에 많은 노력을 기울이고 있는 것으로 나타나고 있다.

〈표 Ⅳ-33〉 시·도별 국제회의·기구 가입현황

시·도	가입한 국제회의·기구
서울	△ 세계대도시 정상회의(SUMMIT) △ 세계 대도시협의회(Metropolis) △ 인간정주관리 지방 정부망(CITYNET) △ 지방자치단체국제연합(IULA) △ 아·태 관광협회(PATA) △ 미주지역 여행자협회(ASTA) △ 국제자치단체환경협의회(ICLEI) △ 세계대중교통연맹(UITP) △ 재해대책연맹(LACDE) △ 아시아대도시네트워크21(ANMC)
부산	△ 한일해협연안 시도현지사회의 △ 아·태도시서미트(일본) △ 동아시아도시회의 △ 아·태평양환경시장회의 △ 국제수도 수장회의 △ 세계대도시회의 △ 동북아자치단체연합 △ 아·태 도시 관광진흥 기구 △ 지방자치단체국제연합 △ 자치단체환경협의회 △ 아·태 도시정보화포럼 △ 아·태도시서미트회의(호주)
인천	△ 동아시아도시회의(한·중·일 10개 도시) △ 동아시아 경제교류추진기구(OEAED)
광주	△ 세계대도시협의회(Metropolis) △ 全美국제자매도시연합회(SCI) △ 자치단체국제환경협의회의(ICLEI) △ 세계지방정부연합(UCLG) △ 한·중·일 지방자치단체국제회의
대전	△ 세계과학도시연합(WTA, 17개국 46개 도시) △ 환황해경제·기술교류회의
울산	△ 동아시아도시회의(98.10) △ 한일경제교류회의(99.12)
경기	△ 동북아자치단체연합(NEAR)
강원	△ 세계지방정부연합(UCLG) △ 동북아자치단체연합(NEAR)
충북	△ 세계지방정부연합(UCLG) △ 동북아자치단체연합(NEAR)
충남	△ 동북아자치단체연합(NEAR)
전북	△ 동북아자치단체연합(NEAR)
전남	△ 동북아자치단체연합(NEAR)
경북	△ 동북아자치단체연합(NEAR)
경남	△ 동북아자치단체연합(NEAR) △ 한일해협연안시도지사교류회의(92)
제주	△ 세계지방자치단체연합(UCLG)(97) △아태관광협회(PATA)(85) △ 미주여행업협회(ASTA)(95) △ 한미경제협의회(KUSEC)(02) △ 동북아자치단체연합(NEAR)

자료: 시·도별 내부자료 및 조사표에 의한 조사자료

서울특별시는 세계도시정상회의, 세계대도시협의회, 인간 정주관리 지방정부망 등 10여개 국제기구에 가입하여 다양한 분야의 국제협력활동을 펼쳐 나가고 있으며, 부산광역시는 한일해협시도현지사회의 등 12개 국제기구 및 협력네트워크에, 인천광역시는 동아시아도시회의, 동아시아경제교류추진기구에, 광주광역시는 전미국제자매도시연합회, 자치단체국제환경협의회의, 세계지방정부연합 등 5개 기구에, 대전광역시는 대전광역시가 주도하는 세계과학도시연합과 환황해 경제·기술교류회의에, 울산광역시는 동아시아도시회의와 한일경제교류회의에 가입하는 등 광역시 단위에서 국제기구 가입이 활발한 것으로 나타나고 있다.

도 단위에서는 주로 동북아자치단체연합에 가입하고 있으며, 제주도가 아·태 관광협회, 미주여행업 협회 등 5개의 국제기구에 가입하여 활발한 국제협력 활동을 전개해 나가고 있다.

나. 국제회의 참가 등 국제협력 추진현황

2005년도 우리나라 지방정부의 국제협력 활동을 표로 정리한 것이 <표 IV-34>이다. 표에서 보는 바와 같이 서울특별시는 베를린에서 개최되는 세계대도시협의회(Metropolis) 총회에 참석하여 세계 각국의 대도시와의 공동 관심사에 대한 협력을 추진해 나갈 계획이며, 세계지방자치단체연합 아시아 태평양지부 총회, 국제도시박람회, 세계여성지도자대회, 인간 정주관리를 위한 지방 정부망(CITYNET) 등에 참가하여 다양한 분야의 국제협력활동을 전개하고 있다.

부산광역시는 한일해협 8개 시도현지사 교류회의, 동아시아도시회의, 국제 컨벤션협회 연차총회, 국제컨벤션뷰로협회 연차총회, 아시아컨벤션뷰로협회 연차총회 등에 참가하여 공동 관심사와 컨벤션 산업의 발전을 위한 국제협력을 추진해 나가고 있다. 그 밖에 광주광역시, 강원도, 전라남도, 경상북도, 제주도 등이 주변국들과 활발한 국제협력을 추진해 나가고 있다.

〈표 Ⅳ-34〉 2005년 국제기구·단체와의 교류협력: 국제회의 참가, 국제협력사업

시·도	주요 국제회의 참가 및 국제협력 활동
서울	△ Metropolis 총회 (베를린) △ 세계지방자치단체연합 아시아·태평양지부(UCLG-ASPAC) 총회(대구) △ 세계지방자치단체연합 이사회(북경) △ 국제도시박람회(URBIS 2005) (상파울로) △ 세계여성지도자대회(멕시코시티) △ 인간정주관리를 위한 지방정부망(CITYNET) 총회(하노이) △ UNESCO 총회(파리), 아시아대도시네트워크(ANMC21) 총회(북경)
부산	△ 아시아·태평양 도시서미트(일본,호주) △ 한일해협8개시도현지사교류회의 △ 동아시아(환동해)도시회의 △ 세계대도시회의 총회참가 △ 국제컨벤션협회(ICCA)연차총회 △ 국제컨벤션뷰로협회(IACVB)연차총회 △ 아시아컨벤션뷰로협회(AACVB)연차총회
인천	△ 제8차 서울 華商대회 참가 △ CITYNET: 아태지역 도시문제 공동협력체계
광주	△ 세계대도시협의회(Metropolis) △全美국제자매도시연합회(SCI) △ 자치단체국제환경협의회의(ICLEI) △ 세계지방정부연합(UCLG) △ 한·중·일 지방자치단체국제회의
대전	△ 제4회WTA테크노마트(러시아 노보시비르스크), △ 환황해경제·기술교류회의: WTA: 17개국 46개 회원
울산	△ 동아시아도시회의: 환황해권 3개국 10개도시
강원	△ 황금의 6각 계획: 6개 지방정부+협력주체, 10대 중점추진과제 △ 백두산 항로활성화; 강원도, 길림성, 연해주 3자회담, 출입국절차간소화 등 △ 동북아지역 지사·성장회의: 강원도, 길림성, 돗토리현, 연해주, 중앙도(몽), 동북아지역의 평화와 번영에 기여하는 실질적 협의체
충북	△ 국제기업경영자회의(인도 뭄바이)
전남	△ 한일해협연안 지사 교류회의 -. 한국 :부산, 전남, 경남, 제주 -. 일본: 후쿠오카, 나가사키, 사가, 야마구치 ※ 관광, 환경, 청소년, 경제, 문화 등 10개사업 △ 제7회 한중포럼 개최 (주제: 해양, 절강성)
경북	△ 한일 경제교류회의: 한일 양국의 지역경제교류 촉진 및 확대 -. 한국: 경북, 대구, 울산, 강원 -. 일본: 토야마, 니이가타, 이시카와, 후쿠이 △ 한중일『교류의 날개』 사업 -. 한중일 청소년들이 함께 어울려 해외체험과 교류를 통한 국제화역량 축적 △ 베트남 타이응우부멘성 새마을 사업
제주	△ 섬 관광정책 포럼(ITOP): 발리 오키나와 하이난 △ 한일해협연안 시도현지사회의

자료: 시·도별 내부자료 및 조사표에 의한 조사자료

다. 주요 국제협력 사례

우리나라 지방정부에서 추진되고 있는 주요 국제협력 사례를 정리해 보면 다음과 같다.

ㄱ) 동북아 자치단체 연합(NEAR)

동북아 자치단체연합(NEAR: North East Asia Regional Government Association) 은 동해를 중심으로 한국과 북한의 동안, 일본의 서안, 중국의 동북3성과 몽골, 그리고 러시아 극동지역 등에 위치한 5개국 36개 지방자치단체가 참여하여 창설한 연합체이다.

이들 지역들은 한국과 일본의 선진기술과 자본, 중국의 풍부하고 우수한 노동력, 몽골과 러시아 지역의 무한한 천연자원 등을 잘 활용한다면 21세기 세계경제의 주역으로 부상할 수 있는 잠재력을 가지고 있는 지역이다. 따라서 동북아지역의 공동번영과 항구적인 우호협력을 위해서는 국가수준의 교류보다는 지방정부나 비정부조직(NGO) 또는 민간차원의 교류가 활성화되어야 할 것이다. 특히, 아직도 북한과 체제와 이념적 대립을 해 오고 있는 한국으로서는 국가차원의 교류에는 한계가 있기 때문에 지방정부나 민간차원의 교류를 활성화하는 것이 남북관계에도 좋은 영향을 미칠 것으로 기대되고 있다.

(i) 동북아 자치단체연합의 탄생

동북아 자치단체가 처음 한자리에 모인 것은 1993년 일본 시마네 현에서였다. 4개국 지방자치단체장들이 모여 제1회 동북아자치단체회의를 개최하고 동북아지역의 공동번영을 위한 지역 간 협력방안을 모색한 것이 시발점이 된 것이다. 그 후, 1994년 효고현, 1995년 러시아 하바로프스크에서 회의를 개최하였으며, 1996년 경상북도 경주에서 개최된 회의에서 동북아지역 자치단체의 영속적인 국제기구 설립을 주요골자로 하는 연합헌장이 만장일치로 채택되어 자치단체간 국제기구로는 최초로 「동북아자치단체연합」이 공식적인 국제기구로 출범하여 오늘에 이르고 있다. 현재 회원은 <표 IV-35>에서 보는 바와 같이 2005년 현재 6개국 40개 지방자치단체가 가입되어 있다.

<표 Ⅳ-35> 동북아자치단체연합 회원현황

국가	단체수	회원 지방자치단체
한국	10	부산시, 강원도, 경기도, 충청북도, 충청남도, 전라북도, 전라남도, 경상북도, 경상남도, 제주도
중국	5	요녕성, 하남성, 산동성, 흑룡강성, 영하회족자치구
일본	11	아오모리현, 야마가타현, 니가타현, 이시가와현, 토야마현, 후쿠이현, 교토부, 돗토리현, 시마네현, 야마구치현, 효고현
러시아	10	연해지방, 하바로프스크지방, 사할린주, 캄차카주, 아무르주, 이르쿠츠크주, 치타주, 사하공화국, 브리야트공화국, 우스찌 오르딘스크 브리야트자치구
몽골	2	투브아이막,셀렌게이 아이막
북한	2	함경북도, 라선시

자료: 충청북도, 2005 충청북도 내부자료

(ii) 동북아자치단체연합을 통한 국제협력

동북아자치단체연합은 총회와 사무국, 실무위원회 및 5개 분과위원회를 두고 있다. 총회는 2년마다 회원 자치단체를 순회하며 개최하고 있다. 제1회 동북아자치단체연합 총회는 1996년 9월 4개국 29개 자치단체가 참여하여 경주에서 개최되었다. 이 회의에서는 지역 간의 교류협력프로젝트 및 발전전략 토의, 동북아지역 자치단체의 영속적인 국제기구 설립방안 등이 토의되어 동북아자치단체연합헌장이 만장일치로 채택됨으로써 공식적인 국제기구로 정식 출범하는 성과를 거두었다. 이는 지방정부가 주체가 되는 새로운 국제협력모델을 제시하였다는 점에서 매우 의미 있는 일로 받아들여지고 있다. 제2회 총회는 일본 토야마 현에서 개최하여 연합의 과제를 효율적으로 수행하기 위한 5개 분과위원회(경제통상, 문화교류, 환경, 방재, 일반교류)의 구성과 몽골과 북한의 회원가입을 위한 헌장개정 등이 이루어졌으며, 제3회 총회는 2000년 효고현에서 5개국 27개 자치단체가 참석하여 상설 사무국 설치문제와 북한의 연합참여를 유도하기 위한 방안 등이 논의되었다.

한편, 실무위원회는 제1회는 1997년 8월 경상북도 경주, 제2회는 1999년 7월 일본 토야마현, 제3회는 2001년8월 일본 효고현에서 개최되어 공동협력과제에 대한 협의와 연합의 운영과 관련된 실무적 사항들을 논의하였다.

분과위원회는 5개 분과로 구성되었는데, 경제통상분과위원회는 회원 자치단체의 경제상황 및 통상관련정보를 수록한 총람발간, 각 자치단체가 추진하는 통상관련사업의 상호협력, 동북아비즈니스 촉진회의 개최, 전자무역 추진을 위한 통상정보 DB구축 및 인터넷무역박람회 개최, 전자무역공동홈페이지 구축과 2004년부터 총회개최지에서 동북아기업박람회의 개최 등을 추진하였다.

문화교류분과위원회에서는 학술연구를 통한 교류촉진, 동북아지역 연구센터의 창설 등을 논의하였으며 공동사업의 추진을 의결하였다.

환경분과위원회는 구체적인 사업내용과 각 자치단체의 참가의향에 관한 조사를 토대로 환경협력 추진방안을 구체화하여 나가고 있으며,

방재분과위원회에서는 각 국의 방재체제에 대한 이해를 토대로 방재에 관한 정보교류, 인재교류, 공동협력사업의 발굴 추진 등을 실시하고 있다.

끝으로 일반교류분과위원회는 동북아지역을 담당할 인재의 중요성을 감안하여 각 자치단체의 교류사업정보를 상호교환하고 구체적인 인재육성사업을 추진하며, 동북아 21세기여성회의를 개최하기로 합의하였다.

(iii) 향후과제

동북아자치단체연합은 짧은 기간에도 불구하고 많은 성과를 거두어 왔으나 몇 가지 해결해야 할 과제도 안고 있다(이지석, 2002: 54). 우선, 동북아지역의 공동이익을 실현할 수 있는 구체적인 교류협력프로그램을 개발하여야 한다. 그래야만 참여 자치단체의 적극적인 지지와 협력을 이끌러 낼 수 있다. 둘째는 회원 자치단체간의 지속적인 교류를 위하여 상설사무국의 설치와 연합뉴스지 발간, 인터넷 홈페이지 구축 등 추진체제를 재정비하고, 분과위원회를 활성화하여야 한다. 셋째, 동북아자치단체연합의 원활한 활동을 지원할 수 있는 재정적 기반이 마련되어야 한다. 단기적으로는 분과위원회를 중심으로 사업을 추진하되 제안자 부담원칙으로 추진하고, 장기적 관점에서 공동수익사업의 개발이나 회원 자치단체의 출연에 의한 기금조성방안 등이 강구되어야 한다.

ㄴ) 한·일해협연안 시·도·현지사 교류회의

우리나라의 부산광역시, 경상남도, 전라남도, 제주도와 일본의 야마구치현, 사가현, 후쿠오카현, 나가사키현 등 한일해협연안 8개 자치단체는 1992년 제주회의에서 시작하여 매년 정례적인 회의를 열고 경제교류, 주민친선이벤트, 청소년교류, 전통공예품 교류, 지역진흥단체교류, 환경기술교류, 수산기술교류, 관광교류, 정보네트워크 구축과 연구기관 교류 등 10개 공동사업과 사가현의 공무원상호교류, 후쿠오카현의 환경기술공무원교류사업 등 2개 개별교류사업 등을 추진하고 있다.

ㄷ) 동아시아 도시 시장회의

1991년 11월 일본 기타큐슈에서 개최된 지식인 회의에서 출발하여 인천광역시 등 우리나라 3개시, 중국 4개 시, 일본 3개 시 등 3개국 10개 도시가 참여하고 있다. 매년 개최되는 실무회의와 격년제로 개최되는 시장회의를 통해 문화, 관광, 환경, 정보 등의 분야에 관한 상호협력을 추진하고 있다. 2002년 10월 「인천 시민의 날」 행사기간에 개최되는 회의에서는 국제회의와 경제·물류 교류세미나와 함께 국제상품전시회, 투자설명회, 문화행사 등이 개최되었다.

ㄹ) 한·일(北陸) 경제교류회의

우리나라의 대구광역시, 울산광역시, 경상북도, 강원도와 일본의 北陸 4현 즉 니가타현, 토야마현, 이시카와현, 후쿠이현 등 8개 자치단체들이 참여하여 경제협력을 증진해 가고 있다.

ㅁ) 세계과학도시연합(World Technopolis Association;WTA)

우리나라 대전광역시를 중심으로 미국, 영국, 캐나다, 프랑스 등 13개국 27개 도시가 참여하여 세계과학도시 간의 과학기술협력을 통한 지역발전을 도모할 목적으로 1998년 9월 16일 창립되었다. 이 연합체는 1997년 개최된 세계과학기술도시 시장회의에서 10개국 22개 도시가 참여하여 WTA의 창립에 합의하고 WTA공동선언문 및 헌장을 채택함으로써 세계 최초의 과학도시

간 국제기구로 출범하게 되었다. 1999년에는 제1차 WTA 대전 테크노마트가 개최되어 15개국 46개 도시 210개 기업과 연구소, 대학이 참여하여 485개 기술상품이 전시되었다. 제2차 WTA총회는 중국 난징 시에서 15개국 40개 도시 300명이 참여하여 개최되었으며 앞으로 국제과학도시 간 정보네트워크 구축, WTA부설연구소 설립, WTA학술위원회 구성, WTA장기발전방안의 구체화 등을 중점 추진해 나갈 계획이다. 2005년에는 러시아 노보시비르스크에서 제4회 테크노마트를 개최하여 회원국들과 경제, 기술교류를 추진하고 있다.

ㅂ) 환동해권 지방정부 지사·성장회의

동해를 중심으로 우리나라의 강원도, 중국 길림성, 일본 돗토리현, 러시아의 연해주와 중앙도 및 북한이 참여하는 협의체를 구성하여 환동해권 공동발전을 위한 협력기반을 구축하고 국제교류센터의 건립 등「황금의 6각 계획」을 구체화해 나가고 있다.「황금의 6각 계획」은 6개 지역 6개 주체가 6단계를 거쳐 환동해권 경제공동체를 구축한다는 전략으로서 앞의 6개 지역이 지방정부, 대학, 연구소, 기업, 주민, 지역거점 등 6개 주체의 참여하에 1단계로 협의체구성과 환동해 교류협력센터 건립 등 교류협력기반 조성, 2단계로 해상·항공·교통로 등 수송네트워크 구축, 3단계로 수자원, 해저자원 공동개발관리 및 오염예방, 4단계로 환동해권 개발기금조성 및 공동프로젝트 추진, 5단계로 거점지역의 개방도시·특구를 연결하여 자유무역지대 조성, 마지막 6단계로 완전한 경제공동체를 형성한다는 전략이다. 또한 강원도는 500평 규모의 환동해교류협력센터를 건립하여 환동해권 지방정부의 상설 관광, 문화홍보, 지역별 특산물의 전시판매를 통해 환동해 종합무역센터로서의 기능을 수행하도록 하고 있다.

3) 종합정리

우리나라 지방정부의 국제협력 기능은 아직은 초보적 단계에 머물러 있다. 앞서 살펴본 바와 같이, 주로 지역의 경제교류 및 문화교류를 위한 네트워크 구축에 치중해 있으며 보다 차원 높은 인권과 비핵화, 환경문제 등을 위한 국제협력은 아직 미미한 수준에 머물러 있다. 일본의 경우도 1955년 자매도시교류가 시작된 이래 지방정부의 국제활동에 비약적인 발전이 있었음에도 불구하고 최근에 와서야 단순한 국제교류에서 탈피하여 국제협력으로 발전시켜 가고 있다(윤설현, 1996: 20-35).

이와 같은 이유는 첫째, 지방정부의 국제적 활동경험이 비교적 일천하다는데 기인한다. 우리나라의 경우 지방자치단체 간 자매결연이 처음 시작된 것은 1960년대 초부터지만 본격화된 것은 1990년대 이후부터이기 때문에 이제 겨우 지방정부의 외교활동기반이 갖춰져 가는 시기인 것이다.

둘째, 아직 우리나라의 경제·사회적 여건과 지역 경제기반이 취약하기 때문이다. 특히, 우리나라는 1990년대 후반 IMF지원체제를 겪은 후 이제야 이전수준으로 회복되는 단계에 와 있기 때문에 가장 시급한 것은 세계 여러 나라들과의 교류협력을 통한 지역경제의 활성화인 것이다. 그러나 다행스러운 것은 이러한 여건에도 불구하고 몇몇 지방정부를 중심으로 세계평화와 인류의 행복을 위한 국제협력을 증대시켜 가고 있다는 것이다.

셋째, 오랜 중앙집권적 정치행정체제와 중앙중심의 논리에 기인한다. 특히 외교정책에 대해서는 아직도 중앙정부의 독점의식이 상존하고 있으며 지방정부의 외교역량에 대해 높은 평가를 하지 않고 있다. 따라서 지방정부의 외교활동의 당위성을 지역경제 활성화에 둘 수밖에 없었으며, 보다 차원 높은 국제협력으로의 발전을 기대하기 어려운 상황이었다.

4. 지방정부의 국제통상 실태

1) 국제통상의 개념과 필요성 및 영역

가. 개념 및 의의

국제통상이란 "국제적인 거래를 위하여 상업적인 이익을 추구하는 상행위"라는 점에서 근본적으로 무역의 개념과 다를 바 없으며, 영어로 International Trade 또는 International Commerce로 표기하고 있는데 이는 둘다 국제무역 또는 국제통상의 의미로 사용하고 있기도 하나 실제로 의미상의 차이는 없다(박종수, 1997: 3). 그러나 오늘날 국제통상에서 말하는 상행위의 범위는 국가와 국가 사이에서 정부간 또는 정부와 기업 간이나 또는 개인 상호간에 이루어지는 거시적 국제경제관계 및 거래당사자 간의 사경제적 관계 모두가 포함된다. 결국 국제통상은 수출입을 지원하는 정부간의 대외교섭활동과 무역업계의 통상진흥을 위한 각종 지원활동(전시, 홍보, 지도, 마케팅 등) 및 전략을 포함하는 개념으로 사용된다. 국제통상은 수출입을 지원하는 정부간의 대외교섭활동과 무역업계의 통상진흥을 위한 각종 지원활동 및 전략 등 제반 활동을 포함한다. 또한 국제통상은 세계화와 가장 밀접한 관계를 가지고 있는 분야로서 국가 간에 이동될 수 있는 모든 자원이 국제통상활동의 대상이 된다고 할 수 있다.

한편, 지역기업의 수출 진흥을 목표로 하고 있는 지방자치단체의 국제통상정책은 상품의 수출입에 직접적인 영향을 주는 무역정책(관세 및 시장개방 정책 등)을 입안하여 제도화하는 것이 불가능하다. 그래서 지방자치단체는 수출 진흥에 보다 많은 관심을 가질 수밖에 없으며, 이를 위해서 수출 진흥을 중심으로 국제통상 진흥정책을 수립하여 추진하고 있다. 이러한 점에 비추어 볼 때 지방자치단체의 국제통상정책은 협의로는 "지역 내 기업의 수출증대를 지원하는 제반활동"으로 정의할 수 있으나 보다 넓은 의미로는 "지역 내 기업의 해외투자와 당해 지역 내에 외국기업이나 자본을 유치하거나 유치된 기업을 지원하는 활동"을 포함하는 개념으로 파악한다(김주완, 2001: 4).

나. 지방자치단체 국제통상의 필요성

지역경제개발정책의 대외적 측면인 국제통상 분야는 시대적 흐름에 비추어 볼 때, 그 개발주체가 지방자치단체이어야 하며 지방자치단체의 정책영역 중에서도 비중이 가장 높아져야 할 것이다. 이러한 이유는 다음과 같은 데서 찾아볼 수 있다.

첫째, 국제질서의 기준으로 작용하던 이데올로기가 종식되고 각국의 경제적 이익과 논리가 국제질서의 주요 기준으로 대체되었으며, 이러한 표상으로 자유무역을 지향하는 WTO체제라는 개방화가 진행되고 있다. 따라서 한 국가의 안보는 과거의 정치적 지향에서 경제적 지향으로 전환하고 있으며, 각 국의 생존전략은 경제발전에 기초하고 있어서 정치적으로 국경이 희박해 진 무한경쟁시대에 개방화에 대응할 수 있는 전략의 수립과 실천이 큰 과제 로 대두되게 되었다.

둘째, WTO체제의 형성과 함께 세계경제에는 경제블록화가 가속됨으로써 경제활동 주체의 단위가 변하고 있다. 과거 국가의 역할과 책임 하에서 이루 어지던 국제관계와 경제교류 및 협력을 전이시켜 지금부터는 지방자치단체 의 역할과 책임하에서 국제적으로 지방자치단체간의 경제 및 통상부문의 교 류와 협력을 적극적으로 활성화시켜야 된다는 것이다.

셋째, 지방자치제도의 실시는 지방행정의 내용과 성격을 변화시키고 있다. 즉, 지방자치의 실시로 지방자치단체에 대한 지역주민의 지방적 이익과 논 리에 따른 지역개발욕구가 다양해지고, 이전에 경험하지 못했던 새로운 정 책영역이 지방자치단체에 추가됨과 동시에 행정서비스의 확대 및 유형의 변 화가 요구되며, 특히 지역경제의 활성화 및 개방경제체제에의 적극적 대응 이 지역발전의 주요 관건이 될 뿐만 아니라 지방자치단체가 해결해야 할 우 선 과제가 됨을 의미한다.

다. 지방차원의 국제통상의 영역

지방차원의 통상정책은 주로 지역 내 기업의 수출촉진과 외국 기술 및 자 본의 도입, 지역 내 기업의 해외진출 등과 관련된 제반 활동으로서 그 영역 을 보다 세분하여 정리해 보면 <표 Ⅳ-36>과 같다. <표 Ⅳ-36>에서 보는 바 와 같이 지방차원의 통상활동을 분류하여 정리해 보면 크게 수출 진흥 정책, 수출특화기업정책, 국제통상정보개발정책, 국제협력정책, 투자유치정책, 해 외투자정책, 기술발전정책 등 일곱 가지 분야로 나누어 볼 수 있다.

지방외교정책 중 국제통상 분야는 최근 각 지방정부가 가장 역점을 두는 분야로서 지역의 산업을 진흥하고, 외국의 선진자본과 기술의 도입을 통해 지역경쟁력을 강화하기 위한 전략적 차원에서 추진되고 있다. 지방정부의 국제통상활동은 크게 세 분야로 나누어진다.

〈표 Ⅳ-36〉 지방차원의 국제통상활동의 영역

영 역 별	주 요 활 동 내 용
①수출진흥정책	· 무역회사, 수출협동조합, 해외무역사무소 설치 등을 비롯한 해외 마켓팅 지원 · 해외시장개척단 파견, 국제박람회. 전시회 참가 등 수출입 활동의 지원 · 자유무역지대 등 지역내 수출입 자유지역 지정
②수출특화기업정책	· 수출기업화 사업, 수출특화지구, 지방자치단체 수출보증제도, 지방자치단체의 자금보증제도, 지방자치단체 품질인증제도. 무역실무교육
③국제통상정보개발정책	· 국제통상정보센터의 설치, 인터넷 무역의 지원 등
④국제협력정책	· 해외인력망, 외국인근로자 수입, 산업연수생의 파견 및 도입
⑤투자유치정책	· 외국인 투자진흥기관과의 협력, 외국인기업전용공단의 지정, 외극인투자인큐베이터, 국내외 투자유치설명회 등
⑥해외투자정책	· 해외투자컨소시엄, 해외투자공단의 조성 · 업종별. 지역별 해외투자활동지원 등
⑦기술발전정책	· 기술개발컨소시엄, 해외기술협력, 테크노마트 등

자료: 박경국, 2001: 238

첫째는 지역 내 기업의 수출증대를 위한 시책이다. 가장 대표적인 것이 기업들의 해외시장 개척활동을 지원하여 판로를 개척하고 국제경쟁력을 향상시켜나가는 것이다. 이를 위해 전문기관인 KOTRA 해외무역관이나 국내 대기업의 해외 지사망을 활용하거나 지방자치단체가 직접 무역회사를 설립하여 기업의 해외시장 개척활동을 지원하고 있다. 또한 인터넷 무역, 수출기업화 사업, 무역실무 강좌 개설 등 지역 내 기업의 수출촉진을 위한 각종 시책들이 추진되고 있다.

둘째, 외국기업이나 외국자본 및 기술을 유치하거나 도입하는 일이다. 이를 위해 외국인기업전용공단이나 외국인투자지역의 지정을 통해 각종 인센티브 제도를 도입하고, 외국자본의 유치를 위한 국내외에서의 대규모 투자설명회 등을 개최하고 있으며, 지역 내 기업의 기술협력을 지원하기 위한 기술협력프로그램을 추진하고 있다.

셋째, 지역 내 기업의 해외진출을 지원하는 일이다. 지역 내 기업의 외국 현지법인,설립. 외국기업과의 합작투자, 생산기술의 해외이전 등을 지원하여 보다 안전하게 해외로 진출할 수 있도록 돕는 일이다. 그러나 우리나라 지방 정부에서는 지역 내 기업의 해외진출보다는 지역 내 기업의 수출촉진과 외국자본 및 기업의 유치에 중점을 두고 있으므로 여기에 대해서 보다 상세히 살펴보고자 한다.

2) 지역 내 기업의 수출증대를 위한 지원

지역 내 기업의 수출을 증대시키기 위한 지방정부의 정책은 크게 시장개척활동, 지역 내 무역기반 확충, 무역 전문인력 양성, 해외시장동향 및 정보의 제공 등으로 구분해 볼 수 있다. 그러나 가장 대표적인 수출증대시책은 해외시장 개척활동이며 긱 자치단체가 가장 많은 예산을 투자하고 있다.

가. 해외시장 개척활동 지원
지방정부의 해외시장 개척활동에 대한 지원은 지역 내 무역전문기관인 대한무역진흥공사 시·도 무역관, 한국무역협회 시·도지부, 농산물 유통공사 지사, 지방정부가 직접 설립한 무역회사 또는 지역 내 무역전문업체 등과 협조하여 이들 기관 단체나 기업의 해외네트워크를 활용하여 추진되고 있다. 첫째, 시장개척단은 세계 각 지역의 유망시장을 중심으로 희망기업을 모집하여 현지 무역관이나 위탁기관의 해외지사 주선으로 현지에서 직접 수출입상담을 할 수 있도록 지원한다. 대체로 항공료와 숙식비는 기업 자체부담이며 현지에서의 바이어 초청 경비, 통역비, 홍보물 제작비 등이 지원된다. 둘째는 세계 각지에서 개최되고 있는 분야별 유명 박람회 및 전시회를 활용하는 경우이다. 대개 박람회나 전시회는 분야별로 전문화되고 특화된 국제행사이기 때문에 많은 기업들이 선호하고 있다. 역시 항공료와 숙식비는 기업 자체부담이며 부스임차료, 안내·통역비, 홍보물 제작비 등이 지원된다. 박람회나 전시회는 다수의 불특정 고객을 상대함으로써 자사제품에 대한 소비자 기호를 파악할 수 있고, 무수히 많은 잠재고객을 만날 수 있는 이점이 있으며, 전문분야별로 개최되기 때문에 경쟁사의 기술수준을 파악할 수 있고, 현지에서 기술이나 자본합작 등이 이루어 질 수 있는 가능성이 있는 등 장점이 있어 많은 기업들이 선호하고 있다.

끝으로 해외바이어를 초청하여 지역 내에서 무역 상담회를 개최하는 것이다. 무역 전문기관이나 기업의 도움을 받아 외국의 바이어를 해당 지역 내에 초청하여 무역 상담회를 개최하는 것이다. 이러한 외국바이어초청행사는 기업소재지에서 개최되기 때문에 생산현장을 직접 살펴보고 구매 상담을 할 수 있어 좋은 효과를 기대할 수 있다. 이상과 같은 시장개척활동의 2005년도 시·도별 현황을 정리해 보면 <표 IV-37>과 같다.

〈표 IV-37〉 2005년 시·도 해외시장개척활동 지원현황

시·도	계	해외시장 개척단 파견	국제박람회 및 전시회	바이어 초청 무역상담회
계	434회	130회	243회	61회
서울	18	8	10	-
부산	60	23	28	9
대구	35	9	25	1
인천	23	1	18	4
광주	16	5	11	-
대전	12	6	6	-
울산	10	8	2	-
경기	53	16	24	13
강원	11	7	3	1
충북	25	6	17	2
충남	9	3	5	1
전북	32	10	22	-
전남	34	8	20	6
경북	27	8	16	3
경남	37	10	26	1
제주	32	2	10	20

자료: 각 시·도, 2005 내부자료; 산업자원부, 2005 내부자료

<표 Ⅳ-37>에서 보는 바와 같이 2005년 한해 동안 총 434회의 시장개척활동에 대한 지원이 이루어져 왔으며, 가장 많은 지역은 부산광역시로서 60회를 실시했고, 이어서 경기도가 53회, 경상남도가 37회, 대구광역시 35회순이었다. 유형별로는 시장개척단이 130회, 박람회 및 전시회가 243회, 바이어를 초청하여 무역상담회를 개최한 것이 61회로서 대부분 전문박람회나 전시회를 활용하고 있는 것으로 나타나고 있다. 이러한 해외시장 개척활동은 2001년 238회에 불과하던 것이 2004년에는 382회로, 2005년에는 434회로 매우 큰 폭으로 증가하고 있는 것으로 나타나고 있다.

나. 국제통상기반의 확충

국제통상기반 확충사업은 수출경험이 없는 중소기업에 대한 자금 및 정보의 제공과 수출보험료 지원, 국내외 상설 전시판매장 건설, 국제품질인증마크 획득의 시원, 홍보용 카타로그 제작 지원 등에서부터 바이어에 대한 신용조사비 지원에 이르기까지 다양한 형태로 이루어지고 있다. 또한 지역 내 전문가들로 수출지원협의회를 구성하여 운영하고 각종 무역관계 서류 및 홍보용 자료의 통·번역을 지원하는 시스템까지 갖추고 있다.

다. 무역전문인력의 양성

대부분의 시·도에서 지역 내에 무역전문가를 양성하기 위한 프로그램을 운영하고 있다, 지역 내 대학이나 무역 전문기관에 무역실무 강좌를 설치하여 중소기업의 대표자나 실무자를 위한 전문교육프로그램을 운영하거나, 실제 무역현장을 체험하기 위한 프로그램도 운영하고 있다.

라. 해외시장동향 및 정보의 제공

거의 모든 시·도가 인터넷 무역사이트를 개설하여 운영하고 있으며, 인터넷을 통한 해외정보의 제공, 정기적인 통상 정보지의 발간, 전자 카탈로그 제작지원, 수출기업 DB구축, 유망수출업체의 홈페이지 구축지원 등 지역 내 기업의 해외홍보를 위한 지원사업을 추진하고 있다.

이상과 같은 지역 내 기업의 수출증대를 위한 활동을 시·도별로 정리한 것이 <표 Ⅳ-38>이다. 표에서 보는 바와 같이 시·도별로 다양한 시책들이 추진되고 있다. 대부분 대동소이한 정책을 추진하고 있으며, 최근 들어 인터넷을 활용한 해외 바이어 발굴과 각종 무역정보의 제공, 온라인(On-Line) 무역결재 시스템의 도입에 많은 투자가 이루어지고 있다.

〈표 Ⅳ-38〉 2005년 시·도별 해외시장 개척활동 지원현황

시·도	주요 시책
서울	△ 북경『서울무역관』설치·운영 △유명 국제전시회 참가지원 △ 중소기업 해외기술교류 지원 △ 중소기업 수출능력 지원강화: 사이버마케팅 지원 △ 다언어 수출홍보용 카탈로그 제작지원
부산	△ 해외무역사무소 운영(미국 마이애미, 일본 오사카, 중국 상해) △ 해외시장개척단 파견 △ 해외전시회 참가지원 △ 해외바이어초청 무역상담회 △ 수출업체 임직원 통상 실무교육 △ 중소기업 통번역지원 △ 인터넷 해외 마케팅지원 △ KOTRA해외지사화사업
인천	△ 수출상담회, 해외시장개척단 파견 등 해외시장 판로개척 △ 무역아카데미 △ 중소기업 해외 지사화(10개) △ 수출기업화사업(10개 업체) △ 외국어 카탈로그제작 △ 수출보증보험료 지원 △ 해외규격인증획득 지원 △ 해외시장정보제공 △ 인터넷 무역프라자
대구	△ 글로벌 마케팅 지원사업 추진: 수출시장정보조사 지원, 바이어 정보은행, 　수출보험료 지원, 대구 사이버무역센터 운영, 통상전문인력 pool센터 운영, 　대학생 통상모니터 및 인턴십 운영, 수출유망상품 홍보물제작 △ 수출시장 다변화: 종합품목 시장개척단, 전문품목 시장개척단, 수출 전략 　시장 전시 상담회, 각종 박람회참가 확대 △ 통상전문인력 양성프로그램: 지역대학 통상전문가 양성 프로그램 확대 　권장, 대구 통상아카데미 운영, 전략지역 통상전문가 양성 강좌
광주	△ 수출보험료 지원 △ 재외동포 명예무역주재관과 교포 무역인을 　네트워크화하여 새로운 수출 구매선 육성(7개국10개도시) △ KOTRA 해외 지사화 사업 확대 △ 수출진흥자금지원(30억원)
대전	△ 해외시장개척단 파견 △ 유명 박람회 파견 △ 인터넷 마켓팅 지원 △ 수출보험료 지원 △ 해외통상주재관 파견 및 전시관 운영 △ 대전 상품 해외전시관 운영(4개소)
울산	△ 수출해외마켓팅: 전략산업국제회의, 해외시장개척단 및 전문박람회 참가 △ 중소기업 수출인프라 구축 및 역량강화 △ 중소기업 통상지원 전담기관 운영 : 중국 장춘 해외사무소, 해외통상지원팀 △ BRICs 시장공략 Total Marketing:브라질시장공략을 위한『삼바-30 프로젝트』 △ 자매도시(8개국 울산수출비중 49%) 해외마켓팅

경기	△ 시장특성에 맞는 해외마케팅 지원: 해외전시회 경기도관, 통상촉진단, 바이어초청 수출상담회 등 △ 대외 경쟁력 제고를 위한 무역기반조성: 해외규격인증 획득지원, 수출보험료 지원, 국제비즈니스센터 운영, 무역 전문인력 양성, 해외시장조사 및 PR활동비 지원 △ 세계 무역환경 대응능력 강화: BRICs지역 시장개척 단기 현지연수, 수출기업 e-CRM기능확대, 국제무역정보제공 △ 내수기업의 수출기업화(20개사) △ 전자무역활성화
강원	△ 수출경쟁기반 조성강화: 해외수출보험료 지원 등 6개사업 △ 도내제품의 국제경쟁력 강화: 해외규격인증획득지원, 수출품디자인개발사업 등 4개사업 △ 공무원 및 유관기관 수출마인드 제고: 통상관련 워크숍 등 3개사업
충북	△ 수출기업 해외마케팅 활동 집중지원: 해외전문박람회 개별참가기업 지원, 중소기업수출보험 지원, 수출인큐베이터 △ 수출역량제고시책: 외국어통번역, 해외정보지원, 유망 해외바이어 발굴지원, 중소무역업체 1사1도우미제도 △ 전자무역기반강화 및 지원; 인터넷 무역시스템, 수출기업 전자카탈로그제작, on-line 해외바이어 발굴 △ 통상관련 정보의 지속적 제공
충남	△ 내수기업의 수출기업화 육성: 수출실무능력향상, 해외마케팅 제고 △ 마춤형 해외시장 개척사업 추진 △ 중소기업「해외지사화」지원 :40개 업체 △ 대학생「무역인턴제」시행 △ 수출유망상품 해외홍보 : 100개 업체
전북	△ 중소기업 수출보험가입지원 △ 익산 귀금속 보석산업 육성지원 △ 해외사무소 개설 운영(상해, 미국 타코마시)
전남	△ 수출중소기업 중점 육성 △ 수출상품 브랜드화 사업 △ 수출보험료 지원 △ 해외통상사무소(3개소): 상해 오사카 뉴욕 △ 수출기업해외지사화사업 △ 중소기업 구조고도화 사업 △ 수출지원센터 운영 △ 수출 노하우 컨설팅 사업
경북	△ 수출보험료 지원 △ 경북 인터넷무역센터 운영 △ 해외 지사화 사업 △무역 전문인력 양성 △ (주)경북통상을 통한 해외 판로 개척 △ 경북특산물전시장 운영 △ 대 중국 만리장성프로젝트(중국시장집중공략 프로그램, 교류 통상, 인적네트워크 구축)
경남	△ 내수중소기업 수출전환사업 지원 △ 환리스크 관리교육 및 수출보험료 지원 △ 무역전문인 양성 △ 해외통상사무소 운영 활성화 △ 경상남도 추천상품제 운영 활성화 △ 경남산품 온라인 쇼핑몰 구축사업
제주	△ 수출업체 경영안정자금 및 물류비 지원 △수출시장조사 △ 유력 바이어 발굴 △ 수출업체전문교육

자료: 시·도별 내부자료 및 조사표에 의한 조사자료

마. 수출액과 교역량

자치단체별 수출액은 지역 내 산업의 대외 경쟁력을 가늠해 볼 수 있는 지표로 활용할 수 있으며, 지역 내 기업을 위한 국제통상시책과 각종 물적 교류정책의 효과로 볼 수 있다. 또한, 교역량은 당해 년도의 수출액과 수입액을 합한 금액으로서 외국과의 물적 교류 총량을 나타내는 것이다. 따라서 이 두 지표가 지방외교정책의 경제적 효과를 나타내고 있는 것으로 볼 수 있다.

<표 Ⅳ-39>는 2004년 12월 31일 현재 시·도별 교역량을 정리한 것이다. 표에서 보는 바와 같이 서울, 경기, 인천 등 수도권 자치단체가 전체 교역량의 40%를 차지하고 있어 수도권 중심으로 교역이 이루어지고 있는 것을 알 수 있다. 수도권 이외에는 공업도시인 울산이 14.06 %, 경북 11.65%, 충남 9.35%, 경남 7.98%, 전남 6.26%, 전북이 5.43%, 순으로 나타나고 있다. 따라서 이들 지역이 다른 지역에 비해 상대적으로 외국과의 경제교류가 활발한 지역으로 볼 수 있다.

〈표 Ⅳ-39〉 2004년 시·도별 교역량

(2004.12.31 현재, 단위: 백만달러)

구분	교역량	비중	수출액	수입액
합계	478,308	100.00	253,845	224,463
서울	78,306	16.37	29,924	48,382
부산	13,174	2.75	6,434	6,740
대구	5,075	1.06	3,155	1,920
인천	24,219	5.06	10,645	13,574
광주	8,326	1.74	5,288	3,038
대전	3,829	0.80	1,838	1,991
울산	67,260	14.06	37,470	29,790
경기	88,587	18.52	46,466	42,121
강원	1,228	0.26	642	586
충북	12,798	2.68	7,546	5,252
충남	44,698	9.35	29,272	15,426
전북	25,988	5.43	4,225	21,763
전남	29,950	6.26	12,609	17,341
경북	55,714	11.65	33,951	21,763
경남	38,188	7.98	24,292	13,896
제주	180	0.04	70	110
기타	30	0.01	20	10

자료: 한국무역협회 자료

바. 문제점

최근 지방정부의 해외시장 개척 활동과 수출 증대를 위한 다각적인 정책이 추진되고 있는데도 불구하고 몇 가지 문제점이 지적되고 있다.

첫째, 해외시장개척과 관련하여, 해외시장에 대한 체계적인 정보의 축적과 활용의 미비, 해외시장개척활동에 나선 참가업체의 사전준비의 부족, 언어구사능력과 수출입 절차에 능통한 전문 인력의 미비, 국제경쟁력을 갖춘 지역수출상품의 개발에 대한 지방정부의 노력이 부족하다는 점 등이 지적되고 있다(허수정, 1998: 71-72).

둘째, 국제통상기반의 확충과 무역 전문 인력의 양성, 해외시장정보의 제공 등과 관련하여 다양한 시책들이 추진되고 있으나 이러한 지방정부의 노력에 비하여 중소기업의 참여는 부진하다는 것이다. 이는 지역 내 기업의 무관심에도 그 원인이 있다고 하겠으나 보다 근본적인 원인은 홍보가 부족하여 '알지 못해 참여하지 못하는' 현상이 빚어지고 있다.

3) 외국자본 및 기업의 유치

일반적으로 기업의 통상교류는 초기에는 국내에서 생산물의 이전으로 시작되고 점차 발전하여 생산요소의 이전으로 발전한다. 국제경영의 4단계에 따르면 국내지향경영→해외지향경영→현지지향경영→세계지향경영의 순으로 통상이 복합화 되는 경향이 있다(조돈영, 1999: 357). 외국자본 및 기업의 이동은 생산물의 이전단계에서 생산요소이전의 단계로 이전하는 과정에서, 그리고 해외 지향적 경영에서 현지지향형 경영으로, 다시 한 단계 더 발전한 세계 지향적 경영으로 발전하는 단계에서 나타나는 현상으로 볼 수 있다. 특히, 우리나라의 경우 IMF 외환위기를 겪으면서 외국 자본 및 기업의 직접투자에 대한 관심이 높아져 왔으며, 산업자원부 주도로 지방자치단체의 적극적인 해외 직접투자 유치활동이 전개되어 왔다.

우선, 외국인직접투자(FDI: Foreign Direct Investment)란 외국인이 대한민국 법인·기업의 경영활동에 참여하는 등 당해 법인 또는 기업과 지속적인 경제관계를 수립할 목적으로 국내기업의 주식 등을 취득하거나 또는 장기차관으로 도입하는 자금을 말하며, 외국인 기업의 유치란 외국인이 일정 지분 이상을 투자한 기업을 지역 내에 입지시키는 것을 말한다.

이러한 외국인 집적투자는 국내 기업의 헐값 매각에 따른 국부유출론, 외국기업의 국내시장 지배에 대한 우려 등 일부 비판적 시각에도 불구하고 국내경제에 미치는 여러 가지 긍정적 효과 때문에 많은 지방자치단체들이 경쟁적으로 참여해 왔다. 외국인직접투자가 우리 경제에 미치는 긍정적 효과(장윤종, 2001: 23)로는 첫째, 미시적으로 기술, 경쟁, 전후방연계 등을 통해 생산성 제고 효과를 가져오며, 그 결과 수출증진, 투자촉진, 생산성 증대 등의 유발효과를 기대할 수 있다.

둘째, 거시적으로는 외국자본 유입으로 외환이 증대되며, 국내투자와 자본형성이 증가하여 생산과 고용의 증진효과를 가져올 수 있다.

셋째, 국제무역에서는 수출과 수입을 증대시키지만 우리나라의 경우 수출증대와 무역수지 개선효과가 더 크게 나타나는 것으로 분석되고 있다. 이러한 파급효과와 IMF지원 체제라는 특수한 상황 때문에 지방자치단체별로 외국 자본과 기업의 유치를 위해 많은 노력을 기울이게 되었다. 이하에서는 외국인투자유치를 위한 제도와 시·도별 유치활동 현황에 대하여 살펴보고자 한다.

가. 외국인투자유치를 위한 정책방향

외국인투자 유치에 관한 사항을 종합적으로 규정하고 있는 외국인투자촉진법 상의 기본적인 정책방향은 첫째, 외국인 투자제도를 수요자인 외국투자가 중심으로 개편하고, 지방정부가 외국인 투자를 경쟁적으로 유치하도록 투자환경을 조성하는 것이다. 지방자치단체가 지방세 감면, 토지 등의 임대료 감면, 외국인투자지역 후보지 선정·개발·관리 등을 하도록 하는 등 외국인 투자유치의 재량권을 확대하고, 지방자치단체의 유치노력을 기준으로 국가가 재정지원을 하도록 하여 지역 간 경쟁을 유도하도록 하고 있다.

둘째, 종전의 「규제·관리」 위주에서 탈피하여 「촉진·지원」 중심으로 법령체계를 개편하였다. 이를 위해 외국인 투자관리에 관한 각종 사항을 최소한으로 축소하고, 인·허가제도 간소화로 신속한 투자절차를 진행하며,

KOTRA에 투자지원센터를 설치하여 원스톱(One-stop) 서비스를 제공하고, 조세지원을 확대하며, 각종 보조금지급, 현금지원 등 다양한 인센티브 제도를 도입하고, 대규모 투자유치를 위하여 외국인 투자지역을 지정하도록 하고 있다(행정자치부, 2001: 129).

나. 시·도별 외국인투자 유치정책 추진 현황

지방자치단체가 외국 자본과 기업유치를 위해 활용할 수 있는 정책수단은 크게 세 가지로 구분해 볼 수 있다. 첫째, 외국인투자지역(단지형, 개별형), 자유무역지역 지정 등 당해 지역이 투자 최적지로서의 여건을 구축하는 일이고, 둘째는 현금지원, 조세혜택, 각종 재정보조금 제도를 활용하여 국가 또는 지역경제의 발전에 기여할 수 있는 외국인투자를 전략적으로 유치하는 일이며, 세 번째는 대규모 투자설명회, 투자 박람회 등을 개최하여 투자여건을 홍보하는 일이며, 네 번째는 직접투자에 따른 각종 인·허가의 신속한 처리와 철저한 사후관리 서비스 등 각종 투자편의를 제공하는 일이다. 여기에서는 외국인투자지역 지정과 외국인투자유치활동을 중심으로 살펴보고자 한다.

ㄱ) 외국인투자유치 지역 지정현황

외국인이 투자하는 기업을 유치하기 위한 제도[49]는 외국인투자촉진법 제 18조에 의한 「단지형 외국인투자지역」과 「개별형 외국인투자지역」 및 자유무역지역의 지정 등에 관한 법률 제4조에 근거한 「자유무역지역」 등으로 구분해 볼 수 있다. 첫째, 단지형 외국인투자지역은 중·소규모 투자유치를 위한 사전 입지지원을 목적으로 시도지사가 지정할 수 있으며, 단지형 외국인투자지역으로 지정된 지역에 외국인투자금액 미화 1천만 불 이상 제조업과 미화 5백만 불 이상 물류업 시설을 새로이 설치하는 경우에 조세특례제한법

---

49) 외국인투자 입지관련 지원제도를 통일적으로 운용하기 위하여 산업집적활성화 및 공장설립에 관한 법률에 규정된 외국인기업전용단지를 외국인투자촉진법에 의한 외국인투자지역으로 일원화하고, 지정권자를 시·도지사로 함.(2004.12.31 외국인투자촉진법 개정)

령에 따라 조세가 5년간 감면되며, 국가와 지방자치단체에서 공장용지를 매입하여 장기간 무상으로 임대하거나 저렴한 임대료만으로도 입주가 가능하도록 지원하고 있다.

〈표 Ⅳ-40〉 외국인투자유치제도 및 지정현황 (2005.10.30 현재)

구 분	외국인투자지역		자유무역지역
	단지형	개별형	
법적근거	외국인투자촉진법 제18조		자유무역지역지정 등에관한법률 제4조
지정목적	중·소규모 투자유치를 위한 사전입지지원	대규모 외국인투자 유치를 위한 사후 입지지원	수출지원목적의 가공무역, 물류업 등을 위한 입지지원
지정권자	시·도지사 (외국인투자위원회 의결)	시·도지사 (외국인투자위원회 의결)	산업자원부장관
조세감면	FDI 1천만 불 이상 제조업 - 법인세·소득세: 5년 감면 - 자본재도입 관세 면제	법인세·소득세: 10년감면 지방세: 8~15년 감면 자본재도입 관세 면제	3천만 불 이상 투자기업에 한해 외국인투자지역 입주기업과 동일한 감면
임대조건	기간: 10년(계속갱신가능) 임대료: 부지가격의 1% <임대료감면> -. 1백만 불 이상 고도기술 수반사업: 100%감면 -. 5백만 불 이상 일반제조업: 75%감면	기 간: 50년(갱신가능) 임대료: 100%면제	기간:10년(계속갱 신가능) <임대료 감면> -. 1천만 불 이상 제조업: 70%감면 -. 고도기술수반사업 : 추가감면
지정현황	<8개단지> 전남 대불 광주 평동 충남 천안 경남 진사 충북 오창 경북 구미 경기 금의 충남 인주	<16개 지역> 부산(1): MCC로직스 경기(3): NH테크노그라스 한국호야전자, 동우STI 충북(3): 동부전자, 린텍 코리아, 쇼트사 충남(3): 천안영상문화, S-LCD, 코리아오토그라스 전남(2): BASF(주), 에어리 퀴드코리아 경북(2): 아사히초자, 도래이새한 경남(2): 태양유전, JST(주)	<4개 지역> 경남 마산 전북 익산 전북 군산 전남 대불

자료: 충청북도, 2005 충청북도 내부자료

둘째, 개별형 외국인투자지역은 대규모 외국인투자유치를 위한 사후 입지지원을 목적으로 외국인투자실무위원회(위원장: 산업자원부 차관)와 외국인투자위원회(위원장: 재정경제부장관) 의결을 거쳐 시·도지사가 지정한다. 외국인투자지역으로 지정되면 이 지역에 입주한 기업에게는 법인세와 소득세가 7년간 감면되며, 지방세도 업종에 따라 8년 내지 15년간 감면된다. 또한 공장용지는 국가와 지방자치단체에서 매입하여 50년간 무상으로 임대되며 기간은 갱신이 가능하다.

셋째, 자유무역지역은 수출지원을 목적으로 가공무역, 물류업 등을 위한 입지지원을 목적으로 산업자원부장관이 지정하며, 이 지역 입주 기업에 대해서는 3천만 불 이상 투자기업에 한해 외국인투지지역 입주기업과 동일한 감면혜택이 주어지고, 토지도 장기간 저렴한 임대료로 활용할 수 있게 해주고 있다. 이상의 세 가지 제도의 지정요건과 현황을 요약 정리한 것이 <표 IV-40>이다.

ㄴ) 외국인 투자 유치 활동

외국인 투자를 유치하기 위한 지방정부의 활동은 투자유치 사절단의 파견, 국내외에서 개최되는 투자유치설명회, 외국인투자유치를 위한 안내서, 사업설명서 발간, 투자유망기업 방문 상담, 인터넷 사이트 개설, 투자유치자문단 운영 및 민간전문가 채용 등 다양한 형태로 이루어지고 있다. 이를 시·도별로 정리한 것이 <표 IV-41>이다.

표에서 보는 바와 같이 대부분의 지방자치단체가 대동소이한 활동유형을 보이고 있으며, 주로 투자유치 설명회를 개최하여 지역의 투자여건을 홍보하는데 주력하고 있다. 그러나 서울특별시의 경우 서울국제경제자문단과 외국인투자 자문회의를 설치하여 외국인의 시각에서 투자나 경영환경을 개선하려는 노력이 돋보이며, 부산광역시의 외국인투자유관기관과의 상호협력 프로그램, 인천광역시의 기투자 외국기업의 지원방안 강구, 대구광역시의 외국인 투자기업의 애로를 해소하기 위한 외투기업담당관제와 책임관리 공무원제, 광주광역시의 산업별 권역별 목표기업을 대상으로 한 고객 지향적 투자환경설명회, 대전광역시의 민간자원을 활용한 투자유치활동 전개, 울산광역시의 핀포인트(Pin-Point) 투자유치활동 전개, 경기도의 외국인 투자 촉진을 위한 다양한 인센티브제도, 충청북도의 전략적 투자유치 활동, 충청남도의 외투기업 '애로도우미'활성화와 외국인 기업 대표자와의 간담회, 전라북도의 투자유치타겟기업 CEO 초청 투자설명회 등 보다 구체적이고 다양한 시책들을 추진하고 있는 것으로 조사되었다.

〈표 IV-41〉 2005년 시·도별 외자유치 시책 추진 현황

시·도	주요 지원 시책
서울	△ 주요도시 경제사절단(통상·투자유치) 파견(8회) △ 외국인투자유치 조직 정비 △ 서울국제금융센터건립 △ 외국인 자문회의(서울국제경제자문단 외국인투자자문회의) 등을 통한 투자정책 개발 △ 대규모 국제행사와 연계한 마케팅 활동 전개
부산	△ 해외 투자유치팀 파견 △ 외국인 투자유치 환경 개선 △ 외국인투자유관기관과의 상호협력 △ 투자설명회 개최 △ 지역기업외자유치 지원 △ 외국인투자홍보
인천	△ 투자유치 타겟 기업 및 주요 투자가 대상 적극적인 홍보전개 △ 외국인 경영 및 생활환경 불편 해소 △ 기투자 외국기업의 지원체계 방안 강구
대구	△ 외국인 투자기업 애로해소 추진: 외투기업담당관제, 책임관리공무원제 △ 국내외 투자유치활동 전개: 해외(6회), 국내(4회) △ 외국인투자지역 우수 외투기업 유치
광주	△ 타깃기업을 대상으로 한 실리위주의 해외유치단 운영(5회) △ 산업별·권역별 목표기업을 대상으로 고객 지향형 투자환경설명회 개최 △ 해외 잠재투자가 및 국내 외국인 투자기업 초청 설명회 △ 투자유치기업 사후관리: 애로사항 해소, 인센티브적기제공 등
대전	△ 투자유치단 파견 및 설명회 개최 △ 민간자원을 활용한 투자유치활동 전개: 투자유치에이전트 및 자문위원 위촉활용 △ 외국인투자기업 애로사항 해결 및 외국인 학교 시설확충 지원
울산	△ 투자환경개선 및 지원체계 강화: 기업가 중심의 투자환경 조성 △ Pin-Point 투자유치활동 전개: 타겟화 되어 있는 투자유치활동 전개, 투자유치단 파견(4회), 투자유치 설명회(2회) △ 외국인투자기업 사후관리 강화

경기	△ 외국인 투자기업 유치기반 강화: 전용임대단지 추가조성 및 연구시설 확보, 투자적지 이미지 확산(투자유치단파견 25회) 및 투자유치 협상, 외자유치 유공 포상금 및 성과급 지급 △ 외국인 투자촉진을 위한 인센티브 제공: 입지지원, 보조금 지급 등 △ 고부가가치 산업의 전략적 유치와 산업구조고도화: 수도권규제완화, 첨단제조업의 클러스터화, 글로벌R&D센터유치,
충북	△ 매력 있는 외국인 투자환경 조성: 외국인기업임대단지 조성, One-stop 행정서비스제공 △ 전략적 투자유치활동 전개: 다양한 투자유치활동 전개 및 인센티브 강화, 전략적 투자유치업종 중점유치
충남	△ 전략적 투자유치마케팅 강화: 안면도관광개발 상품화사업과 연계한 투자활동전개(2회), 맞춤형투자유치사절단 파견(4회), 국내 투자유치 전문기관 대상투자설명회 개최(2회), 도내기업 및 컨설팅사 참여 촉진 △ 투자유치 홍보의 다각화: 다양한 투자환경 및 프로젝트 홍보기법 동원, 투자박람회, 대형이벤트 등 각종계기행사, 잠재투자가 초청 설명회 △ 외투기업 유치 및 사후관리 강화: 원스톱서비스 추진, 기투자기업의 증액투자 유도, 외투기업 "애로도우미"활성화, 외국인기업대표와의 간담회
전북	△ 외국기업의 적극적인 투자유치 마케팅 진개: 자동차박람회, 투자유치설명회 참가, 투자유치 대상기업 방문상담 △ 투자유치타겟기업 CEO 초청 투자설명회 △ 외국인 투자환경의 적극적 개선; 외투기업 One-stop 서비스제공, 외국인투자지역 확대지정, 외국인학교 운영지원 △ 투자유치 홍보활동 강화: 잠재투자가 D/B구축 및 외자유치 희망기업 IR자료 제작활용
제주	△ 투자지원제도 정비 △ 투자유치 조직 정비 △ 투자유치 해외 마케팅 및 투자설명회 △ 투자진흥지구지정,

자료: 시·도별 내부자료 및 조사표에 의한 조사자료

ㄷ) 외자유치 실적

외국인 투자유치는 각 지방자치단체가 가장 큰 관심을 가지고 있는 분야로서 외국인투자유치 실적은 지역의 종합적인 경쟁력을 가늠해 볼 수 있는 좋은 지표가 된다. 그러나 외국인투자 신고는 외국인투자자가 산업자원부장관의 권한을 위탁받은 대한무역투자진흥공사의 장 또는 외국환은행의 장에게 직접 신고하고 있다.

또한 외국인 투자신고는 대부분의 기업들이 본사를 서울·경기지역에 두고 있기 때문에 비록 지방에 공장설립 등을 통한 투자가 이루어지더라도 투자신고는 서울·경기지역에서 이루어지는 경우가 대부분이다. 따라서 외국인투자신고 실적이 곧 지방자치단체의 유치노력과 일치된다고 보기는 어렵다. 하지만 대략적인 추세를 파악하기 위해 1962년부터 2004년까지의 우리나라 외국인투자신고 현황을 살펴보면 <표 IV-42>과 같다.

표에서 보는 바와 같이 대부분 서울·인천지역에 집중되어 있고 기타 지역은 저조한 것으로 나타나고 있다. 다만, 충남 12억 달러, 충북 7억 5,300만 달러로 비교적 높게 나타나고 있고, 경기도와 경북이 2000년도에 비해 큰 폭으로 감소한 것으로 나타나고 있다. 다만 2000년 이후 공식적 통계는 발표되지 않고 있으며, 2004년 통계는 시·도 내부 자료를 참조하여 작성하였음을 밝힌다.

<표 IV-42> 시·도별 외국인투자 신고현황

(단위: 백만 달러)

구 분	1962~1999		2000		2004(신고기준)	
	건수	금액	건수	금액	건수	금액
서울	5,804	15,973	2,755	5,252	1,483	5,580
부산	413	1,363	81	485	82	132
대구	168	280	47	76	55	61
인천	599	1,383	141	1,110	102	1,122
광주	63	909	33	836	20	10
대전	82	1,482	31	366	29	92
울산	215	2,158	15	507	11	16
경기	2,093	6,322	431	4,093	20	327
강원	91	1,009	14	112	6	183
충북	383	1,338	34	166	65	753
충남	482	2,383	50	737	42	1,200
전북	195	1,794	19	67	6	83
전남	114	1,365	25	473	23	117
경북	459	3,776	35	804	25	356
경남	874	3,382	58	68	52	67
제주	66	2,344	9	306	3	157

자료원: 산업자원부 내부자료, 2004년 시도별 내부자료

다. 문제점

위와 같은 노력에도 불구하고 외국인 투자나 기업을 유치하는 데는 별로 큰 성과를 내지 못하고 있는 것이 현실이다. 그 이유는 각 시·도가 대부분 유사한 시책을 추진하고 있는데도 그 원인이 있지만 주된 원인은 첫째, 해외 투자사에 대한 정보가 부족하다는 것이다. 대부분의 지방자치단체들이 KOTRA나 무역협회 등에서 제공하는 정보에 의존하거나 해외 투자박람회, 투자유치 설명회에서 접촉하는 기업들을 중심으로 투자유치활동을 전개하고 있으나 실제 투자에 성공하기까지는 많은 시간과 노력이 따른다는 것이다.

둘째, 외국 투자자들을 만족시킬 만한 구체적인 프로젝트나 서비스가 준비되지 못하고 있다는 것이다. 외국 투자자들이 투자를 결정하기 위해서는 세부적이고 구체적인 정보를 원하지만 만족할 만한 정보나 구체적인 프로젝트를 제공해 주지 못하기 때문에 노력에 비해 성과는 미미한 수준에 머물러 있다는 것이다.

셋째, 외국 투자자들이 투자를 결정했다하더라도 관련되는 인허가 등 행정서비스가 국제표준에 미치지 못하여 투자자들의 불만을 사거나 심지어 투자계획 자체가 백지화되는 사례가 발생하고 있다는 것이다. 최근 들어 이와 같은 불만을 해소하기 위해 전담팀을 구성하여 운영하거나 원스톱(one-stop) 서비스를 제공하기 위해 노력하고 있지만 아직도 국제표준에 비추어 서비스 수준은 미흡한 실정이다.

넷째, 외국인 투자기업에 대한 사후관리가 미흡하다는 것이다. 일단 외국인 투자가 성사되고 입주가 완료된 기업에 대해서는 무관심하거나 사후관리가 되지 않아 추가투자 의욕을 상실하게 되는 경우가 빈발하고 있다는 것이다.

5. 지역의 국제화 지원 실태

앞서서 살펴본 바와 같이 내부의 국제화란 지역 내에 거주하거나 지역에 일시 체재하는 외국인도 아무 불편 없이 생활할 수 있도록 제반 시설이나 제도를 정비 확충하는 것을 말한다. 즉, 외국인과 공생하는 지역을 만들기 위한 지방자치단체의 외국인 전용 창구, 외국인의 교육·복지, 외국인의 취업

노동기준, 도서관이나 의료의 이용방법, 도로 안내표지판의 외국인 안내표시, 정보센터 설치, 외국인용 광고, 외국인용 어학연수, 나아가 외국인의 지방행정 참가 제도 만들기 등이 추진되고 있다(宋下圭一, 1988: 273).

여기에서는 외국인들이 가장 애로를 겪고 있는 자녀교육을 위한 외국인학교와 지방정부에서 외국인들에게 제공하는 서비스, 지역주민의 국제화 의식제고 및 지역의 산업과 문화예술, 이미지 등을 세계에 홍보하기 위한 국제행사 개최현황 등을 중심으로 살펴보고자 한다.

1) 외국인 학교 현황

외국인 학교란 우리나라의 초·중등교육법 제60조의2(외국인학교)에 설립근거를 두고 설립된 학교를 말한다.

동조 제1항에서는 "국내에 체류 중인 외국인의 자녀와 외국에서 일정기간 거주하고 귀국한 내국인중 대통령령이 정하는 자에 대한 교육을 위하여 설립된 학교로서 제60조제1항(각종학교)에 해당하는 학교(이하 외국인학교라 한다)에 대하여는 제7조(장학지도), 제9조(평가), 제11조(학교시설 등의 이용) 내지 제16조(친권자등에 대한 보조), 제21조(교원의 자격), 제23조(교육과정 등) 내지는 제26조(학년제), 제28조(학습부진아등에 대한 교육), 제29조(교과용도서의 사용), 제30조의2(학교회계의 설치), 제30조의3(학교회계의 운영), 제31조(학교운영위원회의 설치) 내지는 제34조(학교운영위원회의 구성운영)의 규정을 적용하지 아니 한다"라고 규정하여 여러 가지 특례를 부여하고 제2항에서는 "외국인학교는 유치원·초등학교·중학교·고등학교의 과정을 통합하여 운영할 수 있도록"하고 "설립기준·교육과정·수업연한·학력인정 그 밖에 설립·운영에 관하여 필요한 사항은 대통령령으로 정한다."

또한 각종학교에 관한 규칙(교육인적자원부령제779호, 2001·1·31) 제12조(외국인학교)는 "외국인이 자국민의 교육을 위하여 학교를 설치·경영하고자 할 때에는 이 규칙의 규정에 불구하고 감독청은 이를 각종학교로 보아 설립 인가할 수 있다"라고 규정하고 있다.

종전에는 이러한 명확한 법적 근거 없이 교육부령인 각종 학교에 관한 규칙 제12조에 의한 각종학교형태의 외국인 학교가 3개교(서울외국인학교, 서울일본인학교, 서울국제학교), 종전의 출입국관리법 제39조 내지 제45조에 의한 외국인단체 형태가 58개 기관이 운영되고 있었다. 또한, 각종 학교에 관한 규칙 제12조에 근거하여 설립된 외국인 학교에 대해서는 학교로서의 법적 지위가 인정되지만, 외국인단체의 형태로 등록된 외국인 학교는 우리 나라 법령상 학교로서의 법적 지위를 갖지 못함에 따라 학력인정 및 조세감 면 등 여러 가지 면에서 혜택을 받지 못해 왔다. 그러던 중 규제개혁위원회 가 행정규제 개혁차원에서 출입국관리법에 규정된 외국단체 등록제도의 폐지를 요구하였고, 1999년 2월 5일 동법이 개정됨으로써 외국단체 등록제도 가 폐지되었다. 출입국관리법상 외국인단체 등록제도가 폐지되자 교육인적 자원부는 외국단체(학교)를 국내의 제도권 속으로 편입시키는 조치를 취하 였다.

이를 위해 1999년 3월 8일 '각종 학교에 관한 규칙'(교육부령)을 개정하여 일정기준을 충족하는 외국단체(학교)는 각종학교로 설립인가를 받을 수 있도록 하였다. 종전의 동규칙 제12조는 외국인이 '조약·협약·협정이나 외교 관례에 의하여 학교를 설치·경영하고자' 할 때라는 조건에 부합하는 경우에 만, 동 규칙의 다른 규정에도 불구하고 각종학교로 보아 설립 인가할 수 있 다고 규정하고 있었다.

바로 이 조건을 삭제하고 외국인이 자국민의 교육을 위하여 학교를 설치 경영하고자 할 때에는 모두 각종학교로 설립 인가할 수 있도록 현행과 같이 개정한 것이다(조석훈 외, 1999: 5-7). 이 규칙의 개정에 따라 2005년4월 현재 총44개 외국인 학교들이 설립인가를 받아 운영하고 있는데 이를 표로 정리 해 보면 <표 IV-43>과 같다.

그러나 법령이 개정된 직후인 1999년 9월 현재 외국인학교 수는 61개교로 서 이 중 45개교의 운영실태를 조사한 자료에 따르면, 외국인학교의 설립역 사는 평균35년으로서 이중 4개교는 설립된 지 90년 이상의 역사를 가지고 있는 것으로 조사되었다. 언어별로는 중국어를 쓰는 화교학교가 26개교로 가 장 많았고, 영어를 사용하는 학교가 15개교, 일본어를 사용하는 학교가 2개 교, 독일어를 사용하는 학교가 1개교로 조사된 바 있다(조석훈 외, 1999: 9).

〈표 Ⅳ-43〉 외국인학교 현황 (2005년 4월 1일 현재)

시·도	계	미국	대만	프랑스	독일	일본	이태리	노르웨이	몽골
계	44	19	17	2	1	2	1	1	1
서울	17	8	3	2	1	1	1		1
부산	5	1	2			1		1	
대구	3	1	2						
인천	1		1						
광주	1	1							
대전	1	1							
경기	5	4	1						
강원	2		2						
충북	3		3						
충남	2		2						
전북	2	1							
경남	2	2							

자료: 교육인적자원부, 2005 내부자료

이로 미루어 보아 관련법이 개정된 이후 많은 학교들이 미등록 상태로 남아있는 것을 알 수 있다. 즉 1999년 9월 현재 61개교였던 것이 2002년4월 현재 37개교로 감소하였으나 최근에 외국인학교에 대한 중요성이 새롭게 인식되면서 2005년 4월 현재 44개교로 증가되고 있다. 외국인학교에 대해서는 입학자격과 설립요건의 완화문제에 대해 많은 논란(매일경제 2002년 2월 1일자, 중앙일보 2002년 3월 13일자, 중앙일보 2002년 7월 14일자)이 있지만 운영의 활성화를 위한 정책적인 측면에서 많은 보완이 이루어져야 할 것으로 지적되고 있다(문유석, 2005: 60-62; 하봉운, 2005: 96-105).

외국인 학교와 관련된 문제점을 정리해 보면, 첫째 대부분의 외국인 학교의 재정여건은 어려운 편으로 학생의 등록금으로 운영은 가능한 편이나 우수교원의 확보나 필요한 교육시설의 건립을 위한 재투자 재정확보에는 어려움을 겪고 있다. 특히, 외국인 학교들에 대한 정부지원은 다른 경쟁국가에 비해 미미한 실정이며, 학교부지나 금전적인 지원 등과 같은 직접적인 지원 뿐만 아니라 세제혜택도 거의 없어 외국인 학교들은 학교시설 개선 및 운영에 어려움을 겪고 있다.

둘째, 교과과정과 관련하여 교과과정의 다양성과 특히 영미계통의 고등학교에서 AP(Advanced Placement)나 IB(International Baccalaute) 등의 대학진학 시에 특혜를 받을 수 있는 프로그램을 운영하고 있는지의 여부는 좋은 학교 (Quality School) 인가를 평가하는 기준이 된다. 그러나 서울이나 대전 소재 외국인학교를 제외하고 학생수의 과소로 인하여 다양한 교과목을 개설하고 있지 못하고 있는 실정이다.

셋째, 주한 외국인들은 우리나라 외국인학교의 학비가 본국의 교육비 수준에 비해 고가임에도 불구하고 학교시설이나 교육의 질이 낮은 것으로 인식하고 있는 것으로 나타나고 있다. 기타 경기도 내 외국인 자녀 교육여건에 대한 조사 결과 외국인 교육여건에 대한 불만족 요인으로 외국인학교 수의 부족으로 인한 선택폭의 제한, 외국인학교 고유의 교육철학 부재, 한국 학생수 과다로 인한 언어문제, 낮은 교사의 질, 통학의 불편함, 과다한 교육비 등을 지적하고 있다.

2) 외국인을 위한 행정서비스

지역 내에 거주하거나 일시 체류하는 외국인은 물론, 통과형 외국인이라 할지라도 이들이 생활하는데 아무 불편이 없도록 관련 시설과 제도를 정비하고, 이들을 위한 각별한 관심과 배려가 요구된다. 왜냐하면, 고도로 개방되고 세계화된 지구촌시대에는 인종과 종교 및 국적과 이념을 초월하여 어느나라 사람이든 지역공동체의 일원으로서 더불어 살아갈 수 있는 열린 시민의식과 환경이 매우 중요하기 때문이다.

특히, 지방행정은 주민과 가장 가까이에서 주민생활과 직결되는 행정서비스를 공급하고 있기 때문에 지역 내 거주하는 외국인들이 생활하는데 필요한 각종 행정서비스를 차질 없이 공급해야 하며, 더 나아가 외국인들과 지역주민들이 공동체의식을 갖고 지역발전에 참여할 수 있도록 이들에 대한 특별한 관심과 배려가 요구된다. 현재 각 지방정부들은 주요 공공시설물 및 도로의 표지판이나 안내판 등을 외국인들이 찾기 쉽도록 정비하는 한편, 외국인들을 모니터 요원으로 위촉하여 생활불편사항이나 잘못된 제도와 관행 등을 고쳐나가고 있다. 또한 외국인들을 위한 문화행사 등을 실시하여 우리의 전통문화체험과 해당국가의 문화를 소개할 수 있는 장을 마련하고 있다.

<표 Ⅳ-44>는 우리나라 지방정부에서 추진하고 있는 외국인을 위한 주요 행정서비스를 요약 정리한 것이다. 표에서 보는 바와 같이 서울특별시가 국제도시답게 가장 다양하게 외국인을 위한 행정서비스를 실시하고 있다. 외국인들을 위한 '지구촌 한마당축제', 외국인 생활환경 개선, 외국인 종합 지원센터 활성화, 서울 타운미팅 개최, 외국인커뮤니티 문화행사, 24시간 의료기관 연계 서비스 등 다양한 시책을 추진하고 있다. 부산광역시의 경우 부산거주 외국인 대표자 대회를 개최하여 친목도모와 생활불편사항을 점검하고 있다. 인천광역시는 지역 내 거주하는 중국인들을 위한 차이나 클럽 활성화와 외국인 근로자를 위한 위안행사와 한국어 강좌를 개설하여 운영하고 있다. 광주광역시에서는 광주국제교류센터를 개설하여 한국어 학당, 외국인 생활상담코너, 외국인의 밤 행사, 외국인을 위한 소식지 발간 등을 추진하고 있다. 그 밖에도 많은 자치단체들이 외국인들을 위한 위안행사나 생활불편 해소를 위한 다양한 행정서비스를 지원하고 있다.

<표 Ⅳ-44> 시·도별 지역 내 외국인을 위한 주요 행정서비스

서울	△「지구촌한마당축제」: 40개국 1000여 명 참여 - 외국인 명예시민증 수여, 외국자매도시 공연단 초청공연 - 세계 음식전·풍물전, 세계전통의상체험 - 외국어린이 그림전시, 세계 각국의 전통 민속공연 △ 외국인 생활환경 개선: 공공기관 및 다중이용시설 "영어서포터즈"배치, 　외국인 진료가능병원 확대 △ 외국인 종합지원센터 기능강화 -. 비자 및 세무업무, 외국인 지원전문 상담 의료서비스 실시 -. 외국인 커뮤니티 등 서울거주 외국인 네트워크 확대 △ 서울「타운미팅」개최 -. 서울거주 외국인들의 관심분야에 대해 토론 후 시정반영 △ 외국인 커뮤니티 문화행사 지원 -. 주한 외국인 민간단체 또는 문화원의 고유한 문화행사지원 △ 외국인 서울체험 프로그램 운영 △ 24시간 의료기관연계서비스 제공

부산	△ 부산거주 외국인 대표자대회 -. 문화교류 등을 통한 친목도모, -. 부산시에 대한 이해증진, -. 일상생활 전반에 대한 불편사항 청취 및 개선
인천	△ 인천 차이나 클럽 활성화지원 -. 중국정보의 상호교환과 정확한 정보습득, 인적네트워크 구축 -. 인천 중국교역의 장 마련 △ 지역 내 외국인에 대한 시정 홍보 △ 외국인 근로자 한마음 잔치 및 한국어 교육 실시
대구	△ 외국인 근로자 편의제공: 쉼터 운영비 및 한국체험 프로그램, 근로자 음악회 지원 △ 설날 외국인근로자 위안행사 △ 하오 China 절 행사: 거주 중국인을 위한 행사
광주	△ 광주국제교류센터 운영 -. 한국어학당, 외국인 생활상담코너, 외국인의 밤 행사, 외국인을 위한 소식지 발간 △ 국제교류자료실: 외국인과 시민을 위한 국제교류자료실
대전	△ 외국인대상 시정홍보 및 생활편의제공 -. 포린 카운슬러 간담회, 3군 대학 외국군 장교초청 시정설명회, 외국인 생활안내책자 발간, 외국인 국제교류사업 적극지원, 국제도시화 종합계획 실천 △ 외국인에 편리한 정주여건 조성 -. 대전국제교류센터 운영, 외국어전문대학을 활용한 통번역지원, 국제문화복지센터 설치검토
울산	△ 외국인근로자 민속 대잔치: 설 추석 △ 외국인근로자 시티투어 △ 외국인 시정모니터 활성화
강원	△ 도내거주 외국인 유학생 결연사업(25명내외)
충북	△ 도정 홍보 영문 NEWS지 발간, 외투기업 임직원 문화탐방
전북	△ 외국인 전통문화 체험; 해외입양아동 전통문화 체험, 외국인 한마당 행사
전남	△ 전남도내 외국인 남도문화 체험행사(80명)
경남	△ 외국인근로자 쉼터운영 △ 외국인 생활적응 지원사업
제주	△ 장미혼례이벤트

자료: 시·도별 내부자료 및 조사표에 의한 조사자료

3) 국제행사의 개최

최근 들어 우리나라에서도 많은 지방자치단체들이 국제행사를 개최하고
있다. 광주비엔날레, 고양 국제꽃박람회, 경주 세계문화엑스포, 강원도 국제
관광엑스포, 청주국제공예비엔날레, 이천 도자기축제, 춘천 인형극제와 같은
국제행사들이 대거 개최되고 있다. 이러한 국제행사는 첫째, 경제적 효과로
서 관광수입의 증대, 관련업계의 일자리 창출, 지방정부의 세수 증대를 기대
할 수 있고, 둘째는 독특한 지역문화의 창출에 따라 지역의 이미지를 개선하
며, 셋째, 국제도시로의 발전 가능성을 높여주며, 넷째, 지역주민의 응집력과
추진력을 강화시켜 자치단체 전체의 역량을 강화시켜 주는 효과 등을 기대
할 수 있다. 반면, 사전에 충분한 준비를 하지 않을 경우 부실한 운영으로
세금낭비라는 비판을 받는 경우가 빈발하고 있으며, 민선 단체장의 정치적
야심에 의한 즉흥적 행사로 그칠 가능성이 있다는 지적이 일고 있다. 최근
중앙정부가 일정규모 이상의 국제행사계획에 대해 엄격한 심사를 거쳐 선별
적으로 지원하겠다고 발표한 것도 실속 없는 국제행사로 인한 부작용을 우
려하기 때문이다(행정자치부, 2001: 160-161). 그럼에도 불구하고 지방자치단
체가 주관하는 국제행사가 지속적으로 증가하고 있는 것은 국제행사가 가져
다주는 긍정적 기대효과가 더 크다고 판단하기 때문이다. 부산광역시와 제
주도의 경우는 컨벤션 산업의 육성을 위해 별도의 부서를 설치하여 체계적
이고 조직적으로 국제행사를 유치하기 위해 노력하고 있다.
　<표 Ⅳ-45>는 2005년에 각 시·도에서 개최되는 주요 국제행사를 표로 요
약 정리한 것이다. 서울특별시에서는 제8차 세계화상(華商)대회를 비롯하여
아시아태평양 환경개발 장관회의, 제6차 정부혁신포럼, 제58차 세계신문협
회 총회 등 대규모 국제회의가 개최되고 있으며, 부산광역시에서는 APEC 정
상회의 등 APEC 관련 10개 대규모 국제회의와 부산국제영화제, 부산국제관
광전 등 많은 국제회의와 국제행사가 개최되고 있다. 대구광역시, 광주광역
시, 강원도, 제주도에서도 많은 행사가 개최되고 있는데 특히 제주도에서는
2005년에 26개 국제스포츠대회를 유치하여 연중 개최하고 있다.

〈표 Ⅳ-45〉 2005년 주요 국제행사 개최현황

시·도	주요 국제행사
서울	△ 아시아태평양 환경개발 장관회의(05.3) △ 제6차 정부혁신세계포럼(05.5) △ 제58차 세계신문협회총회(05.5) △ 제6회 세계지식포럼(05.10) △ 제8차 세계 華商대회(05.10) △ 청계천 복원기념「세계도시환경포럼」개최지원
부산	△ 2005 APEC 정상회의 등 APEC 관련 10여개 국제행사 △동북아자치단체연합 실무위원회 △ 부산국제단편영화제 △ 부산국제연극제 △ 2005 부산국제기계대전 △ 2005부산국제해양대제전 △ 2005부산국제관광전 △ 제10회 부산국제영화제 △ 제14회 ILO 아태 총회 △ 2005부산국제신발섬유패션전시회 등
대구	△ APEC 중소기업 장관회의 개최(21개국,2천명) △ UCLG ASPAC(20개국300명) 개최 △ 그린에너지엑스포 개최(10개국80개사80부스) △ 중소기업기술혁신대전(20개국200개사) △ 대한민국국제모터사이클쇼(5개국400개사) △ 세계지방자치단체연합 아·태총회(20개국300여명) △ 대한민국 국제소방안전엑스포(15개국250개사)
광주	△ 국제광산업전시회 △ 아·태지역국제태양에너지학술대회 △ 광수디자인비엔날레 △ 광주 하우징 페어 △ 광주 국제 식품산업전 △ 국제상하수도전시회
대전	△ 제5회 환 황해 경제·기술교류회의(05.11): 한·중·일 3개국 대표, 기업인 등 300여명 참석
울산	△ 제57차 국제포경위원회(IWC) 연례회의(57개국800여명)
강원	△ 제10회 환동해권 지사·성장회의(5개 지방정부 100명) △ 제7회 한중일 자치단체교류회의(3개국50여개 자치단체)
경남	△ 국제기계박람회(KIMEX)
제주	△ 07 UCLG 제주총회 준비 △ 제3회 제주평화포럼 △ 26개 국제스포츠 대회

자료: 시·도별 내부자료 및 조사표에 의한 조사자료

V. 지방외교정책의 외부지원체제와 기반시설

여기서는 지방외교정책을 지원하는 외부지원체제로서 지역 내의 국가단위 지원 기관단체, 지역 내 대학, 해외 지방자치단체, 기관의 한국사무소 등으로 구분하여 살펴보고, 물적 기반시설로서 공항과 항만에 대해 살펴보고자 한다.

1. 지방외교정책의 외부지원체제

지방외교정책은 외국과의 관계 속에서 이루어지기 때문에 대단히 전문적이고 고도의 외교적 수완이나 기술이 요구될 경우가 많은 업무이기 때문에 외국에 관한 지식이나 정보, 현지경험, 외국어 구사능력 등을 지원 받을 수 있는 외부와의 유기적 협조체제가 요구되는 분야이다. 특히, 외국의 사정이나 문화적 차이를 정확히 이해하지 못하는 데에서 오는 어려움과 언어장벽을 해소하는 문제가 관건이 되고 있다. 이러한 전문성과 정보부족에서 오는 문제를 해결하기 위해 지방정부에서 활용할 수 있는 「知的 인프라」를 4개 차원에서 구분해 볼 수 있는데, 제1레벨은 국제관계에 관한 고도의 연구·협력을 수행하는 국제적인 전문연구기관, 제2레벨은 국제관계에 관한 국내지향 연구·교육기관으로서 대학이나 대학원·지역 싱크탱크(Think-Tank), 제3레벨은 외국과 국제교류·협력을 하는 일반시민단체로서 전문공개연구회·전문학교 등, 시민강좌·민간국제교류단체, 제4레벨은 외국과 국제교류를 하는 정보 수발신, 축적기관으로서 지방언론·국제교류협회·지방도서관·지방자치단체·외국재외공관 등을 들고 있다(吉田 均, 2001: 42). 여기서는 지방외교정책을 지원하는 외부지원체제로서 지역내 국가단위 지원 기관단체, 대학과 연구기관, 민간단체, 해외지원기관·단체 등으로 구분하여 살펴 보고자 한다.

첫째, 국가단위 지원기관들로서 가장 대표적인 것은 관련 중앙부처와 그 산하기관 및 한국지방자치단체국제화재단 등을 들 수 있다. 관련 중앙 부처로는 행정자치부를 비롯하여 외교통상부, 산업자원부, 문화관광부, 중소기업청 등 여러 부처가 기능별로 관련되어 있다. 또한 한국지방자치단체국제화재단은 우리나라 지방자치단체들이 공동으로 기금을 출연하여 설립한 재단으로서 지방정부의 외교정책 전반에 걸친 지원과 조언·알선 및 국제교류협력 프로그램의 운영, 각종 해외 정보의 수집·전파 등 매우 다양한 역할을 수행하고 있으며, 중소기업청 산하 지방중소기업청, 대한무역진흥공사의 시·도 무역관, 대한 무역협회 시·도지부, 중소기업진흥공단 시·도 지부 등도 국가단위 기관·단체로서의 역할을 수행하고 있다.

둘째, 지역 내에 소재 하는 대학 및 연구소로서 특히 대학은 우수한 인재들의 집합체인 동시에 지역인재 양성기관이기 때문에 매우 중요한 역할을 수행하고 있다. 지방정부의 국제교류 프로그램에 직접 참여하거나 국제통상 분야 전문인력 양성프로그램 운영, 외교문서 통·번역센터의 운영 등을 통해 지방외교정책을 지원하고 있으며, 지역 내의 연구소 역시 외국과의 기술협력 및 인재양성 프로그램 운영, 국·내외 정보의 수집 및 분석, 지방차원의 외교정책 개발 등을 통해 지방정부를 지원하고 있다.

셋째, 국제 라이온스 클럽, 국제 로타리클럽, 상공회의소, 여성단체 등 각종 민간단체들도 지방정부의 외교정책을 지원하고 있다. 직접 외국의 민간단체와 국제교류협력 프로그램을 운영하거나 지방정부의 지원을 받아 교류협력 프로그램에 참여하기도 하면서 직·간접적으로 지방정부의 외교정책을 지원하고 있다. 이들 민간단체들의 국제교류협력활동이야 말로 지방외교정책의 가장 핵심적 내용이며, 지방외교정책은 지역 주민이나 이들 단체가 주체가 되는 외교활동이라는 점에 가장 큰 특징이 있는 것이다.

넷째, 해외 지원기관·단체이다. 지역 내에 소재 하는 외국공관, 외국문화원, 외국의 상공회의소, 외국 지방자치단체의 사무소 등도 지방외교정책에서 중요한 역할을 담당하고 있다(신기현, 1996: 178). 여기에서는 국가단위 지원기관과 대학, 지역 내에 소재하는 외국 자치단체 및 기관의 한국 사무소를 중심으로 살펴보고자 한다.

1) 국가단위 지원기관

가. 한국지방자치단체국제화재단

한국지방자치단체국제화재단은 21세기 국제화, 지방화시대에 대비하여 각 자치단체의 해외활동 및 국제교류업무를 효율적으로 지원함으로서 지역의 국제화와 지방자치발전에 기여하기 위하여 1994년 전국의 지방자치단체가 공동으로 출연하여 설립하였다. 주요 기능은 지방의 국제화에 관한 기획·조사·연구, 공무원 연수 및 교육 운영 등 지방의 국제화 인력 양성, 지방자치단체 국제교류협력사업의 지원·알선, 외국의 지방자치제도 등 해외정보의 수집·제공, 지방자치단체의 해외통상활동 지원 등을 통하여 유일한 국가

단위 지방외교정책 지원기관으로서의 기능을 수행하고 있다. 이를 보다 상세하게 살펴보면 다음과 같다.

ㄱ) 국제화 인력양성

지방의 국제화를 이끌어갈 전문 인력 양성을 위한 교육 프로그램 운영하여 국제화 전문인력 양성을 추진하고 있다. 이를 위한 사업으로 지방자치단체장과 부단체장 선진행정 연찬, 지방 의회의원 해외 연수, 지방자치단체 공무원 관리자 정책 연수, 지방자치단체 공무원 직무연수, 자치단체 해외연수 지원, 직무교육 및 어학훈련 실시 등을 통하여 지방 공무원들의 국제적 안목과 정책개발 능력을 높여나가고 있다.

ㄴ) 국제교류 협력증진

지방자치단체의 국제교류 협력사업의 내실화 및 해외통상을 활성화시키기 위해 첫째, 외국 지방공무원 초청연수(K2H 프로그램)사업으로서 해외 자치단체 공무원을 초청하여 우리나라 자치단체에 연수를 실시함으로써 양 자치단체 간 교류협력 관계를 돈독히 하여 친한 인사를 양성, 해외 협력 요원으로 활용하기 위한 사업을 추진하고 있다. 둘째, 한·중·일 3개국 자치단체 간 교류 활성화를 통해 재단과 지방 자치단체 와의 협력사업을 추진하고 있다. 셋째, 자치단체 국제교류 세미나 참가를 계기로 각국의 국제교류관련 유관기관간의 네트워크를 강화시켜 나가고 있다. 넷째, 지방자치단체 자매결연 사업 지원을 통해 외국 지방자치단체와의 국제교류 협력체제 강화 및 해외 네트워크 구축을 추진하고 있다. 다섯째, 기타 일본 협력교류 연수사업 지원, 지역경제 활성화를 위한 시장개척단 파견지원, 한·중 지방정부 세미나 개최 등을 추진하고 있다.

ㄷ) 국제교류 협력업무 지도 지원

지방 공무원의 국제화 의식을 제고하고 국제화 사업과 관련한 애로사항을 컨설팅하기 위하여 국제화 순회강연회 개최, 국제화 심포지엄(세미나) 개최, 국내·외 정보교류 협력 네트워크 구축 및 운영, 지방의 국제화 컨설턴트 위촉운영, 자치단체 국제화 사업 컨설팅 등을 추진하고 있으며, 자치단체 국제화를 위한 One-Stop서비스를 제공하기 위해 해외 정보자료의 수집 제공, 자치단체 통역 및 번역 지원, "지방의 국제화 FAQ" 등을 운영하고 있다.

ㄹ) 국제화 정보 종합관리

자치단체의 국제교류 사업의 효율적인 지원을 위해 해외정보 종합센터를 운영하고 있다. 이를 위해 지방의 국제화 커뮤니티 활성화, 지역의 국제화 리포터 운영, '지방의 국제화' 지식정보 평가제 시행, 지식정보 관리 시스템(KMS) 운영, 월간 『지방의 국제화』발간, 「해외 우수행정사례」 지원 D/B구축, 컨벤션(Convention) 편람 발간, 한국의 지방자치제도 소개 영문판 발간, 해외사무소 연구 활성화, 해외 도시정보 구축, 해외시책 및 동향 지원 등을 추진하고 있다.

ㅁ) 국제화 기반 조성

재단의 기능을 활성화하기 위해 직원교육, 국제교류 담당공무원 연찬회, 재단 발전 을 위한 워크숍 등을 개최하고 재단의 역할 및 기능 등 홍보를 강화하여 지방자치 단체 국제교류 협력사업 추진을 내실화해 나가고 있다.

ㅂ) 환경문제 국제협력지원

지방자치단체의 환경 정책 역량강화를 위해 해외 선진 환경제도를 수집하여 제공하고 있다. 이를 위해 ICLEI 회원단체 관리 및 총회 개최, 환경워크숍 개최, ICLEI 국제연수센터 교육 및 선진 환경행정 견학, 온실가스배출 감소를 위한 ICLEI 세계 캠페인 실시 등을 추진하고 있다.

나. 지방자치단체 국제통상관련 지원기관

국제통상업무와 관련해서는 중앙부처인 산업자원부와 중소기업청 및 국가단위 기관 단체와는 매우 유기적이고 효율적인 연계체계를 학립하고 있다. 즉, 산업자원부에서는 수출증대 및 외자유치에 관한 정책과 제도를 마련하고 중소기업청과 대한무역진흥공사(KOTRA), 한국무역협회 등이 지방자치단체를 적극 지원하는 체제를 갖추고 있다. 그 결과 지방자치단체 내에서는 국제통상 분야를 중심으로 지방외교 전담조직이 짜여지고, 많은 예산이 투자되고 있다.

　이번 연구과정에서 주로 도움을 받는 외부기관은 어디인가라는 질문에 대부분의 시·도가 대한무역진흥공사 시·도 무역관과 한국무역협회 시·도지부 라고 응답하고 있는 것도 이런 이유 때문인 것으로 풀이된다. 지방단위에서 국제통상관련 업무는 거의 이 두 기관에 의존하고 있다고 해도 과언이 아닐 것이다. <표 Ⅳ-46>은 지방자치단체를 지원하는 통상관련 지원기관을 표로 정리한 것이다. 국가단위기관과 보험·금융기관, 통상지원기관, 유관단체 조합이 기능을 분담하여 수행하고 있다. 그러나 몇 가지 문제점도 지적되고 있다.

〈표 Ⅳ-46〉 지방자치단체 국제통상관련 지원기관

구분	기관명	주요기능
국가기관	산업 자원부	해외전시회 개인·단체참가 지원, 해외주최 전시회 지원사업, 전략적 시장개척사업, 정책 마케팅 사업(정부조달시장·BRICs 시장 진출 등)
	지방중소 기업청	중소기업 수출기업화사업 지원, 수출유망 중소기업 지정·운영, 중소기업 해외시장개척단 파견, 해외시장 개척요원 파견·양성사업, 중소기업 수출상담회 개최, 중소기업 해외규격 인증 획득 지원
	중소기업 진흥공단 시·도 지부	중소기업수출금융지원자금, 수출컨설팅지원, 수출인큐베이터운영, Korea Buyers Guide, 중소기업정보은행, 중소기업 다국어 홈페이지 제작지원(인터넷중소기업관), 벤처기업 해외진출 지원사업, 연계생산지원사업 (수·발주 거래알선), 국제협력지원, 한·일산업기술협력재단사업, 벤처기업 SBIR진출 지원사업
	세관	수출입 화물 24시간 특별통관 지원, 월별납부제도 도입 운영, 자동간이 환급제도 운영, 관세종합상담센터 운영
	KOTRA 시·도 무역관	해외시장 개척단 및 박람회 참가, 수출 구매상담회 개최, 지사화 사업 지원, 해외시장 조사대행 서비스 지원, 수출상품 카탈로그 (Korea Trade지) 제작 및 배포 지원, 해외 세일즈 출장지원
	한국무역 협회 시·도 지부	무역기금융자, 수출입운임할인센터, 무역구제자금 지원, 무역관련 애로 및 실무상담/전문가 분야별 상담, 종합무역정보 서비스 제공, 영세업체 수출신고 지원, APEC 기업인 여행카드, 해외지사설치 인증추천

	한국수출 보험공사지사	수출보험 사업 총괄, 단기수출보험, 환변동보험(선물환방식) 사업
보험, 금융기관	한국 수출입 은행지점	포괄 수출금융, 중소기업 수출 특례 신용대출, 중소규모 자본재 수출자금 대출, 단기 수출자금 대출, 중장기 수출거래 지원, 직접 대출, 외국환 거래 지원, 포페이팅(Forfaiting), 수출거래관련 이행성 보증, 수입자금 대출, 해외투자(사업)자금대출, 대외거래관련 대고객 서비스 지원
	한국산업 은행지점	외화보증(차관지급보증, 기타외화지급보증), 해외건설보증(이행성보증), 수출입 금융상품(수출환어음매입, 수입신용장 개설, 무역어음 대출, 무역어음 할인)
	기업은행 지역본부	국제 팩토링, 무역 금융, 수탁 보증
	신용보증기금 지역본부	수출기업에 대한 보증지원제도, 수출인큐베이팅(Incubating)제도, 수출 중소기업에 대한 특례보증
	기술신용 보증기금지점	수출입관련 지원사업, 중소 ,벤처기업 지원사업
	신용보증 재단	수출기업 보증지원
통상지원 기관	한국표준 협회지부	국제규격 인증, 해외진흥
	한국과학 기술정보 연구원지원	국내외 과학기술정보 지원사업
유관 단체, 조합	상공회의소	무역EDI지원센터 운영, 무역증명발급 서비스, 통·번역업무지원, 글로벌 비즈니스업무 지원, 해외경제사절단 파견
	중소기업 협동조합 중앙회지회	무역구제 지원자금 운영, 외환리스크관리 지원, 중소기업 해외마케팅 지원

자료: 충청북도 내부자료, 2005.

첫째, 유사한 기능을 여러 기관에서 맡고 있다보니 기능상의 중복이 심하고 혼선을 빚는 경우가 빈발하고 있다. 특히, 지방중소기업청과 지방자치단체의 경제통상부서의 기능중복이 심해 갈등을 빚고 있다. 경우에 따라서는 해외시장개척단 파견사업을 지방중소기업청과 시·도, 시·군이 각각 별도로 추진함으로써 참여 기업들이 어느 곳으로 참가해야 할지 고민하는 사례도 빈발하고 있다.

둘째, 국제통상관련 기능들을 여러 기관에서 분담하여 추진하다보니 관련 기관간 협력체계가 미흡하다는 것이다. 이에 따라 기능중복이나 중복투자 등 부작용이 발생하고 있다.

셋째, 기관별로 이루어지는 각종 사업들에 대한 홍보가 미흡하여 각 기관들의 노력에 비해 기업의 활용도나 만족도가 매우 낮다는 것이다. 일부 시·도에서는 이를 해소하기 위하여 합동 설명회나 연찬회를 개최하거나 공동으로 업무편람이나 홍보자료를 작성하여 활용하고 있으나 아직 미흡한 수준에 머물러 있다.

2) 지역내 소재하는 대학

가. 지방외교정책의 외부지원기관으로서 대학의 역할

지역 내에 소재 하는 대학 및 연구소로서 특히 대학은 우수한 인재들의 집합체인 동시에 지역인재 양성기관이기 때문에 매우 중요한 역할을 수행하고 있다. 첫째, 대학은 지방정부의 국제교류프로그램에 직접 참여하거나 국제통상 분야 전문인력 양성프로그램 운영, 외교문서 통·번역센터의 운영 등을 통해 지방외교정책을 지원하고 있으며, 지역 내의 연구소 역시 외국과의 기술협력 및 인재양성 프로그램 운영, 국·내외 정보의 수집 및 분석, 지방차원의 외교정책 개발 등을 통해 지방정부를 지원하고 있다.

둘째, 지역 내에 위치한 대학은 지방정부가 외국의 지방자치단체나 기업 및 국제기구와 교류하는데 있어서 중요한 「지적(知的)인프라」로서의 역할을 수행한다. 대학은 그 지역사회에서 최고의 과학과 기술을 가진 두뇌집단이다. 대학은 구성원들의 다양한 전공지식을 통해서 지역에서 발생하는 갖가지 문제들을 다양한 시각과 관점에서 진단하고 처방한다. 특히, 중소도시에 소재하고 있는 대학은 지역사회에 미치는 영향이 거의 절대적이다. 지역사회는 대학의 도움 없이 발전하기 어렵고, 대학도 지역사회의 도움 없이는 발전하기 어렵게 되었다(문태현, 2000: 378). 더구나 지방외교정책은 외국과의 관계 속에서 이루어지는 정책이므로 대학과 같은 지역 내 두뇌집단의 존재 여부는 지역의 경쟁력을 좌우하는 매우 중요한 요소가 되고 있다.

셋째, 대학 자체가 외국의 대학과 자매결연을 통하여 학술교류, 교수 및 학생 상호교류, 주요 연구과제에 대한 공동조사연구, 국제학술회의 등을 추진함으로써 지역의 국제화와 외교역량을 확충에 기여한다.

나. 시·도별 대학분포 현황

우리나라에는 2004년 12월 31일 현재 1,398개의 대학이 있는데, 전문대학
이 158개교, 교육대학 11개교, 대학교가 173개교, 대학원이 전국 각 대학에
1,051개가 설치되어 있는 것으로 조사되었다. 시도별 대학분포 현황을 살펴
보면 <표 IV-47>과 같다. 대학의 분포현황 역시 서울, 경기 지역에 편중되어
있으며, 대전·충남지역과 대구·경북지역에 상대적으로 밀집되어 있어 대학
을 활용한 지방외교 프로그램을 시행하는데 유리한 여건을 구비하고 있는
것으로 볼 수 있다.

〈표 IV-47〉 시·도별 대학분포 현황

시·도	계	전문대학	교육대학	대학교	대학원	비고
계	1,393	`158	11	173	1,051	
서울	418	12	1	38	367	
부산	86	10	1	11	64	
대구	43	7	1	3	32	
인천	33	5	1	4	23	
광주	58	7	1	8	42	
대전	65	5		8	52	
울산	10	2		1	7	
경기	214	36		26	152	
강원	54	10	1	8	35	
충북	46	6	1	8	31	
충남	84	7	1	13	63	
전북	67	10	1	9	47	
전남	48	10		10	28	
경북	103	18		18	67	
경남	49	10	1	6	32	
제주	15	3	1	2	9	

자료: 한국교육개발원, 2005

다. 대학별 자매결연 현황

　대학간 자매결연 현황을 살펴보면 <표 IV-48>과 같다. 대학은 자매결연을
통하여 교수. 학생교류, 공동연구, 학술자료, 정보교환, 상호학점인정 출판물
교환, 행정 정보교류, 교육 교재, 학회지, 강의보고서, 교육정보에 관한 필름
및 비디오기증, 문화행사교류 학술세미나, 워크숍 개최, 공동학위수여, 어학
연수프로그램 지원 등 다양한 교류를 하고 있다. 대학간 자매결연 현황을 살
펴보면, 국공립 대학은 2개 대학을 제외한 44개 대학이 45개국 746개 대학과
교류를 하고 있는 것으로 조사되었다. 반면, 사립대학은 122개 대학이 90개
국 2,738개 대학과 자매결연을 맺고 있는 것으로 조사되었다. 이를 연도별로
나타낸 것이 <그림 IV-2>이다. 그림에서 보듯이 매년 급격한 증가를 보이고
있다.

〈표 IV-48〉 대학간 자매결연 현황 (2000.12.31 현재)

구분	국내 대학 수	상대국가수	상대 대학 수	비고(미체결 대학)
국공립	44	45	746	2
사립	122	90	2,738	21
합계	166	135	3,484	23

자료: 교육인적자원부 홈페이지 게재자료

〈그림 IV-2〉 연도별 자매결연 현황

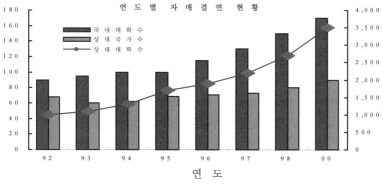

자료: 교육인적자원부 홈페이지 게재자료

〈표 Ⅳ-49〉 주요 국가별 자매결연 대학 현황 (2000.12.31 현재)

구 분	미국	중국	일본	러시아	호주	영국	대만	기타
상대 대학 수	973	611	523	195	132	100	91	859
국내 대학 수	147	135	122	80	67	51	52	

자료: 교육인적자원부 홈페이지 게재자료

이를 자매결연국가별로 정리한 것이 〈표 Ⅳ-49〉이다. 표에서 보는 바와 같이 미국, 중국, 일본, 러시아 등 4개국에 집중되어 있는 것으로 나타나고 있다.

3) 외국 기관·단체의 한국사무소

지역 내에 소재하는 외국공관, 외국문화원, 외국의 상공회의소, 외국 지방자치단체의 사무소 등도 지방외교정책에서 중요한 역할을 담당하고 있다(신기현, 1996: 178). 현재 각국의 많은 지방자치단체에서 우리나라에 사무소를 내고 활동하고 있다. 〈표 Ⅳ-50〉은 우리나라에 사무소를 내고 있는 외국의 지방자치단체와 기관들을 표로 정리한 것이다. 중국이 18개 사무소로 가장 많고, 미국이 13개 사무소, 일본이 12개 사무소, 기타 6개 사무소 등이 설치되어 있는 것으로 파악되고 있다. 이들 한국사무소는 우리나라에 상주하면서 지방자치단체를 비롯해 국가기관 단체, 기업들과 접촉하며 활발한 대외활동을 수행하고 있다. 그러나 우리나라 지방자치단체의 이들에 대한 활용도는 매우 낮은 것으로 파악되고 있다.

〈표 Ⅳ-50〉 한국사무소를 설치하고 있는 외국 지방자치단체 및 기관

국가	계	한국사무소를 설치한 지방자치단체 및 기관
미국	13	주한미국주정부대표부협회, 아이다호주, 오리건주, 워싱턴주, 미주리주, 버지니아주, 펜실베이니아주, 인디애나주, 유타주, 알래스카주, 조지아주, 플로리다주, 미국상공회의소

중국	18	중국무역대표부(CCPIT), 연변조선족자치주정부,平度市 인민정부, 하북성 진출구 무역공사, 길림성국제경제기술 합작공사, 大連국제경제기술 합작공사, 長春국제경제기술 합작공사, 山東국제경제기술 합작공사, 산동성 대외무역공사, 연변대외경제기술 합작공사, 흑룡강성 국제공정기술합작공사, 흑룡강성 진출구, 심양 경제기술개발구, 煙台市 대외경제기술무역공사, 威海국제공사 , 중국요녕성대외무역(集團)공사, 天津市대외경제무역총공사, 중국대외무역운수총공사
일본	12	미야기현, 니가타현, 오키나와현, 후쿠오카현, 북동북3현·홋카이도, 야마가타현, (재)일본국제화협회, 일본국제교류기금, 일본무역진흥기구(JETRO), SJC(Seoul Japan Club), PJC(Pusan Japan Club), 일본국제관광진흥기구(JNTO)
기타	6	이탈리아해외무역공사(ICE), 러시아 무역대표부, 필리핀 관광청, 주한 네덜란드 투자진흥청(NFIA), 주한 뉴질랜드관광청, 스위스관광청 주한대표부

2. 물적 기반시설

국제교류를 위한 물적 기반시설로서 이는 지역의 기반시설이나 편의시설 및 각종 환경요소들이 국제적인 보편성을 갖게 하고 이를 통해서 세계화의 기능을 수행토록 하는 것으로써 「이미지의 국제화」를 강화시킨다는 의미에 서 중요하며, 지방자치와 관련해서는 외형적 환경을 개선시키는 요인이 된 다고 할 수 있다. 즉 이동성(Mobility) 혹은 접근성(Accessability)과 관련되는 물리적 시설과 지식, 정보, 인력의 국제교류거점지로서 거점성을 만족시키는 기반시설 등 국제교류를 위한 하부구조를 보다 현대화 시켜야 한다는 것이 다. 이런 시설들은 크게 국제공항·국제항만·도로 및 철도와 같은 국제교류 매개시설과 국제무역시설·정보교류시설·국제기술연수시설·국제컨벤션센 터·코스모폴리탄 컬리지·정보고속도로와 같은 국제교류거점시설로 분류할 수 있다(이형민, 1999: 156).

특히, 국제공항(Airport)과 항만(Seaport) 및 정보 통신시설(Teleport)은 지역 국제화의 필수시설로서 지역이 외국과 연결되는 통로로서의 역할을 한다. 이 세 가지 시설은 지역의 산업과 금융은 물론, 지역문화와 예술·지역주민 의 생활 등 전반적인 국제화에 기여한다. 따라서 지방정부들은 타국과의 경

제·무역관계의 촉진은 물론, 지역의 국제경쟁력을 향상시키기 위해 공항이
나 항만시설의 확충에 주력하고 있다. 여기서는 국제공항과 항만시설에 대
해서만 살펴보았다.

1) 국제공항

우리나라에 위치한 공항은 총 16개로서 그 중 인천국제공항을 비롯한 8개
공항이 국제공항으로서의 역할을 하고 있다.

우리나라 항공정책은 2001년 3월 29일 인천국제공항이 개항되면서 많은
변화를 겪고 있다. 인천 신국제공항의 기능 활성화에 초점이 모아져 지방의
국제공항활성화에는 다소 관심이 부족했던 것이 사실이다. 2002년 11월 30
일 강릉과 속초공항이 폐지되고 양양국제공항이 신설되어 2005년 현재 우리
나라 공항시설은 8개의 국제공항과 8개의 국내공항 등 총16개의 공항을 운
영하고 있다.

가. 공항시설 현황

우리나라 16개 공항의 연간운항가능횟수와 동시계류시설, 연간 여객 및
화물처리 능력을 살펴보면 <표 IV-51>과 같다. <표 IV-51>에서 보는 바와 같
이 우리나라 공항시설은 인천 신공항과 김포공항이 가장 큰 규모이며 김해,
제주, 대구, 광주, 청주공항 등은 소규모 국제공항형태를 갖추고 있다. 그밖
에 8개 국내공항이 지역별로 분포되어 있다.

〈표 IV-51〉 우리나라 공항의 시설현황

공항명	연간운항 가능횟수(천회)	동시계류	연간 여객 처리능력(만명)	연간 화물 처리능력(만톤)
인천국제공항	240	84대	3,000	270
김포국제공항	226	88대	2,736	87
김해국제공항	200	22대	1,632	46
제주국제공항	143	17대	908	35

대구국제공항	140	5대	340	3
광주국제공항	140	7대	400	5.75
청주국제공항	140	5대	299	38
양양국제공항	43	4대	176	
울산공항	60	4대	202	
포항공항	100	5대	187	
사천공항	165	2대	95	
여수공항	60	3대	24	
예천공항	140	2대	100	
목포공항	60	2대	26	
군산공항	140	2대	38	
원주공항	115	1대	24	

자료: 건설교통부, 통계연보, 2004.

나. 지방자치단체의 공항활성화를 위한 노력: 청주국제공항 활성화 사례

청주국제공항은 1997년 4월 28일 개항된 국제공항으로 부지138만㎡에 활주로 2본(2740m×45m, 2740m×60m)과 여객청사, 계류장(A300급 5대) 및 화물터미널(23천㎡)을 갖춘 중부권 지역거점 공항이다. 연간 운항가능횟수는 196천회, 여객 299만명(국내180, 국제119)과 화물 38만톤(국내32, 국제6)을 처리할 수 있는 능력을 가지고 있으나 최근 이용실적은 매우 저조한 편이다. 현 운항노선은 국내선이 청주-제주 간 1일 8회, 국제선이 상해 주6회, 심양이 주1회 운항하여 2003년도에 761천명, 2004년도엔 821천명의 이용실적을 보이고 있다. 화물은 2003년도에 23천 톤, 2004년도에 21천 톤의 처리실적을 보이고 있다. 이는 공항의 처리능력에 비추어 볼 때 매우 저조한 실정으로 지역사회에 커다란 부담으로 작용하고 있다.

이렇게 저조하게 된 원인은 여러 가지가 있겠으나 몇 가지로 요약정리해 보면, 첫째, 중앙정부의 항공정책의 혼선을 들 수 있다. 당초 의도했던 수도

권 대체공항으로서의 기능이 상실되면서 지방공항으로 전락한 후 뚜렷한 공항목표를 설정하지 못하였고, 국가차원에서 주변지역 전체의 발전계획과 연계하여 계획적인 청주국제공항 활성화를 추진하여야 하나 국가차원의 종합적인 계획이 미흡하였다. 게다가 인천 신공항이 개항되면서 국가의 모든 역량을 이곳에 집중하다 보니 지방공항은 뒷전으로 밀려날 수밖에 없었다.

둘째, 관할 지방자치단체인 충북도의 대처도 미흡했다. 공항문제는 기본적으로 정부가 해결해야 한다는 인식과, 지방정부의 권한(능력)의 한계로 적극적 활성화 대책을 수립, 시행하지 못했으며, 청주국제공항의 관리주체인 한국공항공사 청주지사를 포함한 관련기관, 지역과 연계된 종합적 활성화 대책도 마련하지 못한데 기인된 것으로 볼 수 있다.

셋째, 공항관련 시설과 주변 접근로가 미흡한 상태에서 조기에 개항한 것도 그 원인 중의 하나로 꼽을 수 있다.

넷째, 일본, 중국, 대만, 동남아등 근거리 국제노선 신설에 힘을 기울여 일부구간에 정기노선을 개설하였으나 지역 관광 인프라 미흡과, 조류독감 확산 등으로 운행이 취소되는 등 어려움을 겪어 왔다. 이에 따라 충북도에서는 청주국제공항 활성화 전담팀을 만들고 각종 시책을 추진해 오고 있다. 이를 요약 정리해 보면 다음과 같다.

ㄱ) 청주국제공항활성화 전담팀 설치

2005년 2월 청주국제공항 활성화를 전담할 팀을 문화관광국 관광과에 설치하여 사무관급 1명과 6급 이하 3명을 배치하여 공항활성화 업무를 전담토록 하였다.

ㄴ) 청주공항활성화추진 체계의 정비

청주공항활성화를 위한 각계의 지원을 이끌어 내기 위해 국회의원, 대전·충북·충남도지사, 도의회의장, 건설교통부 항공정책심의관, 연구원 등 각계 인사들로 청주공항활성화추진협의회를 만들고, 이를 실무적으로 뒷받침하기 위한 실무협도 설치하여 청주공항 활성화와 관련된 기관 단체들의 지원과 노력을 이끌어내고 있다.

ㄷ) 물적 기반시설의 확충

청주국제공항과 주변지역의 물적 기반시설을 정비하기 위해 계류장 확장 11기(5기→16기), 화물주차장 신설 150대분(6,000㎡), 로딩브리지 확장 7기(2기→9기), 유도로 설치 2개소(250m×30m), 활주로 확장(2,740m → 3,600m) 등을 추진하며, 경제자유구역과, 관세자유지역, 공항도시(Aeropolis) 건설을 통한 국제교류 거점지대 개발로 개발해 나가고자 노력하고 있다. 둘째, 공항인근에 항공 산업단지를 조성하고 관련 산업을 유치하며, 천안-청주 간 전철연장운행, 서울 강남과 경기 남부권, 대전 충청권의 공항 접근로 확충 등을 추진하고 있다.

ㄹ) 공항활성화를 위한 운영체계의 개선과 노선확충 및 여객 유치

청주국제공항에 대한 화물운송 지원책 강화와 민간항공전용공항으로 육성, 공항시설을 이용한 다양한 국제이벤트 개최, 홍보 및 마케팅 강화와 부정기노선 유치, 인천국제공항 대체 및 보조공항 역할 부여, 경비행기 운항등록을 통한 중소도시 거점공항 육성, 공항활성화 추진을 위한 지방정부의 권한과 역할 제고, 충청권 공조협력 강화 등을 중점 추진해 나가고 있다.

ㅁ) 주요성과

그간 노력한 결과 국제선은 주7편에서 주14편으로 배가 늘었고, 이용객도 공항개항 이후 최초로 100만 명이 넘을 것으로 예측되고 있다.

2) 항만현황

가. 항만지정 현황

항만시설은 항만법 상의 지정항만으로 크게 무역항과 연안항으로 나누고 있다. 무역항은 항만법 제2조 및 동법 시행령 제3조에 의거 지정된 항으로서 주로 외국수출입물품을 실은 선박이 입·출항하는 항만을 말한다. 연안항 역시 항만법 제2조 및 동법 시행령 제3조에 의해 지정된 항으로서 해안에 있는 항구, 하구에 있는 하구항, 운하에 연하는 운하항, 혹은 하천 내륙부에 있는 하항 등으로 주로 연안구역을 항해하는 선박이 입·출항하는 항만을 말한다.

〈표 IV-52〉 우리나라 지정항만 현황

구분	계	해안별	항 만	관리권자
계	51			
무역항	28	서해안(8)	인천,평택,내산,태안,보령,상항,군산,목포	건설 및 운영 : 해양수산부장관
		남해안(13)	완도,여수,광양,제주,서귀포,삼천포,통영,고현,옥포,장승포,마산,진해,부산	
		동해안(7)	울산,포항,삼척,동해,묵호,옥계,속초	
연안항	23	서해안(7)	용기포,연평도,대천,비인,대흑산도,홍도,팽목	건설:해양수산부장관 운영:시·도지사
		남해안(10)	신마,녹동신,나로도,거문도,한림,화순,성산포,애월,추자,부산남	
		동해안(6)	구룡포,월포,후포,울릉,주문진,화흥포	

자료: 해양수산부, 2005 홈페이지 게재자료

우리나라에는 무역항 28개항, 연안항 23개항 등 총 51개의 지정항이 있다. 이를 해안별, 항만별 현황을 정리해 보면 <표 IV-52>와 같다.

나. 항만 확충 및 주변지역 개발을 위한 지방정부의 노력: 울산광역시 사례
울산광역시는 항만경제권 활성화 기반조성을 위한 중장기 계획을 수립 (2005~2011)하여 항만 배후부지 개발, 항만물동량 수송시설 확충, 신항만개 발 지원 및 부두기능조정, 2009년을 목표로 한 항만 공사제 도입 등을 추진 하고 있다(울산광역시 경제통상국, 2005: 59-61).

ㄱ) 항만배후부지 개발(2005-2011)
항만 배후부지 개발을 위해 온산읍 이진리 근린공원 7만8천평을 액체화물 처리시설 위주로 개발하고, 신항만 북항매립지 19만5천평은 해양수산부 주 체로 항만배후단지로 개발하기위해 2005년에 타당성 검토 및 항만배후단지 지정을 해양수산부에 건의 할 예정이다.

ㄴ) 항만물동량 수송시설 확충

울산항에서 처리되는 화물 중 1.7%만 철도로 수송되고 대부분 도로를 이용하여 수송됨으로써 도로교통의 체증이 유발되고 있으며, 화물연대 파업 등을 대비한 대체수단이 미비하고 신항만 완공 시 3배 이상 증가되는 항만물동량 증가에 대비하여 2005년에 지선철도 활성화 방안을 강구하고 신항만 인입철도의 타당성을 검토하는 한편, 개설 내지 확장이 필요한 13개 노선 86km(총사업비 1조1,345억원) 중 현재 5개 노선 9km가 추진 중이며 향후 신항만(민자 1-1단계 사업) 진입도로 1.3km를 40억 원을 투자하여 2008년 완공을 목표로 추진하고 있으며 나머지 7개 노선 59.2km는 관련기관 및 부처와 협의하여 2011년까지 개설을 환료할 계획이다.

ㄷ) 항만시설 확충

해양수산부와 협의하여 신항만 적기개발로 2011년까지 29선석을 확보하고 부두기능 조정으로 상업항 기능을 강화하기 위하여 2005년에 신항만에 대한 정부투자 확대를 촉구하고 부두기능에 대한 전수조사를 추진하고 있다.

ㄹ) 항만 공사제 시행 준비

신항만은 정부에서 개발하되 항만의 개발·관리·운영의 지방화 추세에 따라 항만을 공사화하기 위해 2005년에 타당성 검토와 부산시와 인천시 등 타시도에 대한 벤치마킹을 추진하고 있다.

ㅁ) 울산항 경쟁력 강화

울산항의 경쟁력을 강화하기 위하여 선사를 유치하고, 현재 동남아항로에 편중되어 있는 항로를 미주, 유럽 등 신규 항로의 개설을 촉진하는 한편, 항만 인지도를 높이려는 노력을 하고 있다. 또한 울산항 이용 시 인센티브를 부여하는 방안을 강구하고, 울산항 발전위원회에 대한 지원도 강화해 나가고 있다.

ㅂ) 항만관련 조직 확대

위와 같은 기능을 수행하기 위해서 현재 1담당 2명인 항만 업무 담당자를 2담당 8명 이상으로 확대하는 방안을 건의해 놓고 있다.

제5장)

외국의 지방외교 사례연구

I. 독일

1. 독일 지방자치에서 지방외교의 의미와 중요성

세계화와 지방화를 동시에 의미하는 '세방화(世方化/Glocalization)'는 우리에게 여전히 중요한 미래의 화두(話頭)라고 할 수 있다. 실제 서구국가들은 지방의 국제화 전략과 지방외교정책을 단순한 생존전략 차원을 넘어선 한 국가의 민주화와 분권화 그리고 다양화의 기준으로 이해하고 있다(Scherrer, 2000). 그러나 우리의 경우 지난 10여 년 동안 세계화가 끊임없이 담론의 대상이 되어 왔음에도 불구하고, 현시점에서 평가해 보면 여전히 기본적인 개념정리가 제대로 이루어지지 못하고 있는 실정이다. 특히 최근 지방자치 논의의 쟁점이 되고 있는 지방외교 분야를 보면, 어디까지가 지방자치단체의 국제적 활동영역인지 여전히 불확실한 상황에서 지방수준에서의 국제관계가 형성됨으로 인해 시행착오가 계속되는 문제점이 있었다.

이렇게 된 근본적인 원인은 한마디로 세계화와 지방화는 동전의 앞뒤와 같다는 기본전제를 바탕으로 접근해야 하는데, 전통적으로 국가가 외교문제를 독점한다는 경직된 사고의 틀에서 벗어나지 못하고 있기 때문이다. 그러나 "세계화의 덫", "20대 80의 사회" 등 세계화에 대한 비판이 거세지면서 새로운 세계발전 전략으로서 지방외교가 하나의 대안으로 강조되고 있음을 주목해야 한다. 이제는 우리도 본격적으로 지방외교를 재개념화하고 실천하는 전략마련이 무엇보다도 중요하다고 하겠다. 지방자치단체간의 대외적 관계를 뜻하는 지방외교에 대한 기본이해도 없이 지방을 세계화 시키겠다는 것은 더 이상 의미가 없다는 것이다(심익섭, 1992: 265).

'지방외교(Kommunale Außenpolitik)'란 말은 연역적이라기보다는 귀납적으로 생겨난 용어이다. 행정학의 뿌리인 독일 관방학에서 부터 외교정책은 지방이 아니라 당연한 국가기능으로 인식되면서, 지방자치가 제도화된 이후에도 외교권은 국가사무로 기정사실화하는 것이 지배적이었다. 그러나 현대국가에 들어와, 득히 세 2차 세계대선 이후 선진국늘의 국가간 왕래가 잦아지면서 국가간 관계를 저변에서 떠받쳐주는 지방의 중요성이 현실로 나타났고, 지방자치단체 간 또는 주민 간의 교류활성화가 결과적으로 국가의 이익과 함께 국제적 평화정착에 결정적으로 기여하는 토대가 되었음을 확인할 수 있었다. 결국 지방자치단체간의 국경을 뛰어넘은 적극적 교류가 국가간 관계정상화와 블록평화에 기여하면서 현대적인 지방외교시대가 본격적으로 열리게 된 것이다. 일찍이 독일의 프리드리히는 근본적인 시민사회의 저변운동 주체로 지방자치단체를 지목하면서, 이들 간의 도시 간 연대야 말로 유럽의 평화와 유럽통합을 이끌어낼 수 있는 중심축이라고 강조하였다(Friedrich, 1963: 23). 이로부터 '지방외교' 또는 '풀뿌리 외교정책'이라는 개념이 처음으로 등장하게 된다(Schnakenberg, 1990).

한마디로 지방자치단체의 외교관계(대외교류관계)가 국내법상의 합법성 문제뿐만 아니라, 파트너십협약에서처럼 지방정부의 행위가 "준국가적인 국제법 행위(Transnationales Rechtsgeschäft)"로 인정될 수 있느냐 하는 쟁점이 있었음에도 불구하고, 전통적인 풀뿌리 민주주의로서의 지방자치와 전후 새로운 '국제화'를 연결시킬 수 있는 전략적 차원에서 지방외교를 등장시켰다고 할 수 있다. 지방자치를 통상 '민주주의의 학교' 또는 '풀뿌리 민주주의'

라고 부르고 있는데, 이때 '풀뿌리'의 본질적 의미가 사회적인 '기반조성운동(Basisbewegungen)'이라는 점을 원용하여, 전후 유럽평화를 유지하고 유럽통합을 위한 국가의 외교정책 시행에 있어 역시 '기반조성운동'이 필요함을 강조한 것이 바로 서구와 독일에서 본격적인 지방외교시대의 시작이었다고 하겠다(Stober,1996).

이미 1985년에는 지방주도의 세계발전에 공감하는 지방정부들과 시민단체들이 T&D(Towns & Development)라는 국제적 협력네트워크를 결성하여 남북문제의 해결과 지속가능한 세계발전을 위해 연대하였으며, 1990년대 이후에는 UN이 주최한 국제회의[1]를 통해 지속적으로 지방정부의 역할강화를 강조하고 있다. 독일의 경우 1947년 최초의 지방자치단체간 자매결연이 맺어졌고, 유럽연합(EU)에선 유럽통합전략의 일환으로 독일-프랑스 간 "1000개의 자매도시 결연운동"이 전개되기도 하였다. 이처럼 오늘날의 선진국에서는 지방자치단체가 세계화의 주역으로서 실질적인 국제교류를 담당하고 있다고 할 수 있다.

여기서 중요한 것은 그것이 단순한 국가권력 또는 국가사무의 지방분권화 차원이 아니라 그동안 간과했던 '국가'를 초월하는 의미에서의 국제적 연대성이 21세기 세계화에 보편적으로 강조되고 있음을 직시해야 한다는 점이다. 또한 21세기 지방외교의 영역이 과거 국제교류의 전통적인 목표였던 일반적인 갈등구조 아래에서의 평화유지나 친선도모 내지 문화교류 등과는 달리, 보다 실질적인 정책의 우선순위에 따라 지방자치 실시 본래 목적에 부합하는 구체적이고도 특수한 지방행정 관련분야로 그 영역이 확대되고 있음을 명확히 인식해야 한다는 것이다(Ammer, 1987).

---

1) 최근 국제적 논의에서 지방자치단체 간의 발전협력이 강조되고 있고, 지속가능한 발전을 위한 다자간 협력이 지역수준에서 점점 더 많이 이루어지고 있음을 볼 수 있다. 이에 대한 국제적 논의가 있었던 예로 1992년 '의제 21(Agenda 21)'로 잘 알려진 국제연합 리우회의(UN Rio-Conference), 1996년 터키 이스탄불에서 개최된 HABITAT II Conference(지속가능한 도시발전을 논의)가 있으며, 2002년 남아프리카 공화국의 요하네스버그에서 열린 지속가능한 발전을 위한 정상회의에선 국제협력에서 지방자치단체의 역할을 인정하는 '지방정부선언 (Local Government Declaration)'이 채택되어졌다.

실제로 오늘날 서구국가들과 독일의 지방외교는 단순한 친선·문화교류 차원만이 아니라 산업경제와 기술협력, 정부와 지방자치단체간의 보완관계, 생활환경과 지역사회복지 차원의 협조관계분야 등으로 확대되고 있으며, 지방산업, 생활경제, 지역발전 등의 협력, 복지, 산업기술, 인권, 일반지방행정 등의 상호보완과 공동발선 으로 지방외교 분야가 강조되고 있는 상황이다. 따라서 서구국가와 독일의 중앙정부, 특히 외교관련 중앙부처들은 외교정책의 독점이 아니라 지방자치단체를 통한 보다 근본적인 후원자(Basic Support)로서, '지방외교'를 적극 활용함으로써 세계화 시대에 철저하게 "지방의 국제화"를 통한 국가이익을 챙기고 있다고 할 수 있다.

이러한 지방의 국제화 논리는 그대로 분단국 내부문제에도 적용된다. 남북화해시대를 맞고 있는 우리의 경우, 특히 과거 동·서독 간 지방자치단체 차원의 관계발전은 시사하는 바가 매우 크다고 할 수 있다. 지방의 국제화를 이미 오래진부터 연구하고 실천해온 독일의 경우에도, 시방외교에 대한 성치·사회적인 이해와는 달리 오랫동안 법적인 논란이 이어져왔던 것이 사실이다. 급기야는 "외국에 대한 관계의 사무관리는 연방의 소관이다"라는 독일기본법(GG: Grundgesetz) 제 32조 1항의 규정을 개정하려는 시도까지 있었으나, 연방의회는 "국가 중대사가 아닌 일상적인 외교사안(Normalfall)과 관련된 지방자치단체의 대외국관계는 그 나름대로 일반적인 외교의미가 부여될 수 있으며, 그것은 위헌적이라기보다 오히려 환영할 만한 일이다"는 쪽으로 규정해석을 유연하게 하여 최종 정리하기에 이르렀다(Bundestagsdrucksache, 1976). 나아가 "외교권의 분권화 논리"에 의거하여 연방헌법재판소(BVerfG)는 지방자치의 준국제법적(quasi-völkerrechtlich) 혹은 초국가적(transnational) 지방외교 행위도 국가적 외교정책으로 적용 가능함을 인정하였다(BVerfGE 2, 347/ 일명 켈항구조약/Kehler Hafenabkommen).

이러한 논리들이 궁극적으로 동·서독 지방자치단체 및 지역주민간의 교류활성화에 초석이 되었고, 궁극적으로 지방의 만남들이 민족적 이질성 극복에 결정적으로 기여하였음을 눈여겨볼 필요가 있다. 최근 그 어느 때 보다도 화해협력에 대한 필요성이 높아지고 있다. 21세기는 지방외교시대라는 당위성이 바야흐로 한반도에서 더욱 증폭되고 있는 상황이다. 과거 동·서독이 그러했듯이 이데올로기 차이가 분명할 수밖에 없는 중앙정부 차원에서의 남북교류는 일정단계 이상을 뛰어 넘는다는 것이 대단히 어렵다. 그러한 점에서 이제야 말로 '큰 정치(중앙정치)'가 아니라 '작은 정치(지방정치)'도 함께 중요시해야 하며, 중앙정부 차원의 "큰 만남" 뿐만 아니라 시민과 지방정부 차원의 '작은 만남'이 동시에 적극적으로 강조될 필요가 있다. 한마디로 국가외교정책과 지방외교정책이 조화를 이루어 남북화해협력으로부터 민족통일로 승화시키는 계기를 마련하는 중요한 시점에 와있다고 할 수 있다.

아래에서는 이와 같은 지방외교 논리를 근거로 하여 지방외교의 준거 틀이 될 수 있는 독일의 지방외교 사례를 분석함으로써 한국 지방외교의 발전방향을 모색해 본다.

2. 독일의 지방외교 I : 유럽의 화해와 재건에서 유럽통합의 토대로

독일에서 지방외교는 그 정책적 성격에 따라 다양하게 불리고 있는데, 그중 지방자치단체 또는 도시 간 파트너십(Kommunal-oder Städtepartnerschaft)[2]과 지방자치단체 발전협력(Kommunale Entwicklungszusammenarbeit)이 대표적이라 할 수 있다. 도시 간 파트너십은 "게마인데(Gemeinde) 사이에 지속적인 친선우호관계를 통해 상호이해를 증진시키고, 서로 공동체적 연대감을 갖게 하는 것을 목적으로 협력관계를 형성하는 것을 가리킨다"(Mayer, 1986: 19). 여기에는 인적교류 및 경제·문화적 교류, 상호간 정보공유 등이 포함될 수 있다. 또한 도시 간 파트너십은 전통적 지방외교, 즉 유럽이나 외부 선진국 지방자치단체와의 협력관계를 가리킬 때 주로 사용된다.

이에 반해 지방자치단체 발전협력은 신자유주의와 세계화(Globalization)에 따른 국제사회의 변화로 인해 쓰이기 시작한 용어로 아직 명확한 개념이 설정되어 있지는 않다. 원래 발전협력이라는 용어는 독일의 경제협력·발전부(BMZ: Bundesministerium für wirtschaftliche Zusammenarbeit und Entwicklung)

---

2) 최초 관계는 친선우호의 자매결연관계(Freundschaft)로 시작하였으나 1970년대 중반 이후에는 동반협력관계(Partnerschaft)로 변화, 발전하였으므로 여기서는 자매결연대신 파트너십으로 표현한다.

와 기술협력협회(GTZ: Gesellschaft für Technische Zusammenarbeit)와 같이 연방수준에서 주로 사용되는 말이었으나, 최근에는 독일의 지방자치단체와 개발도상국 및 중국의 지방자치단체간의 협력관계를 가리킬 때 주로 사용되고 있다(Heinz/Langel/Leitermann, 2004: 21). 지방자치단체 발전협력의 중점 분야로는 교육, 정소년 육영사업, 문화예술분야 지원, 행정협력 및 홍보활동 등을 들 수 있다.

1) 독일 지방외교의 역사적 배경과 현황

독일에서 지방외교는 근원적으로는 1, 2차 세계대전으로 인해 유럽국가와 민족간에 생긴 상처를 치유하고, 상호간 화해와 이해를 실천적으로 도모하기 위해 본격적으로 시작되었다.[3] 이후 유럽민족 간의 평화와 국가주의의 극복, 경제발진과 빈영은 오직 유럽국가간의 연합을 통해서만 보장되어질 수 있다는 인식아래 독일과 프랑스의 시장들이 모여 공동협력의 새로운 길을 모색하기에 이르렀고, 이를 위해 직접 나서서 주도를 하게 된다.

1925년 위로부터 결성된 로까르노협약(Locarnoverträge)[4]의 실패를 역사적으로 경험한 후, 시민과 시민, 시장과 시장, 게마인데와 게마인데 사이의 계획적이고 지속적인 협력을 추구하는 아래로부터의 움직임이 일어나게 되었다. 이에 1951년 스위스 제네바에서 독일과 프랑스의 50명의 시장들이 모여

---

3) 1947년 독일의 본(Bonn)과 영국의 옥스퍼드(Oxford) 사이에 최초의 자매결연이 맺어졌다.
4) 로가르노협약은 1925년 10월 16일에 스위스 로까르노에서 협약당사국인 벨기에, 독일, 프랑스, 영국, 이탈리아, 폴란드, 체코슬로바키아(당시) 사이에 조인되고, 1925년 12월 1일 영국 런던에서 서명된 협약으로 안전보장과 라인지역협정으로 구성되어 있다. 이 협약은 독일 서부국경을 협약당사국들이 공동으로 보증하고, 라인지역의 비무장화, 공격금지, 모든 분쟁의 정치적 조정과 통제를 의도하였다. 이 협약으로 독일은 국제연맹에 가입하게 되고, 국제적인 긴장완화에도 일정 기여하였다. 그러나 독일은 국가사회주의적 외교정책으로 1936년 라인지역의 비무장지대를 점령함으로써 결국 이 협약을 파괴하고 만다. FES, Arbeitsgruppe Kommunalpolitik, Kommunale Partnerschaften, in: Wegbeschreibung für die kommunale Praxis, E3, 1997.

유럽 게마인데이사회5)를 결성하게 되는데, 이 이사회는 도시 간 파트너십을 확산시키고 지원하기 위한 조직체계를 갖추고 유럽민족 간의 화해와 국가경계를 넘어선 지방자치단체간의 공동협력을 지원하기 시작하였다. 또한 이 이사회는 이후 국제적인 도시 간 파트너십 구축을 위한 근거를 제공하게 된다. 1955년도엔 이 이사회에 독일분과6)가 개설되게 된다.

이와 같이 지방외교를 통한 지방자치단체간 협력은 이후 전쟁으로 인한 상처를 치유하고 상호간의 화해와 이해를 추구하는 본원적 목적뿐만 아니라 아래로부터의 새로운 민주적 유럽을 건설하는데 이바지하게 된다. 독일 지방외교의 주요한 역사적 사례들을 몇 가지 살펴보면 다음과 같다.

가) 바덴-뷔르템베르크(Baden-Württemberg)주는 독일의 지방외교에 있어 선구자적 역할을 해오고 있는데, 1950년 바덴-뷔르템베르크주의 루드비히스부르크(Ludwigsburg)가 프랑스의 몽벨리아(Montbéliard)와 파트너십 관계를 맺게 된다. 이는 전후 최초의 프랑스 지방자치단체 와의 파트너십 관계로 거기엔 몽벨리아(Montbéliard: 독일어로 Mömpelgard)가 과거 오랫동안 뷔르템베르크 왕국의 영토였다는 역사적 관계가 특별한 역할을 하였다. 이를 계기로 점점 더 많은 독일의 도시들이 프랑스와 다른 국가의 도시들과 우호관계를 맺게 된다.

나) 역사적으로 봤을 때, 이미 836년에 독일의 파더본(Paderborn)과 프랑스의 르망(Le Mans)사이에 형제동맹관계가 형성되었다고 한다. 당시 르망에서 파더본으로 종교유물을 보냄으로써 관계가 이루어졌다고 하는데, 이 우호관계는 실질적인 관계라기보다 상징적인 의미가 강했고, 1967년에야 비로소 공식적인 협력관계로 발전하게 된다.

다) 1980년대 중반부터 철의 장막(Eisernen Vorhangs)이 조금씩 걷히기 시작하면서 동독과 서독의 게마인데 간에 협력관계가 허용되게 된다.

---

5) 1984년 10월 15일부로 유럽 게마인데 지역이사회(Rat der Gemeinden und Regionen Europas: RGRE)로 명칭이 변경되었다.

6) 2003년 이래 볼프강 슈스터(Wolfgang Schuster) 슈투트가르트(Stuttgart) 시장이 의장이다.

1986년 4월 25일 최초의 역사적인 독일-독일(deutsch-deutsch) 자매결
연이 서독 자알란트(Saarland)주의 자알루이스(Saarlouis)시와 동독 프
랑크푸르트/오데르(Frankfurt/Oder) 관구의 아이젠휘텐슈타트(Eisenhüttenstadt)
시 사이에 맺어지게 된다. 이 자매결연은 당시 자알란트 주지사였던
오스카 라퐁텐(Oskar Lafontaine)과 국가평의회(Staatsrat) 의장이었던 에
리히 호네커(Erich Honecker)사이의 조정으로 어렵게 이루어졌다. 독일
통일 후 동독과 서독 지방자치단체간의 자매결연이 계속해서 맺어지
게 되었는데, 초기엔 주로 서독지역 지방자치단체가 동독지역 지방자
치단체의 정치·경제적 변화를 지원하는 것이 주된 과제였다.

라) 동서의 냉전체제가 끝난 후, 유럽 정치환경의 변화로 인해 독일과 폴
란드 지방자치단체 사이에 많은 자매결연이 맺어지게 되었다. 특히 오
데르-나이세 경계(Oder-Neiße Grenze) 지역의 폴란드 도시들과 자매결
연을 많이 맺었는데, 이는 2차대전 후 독일과 폴란드 사이의 국경재설
정에 따라 전쟁전 독일의 영토였던 지역에 살던 독일인들이 현재의
독일로 떠나올 수밖에 없었던 역사적 배경과 관련이 있다.

마) 독일의 지방자치단체와 한국의 지방자치단체와의 교류는 전무하다시
피 한 실정인데, 독일의 베를린과 한국의 서울이 2004년 이래로 친선
우호관계를 맺고 있다. 그러나 이는 실질적인 협력관계라기보다는 각
국의 수도로서 상징적인 친선관계를 갖고 있는 것이라 할 수 있다.

이와 같은 역사적 사실에 비춰볼 때, 독일 지방외교의 궁극적인 의미는 역
시 국가경계를 넘어선 인간의 자유로운 결합에 있다고 할 수 있을 것이다.
또한 최근의 경향으로 보면 '지방의 국제화'라는 이슈에 걸맞게 국제평화(인
권, 빈곤퇴치, 환경보호 등), 유럽통합, 상호이해의 증진에 이바지하는 것에
큰 의미를 두고 있는 것으로 보인다.

오늘날 독일의 지방자치단체들은 유럽 내에서뿐만 아니라 유럽 밖의 자치
단체들과 많은 자매결연 및 파트너십 관계를 맺고 있으며, 그 수가 2005년
현재 6,415건에 이르고 있다.

〈표 Ⅴ-1〉 독일의 지방외교 현황

	지방외교 건수
유럽[1]	5,921
아메리카[2]	56
아시아[3]	113
아프리카	66
오세아니아	1
미국	162
일본	47
중국	49
총계	6,415

* 참조: [1] 이 중 프랑스는 2,211건

      [2] 미국은 제외한 숫자

      [3] 일본, 중국 제외한 숫자

* 자료: http://www.rgre.de

<표 Ⅴ-1>에서 보는 바와 같이 독일의 지방외교는 주로 유럽지역 내에 집중되어 있으나, 최근에는 지방자치단체 발전협력이라는 측면에서 개발도상국 및 중국과의 관계가 점점 증가하고 있는 추세이다.

〈표 Ⅴ-2〉 독일의 지방외교 현황 (파트너십 동기별 분류)

파트너십 동기	독일 게마인데	파트너 도시	파트너 국명
유사한 역사[1]	Pforzheim	Guernica	스페인
지역적 근접성	Frankfurt/Oder	Slubice	폴란드
동명 또는 유사명칭	Coburg Bocholt	Cobourg Bocholt	캐나다 벨기에
인적 관계	Dinslaken	Agen	프랑스
경제적 유사성[2]	Hamburg	Marseille	프랑스

* 참조: [1] 두 도시는 폭격에 의해 도시가 완전히 파괴

      [2] 두 도시 모두 항구도시로 유명하다

<표 V-3> 독일의 지방외교 현황 (주요국과 최초 개시년도별)

독일 게마인데	개시년도	파트너 도시	파트너 국명
Coburg	1952	Garden City, New York	미국
Duisburg	1982	Wuhan	중국
Bonn	1947	Oxford	영국
Ludwigsburg	1950	Montbéliard	프랑스
Kassel	1952	Florenz	이탈리아
Castrop-Rauxel	1950	Delft	네덜란드
Rostock(동독) Bremen(서독)	1957 1976	Stettin Danzig	폴란드 폴란드
Hamburg	1957	St. Petersburg	구 소련
Augsburg	1959	Nagahama	일본
Berlin	2004	Seoul	대한민국
Weingarten	1975	Blumenau	브라질
Nördlingen	1967	Wagga Wagga	호주
Köln	1963	Tunis	튀니지
Wuppertal	1977	Beer Sheva	이스라엘
Saarlouis West Berlin Spandau	1986 1988	Eisenhüttenstadt Nauen	구 동독 구 동독

독일 지방외교에 있어 도시 간 파트너십의 경우, 그 동기는 각 사례만큼 다양하다고 할 수 있다. 그럼에도 불구하고 많은 경우 그 도시들의 특성에 기인하게 되는데, 몇 가지 동기별로 파트너십 관계를 분류하면 <표 V-2>와 같다.

2) 독일 지방외교의 법적 근거

지방외교는 매우 다양한 형태를 가지고 있는데, 공식적으로 합의된 파트너십 관계의 형태에서 기술하면, 한 지방자치단체가 그들의 파트너에게 제공할 수 있는 다양한 조치와 조치들의 조합이 다양하게 존재한다는 것이다. 즉 지방전문인력의 단기적 투입에서 구체적인 프로젝트와 원조(이 경우 대체로 제 3의 기구에 참여함)에 이르기까지 협력의 형태가 다양하다는 것이다. '물 연대' 활동의 범주에서 유럽 게마인데·지역위원회(RGRE)가 주도해서 1985년에 시작된 유럽의 캠페인 "도시협력과 발전협력: 자선에서 형평으로" 뿐만 아니라 유럽이사회(Europarat)가 1988년 시작한 남북캠페인은 남북문제에 대한 폭넓고 공개적인 논의를 하게 하였다. 이와 같은 캠페인에서 특히 독일과 유럽연합은 지방자치단체의 참여를 적극 지지하였는데, 이러한 제 3세계의 발전정책에 지방의 참여는 지방외교의 헌법적, 국제법적 한계에 대한 문제를 새롭게 제기하게 되는 계기가 된다(FES).

또한 '지방외교'라는 개념의 등장에 따라 법적인 논란이 일어나게 되었는데, – 물론 최근 국제적 범위에서 국가만이 유일한 행위의 주체라는 생각은 점점 그 빛을 잃어가고 있고, "국가만이 더 이상 외교를 독점할 수 없다"(Czempiel, 1981: 15)는 시각이 있지만 – 국가론적 측면에서 지방자치단체의 외교정책 결정능력은 의문시 될 수밖에 없고, 또한 도시 간 파트너십 관계의 국제법적 성격도 의구심을 갖게 한다는 것이 이 논란의 핵심이라고 할 수 있다.

독일의 경우, 이와 같은 논란에 대해 1970년대 중반부터 독일 법학계에서 지방외교의 법적 근거와 파트너십 관계에 대해 특별한 관심을 보이며, 법적 행위능력의 관점에서 지방수준에서의 외교에 대해 언급하는 것이 정당한 것인가, 즉 어떠한 법질서 규정아래 지방간 협력이 가능한지, 도시 간 파트너십에 있어 법적 구속력이 있는지와 같은 문제를 제기하게 된다.[7] 이에 지방자치단체간 협력은 지방외교라는 범주 속에서만 가능하기 때문에 독일에선 다음과 같이 지방외교를 정의하며 논의를 진행시켰고, 이후 1985년 독일 연방주 내무부 공동체의 결정과 연방헌법재판소(BVerfG) 및 연방행정법원(BVerwG)의 판결을 통해 지방외교의 법적 근거를 마련하게 된다.

"지방외교는 독일연방공화국 지방자치단체의 해외참여와 연방정부의 외

---

7) 독일에서 이와 같은 논의를 불러일으키게 한 헌법조항은 독일기본법(GG: Grundgesetz) 제 32조 1항의 "외국에 대한 관계의 사무관리는 연방의 소관이다"와 동 제 28조 2항에 "지방의 고유한 행위능력은 지역 공동체의 사무에 국한된다"라는 규정이다.

교, 국방정책과 관련된 게마인데와 게마인데협회의 의회결정에 속하는 사항
을 가리킨다(Heberlein, 1992: 543).”

　　지방외교의 법적 근거가 되는 독일 연방주 내무부 공동체(Arbeitsgemeinschaft
der Innenministerien der deutschen Bundesländer)의 '제3국/AK III(Arbeitskreises
III, 지방사무 관장)'의 결정8)을 살펴보면 다음과 같다.

　　가) 지방의 외교(발전협력)관계 업무는 “그 업무가 지역수준에서 일어나
　　　　고, 외국의 게마인데나 비교가능한 기관을 파트너로 하며, 그 업무의
　　　　과제와 대상이 독일의 법리에 따라 게마인데의 업무일 경우”에 허가
　　　　된다.
　　나) 지방의 외교업무는 나아가 지방자치단체의 파트너십이 '연방신의 원
　　　　칙(Grundsatz der Bundestreue)'9)에 의거 게마인데의 활동으로 인정되
　　　　고 있다는 것을 항상 유의해야 한다.
　　다) 지방자치단체의 현물공여와 현금지불은 특정한 명칭을 요구한다.: 관
　　　　계부양을 위한 파트너 도시 방문시 선물의 제공은 허용되며, 인도적
　　　　원조의 경우엔 게마인데 사이에 특별한 관계가 있을 경우에 한하여
　　　　허용된다. 그 밖에 적절한 답례의 경우도 인정된다.

　　이 결정과 더불어 독일의 지방자치단체는 1988년 10월 18일에 연방주지사
들(당시 서독의 주지사들)의 결정으로 정치적 지원도 받게 되었는데, 이 결
정에서 주지사들은 개발도상국과의 협력은 연방과 주차원에서 뿐만 아니라
사회적으로도 넓게 이루어져야 한다는 의견을 제시했다. 이에 각 주는 이러
한 결정을 환영하고 비정부기구(NGO), 교회의 참여뿐만 아니라 게마인데와
시민이 발의하고 주도하는 활동도 지원하기 시작했고, 1996년 본에서는 '지방

---

8) 현재의 연방과 지방의 공조방식(Modus Vivendi)은 1985년 10월부터 이 결정이 효
　력을 발생하면서 이루어졌고, 이 결정으로 인해 지방외교(특히 지방자치단체의
　발전협력)와 관련한 법적기초가 마련되게 되었다.
9) 독일 연방국가 원리의 하나로 국가적 활동에 있어 연방과 주사이에 상호이해와
　배려가 있어야 한다는 원리이다.

발전·협력 중앙회(Zentrum für kom- munale Entwicklung und Zusammenarbeit)'
가 설립된다. 중앙회는 지방자치단체 사이의 경험교환을 지원하고 지방자치
단체의 남북관계 사무와 관련된 모든 파트너들이 정보와 자료를 이용할 수
있도록 하고 있다.

이와 같은 독일 연방주 내무부 공동체의 결정과 더불어 지방외교의 법적
근거가 되고 있는 연방헌법재판소(BVerfG)와 연방행정법원(BVerwG)[10]의
판결을 보면 다음과 같다.

지방외교는 그 활동의 다양성이 존재하는데, 지방외교의 형태로서 생존대
비설비의 설치와 유럽 또는 국제적 수준에서 결성된 지방자치단체협회의 회
원으로 참여, 지방자치단체간 경험교류 등에 대한 협정조인을 들 수 있다.
독일의 게마인데들은 많은 국제적 게마인데협회에서 활동하고 있는데, 이들
은 유럽연합의 기관에서 로비활동을 하기도 하고, 국제경제적 경쟁이라는
범주에서 마케팅적 측면으로 이미지고양을 위해 활동하기도 하며, 특히 도
시 간 파트너십을 맺는 활동을 하고 있다. 그렇다면 독일의 지방자치단체들
은 어디서 외교활동을 할 수 있는 권리를 갖는 것일까? 이러한 외교활동의
기초는 독일기본법 제 28조 2항에 규정된 지방자치에 관한 조항에서 찾을
수 있다.

독일에서 지방자치는 민주주의 구축을 위한 중요한 요소이며, 지방자치는
아래로부터 위로의 민주적 구조를 세우는 것을 과제로 하며, 시민친화적 행
정을 가능하게 한다고 인식하고 있다. 이와 같은 인식에 근거하여 독일 연방
헌법재판소(BVerfG)는 지방자치단체의 협력과 관련하여 독일기본법 제 28
조 2항을 해석함에 있어, 게마인데의 권한을 "지역적 활동범위의 업무"에 국
한시키고는 있으나 여기서 지역은 단순히 공간적인 의미로 해석되지 않고,
지역의 공동체와 특정한 관련을 기초로 하는 협력관계의 내용과 형성을 모
두 포괄하는 것으로 보고 있다(Colucci, 2002: 22).

또한 연방행정법원(BVerwG)은 한 판결에서 "게마인데 수준에서 초국가적

---

10) 연방행정법원은 '외교'를 국제법적 주체에 의해 수행될 수 있는 '외교권'과 위
    에 언급한 '지방외교'로 구별하고 있다.

(transnational) 관계 제한의 완화는 국가 및 정치적으로도 의미 있는 것"이라 확인하였는데, 이는 연방행정법원이 지방외교가 지역 공동체의 토대로서 뿌리 내리고 있음을 인정했다는 점에서 그 의미가 있다고 할 수 있다. 이와 더불어 연방행정법원은 지방외교가 뿌리를 내리기 위해 파트너십 관계에 시민이 직접 참여하게 하는 것이 필요하다고 판결하고 있는데, 이는 지방외교가 시민에 의해 뒷받침되어야 하고 게마인데의 정치·사회활동과 관련이 있어야 함을 명백히 하고 있는 것이라 할 수 있다(Colucci, 2002).

마지막으로 지방의 외교활동을 국제법적 행위능력의 측면에서 살펴보면, 지방자치단체간 협정은 ① 게마인데가 국제법적 행위능력을 갖고 있지 못하고, ② 연방에서 게마인데에 그 협정이 국제법적 수준의 협약으로 될 수 있는 권한을 부여하지 않았으며, ③ 파트너십 합의시 게마인데의 국제법적 행위가 연방의 이름으로 행해진 것이 아니기 때문에 국제법적 효력은 없다는 것이 독일의 시배적 견해이다.[11] 따라서 이러한 시방간의 협정은 국세법적 기초가 될 수 없으며, 비법적 협약이라고 불린다.

3) 독일 지방외교의 발전

유럽에서 게마인데(기초자치단체)는 지방의 파트너십과 함께 유럽통합작업에 있어 중요한 역할을 하고 있다. 그와 동시에 유럽시민들에게 유럽정신을 일깨우고 강화시키는 역할도 하고 있다. 유럽에서 게마인데는 시민들 간의 개인적 관계와 도시 간, 게마인데와 크라이스(Kreis) 간 자매결연을 지원할 뿐만 아니라 통합된 유럽의 창출을 위한 노력의 일환인 파트너십 설립과 기초에 있어 그 중심적 요소로 자리 잡고 있다는 것이다.

통계적인 측면에서 볼 때, 유럽에서의 지방외교는 생각했던것 이상으로 많은 수의 파트너십을 통해 활발히 이루어지고 있는데, 1950년에 지방수준에서의 최초의 공식적 파트너십 관계가 독일의 루드비히스부르크(Ludwigsburg)

---

11) 독일기본법(GG) 제 32조 1항과 3항은 각각 연방과 주에 국제법적 행위능력이 있음을 명시하고 있다. Wimmer, Johann W., Städtepartnerschaften der Kommunen in Nordrhein-Westfahlen, Münster, 1989, S. 38f.

와 프랑스의 몽벨리아(Montbéliard) 사이에 설립된 이래로 1957년에 65건, 1977년엔 이미 4,080건에 이르렀다. 오늘날엔 파트너십 관계뿐만 아니라 프로젝트의 형태로 26,000건 이상이 이루어져 있고, 독일에선 약 3,000여 도시와 게마인데, 크라이스가 이에 참여함으로써 유럽에서 가장 적극적으로 활동하고 있는 나라라고 할 수 있을 것이다.

독일의 지방외교에 있어 초기의 도시 간 파트너십은 친선우호의 자매결연 관계였는데, 이러한 개념은 1950년대가 경과하면서 서서히 형성되기 시작하였다. 1960년대에는 무엇보다 독일과 프랑스와의 관계가 최고 정점에 있었고, 이후 1970년대에는 침체기에 접어들었다가 1980년대와 90년대 유럽과 세계정치질서의 변화로 다시 부흥하게 된다.

독일 지방외교의 첫 번째 단계는 이미 독일연방공화국 설립 이전부터 있었던 12개의 자매결연관계로 구성된다. 이 단계에서는 대체로 미국과 영국의 도시들과 관계를 맺게 되는데, 주로 미국과 영국의 점령기구의 조정을 통해 이루어졌다(Leitermann, 1997: 3-18). 이는 재교육프로그램[12]의 범주에서 지방자치와 민주주의의 재조직에 관한 원조프로그램의 한 부분이었다. 이러한 도시 간 자매결연의 목적은 우선 난민들에게 경제적 지원을 하고, 영국과 미국으로 지방자치전문가와 정치가의 연구방문 지원 및 청소년 단체의 교류를 후원하는데 있었다. 물론 이 단계에선 지방의 수준에서 파트너십이 일반화된 것은 아니고, 국가적 수준에서 관계가 이루어졌으며, 1960년대와 70년대에 들어서야 비로소 공식적인 도시 간 파트너십으로 전환된다(Leifer,

---

12) 민주주의와 교육과 관련해서 Vgl. Hanke, Irma, Demokratisierung, in: Benz, Wolfgang (Hrsg.), Deutschland unter alliierter Besatzung 1945-1949/55, Ein Handbuch, Berlin, 1994, S. 108-113; Füssl, Karl-Heinz, Bildung und Erziehung, in: ebd., S. 105-113; Oberreuter, Heinrich/Weber, Jürgen (Hrsg.), Freundliche Feinde? Die Alliierten und die Demokratiegründung in Deutschland, München /Landsberg am Lech, 1996, S. 195-237; 미국 점령기구를 통한 지방자치의 제도적 지원에 관해서는 Vgl. Benz, Wolfgang, Institut zur Förderung öffentlicher Angelegenheiten, in: ders., Deutschland, S. 274f; 동맹 프로그램에 의한 도시 파트너십에 관해서는 Vgl. Brundert, Willi, Die politische Bedeutung von Städtepartnerschaften, in: ders., Städtetag, 23/1970, S. 60f.; Provost, Madeleine, Le Jumelage des Villes, in: Action Nationale, 75/1985, S. 371-394, hier: S. 374.

1965: 13; Bautz, 2002: 43).

이러한 전환의 한 예로 1950년 독일과 프랑스 사이 최초의 도시 간 파트너십으로 자주 언급되는 독일의 루드비히스부르크와 프랑스의 몽벨리아의 관계를 들 수 있는데, 두 도시 간에 첫 교류가 있은 후 내부 정치적 문제 등으로 인해 교류는 잠잠해졌고, 이 후 1958년에야 비로소 공식적인 파트너십 관계로 전환된다. 이것은 초기단계에 있어 예외적인 사례가 아니었고, 다수의 파트너십 관계에서 이러한 양상을 보였다.[13]

그러나 이와 같은 초기단계의 미온적인 관계에고 불구하고 제 2단계에선 다음과 같은 몇 가지 흥미로운 파트너십의 특징을 볼 수 있다. 첫째, 독일과 프랑스의 도시관계는 프랑스 측의 유보적 행태와 국내정치적 장애로 인해 관계회복을 주저함에 따라 1950년대 전반부의 도시 간 파트너십은 최고 책임자들 사이의 서신교환 및 양측의 몇몇 선구자들에 의한 접촉 등으로 매우 서서히 발진힐 수밖에 없었다. 둘째, 1950년대 초에 이미 비공식직 접촉, 특히 청소년 교류와 같은 것들이 많이 이루어지고 있었던 사실에 비춰보면, 이 시기에 교류자체가 중단되었다기보다는 단지 공식적 파트너십의 결정만을 유보하고 있었던 것으로 볼 수 있다. 셋째, 1955년 이후 도시 간 접촉과 파트너십의 수가 빠르게 늘어났다. 넷째, 첫 접촉에서 파트너십 결정까지의 시간이 점점 짧아졌다는 것이다.

따라서 이를 총체적으로 보면, 도시 간 파트너십(비공식 또는 공식적 결연으로서)은 1950년대 말 독일과 프랑스의 관계에 있어 안정된 협력의 형태로 형성 발전되었고, 독일과 프랑스의 관계회복에 있어 중요한 촉매제 역할을 하였다고 할 수 있다. 이후 초기단계에서 보여 졌던 상호간의 인간적, 정치적 어려움들이 서서히 사라지게 된다.

---

13) Schmierer, Wolfgang, Die Städtepartnerschaft zwischen Mömpelgard und Ludwigsburg nach dem Zweiten Weltkrieg, in: Württemberg und Mömpelgard. 600 Jahre Begegnung. Montbéliard-Würtemberg. 600 Ans de Relations. Beiträge zur wissenschaftlichen Tagung vom 17. bis 19. September 1997 im Hauptstaatsarchiv Stuttgart, Sönke Lorenz und Peter Rückert (Hrsg.), Leinfelden-Echterdingen, 1999, S. 459-465.

〈표 V-4〉 독일 지방외교의 발전단계

시 기	단 계	지역적 중점
1949년 전	'재교육', 개별적 화해기	스위스, 미국, 영국
1950년대	자매결연 부흥기, 의사소통기능	서유럽, 프랑스(1958년부터)
1960~1975	프랑스와 자매결연 활황, 단순 의사소통과 이해로부터 상호문화간 교류관계로의 과도기	프랑스(1963년부터), 제 3세계, 동유럽(1976년부터)
1975~1990	구조변화기 (상징적 정책에서 협력으로의 과도기), 새로운 중점분야와 지역이 등장	서유럽 (협력체계로의 구조변화가 중점), 남유럽, 제 3세계, 구동독(1986년부터)
1990년 이후	동유럽과의 자매결연 부흥기 (경제원조), 서유럽에서 새로운 협력모델 발전(도시네트워크 구성), 개발도상국 및 중국과의 발전협력 모델	서유럽, 동유럽, 개발도상국, 중국

1963년 엘리제조약(Der Elysée-Vertrag)[14]이 맺어짐으로써 독일과 프랑스
의 관계에서 지방수준의 교류가 더 확대되는 계기를 마련하게 된다. 이 조약
을 통해 기존의 파트너십 관계와 접촉뿐만 아니라 파트너십 활성화를 위한
지방자치단체 조직의 인프라와 경험을 구축할 수 있게 된다. 이러한 조건들
은 독일과 프랑스의 도시 간 파트너십의 급속한 상승을 가져와 '파트너십
붐'을 이루게 했고, 1970년대 중반 절정에 다다르게 된다. 이러한 붐은 제 3
단계에서 점화장치와 같은 역할을 하였다(Wagner, 1994: 353).

1970년대 중반 파트너십 붐이 절정에 다다른 이후 제 4단계 초반엔 소강
상태 내지는 침체기에 빠져들게 된다. 그러나 제 4단계의 파트너십 관계는

---

14) 엘리제 조약(Der Elysée-Vertrag)은 1963년 독일과 프랑스 양국의 화해를 위해 독
일(당시는 서독)의 콘라드 아데나워 수상과 프랑스의 샤를 드골 대통령에 의해
맺어진 친선우호조약이다. 두 사람은 뿌리 깊은 양국의 적대관계를 청산하기
위해 1) 모든 중요 외교정책에 대한 입장조율, 2) 양국 정상의 연 2회 정례회담,
3) 인적 교류와 협력을 증진할 다양한 민관기구 창설 등을 규정한 조약을 체결
했다. 이에 따라 양국의 정치, 경제분야 및 시민사회의 교류와 협력이 증진되는
계기를 맞이하였다. Auswärtiges Amt, 40 Jahre Elysée-Vertrag,
http://www.auswaertiges-amt.de/www/de/laenderinfos/elysee/index_html.

선구자들의 활동에 의해 이뤄지는 모습에서 "새롭게 형성된 관계망의 구성요소"로 변화 발전하게 된다(Wagner, 1994: 356). 제 4단계에서는 파트너십 관계가 하나의 예외적인 성공사례로 남지 않기 위해 파트너십운동은 "상징지배의 종말"과 "실천적 지방협력프로젝트를 통한 파트너십의 보완"이라는 기치로 구조석인 변화가 나타나게 된다(Wagner, 1994: 358).

이러한 변화과정은 동서냉전체제의 종식과 1980년대 후반 유럽통합의 부활과 맞물려 제 5단계인 1990년대에도 지속된다. 동유럽의 지방단체와 파트너십의 급속한 증가와 함께, 특히 유럽연합의 지원프로그램과 유럽연합과 지방의 관련성 증가는 '도시네트워크'를 이루게 하였고, 이를 통해 도시 간 파트너십은 더욱 발전하게 되었다(Schultze, 1997: 165-188).

이와 같은 변화는 한편으론 전통적 파트너십 관계가 가졌던 의미를 퇴색시킬 수도 있다. 왜냐하면 근원적인 의사소통과 이해, 유럽정치적 촉진제라는 파트너십의 전통적 의미가 더 이상 현대 지방외교의 요구에 부합하시 않기 때문이다. 그러나 다른 한편으론 새로운 네트워크와 가능성을 구축하고, 도시 간 파트너십이 이와 같이 변화된 조건에 적응한다면, 총체적으로 볼 때, 현대 지방외교의 요구에 부응할 뿐만 아니라 나아가 유럽의 통합과정에 역동적인 요소가 될 수 있다는 점에서 새로운 기회라고 할 수 있을 것이다. 다시 말해 유럽의 화해와 재건에서 시작된 지방외교가 유럽통합과 번영의 토대가 되는 시점에 와 있다는 것이다.

4) 독일 지방외교의 지원수단

독일에서 지방외교의 사무관리는 지방과 지역단체의 자유과제에 속한다. 따라서 지방외교활동을 위한 방법과 재원확보는 기본적으로 각 지방자치단체의 책임범위에 속한다. 이에 지방외교의 시행방법과 지방예산에 책정된 활동비는 각 지방자치단체에 따라 천차만별이고, 파트너십 관리의 담당책임자가 어떤 정치적 의미를 부여하느냐에 따라 달라진다.

독일에서 지방외교활동을 위한 일반적인 지원수단으로 다음과 같은 것을 들 수 있다.[15)]

가) 회비와 기부금: 특히 발전협력 프로젝트의 경우에 해당하는 것으로 참여단체의 회비와 민간단체, 기업 등의 기부금은 중요한 재정적 지원수단이 될 수 있다.

나) 시, 지방자치단체의 보조금: 독일기본법과 주에 규정되어 있는 예산권의 제도적 범주에서 지방자치단체에 아주 작은 재정적 권한을 보장해주고 있다.

다) 주정부의 재정지원

라) 독일 연방 경제협력·발전부(BMZ)를 통한 지원: 비정부기구의 발전협력정책 프로젝트의 경우 예산의 75%까지 지원 받을 수 있다. 그러나 이 경우 지방자치단체의 지원은 없다.

마) 독일 외무부(Auswärtiges Amt) 지원기금: 지방수준에서 이루어지는 청소년, 문화교류의 재정지원을 위한 기금으로 유럽 게마인데·지역위원회(RGRE)의 독일분과에서 관리한다.

바) 유럽연합의 파트너십기금(EU-Städtepartnerschaftsfonds): 유럽연합 집행위원회(Europäische Kommission)에서 관리한다. 일정 부분 유럽 게마인데·지역위원회(RGRE)의 국가별 분과에서 담당한다. 특히 이 기금은 유럽연합 주변지역의 도시와 파트너십 관계를 맺을 때 지원된다.

사) 유럽연합의 발전협력 지원: 협력예산의 최대 50%까지 지원이 가능하다.

아) 협력시장(Twinning Market): 유럽내의 도시들이 쉽게 파트너 도시를 찾을 수 있도록 도와주는 네트워크이다
(http://www.twinnings.org/de/index_de.htm).

3. 독일의 지방외교 II: 개발도상국과의 발전협력을 통한 지방의 세계화

독일에서 개발도상국의 도시와 협력하는 것은 새로운 일은 아니다. 1960년대 이래로 다양한 공공기관과 민간단체의 참여 속에 각각 다양한 관심과

---

15) FES, Arbeitsgruppe Kommunalpolitik, Kommunale Partnerschaften, a.a.O. und 유럽 게마인데·지역 위원회(RGRE) 독일분과, http://www.rgre.de/

의도를 가지고 이러한 협력이 이루어져 왔다(Schwanenflügel, 1993: 35). 독일·
에서 발전정책과 발전협력은 연방사무에 속하는 것으로 되어 있는데, 이는
위에서 기술한바와 같이 독일기본법 제 32조 1항의 규정에 의거하여 외교관
계는 연방에 그 의무와 책임이 있다는데 근거를 둔 해석으로, 몇 가지 측면
에서 발전정책도 이 범주에 포함시키고 있다(Krause, 1989: 54). 이에 따라 독
일에서 발전정책은 연방 경제협력·발전부(BMZ)에서 담당하고 있다.16)

발전협력의 방법으로는 재정협력(FZ: Finanzielle Zusammenarbeit)과 기술
협력(TZ: Technische Zusammenarbeit)이 있는데, 이는 무상으로 제공되고 자
립을 위한 원조의 형태로 수행되어진다(Langmann, 1996: 12). 독일에서 국가
의 발전정책은 그 자체의 독립적 중요성에 기인하기보다는 주로 정부의 총
체적 정책과 연결되어 이루어져 왔고, 외교안보와 사회정책 등 다양한 정책
의 이해관계와 복잡하게 얽혀 형성되고 있다. 따라서 발전정책의 구상은 항
상 종합적 정책의 틀에 맞춰지고, 경우에 따라 새롭게 강조되기도 한다. 1998
년 가을 독일 赤綠연정이 들어선 이래로 발전정책은 무엇보다 국제적 환경
조건에 접근하고, 평화정책과 위기방지(사전예방)와 같은 새로운 중점분야를
다루는 국제적 구조정책의 일환으로 이해되고 있다(BMZ, 1998: 1).

최근 도시와 게마인데도 발전정책에 적극적인 관심을 보이고 있는데, 위
2.2. 독일 지방외교의 법적 근거에서 언급한 것처럼 이들의 활동은 법적으로
논란의 여지가 없지는 않았다. 즉 독일기본법과 주헌법 어느 곳에도 "게마인
데에 외교관계를 맺을 수 있는 권한이 부여되어 있다"고 규정되어 있지 않다
는 것이 문제였다. 그러나 이는 독일기본법 제 28조 2항의 지방자치의 보장
이라는 측면에서 지방외교활동을 지방자치의 범주로 인정해줌으로써
(Kodolitsch, 1996: 8), 게마인데는 외국의 도시나 게마인데와 관계를 맺을 수
있는 법적인 근거를 마련하게 되었다. 그러나 이러한 지방자치단체의 외교

---

16) 독일 연방 경제협력발전부(Bundesministerium für wirtschaftliche Zusammenarbeit und
Entwicklung: BMZ)는 1961년에 개설되었고, 최초 경제협력부로 시작하였다가 1993
년에 발전부분이 추가되면서 경제협력발전부로 된다. Vgl. Andreas Langmann,
Entwicklungspolitik in der Bundesrepublik Deutschland, in: Informationen zur
politischen Bildung, 252, 1996, S. 45.

활동에 있어 관련된 기본 조건을 충족시켜야 함은 주지의 사실이다(Reinbek, 1985: 153).

1) 독일 지방외교의 또 다른 축으로서 발전협력

사실 독일의 지방자치단체와 외국의 도시와의 협력관계에 있어 발전협력은 서유럽 국가 게마인데와의 파트너십과 비교해서 활발히 진행되고 있다고 말하기는 어려운데, 통계적으로도 1998년 독일의 도시, 게마인데, 크라이스의 개발도상국 지방자치단체와의 총 발전협력 건수가 183건(이는 1998년에 운영된 모든 파트너십과 협력관계의 약 3%에 해당된다(RGRE, 1998: 9). 정도에 머무르고 있어 그러한 사실을 반증하고 있다고 할 수 있다. 그러나 지방수준에서 개발도상국의 도시와 이루어진 협력은 공식적 파트너십의 관계에만 국한되는 것은 아니고, 이러한 협력관계가 다양한 지방자치단체와 민간기관의 참여를 통해서 넓은 스펙트럼을 가지고 이루어지고 있음을 주목할 필요가 있다.

독일에서 국가의 발전정책과 지방의 발전협력은 지금까지 조정절차나 합의에 의해 이루어지지는 않았으나, 개발도상국의 지속적인 도시화에 따른 협력관계 형성의 발전은 지방자치단체에 분권적 능력을 배가시키고, 연방의 발전정책 및 협력에 있어 도시에 큰 의미가 부여되는 계기가 된다.발전협력 관계의 지역적 특징을 보면 다음과 같이 두 지역으로 나눌 수 있다.

가. 동서간 협력(구 이념국가사이와의 관계): "협약 당사국은 지역, 도시, 게마인데와 다른 지역단체와의 파트너십 협력에 큰 의미를 부여하고 협약 당사국은 모든 분야에서 이러한 협력을 지원한다."와 같은 또는 이와 유사한 형태의 문구를 통해 독일과 동유럽지역의 국가사이에 유럽의 민족간 화해와 평화보장을 위한 지방외교의 정치적 의미를 인정하게 된다.

독일 지방자치단체들은 1990년대 중반 이후 동유럽국가의 도시, 게마인데와 많은 파트너십을 맺었는데, 특히 폴란드, 헝가리, 구 체코슬로바키아, 구 독립국가연합(GUS: Gemeinschaft Unabhängiger Staaten)[17] 국가들에 중점을

두고 관계를 맺었다. 지방수준에서의 동서간 파트너십 관계는 다음과 같은
활동에 집중되었다.

① 실질적이고 진정한 시민파트너십의 구축: 많은 스포츠, 문화행사가 파
트너 지방자치단체 시민들의 접촉과 우호관계 설립을 위해 개최되었
다.

② 행정지원: 지역과제 극복을 위한 넓고 집중적인 지식과 경험의 이전이
큰 의미가 있었다. 동유럽 지방자치단체에 새롭게 싹튼 민주주의에 대
한 열망은 높았지만 구체제의 유산과 민주적 규정에 미숙한 상황 속에
서 민주화 과정에 어려움을 겪었다. 또한 경제적 붕괴에 따라 정치, 경
제 안정화를 위한 유예기간이 국민들에 의해 일정부분 용인되었다. 이
런 상황 속에서 전문관료를 통한 자문, 세미나 개최, 견습생의 수용 등
은 동서교류의 실질적 연대를 위한 중요한 조치들로 기술될 수 있다.

독일에서의 지방외교정책은 역시 도시자매결연(Staedtepartnerschaft)을 중
심으로 발전되어 왔다. 특히 제2차세계대전 이후 유럽의 평화를 위한 전략적
차원에서 초기 도시 간 자매결연은 서유럽 중심, 그 중에서도 프랑스 중심으
로 이루어졌다. 그러나 동서 냉전이 심화되면서 동유럽과의 관계개선에 적
극적으로 나서게 되는데, 여기서는 독일 지방자치단체의 새로운 지향점으로
제시되었던 사회주의권, 즉 중동부 유럽도시들과의 자매결연의 접근방식을
요약하면 다음과 같다.

ㄱ) 자매결연의 목표
- 지방자치단체간 자매결연 영역내에서의 시민사회적인 요소들의 강화(서
유럽은 물론, 특히 동유럽 자치단체와의 관계에서 강조)
- 기술전수 등을 통한 지방자치행정의 지원과 상호발전(특히 중부유럽 국
가들과의 자매결연에서 강조)
- 전체 유럽적 차원의 의식을 견지하려는 지방자치단체 상호간의 연계 강화

---

17) 러시아와 구 소비에트 연방에서 독립한 국가 공동체를 말한다. 여기엔 아르메
니아, 아제르바이젠, 그루지아, 카자흐스탄, 키르기스탄, 몰도바, 타지키스탄, 투
르크메니스탄, 우크라이나, 우즈베키스탄, 벨라루스 등 12개국이 속한다.

ㄴ) 동-서 도시자매결연의 발전

- 구서독의 경우 RGRE를 중심으로 접근하였다.
- 동서독 재통일 전인 1987년의 경우 101개 도시결연이 이루어 졌으며, 통일 이후인 1993년에는 530개로 늘어났다.
- 지리적인 인접관계로 폴란드와 헝가리가 각각 132건이었으며, 체코와의 자매결연도 63건이었다.

ㄷ) 상호협력연결고리로서의 자매결연

- 독일-폴란드상호친선조약(1991.6.17) 제10조:
- "자매결연 주체들은 지역, 도시, 게마인데, 기타 지방자치단체들 간의 상호협력 관계를 이끈다. 이 협력에는 모등 영역들이 포함된다.(Die Vertragsparteien messen der partnerschaftlichen Zusammenarbeit zwischen Regionen, Staedten, Gemeinden und anderen Gebietskoerperschaften hohe Bedeutung zu. Sie werden diese Zusammensrbeit auf allen Gebieten erleichtern und foerdern.)"

ㄹ) 국경을 뛰어넘는 협력

- 전문 분야별 협력을 위한 개별적 행위(Einzelaktivitaeten fachbezogener Zusammenarbeit)
- 국경도시간 협력: 독일-폴란드간 협력("Frankfurter Bruecke"/Oder)

ㅁ) 지방자치단체연합체를 통한 협력

- 자치단체장협의회의 역할이 중요
- 동시에 유럽연합 차원의 지원: 유럽이사회(Europarat)는 1961년 이래 "게마인데와 유럽지역 상설협의회(Staendige Konferenz der Gemeinden und Regionen Europas)" 운영 등
- 지원프로그램: 유럽파트너십재단(Der Europaeische Partnerschaftsfonds), 유럽지원프로그램(EG-Foerderprogramm ECOS), etc.

나. 지방자치단체의 남북협력(선후진국 사이): 부유한 북쪽국가와 가난한 남쪽국가사이의 간격이 지속적으로 더 커져가고, 기아와 빈곤으로 수백만의 생명이 목숨을 잃고, 국가의 발전협력이 그 협력의 결과가 의문시되는 거대

프로젝트에만 집중되는 것에 대한 비판의 수위가 높아지던 시기에 지역적인 남북대화가 큰 의미를 갖게 되었고, 그 중요성이 점점 높아지게 되었다.

2) 독일의 지방자치단체 발전협력관계 형성의 환경적 요인과 형태

1970년대와 80년대에 남반구의 탈식민지화와 독립국가 형성의 맥락에서 독일에선 개발도상국의 도시와의 파트너십에 지방자치단체의 관심이 높아졌다. 또한 소비에트연방과 동유럽 사회주의 국가들의 붕괴와 함께 1990년대엔 이들 변형국가(Transformationsstaaten)[18]의 지자체들을 잠재적 파트너 도시로서 인식하고 관심을 갖게 된다. 또한 이 시기에 중국의 서구개방에 따라 중국의 도시에도 관심이 집중되게 된다. 지방외교의 환경적 측면에서도 1996년 본에 '지방발전·협력 중앙회'(Zentrum für kommunale Entwicklung und Zusammenarbeit)기 설립되는 등 지방자치단체의 발전협력을 지원하는 발판이 마련된다.

〈표 Ⅴ-5〉독일 지방자치단체 발전협력 파트너십의 지역별 중점과제[19]

지역 중점과제	개발도상국 (n=33)	변형국가 (n=20)	중국 (n=9)	총계 (n=62)
문화	29	17	7	53
사회·보건	25	19	4	48
직업교육	19	14	6	39
경제	14	16	9	39
행정지원	17	16	5	38
환경	18	6	1	25

---

18) 독일에서 냉전체제에서 제2세계로 불리던 구 공산권 사회주의 국가들을 가리키는 말이다.
19) 지역별로 지방자치단체 발전협력의 주요 사례 62건을 분석한 자료이다. W.Heinz /N.Langel/W.Leitermann, Kooperations-beziehungen zwischen deutschen Städten und Kommunen in Entwicklungsländern, a.a.O.. S. 24.

　지방의 발전협력과 파트너십의 목표는 – 지역에 따라 목표가 다르기 때문에 중점과제에 따른 수적인 차이를 보이기도 하지만 – 일반적으로 매우 공통된 특성을 갖고 있다. 우선 변형국가의 도시들과 파트너십은 동구권으로의 개방과 동쪽 이웃과의 화해를 목적으로 형성되었고, 중국 도시와의 파트너십은 경제적 형태의 목표와 다원적 경험교류가 전면에 놓였다. 개발도상국의 도시와 파트너십은 도시주민의 생활, 노동조건의 개선에서부터 인본주의적 원조를 넘어, 민주주의 구축을 위한 지원에 이르기까지 다양한 목표를 설정하고 있다.

　중점과제분야와 협력형태를 보면, 경제분야에서 문화분야, 사회적 과제에서 환경분야에 이르기까지 다양한 분야에서 지방수준의 실질적 파트너십이 이루어지고 있음을 볼 수 있다. 그 중 문화적인 부분의 활동이 가장 큰데 이는 서구 선진국과의 파트너십에서도 별반 차이가 없다. 또한 사회·보건분야에서의 활동도 상당히 큰 것으로 보인다. 위의 <표Ⅴ-5>를 근거로 살펴보면, 조사된 62건의 사례에서 각각 53건, 48건으로 80%이상이 이 분야에서 이루어지고 있음을 볼 수 있다. 또한 직업교육, 경제지원, 행정지원의 분야에선 사례의 3분의 2 수준에서 이루어지고 있으며, 환경분야는 5분의 1 순준의 역할을 하고 있는 것으로 조사되었다.

　사실 문화와 경제분야에서 파트너십의 개념이 가장 잘 적용된다고 할 수 있는데, 이는 일반적으로 이 분야에서 독일과 외국의 단체가 동등한 위치에서 참여할 수 있고 실질적인 교류가 가능하기 때문인 것으로 보인다. 이와는 달리 다른 분야에선 파트너 사이의 교류라는 측면보다는 독일 쪽의 일방향적 지원조치와 다르지 않다고 볼 수 있다.

　독일 지방자치단체의 발전협력 파트너십 활동의 형태는 다양한 관계분야에도 불구하고 대체로 공통된 형태를 띤다. 대체로 물질적 재정적 지원, 경험교류의 형태를 보이는데, 경험교류에 있어서는 한 쪽의 상담과 자문에서부터 파트너 도시의 대표들간 상호방문 등이 이루어진다. 또한 국가와 비정부단체의 참여자들 사이에 구체적인 협력계획, 외국 파트너 도시의 위탁자 교육을 담당하는 형태를 보이고 있다.

　지방의 발전협력과 파트너십에 활동하는 참여자들을 보면 상당히 넓고 다양한 면을 보이고 있는데, 여기에는 국가 공공기관, 비정부기구 단체, 지방자치단체, 민간단체 등이 있다. 이런 행위자들의 참여는 어떤 경우 몇 가지 요인에 의해 참여여건이 달라지게 되는데, 특정과제분야, 구체적 활동내용, 특히 파트너 도시의 국적에 의해 참여여건이 달라진다.

변형국가와 중국의 도시와 발전협력과 파트너십은 대개 도시 최고책임사 직속관청이 주관해서 이루어진다. 특정 전문분야 활동의 조정과 시행에선 일반적으로 도시와 국가의 각 전문기관이 주관한다. 행정관청과 함께 지방의 발전협력에선 다수의 외부 민간단체와 기관들이 중요한 역할을 한다.[20]

누가 외국의 도시와 협력파트너가 되는지와 어떤 분야에서 파트너십이 이루어지는지는 각각의 행정구조가 아주 강한 척도로서 작용하는데, 이런 특성에도 불구하고 파트너십 사무의 관장은 일반적으로 각 최고 책임자나 그 책임자의 직속관청이 담당한다. 또한 외국의 도시에선 파트너십 사무에 각 담당 전문부서와 외부 전문가가 활동하기도 한다. 그래서 중국이나 변형국가의 대도시와 파트너십 관계를 맺을 경우 경제인이나 경제단체가 큰 역할을 하기도 한다. 이와는 달리 개발도상국의 도시에선 명예단체들이 주로 활동한다.

독일과 외국 도시 간의 파트너십은 여러 가지 형태로 당사자 간의 법적 근거를 마련하고 있는데, 이러한 법적 근거의 형태를 어떤 것으로 할지는 독일측 파트너의 정책적 주안점과 파트너 도시가 속한 목표지역, 두 요소에 따라 달라진다. 기본적으로 당사자 간의 법적 근거의 형태로 아래와 같은 것들을 들 수 있다.

가) 파트너십 협약: 이 경우 특히 서구 선진국과의 전통적 파트너십을 맺

---

20) 이러한 기관들의 예로 terre des hommes(시민발의로 설립된 아동권리보호단체), Misereor(아시아, 아프리카, 남아메리카의 자립을 돕기 위한 지원단체), 독일 적십자, Eine-Welt-Initiativen(하나의 세계), Nord-Süd-Forum(남북관계), 상공위원회 및 경제단체 협회, 기업 등이 있다. 연방수준에선 물론 공공, 법률기관이 참여하고 있는데, 여기엔 Carl Duisburg Gesellschaft(CDG), 연방 경제협력발전부(BMZ)의 산하기관인 Gesellschaft für Technische Zusammenar-beit(GTZ) 등이 있다.

을 때 이루어지는 주된 형태이다.

나) 파트너십 증서: 많은 도시에서 파트너십 협약과 함께 이러한 증서를 교환하고 있다.

다) 협력합의각서: 파트너십 협약의 전 단계에서 이루어진다.

라) 선언서: 특히 함부르크시에 의해서 유지되는 형태이다.

이 밖에도 프로젝트 협약, 의회결정 등의 형태로 법적 근거를 마련하고 있으며, 본(Bonn), 뮌헨(München), 슈투트가르트(Stuttgart)와 같은 도시들은 위의 여러 가지를 함께 하고 있다.

지방자치단체 발전협력 활동의 재원은 특정 재원할당(중앙과 지방), 도시의 지위(함부르크, 브레멘과 같은 도시주와 지방자치단체), 총예산의 상황에 따라 달라지며, 그 액수에 있어서도 분명한 차이를 보이고 있다. 발전협력 활동을 위한 재원을 중앙에서 관리하는 도시와 도시주의 담당관청은 자체적으로 재원을 확보하고 활용하는 경우가 많은 반면, 재원할당을 받는 지방의 도시들은 많은 경우 개별 전문기관(위에 주무관청이 따로 있는)의 재원을 사용한다. 이러한 관계기관에 의한 재원과 함께 명예활동, 기부, 물류제공, 기업과 은행의 스폰서 등도 재원충당에 상당한 역할을 하고 있다.

4. 독일의 지방외교 III: 독일의 민족·사회통합의 기저로

동·서독 지방자치단체간 교류협력은 법적·정치적 측면에서의 문제들로 오랜 시간 논란이 되어왔다. 법적으로는 과연 지방외교를 어떻게 이해하고 인정할 것인가 하는 점이 쟁점이 되었으며, 정치적으로는 국제사회에서의 서독 단독대표권이나 할슈타인 원칙(Hallstein Doktrin)[21] 등이 논리적인 한계가

---

21) 1955년 9월 서독과 소련간 정식국교 수립 이래 서독외교정책의 기본원칙으로 작용하였으며, 서독만이 자유선거에 의한 정부를 가진 유일한 독일의 합법국가이므로 서독은 동독을 승인하는 나라와는 외교관계를 단절(대독 전승국인 소련은 이 원칙에서 예외)하겠다는 것을 내용으로 하고 있다. 당시 외무장관이었던 Walter Hall-stein에 의해 작성된 것이었기에 할슈타인 원칙이라고 불려졌다. 서

되기도 했다. 그러나 법개정 없이 법해석의 유연성과 동·서독 UN동시가입 등으로 탈냉전적 화해분위기가 확립되면서 지방자치단체간의 교류협력이 중앙정부의 지원 하에 급진전될 수 있었다.

한마디로 지방의 국제화 논리가 그대로 분단국 내부문제에 적용되었다고 할 수 있다. 이에 따라 동서독 관계에서도 국가중대사가 아닌 일상적인 외교사안과 관련된 지방자치단체의 대동독 관계에 대한 정당성이 부여되었다. 특히 독일연방헌법재판소(BVerfG)는 "외교권의 분권화 논리"에 입각하여 동·서독 지방자치단체간 교류협력을 "준국가법적" 혹은 "초국가법적" 지방외교행위로 인정하여 하나의 국가적 외교정책으로 적용가능함을 확인하기도 했다.

독일에서 그동안 지역발전과 사회통합을 위하여 핵심적 역할을 담당한 것은 무엇보다도 지방자치단체였다. 통일직후 구동독지역에서는 먼저 지방정치(Kommunalpolitik)의 혁명적인 변화가 있었으며, 이는 시간이 지나면서 지역사회 발전이라는 방향으로 지방자치단체 역할강화로 이어졌다.

특히 구동독지역 지방정치행정 메커니즘을 새로이 구축하는데 있어서는 자매결연관계인 서독지역 자치단체에서 포괄적으로 제공한 행정지원(Verwaltungshilfe)이 결정적인 역할을 하였다. 통일전 이질성 극복을 위해 지방자치단체간 자매결연이 중요했다면, 통일 이후에는 이러한 결연관계가 더욱 확대되면서 보다 구체적이고도 실질적인 동독재건의 원동력이 되었다고 할 수 있다.

도시 간 파트너십을 통해 이러한 지식과 경험이전이 없었다면 구동독지역 지방자치행정 제도를 정립하는 작업이 그렇게 빠르게 성공할 수는 없었을 것이다.

독의 기독교민주연합(CDU)이 취하던 반공외교정책의 축으로서, 이 원칙은 유고슬라비아(1957), 쿠바(1963) 등에 적용되었지만, 루마니아와의 국교 재개(1967), 유고슬라비아와의 외교관계 재개(1968), 그리고 브란트(W.Brandt) 정권 수립에 의한 동서독 수뇌회담의 실현(1970) 등으로 이 원칙은 사실상 끝을 맺게 되었다.

1) 동·서독 지방자치단체간 교류협력 방법

오랜 비공식적 협력과정을 거쳐 동서독 지방자치단체간의 공식적 교류협력은 도시 간 파트너십에 의해 추진되었다. 즉 주정부간에는 직접접촉을 통해 광역차원의 파트너십 협정을 체결함으로써, 그리고 기초자치단체인 게마인데(Gemeinde) 간에는 직접접촉 또는 연방정부 및 주정부의 중계에 의한 자매결연협정을 체결함으로써 이루어졌다.

물론 이러한 동서독 지방교류는 많은 우여곡절을 겪기도 했다. 분단초기부터 1960년대까지는 사실 동독이 교류협력을 적극 원하고 서독은 할슈타인 원칙을 고수하여 소극적 자세를 취했던 시기였다면, 1970년대부터 1980년대 중반까지는 브란트(W. Brandt)의 동방정책(Ostpolitik)에 힘입어 서독이 교류협력을 적극적으로 요구하고 추진했던 시기였다. 이때까지 공식관계는 형성되지 못하다가 80년대 중반이후 도시 간 파트너십이 제도적으로 성사되어 교류협력이 활성화될 수 있었다.

물론 이미 언급했듯이 지방자치단체간의 교류협력은 전체 국가차원의 정책과 맞물릴 수밖에 없다는 한계가 있다. 그러나 분단독일에서는 지방자치단체 스스로 다양한 교류활성화를 위한 정책방향을 마련함으로써 스스로 활성화 시켜나갔다. 동·서독 화해협력을 위한 지방자치단체간의 구체적인 교류활성화 방안으로 다음과 같은 세 가지를 기본방법으로 적용하기도 했다.

첫째, 지방자치단체가 국가나 중앙정부의 대동독 교류협력사업에 편승하는 방안으로 분단이후 초기단계에 많이 나타났다. 이는 가장 소극적인 접근방법으로서 동·서독 간 기본관계조약의 내용대로 지방정부는 중앙정부의 중재와 알선에 의해서 교류관계를 형성해 나가는 것이다.

둘째, 환상형 교류관계(Ringpartnerschaft)를 이용하여 프랑스 등 인접국가 지방정부를 통한 협력을 활성화시키는 방안이다. 1960~70년대 직접적인 동·서독 지방자치단체간 자매결연이 어렵다는 점을 감안하여 주변국 지방단체를 중간에 두고 삼각결연관계를 형성함으로써 매우 의미있게 활용되기도 했다.

셋째, 지방자치단체가 파트너십을 통해 직접교류를 시도하는 방안이다.

이는 지방외교차원에서 볼 때 가장 바람직하고 지향해야 될 모형인데, 지방정부 차원에서의 교류협력을 정례화 또는 제도화 한다는 의미와 함께, 사회심리적인 모형으로서 내적 통합을 위한 가장 유효한 방식이라는 점에서 큰 의미가 있다고 하겠다.

이러한 단계를 거쳐 농·서독 지방자치단체간 최초의 공식적 자매결연이 1986년 4월 25일 서독의 자알루이스(Saarlouis)시와 동독 아이젠휘텐슈타트(Eisenhütten-stadt)시 간에 체결되었다. 이후 베를린장벽이 붕괴된 1989년 말까지 62개 동·서독 도시 간 자매결연이 성사되어, 통일직전까지 시민차원 교류협력의 중추적 역할을 담당하였다. 결연형태는 모두가 협정체결 형식으로 이루어 졌는데, 합의서나 의정서를 기본으로 하여 부속문서가 추가되는 경우가 일반적이었다.

동·서독 지방자치단체 간 자매결연을 통한 교류협력은 1986년 문화협정의 체결과 동독국민의 서독방문 확대를 통해 발전되다가, 1987년 동독수상 호네커(E. Honecker)가 서독을 방문함으로써 활성화될 수 있었다. 이때 중요한 계기가 된 것이 동·서독을 둘러싼 주변 환경의 변화인데, 바로 구소련의 고르바초프에 의한 개혁·개방정책의 영향이 동독주민의 체제불만으로 이어지면서 하나의 위기관리적 수단으로 교류협력에 나섰다고 할 수 있다. 결국 풀뿌리 차원의 교류협력과 구체적 협력방식으로서의 파트너십은 동·서독통일의 기초가 되었다고 할 수 있다.

2) 동·서독 지방자치단체 간 교류협력의 내용과 효과

무엇보다도 풀뿌리 지방자치단체의 교류활성화로 평화와 안전에 대한 국민들의 심리적 안정감을 제고시켰으며, 상호 긴밀한 선린관계 유지와 시민교류의 활성화는 상호신뢰의 구축과 이질감 해소 및 상호이해 증진에 도움을 주었다. 나아가 분단국가로서 이러한 작은 만남들이 쌓이면서 군축과 긴장완화에 기여하였으며, 사회적 동질성 확보라는 민족공동체 의식제고에 결정적인 기여를 한 것으로 평가된다. 한마디로 동·서독 지방자치단체의 교류협력은 동독만이 아니라 통일과정에서 양독 모두에게 긍정적 효과를 가져왔다고 할 수 있다.

좀 더 구체적으로 동·서독 도시 간 파트너십에 의한 지방간 교류의 중요성을 정리해 보면 다음과 같다.

가) 중앙정부(연방) 차원에서 수행할 수 없는 비정치적 과제수행에 유리 (사회문화적 사안, 스포츠교류, 관광자원 공동개발과 이용 등).
나) 풀뿌리 민주주의의 구현과 상대방에 대한 이해의 폭이 확대되었다.
다) 사회심리적 이질성 극복을 위한 풀뿌리 차원의 접근이었다.
라) 지역개발에 대한 공동노력, 지방자치단체 간 특산물 교환 등으로 상호이익을 추구하였다.
마) 양독 국가 및 주민 간 갈등가능성에 대한 사전 조율의 기능을 하였다.
바) 구체적인 지방자치단체 간 파트너십으로 승화된 경우 자연스럽게 동·서독 간 인적교류의 장이 확대되었다.
사) 지방교류를 통한 동·서독관계 정책의 시험적 실시로 시행착오를 최소화시킬 수 있었다.

여기서 동·서독 지방자치단체 간 공식적 자매결연의 결과 합의서에 나타난 실질적인 교류내용은 특히 우리에게 큰 의미가 있다고 할 수 있다. 우선 자매결연 내용을 분석한 결과 크게 다섯 가지로 분류를 할 수 있었고, 결연 도시의 성격에 따라 구체적인 사업내용들이 다양함을 알 수 있었다. 교류협력의 5개 영역과 그에 의한 구체적인 사업내용을 예시해 보면 다음과 같다.

가) 평화공존의 대원칙 제시: 동·서독 기본조약(1972)과 유럽안전보장 등 주변 환경을 고려하여 세계평화에 기여할 것을 협정서전문 등에서 선언적으로 제시하고 있다. 특히 지역주민이 동참하는 가운데 자유·인권·민주주의·국민복지·평화 등 기본가치들을 시민의 일상적 삶에서 실체화할 것을 분명히 하고 있다.
나) 화해협력을 위한 동·서독 교류의 목표설정: 자매결연의 일반적인 목표로 동·서독의 상호안전과 유럽의 평화에 대한 최선의 토대마련, 지

방차원에서 상호 긴밀한 선린관계의 유지, 정치적 관계정상화에 풀뿌리차원의 기여(지방정치), 상호신뢰관계 구축과 주민상호 이해의 증진, 사회적 동질성 확보와 지역사회발전의 공동모색 등을 목표로 제시하였다.

다) 상호정보교환과 공동체정신의 구현: 상호관심사에 대한 공동노력과 경험교환의 증진, 시민중심의 자매결연분위기 조성, 공동체 구현을 위한 각종 사업추진, 정보통신과 행정서비스 등 기술적 정보교환 및 상호자문, 도시계획, 지역발전, 사회문화정책, 청소년, 스포츠, 여성문제, 관광레저, 지역경제 활성화 등 구체적인 사안별 정보교환과 상호자문 및 교류사업 등을 지향하였다.

라) 지역주민 관련사항: 사회저변의 상호교류는 지방정부간 자매결연에서 가장 큰 역할을 할 수 있는 분야이다. 여기에는 지방자치단체 기관들 간의 공동협력유도, 사회·시민단체들 간의 협조와 유대강화, 지역주민 상호방문단의 적극 활성화(시민교류), 지역 상공인 상호교류, 문화예술교류, 관광지원, 학술세미나 공동개최, 종교단체교류 등이 포괄적으로 포함된다.

마) 기술·경제적인 분야의 협력: 전적으로 서독의 기술지원을 동독이 수용하는 형태로 이루어졌다. 공동사업의 집행에 따른 재정문제협력(공동재정부담의 원칙), 경비부담 문제, 방문시 체류형태(공동, 민박 등), 상호교류 내용에 대한 대시민 홍보의 강조, 새로운 재정수요를 위한 물적·인적지원체제 구축(행정조직 및 행정인력지원단 파견) 등이 여기에 해당된다.

특히 통일 전에는 이러한 동·서독 도시 간 자매결연으로 "생활정치"의 공통분모를 모색해 봄으로써 양쪽 주민들 간에 신뢰성을 확보할 수 있었으며, 나아가 통일 이후에는 이러한 결연관계가 집중적인 지원통로가 되어 동독지역 행정발전과 지역개발의 토대가 되었다는 점에서 큰 효과를 보았다. 무엇보다도 통일이전 만이 아니라 동·서독 통일이후 구동독지역 지방자치 및 행정개혁 과정에서 구서독 자매결연 자치단체들의 행정지원이 구동독 지방자치행정의 안정적 발전에 결정적으로 기여했음을 눈여겨 볼 필요가 있다. 좀 더 구체적으로 도시 간 자매결연을 통한 교류효과를 요약하면 다음과 같다.

첫째, 민족공동체 및 평화공존의 대원칙을 서로 이해하고 공유하는 계기를 마련함으로써 통일은 아니더라도 함께 할 수 있는 여건을 확립하였다.

둘째, 큰 만남보다 '작은 만남'의 효과가 극대화되면서 화해협력을 위한 구체적 사업으로서의 동·서독 교류라는 목표수행에 크게 기여하였다.

셋째, 그동안 단절되었던 양쪽 지방자치단체 및 지역주민 간 공동체 형성을 위한 상호정보교환의 활성화가 이루어짐으로써 이질성 극복에 기여하였다.

넷째, 무엇보다도 청소년·스포츠교류 등 지역차원의 작고 실질적인 교류사업들의 활성화로 지역주민 간 나아가 동일민족 차원의 상호신뢰가 형성될 수 있었다.

다섯째, 가장 가시적인 효과는 행정·재정문제의 지원, 지역발전 지원 등에서처럼 기술·경제적인 분야의 협력활성화가 이루어져 실질적인 동독지원이 가능해졌다.

II. 일본

1. 서론

1980년대 이후 국제화와 정보화의 흐름에 따라 주권국가의 존재와 그 권위는 여러 가지 시련에 직면하게 되었으며, 끊임없이 발생하는 여러 가지의 문제를 해결할 능력이 저하되었다. 이유는 주권국가 시스템이 가지고 있는 영역성의 결과라고 할 수 있다. 글로벌화와 탈냉전으로 세계는 이데올로기의 장벽과 국경을 넘어 새로운 유연성과 경쟁력이 요구되었다. 다시 말해 국가를 단위로 하는 세계가 교류의 진전으로 국경이 붕괴되면서 국제관계의 존재방식이 새로운 국면으로 접어들게 되었다. 그 결과 경제와 정치에 있어서 글로벌화는 보다 빠르게 진행되었다.

그리고 다른 한편으로 주권국가의 하부구조인 자치체도 변화와 불확실성의 세계에서 지역사회의 변용이 진행되었다. 특히 일본의 자치체는 지역사회의 과소화(過疎化)·고령화 현상이 사회문제로 되면서, 새로운 자치체의 재생이라는 차원에서 '자치체 전략'을 수립하지 않으면 안 되었다. 이러한 과정에서 지금까지 국가의 전관 사항이었던 국가외교가 행위자의 확대를 용인하게 되면서 지방자치체와 비정부간 단체들이 기능 분담을 하게 됨으로써 고전적인 형태의 외교는 새로운 국면에 접어들었다. 바로 이러한 현상 또한 국제화와 글로벌화의 결과라고 볼 수 있다.

이처럼 글로벌화는 주권국가가 가지고 있는 통제 능력의 한계를 가져오게 되었다. 자본의 이동이나 사람의 이동, 통화정책 등은 규모와 스피드에서 이제는 한 나라가 통제할 수 없는 상황에 이르렀다. 다른 한편으로 글로벌화는 세계표준이라는 것을 형성하게 하여 그것에 맞는 것과 맞지 않는 것을 선별하는 기능까지 가지게 되었다. 그 결과 글로벌화의 방향성은 단순히 국가에 머무르지 않고 지방이나 회사에까지 이르고 있다. 이러한 성격을 가진 글로벌화의 진전으로 각국의 지역 경제사회는 악영향을 입기도 하였다(遠藤 乾, 2003: 2-3).

일본이 직면한 긴급과제는 고령화·정보화·국제화, 그리고 지방자치체의 국제화 혹은 국제화 교류라고 할 수 있다. 이러한 문제를 해결하기 위하여 각 자치체는 여러 가지 국제교류 정책을 전개하였다. 예를 들면 홋카이도의 「북방권 교류구상」, 니가타를 중심으로 전개되었던 「환동해권 교류구상」, 후쿠오카를 중심으로 전개되고 있는 「아시아·태평양 교류권 구상」 등이 그것들이다.

이러한 국제화 교류정책은 글로벌 시스템에 어떠한 영향을 주는가? 국제관계 속에서 지금까지 국자의 이미지는 일체성을 가지고 통치의 대상과 함께 지켜야하는 대상이었으며, 또한 경제활동의 장으로서 인간 활동의 적정한 규모로 인식되었다. 그러나 과학기술의 발전으로 경제는 국경을 초월해 경제의 글로벌화·인적·정보의 글로벌화 상태를 만들어 놓았다.

여기서는 일본의 지자체 외교가 어떠한 배경 아래서 등장하였으며, 현재의 현황은 어떠한가를 살펴본다. 그리고 글로벌 시대에 일본에서 지자체 외교가 어떠한 의미로 사용되고 있으며, 일본 내에서 전개되고 있는 지자체 외교의 내용을 살펴본다. 다음으로 자치체 외교가 실제로 일본의 각 지역에서 어떠한 정책적 함의 아래 진행되고 있는가를 몇 가지 사례를 통하여 살펴본다. 마지막으로 일본의 자치체 외교를 담당하고 있는 조직들을 살펴본다.

2. 일본의 자치체 외교 전개와 현황

원래 자매도시 교류는 제2차 세계대전 이후 미국의 민간인들에 의한 유럽부흥과 협력 지원, 다시 말하면 시민차원에서 마샬 플랜이라는 역사적인 유래로부터 시작하였다. 그 이후 냉전의 전개로 개인들의 교류는 많은 제약을 받게 되었다. 특히 소련과 중국은 냉전의 당사국으로 그들과의 정치 군사적 관계가 악화되면서 교류는 중단되게 되었다. 말하자면 민간인에 의해 전개되는 국제교류도 국가 간 관계와 냉전이라는 국제정치의 상황에 따라 결정되었다.

일본의 자치체 교류도 국제정세의 영향으로 많은 제약이 따랐으나, 70년대 이후 국제적인 긴장완화로 활발한 활동을 전개하였다. 그러나 당시 자치체 교류는 지역편중 현상과 국제적 이미지가 빈곤하다는 평가를 받았다. 간단히 보면, 먼저 유럽과 미국중심 즉 선진국 중심의 국제교류가 진행되었다. 제1세계 중심의 압도적 교류는 아시아 국가들이나 개발도상 국가인 제3세계를 경시하는 결과를 가지고 왔다. 다시 말하면 경제적으로나 정치제도에 있어서 앞선 국가들 중심의 국제교류와 지역협력을 진행한 것이다. 물론 이러한 현상에 대한 비판 결과, 70년대(鈴木佑司, 1983: 221)는 선진지역과의 교류가 상대적으로 감소하면서 아시아나 라틴 아메리카 국가들과 협력관계를 증대시켰다. 그리고 중국과 국교정상화를 이룩하면서 경제관계를 확대시켜 나가는 전략을 구사하였다고 볼 수 있다. 일본은 지역편중이라는 비판을 조금 씩 완화시켜 나가면서 국제협력 외교를 확대해 나갔다.

이러한 상황 속에서 70년대 일본의 지방자치체는 혁신적인 정책 전환을 통하여 국제교류를 전개하였다. 자매도시 간 교류가 전형적인 형태라고 볼 수 있다. 당시 동경도 지사 미노베(美濃部)는 국교관계가 없는 중국, 북한과 관계개선을 시도하면서, 정부보다 한발 앞선 자치체 외교를 전개하는 구상 (평화도시, 비핵지대 구상)을 실시하여 중앙정부 외교의 후발성을 극복하려고 노력하였다. 또한 혁신 자치체 실현을 전개한 가나가와현의 나가스(長洲) 지사는 민제외교의 이념을 제창하면서, 당시 중앙정부보다 빠르게 평화도시 비핵화구상을 시도하였다. 이러한 움직임은 일본의 다른 자치체에게 영향을 끼쳐 국제적인 사업실시와 자치체 외교를 활발하게 하는 계기를 마련하였다. 국세협력 외교가 활발하세 전개됨에 따라 각 사치체는 국제사업에 예산을 배당하면서, 더 나아가 해외사무소를 설치하자 일본 외무성도 이것을 인정하게 되었다. 이러한 효과로 자치체에 의한 독자적인 정책들이 실천되면서 국제적인 차원에서의 자치체 외교가 본격적으로 전개되었다. 이러한 현상을 당시 '지구규모의 미시(micro) 외교'라고 불렀다(臼井久和 / 高瀨幹雄, 1997: 21-22).

80년대 접어들어 일본의 자치체 외교는 한층 확대 심화되는 결과를 가지고 왔다. 당시 국제교류의 특징으로는, 첫째 국제교류의 주체가 국가에서 지자체로, 나아가 개인으로 확대되면서, 과거와는 다른 지빙화·국제교류의 활성화·국제화 현상이 중첩적으로 나타났다. 이러한 현상은 종래 국가만을 주체로 한 국제교류가 갖지 못한 폭과 깊이를 보였으며, 보다 지구적인 교류가 형성되고 있다고 생각되었다. 이러한 점에서 볼 때 지방화가 국제교류의 국제화를 촉진시켰다는 것을 확인할 수 있다.

둘째로, 국제교류의 존재방식이 현저히 다양화하고, 그 목적·방법·담당자라는 점에서 각각 독자성과 특성을 보이기 시작하였다. 정책교류를 위한 국제회의나 자치체 연합 구상이 통합되어 당시 홋카이도의 「북방권 구상」이나 오키나와의 「남방권 구상」 등이 생겨난 것은 그 중요성 잘 나타내었다. 이들 구상은 지방자치체 차원에서 국제교류와 지역발전을 촉진시키기 위한 것으로, 예를 들면 환동해권 교류 등 지리적인 블럭을 설정하고 경제나 정치·문화권 형성을 목표로 한 국제교류와 협력을 세트로 한 형태의 자치체 외교도 전개되었다. 특히 동해안은 냉전기 군사적인 긴장으로 어업문제, 난민문제, 안전의 문제 등에 직면해 있었기 때문에 정부 간 교섭은 불가능하였다. 이러한 지역에서 지방자치체는 다국 간 네트워크를 통하여 지역발전과 국제협력을 목적으로 경제와 문화를 중심으로 지역교류권 구상을 진행하였다(吉田 均, 2001: 46-47).

〈표 V-6〉 일본국제교류의 목적

건 수	내 용			
	도도부현	정령시	그 이외의 시	町,촌
우호친선 174	15	7	115	37
교육문화 153	15	7	100	31
평화 113	8	6	78	21
산업경제 99	13	6	61	19
생활환경사회복지 47	5	5	29	8
기술협력 40	9	7	18	6
인권 19	2	0	12	5
지방행정 16	3	2	7	4
그 이외 3	1	0	1	1
합 계 664	71	40	421	132

자료: 鈴木佑司, "「くに」からの解放と自治体外交", p.214.

　　그러나 이러한 구상들은 각 지방의 특성에 의거한 것이었지만, 국가적 관점과 기업이윤 추구와는 달리 지방자치체 주민의 관점에서 교류의 구체적 이익이 무엇인가를 물으며 수정해 나가는 것들이었다.

　　마지막으로, 주민참여 정도가 확대되었다. 국제교류의 진전과 함께 개인과 개인 사이에 있어서 상호 문화전통이나 가치관을 존중하게 되었고, 일본인들은 자신들의 행동방식이나 폐쇄성을 반성하는 기회가 되었다. 다양한 주체들의 등장으로 개방적인 교류가 실시되어 교류의 폭이 넓어지게 되었다. 이러한 특징들로부터 보면 국가 중심적으로 전개되었던 국제교류에서 볼 수 없었던 현상들이 나타났음을 알 수 있고, 지방자치체의 교류활동이 활성화되게 되었다는 사실을 확인할 수 있다(鈴木佑司, 1983: 205-206).

　　이러한 역사성을 가지고 전개된 일본의 지방자치단체의 국제교류는 종래 국가의 전결사항이었으나, 오늘날은 국경을 초월한 교류의 눈부신 발전, 역사적 변화, 지방과 지방 국제교류, 민중과 민중의 국제교류, 민제외교의 개념화로 지방자치체 외교가 활발하게 진행되고 있다. 특히 경제의 국제화로 민간기업의 해외진출·사람·금융·정보의 국제화로 기업들의 이윤추구의 결과, 새로운 국제관계의 사회, 경제적 기반이 형성되고 있다. 이러한 사회·경제적 기반위에 새로운 국제관계가 형성되고, 그 가운데 지방자치체에 의한 국제교류 활동이 전개되고 있으며, 자치체의 국제교류의 다양성은 국가의 국제교류 활동을 대체·보완하는 억할을 넘어 자치제의 녹자성과 자치체 발전을 담당하고 있다.

〈표 V-7〉 자매도시 제휴의 지역별 분포 (1982년 8월 말)

북미	미국	162
	캐나다	21
서유럽	프랑스	14
	오스트리아	11
	서독	10
	이탈리아	9
	그 이외	20
태평양	오스트레일리아	22
	뉴질랜드	5
동유럽	소련	18
	그 이외	6
아시아	대한민국	14
	중국	37
	필리핀	11
	그 이외	8
라틴아메리카	브라질	43
	멕시코	7
	기타	56
아프리카	이집트	1

자료: 鈴木佑司, 1983: 208

글로벌화가 진전되면서 일본의 자치체는 새로운 주체로서 그 역할이 강조되고, 자치체 외교의 위치는 국가 간 국제외교와 민제외교의 중간역할을 수행하는 것으로 이해되고 있다. 다시 말해 국가 간 외교를 보완하면서 민제외교의 형태를 제공하는 것으로 이해 할 수 있으며, 지방자치체는 조직적으로 지방외교가 가능하도록 기능을 하여야 하며, 또한 국제정책을 책정하고 실시함으로써 민제외교가 잘 진행되도록 역할을 하여야 한다. 그러므로 중요한 것은 자치체가 보조적인 역할(臼井久和·高瀨幹雄, 1997: 290)에서 탈피하여 보다 적극적인 역할을 수행할 수 있는 능력을 갖추는 것이 중요하다. 자치체는 조직과 제도가 정비되지 않으면 안 되었으며, 또한 다른 자치체와 공통의 규범을 만들어 내는 것이 중요하였다. 과거 일본의 자치체 외교는 지사외교로 대표되는 자치체 간 교류, 연수생 초청과 파견, 각종 특산품 전시회 등이 주종을 이루었으나, 앞으로 자립적인 자치체 외교를 행하기 위해서는 지방자치체가 국제적인 정책들을 실시할 수 있는 능력을 배양하여야 한다. 그렇지 않을 경우 기존의 국가외교 중심론으로 돌아갈 가능성이 높아질 것이기 때문이다.

현재 진행되고 있는 일본의 지방자치체 외교는 두 가지 주체에 의해서 전개되고 있다. 먼저 NGO단체의 역할이다. 가나가와현에서 시작된 민제외교는 정부가 행하는 국가 간 외교를 보완해 나가면서, 보다 밀도 있는 시민차원에서 교류를 행하고 서로의 지역 차이를 이해하고 공통의 가치를 인식하게 되었다. 물론 이러한 외교는 NGO단체의 적극적인 역할에 의해 전개되고 있으며, 다른 한편으로는 시민들이 적극적으로 외교담당자 역할을 수행하고 있다. 80년대 세계는 빈곤과 기아, 난민, 그리고 환경과 개발이라는 전 지구적인 위기에 직면하였다. 이러한 상황에서 NGO는 냉전 이데올로기를 넘어 풀뿌리 시민 볼런티어의 모습으로 등장하여 국제적 위기를 극복하려고 노력하였다. 특히 국제원조와 국제협력이 일본외교의 중심과제로 등장하자, 일본정부도 원조의 기본적인 이념22)을 설정하고, 이러한 원조를 효율적으로 실

---

22) 일본정부는 1992년 6월 정부개발원조 대강(ODA 대강)을 각의 결정하고 이하의 이념을 제시하였다. 인도적 고려, 국제사회의 상호의존관계 인식, 환경보전, 자조노력에 대한 지원(五月女 光弘, "日本外交とNGO," 臼井久和·高瀨幹雄, 위의

시하기 위하여 NGO나 지방자치단체가 서로 사업을 제휴하여 나갔다.

그리고 자치체 차원에서 조직적인 역할이 진행되고 있다. 지방공공단체에 의한 대외정책의 전개는 전후 서로 다른 자치단체 간 자매도시 교류와 도시 간 교류를 통하여 이루어져 왔다. 이러한 자매도시 교류는 미국의 아이젠하워 대통령이 세계 평화를 위하여 국가를 초월한 '시민과 시민(People to People)'의 친선 교류를 호소하면서 국제적인 도시 간 시민교류가 세계적인 운동으로 전개되면서 유래하였다. 실제로 미국에서는 도시 자치체가 주체가 되어 외국 도시와 직접 협정을 맺으면서 교류를 행한 것이 아니라, 시민단체가 주체가 되어 외국의 도시주민과 제휴하는 형태로 진행되었다. 최근 일본의 자치체 외교는 과거와 같은 형식적이고 예의적인 차원의 교류에만 머무르지 않고, 개발도상 국가의 자매도시에 대한 특정의 원조 프로젝트도 실질적으로 실시하고 있다(成田賴明, 1993: 538-539).

일본의 지방자치단체와 외국의 지자체 및 광역 정치조직으로서의 자매협정의 역사는 오래되었다. 자치체의 장과 의원들이 외국의 도시를 방문하면서 혹은 외국의 자치체의 장과 정치가들이 일본을 방문하면서 예의적으로 우호친선과 교류를 약속하면서 시작되었다. 처음에는 형식적이 교류 형태로 진행되었으나, 1980년대부터 일본의 국제화 전략과 함께 지금까지의 단순한 친선 우호협력의 차원을 넘어 국제 이벤트, 국제회의, 국제박람회, 외국대학과 기업유치라는 차원에서 진행되었다. 국제화 시대에 일본이 전개해 나갈 전략적 차원에서 전개된 것이다. 이러한 국제화 전략은 일본의 지방자치체에게 새로운 지역경제의 활성화라는 차원에서 인식되기 시작하였으며, 적극적으로 지방정부의 국제화 전략 형태로 추진되기 시작하였다. 물론 당시 일본의 자치성이 통달(通達) 형태로 「지방공공단체에 있어서 국제교류의 존재방식에 관한 지침」을 각 자치체에 제시하였다. 당시 지침에서는 국제교류 추진을 위한 것으로, 먼저 지방공공단체에 있어서 추진체제의 정비, 둘째로 인재 육성 확보, 셋째로 국제교류를 위한 시설기반 만들기, 넷째로 민간추진체제의 정비를 지적하였다. 그리고 구체적인 국제교류로는 먼저, 지방공공단체

책, p.53.

가 주체가 되어 국제교류 시책을 추진하고 그리고 민간은 국제교류활동 지원과 조성, 지역산업과 지역경제의 국제화에 대한 대응을, 마지막으로 국제화에 대응한 지역만들기 등을 제시하였다(成田賴明, 1993: 542-543).

자치체 활성화에 중요한 전환점을 가져온 것은 1995년 네덜란드 헤이그에서 열린 국제자치체연합(IULA) 총회에서 세계 변혁에 대한 지방의 도전이었다. 대회 기조연설에서 "세계는 국가로부터 이루어지는 것이 아니라 지방자치체로부터 이루어진다"는 발상이 제시되었다. 세계를 구성하는 기초사회단위는 국가가 아니라 자치체라는 구상 아래 전 지구적인 변화에도 불구하고 지방자치체가 국경을 초월한 활동을 전개하여야 한다는 것을 보여준 사례라고 볼 수 있다. 그리고 글로벌 시대에 지방자치체의 국제 활동이 활발하게 전개된 이유로는, 먼저 이동수단이 발달하고 정보화가 진전됨에 따라 사람·물건·재화가 활발하게 국경을 넘나들며 증가하였기 때문이다. 둘째로, 민주화와 분권화가 진전됨에 따라 비정부간 조직(NGO)이 국제사회에서 활발하게 활동하는 것으로부터 자극을 받았다. 이러한 움직임으로부터 지방자치단체도 국제사회에서 하나의 행위자로 인정받게 되어 더욱 활성화 되게 되었다. 마지막으로 남북격차라는 측면에서 선진국의 지방자치체가 경제교류를 통해 개발도상국을 지원할 수 있다는 것을 자치체가 인식하기 시작하였다(多賀秀敏, 2002: 215).

특히 냉전종식 후, 동유럽 사회주의 붕괴로 주권국가 중심이었던 세계가 원조라는 강력한 카드를 잃게 되면서, 일본의 자치체도 위에서 언급한 3가지 특징이 나타나 "교류로부터 협력"으로 정책을 전환하는 흐름이 나타났다. 물론 협력 실현 가능성이 보다 현실적인 아시아 지역으로 전환되는 것도 확인할 수 있었다. 이러한 상황에서 일본의 지방 자치체의 국제 활동 영역은 폭넓게 전개되었다. 먼저 자치체가 자치체 내에서 국제적인 문제에 열심히 노력을 기울이고 있으며, 특히 재일외국인 문제에 관심을 가지며 자치체 내에서 국제교류를 활성화하고 있다. 둘째로 자치체가 자치체 내의 문제에 관하여 국경을 초월한 주체를 상대로 직·간접적으로 교섭을 행하고 있고, 마지막으로 자치체가 국경을 초월하여 해외활동을 수행하는 노력, 예를 들면 자매도시 간 교류를 통하여 상대도시를 방문하면서 친교를 나누면서 개발에 협력하기도 한다. 또한 자치체에 연수생 등을 받아들여 협력 사업을 증가시키고 있다(多賀秀敏, 2002: 216).

3. 일본의 자치체 외교 이념과 가능성

탈냉전과 함께 로칼리즘 과 글로벌리즘의 침투는 분권화와 국제화를 가속화시켜 일본의 지방 자치체나 중앙정부, 국제기구의 기존의 존재방식과 관계성을 새롭게 하는 계기를 마련하였다(臼井久和/高瀬幹雄, 1997: 11).

그 결과 자치체를 둘러싼 환경 변화로 국가를 보완하는 새로운 분석틀이 필요로 하였다. 이러한 분석틀을 형성하는 것이 지역주의(Regionalism)와 지방주의(Localism)라 할 수 있다. 자치체는 20세기 국가의 하부구조에 불과하였으나 지금은 국가를 대신해 정치생활의 기본적인 틀을 형성하는 가능성을 부여하고 있다. 다른 한편으로 자치체를 둘러싼 글로벌 시스템도 많은 변화를 경험하게 되었다. 다시 말해 지난 세기는 국가의 상위에는 경쟁하는 국제시스템 밖에 존재하지 않았지만, 지금은 지역적인 정치단위가 일정한 힘을 발휘하고 있으며, 국가 이외의 다양한 단위가 글로벌 시스템을 구성하는 요소가 되고 있다는 것이다(薮野裕三, 1994: 163). 국제시스템으로부터 글로벌 시스템으로의 전환은 여러 가지 문제를 제기하고 있으며, 특히 자치체에게 활성화를 요구하며 그것에 어울리는 이념과 그 가능성을 국제전략이라는 정책을 통하여 실현시켜 나가고 있다.

1) 자치체 외교의 기본이념

일본의 자치체 외교로 대표되는 민제외교는 하나의 자치체의 외교정책이다. 정책이기 때문에 사업으로 전개되었다. 다시 말해 정책 수행 과정을 수반한 것이었다. 그렇기 때문에 민제외교는 단지 슬로건으로 평가되어서는 안되었으므로, 그 결과 정책으로서 민제외교는 어떠한 전개를 수행하였다. 민제외교론은 처음 '시민차원의 교류론'으로부터 시작하여, 최근에는 '글로벌 사회론'에 이르게 되었다. 그 과정을 보면 단순히 이론으로 존재한 것이 아니라 현실에 대응하는 가운데 변화하여 왔다. 이러한 과정 속에서 변화는 단지 변화하는 현실사회에 적응하는 것만이 아니라, 현실을 변화시키기 위한 규범 확립이라는 형태로 전개되었다. 이러한 의미에서 민제외교는 자치체 외교에 있어서 반드시 있어야만 하는 국제교류를 제시하는 성격을 가지게 되었다. 이러한 규범적 성격이 일본의 자치체 외교의 전개과정에서 중요한 역할을 하였다는 것을 이해할 필요가 있다. 그리고 이론과 실천, 정책 수행이라는 양 측면으로부터, 민제외교라는 형태의 열린 자치체 외교는 국제사회 속에서 자치체의 비전을 제시하기도 하였다. 물론 그러한 정책군(群)은 내정과 외교(내외정책의 연동 시스템)를 구별하지 않으면서 자치체 외교의 정책적 다양성을 가지고 있었다.

지금까지 진행되었던 일본의 자치체 외교의 이념은 대체로 다음과 같다. 첫째 지구사회를 목표로 하는 것이었다. 자치체는 지구사회의 하나의 지역이며, 현민은 지구사회의 일원이라는 목표 즉 글로벌화의 과정으로, 민제외교는 계속되어야 한다는 것이다(글로벌화 과정에서 지방외교는 이미 존재한다는 의미). 둘째로 민제외교의 주역은 시민이고, 시민교류의 사무국으로서 자치체가 존재하고 있다는 시민화가 제창되었다. 이러한 의미에서 시민자치라는 원칙이 민제외교에도 적용되었으며 이것은 민주화 과정이라고 정리할 수 있다. 그리고 각 지방이 지구사회의 거점이어야 한다는 것이다. 지역이 민제외교의 기초설비 건설이나 민제외교의 중심인 경제교류와도 관계한다는 사실을 이해하여야 한다. 이러한 점은 지방자치와 분권을 문제로 하는 지방화(Localization)의 과정이라고 이해(民際外交10年史・企劃編輯委員會, 1990: 83-84) 할 수 있다.

2) 자치체 외교의 가능성

글로벌화의 결과 일국 통치에 한정되었던 지역이나 국민, 기업이 스스로 한 나라의 범위를 초월하여 활동하게 되어 결국은 국가 정책의 유효성이 저하되었으며, 한 국가를 단위로 하는 정책에서는 너무 작고 그리고 너무 크다는 문제를 안고 있다. 환경문제나 난민문제, 금융문제는 한 나라 혼자서 대응

하기에는 정책적 한계가 있다. 그러므로 국가와 세계, 중앙정부와 지방정부
의 관계 재구축은 중요한 의미를 갖는다. 행·재정 문제만이 아니라 국경을
초월하여 활동하는 비정부단체나 다국적 기업의 활동을 위해서도 중요한 문
제이다(宮脇, 2003: 67).

자치체 외교는 바로 글로벌 시대에 적합한 이념을 실현하면서 새로운 가
능성을 보여주는 것이라고 이해할 수 있다. 냉전종식과 함께 글로벌 시스템
과 국민국가들은 기존의 방향성 재고를 통한 새로운 전환을 모색하기에 이
르렀다. 글로벌 시스템의 변용의 예로 80년대 전반의 신보수주의 혁명, 후반
의 사회주의국가의 붕괴 등이다. 또한 60년대 형성된 케인즈 주의적인 '큰
정부가' 파탄하기에 이르면서, 재정재건을 위하여 작은 정부를 향한 개혁을
실시하였다. 예를 들면 영국은 민영화 정책을 통하여 정부에 의존하고 있는
경제시스템을 자립화시키기 위하여 민간 역할 도입, 경제원리 도입 60년대
형 산업구조를 개편하였으며, 동시에 행·재정 개혁을 실시하였다. 이처럼 자
본주의 세계에서도 혁명과 같은 변화를 경험(사회주의는 정치혁명 이었다면,
자본주의는 경제혁명)하면서, 글로벌 시스템의 변용가운데 국민국가의 의미
가 크게 변화하게 되었다.

글로벌화로 사회과학의 기초개념인 국가 구성 3요소가 많은 변화를 하면
서, 21세기 국민국가는 새로운 방향으로 변용하고 있으며, 현대국가를 둘러
싼 동향은 국민국가의 재편과 통합, 분기 현상으로 전개되었다. 그러므로 21
세기 글로벌 시스템을 생각할 때는 어느 정도 자유스럽게 주권국가의 틀을
넘어 발상하지 않으면 안 되게 되었다. 즉, 국가를 넘어 지역에 그 활동범위
를 확대 하는 경우와 국가 내부의 지방에 그 활동 범위를 위임하지 않으면
안 되게 되었다. 이것이 바로 지역주의와 지방주의라고 할 수 있다. 일본에서
지역주의라는 것은 아시아 태평양 지역의 확대를 요구하는 통합, 일본의 환
동해 확대를 바라는 통합 현상과, 그리고 한중일 3국에 의해 진행되는 환황
해 지역 성장의 3각 지대 형성과 확대를 주로 말한다. 이처럼 국가의 틀을
넘는 지역주의를 우리들은 현실적으로 인정하여야 할 것이다. 그리고 일본
에서 논의되는 로컬리즘이라는 것은 지역주의 운동을 지지, 보완하는 운동
으로, 아시아 태평양 지역 확대에 커다란 의미를 부여하는 후쿠오카, 로컬

환동해 지역에 커다란 의미를 부여하는 니가타 지방, 성장 삼각지대에 커다란 의미를 부여하는 말레이시아의 조호르 지방, 인도네시아의 바탐 지방 등을 그 예로들 수 있다.

이처럼 국민국가가 지역주의와 지방주의에 협공당하고 있는 것이 현재의 글로벌 시스템이며, 21세기로 향한 글로벌 시스템의 조건을 구성하는 것이 지역주의와 지방주의라고 이해하여야 한다. 로컬 이니셔티브는 바로 지방화 시대를 이해함으로써 21세기를 잘 이해할 수 있을 것이다. 바로 자치체의 전략은 어느 정도의 지방의 이니셔티브를 그 수비범위 가운데 위치시키고, 리저널리즘을 그 사정에 어떻게 넣는가가 21세기를 향한 현재의 상황 가운데 중요한 문제라고 생각된다.

글로벌 시스템의 전환은 국제정치상에 있어서 국가차원의 구조 변화만을 의미하는 것이 아니라 그 이상으로 국가를 구성하는 여러 가지의 국가 이외의 기초적인 단위 구성을 변화시키는 것이라고 인식하여야 할 것이다(萩野裕三, 1994: 155-157). 로컬리즘을 담당하는 것이 자치체의 국제전략이라고 생각한다면, 자치체가 이 로컬리즘을 담당할 힘이 있는가? 그러기 위해서는 일본에 관한 이미지 검토가 필요하다. 복지 소국 일본, 경제 대국 일본, 생활 대국 일본, 인권 소국 일본 등, 세계를 지배한 국가의 현상을 표현하기 위하여 대국·소국이 아니라 패권의 확대 쇠퇴라는 용어를 사용하는 것이 중요할 것이다. 그러므로 자치체의 국제전략의 가능성을 보완하기 위하여 상세한 실상을 분석하여야 하며, 자치체의 국제전략은 그것이 국제 전략이기 때문에 글로벌하게 배치된 다른 국가와의 관계를 그 전략의 사정안에 둘 필요가 있고, 그렇기 때문에 먼저 일본 스스로 실상을 자치체가 알고 분석할 필요가 있다.

4. 자치체 외교의 필요성과 내용

자치체가 직면한 과제와 관련하여 지방외교의 필요성은 다원적으로 전개되고 있는 국제관계를 고려한다면 대단히 중요하다. 오늘날 국익은 가치의 다양화와 함께 다각적으로 나타나고 있다. 각각의 이익을 대응하는 주체로 국제기구, 중앙정부, 지방자치체, NGO등이 다양하게 활동하고 있는 현실을 고려한다면 자치체 외교는 보다 육성 발전시켜 나가야 하는 당위성을 가지고 있다.

현재 국제적 경제관계의 심화의 결과 수출이 확대되고, 해외생산성이 증대되며, 기술수출이 확대되고, 국제금융시장의 정비가 점점 확대되며, 노동력의 국제적 이동 증대하고, 원조의 증대가 지역경제에 영향을 미치며, 무역구조 전환은 수출산업보다 고도기술 집약형, 고부가 가치 부문으로 이행이 진행되고 있다. 이러한 상황에서 지역의 국제화는 지역활성화 즉 지역의 자립화 촉진 내용을 가지고 있으며, 지역의 국제화 과제는 자치권의 확대, 지역경제 발전정책, 수출산업의 육성, 수출산업의 육성을 위한 기반정비, 기업의 경쟁력 증대를 위한 조건정비, 경쟁력 증대 유지 위한 노동력의 안정적 확보 등이 필요하다. 그러므로 자치체는 국제화 정책을 제시하여 기본 방향을 명확히 하고, 동시에 지역주민의 의식, 실태 혹은 공생이라는 과제를 수행하면서 발전도상국의 요망을 적극적으로 참고하여야 할 것이다.

1) 자치체 외교의 필요성

국제환경의 변화와 함께 국제정치경제 시스템은 변화하였으며, 특히 국가 중심적인 시각으로부터, 국경을 초월한 자치체 외교의 활성화가 필요로 하게 되었다. 일본의 자치체 외교의 전개는 냉전기 국가 간 정상적인 외교가 어려울 때 동북아시아에서 중요한 외교 행위자라는 인식아래 주변국과 활발한 교류를 진행하였다.

이처럼 지방자치단체가 국제협력에서 커다란 역할을 하였기 때문에, 자치체 외교는 절실히 필요하였으며, 1990년 이후 일본의 지방자치단체는 각 지역별로 국제교류 및 국제협력 구상을 계획하면서 주변 국가들과 국지적인 교류를 활발하게 진행하였다. 그 목적은 지금까지의 단순한 교류로부터 지역발전과 국제협력으로 지방외교를 변화시키면서 질적 향상을 위한 것이었다. 예를 들면 북 큐슈 지방의 우호도시 협력 사업으로 실시된「대련시 환경 모델 지구 정비계획」이 중국정부의 환경정책으로 채택된 것처럼, 일본의 지

방자치체는 환경보전기술이나 도시계획 등 지방자치체가 주관하는 공공재
와 그 운용 방법을 국제적으로 이전하면서 평가를 받았다. 일본의 지방자치
체의 이러한 국제협력 사업은 기본적으로 외교협력 카드로 사용하면서 동시
에 국내 지방자치체의 지역진흥 정책으로 효과를 나타내고 있다(吉田, 2001:
8-9).

　최근 일본정부는 ODA 예산 일부를 일괄 위탁하여 지방자치체의 자주성
도 살리면서 환경보전, 도시계획, 보건의료 등 민생분야에서 국제협력을 추
진하고 있다. 그러나 자치체의 월경협력, 연합에 관한 다국간 조약에 염두를
두고, 국제협력 기본법 제정을 하면서, 다른 한편으로는 지자체의 국제 활동
에 관한 국내법 정비, 지방사회의 대외교류를 위하여 지역인프라, 인재육성
촉진을 행하는 유럽과 비교한다면, 일본의 정책들은 많은 과제가 산적해 있
으나, 특히 다원적 외교의 중핵으로 국제협력의 다원화 즉, 국민참가형 국제
협력 가능성, 지자체 원리에 입각하여 국제협력을 적극적으로 전개한다면
ODA 정책 등 새로운 가능성을 모색할 수 있을 것이다.

　산업공동화와 엔고 불황 등으로 일본의 지역자치체는 지역사회의 활성화
방법으로 도시의 국제화를 적극적으로 실시하였다. 특히 전후 수출도시형
도시들이 엔고불황으로 산업기반이 약화되자 자치체들은 지역산업의 활성
화 차원에서 적극적으로 국제전략을 구상하였다. 말하자면 경제의 활성화
차원에서 진행된 것이다. 이러한 의미에서 보면 지방자치단체의 외교는 중
앙정부가 행하는 국익중심의 외교만이 아니라 지방자치체가 당면한 문제를
해결하려는 고유의 영역에서 전개되고 있다. 예를 들면, 국가의 무역수지가
적자 상태에 놓이면 곧바로 지역경제에 영향을 미쳐, 자치체 의원들이나 지
방공무원들은 수출촉진과 해외자본 도입에 관심을 갖기 시작한다. 그러한
활동의 목표는 지역차원에서 경제를 활성화하려는 것이므로, 자치체의 손으
로 준비해 나가야 한다. 그러나 자치체 차원에서 개발, 외국 무역을 담당한
경험이 부족하므로, 자치체들은 지역상공회의소와 협력하여 해외무역진흥사
절단 파견, 수출 촉진책을 강구하기 위하여 해외자본 유치를 위한 담당 부서
를 증가시키면서 활동 목표인 지역의 고용증대, 경제 진흥에 노력하고 있다
(Alger, 1987: 64).

일본의 자치체가 국제협력의 목적을 어떻게 인식하고 있는가라는 측면으로부터 그 필요성을 살펴보면, 대체로 지역의 국제화, 국제공헌·인도적 배려, 자치체 간 우호협력 관계 강화, 환경문제 등 국경을 초월한 공통과제에 노력하고 있으며, 자매도시 제휴 강화, 자치체 직원의 인재양성 등을 위해서 반드시 필요하고 느끼고 있다. 이러한 항목을 보면 역시 지역진흥이라는 목표가 자치체에게 중요한 협력 사업이라는 것을 알 수 있다.

그리고 국제협력사업에 대한 평가를 보면, 지역사회에 어떠한 효과를 가져왔는가라는 질문에, 자매도시 제휴 강화, 자치체 직원의 국제협력에 대한 인식과 이해 증가, 지역주민의 국제협력에 대한 관심 증대 등으로 열거되었다. 역으로 효과가 약한 것으로는 지역경제의 진흥과 활성화, 지역주민의 국제협력활동에 대한 참가의 적극성, 해외 자치체의 경험에 대한 학습 등이 지적되었다(吉田, 2001: 13-17).

일본은 이러한 사항들을 고려하면서 중간조직인 「자치체국제화협회(CLAIR)」를 통하여 다양화 된 이익을 조직적으로 발전시켜 나가고 있다.

2) 정치-행정적 차원

행정개혁, 지방재정 악화로 예산삭감 문제가 현실적으로 발생하고 있는 일본의 상황 아래서, 지자체는 중앙정부와 마찬가지로 교육과 문화 등 직접 경제와 관련하지 않는 예산을 삭감할 것인가? 이러한 문제는 일본 자치체가 직면하고 있는 중요한 문제이다. 지자체는 중앙정부와는 달리 독자의 정책결정 및 실시과정을 가지고 있어야 하지만, 자치체는 주민이 참가하여 의사결정의 투명성을 확보하기 때문에 이익관련 사항으로부터 견제되고 있다. 또한 실시과정에서 많은 볼런티어(volunteer)들이 참가하므로 권력과정이라는 요소가 없고 다양성이 유지된다. 지자체의 국제교류는 근대 주권국가가 만들어 놓은 중앙집권, 중앙에 의존하는 지방관계라는 정치제도와 깊은 관계를 맺고 있으나, 다양한 자치체 외교의 전개로 새로운 정치제도의 모색이라는 점에서 중요한 의미를 가지고 있다(鈴木佑司, 1983: 221).

도시형 사회는 시민중심, 그리고 자치체의 독자적인 과제를 가지고 정책 전개를 하므로, 국가 내부에서 자치체의 위치가 변화하고, 국가차원의 정부에 상정된 국가 주권 관념은 약화됨으로 정부 간 관계에 있어서 과제 및 권한에 대한 책임 배분이 문제 된다(松下圭一, 284). 이것은 바로 자치체의 분권화를 의미하는 것이며 자립하는 지방정부를 말 하는 것으로 이해한다.

최근 다원적인 외교 주체의 등장으로 자치체 차원의 정책교류는 행위자 사이의 국제교류를 통하여 진전되었다. 국제적인 정책과 문화교류라는 차원의 교류가 진행되면서 새로운 국제교류를 모색하였다. 세계 각 자치체는 기본적으로 식량문제, 환경오염, 숲을 잃어가고 있으며, 주택, 물, 하수도, 도로 문제, 그리고 교육, 범죄, 고용불안 등 일반시민들의 생활과 밀접한 부분에서 많은 문제들에 직면해 있으며, 그 심각성이 더해져 관리의 불안에 직면하고 있다. 그래서 이러한 문제를 해결하기위하여 자치체 간 연구교류, 기술교류, 경험교류를 위한 인적인 교류를 실시해 오고 있다. 그 대표적인 것이 자치체 차원의「국제정책교류회의」라고 할 수 있다. 1980년 이후 일본이 주최한 세계시장회의(국제자치체연합, 오사카시 주최), 세계평화연대 도시수장(首長)회의(히로시마, 나가사키시 주최), 세계도시정상회의(도쿄도 주최), 세계 호소(湖沼)환경회의(시가현 주최), 세계역사도시회의(교토시 주최) 등이 대표적인 예라고 할 수 있다.

이러한 정책론을 중심으로 진행된 국제정책회의는 인적교류의 실시에만 머무르지 않고 동시에 상호정책 차원을 활성화시키는 효과를 가져오기도 하였다. 또한 국가 간 외교차원이 아니라 국제적으로 자치체 간 정책교류 차원에서 새로운 국제교류가 시작되었다(佐々木信夫, 1988: 6-7). 이러한 측면에서 보면 일본의 자치체 외교는 국제적인 정책교류 차원에서도 활발하게 진행되었음을 이해 할 수 있다.

3) 경제적 차원

자치체의 국제전략은 기본적으로 경제적 문제와 직접 관련되어 있다. 자치체의 경제기반을 중심으로 생활공간 축을 같이 생각해 나가는 것이 필요로 하다. 먼저 자치체의 경제기반을 정확하게 분석하여 이것이 일반 주민들의 생활공간을 축으로 진행되어야 한다. 그리고 지방이 이니셔티브의 가능성을 제시할 필요성이 있다는 것이다. 이러한 의미에서 보면 동경 중심으로부터 벗어나 지방의 관점에서 본 글로벌 이미지가 필요하다(薮野裕三, 162). 특히 일본의 자치체가 처한 경제적 현상을 타개하는 방법으로 자치체 외교가 전개 되었시반, 이러한 경우 기존의 양국 간 관계를 벗어나 아시아 지역이라는 범위에서 서로의 경제협력을 실시하는 것이 도움이 된다. 그리고 지방과 지방의 경제협력을 강화하는 것도 중요하다. 주변 국가들이 지방분권화를 확대하므로 인해 독자적인 권한으로 의사결정이 진행되므로, 지방간 경제 교류 협력이 확대되어 결국 국가 간 발전에도 도움을 주게 된다. 경제 교류를 진행시키므로 인해 경제적 이익을 공유할 수 있게 된다. 마지막으로 정보화 시대에는 지자체간 정보교류를 통하여 시민교류를 보다 활발하게 전개할 수 있는 환경을 만들어 갈수 있다. 경제적 차원의 자치체 외교는 단순한 경제협력만이 아니라 그것을 기초로 아시아 태평양 지역의 평화를 구축할 수 있는 계기를 제공한다는 의미에서 매우 중요하다(民際外交10年史・企劃編輯委員會, 80-81).

4) 자치체 개발 협력차원

자치체 협력이 어떻게 전개되었는가? 그 의의는 무엇이며 앞으로의 과제를 검토하는 것은 중요하다. 그리고 일본도 유럽의 자치체 개발 협력의 틀인 지역중심의 발전전략(CDI: Community-based Development Initiatives)[23]에 주목하면서 자치체 개발협력을 전재해 나가야 할 것이며, 또한 자치체 개발협력의 촉진 요인인 국제관계에서 행위자의 다양화와 개발과 발전에 대하여 재검토를 하여야 한다. 최근 행위자의 다양화가 진행되는 가운데 독자적인 활동역역이 증대되고 있으며, 특히 NGO의 역할은 중요하다. 자치체가 국제적인 활동을 행하는 배경으로는 먼저 개발과 발전, 인권, 환경, 여성 등 글로벌한 문제에 국가 간 관계로만 해결할 수 없으므로, 사람들의 생활하는 지역이라는 시점에서 대처할 필요성이 증대되고 있다. 둘째로 상호의존이 증대

---

23) NGO, 지역그룹, 지방자치체 공동으로 글로벌한 개발협력을 촉진하는 활동.

되는 가운데 지역경제는 국제경제로부터 영향을 받기 쉽게 되었고, 지역에서 외국인과 어떻게 공생하느냐가 중요한 것이 되었다(高柳彰夫, 1997: 309). UNDP의 1993년 「인간개발보고서」는 지방분권과 NGO의 역할을 설명하면서, 참가개발형과 「좋은 통치(Good Governance)」 촉진의 불가결성을 강조하고, 지방분권에 대한 중요성을 강조하였다.

과거에는 개발의 중심이었던 경제성장과 공업화가 사회전체나 빈곤문제를 해결한다고 생각되었으나, 이것이 점점 의문시되면서, 1970년대 세계은행이나 ILO가 기본적으로 필요한 (BHN) 전략을 제창하면서 지속가능한 개발, 인간개발, 사회개발, 참가형개발 등이 주장되었고, 그 결과 민주주의와 「좋은 통치」의 중요성이 강조되었다. 여기서 기본적으로 필요한 것에 대한 충족의 중요성이 확인되었고, 둘째로 환경, 자원보존의 중요성에 대한 인식이 증대되었으며, 셋째로 개발/발전은 물질적, 금전적 확대보다도, 인간을 중심에 두고 인간의 장래에 관한 선택지를 확대해 나가야 한다고 생각되었고, 마지막으로 개발/발전 프로세스에 있어서 시민참가가 활발해져 민주주의의 중요성이 강조되고 있다(高柳彰夫, 1997: 310-311).

국제적으로 이러한 개발과 발전에 관한 개념이 재검토 되는 가운데 일본에서도 이러한 국제적인 움직임에 대응해, 「지방자치체의 국제협력추진대강」이 책정되게 되었다. 대강에서는 위에서 언급한 자치체 개발협력 의의를 설명하면서 국가보다는 자치체가 가지고 있는 각 부문의 능력을 긍정적으로 평가 하였다. 그리고 참가형 개발이 강조되면서 종래의 중앙정부 주도의 개발에 한계성을 지적하고 NGO의 역할의 중요성과 지방분권이 동시에 강조되었다.

그 이후 일본에서 개발협력을 진행하는 자치체가 증가하였다. 일본 외무성의 ODA 백서에서 기술연수원 초청, 인재파견을 중심으로 소개한 내용을 보면, 최근 1200 이상의 자치체들이 연간 200억 엔 이상의 개발협력이 진행되고 있다.

예를 들면, 가나가와현은 NGO와 협력하여 1984년 이해를 위한 개발교육 교재로 『타미와 남쪽 사람들』을 작성하였다. 87년에는 국제교류협회 내에 시민활동정보 스테이션 KIS를 개설하였다. 1993년에는 현내에서 활동하는

NGO에 대한 자금조성을 행하면서 「가나가와 민제협력 기금」을 설치하였다. 사이타마현은 네팔에서 국제협력사업단(JICA) 프로젝트 방식기술협력의 보건위생 프로젝트에 입안단계부터 참가하고 전문가 파견 등을 행하였다. 후쿠오카현의 기타큐슈(北九州)시는 과거 대기오염 등 공해문제에 적극적으로 참여한 경험을 살려, 자매도시인 중국의 대련시 등에 공해방지의 기술협력을 행하고 있다. 오사카시도 상해시나 브라질의 쿠리치바시에 환경기술협력을 행하고 있다.

이러한 사례들은 각 지역이 가진 특성과 노하우를 살려 수행한 국제개발협력들이다. 그러나 유럽에서는 NGO나 시민그룹의 적극적인 움직임이 자치체 국제협력에 중요한 영향을 미치면서 자치체와 NGO나 시민그룹에 의한 협력체계이나, 일본에서는 가나가와현을 제외하고는 NGO나 시민그룹 중심보다는 행정주도로 진행되고 있다는 점은 반성하여야 할 사항이다. 물론 역사성의 일천함도 있지만 NGO의 소재지가 반 이상이 동경도를 중심으로 한 관동지방과 오사카를 중심으로 한 긴키 지방에 75%정도가 편중되어 있는 것도 어려움의 원인이라고 할 수 있다. 아직도 일본의 국제협력은 국가를 보완하기위한 것이며, 주체는 자치체가 아니라 국가라는 의식이 강한 점도 문제이며, 자치체 담당자들도 내용면에서 기술협력만이 중요하다는 인식도 문제가 되고 있다(高柳彰夫, 1997: 321-322).

5. 자치체 외교 논리와 지원구조

지방외교는 국가가 행하는 외교와는 달리 자치체가 직면한 문제를 해결하는 형태로 진행되고 있으며, 반대로 자치체가 가지고 있는 것을 국제적으로 정책이라는 것을 통해 실시해 나가는 쌍방향의 것이 있다. 이러한 경우 각각의 정책은 기본적으로 주민자치를 중심으로 정책을 전개하게 된다.

20세기 국제시스템에서 국가는 국제시스템과 자치체 사이에서 그 역할을 하였다면, 21세기의 국가는 글로벌리즘이라는 커다란 틀 속에서 리저널리즘(지역주의)과 로컬리즘(지방주의) 사이에서 작동하는 현상 가운데서 전개될 것이다. 자치체를 둘러싼 글로벌 시스템도 많은 변화를 경험한 지금, 현재 요구되는 지방자치체의 글로벌 전략의 논리는 지역적인 정치단위가 국제무대에서 그 위력을 발휘할 수 있어야 한다. 이러한 상황 아래서 국가 이외의 정치단위가 국제정치의 구성단위가 되고 있음은 여러 곳에서 확인할 수 있다. 지방자치단체는 바로 글로벌화의 진행과 함께 20세기에서 경험하지 못한 새로운 영역의 확대라는 시도를 할 수 있게 되었다.

자치체에 의해 전개되고 있는 국제협력의 동향은 그 지원체제를 살펴보면 구체적인 내용을 이해할 수 있다. 일본에서 자치체의 국제교류체제를 정비해 온 것은 구 자치성이 중심이었다. 특히 외곽단체인 자치체 국제협의회(CLAIR)를 통하여, 그리고 외무성은 JICA를 통하여 그 역할을 분담하였다.

1) 구 자치성(현 總務省)

구 자치성(현 總務省)은(吉田, 2001: 100-106)국제협의회(CLAIR)를 통하여 조직, 제도정비 그리고 재정적 지원을 행하면서 자치체의 국제활동에 관한 시책을 전개하였다. 첫째로, 조직정비 면에서 보면 지역 차원에서 국제화를 지원하기 위하여 자치체의 공동조직으로 재단법인 자치체국제화협회(CLAIR: Council of Local Authorities for International Relations)를 설립하고, 동경에 본부를 두고 각 도도부현, 정령지정도시에 지부를 두고, 국내 네트워크를 정비함과 동시에, 세계의 주요도시에 해외사무소를 설치하고 있으며, 현재 뉴욕, 런던, 시드니, 파리, 싱가포르, 서울, 북경 등지에 해외사무소를 두고 있다.

이 협회는 지역에서 국제교류활동에 종사하는 국제교류원(CIR), 중학교나 고등학교 등에서 어학을 지도하는 외국어 지도강사(ALT), 스포츠를 통하여 국제교류활동에 종사하는 스포츠 국제교류원(SEA)을 각지의 지방공동단체 등에 파견하고, 해외청소년 초청사업(JET 프로그램)을 추진하면서, 지방공공단체의 해외 자매제휴 및 자매교류활동 등에 대하여 알선, 정보수집·제공 등을 행하고, 자치체 간의 교류활동을 촉진하고 있다.

또한 해외의 지방자치 단체 등 직원을 일본의 지방공공단체에 받아들이게 하여, 일반 행정, 농업, 환경분야 등에 대한 연수를 행하게 하는 등 각 분야에 있어서 국제협력에 관한 기술이나 지식을 가진 자치체 직원을 전문가로 해외에 파견하고, 국제협력활동의 추진에 도움을 주고 있다.

나아가 지방공공단체가 넓게 해외의 제도 정책 등을 수집 분석하는 필요성이 한층 높아지는 현재, 7개의 해외사무소와 제휴하여, 지방공공단체의 관심 깊은 주제에 관한 조사연구를 실시하고 있다.

그 이외에 국제화에 대응하는 인재를 육성하기위하여 자치체 직원을 해외에서 근무하게 하는 등 경험을 쌓게 하고, 지역의 국제화시책에 대한 지원을 행하고, 전국의 지역 국제화 협회등과 네트워크를 강화하고 있다.

둘째로 제도·정비 면에서 보면, 「국제교류 프로젝트 구상」을 통해 자치성은 지방자치체가 국제화 시책의 지침을 만들 것, 그리고 그것에 따라 지방자치체가 국제화 추진 계획을 세워 실시할 것, 필요경비는 정부가 재정조치를 강구할 것을 구상하였다. 그 이후 지방공공단체의 국제교류 방법에 관한 지침을 통달하고, 자치체에 있어서 국제교류 의의는 시역 활성화에 있다는 것을 강조하면서 시책과 체계를 명확히 하였다. 이어서 법과 제도 면에서 정비가 시작되어 「외국의 지방공공단체 기관 등에 파견되는 일반직 지방공무원의 처리에 관한 법률」을 제정하였다. 나아가 89년 이후에는 자치체 차원에서 국제교류에 관한 종합정책을 작성하기위하여, 「지역국제교류 추진의 책정에 관한 지침」을 통지하면서 지역국제화협회의 설립을 촉구하였다. 그리고 1995년부터 자치체 차원의 국제교류체제 정비가 일단락되고, 국제협력체제 정비가 시작되었다. 「자치체 국제협력추진대강 책정에 관한 지침」을 제시하여 지역사회 실정에 맞는 국제협력 정책을 추진되도록 하였다.

마지막으로, 재정적인 지원으로는 지방교부세로 이루어진 「국제화 추진 대책비」를 1994년 이후 매년 1,100억 엔 이상의 예산을 지방재정계획으로 계상하고 있다. 그것은 지방자치체의 국제활동에 대한 재정지원으로 최대의 것이다. 「국제화 추진 대책비」는 어학지도 등을 행하는 외국청년초청 사업(JET: The Japan Exchange and Teaching), 국제교류, 국제협력, 유학생 대책, 그 이외 국제화 추진사업에 사용되었다. 1994년부터 2000년 까지 증감 내역을 보면, 「국제화 추진 대책비」의 총액이 15.4% 증가하였는데 대해, 국제협력이 228%, JET가 60% 급속한 상승률을 보이고, 국제교류는 마이너스 18%

로 감액되었다. 이것은 자치체의 국제 활동이 교류로부터 협력으로 중앙정부의 지도에 의한 사업으로 이동하고 있다는 것을 알 수 있다.

또한 CLAIR 내에 자치체 국제협력 촉진사업을 설치하여, 선구적인 국제협력 사업을 모델사업으로 인정하여 300만 엔을 상한으로 하여 사업비의 2분의 1을 조성하기도 하였다. 이 모델로부터 욧카이치시와 중국 천진시 사이의 환경보전기술 이전, 기타큐슈시와 한국의 인천시 사이의 중소기업진흥계획 만들기 등 13개의 국제협력사업이 실시되었다.

2) 외무성

외무성(吉田, 2001: 106-111)은 주로 자체적으로 전문가 파견이나 보조금에 의한 재정적 지원 및 정보제공을 중심으로 지방자치체의 국제교류 활동을 지원하였다. 그러나 효과적인 지원이 불가능하게 되자, 외무성은 외곽단체인 국제협력사업단(JICA), 국제교류기금, 국제교류추진협회 등을 통하여 지방자치체의 국제 활동을 실시하게 되었다. 그러나 실제로 국제협력사업단을 제외하고는 지방자치체에 많은 영향을 주지 못하고 있다.

1999년 이후 일본정부는 새로운 개발원조 체제라는 대개혁을 실시하면서, ODA 중기계획 책정이나 해외경제협력기금과 일본수출입은행을 통합하고, 그리고 JICA의 조직개혁을 점차 실시하게 되었다. 그 이후 외무성과 JICA는 자치단체와 관계를 수정해 가면서 사업위탁 영역을 강화하여 나갔다.

재정적인 지원으로 보면 외무성은 지방자치체의 국제협력사업에 대해 1971년부터 해외기술협력추진사업 보조금(지방공공단체 보조금제도)을 만들었다. 그것은 ODA 예산을 사용하고 2분의 1이라는 상한선을 설정한 것으로 지방자치단체 등의 국제교류국제화에 대한 지원에 의해 적극적으로 행하였다. 외무성이 작성한 「지방자치단체 등의 국제교류 국제화에 대한 지원」의 두 가지 종류를 보면, 먼저 민간원조 지원실이 실시하는 원조금으로, 도도부현과 지정도시가 실시하는 개발도상국으로 부터의 시술연수생 초청 사업, 전무가 파견사업, 청년해외 협력대원 모집촉진사업에 대해 교부되며, 두 번째 형태인 영사이주정책과가 실시하는 보조금으로 도도부현이 행하는 현비

(縣費) 유학생 초청사업에 교부된다.

나아가 JICA에서도 ODA 사업으로 연수생을 받아들이거나 전문가 파견 사업을 실시한다. 또한 청년해외협력대원이 될 수 있는 인재를 발굴하기 위하여 자치체의 협력을 필요로 한다. 최근에는 지방자치체와의 관계에서 협력 사업에 관한 계획 책정이나 위탁사업 등으로 원조의 방법을 다양하게 실시하고 있는 것이 특징이다. 특히 JICA는 2000년 이후 개혁으로 연계방침이나 새로운 관련사업 창설 등에서 변화가 생겼다. 국민참가형의 국제협력사업을 추진하기위하여, 새롭게 국내 사업부를 신설하면서 일본 국내에서 NGO나 지방자치체의 참가를 촉진하고, 개발교육이나 세미나를 통하여 국제협력에 대한 이해의 폭을 시민들에게 넓혀가고 있다. 이러한 조직개혁은 다른 사업에도 많은 영향을 미쳤다. 특히 개발파트너 사업을 창설하여, 새로운 NGO, 지방자치체, 대학, 싱크탱크 등이 가지고 있는 노하우나 인재를 활용하기위하여 사업을 위탁하게 되었다. 그리고 이 사업은 예산 규모에 따라 개발파트너 사업과 소규모위탁사업으로 나뉘어 졌다.

정보제공(교류)면은 외무성이 작성한「지방자치단체 등의 국제교류 국제화에 대한 지원」에 의하면, 일반적인 수단인 홈페이지나 뉴스레터, 잡지 등을 통하여 행하고 있다. 지방자치체 관련 서비스로는 각종상담창구 개설, 세미나 회의에 의한 정보제공, 의견 교환회 개최 등이 행하여지고 있다. 그러나 사업명이 많으므로 자치체와 NGO가 동일시 취급되는 경우도 있고, 지원체제가 복잡하여 어려운 점도 있다.

3) 총무성 자치정책과

지역만들기 지원, 도시와 농어촌의 공생, 지역환경, 지역정보화 추진, 국제교류와 국제협력 추진에 지방공공단체가 적극적으로 대응가능 하도록 지원하고 그리고 일본경제를 지역으로 활성화시키기 위하여, 지역자립을 촉진하고, 그 활력을 불어넣기 위하여 경제 활성화를 꾀하고 그것을 목적으로, 지방공공단체에서 벤처 기업 육성을 실시하고, 지역에 있어서 인재확보 및 지역경제를 활성화하기위한 준비를 적극적으로 지원한다.

〈그림 Ⅴ-1〉 외무성과 지방공공단체 관계 (1998년)

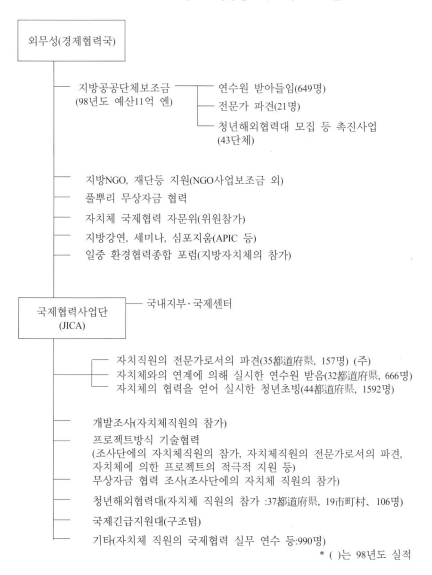

외무성(경제협력국)

지방공공단체보조금
(98년도 예산11억 엔)
연수원 받아들임(649명)
전문가 파견(21명)
청년해외협력대 모집 등 촉진사업
(43단체)

지방NGO, 재단등 지원(NGO사업보조금 외)
풀뿌리 무상자금 협력
자치체 국제협력 자문위(위원참가)
지방강연, 세미나, 심포지움(APIC 등)
일중 환경협력종합 포럼(지방자치체의 참가)

국제협력사업단
(JICA)
국내지부·국제센터

자치직원의 전문가로서의 파견(35都道府県, 157명) (주)
자치체와의 연계에 의해 실시한 연수원 받음(32都道府県, 666명)
자치체의 협력을 얻어 실시한 청년초빙(44都道府県, 1592명)

개발조사(자치체직원의 참가)
프로젝트방식 기술협력
(조사단에의 자치체직원의 참가, 자치체직원의 전문가로서의 파견,
자치체에 의한 프로젝트의 적극적 지원 등)
무상자금 협력 조사(조사단에의 자치체 직원의 참가)
청년해외협력대(자치체 직원의 참가 :37都道府県, 19市町村, 106명)
국제긴급지원대(구조팀)
기타(자치체 직원의 국제협력 실무 연수 등:990명)

* ( )는 98년도 실적

* 자료: 吉田 均, 『地方自治団体の国際協力ー地域参加型のODAを目指して』(日本評論社,
2001), p.108.

그리고 지역의 국제화를 추진한다. 오늘날 급속한 기술발전과, 국가의 범위를 초월한 경제의 관련성이 강해짐으로써, 사람, 물건, 정보의 흐름은 지구적인 규모로 확대되고 있다. 이 가운데 국제교류는 국가 간 차원으로부터 지역차원, 풀뿌리 차원의 교류가 점점 중요해지고 있다는 점을 인식하고, 지역차원의 교류는 이(異)문화 이해 등 여러 외국과 상호이해를 한층 증진함과 동시에, 이 과정에서 스스로 지역의 정체성을 명확히 하고, 나아가 매력 있는 지역만들기에 도움이 된다고 판단하고 적극적으로 사업을 실시하고 있다.

2005년도 도도부현정령지정도시 국제교류주관 과장회의에서 제기된 내용을 살펴 보면,

1. 2006년도 지방행재정 중점 시책으로, 자매도시 등을 기초로 국제경제교류 촉진, 초등학교에 있어서 영어활동 추진, JET프로그램에 의한 스포츠를 통한 국제교류 추진, 다문화 공생추진
2. JET프로그램 특별능력 범위(가칭) 장설에 대하여
3. WTO 정부조달협정 등에 대한 대응과 FTA 교섭상황에 대하여
4. 그 이외, 지방공무원의 해외파견 프로그램, 자치체 직원협력교류 사업, 자치체 국제협력전문가 파견사업

4) 국제협력과 ODA 예산

일본의 지방자치체의 국제협력은 주로 개발원조의 형태로 진행되고 있다. 특히 각성청별 ODA 예산 동향과 주요 사업별 분류(아래, 그림)를 보면 각성청간 강한 경직성과, 구 대장성과 외무성이 압도적인 예산을 점하고 있음을 알 수 있다.

먼저 구 대장성에서 ODA 관계 예산으로 최대의 지출 항목은 엔 차관과 해외투융자가 압도적으로 많은 액수를 차지하고 있다. 이것은 대체로 국제협력은행에 대한 출자금과 교부금이며 개발도상국 등에 경제나 시회기반정비를 위하여 저리로 장기간 완만한 조건으로 개발자금으로 융자된다. 그리고 국제기관에 출자되는 것으로 개발자금과 인도문제, 경제 사회 등 일반에 관련된 활동에 사용되는 분담금들이다

〈그림 V-2〉 각 성청의 ODA 예산 사업별 분류

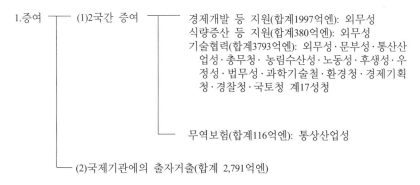

1. 증여 ─── (1)2국간 증여 ─── 경제개발 등 지원(합계1997억엔): 외무성
식량증산 등 지원(합계380억엔): 외무성
기술협력(합계3793억엔): 외무성·문부성·통산산업성·총무청· 농림수산성·노동성·후생성·우정성·법무성·과학기술청·환경청·경제기획청·경찰청·국토청 계17성청

무역보험(합계116억엔): 통상산업성

(2)국제기관에의 출자거출(합계 2,791억엔)

2. 차관(합계 8,776억 엔): 대장성·농림수산성·외무성·통산산업성의 계4성

자료: 吉田 均, 『地方自治団体の国際協力ー地域参加型のODAを目指して』(日本評論社, 2001), p.97.

둘째로, 외무성에서는, ODA 예산이 다양하게 사용된다. 기술협력이 1위이고 2위로는 경제개발원조, 다음으로 국제기관에 출자금, 4위로는 식량증산 등 지원금 등이 차지하고 있다. 이 가운데 제일 큰 비중을 차지하는 것이 기술협력이다. 이것은 개발도상국에 대한 인재양성과 기술향상 등을 목적으로 한 원조의 총칭이다. 이 가운데 10항목 정도는 국제협력사업재단(JICA)로 이전되는 예산이다. 그리고 전문가 파견이나, 지방자치체에 대한 보조금도 이 항목에 포함되어있다.

제2위의 경제개발원조는 상환의무가 없는 것으로 무상자금 협력이다. 특히 일반무상으로는 풀뿌리 무상이라는 개발도상국가의 지방자치체에 대한 소규모 무상원조도 포함된다. 구체적인 내용은 학교건설이나 의료기재 공여 등 도상국의 생활분야, 인재육성에 대한 것이 대부분이다.

구·문부성은 당시 학술국제국의 국제기획과에서 국제협력을 담당하였다. ODA 관계예산은 경제협력과 국제기관 출자금으로 되어있으나 대부분이 경제협력에 사용된다. 유학생교류 추진, 아시아 여러 나라와 학술교류, 그리고 지방자치체아 학교법인에 대한 위탁금이 포함되어 있다.

6. 자치체 외교의 사례

1) 주민주체·국제주의형: 가나가와현의 국제화 정책

가나가와현의 민제외교는, 일반적인 자매교류를 통한 자치체 외교와는 달리, 자치체가 적극적으로 국제화 정책으로 국제교류를 구상하고 정책을 실천하는 것으로부터 출발하였다. 그러한 의미에서 민제외교는 시민과 시민으로부터 이루어지는 교류로 탈 국가적인 성격을 가지고 발전하였다. 당시 현청 국제교류과의 기본적인 업무는 국제교류의 계발보급, 해외 이주의 계발(啓發), 현정의 해외홍보, 국제교류사업의 추진, 해외기술 연수생의 받아들임, 국제교류단체의 지도육성 등으로 설정하고 자치체 외교를 정책적으로 전개하였다. 이러한 업무를 수행하기위하여 국제교류를 위한 정책 계발 보급과 민간의 사발적 교류를 추신하기위하여 사업전개의 핵심이 되는 조직과 인재를 육성하였다.

가. 민제외교의 등장과 배경

당시 나가스 지사의 「신가나가와 선언 — 가나가와가 변화면, 일본이 변한다」[24]은 자치체의 정치 혁신을 의도한 것으로 보수로부터 혁신으로 전환을 통하여, 자치체 혁신으로 새로운 자치 방식을 확립하려는 노력이었다. 당시 제안된 5가지의 전환을 보면, 당시 일본열도 개조론과 석유위기 이후 무분별하게 팽창된 도시기반 정비의 후진성이 주장되는 가운데 살기 좋은 가나가와를 만들겠다는 것이었다.

두 번째로, 도시가 사회로서 정감이 부족하므로, 마음이 통하고 연대감 넘치는 가나가와로 만들겠다는 것이었다. 세 번째로 어린이들이 가능성을 충분히 발휘하도록 교육조건을 향상시키겠다는 것이었다. 넷째로 보전·복원만이 아니라 미래를 위한 자연환경 창조, 지역산업의 진흥과 케이힌 공업지

---

24) 「신가나가와 선언」은 78년 2월 완성되었고, 기본구상, 기본계획, 실시계획 등으로 중층적이었음에도 불구하고 실시계획을 5년 마다 롤링하는 것으로 하였다.

대의 구조전환, 생활문화를 창조하는 가운데, 아들과 자손들에게 자랑스러운 가나가와를 지향한다는 것이었다.

마지막으로 내외에 열린 가나가와, 수도권 가운데 가나가와가 여러 가지 문제를 해결할 필요가 있으며, 그러기 위해 요코하마, 가와사키와 함께 아래로부터 광역행정을 지향하여야 한다는 것이었다. 그리고 민제외교 제창 배경에는 가나가와에는 미군기지 문제라는 현실이 존재하였으며, 현민의 생활을 지키기 위하여 미군기지는 전면 반환되어야 한다는 정책을 전개하였다.

외교는 국가만 행한다는 생각은 오래된 생각이라는 기조아래, 국가가 행하는 국제외교의 기초에는 국민들이 서로 연결되는 민제외교가 필요하다고 강조하였다. 가나가와는 민제외교의 선두에 서서 「신가나가와 선언」을 통해 비전을 제시하고 이것을 정책으로 구체화하는 방식도 제시하였다.

현의 정치를 어떻게 할 것인가? 이에 대해서는 정책화의 원칙, 현민 자치가 대원칙 이었으며 그러기위해서, 먼저 시민과 행정의 접점인 현장을 존중하는 정치를 실시하고, 시민참여에 의한 알기 쉬운 현정이어야 할 것, 현정을 장기 전망에 걸친 계획성에 기초해 실시하는 과학적 현정일 것, 현민과 현정의 부단한 대화가운데 정책의 피드백이 보장되는 현민과 호응하는 현정일 것, 마지막으로 기초 자치체와 자치체 연합을 묶어 국가에게 임무와 권한과 재원의 합리적 배분을 요구하는 분권을 주장하는 지방자치 확립을 추구하는 현정일 것, 이러한 내용들은 당시 제창된 「지자체 계획책정의 5원칙」과 거의 일치하는 것이었으며, 시민자치의 원칙, 시민생활 우선의 원칙, 과학적 계획성의 원칙, 광역협력의 원칙 그리고 자치권 확충의 원칙, 제시된 비전을 정책으로 구체화하여 나가는 방법의 원칙을 제시하였다(民際外交10年史 · 企劃編輯委員會, 1990: 3-7).

나. 민제외교의 비전 배경

1970년대 전반을 통하여 일본외교는 대전환이 요구되었다. 두 개의 닉슨쇼크 즉, '중국방문 발표'와 '금과 달러의 교환정지 및 변동환율제로의 이행'으로 사토 수상은 "닉슨 얼굴은 보고 싶지 않다"고 말할 정도로 미국과 불편한 관계이었다. 이것은 물론 미국 추수외교를 진행하는 가운데, 아시아 정세의 커다란 동향을 읽지 못한 일본정부의 외교자세가 문제시 되었다. 다시 말해 중일관계, 반일문제(일본 경제 진출, 역사반성 소극적 자세)도 중요한 것이었다. 그 이후 냉전 상황이 점점 긴장완화 국면으로 진행되면서, 일본이 아시아에서 긴장완화에 어떠한 공헌을 할 것인가? 일본의 경제 대국화, 경제 상호의존 확립, 아시아와 새로운 단계 진입, 이러한 것들은 적합한 아시아와의 관계 구축을 요청하는 것들이었다. 1974년 유엔 자원총회, 신국제경제질서 선언 채택으로 남북문제 수정이 국제적 조류를 이루자, 이러한 국제관계의 커다란 격동가운데 일본외교는 그 자세를 수정하기에 이르렀다.

이러한 국제정세의 변화 가운데, 당시 요코하마 시장 아스카다(飛鳥田)는 시민외교를 전개하면서, 요코하마시를 국제성, 경제교류를 통한 국제교류의 장으로 인식하고 적극적으로 진행하였다. 68년 아스카다 시장은 혁신시장으로 전통을 중시하며 적극적 대외활동을 통하여 야당외교를 전개하였다. 시민참여의 「요코하마 방식」을 통하여 구민 집회 등 시민참여 실천을 적극적으로 행하였다. 그의 외교에 대한 인식은, "원래 평화를 유지하는 것은 시민이기 때문에 지지가 없는 외교는 의미가 없다는 것이었다. 처음에 도시와 도시 간 시민교류라는 시민외교가 있고, 그 위에 국제연합이 있어, 2국 간 외교도 처리되어야 한다"는 것이었다.

그의 인식은 국제교류론, 민제외교론, 민제관계론의 시점에서 보면 소박한 국제주의라는 인상을 주었다. 그러나 시민의 입장에서 정치체제의 존재방식을 검토하고, 이것을 바탕으로 국제관계 존재방식을 생각는 것은, 전후 일본 평화론의 흐름 위에 있었으며, 시민외교론은 단지 국제교류와 시민교류에만 머무르지 않고, 전후 평화론의 흐름위에 서서 평화외교의 하나의 구체적인 정책으로 전개되었다는 것을 잊어서는 안 된다(民際外交10年史 · 企劃編輯委員會, 1990: 9-12).

당시 국제정치의 기본적인 생각도 크게 변화하였다. 기존의 권력정치론은 국가가 국제정치의 주체이며, 국가와 국가의 세력균형을 통하여 평화가 유지된다고 생각되었다. 그러나 1960년대 후반 상호의존론이 등장하면서 73년 초국가적 정치 무대에 국가라는 행위자 이외에 다국적기업, 시민운동이 정부 이외의 활동을 통하여 국제정치에 영향을 미치기 시작하였으며, 국제정치의 주체는 이미 국가만이 아니라는 생각도 제시되었다. 그러나 여전히 시대착오가 된 주권이 여전히 국제정치의 주요한 주제였다.

또한 남북문제를 제기하면서 구조적 폭력론이 등장하였고, 소극적 평화와 적극적 평화를 구분하면서 평화개념을 재검토하기에 이르렀다. 일본에서도 국제정치이론의 발상 전환은 72년 사카모토 요시카즈의 "전환하는 평화상" (아사히 신문 72,1.1 논설)이라는 논설을 통하여 나타났듯이, 국가와는 별도의 틀의 필요성이 급속하게 증가하고 있다는 것을 보여주었다. 당시 사카모토의 논점은, 먼저 선진국 국제관계는 민간차원의 엄청난 재화, 정보, 인간의 교류가 행하여지고 있으므로, 민제관계가 급속히 비중이 커진다는 것이었다.

둘째로, 민제관계는 탈 국가적인 성격을 띠고 있어, 미일 간 서로 알력이 생기더라도, 미일 시민차원의 연결고리가 있으므로 미일관계 대립은 전면화하지 않듯이 탈 국가적 민제관계가 평화의 중심이 될 수 있다는 것이었다.

마지막으로 그러나 아시아 여러 국민과 일본 사이의 민제 관계는 불충분하다고 설명하였다. 기본적으로 국가와 시민의 관계가 잘 구축되지 않으면, 시민과 시민으로 이루어지는 민제 관계 구축은 어렵기 때문에, 시민이 필요하다고 주장하였다(民際外交10年史 · 企劃編輯委員會, 1990: 13-15).

다. 가나가와 민제외교의 변화와 특징

가나가와 민제외교는 지구사회 · 민주화 · 지방화를 중심으로 전개되었다. 먼저, 민제외교는 정책과 사업으로 – 정책수행 과정 동반 – 전개되었다는 것은 지방자치체가 직면한 역사와 현황 속에서 전개되었음을 말하는 것이다. 그렇기 때문에 민제외교는 단순한 슬로건이 아니라는 것이다.

둘째로, 민제외교 이론도 시민차원의 교류론으로부터 최근 지구사회론으로 진행된 경위를 보면, 이론은 현실에 대한 대응 가운데 변화의 과정이었으며, 정책으로 민제외교가 어떻게 전개되었는가를 잘 설명해주고 있다.

셋째로, 변화는 단지 변화하는 현실사회에 대한 적응이 아니라 현실을 변화시키기 위한 규범 확립의 형태로 행하여졌다고 설명할 수 있다. 민제외교는 단지 국제교류가 아니라 있어야 하는 국제교류를 제시하는 성격을 가지고 있기 때문에, 규범적 성격이야 말로 민제외교론에 있어서 일관되고 있다.

넷째로 이론과 실천, 정책과 수행이라는 양면으로부터 보아, 민제외교는 '열린 국제사회 가나가와'라는 비전에 이르렀을 때, 그 정책군은 내정과 외교도 구별 없이 포함하는 것이 되어 내외를 향한 정책의 연동시스템으로서 다양성을 가지고 있다.

다섯째로, 추진체제, 우호·제휴, 평화, 안으로의 민제외교, 경제교류, 민제협력 등 각각의 흐름의 정리는, 현직원의 정책 입안능력과 외교능력을 향상하는 것이 되었다.

마지막으로 민제외교의 기본이념을 지적하면, 먼저, 지구사회를 목표로 하며 가나가와는 지구사회의 하나의 지역이고, 현민은 지구사회의 일원으로 글로벌화 과정으로서 민제외교는 항상 존재하게 되고, 그리고 민제외교의 주역은 시민이며, 시민교류의 사무국으로 자치체가 존재한다는 시민화가 제창, 노력되었다. 이러한 의미에서 시민자치의 원칙이 민제외교에 적용되었으나, 넛붙여 가나가와 지방이 지구사회의 거점이 되어야 하는 국가만들기, 민제외교의 기간산업이라고 할 수 있는 시설건설이나 민제외교의 중심으로서의 경제교류 전개도 이러한 문맥에서 이해하여야 한다. 이것은 지방자치와 분권을 문제로 하고 지방화 과정이라고 할 수 있다(民際外交10年史·企劃編輯委員會, 1990: 82-84).

라. 가나가와가 놓인 위치와 민제외교

당시 가나가와현의 민제외교의 위치를 정책내용 관점에서 보면 자치권의 국제화, 지역 내의 국제화, 평화·군사기지·비핵원칙 등이 직면한 과제였다. 먼저 지리적으로 보면 가나가와현은 동경에 접하고 있으므로 자치정책을 전개해 나가는 데 유리한 조건 아래에 있었다. 예를 들면, 수도권과 연결되는 인재와 노하우의 집적, 정보취득이 유리하며, 국제수송로를 매개로 독자적인 국제화가 가능하고, 민제외교의 방법을 모색할 수 있는 좋은 환경에 있었다. 가나가와현은 일본의 혁신자치체의 중추로 자치체, 기업, 민간단체, 시민그룹이 중심이 되어 기존의 국가외교와는 다른 민제외교의 이념을 만들며 이론적인 시도를 추진하였다. 이 과정에서 가나가와현은 홋카이도, 오키나와, 효고현과 함께 지방화시대의 심포지엄을 개최하면서, 자치체 국제교류의 추

진방법에 관한 모색을 시도하였고, 위 3개의 현과 함께 도도부현 국제교류추
진협의회 설립을 호소하였다(民際外交10年史·企劃編輯委員會, 1990: 85).

ㄱ) 자치체의 국제화와 가나가와

상호의존, 정보의 국제화, 무역흑자(수출총액 >수입총액), 강한 엔의 영향
으로, 대외투자 지역을 찾아 해외로, 기업도 해외로 진출하게 되면서 경제의
국제화가 진행되고, 자신의 이웃에서 생활하는 외국인과 접할 수 있는 기회
가 많아졌다. 그들은 실제로 국제화를 느끼면서, 국제화한 정보가운데 시민
들은 스스로 국제화의 주체라고 인식하기 시작하였다.

1970년대 일본의 민간국제교류 단체 수는 1973년부터 증가하기 시작하여
79년에는 상당히 증가하였으며, 해외원조나 협력단체도 비슷한 현상이 나타
났다. 주민중심으로 전개되는 민제외교를 시작한 배경에는 이러한 당시의
상황들이 참고 되었다. 1986년 구 자치성 기획실의 조사에 의하면, 국제화추
진체제를 설치하고 있는 현은 14개 단체, 시는 17개 단체, 추진체제로서 국
제교류추진에 볼런티어를 활용하는 자치체는 현과 시에서 약 145개 단체, 그
와 같은 볼런티어 단체에게 어떠한 지원조치를 취하고 있는 현은 13개 단체,
시는 70개 단체였다. 가나가와현은 재단법인 가나가와현 국제교류협의회에
조성을 통해서 다양한 민간단체에 적극적인 자금 원조를 행하였다.

가나가와현은 1983년부터 민제외교의 중심론으로 부터 경제교류를 강력
하게 촉진할 것을 강조하고, 경제만능주의와는 선을 그으면서 추진되어 1980
년대 말 부터는 교류로부터 협력으로 중점이 이동되었다(民際外交10年史·
企劃編輯委員會, 1990: 86-88).

ㄴ) 가나가와 지역 내의 국제화

당시 가나가와현은 일본 내에서 인구로는 3위, 현민 소득으로는 전국 4위
로, 규모로는 네덜란드의 국민 총생산과 비슷한 지역이었다. 동경 외곽을 형
성하는 거대한 경제권을 이루고 있는 지역이었기 때문에 고용을 바라는 외
국인 노동자의 수가 증가일로에 있었으며, 특히 1975년부터 89년 말까지 증
가율은 56%를 상회하였다. 특히 1989년경 인도네시아 난민의 유입과 그들의

정주 문제는 민제외교의 새로운 전개를 불러일으켰다. 당시 전국 6번째로 정주외국인수가 많았던 가나가와현은 이 문제로 촉발되어 재일 한국·조선인, 중국인 차별철폐 문제에 적극적으로 대응해 나갔다.

여기서 대외적으로 적용되어 온 민제외교의 이념을 국내에도 적용되지 않으면 안 된다고 인식하게 되었다. 지역 내 국제화의 대상은 인도네시아 난민, 재일 한국·조선인, 외국인노동자, 유학생 문제였으며, 구체적으로는 외국인등록법·지문날인과 출입국관리법의 문제와 관련된 인권문제였다. 그 이후 지속적인 활동으로 아시아태평양 지역의 국제인권센터 설립을 현으로부터 제언 받고, 국제인권간담회와 세미나 등의 활동을 거쳐 1988년부터 현직원에 대한 국적조항이 일부 철폐되었으며, 재일외국인이 현의 직원이 될 수 있게 되었다.

최근에는 정주외국인의 참정권 문제가 쟁점이 되고 있으나, 선진적인 유럽과는 달리, 일본은 중앙정부의 규제로 자치체 행정이 많은 제약을 받고 있다(民際外交10年史·企劃編輯委員會, 1990: 88-90).

ㄷ) 평화·기지·비핵원칙

가나가와현은 일본 가운데 미국기지가 많은 지역의 하나이다. 특히 가나가와에서는 핵무기를 탑재한 선박이 정박하는 문제(기지문제와 비핵 3원칙 문제)가 중심이었다. 캠프 자마는 앞으로도 미일안전보장 문제에서 그 중심적인 역할을 할 지역으로, 당시 이 지역은 제9군사령부였으며 관리, 보급, 통신 업무를 담당하였다. 가나가와현은 국가가 행하는 동맹정책과는 달리 평화정책을 추구하면서 요망사항을 제시하였다. 먼저, 기지기능 강화를 반대하는 의향으로 현 내 기지의 반환을 요구하였으며, 미군기지의 강화와 항구화에 반대하면서 조기전면 반환을 요청하였다. 그리고 시설·연습·훈련을 둘러싼 피해·안전대책을 요구하였다. 이러한 활동을 효과적으로 진행하기위하여 가나가와현은 현 내 자치체 간 네트워크를 형성하면서 동시에 섭외관계 주요 도도부현 지사연락회의 등을 통하여 전국적 네트워크에 의한 각종 요망을 행하였다.

그리고 평화문제의 중심이었던 비핵화 정책이 있다. 지자체로서 핵을 탑재한 선박이 입항하는 문제는 중대한 문제였다. 현은 원자력군함 기항 시 안전 확인을 요청하였고, 토마호크 적재가능성에 대해서는 적재유무에 관한 엄정한 조치를 요구하기도하였다. 가나가와현은 현 의회(縣議會)를 통하여 가나가와 비핵화선언을 하면서 이러한 이념을 민제외교의 중요한 일환으로 삼았다(民際外交10年史·企劃編輯委員會, 1990: 92-95).

2) 지역활성화·수도권 일체화형: 지바현의 국제화정책

가. 지바현의 현상

지바현은 인구 500만 이상의 인구, 수도권의 일부 기능을 확대해 나가고 있는 지역으로, 제조업 특히 철강, 화학, 전기기계, 정유·정제가 주요산업인 공업지역이며, 나리타 공항은 90년대 국제 이용객이 1800만을 돌파하였으며, 항공화물 취급량은 130만 톤 이상을 기록한 국제공항이 되었다.

지바현의 국제화 배경으로는 「지바현 국제화 추진 기본개혁」이 있었다. 이 계획은 1984년에 책정한 「2000년의 지바현」에서 나타난 이념에 기초해 장기적인 전망을 한 것으로 지바현의 국제화를 어떻게 진행시켜 나갈 것인가와 관련한 것이었다. 그것에 의하면 지바현은 세계의 경제와 금융 중심의 기능을 담당하는 수도권에 있으며, 일본의 하늘과 바다의 현관 역할을 하는 현으로 그 책임이 점점 커진다는 것이다(国際交流基金日米センター, 117). 다시 말해 국제화된 현으로서의 그 지위와 목적을 설정하였다. 그렇게 하기 위해 지바현은 국제적인 교류의 장을 마련하기 위하여, 국제화의 기본 개념과 목표로 세계가 결집하고 교류하는 국제적인 현으로 설정하고, 지역 활성화를 그 중심으로 하였다. 국제화의 기본 목표로는 국제화의 기반조성, 국제화 추진체제 정비, 국제교류의 전개, 국제성 풍부한 현민을 육성하고 국제화에 대응하는 지역만들기, 국제화에 대응한 산업진흥 등, 당시 자치성이 제기한 지침과 큰 차이 없이 진행되었다.

지바현의 국제화 전략은 산업진흥으로 국제관광진흥, 첨단 기술산업 진흥, 외자계 기업유치, 해외경제연락사무소 설치 통하여 지바현 전체에 파급효과를 가져올 산업진흥을 목표로 하였으며, 수도권 중심적인 현상을 극복할 수

있는 다극 분산형 국토 발전을 시도하려는 제4차 전국종합개발계획의 기본
방침과 일치하는 것 이었다. 이러한 계획을 달성하기위하여 핵심도시를 연
결하는 교통체계 정비 결과, 가나가와현의 가와사키 시와 지바현의 키사라
즈를 연결하는 동경만 횡단도로가 완성되었다(国際交流基金日米センター,
vol.Ⅰ: 119-120). 지바현의 국제화에 대한 기본적 시점은 수도권과 일체화한
산업 우선, 지역 활성화를 기하는 것에 중점을 두고 실시되었다.

나. 지바현의 국제화 기반과 추진체제 정비
지바현은 국제화를 향하여 1990년 「지바현 국제화 추진 기본개혁」을 책정
하였다. 국제화의 기반 만들기를 통하여 지바현이 국제화의 교류의 장이 되
어야 한다는 것이었다. 그러므로 기반이 되는 시설을 정비하고 앞서 설명한
신3각 구상을 실현하고, 보소 리조트 지역의 정비 구상을 추진하면서, 지바
항, 키사라스 항의 무역기능을 강화하면서 농시에 국제관광 모델 코스를 구
성하는 도로환경을 정비하였다. 국제화의 기반조성으로 막쿠하리 신도시를
형성하여 신도심의 거주인구가 2만 6,000명이 되게 하고, 취업인구가 15만
명이 되는 도시를 상정하고, 이벤트와 하이테크를 주제로 한 미래형 국제 업
무 도시를 목표로 하였으며, 막쿠하리 멧세의 운영으로는 국제전시장, 국제
회의장, 이벤트 홀 복합형 컨벤션 시설기능, 유효하게 활용하기위하여 국제
적인 전시사업, 회의 이벤트 유치 노력, 나리타 국제물류보급기지 구상 추진
으로 지역진흥과 화물의 원활화, 효율화 추진, 유통가공 상품거래, 상품전시
기능을 포함한 기지계획 정비구상을 추진하였다.
국제교류 추진체제 정비는 재단법인 지바현 국제교류협회를 설립하여 국
제교류와 외국에게 정보제공, 산업의 국제화를 추진하도록 하였다. 그 활동
거점에 지바현 국제교류센터가 있으며, 주변 동서남 지역에 지역국제교류센
터가 설치되어 네트워크를 형성하고 있다.
이러한 환경 아래서 지바현 컨벤션 뷰로를 육성하여 각종 회의의 정보를
수집하고, 유치활동을 적극적으로 전개하고 있다. 그 이외 여권 사무소 정비,
국제화 모델지역 지정, 국제화에 대응한 경찰기능 강화, 현 직원의 국제감각
양성 등을 주된 목표로 설정하였다.

이러한 체제를 통하여 지바현은 외국과 상호이해를 증진시키기 위하여 자치체 외교를 적극적으로 전개하고 있다. 단순한 자매교류로 출발하여, 시설 간 자매교류에서는 지바 항과 미국의 포틀랜드 항이 교류를 하고 있으며, 남보소 파라다이스와 싱가포르의 국립식물원, 그리고 막쿠와리 멧세와 세계의 컨벤션 시설들이 자매교류를 실시하고 있다. 또 다른 교류로는 예술문화단체의 강연이나 미술품 전시회를 통한 문화교류,「국제 지바 역전 마라톤」을 시작으로 한 각종 스포츠 대회 개최, 한일, 한중,일독 스포츠 교류가 진행되고 있고, 부인·청소년 교류나 기술연수생, 유학생 초청 등 구체적인 시책들이 전개되고 있다. 다시 말해 지바현의 국제교류는 자매 우호교류 추진, 문화스포츠 교류, 기술연수원, 유학생유치, 농업청년교류 등으로 진행되고 있으며, 국제성이 풍부한 현민들의 국제화 감각육성을 위해 학교교육, 고교생 교류 추진, 귀국자녀에 대한 교육, 국제교류 포럼 개최 및 첨단 국제관련 대학 건설 계획 등을 추진하고 있다.

다. 자치체 외교의 전개

지바현의 자치체 외교는 상당히 활발하게 전개되고 있다.「지바현 국제화 추진 기본개혁」을 추진하기 위하여, 현의 담당 부서가 적극적으로 추진을 행하고 있다. 예를 들면 막쿠와리 형성사업은 기업청 막쿠와리 신도시 건설청이 설치 담당하였으며, 국제교류는 그 네트워크 만들기나 자매도시 교류를 포함한 기획부 문화국제과가 담당하였다. 문화스포츠의 국제교류는 교육위원회의 문화과와 체육과가 각각 담당하였으며, 산뜻한 마음 치바 운동의 추진은 기획부 현민 생활과, 외자계 기업 유치는 상공노동부 공업과의 관할 하에 두었고, 현청내의 많은 부문이 국제교류 추진의 일익을 담당하였다(国際交流基金日米センター, vol. I : 127).

라. 자치체 외교의 지원체제

지바현의 자치체 외교는 1984년에 설립된「지바현 국제교류협회」(国際交流基金日米センター, vol. I : 128)가 중심이 되고 있다. 그동안 자매도시의 국제교류의 활성화를 해왔으며, 현재는 활동거점으로 지바현 국제교류센터

를 중심으로 현에 주재하고 있는 외국과의 교류회, 강연회나 국제교류의 네
트워크를 만들기도 하고, 볼런티어 통역자의 육성, 회원을 위한 기관지 발행
등의 활동을 하고 있다. 또한 협회는 상담 코너, 자료열람 코너, 연수실을 설
치하고 있으며, 현과 시정촌, 민간의 국제교류에 관한 정보와 실천의 거점이
되고 있다.

　문제점으로는 수도권과 일체화한 산업정책 기반 정비를 추구해 가는 방향
이 국제화의 내용이 된다면 지역자치체의 주체성을 잃을 수도 있다는 것이
다. 앞으로 지자체의 정책기조는 경제발전, 지역 활성화가 아닌 다른 정책
내용을 추구하여야 할 것이다.

3) 경제활성화·지역분산형: 구마모토현의 국제화정책

　구마모토현은 90년 「국제화를 위한 종합지침」을 제기하였나. 시침에서 설
명하는 국제화 추구의 이유는 "세계의 구조적 변화를 어떻게 이해하고, 어떻
게 대응하는가?" 문제였으며, 기본적인 생각과 방향성이 이 지침에 담겨있었
다(岩田勝雄, 1994: 34-37).

　구마모토현이 정의하는 국제화는 쇄국의 반대개념으로 개국을 의미하였
으며, "물건, 돈, 사람, 정보가 국경을 넘는 교류의 자유화, 국가가 예전에 일
원적으로 통제 관리하였던 물건, 돈, 사람, 정보의 이동에 대해 규제를 철폐
및 경감하는 것"으로 하고 있다.

　글로벌화의 전개로 자국의 경제발전을 위해 선진적인 세계시장에 참가하
여, 거기서 시장경제체제에 따라 경쟁에서 살아남고, 양질의 제품이나 필요
한 자본을 제공하고, 조달하고, 자국경제를 확대해 나가는 것이 중요하다는
것이다. 또한 세계의 상호의존 관계가 긴밀하고 탈 경제가 진전되어 전통적
인 주권국가의 자립성이 점차 약화되고 내정문제는 국가주권의 전관 사항이
지만, 국제문제는 국제교섭의 대상이며 글로벌화로 국제화가 진전되고 있다
고 인식하였다. 지방의 국제화 배경에는 도쿄의 일극중심에 의한 도쿄와 지
방과의 격차문제를 해결하기 위한 것이었다. 그동안 주요한 담당자는 대기
업과 이들 기업이 다국적 기업화해 가는 과정에서 탈 국경화가 진전된 것이

사실이었다고 강조하였다.

이처럼 구마모토현의 국제화 이해는 국가의 정책에 의존하는 것만이 아니라, 대기업에 의존하지 않고, 지역 산업특성화 또는 세계시장에 진출하기위한 경쟁력 증대가 필요하며, 동시에 국내시장을 개방하는 노력이었다고 할 수 있다.

구마모토현의 국제화 정책은 동경 중심으로부터 지역 특성을 살려 산업을 유치하고, 그것에 따른 경제 활성화를 목표로 하였다. 그래서 구마모토현의 기업유치 가이드 북에는 하이테크, 고도 기술자 등 인재의 풍부함, 항공 도로 등 교통망 정비, 공업용지 정비, 하이테크 산업을 중심으로 한 기업 집적, 나아가 구마모토 테크노 폴리스 계획 등이 열거되었다.

그러나 구마모토현의 자연 환경을 어떻게 살릴 것인가, 기업유치와 경제 발전은 자연보호, 환경보전과 대립하는 것으로 문제는 이러한 것들을 어떻게 해결 할 것인가, 국제화의 진전과 이를 어떻게 조화시켜 나갈 것인가 등의 문제가 앞으로의 과제이다.

4) 지역독립·권한 확대형: 효고현의 국제화정책

효고현의 국제화 기본 방향은 「효고 2001년 계획-1990년대의 중점방책」을 통하여 다양한 국제교류의 전개를 설명하였다. 현의 정책으로는 국제화, 고도기술화, 고도정보화에 대응한 교육추진 계획으로 외국인에 의한 영어교육, 직원의 해외연수 충실, 외국어교육의 충실, 귀국자녀 교육추진, 세계에 열린 산업교류 촉진으로서 정보통신 기반의 정비, 국제적, 광역적 물류시스템 정비, 국제경제교류의 촉진 등이 열거되었다(岩田勝雄, 1994: 37-39).

다양한 국제교류의 전개로는 외국인에게 친근한 지역만들기 추진, 자매주·성 간의 교류, 효고 문화교류센터 정비, 국제개발 대학유치, 유학생 대책 충실, 국제교류센터 구상 검토, 국제이해교육 충실을 제기하였다. 그리고 다양한 국제교류 협력사업 추진으로는 경제교류 사업, 자매 제휴사업, 과학기술교류 사업, 행정교류, 세계 폐쇄성 해역환경보전회의를 계속 개최하고, NGO와 연계활동 지원 등이 제기되었다.

효고현의 국제화 계획의 목표는「풍요로운 효고」,「효고형 네트워크 사회 만들기」를 목표로 하고 있지만, 기본은 경제발전에 놓여있다는 것은 다른 지역과 별 차이가 없다. 효고현의 지역활성화를 위하여 경제발전을 중시한 개발계획이 제기되었지만, 다른 한편으로 효고현 특유의 국제화 정책도 제기되었다.

효고현은「효고 국제교류」라는 보고서를 매년 제출하고 있다. 그 내용으로는 자매도시관계 상황, 국제교류 사업 상황, 여권발급상황, 외국인 등록 상황, 유학생 상황 기록 등이다. 그리고 고베항을 세계적 규모의 항구로 하는 소재형 산업으로부터 첨단 산업까지 폭넓은 산업발전 지역으로 하려는 계획을 전개하였다. 효고현의 국제화 정책의 기본은 다른 자치체와 비슷하게 지역의 자립화, 중앙으로 부터의 권한 이양, 분권화로 이루어져 있다.

효고현의 국제화의 특징적인 정책으로는 현 내의 NGO조직에 대한 지원, PHD(Peace, Health, and Human Development) 조직 확대, 홍보에 협력을 행하고 있다. 그리고 PHD는 아시아 지역 연수 기술자 양성 및 본국에서 경제적 발전 혹은 교육 의료 측면 공헌하기를 바라고 있다. 본국에서 마을 만들기를 중심으로 사람들의 자활을 촉진시키기 위한 목적으로 하고 있으며, 종래 민간주체 프로그램이었지만, 지금은 행정이 원조한다는 점에서 새로운 시도라고 볼 수 있다.

자매도시 제휴 사업으로는 브라질의 파나마 주에 ODA를 이용하여 공업지도 센터를 설치하고, 자치체가 참가하여 인적교류만이 아니라 발전도상국의 경제발전에 기여하고 있다.

효고현의 국제화 이념으로는 공생에 있기에, 그 일환으로 효고현 센터를 설치하고, 그 목적으로 국제협력촉진, 국제이해 추진, 시민참가 확대, 조사연구 추진을 설정하였다. 여기서 주목할 점은 시민참가로서 NGO 협력, 국제협력 담당자 육성이 열거되고 있다는 점에서 이것은 PHD 지원과 동시에 대응한 정책이었다. 효고현의 국제화 정책의 특징은 경제발전에 머무르지 않고, 개발도상국과 공생이라는 개념 아래 NGO, ODA에 행정이 원조하고, 참가하여 행정에도 영향을 미치고 있다.

가나가와의 민제외교는 시민참가를 주체로 한 정책 체제이나, 효고현의 지방외교는 행정이 주체가 된 것이라고 할 수 있다. 그러나 행정 관여는 자금 원조를 포함해 최소한으로 하여야한다. 그렇지 않으면 조사연구에 대한 관여하게 되어 자유연구를 저해할 수도 있기 때문이다.

5) 환동해 지역의 국제교류

동해를 둘러싼 여러 나라와 지역 간 교류확대를 활성화하기위하여 일본의 이 지역 자치단체가 적극적으로 자치체 교류를 전개하고 있다. 환동해라는 용어는 일본에서 행정, 경제계, 매스컴에서 자주 사용하는 용어로 정착해 왔다. 환동해 지역은 소련 붕괴로 환동해 지역의 국가들에게 많은 변화를 가져다주었다. 예를 들면 중국의 경제발전은 예상이외로 급성장을 거듭하고 있으며, 한반도의 정치경제도 상당한 변화를 거듭하고 있다. 특히 니가타 지역에 있어서 환동해의 의미는 두 가지 의미로 사용되었다. 먼저 환동해 경제권이라는 의미로 사용되었다. 이것은 경제문제 연구자, 민간기업, 기관에 의해 제기되었으며, 기본적으로 환동해 지역을 동아시아의 새로운 성장의 핵심지역으로 생각하면서, 니가타 지역이 직면한 문제를 해결하려고 하였다. 둘째로, 환동해 교류라는 넓은 의미로 사용되었다. 이것은 자치체, 국제교류단체, 시민그룹에 의해 제창된 것으로 냉전 후 교류가 적극적으로 행하여 진 것과 관련된 것이었다(櫛谷圭司, 1994: 158-159).

1991년 10월 이후 환동해 시대, 환동해 교류라는 용어에 대해 니가타현 내 약 35% 정도의 사람들이 "말도 내용도 알고 있다"고 답하였고, "들어본 적이 있다"는 사람들을 포함하면 80%이상이 환동해를 알고 있었다. 이것은 도야마(富山), 이시카와(石川), 후쿠이(福井) 호쿠리쿠(北陸) 3현을 능가하는 수치를 보였다. 이것은 지역주민이 환동해에 대한 기대의 표현이라고 이해할 수 있다. 그러면 왜 이러한 기대가 현실로 나타났는가?

가. 지방자치체의 국제교류 시스템

일본의 행재정 개혁으로 지방자치단체의 국제교류는 지역사회가 직면한 어려움을 극복하기 위하여 보다 활발하게 진행되고 있다. 글로벌화로 인한

갑작스러운 국제정치경제의 구조 변화에 지방자치체는 빠른 변화에 적절히 대응하지 못하였다. 그 결과 지방자치체와 중앙과의 격차는 더욱 현격해 졌으며, 잃어버린 10년이라는 세월을 통하여 지방자치체는 공동화 현상이 계속되었다.

현재 일본의 지방자치체는 어려운 자치체의 문제를 극복하기위하여 새로운 전략들을 세우고 실천에 옮기고 있다. 물론 지방이 국제교류에 유리한 입장에 있는 것은 아니나, 과거 자매교류를 통하여 쌓아 놓은 경험을 살려 새로운 형태의 국제협력 사업을 진행하고 있다. 이 경우 일본의 자치체는 중앙정부나 중앙정부의 외곽단체와 제휴하여 국제교류 사업을 진행하고 있다. 일본정부 또한 ODA 관련사업의 홍보활동이나 개발교육을 실시하기 위해서는 일본 국내의 NGO나 지방자치체의 참가 없이는 목적달성이 어렵다. 그 결과 지역사회에 공헌하는 대학이나, 연구교육기관, 민간국제교류재단의 역할이 점점 중요해지고 있으며, 실제로 중앙정부가 주민 참가형 국제협력이나 개발교육을 실현하는 데 일본의 지방자치체의 역할은 중요하다.

일본의 재단들이 동북아시아를 중심으로 자치체 교류를 적극적으로 전개하고 있는 지방(환동해지역: 니가타, 도야마, 가나자와, 후쿠이 시)의 국제교류관계 단체들에 대한 실태 조사의 결과를 보면, 각 지역의 자치체 교류를 위한 지적인프라를 이해할 수 있다.

지적인프라의 조사대상을 보면 다음과 같다.

제1수준으로는 동북아시아에 관한 고도한 연구·협력하는 국제적인 전문연구 기관을 대상으로 하였다.

제2수준에서는 동북아시아에 관한 국내지향적인 연구기관, 교육기관을 대상으로 하였다. 대학이나 대학원 그리고 지역의 싱크탱크를 조사대상으로 한다.

제3수준으로는 동북아시아와 교류, 협력을 하고 있는 일반시민을 향한 기관으로 전문공개연구회, 전문학교 등, 시민강좌, 민간국제교류단체 등을 대상으로 한다.

제4수준으로는 동북아시아와 교류, 협력을 하고 있는 정보 수·발신 축적기관으로, 지방언론, 국제교류협회, 지방도서관, 지방자치체, 외국재외공관을 대상으로 하고 있다.

〈그림 V-3〉 환동해 지역의 지적 인프라 분포상황

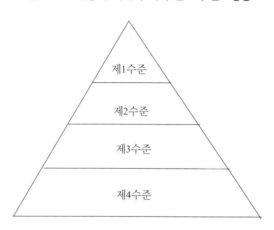

자료: 吉田 均, 『地方自治団体の国際協力 - 地域参加型のODAを目指して』(日本評論社, 2001), p.42.

이들 전체적인 조사결과를 간단히 그림으로 살펴보면 아래와 같이 정리할 수 있다.

* 제1수준: 수준 높은 연구·협력을 위한 국제적인 연구기관(국제전문연구기관: 최대 2~최소 0)
* 제2수준: 국내지향적인 연구기관, 교육기관(대학, 대학원: 최대 6~최소 2, 그리고 지역의 싱크탱크 최대 5~최소 2)
* 제3수준: 동북아시아와 교류, 협력을 하고 있는 일반시민을 향한 기관(전문공개연구회: 최대 2~최소 0, 전문학교: 최대 2~최소 1, 시민강좌: 최대 14~최소6, 민간국제교류단체: 최대 21~최소 7)
* 제4수준: 동북아시아와 교류, 협력을 하고 있는 정보 수·발신 축적기관(지방언론: 최대 5~최소 2, 국제교류협회:8, 지방도서관: 최대 2~최소 1, 지방자치체:4, 외국재외공관: 최대 2~최소 0)

실태조사를 종합적으로 보면, 환동해 지역(니가타, 도야마, 가나자와, 후쿠이 시)의 국제교류관계 단체들의 지적 인프라에 대한 다음과 같은 추정이 가능하다. 인구 25~50만의 현청 소재지에서는 1 도시 당 30개 이상의 단체가 각각 동북아시아 국제교류를 전개하면서 지방자치체 외교를 보다 발전시키는 역할을 수행하고 있다는 것을 알 수 있고, 지방자치체만이 아니라 시민차원에서 전개되고 있음을 알 수 있다. 그리고 1990년 이후 증가하는 출입국자수나 지방차원에서의 자치체 외교를 위한 체제정비를 받아들여, 이것이 지역사회에서 국제교류활동 능력을 발전시키게 되었다. 대학이나 연구수는 자치체의 대외교류정책의 책정이나 인재육성으로 지역의 국제화를 담당하고 있으며, NGO는 자치체 국제교류에 직접 참가하면서 조성금을 획득하는 등 협력관계를 쌓아가고 있다. 또한 지방의 언론이나 도서관은 주민들의 관심을 불러 일으켜, 국제교류의 정보를 수·발신하기도 하고 축적을 해 나가고 있다. 이처럼 일본의 지방자치체에서 전개되는 국제교류는 서로 다른 수준의 단체들이 서로 중충적으로 관계를 쌓아 나가면서 자치체 외교를 적극적으로 진행하고 있다(吉田, 2001: 42). 지자체만이 아니라 지역주민의 국제교류나 국제협력에 관한 인식과 실천, 관심도가 자치체 외교에 있어서 중요한 것임을 알 수 있다.

그러나 환동해 교류구상은 지구시민적인 발상이 약하고, 자기의 경제이익과 대규모 개발에 관심이 너무 강하다는 점이 문제로 지적되고 있다. 예를 들면 중국의 동북 3성에서 대규모 농지 개척이 자연환경에 악영향을 가져올 수 있고, 그리고 시베리아 개발에서 삼림벌채 문제 그리고 현재 계획 중인 러시아 연안의 남부개발도 많은 환경에 피해를 가져올 것으로 본다. 이러한 의미에서 지구시민의 발상으로부터 환경보호나 인권보장의 시점이 상대적으로 약한 것이 환동해 교류의 특징이라 할 수 있다(羽貝正美·大津 浩, 1994: 8-9).

6) 홋카이도의 자치체 외교: 북방권 구상

홋카이도의 국제화 전략을 설명할 경우 미래전략 북방권 구상을 이해하여야 한다. 홋카이도는 1971년 이후 「제3기 홋카이도 종합개발계획」 가운데 「북방권 구상」(国際交流基金日米センター, vol. I : 26)이라고 불리는 국제교류계획이 제기되었으며, 북반부 지역과 경제, 기술, 생활문화, 학술교류를 시작하였다. 이 구상을 간단히 정리하면 먼저, 북쪽 나라에 적합한 홋카이

도 독자의 생활문화를 창조하고 산업경제를 진흥을 한다는 것이다. 어려운 자연 조건아래에서 고도의 생활문화를 창조하고, 독자의 기술이나 시스템에 의해 산업이나 경제를 발전시켜 온 북유럽이나 북미 여러 나라에서 배우는 것이 중요하다고 보면서, 그러한 나라들과 상호 협력해 나가는 것을 강조하였다. 둘째로 북방권에 특유한 공통 과제나 세계 규모의 문제해결을 통해, 북방 사람들의 복지향상이나 국제사회에 공헌하는 것을 주요 내용으로 하고 있다. 예를 들면, 한랭과학, 냉지 기술, 북방의학, 해양, 환경, 겨울의 도시에 관한 공통과제 등에 관한 연구가 필요함을 지적하였다.

홋카이도가 이러한 구상을 제기한 배경으로는 우선 도민 생활과 직접 관련되어 주장되었다는 점이다. 먼저 홋카이도를 개척한 개척민들은 냉혹한 자연조건을 극복하면서 혼슈(일본 본토) 지향, 남방지향, 중앙정부로부터 탈각하려는 의지로 나타났다. 다시 말하면 개척자들은 냉혹한 자연조건을 살기 좋은 토지로 만들어 새로운 북방문화를 개척하여 북방지향적인 독자적인 환경권을 만들었다는 것이다.

북방권구상이 제기된 두 번째 배경으로는 북방권에 존재하는 문제를 해결하려는 것으로부터 제기되었다. 1974년 「북방권 환경의회」를 삿포로에서 개최하여 그 이후 삿포로 시가 「북방도시 시장회의」를 제창하고, 도내 민간단체들이 「한지(寒地)개발 국제 심포지움」을 제창하고, 이것이 북방권 여러 나라들의 호응을 얻어 적극적인 참가를 유도하였다. 이러한 노력은 동서를 횡단하는 북방권 협력체제 만들기노력에 미국의 알레스카 주와 홋카이도가 중심이 되어 앵커리지에 국제조직 「북방권 포럼」으로 구체화되었다. 이 조직은 북방권에 공통되는 과제나 영향을 받는 세계적 규모의 문제해결을 위한 각 지역의 리더가 정보나 의견 교환을 행하고, 나아가 협력 사업 실시나 구체적인 제언을 행하는 중요한 장으로 기대되었다(国際交流基金日米センター, vol. I : 27).

가. 홋카이도의 전후 개발

전후 홋카이도는 일본의 정치와 행정이 규정한 개발정책 체제 아래서 진행되었다. 식민지를 상실한 전후 일본은 식량, 지원조달, 귀환자들의 수용을 국내에서 급하게 해결하여야 하였다. 그렇기 때문에 일본 정부는 홋카이도를 국책적으로 개발하기 시작하였으며, 또한 패전으로 외국과 무역활동이 상당히 제약을 받았으므로 홋카이도를 개발하여 전후 부흥을 계획하였다. 특히 국내산업을 육성, 강화하는 것이 전후 일본의 홋카이도 개발정책의 논리였으므로, 홋카이도를 통한 자원공급은 외화를 절약하게 하였으며, 식량공급은 식량 자급률을 향상시켜 국민경제 발전에 크게 공헌하였다.

그동안 홋카이도를 개발하는 정책을 통하여 홋카이도 개발청은 사회자본 정비는 행하여 졌지만, 관세나 출입국관리 등 사람, 물자를 통제하기 위한 권한을 갖지 못하였기 때문에, 국제화에 대응하는 정책은 제한되었다. 즉 개발청의 역할은 치도세 공항이나 홋카이도 내의 항만에 있어서 다목적 터미널 등 국제화를 위한 교류기반 정비가 주된 임무였다. 냉전해체로 홋카이도는 자원공급지 혹은 국경 인접지역이라는 특별지역 취급 상태가 점점 저하되면서 새로운 문제에 식면하였다.

나. 글로벌화와 홋카이도의 대응

글로벌화로 주권국가의 주변부에 위치한 홋카이도가 어떻게 국경을 초월한 여러 가지 활동에 대응하는가는 중요한 의미가 있다. 특히 국경의 벽이 낮아지는 조건아래 러시아와 국경을 가까이 접하고 있는 홋카이도는 불리한 조건을 극복하고 지방정부가 새로운 활동 가능성을 높여가고 있다. 이것은 지역주의와 지방주의를 지혜롭게 극복해 나가는 홋카이도 자치체 외교의 적극성을 보여주는 일면이라고 이해할 수 있다. 이러한 변화를 통하여 일본 정부가 추진하고 있는 중앙정부주도형의 중앙지방 관계가 어떻게 진행되고 있는가를 살펴보는 기회가 된다.

홋카이도의 개발의 역사는 거의 반세기 이상 중앙주도의 개발체제로 진행되어 오다 2001년 통폐합되면서 새로운 전기를 맞이하였으나, 여전히 공공사업에 있어서 높은 비율의 특별보조제도 등은 여전히 남아있는 실정이다. 그러나 한편으로 위에서 설명한 것처럼 1960년대 이후 홋카이도가 처한 주변성과 후진성을 극복하기위하여 북방권 교류 구상이 제기되었다. 그리고 최근에는 사할린 주의 석유, 천연가스 개발 프로젝트를 구체화하기 위하여

러시아와 교류를 증진하고 있다. 이러한 움직임 역시 홋카이도가 적극적으로 지역의 경제적 발전을 모색하기위한 시도라고 볼 수 있다. 즉, 홋카이도의 새로운 도전은 글로벌화의 진전으로 보다 적극적으로 중앙정부의 행정에서 벗어나 새로운 지방자치 외교를 지방경제 발전으로 모색해 나가는 전략을 실현하고 있는 것이다. 이러한 홋카이도의 적극적인 지역 국제화 전략은 일본이라는 주권국가의 틀을 상대화하면서 지역 활성화를 모색하는 중요한 실험으로 평가 할 수 있다.

당초 북방권 교류 구상의 경제교류 상대는 환동해 및 환태평양지역의 연안에 있는 러시아의 극동지역과 알래스카, 캐나다 등으로부터 풍부한 자원을 수입하고, 홋카이도는 개발기술, 소비재 등을 보내는 것이었다. 그러나 당시는 냉전기였으므로 러시아 극동지역과 경제교류는 저조하였다. 그 이후 고르바초프 전 서기장이 블라디보스토크에서 아시아태평양의 중요성을 강조한 이래 극동지역이 중시되면서 환동해, 북동태평양경제권이 다국간 경제교류의 장으로서의 가능성을 가지게 되었다. 당시 환동해 지역으로 이해된 곳은 지리적으로 러시아의 극동지역, 중국 동북 3성, 대한민국과 북한, 일본 5개국이 포함되었다. 이 지역은 상호경제교류가 필연적으로 중요한 지역이며, 인구면에서 약 3억 정도의 인구를 가지고 있으며, GNP가 3조 달러를 넘고 있었다. 홋카이도는 이러한 지역과 본격적인 자치체 외교를 전개하며 경제교류를 활발하게 전개하려 노력하였다. 특히 러시아와 중국과는 대형 프로젝트를 실시하면서 경제교류를 추진하고 있다(国際交流基金日米センター, vol. Ⅰ: 28-29).

북방권 교류 활동은 자치체인 홋카이도, 홋카이도 개발청, 외무성, 민간단체 등 많은 기관이 관계하면서, 이 지역이 가지고 있는 지리적, 자연적, 역사적인 특징을 적극적으로 수정하는 동시에 독자적인 발전의 방향성을 추구했다. 홋카이도의 국제화 정책은 첫째, 북방권 여러 국가와 학술교류, 문화면에서 국제교류를 활발하게 전개하는 효과를 가지고 왔다. 구체적으로는 홋카이도 내의 대학, 도내의 각 자치단체, 민간단체가 각각 학술, 문화, 산업기술, 스포츠 등 분야에서 국제교류를 활성화시켰다. 둘째로 지금까지 부정적이고, 소극적이었던 홋카이도의 이미지가 적극적인 국제교류의 전개로 지역 특성

을 적극적으로 활용하려는 움직임이 홋카이도 전체에 파급되었다. 셋째로
북방권 구상은 처음부터 산업정책을 구체화하기 위하여 조사연구, 자치체나
민간기업 등 시찰단이나 방문단을 파견, 초청 등의 교류를 확대하였지만, 홋
카이도의 경제구조를 변혁시키는 산업군 창출에는 이르지 못하였다(山崎幹
根, 2003: 211-212).

글로벌화의 진전으로 일본의 다른 자치체와 마찬가지로 홋카이도 지역도
직간접적으로 많은 영향을 받았다. 홋카이도 지역금융기관의 파탄, 중국으로
농산물 수요의 급증, 도내 기업의 중국진출, 대만이나 홍콩으로부터 관광객
급증, 러시아로부터 많은 양의 수산물수입 현상이 나타나고 있다. 이러한 글
로벌화의 파고를 극복하기위하여 홋카이도는 중앙정부와는 별도로 자치체
외교를 적극적으로 전개하면서, 60년대 후반부터 진행된 러시아의 석유, 가
스개발을 위한 미완의 프로젝트에 적극적으로 참가하고 있다.

다. 민간외교의 선진지역 홋카이도

홋카이도는 약 200여개의 민간 국제교류 단체가 활동하는 자치체외교의
선진적인 지역이다. 다양한 형태의 민간단체들의 활동은 자치체 외교의 활
발함을 후원하고 있다. 대체로 북방권 관련단체 중심으로 보면, 홋카이도 내
에 4가지 종류가 있다. 첫째로, 자치체의 국제교류 구상에 의해 제3섹터로
설립된 공익법인으로서 북방권센터와 삿포로 국제 프라자가 있다. 둘째로,
상대국별 교류단체로 미국이나 러시아를 대상으로 한 단체가 10개 정도 활
동하고 있다. 셋째로 시정촌별 교류단체로 북방권 여러 나라 전체와 교류를
목적으로 하는 단체가 도내 6개 시(市)정(町)에 설치되어 있다. 마지막으로
목적별 교류단체로, 경제교류, 국제부인교류, 국제문화교류 등을 목적으로
만들어진 단체가 4개가 있다.

7) 오키나와현의 진흥계획과 국제화 현상

오키나와현은 다른 일본 지역과는 달리 특이한 국제화의 경험을 가지고
있지만, 국제적인 기능을 도입하는 점에서는 여전히 뒤떨어진 상황에 있다.

미군기지의 존재는 군사적 기능면에서 중요한 역할을 하고 있지만 오키나와 지역 발전에는 한계가 있다. 물론 현 민의 일정 비율을 차지하는 미군과 군속이 상주하므로 국제화의 잠재적인 역할이 기대되지만, 그것을 의도적으로 활용하거나 현재화시키는 상황은 아니다(国際交流基金日米センター, vol.Ⅰ: 441).

경제적인 면에서 오키나와를 보면, 공업화가 뒤떨어져 있으므로 생산품을 국제화시키는데 많은 한계에 있다. 다시 말해 수출산업의 육성이 극히 저조하므로 국제적인 상거래나 글로벌화의 진전도 상당히 후진적인 상태이다. 수입면에서는 오히려 일본에 반환되기 이전 시기가 세계각지로부터 다양한 상품을 수입하면서 국제적인 거래를 활발히 하였다.

일본에 반환된 후 관광산업은 확실히 급성장하였으나 국제적인 관광성격은 희박하다. 물론 최근 대만으로부터 많은 관광객이 오면서 서서히 오키나와 관광의 국제성이 발전하고 있는 상태이다. 현재는 국제항공노선이 대만, 홍콩, 서울, 괌과 연결되고 있으며, 미국과 하와이 행 경유편도 있어 보다 근접 가능성이 좋아지고 있다. 나아가 오키나와는 동남아시아와 일본 본토 사이에 위치하고 있어 어떠한 형태의 국제적인 지역화의 흐름에 편승하고 있다. 특히 최근 동아시아 국가들이나 중국·화남경제권의 발전, 홍콩반환 후 경제재편 등으로 새롭게 전개되고 있는 경제동향에 주목하고 있는 것은 바로 그러한 현상으로 이해된다.

가. 오키나와 국제화의 동향

오키나와는 지리적 위치나 동아시아의 동향을 살펴보면 글로벌화 시대에 새로운 가능성을 가지고 있는 지역이라고 볼 수 있다. 특히 오키나와 출신자들이 세계 여러 곳에 살고 있어 기본적으로 국제교류를 진행하기 쉬운 곳이다. 그들은 이주지에서 현인회를 구성하여 활동하면서 친목과 연대를 강화하고 있으며, 조직들은 서로 중층적인 활동을 하고 있다. 최근에는 오키나와의 고유성을 살리려는 경향들이 나타나고 있다. 다시 말해 글로벌화로 직면한 오키나와 문제로 정치적 독립의 문제, 경제자립의 문제, 경제개발·사회개발의 노하우 및 시스템, 개발과 환경보전 등과 관련한 정보교류 등이 요청되고 있다(国際交流基金日米センター, vol.Ⅰ: 442).

나. 오키나와의 국제전략

위에서 설명한 것처럼 오키나와가 직면한 문제는 하나의 국가가 직면한 문제와 비슷하나, 여기서 이것을 일본의 자치체가 직면한 문제로 다루어보면 일본의 지방자치체가 글로벌라이제이션이 진행되는 결과 경험하는 것과 비슷하다고 지적할 수 있다. 즉 재정자원의 양적 유지, 자본·자본의 이동·무역에 있어서 지역자치체의 규제완화, 자치권 확대 혹은 자치정부 구상 등을 들 수 있다.

오키나와는 미군기지 문제가 주로 다루어져 왔기 때문에, 지역개발전략은 그렇게 주목을 받지 못한 것도 사실이다. 그러나 오키나와도 냉전종식으로 글로벌 차원에서 전개되는 미군철수 계획과 함께 새로운 국면을 맞이하였다. 다시 말해 미군감축이 진행되면 기지와 관련되어 지급되었던 재정보조나 기지경제의 쇠퇴로 오키나와 개발전략은 어렵게 되기 때문이다. 이러한 단계에 이르자, 1990년 오키나와 지사에 취임한 오오타(大田昌秀)지사는 「오키나와 국제도시형성 구상－21세기 오키나와의 그랜드디자인」을 제시하며 오키나와의 미래를 스스로 해결하려는 신구상을 제시하였다. 당시 일본정부는 「제3차 오키나와 진흥개발계획」을 결정하여, 오키나와현 진흥개발의 기본방향으로 지역특성을 살린 남방교류의 거점 형성이 주장되었다(国際交流基金日米センター, vol. I : 443).

즉 "오키나와의 지리적, 자연적 특성과 독특한 전통문화 및 풍부한 국제성을 가진 현민성을 살려, 일본의 남쪽에서 교류거점을 형성하고, 그러기 위하여 국내 및 주변 아시아 여러 나라들과 연결하는 교통수송 조건의 정비를 시작함과 동시에, 국제교류의 담당자 육성 및 정보 네트워크 정비를 위하여 노력하고, 경제활동을 시작으로 학술, 문화, 기술협력 등 폭넓은 국제교류를 추진한다. 또한 지역과 세대를 초월하여 많은 사람들의 관광, 보양 등 다양한 여가 활동의 수요에 대응하는 질 높은 관광, 리조트 공간 형성에 노력하고, 건강하고 활력 넘치는 국민생활 실현에 기여 한다"고 제시되었다.

「제3차 오키나와 진흥개발계획」은 정부가 결정한 계획이긴 하지만, 오키나와 현 및 현 내의 시정촌이 행하는 국제교류의 방향성을 정한 것으로, 오키나와의 국제교류는 이것에 의해 진행되었다. 여기서 주목할 것은 국제교류의 상대로 주변 아시아 국가와 태평양 여러 나라가 강하게 의식되었다는 것이다. 특히 오키나와에서 개발된 기술이전을 통한 자치체 외교에 중점을 두고 전개되었다. 예를 들면, 장제기술이나, 아열대 농업기술, 열대해역의 양식어업 기술, 망게로브의 생태계 보전과 조성 기술, 열대의학, 나아가 지하 댐 건설 등이 대표적인 것들이다.

다른 한편, 앞서 제시한 오오타 전 지사의 오키나와 구상은 오키나와 현청이 주도로 편성된 장기적인 종합계획안이었지만, 이것이 반드시 채택되는 것은 아니었다. 「제3차 오키나와 진흥개발계획」의 한계를 극복하는 하나의 시도로 제시되었지만, 미군기지 반환 행동계획을 수반한 것으로 미군기지의 대폭 삭감이 전제된 이 구상은 일본 정부에 의해 실현성이 없는 것으로 인정되어 이후 많은 변화를 거듭하였다.

일본정부와 오키나와현의 거듭된 교섭 결과 「오키나와 진흥 21세기 계획」이라는 결실을 보게 되었다. 이 계획의 중심 내용은 중앙 직할사업 혹은 현·시정촌에 보조 사업을 통해 실시되었던 기존의 시스템과 관련된 것이었다. 이 계획은 오키나와현과 중앙정부 쌍방에게 있어서 대립되지 않는 공동사업 배분 등의 이익환원 정치에서는 오키나와가 유리하였지만, 미군기지와 같은 문제에서는 중앙정부는 보조금을 삭감하기도 하는 등 중앙정부에 유리하게 작용한 시스템이었다. 그러나 이러한 구상도 일본의 국내정치 문제로 오키나와 정책협의회는 정상적으로 가동되지 않다가, 1998년 이나미네 케이이치 (稻嶺惠一) 신 지사에 의해 재개되었다.

비록 오오타 지사가 제창한 「오키나와 국제도시형성 구상」은 일본정부 특히 오키나와 개발청의 의견과 충돌하여 실패하였지만, 그 구상은 글로벌화의 진전을 명확히 인식하고, 그것은 불가피하다고 인식하면서 적극적으로 오키니와 구상을 시도하였다는 점이다. 당시 추진 수단으로 제기되었던 것은 오키나와 자유무역지대 구상이었다. 이 구상은 경제적인 측면에서 보면 아시아·태평양국가들과 연대, ASEAN, APEC의 발전을 전망하였다는 점에서 선진적이었고, 정치적인 면에서는 1국 2제도라는 분권적인 자치제도를 도입, 동아시아에 있어서 국제협조의 틀을 강화하는데 공헌하였다(島袋 純, 2003: 194-197)고 평가 할 수 있다. 그러나 이 구상은 중앙정부의 강력한 저항에 의해 좌절하였으며, 이어서 등장한 이나미네 현정에서는 자유무역 구상이 대폭적으로 축소되어 지역과 내용이 한정되는 결과를 가져왔다.

III. 중국

1. 개설

중화인민공화국(People's Republic of China, PRC)은 인구 약 13억 8,453만 명(2004. 1월 기준)으로 정치체제는 노동연맹에 기초한 인민민주독재의 사회주의 국가이고, 정부형태는 공산당 1당 독재체제를 유지하며, 의회는 단원제(전국인민대표대회)를 취하고 있다.[25] 국가의 주요정책으로는 경제건설을 중심으로 하는 중국식 사회주의의 건설, 대륙-대만 간 국가통일의 실현(1국 2체제 방식), 패권주의 반대 및 세계평화의 옹호를 들고 있고, 1971년 10월 유엔에 가입하여 현재 안전보장이사회 상임이사국으로 활동하고 있다.

1972년에 닉슨 미국 대통령이 중국을 방문하였으며, 같은 해 중일 국교수립이 이루어졌으며, 1979년에는 중미 국교가 수립되었고, 1992년 8월에는 한중 간에도 국교가 수립되었다.

정치제도 및 주요 국가기구로는 주석,[26] 최고 권력기관으로 공산당,[27] 권

---

25) 국가의 주요 지도자로는 국가주석 겸 당 총서기, 국가 중앙군사위원회 주석, 국무원 총리, 국가 부주석, 전국인민대표대회 상무위원회 위원장, 중국 인민정치협상회의 전국위원회 주석, 외교부장으로 구성되어 있다.

26) 전국인민대표대회에서 선출하며 임기는 전국인민대표대회 대표와 같은 5년으로 연임이 가능하나 연속하여 2회는 초과할 수 없다. 주요권한으로는 국내외에 대해 국가를 상징적으로 대표, 전국인민대표대회의 결정 및 그 상무위원회의 결정에 따라 법률을 공포, 총리, 부총리, 국무위원, 각 부장, 각 위원회 주임, 국무원 비서장의 임면권을 갖는다.

27) 중국 공산당은 1921년 7월에 성립하였으며, 현재 당원은 5,800만여 명이다. 당의 최고 권력기관은 전국대표대회이며 매 5년마다 개최한다. 전국대표대회가 폐회 중에는 중앙위원회가 대행한다. 전국 대표대회에서는 당의 정책을 토의하고 결정하며 당헌을 개정한다. 또 중앙위원회, 중앙기율검사위원회가 청취하고

력기관으로는 전국인민대표대회,[28] 지방각급 인민대표대회가 있으며, 행정기관으로 국무원,[29] 지방각급 인민정부, 입법기관으로는 인민정치협상회의 등이 있다.

군사 영도기관으로 중앙군사위원회, 사법기관으로 최고인민법원, 지방각급 인민법원, 전문인민법원이 있으며, 검찰기관으로 최고인민검찰원, 지방각급 인민검찰원, 전문인민검찰원이 있다.[30]

이와 함께 중국의 행정구역으로는 2003년 1월 기준으로 성급 22개 성, 4개 직할시, 5개 자치구, 2개 특별행정구(중국은 대만을 23번째 성으로 간주)가 있다. 또 5개(심천, 주해, 산두, 하문, 해남)의 경제특구가 있으며, 서부대개발지역(12개성)과 동북3성(요녕성, 길림성, 흑룡강성)의 노후공업 개발지역을 지정하였다.[31]

심의한다. 제16차 당 대회(2002. 11)를 통해 공산당의 제4세대 신지도부가 등장하였고, 제10기 전국 인민대표대회(2003. 3)에서 국가 및 정부지도자가 모두 제4세대 신지도부로 교체되어 신정부가 출범하였다.

28) 이는 중국 최고권력기관으로서 32개의 성, 자치구, 직할시, 홍콩 특구 및 인민해방군에서 선출되는 대표로 구성되고, 전국인민대표대회는 전국인민대표대회 상무위원회가 소집한다. 주요기능으로는 헌법의 개정과 헌법실시·감독 및 기본 법률의 제정·개정을 하고, 국가주석, 부주석 등을 선출하며, 국가주석의 제청에 입각한 국무원 총리 선출과 총리 제청에 따른 부총리, 국무위원, 각부 부장, 위원회주임 등을 선출하며, 국가경제, 사회발전 계획 및 진행상황에 대한 보고, 심의, 비준 등을 한다.

29) 이는 전국인민대표대회의 집행기관이며, 최고 국가행정기관으로서, 전국인민대표대회 폐회 중에는 그 상설 기관인 상무위원회에 책임을 지고 업무활동에 관해서 보고하고, 임기는 5년이며, 총리, 부총리, 국무위원의 연임은 1회에 한하고, 총리 1명, 부총리 4명, 국무위원 5명, 비서장 1명, 각부 부장 23명(중국인민은행장 포함), 각 위원회 5명, 심계서 심계장 1명으로 구성된다. 주요권한으로는 법률에 근거한 행정법규 및 명령의 제정·공포, 국민경제, 사회발전계획 수립 및 국가예산의 편성과 집행을 한다.

30) 한대원 외, 『현대중국법개론』(박영사, 2002), 제2장 제4절 참조.

31) 이 부분은 한국지방자치단체국제화재단 베이징사무소의 김영관 차장이 파일로 보내 준, 『지방자치단체 공무원 '중국연수편람'』에 크게 의존하였다.

2. 중국의 지방조직

1) 중국의 지방행정조직

앞에서 살펴본 바와 같이, 중국의 국가기관은 국가권력기관인 인민대표대
회32), 국가행정기관인 인민정부, 국가심판(재판)기관인 인민법원, 국가검찰

---

32) 매년 3월 초에는 중국의 최고권력기구인 전국인민대표대회 연례정기회의가 소
집된다. 중국의 현행 헌법 규정에 따르면 중화인민공화국 국민이 국가권력을
행사하는 기구는 전국인민대표대회와 지방각급 인민대표대회이다. 이것은 인
민 대표대회제도의 핵심내용이다. 중국의 인민대표대회제도는 일종의 의회를
대신하는 정치제도이다. 중국의 인민대표대회 제도는 사실 서방의 의회제도에
속하며 현대의 민주적인 의회 대의제도이다. 인민은 국가의 기본 권리를 누리
고, 의회와 정부는 모두 인민의 선거로써 선출된다. 인민들은 이런 방식을 통하
여 국가 업무와 관리에 참여한다. 이것을 서방에서는 의회주권이라고 하며, 의
회가 인민을 대표하여 국가의 권력을 행사한다고 한다. 그런데 중국의 인민대
표대회는 서방의 의회와 구별된다. 가장 큰 차이점은 바로 조직과 원칙이 서로
다른 것이다. 서구 의회의 조직원칙은 "분권형·균형·통제"이다. 다시 말해서
행정, 입법, 사법 3권 사이의 상호 견제와 균형의 유지이다. 그러나 중국의 인민
대표대회제도는 민주집중제의 원칙으로 조직한다. 행정기관, 심판기관과 검찰
기관은 모두 인민대표대회에서 탄생되며 그 감독을 받는다. 인민대표대회는 인
민들의 선거에 의해 선출되며 인민들의 감독을 받고 인민들에게 책임을 진다.
그리고 인민대표대회제도에 의해 정부, 법원, 검찰원이 탄생된다. 다시 말해 인
민대표대회의 선거에 의해 국가기구가 탄생되며, 이런 국가기구는 인민대표대
회가 책임지고, 인민대표대회의 감독을 받는다. 중국 국민은 18세가 되면 누구
나 모두 인민대표대회의 선거와 피선거권을 가지게 된다. 전국인민대표대회는
중국 각성과 자치구, 직할시, 군대에서 선출된 대표로 구성된다. 중국의 각급 인
민대표대회 가운데서 향과 현2급의 인민대표대회는 직접선거를 거쳐 탄생한다.
더 위로 올라가 각급 인민 대표대회 대표는 간접선거를 통해 탄생된다. 일례로
전국 인민대표대회의 대표는 성급 인민대표들 가운데서 선거를 통해 탄생된다.
전국인민대표대회의 임기는 5년이며 매년 전체대표대회를 개최한다. 회기는
10~15일이다. 인민대표대회 대표는 해당 보고를 심의한 후 상응한 결론을 내린
다. 이 밖에 일부 국가대계와 인민들의 생활에 관련되는 중대한 문제도 전국인
민대표대회 회의에서 결정되어야 한다. 전국인민대표대회의 사업을 강화하기
위해 현재 전국인민대표대회에는 9개 위원회를 설립하였는데 그 사업범위에는
법률, 민족, 재정경제, 농업, 과학과 교육, 문화, 보건, 환경보호 등이 망라되어

〈표 Ⅴ-8〉 중국의 지방행정 계층 구조

국 가							
성			자치주			직할시		특별행정구

성			자치주			직할시		특별행정구
자치주	현	시	자치주	현	시	현	시	
현(자치현)	시		현(자치현)	시			구(현)	
향(민족향,진)			향(민족향,진)			향(민족향,진)	향(민족향,진)	

기관인 인민검찰원, 국가원수에 해당하는 국가주석, 그리고 중앙군사위원회 (실제는 중앙위원회와 동일)로 구성되고, 전자에 대해서는 각기 법률상의 지위와 관할범위에 기초하여 중앙기구와 지방기구로 나눌 수 있다.

그리고 현재 중국의 지방행정조직은 기본적으로 성급(34개), 지구급(332개), 현급(2,861개), 향급(46,369개)으로 나누어진다.

〈표 Ⅴ-9〉 행정구역 통계표

성 급		지구급		현 급		향 급	
합계	34	합계	332	합계	2,861	합계	46,369
				시할구	808		
				기	49	구공소	27
직할시	4	지급시	265	현급 시	393	민족향	1,165
성	23	지 구	32	자치기	3	진	20,358
자치구	5	자치구	30	현	1,489	가 도	5,972
특별행정구	2	맹	5	특 구	2	향	18,847
				자치현	116		
				임 구	1		

있다. 이러한 전문위원회는 의안 심의, 질문 안을 책임지며, 해당 문제들을 조사하고 의견을 제기하며 법률 또는 결의 초안을 작성한다.

〈표 V-10〉 중국의 성급지방 일람표

구 분	수	성 급 지 방
직할시	4	북경, 천진, 상해, 중경
성	22	강소, 광동, 감숙, 절강, 청해, 화북, 안휘, 해남, 산서, 복건, 사천, 강서, 요녕, 산동, 귀주, 길림, 하남, 운남, 흑룡강, 호북, 호남, 섬서
자치구	5	광서장족, 영하회족, 신강위구르, 내몽골, 티벳
특별행정구	2	홍콩, 마카오

가. 성급

1999년 12월 현재 중국의 지방행정은 대만을 제외한 33개의 성급지방으로 구성되어 있다. 홍콩, 마카오를 제외하면 권력기관인 지방인민내표대회와 행정기관인 지방인민정부가 존재하지만, 이것은 이하 각급에도 공통적이다.

중앙인민정부가 직할하는 홍콩특별행정구는 1997년 7월 영국으로부터 반환됨으로서 성립하였으며, 1999년 12월에는 포르투갈로부터 마카오가 반환되어 마카오특별행정구가 설치되었다.

나. 지구급

성급지방의 한 단계 아래인 지구급 지방에는 지구(지방정부에는 없고, 성·자치구의 기관), 자치구, 맹, 지급시(지구급 시 의미, 시할구나 현을 관리), 그리고 직할시의 시 할구가 있다.

또 지급시 중에서도 유력한 시는 계획단열도시로 설정되어 있는 것이 있고, 이 명칭은 경제 및 사회발전의 모든 분야에서 성의 계획으로부터 독립하여 단독으로 전국 계획에 편입되는 것을 말한다. 계획단열도시는 경제관리상 성급지방에 상당하는 권한을 가지고, 전국적인 회의에 성급 지방과 나란히 참가하며, 1983년 이후 심양, 남경, 무한 등 14개 도시가 승격하였지만, 시장 경제화에 따른 계획제도개혁의 일환으로 이 제도는 폐지되는 방향으로 나아가고 있으며, 1993년에는 대련, 청도, 영파, 중경, 하문, 심천의 6개 도시로 되었다. 그리고 1997년에는 중경이 직할시로 되었기 때문에 현재는 5개 시뿐이다.

다. 현급

지구급의 바로 아래인 현급 지방은 현, 기, 자치기, 현급시(시할구나 현을 관리하지 않는다), 지급시의 시할구 등으로 나뉜다.

라. 향급

농촌지방에서 기초지방 단위인 향급 지방에는 향, 민족향, 진, 그리고 가도(지방 인민정부가 아닌 시의 하위기관)가 있다. 직할시의 가도는 현급이다.

마. 민족자치

헌법의 규정에 의하면 각 소수민족이 집단적으로 거주하고 있는 지방은 민족 자치지방으로서 구역자치를 실시하고 자치기관을 설치하여 자치권을 행사하도록 되어있다. 동시에 각 민족 자치지방은 중국과 분리될 수 없는 부분임을 명문화하고 있다.

민족자치지방은 성급의 자치구, 지구급인 자치주, 현급의 자치현(내몽골의 자치기 3을 포함)으로 구분할 수 있다. 또 민족향은 민족자치지방은 아니지만 소수민족을 일정 부분 배려하고 있다.

바. 촌민위원회, 거민위원회

촌민위원회, 거민위원회는 헌법에 정해진 각기 농촌과 도시주민의 자치조직으로, 지방인민정부는 아니다. 이러한 위원회의 주임, 부주임 위원은 주민의 선거로써 선출되며, 위원회는 유권자로 구성되는 주민회의에 대해 책임을 진다. 특히 1999년 말에는 전국에서 73만 7,429개나 되는 촌민위원회가 그 치열한 선거로 인하여 중국이 민주화를 실현해가는 모델로서 많은 주목을 받고 있다.

2) 지방인민대표대회

가. 지방인민대표대회의 권한 등

지방인민대표대회(이하 '인민대표대회'라 한다)는 지방에 거주하는 인민이 주권을 행사하는 권력기관으로 성급, 지구급, 현급, 향급에 각각 존재한다. 또 지구와 가도는 각기 성, 자치구, 시할구의 말단기관으로 인민대표대회는 존재하지 않는다.

그 권한은 주로 예산이나 경제계획 등을 결정하는 '결정권', 동급 지방 인민정부의 간부나 검찰, 법원의 간부를 선출하고 파면한다. 또 1급 위인 인민대표대회의 대표를 선출하고 파면하는 '인사권', 지방 인민정부의 간부나 검찰, 법원을 감독하는 '감독권', 그리고 지방성 법규를 제정하는 '입법권'이 있다.

나. 인민대표의 선서방법

기본적으로 현급, 향급의 인민대표는 정치적인 권리를 가진 만18세 이상의 유권자의 직접선거로 선출되고 임기는 현급이 5년, 향급은 3년이다.

또 기본적으로 지구급, 성급의 인민대표는 1급 아래인 인민대표대회가 선거하는 간접선거로 되어있다. 직접선거, 간접선거 모두 후보자수는 선출해야 하는 정수를 넘도록 규정하고 있다.

다. 상임위원회

인민대표대회는 대개의 경우 연 1회 개최된다. 이것은 현급 이상의 인민대표대회에는 상임위원회가 설치되어 상설기관으로 기능하고 있다. 임기는 인민대표대회와 같다.

라. 입법권

성과 직할시, 성과 자치구의 정부소재 도시, 국무원의 승인을 받은 지구급 시의 인민대표대회에 조례를 중심으로 하는 지방성 법규의 입법권을 행사하도록 되어있다. 성급미만의 지방법규는 원칙적으로 성과 자치구의 인민대표대회 상임위원회가 비준을 한다.

3) 지방 인민정부

가. 지방 인민정부의 권한

지방 인민정부(이하 '인민정부'라 한다)는 인민대표대회의 집행기관으로써 행정기관이다. 인민정부는 동급의 지방인민대표대회와 1급 상급 행정기관(성급이면 국무원)에 책임을 진다.

그 주요 권한은 예산과 경제 계획을 집행하고, 동급인 인민대표대회의 의결과 상급 행정기관의 명령 등을 집행하고, 현급 이상의 인민정부는 하급의 인민정부를 지도하고 부적절한 명령 등을 취소하는 것 등이다. 구체적으로는 복지, 위생, 교육, 교통 등 모든 분야의 행정이 인민 정부에 의해 이루어진다.

나. 지방인민정부의 조직

각 인민정부에는 인민대표대회에서 선출(유권자에 의한 직접선거는 아니다)된 성장, 부성장, 시장, 부시장, 현장, 부현장, 향장, 부향장 등이 있는데, 정직은 1명, 부직은 여러 명이 정수이다. 현급 이상 간부의 임기는 5년, 향급은 3년으로 인민대표대회의 임기와 동일하다.

조직으로는 예를 들면 성에서는 일반적으로 재정부, 민정부, 공안청 등의 경제위원회, 농업위원회 등의 위원회, 인사국, 수산국 등의 국이 있다. 직할시에서는 성과 다른 국과 위원회가 많다. 이러한 조직은 국무원, 상급의 인민정부의 조직과 거의 흡사한 경우가 많다.

3. 중국의 지방외교

1) 개설

중국의 지방정부외교는 중국 전체 외교의 일부분을 이루고 있다. 중국의 전체 외교는 크게 국가외교, 지방(도시)외교, 민간외교로 구분할 수 있다. 국가외교는 중국공산당의 지도사상 중 외교 분야를 이루는 내용으로써, 즉 모택동의 국제전략사상, 주은래의 외교사업사상, 등소평의 외교사업이론과 '3

대 대표' 중요사상 중 국제투쟁과 대외사업과 관련된 지시정신 등을 실현하는 중앙정부가 수행하는 외교정책이다.

　중국의 지방(도시)외교는 전체 외교의 각 구성부분을 이루는 것으로서[33], 독특한 위치를 차지한다. 이는 일종의 반관반민 외교로서 상대적으로 순수 민간외교에 비하면 정부색채를 띠며, 중앙정부에서 진행하는 정부외교보다는 민간에 가까운 비정부적 색채를 띠고 있다. 중국의 지방(도시)외교가 차지하는 특별한 위치는 위로는 중앙정부로부터, 아래로는 시민에게까지 연결되며, 국가관계의 안정에 매우 유리한 바, 이는 민간외교의 역할과 유사한 특징을 가진다.

　이 밖에도 중국은 건국 이래 민간외교를 위해서 많은 민간외교기구를 설립하였다. 최초로 설립된 기구로는 1949년에 설립된 중국인민보위세계평화대회(1972년 우호협회와 합병)와 중국인민외교학회로 장기간 세계평화의 깃발을 들고 세계무대에서 큰 영향을 발휘하였다. 또한 1952년에 설립된 중국국제무역촉진위원회는 중국과 외국의 경제무역협력을 추진하는데 적극적인 공헌을 하였다. 개혁개방시대에 외교기구의 숫자는 과거에 비해 많이 증가되어 민간외교활동이 전례 없이 활발하게 진행되고 있다.

---

33) 대외인민우호협회가 발행한 자료에 따르면, "민간외교는 전체 외교에 소속되며 따라서 중국공산당과 국가의 외교사업 이론, 정책 및 방침의 지도를 받는다. … 중국 민간외교이론의 기본근거는 당연히 중국공산당의 지도사상 중 외교 분야의 내용이다. 예를 들면, 모택동의 국제전략사상, 주은래 외교사업사상, 등소평 외교사업이론과 '3대 대표' 중요사상 중의 국제투쟁과 대외사업과 관련되는 지시정신 등이다.", 또한 "어떤 의미에서 민간외교사업은 자신은 모든 열정으로 위대한 혁명의 지도자 마르크스 사상을 실현하는 것이다. 세계의 공민이 되고, 인류를 위하여 사업한다.", 그리고 강택민 전(前) 주석은 중국공산당 제16차 대표대회에서의 보고 중에서 "중국외교정책의 취지는 세계평화를 보호하고 공동발전을 촉진하는 것이다"라고 하고, "외교의 중요한 구성부분으로 민간외교는 전체외교의 취지에 따라 자신의 특징을 통하여 효율적으로 국민 사이의 우의를 증진하고 국제협력을 추진함으로써 전체외교의 취지를 위해 복무한다."고 하는 것이 이를 증명한다.

2) 중국 지방외교 관련 조직34)

가. 중국인민대외우호협회

중국인민대외우호협회는 1954년 5월에 설립되었고, 최초 명칭은 중국인민대외문화협회로 楚圖南이 수석회장을 맡았으며, 1969년에 중국인민대외우호협회로 개칭되었다. 宋慶齡, 鄧穎超 등이 명예회장을 지냈고, 王國權, 柴澤民, 王炳南, 章文晋, 韓敘, 齊懷遠 등이 차례로 회장을 맡았다. 지난 50여 년간 우호협회 체계는 지속적으로 발전해 왔으며, 현재 우호협회의 최고권력기구는 300여 명으로 구성된 전국이사회로 전국 성 단체대표와 각 성, 구, 시 대표 및 우호협회 기관대표 등이 각각 3분의 1을 차지한다. 전국이사회는 상무회의를 선출하여 일상 사무를 진행하고, 산하에 전문지역사업부, 문화교류부, 자매도시연합회, 우호평화발전기금회 등 부서를 설치하고, 각종 민간교류활동을 추진한다. 반세기 동안 우호협회는 4차례의 창건을 했다.

첫째, 1954년부터 간고한 창건을 시작으로, 둘째, 1969년의 '문화대혁명'이라는 큰 재난 속에서 새로이 태어났으며, 셋째, 1978년 개혁개방 후의 급속한 발전, 넷째, 1990년 중국의 특색 있는 사회주의 기치 아래서 세기를 뛰어넘어, 현재 이러한 단계는 진행 중에 있으며, 이미 휘황찬란한 새로운 발전 역사를 창조해 나가고 있다.

중국인민대외우호협회는 1973년부터 국제우호도시활동을 진행하여 중국과 일본이 처음으로 두 쌍의 국제우호도시(텐진과 고베시, 상하이와 오사카시)를 체결한 후, 2003년 말 까지 이미 1,200여 쌍의 자매도시를 체결하였고, 그중 중국도시가 200여개, 외국도시가 109개이다. 30년 동안 국제우호도시활동은 이미 도시외교의 주요한 방식으로 발전되었고 중국의 지방과 도시건설에 대해 적극적인 역할을 발휘하고 있다.

2000년 9월 중국인민대외우호협회가 북경에서 개최한 제1차 국제우호도

---

34) 이 부분을 집필하는 데에는 필자가 2005. 8. 8~8. 12까지 4박 5일간 한국지방자치단체국제화재단 베이징사무소를 방문했을 때, 김영관 차장과 어주영 과장이 제공해 준 자료가 큰 도움이 되었다. 두 분의 도움에 다시 한번 진심으로 감사 드린다.

시대회에서 강택민 주석은 "우호도시활동을 진행하여 국제협력분야의 개척"을 주장하고, 우도도시사업에 대한 명확한 방침을 지시하였다. 우호도시활동은 중국인민대외우호협회의 50년간의 사업 중에서 중요한 개척활동이라고 할 수 있다. 중국인민대외우호협회는 국무원의 위탁을 받아 우호도시사업을 관리하여 도시발전분야에서 국제협력관계를 맺어 중국 도시의 전반적인 발전에 중요한 역할을 하였다. 이 사업은 지속적으로 발전되어 2000년부터 10년 후면 500여 쌍의 국제우호도시가 체결될 것이라고 한다. 매년 체결되는 자매도시 중 서부도시가 4분의 1을 차지하도록 해야 하며, 개발도상국과의 성과를 확대해 나가고 우호도시사업이 더욱 돈독해지도록 해야 하며, 우호도시사업의 중요 사상에 따라 경제문화협력을 전반적으로 발전시켜, 국가 사이의 정치협력에 적극적인 역할을 하도록 노력하고 있다.

많은 나라가 도시연맹, 지방정부협회, 성·시장협회 등과 같은 조직이 있듯이, 중국인민대외우호협회는 1992년에 중국국세우호노시연합회를 설립하였고, 1999년에 지방정부국제연맹에 가입하였다. 이는 중국인민대외우호협회가 기본적으로 도시연합의 국제협력에 참여할 수 있고, 강택민 주석이 제기한 국제협력분야를 개척하는 요구에 부응하는 것이라고 한다.

나. 지방우호협회(성, 구, 시 우호협회)

또 지방우호협회(성, 구, 시 우호협회)도 결성되어 있다. 이는 중국인민대외우호협회의 중요한 사업근거지로서 1960년대에 각 성, 구, 시에서 우호협회분회를 설립하였고, 그 후 대외개방정책의 실시와 그 심화에 따라, 지방의 각급정부는 민간외교에 대한 지도를 강화하여, 각 성, 구, 시 우호협회분회를 성, 구, 시 우호협회로 개칭하였고, 전국인민대외우호협회와 지속적이고 친밀한 업무상 연계를 유지하였으나, 우호협회 분회 형태는 존재하지 않게 되었다. 지방우호협회는 민간외교의 사업취지를 관철하고 성, 구, 시 정부의 개혁개방과 현대화 사업에 공헌하여 각급 당과 정부 지도자들이 이를 중시하고 적극 후원함으로써 중국 민간외교사업의 유력한 수단이 되었다. 많은 성, 구, 시정부는 기구개혁을 하는 과정에서 지방우호협회에 관심을 두고 조직편성과 간부배치 및 활동조직 등의 측면에서 상당한 배려를 하였다. 최근 몇

년간 전국우호협회는 각 성, 구, 시 우호협회와의 연락을 강화하여 우호협회
회장회와 지방우호협회사업회의를 개최하여 경험교류와 단합행사에 참여하
여 민간외교사업의 새로운 국면으로 접어들었다고 한다. 중국인민대외우호
협회는 지방 각급 우호협회의 사업성과를 표창하고 지방우호협회와 공동으
로 창립 50주년을 경축하기도 하였다.

다. 대륙별 우호협회와 국가별 우호협회

이러한 우호협회조직은 대외우호협회와 동일한 형태의 민간외교단체로
동일한 사업취지를 이행하며 서로 다른 국가와 지역에서 민간교류사업을 협
력하며, 이러한 의미에서 대외우호협회에서 위탁하는 중요한 민간외교사업
기지이다. 신중국은 첫 번째 국가별 우호협회 즉 중소우호협회 전국총회를
개설하였고(1949.10.5.), 이는 당시 중국정부가 소련과의 우의를 각별한 중시
하였음을 의미하며, 실질적으로 그 후 국가별 우호협회를 설립하는 모델이
되었다. 1992년 중소우호협회는 중러우호협회로 개칭하였고, 현재까지 업무
추진이 제일 활발한 국가별 우호협회 중 하나이다. 1963년 10월 4일, 일본과
의 민간우호교류 사업의 필요성 때문에 중일우호협회를 설립하였다. 40년간
중일우호협회는 중일관계 발전에 크게 기여하며 큰 성과를 거두었다.

기타 국가별 우호협회는 약 30여개나 된다. 또한 60년대를 전후하여 중국
아프리카우호협회와 중국라틴미주우호협회가 설립되었으며, 2001년에는 중
국유럽연맹협회와 중국아랍국가우호협회가 창립되었다. 이런 대륙별 혹은
준(准)대륙별 우호협회는 대륙 차원에서 민간외교사업을 추진하는 데 중요
한 의의를 가진다. 앞으로 사정의 변화에 부응하기 위해 대외우호협회는 몇
몇 중요한 대륙 우호협회의 창립도 추진할 계획이라고 한다. 중국과의 수교
국의 증가에 따라 이미 건국초기처럼 새로이 수교를 맺는 국가별로 우호협
회를 설립할 수 없게 되어, 대륙별 우호협회를 활용하여 국가별 우호협회의
역량을 모아 민간외교사업을 추진할 구상이라고 한다.

라. 지방정부 외사판공실

지방정부의 외사판공실[35]은 지방정부의 외사업무기능을 수행하는 부서로

서, 지방정부위원회의 외사업무를 이행하며, 지방정부의 국가외교정책을 집행하고 중요한 외사업무를 처리하는 관리 및 협조부서라고 할 수 있다.

그 주요 기능은 다음과 같다.

1. 국가의 대외방침 및 정책과 유관 법률, 법규 및 지방정부위원회, 지방정부의 외사업무에 관한 결정을 실시한다.

2. 지방정부 외사업무제도와 업무계획을 연구하고 제정하며, 지방정부 유관부서와 기관의 대외 방침 및 정책과 유관 법률의 실시상황을 검사하고, 지방정부의 중대한 외사업무와 섭외활동사무를 협조 및 처리한다.

3. 수도경제건설과 사회발전 및 대외개방의 수요에 따라 필요한 조사 및 연구를 실시하고, 지방정부위원회, 지방정부의 대외업무의 수행에 의견을 제시하고 건의를 한다.

4. 외교부와 지방정부의 권리를 위탁받아 시의 공무로 인한 출국(境)임무 및 외국인을 중국에 초청하는 업무를 분류별로 심사 및 허가하고, 지방정부의 공무로 인한 출국(境)인원의 여권, 비자를 발급하며, 외국인사에 대한 지역에서의 공무비자 및 관련 영사업무를 처리하고, 시의 각 부서, 각 기관의 시 위원회 및 시정부에 보고 및 신청한 외사문서를 처리한다.

5. 지방정부 및 지방정부 외사판공실 명의로 개최하는 대형 국제적인 행사의 조직 및 협조업무를 담당하고, 지방정부를 방문한 당과 국가의 중요한 외빈을 안내하고, 지방정부 지도자의 외사활동을 안배한다.

6. 주재 지방정부 외국기구의 관리와 섭외업무를 담당하고, 지방정부 기구와 외국기구의 교류활동을 안배 및 관리하며, 주재 지방정부 외국기업, 대표기구, 언론기구를 위해 고용서비스를 제공하는 역할을 한다.

7. 지방정부와 외국의 자매도시, 자매 구(현) 및 기타 자매결연을 체결한 단위의 관련 업무를 담당하고, 지방정부의 민간대외교류업무를 지도한다.

8. 지방정부에서 근무하는 외국전문가를 관리하는 데 협조하고 취재하러 온 외국기자와 주재 지방정부 외국 언론기구 및 장기 거주하는 기자를 관리하며, 외국인관리와 관련된 중요한 사항에 대해 협조 처리한다.

---

35) 이는 북경시의 사례를 소개한 것이다.

9. 지방정부의 각 부서에 대외적인 입장표시 규격을 제공하고 지방정부의 중요한 섭외 보도 자료와 기타 관련기사를 협조하고 심사한다.

10. 지방정부의 외사간부와 섭외인원에 대해 대외정책 및 외사기율 교육 및 업무훈련을 진행한다.

11. 유관부서와 협조하여 외사기율 및 비밀제도의 집행상황을 검사하고, 관련부서에 외사기율위반 문제에 대한 처리의견을 제시하고 건의를 한다.

12. 지방정부 위원회 외사업무 지도소조의 일상 업무를 담당한다.

13. 중앙의 홍콩, 마카오업무에 대한 방침 및 정책을 집행하고 지방정부와 홍콩특별행정구, 마카오특별행정구의 업무연락 및 업무거래를 주관하며, 각 분야의 교류 및 협력을 추진한다.

14. 지방정부 위원회 및 지방정부에서 지시하는 기타 사항을 처리한다.

3) 중국의 민간외교

가. 민간외교의 기본속성

중국의 민간외교는 외교업무의 세계적인 대중화 추세에 부응하고, 그 발전을 촉진하기 위해 이루어진다. 현재 중국의 민간외교는 내용이 풍부하고 형식도 다양하며 틀에 구애를 받지 않는다. 중국 민간외교의 세 가지 기본속성은 다음과 같다.

첫째, 안정성이다. 중국 역시 정치, 경제 등 다방면에서 세계 각국과의 이익충돌이 자주 발생하고, 부단히 변화하는 국제형세의 영향을 크게 받고 있으며, 국가관계도 수시로 변동이 생겨 불확정성을 띠고 있다. 민간외교는 국민사이의 믿음과 이해를 바탕으로 교류사업을 진행하고, 현실을 초월하는 정치 및 경제이익을 강조하는 동시에, 각 국민 사이에 형성된 우의를 토대로 국가관계의 발전에도 안정적인 기여를 한다. 민간외교에 참여하는 사람들이 많을수록 전체 외교업무의 기초가 더욱 튼실해진다. 이와 같이 민간외교가 가진 기본속성 때문에 중국 지도자들도 민간외교를 중시하고 있다.

둘째, 포용성이다. 정부의 외교는 정치교류를 위주로 하지만, 민간외교는 정치 분야에서도 적극적인 역할을 수행하는 동시에, 경제, 문화 등 다양한 분야의 교류에도 깊이 관여할 수 있다. 일반적으로 외교는 다수가 정부부문과 민간부문으로 나눌 수 있다. 그중 민간부문은 민간업무를 착실하게 진행하는 동시에 정부사이의 관계에도 영향을 줄 수 있으며, 執政党, 參政党, 在野党 및 좌, 중, 우 세력과 중, 노, 청년 단체와 정상적인 업무연락망을 구축한다. 이로 인해 중국은 개혁개방 이후 새로이 설립된 중국 민간외교단체가 날로 증가하고 있으며, 국제 민간교류도 점점 활발해지고 있다. 업무는 서로 다르나 모두가 하나의 민간외교업무취지에 따라 교류를 추진해나가고 있다. 20세기 말 국제적으로 민간사회의 역할이 점점 중시되고, 민간사회는 정부부서, 사영기업과 더불어 사회의 중요한 역할을 수행하며, 민간사회는 또한 포용성이 넓다. 국제적인 민간사회는 중국 민간외교의 주요한 사업대상이므로 중국의 민간외교를 놓고 볼 때, 이는 광범위한 활동범위를 제공하는 기회이기도 하다.

셋째, 영속성이다. 이는 또한 민간외교가 정부외교와 구별되는 하나의 뚜렷한 특징이라 할 수 있다. 민간외교는 엄숙한 외교예의에 지나치게 구속받지 않고, 더욱 친밀한 방식으로 국민 사이에서 사상문화면의 교류를 진행한다. 영속성은 수교하지 않은 나라의 정부측 인사와도 접촉을 가능하게 하고, 국가관계가 긴장되어 있더라도 민간교류를 통해 상대 정부측과 끈을 유지하는 방법이 될 수 있으므로, 장래의 국가간 관계 호전에 기여할 수 있다. 국가관계가 좋을 경우에는 민간외교는 더욱 폭넓은 경제, 문화교류를 통해 국민 사이의 더욱 깊은 신뢰와 이해를 구축하고, 국가관계의 발전에도 크게 기여한다. 민간외교는 사람을 장기적이고, 안정적이며, 지속적으로 사귈 수 있도록 함으로써, 광범위한 발전공간을 창조한다. 중국적 특색을 가진 사회주의 외교는 민간외교의 영속성을 매우 중시하고 또한 민간외교의 창조성과 성공적인 경험을 갖고 있다고 평가한다.

나. 민간외교의 취지

중국인민대외우호협회는 2002년 5월에 개최된 제8기 전국이사회의에서 장정(章程)을 수정하여 업무취지를 "국민우의의 증진, 국제협력의 추진, 세계평화의 보호, 공동발전의 촉진" 등 4개로 확정하였다.

ㄱ) 국민우의의 증진

이는 중국인민대외우호협회에서 지난 50여 년간 줄곧 견지해 온 입장으로서, 중국 민간외교가 처음부터 지속적으로 견지해 온 목표이기도 하다. 오늘날 세계적으로 많은 지역에서 충돌이 발생하고, 이러한 충돌은 모두가 심각한 정치경제 및 역사적인 원인을 가지고 있다. 이러한 현상은 전체 인류에게 큰 고통을 부여한다. 이러한 충돌을 해결하기 위해서는 정치, 외교적 노력이 필요하지만, 가장 중요한 것은 국민 사이의 믿음과 우의를 바탕으로 해야만 적의와 증오심을 해소할 수 있다는 것이다. 현재 국제사회는 반테러주의 활동이 지속되고 있으나 분명한 사실은 무력으로써는 근본적인 문제해결이 불가능하며, 문제의 근본적인 해결을 위해서는 반드시 우호적인 방식이어야 한다는 것이다. 이에 중국인민대외우호협회를 포함한 중국 민간외교단체들은 이러한 기치를 높이 들고서 인류 진보사업을 위하여 최대한 공헌하겠다는 것이다.

ㄴ) 국제협력의 추진

이는 국민우의를 증진하는 연장선상에서, 특히 새로운 역사시기에 들어선 후 대외교류업무는 그 의미에 있어 근본적인 발전이라고 할 수 있다. 우의는 협력을 통해서만 충분히 나타날 수 있는 것이고 자신의 가치를 증명할 수 있으며, 또한 장기적으로 지속적으로 발전시킬 수 있다. 국제협력은 평등호혜와 상호존중의 원칙을 지켜야 한다. 역사적으로 우호적이었던 국가가 적대적으로 변한 것은 모두가 이익충돌로 인해 우의가 훼손된 결과이다. 국제협력 과정에서 만약 실질적인 불평등관계가 존재한다면 이러한 협력은 오래 가지 못할 뿐만 아니라 우의를 증진시킬 수도 없다. 친구 사이는 서로 도와줘야 하고 어려움에 부딪쳤을 경우 도움을 줘야만 진정한 친구라고 할 수 있다. 그러나 다른 사람을 돕는 일은 또한 자신을 돕는 길이므로 이것도 일종의 협력관계이다.

중국이 원조국일 경우 지원이란 일방적인 것이 아니라 상호적이며, 이러한 지원을 통해서 어떠한 보답을 받을 생각을 하지 말아야 한다. 중국외교는 원원 원칙으로 국제협력 사무를 처리함으로써, 우의와 협력을 함께 발전시키는 목표를 달성하였다. 중국인민대외우호협회와 민간외교단체는 이러한 각국 국민을 위한 정신을 자신의 모든 활동 속에 주입하여 국제협력을 하며, 국가발전과 세계진보를 위해 더욱 많은 유익한 사업을 한다.

ㄷ) 세계평화의 유지

영원한 평화를 실현하는 일은 인류의 진보를 위한 최대의 목표 중 하나이다. 국민의 우의를 증진하고 국제협력을 추진하는 것은 모두 이러한 목표를 실현하기 위한 수단이다. 중국 국민은 평화를 사랑하고 언제나 세계평화를 위하여 노력한다. 모택동 주석은 일찍이 1930년대에 쓴 글에서, 중국의 지원은 영원한 평화를 실현하는 것이고 그때가 되면 인류는 더 이상 전쟁을 불필요할 것이라고 말하였다. 우리는 무원칙 무시비의 평화주의자와는 다르고 전쟁으로 전쟁을 중지시키는 것이 평화를 유지하는 필요한 수단이라는 것을 믿고 있다. 그러나 인류사회는 이미 21세기에 들어섰고, 전쟁수단의 무제한 발전으로 인류가 전쟁 중에 받게 될 희생이 갈수록 엄중해져 지금은 전쟁의 발생을 근본적으로 제지시킬 방안을 연구해 볼 시기이다. 패권주의, 일방주의 등 무력을 남용하는 경향에 우리는 경솔하게 동의할 수 없으며 테러주의, 국민 참해가 초래할 현실적인 위협도 소홀할 수 없다.

5천년동안의 지속된 전쟁을 겪고 인류는 더욱 지혜롭게 변신해야 하며, 영원한 평화를 실현하는 목표와 더욱 가까워져야지 반대로 나아가서는 아니 된다. 중국인민대외우호협회는 2001년 1월 1일, 즉 신세기 첫날에 협회건물 정원에 평화만세의 기념비를 세워, 전국 국민의 세계평화에 대한 열렬한 기대를 표시하였다. 중국 민간외교는 이러한 신성한 사업을 위해 영원한 평화를 실현하는 그날까지 부단히 분투할 것이다.

ㄹ) 공동발전의 촉진

발전은 각국 국민의 보편적인 희망이며 인류사회가 진보할 수 있는 주요한 방식이기 때문에, 중국정부는 이미 발전을 나라를 흥성시키는 제1의 중요한 업무로 확정하고 세계 각국 정부도 대다수 이렇게 하고 있다. 우리가 말하는 국민우의, 국제협력, 세계평화는 모두 발전을 실현하기 위해 복무한다. 발전 또한 우의, 협력, 평화를 위해 광범위한 운행공간을 창조해준다. 신세기 초 세계정치의 다극화와 경제글로벌화 추세가 날로 발전하여 각국의 발전모형의 다양화를 위해 좋은 기회를 마련하였고, 금후 세계의 발전은 협력을 중시하고 지속적인 새로운 길을 개척할 것이다.

우리는 어느 한 나라에서 세계를 영도하고 한 가지의 발전모형을 선택해야 한다는 황당무계한 견해에 대해 절대 찬성하지 않는다. 역사가 심각한 교훈을 제공하였고, 소수나라는 자신의 발전을 위하여 기타 다수 나라의 발전을 가로막아 강대해진 후 전쟁의 발원지가 되어 다른 나라에 거대한 재난을 가져다주었다. 그들은 다른 나라의 이익을 기만으로 빼앗은 결과 자신의 발전이익마저 매장하였다. 우리는 세계 각국의 공동발전이 필요하며, 상호 협력하여 보편적인 번영을 실현하기를 바란다.

소위 '신제국론'은 하나의 패권주의대국이 세계를 통치할 것을 주장하고, 이로 인해 각국의 발전 이익을 보장하려는 것이나, 이론과 실천적으로 보면 모두 각국 국민의 공동발전과 서로 모순 되며 시대의 흐름에 부합하지 않는다. 중국은 공동발전을 촉진하는 입장을 견지하고 개발도상국 및 선진국이 모두 호혜왕래와 친밀한 협력을 구축하길 희망한다. 중국이 평화를 실현하는 것은 세계진보를 추진하는 요소이고, 어떠한 나라에도 위협이 없을 것이며, 반대로 국제관계의 민주화를 실현하는데 도움이 되고, 다극화과정의 가속화에 유리하며 세계평화와 공동발전에 유리하다. 민간외교는 공동발전을 촉진하기 위하여 분투하고, 이는 중국이 견지해 온 평화우의의 전통에 부합되며, 중국인민대외우호협회는 이러한 전통을 계승하기 위하여 노력하여 자신의 업무 속에서 더욱 큰 성과를 이룩할 것이다.

강택민 주석이 중국공산당 제16차 대표대회에서 보고 중 "중국외교정책의 취지는 세계평화를 보호하고 공동발전을 촉진하는 것이다"라고 명확히 제시하였다. 외교의 중요한 구성부분으로 민간외교는 전체외교의 취지에 따라 스스로의 특징을 살려 효율적으로 국민사이의 우의를 증진하고 국제협력을 추진함으로써 전체외교의 취지를 위해 복무한다.

고대의 인도인은 땅, 물, 불, 바람을 세계를 구성하는 4대요소라고 하였다. 여기에서 제기한 민간외교의 4가지 업무취지도 신세기 국제사회생활의 정상적인 운영 과정에서 4대요소가 된다. 이러한 취지의 존재와 그 영향으로 세계의 진보가 확실한 보장을 받게 된다. 민간외교는 4대 취지를 견지하여 자신이 국제사회생활 속에서 더욱 큰 영향력을 발휘하도록 한다.

다. 민간외교의 임무

여기서 말하는 영광스러운 사명을 완성하기 위하여 구체적으로 해야 할 외교임무는 일반적으로 정치, 경제, 문화 등 3개의 기본 분야로 나뉜다. 전반적인 민간우호교류를 하고 국제교류를 진행하는 동시에 중국 자신의 발전, 즉 전반적인 소강사회 건설, 정치문명 추진, 물질문명과 정신문명의 진보를 위해 공헌하는 것이다. 그 외 중국인민대외우호협회는 국무원의 위탁을 받아 전국의 국제우호도시 활동을 관리하면서, 도시외교 분야에 관계하는 것이다. 여기에는 정치, 경제, 문화 등 3개 부분으로 나눌 수 있고, 그 특수성으로 말미암아 중국은 이러한 3개 부분을 종합하여 별도로 지방대외우호교류를 하나의 독립적인 임무로 전개하는 것이다.

ㄱ) 정치교류

외교는 상층건축에 속하며 본질적으로 하나의 정치활동이다. 경제건설을 중심으로 하는 시대에 외교도 더욱 많은 경제무역협력사업에 참여해야 하나, 외교는 먼저 정치적인 투쟁이라는 점을 확실하게 인식하여야 한다. 민간외교는 상대적으로 정치색채를 덜 띠지만 국가이익을 보호하기 위하여 진행하는 정치투쟁의 방향과 유리되어서는 아니 된다.

중국은 평화공존을 위한 5대원칙이 가진 정신을 엄격히 준수하고, 다른 나라의 내정에 간섭하지 않는 동시에, 다른 나라도 중국의 내정 간섭을 해서는 아니 된다. 그러나 중국외교는 다른 나라의 중국에 대한 정책에 적극적인 영향을 미쳐야 하고, 바로 그러한 방식으로는 우호외교를 전개하는 것이다. 이는 민간외교에만 한정되는 것은 아니지만, 그래도 민간외교는 우호활동을 전개하는데 가장 중요한 진지이다. 외국의 정치계, 경제계, 문화계 심지어는 일반국민에게 중국 국민의 우호적인 마음을 전달하고, 중국혁명의 정의성 및 세계 각 나라 국민의 공감을 얻는 일은 민간외교의 본질적인 중요한 임무이다.

현재 세계 각국의 정치권에 변동이 생기는 것은 아주 보편적인 현상인 바, 오늘 밖에서 떠돌던 민간인이 내일은 정치무대에서 집권할 수도 있다. 새로운 지도자 혹은 정치세력이 중국에 어떤 정책을 채택하는가는 우리가 항상 주목해야 할 문제이다. 우리는 민간우호교류를 통하여 이러한 나라의 더욱 많은 정당, 더욱 많은 그룹의 정치가가 중국에 대해 보다 깊은 이해를 갖게 하여 그들이 집권을 했을 때 중국에 대해 되도록 우호적인 정책을 채택하도록 한다.

세계적으로 어떤 정치가는 중국에 편견을 가지고, 심지어 심한 반대의 입장을 갖기도 하지만, 그들이 사실을 존중하고 진리에 따라 일단 중국과 실제적인 접촉이 있다면, 편견과 적의가 사라져서 중국 국민의 친구가 될 수도 있다. 사회주의 중국의 국제영향은 바로 이러한 과정에서 점차 확대된다. 모택동 주석이 "우리의 친구는 천하 어디에나 존재한다"라고 한 것은 바로 정치적으로 친구 사귀기가 성공적으로 이루어졌다는 것을 의미한다. 지금 세계적으로 많은 사람들이 중국에 대해 이해가 부족하여 편견과 적의를 가질 수도 있다. 전통적인 '중국낙후론' 이외에 새로이 날조된 '중국위협론', '중국붕괴론'이 나타났다. 우리는 대외적으로 사람을 사귀는 과정에서 이러한 적의가 내포된 사람을 회피할 것이 아니라, 상대방과 진실하게 토론하고, 더욱 중요한 것은 자신도 모르는 사이에 감화되게 하는 활동을 진행함으로써 외국인사가 중국에 대해 정확한 인식과 이해를 하도록 도와줘야 한다.

정치적으로 사람을 사귈 경우 상층을 주의하는 동시에 기층도 잊어서는 아니 된다. 상층 업무의 영향이 크므로 정부측 외교와 정상외교가 모두 직접적인 배합을 이룰 수 있도록 하여야 한다. 기층은 사회의 바탕이므로 민간외교의 기본속성에 따라 더욱 많은 관심을 가지고 광범위한 사회계층으로 확대하여야 한다. 우호업무의 발전과 계승에 주의를 기울이고 진심으로 우의를 다져서 새로운 친구를 많이 사귀는 동시에 옛 친구를 잊지 말며, 장기성, 안정성과 지속성을 유지하여야 한다. 옛 친구의 유가족에 대해 특별히 관심을 가져 타인에게 "사람이 가자 차가 식었다"는 느낌을 주지 말아야 한다. 민간외교는 정치풍파의 시련에 부딪힐 사상적 준비가 되어 있어야 한다. 사람을 사귀는 업무는 장기적으로 견지하고 국제형세가 불안하거나 국가관계가 긴장하거나 돌발사건이 일어나 관련 국가의 국민이 큰 손실을 입었을 경우, 중국 국민을 대표하여 그들에게 동정을 표시한다. 이는 가장 효율적인 업무이므로 적극적으로 기회를 잡고 확실하게 진행시켜야 한다.

ㄴ) 경제교류

지금의 세계는 이미 경제우선의 시대이고 국제간의 경제무역협력과 각종 경제교류를 중시하는 것이 이미 시대적 조류가 되었으므로 민간외교사업은 경제분야에서의 역할도 아주 중요하다.

중국인민대외우호협회가 수행하는 경제협력사무의 주요 방식은 다년간 우호업무를 진행하는 과정에서 쌓은 관계를 이용하여 경제분야로 발전시켜 경제무역협력의 효율적인 방법을 개척하는 것이다. 최근 중국과 외국의 기업가, 기업그룹은 연락망을 구축하여 많은 국제적인 경제협력토론회를 가지고 국가발전에 의미 있는 과제를 선택하여 중국의 각 계층의 인사와 외국의 동료를 조직하여 교류를 진행하였다. 현재도 중국-스페인포럼, 중국-사우디 기업가합작위원회 등 특정 국가와의 협력기구를 조직하여 경제협력 측면에서 새로운 발걸음을 옮겨놓고 있다.

외국 경제부서 및 조직과 연락망을 구축하는 동시에, 내부적으로 우호협력서비스센터, 평화우호발전기금회 등 전문적인 경제사업 부서를 설치한다. 중국이 이미 시장경제의 방향을 확정하고, 나아가 사회주의 시장경제체제의 요구를 보완하며, 중국인민대외우호협회도 새로운 현실에 적응하여 자신의 사업에 경쟁시스템을 도입해야 한다. 또한 민간경제협력센터와 같은 기구를 연구, 설립하여 경제활동 중개조직의 역할을 충분히 발휘해야 한다.

민간외교사업이 경제협력에 종사하는 중요한 의미는 자신의 단체를 위하여 안정된 재정수입원을 모색하는 것이다. 중국인민대외우호협회는 설립 때부터 정부의 깊은 관심과 지지를 토대로 상대적으로 충분한 재정지원금을 받았으므로, 우호업무를 추진하는 데 재정적인 어려움은 없었다. 상황의 변화에 따라 앞으로 적극적인 업무수행을 위해서는 스스로의 수입창출이 필요하고, 그래야만 교류사업의 규모와 수준을 보장할 수 있다. 세계적으로 일부 국가가 교류단체에 재정지원을 하고, 또 많은 국가는 고정적인 지출금이 없으며, 단지 특정 활동에 대해서만 보조금을 지급한다. 만약 경제협력 업무를 전개하여 일정한 수입이 발생하면 자신의 사업에도 일종의 재정적인 기초가 되고, 협력 상대인 외국의 우호(교류)단체에도 필요한 도움을 제공할 수 있다. 열심히 사업을 수행하여 경제발전에 대한 영향 및 국제간에도 좋은 평가를 받고, 실제적으로 혜택이 있고, 새로운 의미가 있고, 사업을 힘차게 진행할 수 있도록 최선을 다해야 한다. 이는 광범위한 민간 외교사업의 영향을 확대하고 활력이 넘치는 우호진지를 마련하는 데 꼭 필요한 것이다.

ㄷ) 문화교류

대외문화교류는 중국인민대외우호협회가 가장 일찍 시작한 민간외교사업이다. 1950년대 楚圖南 회장은 중국 경극공연단체를 인솔하여 서유럽과 라틴아메리카를 방문하여 그 지역에서 강렬한 중국 붐을 일으켜, 중국과 그들 나라 사이에 신뢰와 우의를 다지는 데 기초를 닦았으며, 민간외교사업의 역사에 다채로운 기록을 남겼다. 50년간 수행한 문화교류는 중국혁명, 중국문화, 중국발전을 위해 수많은 좋은 친구를 사귀었고, 그 의미와 효과는 한시적인 우의로 평가할 것이 아니라 시간을 넘어서 더욱 먼 미래에 보다 적극적인 역할을 발휘할 것으로 기대된다.

현재 중국인민대외우호협회는 국외에서 전통적인 공연, 전시교류를 조직하는 동시에 중국과 프랑스가 공동 주최하는 '문화의 해'와 같은 대형 국제 문화교류행사에 적극적으로 참여하고, 또한 각종 민간우호교류 과정에서 문화부분을 특별히 주목한다. 중국은 국내외 출판사업에 참여하고 쌍방의 국민에게 친구 사귀기 사업에 관련된 도서를 제공해준다. 중국은 국내에서 개최하는 세계문화명인을 기념하는 행사에 적극적으로 참여하여 중국 국민에게 다양한 외국문화를 소개하고, 또 국외의 우호조직이 개최하는 외국 친구들에게 중국을 소개하는 각종 행사에도 참여한다. 중국은 지금 더욱 영향력 있는 쌍방 혹은 다방면의 문화교류형식을 모색하고 있다.

민간외교에 종사하는 인사는 외국어를 구사할 수 있어야 하고, 우호를 이해하고 특히 문화를 알아야 한다. 문화는 한 나라 한 민족의 가장 기본적인 특색이기 때문이다. 문화분야의 협력은 물질방면의 협력과 간단하게 비교할 수 없다. 당신이 하나의 사과가 있고 나도 하나 있는데 그것을 바꾼다고 해도 쌍방은 역시 하나의 사과만 가지고 있을 것이다. 그러나 당신이 하나의 사상이 있고 나도 하나의 사상이 있는데 그것을 서로 바꾼다면 쌍방은 두개의 사상을 모두 가지게 된다. 문화교류를 통하여 중국 국민은 세계문명의 다채로움을 느낄 수 있고, 세계 각 나라 국민도 중국문명의 많은 성과를 느낄 수 있다. 이는 우의를 증진하고 평화를 보호하고 발전을 촉진하는 특별히 유효한 방법이자, 민간외교의 지대한 영향도 그러한 과정에서 발현될 수 있는 것이다.

역사적으로 보면 서로 다른 문명이나 문화가 접촉할 경우 상호 이해가 부족하고 조급하게 통합을 이루려는 과정에서 흔히 심한 충돌이 일어난다. 미국인이 말하는 '문명충돌론'은 이러한 사실을 반영하고 있으나, 이것은 필연적인 것은 아니다. 중국은 이와 반대되는 문명협력론을 제기한다. 그 취지는 문화와 문명이 서로 연결될 경우 만약 문명한 방식대로 행사한다면 충돌을 피할 수 있다. 문명한 방식으로 문명을 전파한다면 우리의 세계는 더욱 아름다워 질 것이다. 소위 문명한 방식이란 중국의 민간외교가 항상 견지해 온 사업취지, 즉 이러한 취지를 위해 전개하는 문화교류행사이다.

ㄹ) 지방도시의 교류

앞에서도 살펴보았지만, 중국에서는 전체 외교의 각 구성부분 중 도시외교는 독특한 위치를 차지하고 있다. 이는 일종의 반관반민 외교로 상대적으로 순수 민간외교보다 정부색채를 띠고 있고, 중앙정부에서 진행하는 정부외교보다는 민간외교에 가까운 비정부적 색채를 띠고 있다.

중국인민대외우호협회는 1973년부터 국제우호도시활동을 진행하여 중국과 외국의 도시 사이에 국제우호도시를 체결한 후, 2003년 말 까지 벌써 1,200여개의 자매결연을 체결하였고, 그 중 중국도시가 200여개, 외국도시가 109개이다.

〈표 V-11〉 한국·중국의 자매결연 현황(1)

구 분	한국 자치단체수			중국 자매 도시수			비고
	계	광 역	기 초	계	직할시 성급	시·구	
계	133	16	117	133	12	121	
서 울 시	29	1	28	29	1	28	
부 산 시	9	1	8	9	1	8	
대 구 시	3	1	2	3		3	
인 천 시	4	1	3	4	1	3	
광 주 시	4	1	3	4		4	
대 전 시	4	1	3	4		4	
울 산 시	1	1		1		1	
경 기 도	18	1	17	18	1	17	
강 원 도	9	1	8	9	1	8	
충 북	3	1	2	3	1	2	
충 남	7	1	6	7	1	6	
전 북	8	1	7	8	1	7	
전 남	11	1	10	11	1	10	
경 북	12	1	11	12	1	11	
경 남	6	1	5	6	1	5	
제 주 도	4	1	3	4	1	3	

30년 동안 국제우호도시활동은 이미 도시외교의 중요한 방식으로 발전하였고, 중국의 지방과 도시 건설에 적극적인 기능을 수행하고 있다.

2000년 9월 중국인민대외우호협회는 제1차 국제우호도시대회를 북경에서 개최하였다. 이러한 중국인민대외우호협회의 우호도시활동은 50년간 수행해온 사업 중에서 중요한 비중을 차지하는 사업이었다. 중국인민대외우호협회의는 국무원의 위탁을 받아 우호도시사업을 관리하여 도시발전분야에서 국제협력관계 체결을 통하여 중국 도시의 전반적인 진보에 중요한 역할을 하였다. 이 사업은 지속적으로 발전되어 2000년부터 10년 후면 500여개의 국제우호도시가 체결될 것이라고 한다.

이상에서 제시한 4개 분야는 중국인민대외우호협회가 수행하는 일반 사업에 대한 개관이다. 중국인민대외우호협회는 앞으로도 사업취지를 견지하면서 민간외교사업이 새로운 단계로 진입할 수 있도록 창의적이고 지속적인 노력을 경주할 것이라고 한다.

아래 표는 한국과 중국 도시사이에 체결된 자매결연 현황이다.

〈표 Ⅴ-12〉 한국·중국의 자매결연 현황(2)

시도	시·군·구	외 국 도 시 명	결연일자
16	117개	중국: 133개 자치단체	
1	28개	29개	
서울시		베이징시(北京市)	'93.10.23
	강 남 구	따리엔시(大连市) 중산구(中山区)	'94. 6.22
	〃	베이징시(北京市) 차오양구(朝阳区)	'96. 4.18
	노 원 구	션양시(沈阳市) 허핑구(和平区)	'94. 9. 3
	서 초 구	칭다오시(青岛市) 라오산구(崂山区)	'98. 8. 3
	송 파 구	※ 지린성(吉林省) 통화시(通化市)	'96. 9.21

시도	시·군·구	외 국 도 시 명	결연일자
	구 로 구	산동성(山东省) 핑두시(平度市)	'95. 5.11
	중 구	베이징시(北京市) 시청구(西城区)	'94.10.18
	용 산 구	베이징시(北京市) 쉬엔우구(宣武区)	'95. 2.26
	성 동 구	베이징시(北京市) 화이로우구(怀柔区)	'96. 9.17
	광 진 구	베이징시(北京市) 팡산구(房山区)	'96. 7. 4
	중 랑 구	베이징시(北京市) 충원구(崇文区)	'94.11.22
	서대문구	베이징시(北京市) 하이디엔구(海淀区)	'95. 9.18
	양 천 구	※ 지린성(吉林省) 장춘시(长春市) 차오양구(朝阳区)	'95. 1.17
	영등포구	베이징시(北京市) 먼토우고우구(门头沟区)	'95. 5.10
	동 작 구	베이징시(北京市) 핑구구(平谷区)	'95. 4. 4
	〃	※ 지린성(吉林省) 뚠화시(敦化市)	'97. 6.21
	관 악 구	베이징시(北京市) 따씽구(大兴区)	'95. 3.22
	강 동 구	베이징시(北京市) 펑타이구(丰台区)	'95. 8.29
	강 서 구	산동성(山东省) 자오위엔시(昭远市)	'98.11. 4
	마 포 구	베이징시(北京市) 스징산구(石景山区)	'96. 6.11
	도 봉 구	베이징시(北京市) 창핑구(昌平区)	'96. 4.23
	성 북 구	베이징시(北京市) 순이구(顺义区)	'96.10.25
	강 북 구	상하이시(上海市) 지아딩구(嘉定区)	'97.12. 9
		선양시(沈阳市) 따동구(大东区)	'00. 4.24
	금 천 구	상하이시(上海市) 바오산구(宝山区)	'96.12. 6
	종 로 구	베이징시(北京市) 동청구(东城区)	'95. 4. 4
	동대문구	베이징시(北京市) 엔칭시(延庆市)	'97. 9.27
	〃	허베이성(河北省) 안궈시(安國市)	'01.12.19

시도	시·군·구	외 국 도 시 명	결연일자
1	8	부산 (9)	
부산시		상하이시(上海市)	'93. 8.24
	동 구	엔타이시(烟台市) 즈푸구(芝罘区)	'96. 3. 5
	사 하 구	텐진시(天津市) 동리구(东丽区)	'94. 6. 9
	북 구	산동성(山东省) 지아우조우시(胶州市)	'94.11.10
	서 구	※ 랴오닝성(辽宁省) 좡허시(庄河市)	'95. 5.19
	수 영 구	※ 랴오닝성(辽宁省) 따리엔시(大连市) 진조우구(金州区)	'96. 9. 9
	사 상 구	따리엔시(大连市) 깐징즈구(甘井子区)	'96. 6.20
	영 도 구	상하이시(上海市) 루완구(卢湾区)	'96. 5.28
	동 래 구	상하이시(上海市) 홍코우구(虹口区)	'97. 5.23
1	2	대 구 (3)	
대구시		산동성(山东省) 칭다오시(青岛市)	'93.12. 4
	서 구	텐진시(天津市) 허시구(河西区)	'94. 8.31
	동 구	안후이성(安徽省) 황산시(黄山市)	'05. 5. 9
1	3	인 천 (4)	
인천시		텐진시(天津市)	'93.12. 7
	남 구	베이징시(北京市) 미윈현(密云县)	'96. 7.31
	부 평 구	※ 랴오닝성(辽宁省) 후루다오시(葫芦岛市)	'98. 4. 1
	서 구	※ 랴오닝성(辽宁省) 동시앙시(东港市)	'98.10.15
1	3	광 주 (4)	
광주시		광동성(广东省) 광조우시(广州市)	'96.10.25
	서 구	칭다오시(青岛市) 시베이구(市北区)	'95. 6. 1
	동 구	광조우시(广州市) 동산구(东山区)	'97. 6.24
	광 산 구	텐진시(天津市) 진난구(津南区)	'97. 9.22
1	3	대 전 (4)	
대전시		장쑤성(江苏省) 난징시(南京市)	'94.11.15
	유 성 구	※ 랴오닝성(辽宁省) 따리엔시(大连市) 시깡구(西冈区)	'97. 9. 7
	서 구	※ 랴오닝성(辽宁省) 션양시(沈阳市) 션허구(沉河区)	'95.11.21
	중 구	칭하이성(青海省) 서령시(西宁市)	'97.10.31

시도	시·군·구	외 국 도 시 명	결연일자
1		울 산 (1)	
울산시		※ 지린성(吉林省) 장춘시(长春市)	'94. 3.15
1	17	경 기 (18)	
경기도		※ 랴오닝성(辽宁省)	'93.10. 4
	파 주 시	※ 랴오닝성(辽宁省) 진조우시(锦州市)	'95.10.24
	안 산 시	※ 랴오닝성(辽宁省) 안산시(鞍山市)	'97. 4.18
	의정부시	※ 랴오닝성(辽宁省) 단동시(丹东市)	'96. 6.25
	성 남 시	※ 랴오닝성(辽宁省) 션양시(沈阳市)	'98. 8.31
	안 성 시	※ 랴오닝성(辽宁省) 션양시(沈阳市) 리아중현(辽中县)	'97.10.22
	김 포 시	※ 랴오닝성(辽宁省) 신민시(新民市)	'94.10.20
	수 원 시	산동성(山东省) 지난시(济南市)	'93.10.27
	안 양 시	산동성(山东省) 웨이팡시(潍坊市)	'95. 5. 7
	이 천 시	장시성(江西省) 징더쩐시(景德镇市)	'97. 7.16
	부 천 시	※ 헤이룽장성(黑龙江省) 하얼빈시(哈尔滨市)	'95.11.28
	구 리 시	※ 지린성(吉林省) 린지앙시(临江市)	'95.10.24
	고 양 시	※ 헤이룽장성(黑龙江省) 치치하얼시(齐齐哈尔市)	'98. 4.21
	남양주시	장쑤성(江苏省) 창조우시(常州市)	'99. 9.21
	용 인 시	장쑤성(江苏省) 양조우시(扬州市)	'00. 5.10
	화 성 시	장쑤성(江苏省) 우지앙시(吴江市)	'00. 9.27
	의 왕 시	텐진시(天津市) 우칭구(武清区)	'01. 6.15
	광 주 시	산동성(山东省) 즈보시(淄博市)	'03. 9. 5
1	8	강 원 (9)	
강원도		※ 지린성(吉林省)	'94. 6. 8
	태 백 시	※ 지린성(吉林省) 허롱시(和龙市)	'95. 8.29
	횡 성 군	※ 지린성(吉林省) 판스시(磐石市)	'98. 5.12
	동 해 시	※ 지린성(吉林省) 투먼시(图们市)	'95. 4.28
	강 릉 시	저장성(浙江省) 지아싱시(嘉兴市) 후베이성(湖北省) 징저우시荆州市	'99. 5.11 '04.10.19.
	삼 척 시	산동성(山东省) 동잉시(东营市)	'99. 3.24
	고 성 군	※ 헤이룽장성(黑龙江省) 지시시(鸡西市)	'01.10.18
	원 주 시	안후이성(安徽省) 허베이시(合肥市)	'02. 6.21

시 도	시·군·구	외 국 도 시 명	결연일자
1 충북도	2	충 북 (3)	
		※ 헤이룽장성(黑龙江省)	'96. 9.18
	청 주 시	후베이성(湖北省) 우한시(武漢市)	'00.10.29
	음 성 군	장쑤성(江蘇省) 타이조우시(泰州市)	'00. 9.27
1 충남도	6	충 남 (7)	
		허베이성(河北省)	'94.10.19
	천 안 시	허베이성(河北省) 스좌장시(石家庄市)	'97. 8.26
	보 령 시	상하이시(上海市) 칭푸구(靑浦區)	'99. 4.26
	금 산 군	※ 지린성(吉林省) 안투현(安图县)	'94. 3.20
	태 안 군	산동성(山東省) 타이안시(泰安市)	'97. 4.23
	홍 성 군	산동성(山東省) 이쉐이현(沂水县)	'02. 4.24
	아 산 시	※ 랴오닝성(辽宁省) 푸라띠엔시(菩兰店市)	'97. 5.20
1 전북도	7	전 북 (8)	
		장쑤성(江苏省)	'94.10.27
	군 산 시	산동성(山东省) 옌타이시(烟台市)	'94.11. 3
	전 주 시	장쑤성(江苏省) 쑤조우시(苏州市)	'96. 3.21
	남 원 시	장쑤성(江苏省) 옌청시(盐城市)	'96. 6.13
	김 제 시	장쑤성(江苏省) 난통시(南通市)	'97.10.22
	익 산 시	장쑤성(江苏省) 전지앙시(镇江市)	'98.10.19
	완 주 군	장쑤성(江苏省) 화이안시(淮安市)	'99. 4.22
	정 읍 시	장쑤성(江苏省) 쉬조우시(徐州市)	'00. 9.27
1 전남도	10	전 남 (11)	
		저장성(浙江省)	'98. 5.16
	목 포 시	장쑤성(江苏省) 리엔윈샹시(连云港市)	'92.11. 1
	여 수 시	산동성(山東省) 웨이하이시(威海市)	'95. 2.27
	〃	저장성(浙江省) 항조우시(杭州市)	'94.11. 1
	완 도 군	산동성(山東省) 룽청시(荣成市)	'96. 5.17
	해 남 군	광동성(广东省) 샤오관시(韶關市) 웡위엔현(翁源县)	'99.10. 5
	보 성 군	※ 랴오닝성(辽宁省) 셔양시(沈阳市) 쑤지아툰시(苏家屯市)	'00. 5. 9
	무 안 군	절강성(浙江省) 타이조우시(台州市)	'00. 9.27

시 도	시·군·구	외 국 도 시 명	결연일자
	구 례 군	안후이성(安徽省) 츠조우시(池州市)	'03. 11.5
	영 암 군	저장성(浙江省) 호조우시(湖州市)	'03. 10.10
	강 진 군	저장성(浙江省) 룽추안시(龍泉市)	'01. 4.27
1	11	경 북 (12)	
경북도		허난성(河南省)	'95.10.23
	경 주 시	산시성(陝西省) 시안시(西安市)	'94.11.18
	포 항 시	※ 지린성(吉林省) 훈춘시(琿春市)	'95. 5.15
	경 산 시	산동성(山東省) 지아오난시(胶南市)	'96. 6.19
	구 미 시	후난성(湖南省) 창샤시(长沙市)	'98.10.19
	봉 화 군	산시성(陝西省) 통촨시(铜川市)	'97. 6.20
	청 도 군	※ 헤이룽장성(黑龙江省) 넌쟝현(嫩江县)	'99.12.24
	안 동 시	허난성(河南省) 핑딩산시(平顶山市)	'00. 5.10
	김 천 시	쓰촨성(四川省) 청두시(成都市)	'00.11. 7
	영 주 시	안후이성(安徽省) 보조우시(亳州市)	'03.10. 2
	의 성 군	산시성(陝西省) 선양시(鹹陽市)	'03.10.17
	영 천 시	허난성(河南省) 카이펑시(開封市)	'05.6.15
1	6	경 남 (7)	
경남도		산동성(山東省)	'93. 9. 8
	창 원 시	안후이성(安徽省) 마안산시(马鞍山市)	'94.10.27
	거 제 시	허베이성(河北省) 친황다오시(秦皇島市)	'94. 6.17
	〃	※ 지린성(吉林省) 룽징시(龙井市)	'96. 9.21
	마 산 시	※ 지린성(吉林省) 수란시(舒兰市)	'97.10.29
	진 주 시	허난성(河南省) 쩡조우시(鄭州市)	'00. 7.25
	의 령 군	산동성(山東省) 리아오청시(聊城市)	'01. 6. 7
1	3	제 주 (4)	
제주도		하이난성(海南省)	'95.10. 6
	북제주군	산동성(山東省) 라이조우시(莱州市)	'95.12.11
	남제주군	※ 랴오닝성(辽宁省) 싱청시(兴城市)	'96.11.12
	제 주 시	광시성(广西省) 꾸이린시(桂林市)	'97.10.29

라. 소결

중국의 전체외교에서 강조하는 중점과 주요조건은 중국의 민간외교사업의 중점사업이기도 하다. 민간외교는 전체 외교에 소속되며, 따라서 중국공산당과 국가의 외교사업 이론, 정책 및 방침의 지도를 받는다.

또한 중국 민간외교이론의 기본근거는 당연히 중국공산당의 지도사상 속의 외교분야의 내용에 두어야 한다. 예를 들면, 모택동의 국제전략사상, 주은래 외교사업사상, 등소평 외교사업이론과 '3대 대표' 중요사상 중 국제투쟁과 대외사업과 관련된 지시정신 등이 그것이다.

중국의 민간외교사업은 사회주의혁명의 위대한 지도자 마르크스 사상을 실현하는 과정으로 파악하고, 세계의 공민이 되고 인류를 위하여 사업한다는 소임으로 이루어지는 것이다.

따라서 중국의 민간외교는 서구의 자유민주주의 국가가 민주주의와 국민주권주의라는 헌법 이념을 구현하고, 국민의 기본권의 구체화를 위한 지방분권의 확대·강화라는 측면에서 논의하는 지방자치단체의 지방외교와는, 그 이념이나 방향성에서 근본적인 차이가 있는 것이라 판단된다.

IV. 프랑스

1. 서 설

프랑스 지방자치단체들과 인근국가 지방자치단체들과의 교류는 경제(상품, 서비스, 투자 등), 개인 이동 (직장, 관광), 통신, 문화 등 여러 가지 요인이 개입되어 일어나는데 그 정도의 차이에 따라 다음 네 그룹을 나누어볼 수 있다.

(i) 우선 이웃지역과 아주 밀접한 연계를 가지는 곳으로서 프랑스 북부지방과 발지방, 제네바 지방을 들 수 있다. 이곳은 유럽연합의 성립이전에도 국경개념이 매우 희박한 곳이었다.

(ii) 두 번째로 독일의 자르지방과 프랑스의 로렌지방, 그리고 룩셈부르크

를 잇는 지역, 프랑스의 코트-다쥐르와 이태리의 리비에라-뒤 포낭을 잇는
지역 등이 그것인데 고용이나 투자 측면에 있어 첫 그룹보다는 미약하다.

(iii) 세 번째로 스페인 국경의 바스크 지방과 루시용 지방으로서 문화적으
로는 인접 스페인 지방과 훨씬 가까우나 실제 경제 프로젝트에 있어서는 꺼
리는 경우가 많은데 이것은 스페인 쪽에 바르셀로나 등 대도시가 위치하고
있어 상대적으로 흡수될 확률이 있기 때문인 것으로 풀이된다.

(iv) 네 번째로 실제로는 존재하지 않는 잠재적 국경지역을 들 수 있다. 아
르크 애틀랜틱과 바나나 블루(푸른 바나나) 등이 그것이다. 애르크 애틀랜틱
은 '유럽의 지방'이라 불리는데 아일랜드에서 포르투갈에 이르는 모든 대서
양연안지방을 하나로 묶는 공동체로서 '셀트공동체'를 표방하고 있으나 실
질적으로는 상당히 가식적인 것으로 보인다.

바나나 블루는 런던 해협에서 롱바르디를 잇는 서유럽의 가장 산업화된
지역으로서 템즈강 연안에서부터 시작해서 라인강 유역을 포함하는 넓은 지
역을 포함하긴 하나 그 기획 자체가 신빙성이 없는 프로젝트이다. 그 외에도
피레네 산맥을 중심으로 한 카탈란, 아라공, 바스크 등 지역연맹이라든가 알
프스산맥을 중심으로 한 연맹 등이 지역 출신 유럽의원들을 앞세워 활동하
고 있다.

유럽연합은 국가들 간의 친교나 우호관계를 통해서만 이루어질 수 없다.
진정한 교류는 국경을 마주하고 있는 자치단체들, 나아가 유럽 내 모든 자치
단체들 간의 교류를 통해서 이루어질 수 있기 때문에 이를 활성화하는 데
노력을 기울여야 할 것이다.

1) 프랑스 지방자치단체 국제우호협력사업 추진 법적근거

프랑스 지방우호협력사업의 법적 근거는 <1992년 2월 6일 법>및 <1994년
5월 26일 법>에 의거하고 있다. 여기에서 프랑스 지방자치단체(코뮌)는 외국
의 어떠한 지방자치단체(기초. 광역)와도 독자적으로 자매결연을 맺을 수 있
는 법적 근거를 마련할 수 있었다. 자매결연 체결에 따르는 절차상의 의무사
항(협정서를 문서로 작성 등)은 특별히 없는 것으로 파악된다.

2) 국제우호협력사업 추진 전개과정

프랑스의 지방자치외교와 관련해서는 다음과 같이 세 단계를 거쳐 발전되어 왔다.

가. 제1기: 자매결연의 태동기
- 시기: 1940년대~1960년대
  - 1946년 프랑스 오를레앙시(Orléans)와 영국의 던디(Dundee)
  - 1950년 프랑스 몽펠리야르(Monbélliard)와 독일 루드비스부르그(Ludwisbourg)
- 특징: 도시 간 자매결연을 통해 국가간 평화 회복
- 유형: 청소년 교류, 문화 사절단 교류

나. 제2기: 개발도상국 도시원조형 교류
- 시기 : 1970년대
- 특징
  - 후진국 도시개발 원조(북남협력형)
  - 국제기구를 매개로한 교류 활성화
- 유형: 경제개발. 의료지원. 교육지원, 행정서비스 등

다. 제3기: 실리추구형 국제교류
- 시기: 1980년대 이후
- 특징: 교류의 내실화, 다양화, 실리 추구
- 유형: 주제별 실리추구 교류

2. 프랑스 자치단체 국제교류 현황

프랑스 자치단체 국제교류의 특징은 형식적 의전행사 위주의 자매결연을 지양하고, 도시 및 기업 간 경제협력과 환경사업 상호교환, 문화행사 공동개최 등을 강조하고 있다. 프랑스 지방자치단체의 국제교류 현황을 요약하면 다음과 같다.

1) 자매결연(jumelage)의 기원: 평화와 화해를 위한 도시교류

　현대적인 의미에서 볼 때 프랑스 자치단체가 자매결연이나 우호조약의 형식으로 외국도시와 교류를 맺기 시작한 것은 2차 세계대전 이후라고 말할 수 있다. 프랑스 도시 중 최초로 자매결연을 맺은 곳은 오를레앙(Orleans)시로 영국의 던디(Dundee)시와 1946년 협정서를 체결했고, 몽벨리야르(Montbelliard)시는 1950년 독일의 루드비스부르그(Ludwisbourg)시와 프랑스 독일 간 최초의 자매결연을 체결한 바 있다. 전쟁의 참화를 경험한 국민들은 도시 간의 교류와 대화를 통해서라도 전쟁만은 피해야 한다는 인식을 갖게 되었고, 프랑스와 독일 양 국가가 우호조약을 체결했던 1963년 한해만 해도 120개 이상의 자매결연이 성사될 정도로 1950년에서 1960년대 초반까지 프랑스와 독일의 도시 간 자매결연은 유행처럼 확산되었다. 도시교류를 통해 평화를 회복하자는 정신은 그 영역이 확대되어 1960년대 초반부터는 동유럽권의 공산국 도시들과 자매결연을 체결함으로써 동서냉전의 긴장완화를 위한 국가 차원의 외교적 노력에 일조한 바 있다.
　이렇게 해서 자치단체 국제교류 제1기, 즉 제2차 세계대전 이후부터 1960년대에 이르기까지 프랑스 자치단체는 주로 독일과 동유럽권 도시를 대상으로 국제교류 사업을 벌이게 된다. 현재 프랑스 자치단체가 유지하고 있는 총 6,000건의 국제교류 협정 중 30%에 해당하는 1,800건이 독일 자치단체와 맺은 것이고, 이에 비해 상대적으로 적은 수이긴 하지만 러시아(49건)나 루마니아(187건), 폴란드(168건), 체코(51건) 등의 동유럽 도시와도 총 626건, 즉 전체의 10.5%에 해당하는 교류협정을 유지할 만큼 비중있는 국제교류 동반자로 여겨지고 있다. 이처럼 자매결연 태동기의 자치단체 국제교류는 국가 간 갈등을 극복하기 위한 평화적인 노력의 일환으로 전개되었고, 이 시기의 주된 교류 유형은 문화교류와 청소년교류를 들 수 있는데, 매년 여름방학이면 자매도시 어린이를 초청하여 주민 가정에 민박을 시키면서 서로 말을 배우고 생활양식을 공유함으로써 시민들 간에 우정을 돈독히 하는 교류사업도 바로 이 시기에 유행했던 교류 형태이며 오늘날까지 중요한 사업의 하나로 지속되고 있다.

2) 자치단체 국제교류 제2기: 개발도상국 도시 원조형 국제교류

1970년대에 접어들면서 자치단체 국제교류의 우선권은 평화유지에서 후진국 도시 원조로 그 무게 중심이 옮겨가게 된다. 식민지 상태로 있던 많은 아프리카 국가들이 잇따라 돌입했던 것도 이 시기이며, 그에 따라 제3세계의 빈곤과 저개발 문제가 전 세계적인 화두로서 등장하게 된다. 프랑스뿐만 아니라 지구 북반구에 속해 있는 많은 선진국 도시들은 남반구 빈민도시돌과 연대개발사업을 벌이게 되고, "남반구-북반구 연대교류(Cooperation Nord-Sud)"라는 용어도 바로 이러한 맥락에서 생겨나게 된다.

70년대 이전 국제교류 사업의 주된 모토였던 '평화추구'정신에 이제는 '개발'이라는 개념이 추가되게 되었다. 교류의 방향은 지역경제 개발지원, 시민 생활환경 개선, 의료지원, 교육지원, 행정시스템 정비지원 등 교류대상 개발도상국 도시에서 필요로 하는 시급한 분야를 우선적으로 지원해주는 방식으로 교류를 전개해 나가게 되는데, 여기에서도 제일 중요한 정신은 휴머니즘으로 모든 물적 교류에 앞서 인간교류를 그 바탕에 둔다는 정신이 강조되었다.

이 시기 교류에 있어서 한가지 주목할 사항은 도시 간 국제교류가 도시 대 도시의 형식으로 이루어지는 경우도 있지만 국제기구를 매개로 한 교류가 활성화되기 시작했다는 점이다. 프랑스 및 유럽자치단체를 주축으로 하여 생겨난 국제자매도시연합 (FMCU)이라는 국제기구는 유럽대륙과 아프리카대륙 도시들간 연대교류를 확장시키는데 기여한 바 있으며 FMCU는 다시 IULA 및 메트로폴리스(Metropolis)와 통합하여 지난 5월 세계지방자치단체연합(UCLG)라는 국제기구로 새로 태어나게 된다.

과거 아프리카나 태평양, 인도양 등지에 식민지를 보유했던 프랑스는 국가 차원에서도 개발도상국 지원을 중시하고 있어서 총 54개국을 연대원조 우선구역 (ZSP: Zone de Solidarite Prioritaire)로 지정하여 운영하고 있다. 프랑스 자치단체 역시 바로 이 ZSP에 속해있는 나라의 도시들을 주 교류대상으로 삼아 제2기, 즉 70년대의 대외 교류를 전개해 나가는데, 현재 ZSP에 속한 54개국 도시들과 유지하고 있는 연대교류 총수는 640건으로 전체 6천 건의 10,7%에 해당한다. 국가별로는 말리, 세네갈, 부르기나 파소 등 중앙아프리카 및 인도양 지역 국가들과 460건의 교류관계를 유지하고 있으며, 모로코, 튀니지, 알제리 등 지중해 연안의 북아프리카 국가와 122건, 베트남(22건)을 위시한 동남아 국가와 27건, 쿠바 및 카리브해 연안국과 24건, 기타 국가와 5건의 연대교류를 전개하고 있다.

3) 국제교류 제3기: 내실화, 다양화, 실리추구

1982년 지방자치법이 시행됨에 따라 프랑스에서는 본격적인 지방자치가 시작되었다. 각 지방자치단체에서는 그 이전에는 국가의 지휘, 감독하에 행하던 경제개발, 도시계획, 도시정비, 교육, 문화, 사회복지 등 제반 분야에서 전폭적인 자율권을 행사하게 되었고, 국제교류 역시 해당 자치단체의 필요와 지역특성에 맞추어 다양해진 대상 도시와 실질적 주제를 가지고 협력사업을 전개하게 된다.

80년대 이후 오늘날에 이르기까지 프랑스 자치단체의 국제교류는 그 양적인 증가와 질적인 성숙의 양상을 보여주고 있다. 50~60년대에 평화와 화해를 목표로 인연을 맺은 자매도시와도 기존 교류방식을 보다 공고히 하고 70년대 이후 인본주의에 입각하여 연대교류 관계를 맺은 개발도상국 도시에 대해서도 여전히 개발 사업을 지원하고 있다. 2002년 한해만 보더라고 자치단체의 국제교류 비용 총액 2억 3천만 유로 중 약 50%에 해당하는 1억 1,500만 유로는 여전히 개발지원비로 지출되고 있는 실정이다.

그러나 80년대 이후 뚜렷하게 나타난 현상은 지금까지 교류가 없었던 새로운 나라의 도시와 유대를 맺게 되었다는 점이다. 예를 들어 파리시의 경우 1982년 일본의 도쿄, 1991년에는 서울, 1997년에는 북경과 각각 우호협정을 체결한 바 있다.

교류대상의 다양화와 더불어 한 가지 주목할 점은 형식적인 의전행사 위주의 자매결연을 지양하고, 경제협력, 스포츠, 문화행사, 환경문제, 행정관련 정보공유 등 뚜렷하게 국한된 주제에 대해 한시적으로 교류를 맺는 우호협력 사업을 선호하게 되었다는 점이다. 그간의 경험을 통해 자매결연 (Jumelage)은 지출에 비해 실리가 없다는 사실을 인식하게 되었고 그래서 추가적인 자매결연은 꺼려하고 있는 실정이다. 자치단체 내에 위치한 기업체를 외국도시에 연결해 준다거나, 정보통신 분야가 발달한 외국 자치단체에서 이를 이용한 행정서비스 개선책을 배워 온다거나, 외국의 전통적인 조형미를 자치단체 주민들에게 소개하기 위해 공원건설사업을 상호교환 하는 등 다소 한정된 주제에 대해 우호협약(Pacte D'amitie et de cooperation)을 1차적으로 체결하여 교류 사업의 경과가 좋을 경우 자매결연까지 이어지는 방식으로 국제교류의 분위기가 조성되고 있다.

　프랑스의 국제교류에 있어서 또 한가지 눈에 띄는 점은 자치단체들이 국제기구에 활발하게 참석하고 있다는 점이다. 지난 5월 FMCU와 IULA, Metropolis를 통합하여 파리에서 창립총회를 개최한 바 있는 자치단체 국제연합 UCLG에도 높은 관심을 나타내어 집행위원으로 선임된 도시 수만 해도 26개에 달하고 있고 파리시장은 3인 공동회장 중 한 사람으로 추대되기도 했다. 프랑스 지방자치단체들 역시 UCLG의 중요성에 대한 인식을 공유하고 있는데, 지방분권이 전세계적으로 확대되는 추세이고 세계인구의 50% 이상이 도시에 집중되어 있다는 사실을 감안할 때 앞으로 UN 등 국제기구에서 UCLG는 전 세계 자치단체를 대변할 거대기구이고 이 기구 내에서의 활발한 활동을 통해 폭 넓은 국제관계를 유지할 수 있다는 점을 인식하고 있는 것이다.

4) 수치로 보는 프랑스 자치단체의 국제교류

　다음 통계자료는 프랑스의 자치단체 국제교류 지원 위원회에서 2002년 12월 1일자로 집계한 수치를 근거로 작성한 것이다. 자치단체 국제교류 지원위원회(CNCD: Commission Mationale de la Cooperation Decentralisee)는 외무부 소속 정부기구로서 중앙에 본부를 두고 각 데파트망별로 외무부 대표와 각 자치단체 대표들이 모이는 지부위원회를 설치하여 국가 외교의 기본방향과 자치단체 국제교류정책을 상호 조율 지원하는 역할을 담당하고 있다.

〈표 V-13〉 자치단체 단계별 현황

레종	데파트망	코뮌		자치단체연합체 (소규모코뮌연합)
		인구 10만이상 대도시	인구 5천~10만 중소도시	
26개(100%)	75개(75%)	36개(100%)	1300개(75%)	78개

▶ 자치단체 국제교류 협정 총계: 6,000건
▶ 교류 대상국: 115개국
▶ 1건 이상의 협정관계를 유지하고 있는 자치단체: 3,259개

〈표 V-14〉 교류협정 국가별 분포

전체		6,000	
유럽공동체 선진 15개국	4,200	그중 독일	1,800
ZSP 연대원조 우선구역 54개국	640	중앙아프리카 및 인도양	460
		-부루기나 파소, 알리, 세네갈	260
		북아프리카	122
		-모로코	49
		-튀니지	43
		-알제리	30
		동남아시아	27
		-베트남	22
		카리브해 연안	24
		-쿠바	11
		기타	5
동유럽	626	루마니아	187
		폴란드	168
		체코	51
		헝가리	50
		러시아	49
유럽 이외 선진국	497	미국	136
		캐나다	143
기타(중진국, 신흥개발국)		220	

〈표 V-15〉 국제교류 사업 비용 지출(연간 2억 3천만 유로: 약 3,220억원)

구분	금액(백만 유로)	그 중 후진국 개발지원비
합계	230	115(50%)
레종	82	33(40%)
데파트망	24	13(55%)
코뮌 및 자치단체 연합체	122	69(56%)

5) 자치단체 국제교류의 법률적 근거

1982년 지방사치일반법(Code General des Collectivites Terriroriales)이 시행되고 지방자치와 관련된 후속 법규들이 1983, 84년에 잇따라 공포되었다. 자치단체 국제교류와 관련된 법령 역시 1983년 5월 26일 발표되었는데 총리령의 지위를 지닌 이 법규에 의거 앞서 언급한 자치단체 국제교류지원위원회의 전신인 자치단체 국제교류지원대표부를 외무부 산하에 조직하게 되었고 프랑스의 국익을 도모한다는 기본방침을 천명하였다.

그러나 자치단체 차원의 국제교류가 진정한 의미에서 법적인 지위를 획득한 것은 1992년 2월 6일 법에 의해서이다. "공화국 자치단체 행정에 관한 법"이라는 부제가 붙은 상기 법령에서는 "자치단체 권한 범위 내에서 모든 자치단체는 프랑스의 외교정책과 상치되지 않는 한 외국의 자치단체나 자치단체 연합체와 자율적으로 수교할 수 있다"고 명시함으로써 2차 세계대전이후 뚜렷한 법적 지위없이 40여 년간 시행되어 온 자치단체 교류행위에 마침내 공식적인 지위를 부여하게 되었다.

자치단체 간 국제교류에 있어서 규모나 횟수에 대한 제한은 명시적으로 존재하지 않는다. 그러나 일반적으로 한 국가 내에서 자치단체와만 수교를 하고 있는 실정이며 인구나 경제규모 등 외형적인 조건 역시 수교를 위한 고려의 대상이 되고 있다.

6) 한불 자치단체 교류 사례

2004년 8월 현재 프랑스와 한국 지방자치단체 사이에는 4개의 자매결연이 수교되어 있는 상황이며 2003년 1개의 우호교류 협정이 추가되었고, 현재 1개의 자매결연이 진행 중에 있다. 서울과 파리, 경북과 알자스 레죵, 경주와 베르사이유, 홍천과 시나리 코뮌이 이미 자매결연을 체결하였고, 현재 제주시와 루앙시가 올 가을 자매결연을 체결할 것으로 예상되고 있으며, 서울의 구로구와 이씨레물리노 코뮌은 지난 2003년 우호교류 협정을 조인하고 양 자치단체장이 상호 방문하여 문화행사와 스포츠, 어린이 교류를 통해 유대를 돈독히 하고 있는 상황이다. 그 외에도 순천시와 낭트시는 공원교류 사업이 진행 중에 있어서 한불수교 120주년을 맞는 2006년에는 낭트시에 한국의 전통적인 풍광을 담은 순천동산이 선보일 것으로 기대되고 있다. 자치단체 교류와 병행하여 한국의 전국시장군수구청장협의회는 2004년 초 전국 3만여 자치단체장을 회원으로 두고 있는 프랑스 시장협회 AMF(Association des Maires de France)와 교류의향서를 체결함으로써 한국과 프랑스 자치단체 간 교류에 있어 좋은 가교 역할을 할 것으로 전망된다.

한불 자치단체 간 교류사례를 보다 구체적으로 살펴보기 위해 3가지 예를 들고자 한다.

가. 스트라스부르그 국제박람회에 지역 무역업체를 참가시킨 경상북도

2002년 9월 알자스 레죵의 스트라스부르그 시에서는 매년 개최하는 국제박람회에 한국을 주빈국으로 초청하여 별도의 한국관을 설치토록 하였다. 여름휴가 이후 박람회 시즌 시작을 알리는 중요한 박람회의 하나로 이 박람회 개막식에는 라파랭 현 프랑스 중앙정부 및 지방정부 주요 인사들이 참석했으며 한국측에서는 장재룡 주불대사와 한국공예예술가협회 회장 그리고 경상북도 대표가 참석하였다. 경상북도는 알자스 레죵과 자매결연을 맺고 있어서 무료로 할애된 한국관 내에 홍보 부스를 설치하여 경상북도를 프랑스인에게 널리 알리는 한편, 옹기 공예, 매듭 공예, 의류 및 액세서리, 나전칠기 등 경상북도 내의 우수한 공예업체가 박람회에 참석하여 수출할 수 있도록 지원한 바 있다.

나. 구로구청의 프랑스 이씨레물리노 시 한국문화주간 지원 참가

염색공업, 화약 및 무기공업, 유해화학 공업, 쓰레기 소각장 등 과거 각종 유해 혐오산업이 모여 있던 파리 남서쪽의 작은 위성도시 이씨레물리노 시는 현재 인구 5만에 일자리가 6만이 넘는 현재 정보통신 산업의 메카로서 탈바꿈한 프랑스의 모범 자치단체로 손꼽히는 도시이다. 프랑스텔레콤, 와나두, 시스코시스템, 바텔 등 세계 유수의 첨단 정보통신업체와 유로스포츠, 아르테 등 대형 방송사, 기타 각종 첨단 기술을 보유한 대기업의 본사를 입주시킨 상티니 시장의 도시경영은 2002년 4월 21일자 중앙일보를 통해 우리나라에도 소개되었을 정도다.

도시환경과 도시개발 역사의 유사성으로 인해 서울의 구로구에서는 이씨레물리노 시에 각별한 관시을 표명하였고 현직 국회의원으로서 프랑스 국회한불의원친선협회 회장을 겸하고 있는 상티니 시장은 지난 2002년 노무현 대통령 취임식에 프랑스 시라크 대통령 특사 자격으로 방한했을 정도로 지한파 인사라는 점, 이러한 조건들이 계기가 되어 2003년 10월 두 자치단체는 교류의향서를 체결한 바 있다. 교류 사업의 첫 행사로서 2004년 4월 이씨레물리노 시에서는 한국문화주간을 설정하여 영화상영, 미술전시회, 한국전통놀이 시연, 한국문학 및 한국어 강연회, 한국건축 강연, 전통음악 공연, 어린이 태권도 시범, 붓글씨 시연 등 다양한 한국문화를 시민들에게 소개하는 기회를 만들었다. 특히 문화주간 동안 이창동 감독의 오아시스·박하사탕을 비롯하여 김기덕 감독, 홍상수 감독 등의 영화가 시민들로부터 호응을 얻었으며 양대웅 구로구청장이 이끄는 구로구 대표단의 일원으로 참가했던 어린이 태권도단과 서예가 이주형씨의 시연은 큰 성황을 이루었다.

한편 이씨레물리노 시에서는 관내에 위치한 프랑스텔레콤사와 연결 회사 내에 직접 대표단을 초청하여 첨단 기술을 소개했으며, 프랑스텔레콤의 기술을 활용하여 서울 구초구청과 인터넷을 통한 화상회의를 즉석에서 열기도 했다. 구로구 측은 2003년 가을 이씨레물리노 시 대표단을 맞이했을 때 인터넷을 활용한 민원 서비스 시설을 안내하고 구로구 내에 위치한 벤처기업단지를 소개한 바 있는데 이렇게 두 자치단체는 서로 공통관심분야를 서로 공유함으로써 실질적인 국제교류의 모범을 보이고 있다.

다. 순천 - 낭트공원 교류

순천시와 프랑스 낭트 시는 비교적 최근에 교류가 시작된 경우에 해당한다. 3년마다 한 번씩 유럽 최대 규모의 국제 화훼 박람회를 조직할 만큼 공원과 녹지, 환경 분야에 관심이 많은 낭트 시에서는 시내 중심에 위치한 한 공원을 이국적인 자연 동산으로 꾸미고자 기획하게 되었고 2002년 월드컵과 두 차례에 걸친 한국예술공연을 계기로 한국에 관심이 높아져 공원의 일부를 우리나라 자연 동산으로 조성할 것을 희망해 왔다. 조충훈 순천시장은 전통 한국 동산에 필요한 설계와 작은 정자를 상징물로서 기증할 것을 제의했고 낭트 시 역시 순천시에 프랑스식 동산을 꾸미는 데 상호 합의함으로써 올 10월 낭트 시에서부터 순천동산의 지반공사를 시작할 예정에 있다.

한편 낭트 시는 환경 및 사회복지 정책이 잘 실현되고 있는 도시로 손꼽히고 있어서 지난 5월 공원조성 사전 협의차 낭트 시를 방문했던 순천시 대표단은 낭트 시의 어린이 보육정책과 복지시설 등을 자세하게 관찰하기도 했으며 어린이들에게 저렴하게 장난감을 대여해주는 시 운영 장난감 도서관을 벤치마킹하기도 했다.

V. 한국과의 비교연구 시사점

외국, 특히 선진국에서도 지방외교에 대한 학문적 연구가 일천한 것은 사실이나, 그것에 상관없이 실질적인 지방정부 간 교류는 오래 전부터 활성화되어 왔다. 그런 점에서 한국의 지방외교정책은 이론적으로 뿐만 아니라 실체적으로도 매우 열악한 상태임을 외국과의 비교연구를 통해서 알 수 있다. 특히 사회주의라는 성격이 깔려 있기는 하지만 중국보다도 지방외교에 대한 관심이 부족하다는 사실은 21세기 세방화 시대를 맞아 철저히 반성해야 할 부분이라고 할 수 있다.

특히 한국 지방외교에서의 정책적 함의를 독일의 지방외교 정책을 중심으로 정리해 보면 아래와 같다.

1) 비교분석을 통한 지방외교 활성화를 위한 조건

향후 지방외교의 활성화를 위해 어떤 조건이 있는지에 대해 많은 점들을 생각해 볼 수 있는데, 우선 다음과 같은 문제점들이 해결되어야 할 것이다 (FES, Arbeitsgruppe Kommunalpolitik, Kommunale Partnerschaften, a.a.O).

가) 평화유지: 단지 외부세계와의 관계에서 뿐만 아니라 무엇보다 그 지리적 경계 내에서의 평화유지, 즉 유럽 내에서 다양한 역사적, 문화적, 언어적, 종교적 전통으로 말미암은 갈등의 극복을 통해 인종간, 주민간, 소수자간의 평화가 유지되어야 한다는 것이다. 이는 현재 유럽국가들 사이에 위험은 존재하지 않는 것으로 보이나 그렇다고 내부적 갈등까지 존재하지 않는 것은 아니기 때문이다.

나) 기존 국가의 경계를 넘어서는 민주적 기구의 설립을 통해 유럽의 세도적 결속을 발전시킬 수 있는 정치체제의 연구가 있어야 한다.

다) 경제적, 사회적 발전: 지역적 불균등을 최소화시킬 수 있는 발전으로, 장기실업문제 해결, 청소년의 만족할 만한 학교교육, 직업교육을 실현하고, 환경보호가 포함되어야 한다.

라) 민주주의의 강화: 국가제도적 수준에서 뿐만 아니라 지역, 지방자치와 관련한 부분, 그리고 모든 제도적, 재정적 측면과 시민의 참여 부분에서 민주주의는 강화되어야 한다.

마) 모든 수준에서 문화적 다양성이 인정되어야 한다.

그렇다면 이와 같은 문제를 발전적으로 해결하기 위해 지방외교(파트너십)는 어떤 역할을 수행하고, 어떤 구상 속에 지방외교가 추구되어야 하는가?
이러한 목표에 효과적으로 도달하기 위해 지방외교는 다음과 같은 조건을 충족시켜야 할 것이다.

가) 지방외교는 시민 상호간의 인식을 심화시킬 수 있는 수단이어야 하고, 형제애를 형성하는 밀접한 우호관계의 끈이 되고, 현재 모든 유럽시민

들이 인간적 연대성과 운명공동체라는 의식을 함께 가질 수 있도록 해
야 한다.

나) 이와 더불어 지방외교에 동참하려는 지방자치단체에 경제·사회·문화
적 교류에 대한 중요성이 더 높게 강조되고 있다는 사실을 인식해야
한다. 직종사이에 협력, 상호원조, 경제적 투자, 문화교류, 경험교환 등
은 학교와 지역단체의 참여아래 지방외교의 범주 속에서 더욱 발전될
수 있을 것이다. 이와 관련하여 유럽연합의 프로그램에 공동으로 참여
하는 것도 지방외교를 확대하는 방안이 될 수 있고, 지방외교에 어떤
구체적인 가치를 부여하게 할 수 있다.

다) 파트너십 협회 및 파트너십 위원회의 설립을 통해 도시 간 파트너십이
지역사회에 뿌리를 내리고, 도시 간 파트너십의 범주 속에서 시민의
정치적 의식함양교육에 대한 관심을 갖음으로써 유럽연합이 공동보조
를 통해 파트너십을 지원하는 것이 의미 있는 일임을 확고히 하였다는
데 주목할 필요가 있다. 이에 1990년 유럽연합의 파트너십 기금
(Europäischer Partnerschaftsfond)이 유럽연합 게마인데·지역위원회의
발의로 설립되었는데, 이 기금은 도시 간 파트너십의 수를 증가시키고
그 질적인 수준을 개선하는 데 크게 공헌하였다.

도시 간 파트너십은 물론 모든 문제해결을 위한 기적의 수단은 아니다. 그
러나 도시 간 파트너십에 시민이 참여하고, 그 참여가 파트너십의 성공에 어
떤 의미를 갖는지를 의식하게 되며, 이에 적절한 홍보와 참여가 지속적으로
이루어진다는 측면에서, 도시 간 파트너십은 위에 언급된 문제들의 효과적
해결을 위한 적절한 대안이 될 수 있을 것이다. 그러나 이러한 대안으로 확
고히 자리잡기 위해선 다음과 같은 노력들이 선행되어야 할 것이다. ① 다양
한 세계의 시민들이 더 가까워지고, ② 서로가 다른 곳의 상황을 이해하려고
하는 노력을 기울임과 동시에 다른 문화와 다른 역사적 전통을 가지고 있는
사람들과 함께 공존하는 소망을 가지며, ③ 여러 공동체가 최고의 발전을 목
표로 하여 서로 도우며, ④ 다양한 경험을 나눌 수 있는 자세를 갖추고, 그
경험으로부터 공동으로 학습할 수 있도록 준비해야 할 것이다.

시민의 참여 위에 지지되고, 지방행정 간 교류에만 국한되지 않는 지방외교는 본질적으로 참여한 시민과 지방자치단체 모두에게 장점이 될 수 있다. 지방외교는 시민이 통합된 유럽의 창출에 기여함으로써 공동의 민주적 초국가적 제도를 정착시키게 한다. 따라서 성공적인 지방외교는 유럽에서 역사적으로도 의미가 있는 일이라 할 수 있을 것이다. 또한 지방외교를 통해 유럽은 내부 성장과 발전이라는 문제를 해결하는 동시에 다른 유럽 밖의 시민들을 도울 수 있는 더 좋은 상황을 맞이하게 될 것이다. 이는 결국 세계평화와 발전을 지속하는 데 크게 기여할 수 있을 것이다.

2) 동·서독 지방자치단체 교류협력을 통해서 본 한반도에의 시사점

오늘날의 한반도 상황과 과거 동·서독의 상황이 다르다는 점은 분명하나, 현재의 남북산 교류협력관계 신선상황을 보면 결국 독일사례를 무시할 수는 없다. 남북한 체제의 상이성과 협력과정에 있어서 남한의 '햇볕정책'과 같은 지속적인 노력, 그리고 북한의 수동적인 반응 등에 비춰볼 때, 동·서독의 도시 간 교류협력과정을 눈여겨 볼 수밖에 없다는 것이다. 특히 오랜 기간 비공식적인 협력관계를 유지시키면서 끈질기게 자매결연을 요구한 결과 1980년대 중반에서야 공식적인 자매결연을 맺을 수 있었던 것은 우리에게 시사하는 바가 크다고 하겠다.

동·서독 지방자치단체 간 교류가 우리에게 주는 시사점을 구체적으로 요약해 보면 다음과 같다.

첫째, 동서독이 그랬던 것처럼 정치적·이데올로기적 특성을 감안하여 점진적인 접근을 할 필요가 있다. 특히 이 과정에서 남한의 끈기있는 노력과 손익계산을 따지지 않는 사실상의 교류주도권 확보가 요구된다.

둘째, 8·15 평양축전같은 돌발상황이나 중앙정부 차원의 정치적 갈등에 종속되거나 일희일비하지 말고 지방자치단체 간 교류 및 주민 간 협력이라는 '작은 만남'의 의미에 대한 확고한 의지를 갖고 접근해야 한다.

셋째, 과거 중앙집권적인 동독처럼 북한의 지방정부가 자체적인 결정권이 취약하다는 점을 고려하여, 북한의 중앙정부를 이해시키고 나아가 북한의 지방자치단체에 과도한 부담을 주지 말아야 한다.

넷째, 선거직으로서 임기에 연연하는 지방정치인들의 욕심이나 단기적 결과에 대한 기대보다는 작고 소박하게 주민의견을 수렴하는 해당 자치단체 차원의 내부적 준비과정을 철저히 할 필요가 있다.

다섯째, 정권차원은 물론 중앙정부 차원의 지방자치단체 간 교류협력에 대한 의지와 원칙을 조속히 확립하여 규제중심이 아니라 자율적이고 지방중심으로 추진될 수 있도록 여건마련에 최선을 다해야 한다.

제6장

지방외교 담당 전문기관의 역할강화:
한국과 일본의 사례

I. 지방외교 전담기관의 의미와 중요성

어떤 기관이든 그 기관에게 부여된 권한과 역할을 능률적이고 효과적으로 수행하기 위해서는 그것을 전담할 수 있는 전문기관의 구성이 필수적이다. 특히 우리나라는 지방자치의 역사가 일천할 뿐만 아니라, 지방자치단체가 직접 국제기구나 외국의 지방자치단체와 지방외교의 주체가 되어 외교정책을 적극적으로 수행해야 하는 경우에는 더욱 그러하다.

지방자치단체의 외교정책이 추구하는 목표는 일반적으로 국제교류를 통한 지역산업과 경제의 활성화 도모, 선진국의 발달된 행정·기술·제도의 도입, 공무원의 해외연수를 통한 견문 및 시야의 확대, 국가외교의 보완, 주민의 국제의식 및 국제이해의 함양, 지역에 필요한 해외정보의 수집 활용 등 아주 다양하다(이은재, 1999: 245). 일본의 경우에는 국제공헌과 인도적 배려, 환경문제 등 국경을 초월한 공통과제에 대한 대처, 자매도시제휴의 강화, 자치단체 간 우호협력관계의 강화, 지역경제의 진흥과 지역산업의 활성화, 지역의 국제화, 지역주민의 국제화에 대한 이해의 촉진, 지역의 NGO, 자원봉사 활동의 촉진, 이주자 지원, 자치단체 직원의 인재양성 등을 들고 있다(吉田 均, 2001: 13).

이상에서 본 바와 같이 지방자치단체가 수행하는 지방외교정책은 지방자치단체의 종합행정이라 해도 과언이 아니다. 따라서 지방자치단체가 성공적인 외교정책의 수행을 위해서는 지방외교 전담기관의 설치는 필수적 사항이라 할 수 있다(신기현, 1996: 169) 각 지방자치단체들은 국제적인 시야를 넓히기 위하여 실질적인 국제교류를 지원하는 조직을 구성하고 지방자치단체뿐만 아니라 민간차원에서의 국제교류를 지원해야 함을 강조하기도 한다(김종호, 1999: 130).

지방외교 전담조직과 마찬가지로 전담인력도 당해 지방자치단체 지방외교정책의 성공적인 수행을 위해서는 필수적이다. 단순한 전담인력의 수가 문제가 아니라 전문성의 정도, 직급별 구성비, 외부 전문 인력의 활용은 물론, 특별한 충원제도, 교육훈련, 보직관리, 처우 등도 종합적으로 검토되어야 한다(오성호, 1999: 165-186). 지방외교정책분야는 비교적 최근에 관심을 갖기 시작한 분야이기도 하지만 업무의 특성상 고도의 전문성과 외국어 구사 능력 등을 요구하기 때문에 담당인력의 전문성 향상이 아주 중요한 과제이다(신기현, 1996: 178).

II. 일본의 지방외교 전담기관(I): 자치체국제화협회

1. 조직체계

재단법인 자치체국제화협회(CLAIR: Council of Local Authorities for International Relations)는 지역에 있어서 국제화의 기운을 받아, 이러한 움직임을 지원하고, 추진하기위한 지방공공단체의 공동조직으로서 1978년 7월에 설립되었다. 동경에 본부를 두고 도도부현 및 정령지정도시에 지부를 두고, 국내 네트워크를 정비함과 동시에 세계의 주요도시에 해외사무소를 설치하고 있으며, 현재 뉴욕, 런던, 시드니, 파리, 싱가포르, 서울, 북경 등지에 해외

사무소를 두고 있다.

　이 협회는 지역에서 국제교류활동에 종사하는 국제교류원(CIR), 중학교나 고등학교 등에서 어학을 지도하는 외국어 지도 조교(ALT), 지역에 있어서 스포츠를 통하여 국제교류활동에 종사하는 스포츠 국제교류원(SEA)을 각지의 지방공동단체 등에 파견하여 어학지도 등을 행하는 해외청소년초청사업(JET 프로그램)을 추진하는 등, 지방공공단체의 해외와의 자매제휴 및 자매교류활동 등에 대하여 알선, 정보수집, 제공 등을 행하고, 자치체 간의 교류활동을 촉진하고 있다.

　또한 해외의 지방자치 단체 등의 직원을 일본의 지방공공단체에 받아들이게 하여 일반 행정, 농업, 환경 분야 등에 대한 연수를 행하게 하는 등 각 분야에 있어서 국제협력에 관한 전문적인 기술이나 지식을 가진 자치체 직원을 해외에 파견하고 국제협력활동의 추진에 도움을 주고 있다.

　나아가 지방공동단체가 해외의 제도 정책 등을 수집 분석하는 필요성이 한층 높아지고 있기 때문에, 7개의 해외사무소와 제휴하여 지방공공단체의 관심 깊은 주제에 관한 조사연구를 실시하고 있다.

〈그림 VI-1〉 CLAIR 조직도

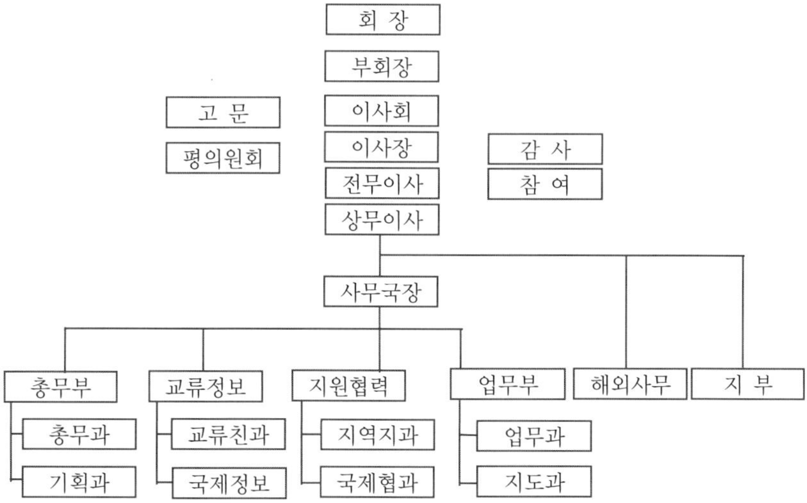

그 이외에 국제화에 대응하는 인재를 육성하기 위하여 자치체 직원을 해외에서 근무하게 하고 경험을 쌓게 하는 등, 지역의 국제화시책에 대한 지원과 함께, 전국의 지역 국제화협회 등과의 네트워크를 강화 하고 있다.

2. 구체적 활동내용

1) JET 프로그램

가. JET 프로그램의 개요

ㄱ) 사업취지

JET 프로그램은 지방공공단체 등이 외국청년을 초청하는 사업이며, 외국어교육의 충실을 이바지하면서 동시에, 지역차원에서 국제교류를 추진하는 것을 목적으로 하고 있다. 일본에 오는 참가자는 일본 전국의 학교에서 외국어를 가르치기도 하고 각 자치체에서 국제교류활동에 종사하기도 하며 지역주민과 여러 가지 형태의 교류를 깊게 하고 있다. 이와 같이 하여, 여러 외국과 상호이해를 증진함과 동시에, 일본의 국제화 촉진에 이바지하기를 기대하고 있다.

ㄴ) 사업주체

사업주체는 지방공공단체이지만 요청이 있으면 사립학교에도 알선·배치한다. 현재 모든 도도부현, 정령지정도시를 포함한 지방공공단체 등이 참가자를 받아들이고 있다. 사업주체(계약단체) 별로 참가자의 구체적인 배치와 그 활용에 대해서는 지사 또는 시정촌의 장이 자율적으로 정한 배치 활동계획에 따르고 있다.

나. JET 프로그램에 있어서 3성의 역할관계

JET 프로그램은 지방공공단체를 시작으로 총무성(總務省), 외무성, 문부과학성, 재단법인 자치체국제화협회가 협력하여 추진하고 있다. 3성은 다음과 같은 역할을 하고 있다.

ㄱ) 총무성(국가별 초청계획·재원)

총무성은 배치활동 계획을 정리하여, 총무성, 외무성, 문부과학성, 재단법인 자치체 국제화추진협의회와 협의한 뒤 국가별 초정 인원수를 정한 후 국가별 초청계획을 책정한다. 또한 참가자의 보수, 여비 등 본 사업의 소요재원을 지방교부세에서 충당한다.

〈그림 Ⅵ-2〉 총무성 관계도

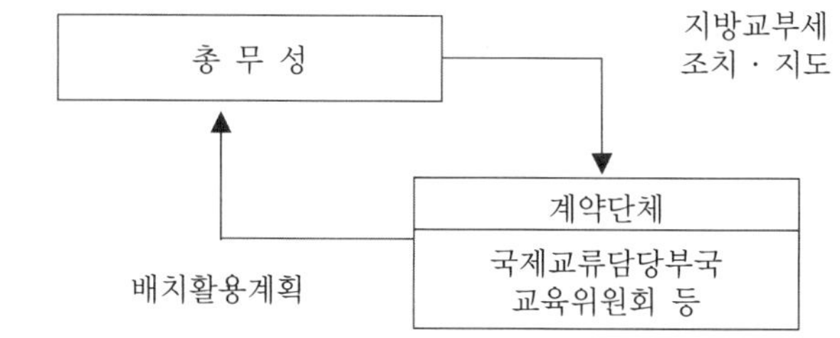

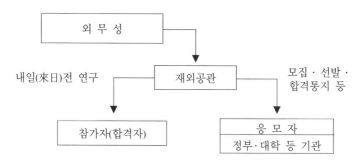

ㄴ) 외무성(모집·선발)

외무성은 국가별 초청계획에 기초해 재외공관을 통하여 참가자 모집, 선발 사무를 행한다. 그 합격의 결정 확인은 앞의 연합협의회에서 행한다.

〈그림 Ⅵ-3〉 외무성 관계도

ㄷ) 문부과학성(ALT에 대한 오리엔테이션, 카운슬링)

외국어 지도 조교에 대한 학교교육연수, 지도 및 카운슬링을 행한다.

〈그림 Ⅵ-4〉 문부과학성 관계도

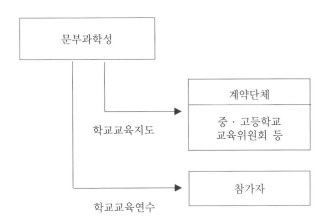

다. JET 프로그램에 있어서 자치체국제화협회의 역할

사업내용은 JET 프로그램의 목적을 달성하기위하여, 자치체국제화협회에서는 3성과 연락 조정·배치 활용계획에 기초하여, 참가자의 계약단체(지방공공단체 등)에 알선, 계약단체에 대한 조언·지도, 참가자에 대한 오리엔테이션, JET 프로그램·연수·상담 및 JET 프로그램과 관련된 홍보활동 등을 담당하고 있다.

자치체국제화협회의 업무: 참가자 모집, 선발에 관한 관계 성청 간 연락조정, 참가자의 지방공공단체 등에 알선·배치, 참가자 부임 시 도항(渡航) 조정, 참가자에 대한 설명회 및 각종 연수의 기획실시, 연수자료 작성(일본어 카세트, 테이프 등), 지방공공단체 등에 대한 조언과 지도, 참가자의 상담, 각종 팸플릿이나 기관지 등 발행, 사업에 관한 홍보활동, 일본어 교육연수 실시 등을 행한다.

(i) 회원과 재원: JET 프로그램의 실시에 관한 회원(정회원: 도도부현·정령지정도시; 특별회원: 시정촌 등)을 두고, JET 프로그램의 운영은 회원으로부터 회비(단체 할인회비 및 인원할인 회비) 및 재단법인 일본 복권협회의 조성금으로 충당한다.

(ii) 알선: 참가자의 각 계약 단체에의 알선은 배치 활용 계획 및 국가별 초청계획에 기초하여 자치체국제화협회가 실시한다.

(iii) 설명회: 자치체국제화협회는 지방공공단체, 3성과 협력하여, 다음과 같은 설명회와 연수를 실시한다.

〈표 VI-1〉 JET 사례

연수 명	주최·시기	목적·대상
일본도착 후 설명회	CLAIR, 3성 4월 상순·7월·8월	일본 도착 후의 생활 및 근무에 도움이 되는 지식·정보를 제공하고, 이후의 생활·근무를 원활하게 하고 본 사업의 충실을 기하기 위한 것. 신규초청자를 대상으로 함
중간연수	CLAIR, 문부과학성, 총무성 각 도도부현, 정령지정도시 10월~1월	근무기간 도중 생활 및 근무에 도움이 되는 지식·기술·정보를 제공하고, 이후의 생활·근무를 보다 원활하게 하고 본 사업을 충실하게 실천하기 위함, 전참가자를 대상으로 함
재계약 예정자 연수	CLAIR, 문부과학성, 총무성 5월~6월 경	계약자로서 생활 및 근무에 도움이 되는 보다 고도의 지식·기술·정보를 제공하고, 새로운 계약연도에 해당하는 임무를 재인식 시킨다. 전년도에 일본에 도착한 계약예정자를 대상으로 함
귀국 전 연수	CLAIR 2월~3월	귀국 후의 생활에 관한 정보·마음의 준비를 제공하고, 모국의 산업계 관계자들로부터 정보제공을 함으로써, 귀국 후의 생활의 실과 JET 프로그램 종료 후의 진로 결정에 도움을 준다. 귀국예정자 가운데 희망자를 대상으로 한다.

ㄱ) 상담시스템

참가자의 직무상, 생활상 상담에 응하고, JET 프로그램의 원활한 추진을 목적으로 다음과 같은 상담체제를 정비운영하고 있다.

(i) 계약단체의 역할: 참가자의 상사나 동료가 일상 직무를 통하여 충분한 의사소통을 행함과 동시에, 상담에 대한 충분한 설명과 이야기에 의한 해결을 기대 한다.

(ii) 정리단체(도도부현, 정령지정도시)에 최소 2명 이상의 상담 담당자 (PA: Prefectural Advisor)를 설치하고 있다. 상담 담당자는 계약단체나 참가자로부터 상담에 응하고, 문제해결을 위한 원조와 동시에, CLAIR나 그 이외 다른 관련기관과의 연락을 담당한다.

CLAIR의 역할로는 정리단체(도도부현·정령지정도시)에서 대응이 곤란한 문제나 참가자가 직접 상담하고 싶은 사항에 대응하기 위하여, JET 프로그램 경험자인 외국인 스탭(프로그램 조성자)을 배치하고 있다. 그들은 성기석으로 전문 상담자를 초청하여, 상담의 기초이론과 기법을 배우고 있다. 나아가 일본인 스탭과 연계하면서, 직접 참가자들로부터 상담에 응함과 동시에, 정리단체로부터 상담에 응하고 있다. 또한 일상적인 상담체제를 충실히 하여 중도 퇴직자등의 미연방지, 갑작스러운 사태에 대한 원활한 대응을 가능하게 하고, 정리단체의 상담 담당자등을 대상으로 상담 담당자 연수회를 개최하고 있다. 연수회에서는 상담의 기본이론, 상담기법, 마음자세 등에 대한 연수를 전문가의 지도하에 실시하고 있다.

(iii) 상담자와 연계: 자치체국제화협회에서는 이와 같은 상담체제의 강화를 위하여 전문상담자와 연계하여, 곤란한 경우에 대응하고 있다. 정기적으로 회합을 열고(상담 시스템 위원회) 시스템 개선, 사례연구 등을 행하고 있다.

전문위원회는 JET 프로그램의 원활한 운영을 하기위하여, 관계 행정기관이나 지방공공단체의 담당자, 학계의 경험자로 구성된 다음과 같은 전문위원회가 설치되어 있다. 운영전문위원회에서는 JET 프로그램의 실시계획 작성에 관한 것을 주로 다루고, 알선 전문위원회에서는 외국청년의 지방공공단체에의 알선 및 알선 안(案) 작성에 관한 것을 다룬다.

〈그림 VI-5〉 CLAIR의 역학관계

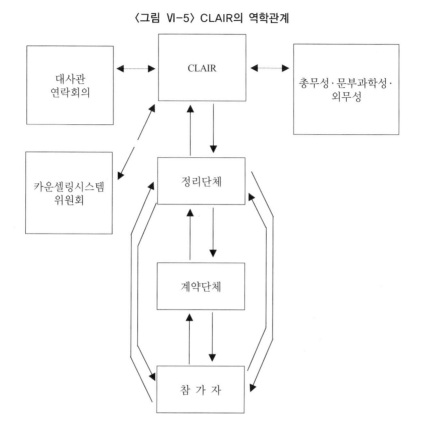

라. 참가자의 직무내용과 처우

참가자의 직무내용은 국제교류원(스포츠 국제교류원을 포함), 외국어 지도조교 등 2종류가 있다. 응모자는 어느 하나의 직종(동시지원 불가)만 응모할 수 있다. 국제교류원에는 지방공공단체의 국제교류담당부국에서 국제교류활동에 종사하는 국제교류원(CIR: Coordinator for International Relations)과 스포츠를 통한 국제교류를 행하는 스포츠 국제교류원(SEA: Sports Exchange Advisor)이 있다. 우선 국제교류원의 참가자 직무내용을 보면 <표 VI-2>와 같다.

〈표 VI-2〉 참가자 직무내용(국제교류원)

일본어 직명	국제교류원
영문 직명	CIR: Coordinator for International Relations
배속	지방공공단체의 국제교류담당 부국 등
직무 내용	1. 계약단체의 국제교류 관계 사무의 보조(외국어 간행물 등의 편집·번역·감수, 국제교류사업의 기획·입안 및 실시에 있어서 협력·조언, 외국으로부터의 방문객 접대, 이벤트 행사시 통역 등) 2. 계약단체의 직원, 지역주민에 대한 어학지도에 협력 3. 지역의 민간국제교류단체의 사업 활동에 대한 조언, 참가 4. 지역주민의 이(異)문화 이해를 위한 교류활동에의 협력 5. 그 이외 활동

그리고 스포츠 국제교류원의 참가자 직무내용을 요약해보면 〈표 VI-3〉과 같이 처리할 수 있다.

외국어 지도 조교(영어·한국어·불어·독어·중국어): 외국어 지도 조교(ALT: Assitant Language Teacher)는 교육위원회나 학교에서 외국어 담당지도자 또는 외국어 담당교원 등의 조교로 직무 수행을 행한다.

〈표 VI-3〉 참가자 직무내용(스포츠 국제교류원)

일본어 직명	스포츠 국제교류원
영문 직명	SEA: Sports Exchange Advisor
배속	지방공공단체의 관계 부서 등
직무 내용	1. 계약단체의 스포츠 지도 사무 보조(스포츠 사업의 기획·입안 및 실시에 있어서 협력·조언 등) 2. 지역에 있어서 스포츠 지도에 협력 3. 지역공공단체의 직원, 지역주민에 대한 스포츠 지도에 협력 4. 지역의 민간국제교류단체의 스포츠 사업활동에 대한 조언, 참가 5. 그 이외 활동

〈표 Ⅵ-4〉 참가자 직무내용(외국어 지도 조교)

일본어 직명	외국어 지도 조교 (영어·한국어·불어·독어·중국어)
영문 직명	ALT: Assitant Language Teacher
배 속	중학교·고등학교, 교육위원회 등
직무 내용	1. 중학교·고등학교에 있어서 일본인 교사의 외국어 수업의 보조 2. 초등학교에 있어서 외국어 회화 보조 3. 외국어 보조교재 작성의 보조 4. 일본인 외국어 담당교원 등에 대한 현직연수의 보조 5. 외국어 관련 클럽 등 활동에 협력 6. 외국어 담당교원 등에 대한 어학에 관한 정보 제공(말의 사용방법, 발음 방법 등) 7. 외국어 스피치 경연대회 협력 8. 지역에 있어서 국제교류활동 협력 9. 그 이외

ㄱ). 외국청년의 처우

참가자는 특별직 지방공무원으로서 지방공공단체에 고용되어 그 보수, 부임, 귀국 시 여비 등은 해당 지방공공단체의 부담에 의해 지급된다. 계약기간은 원칙으로 1년으로 한다. 또한 계약단체와 참가자 사이의 합의가 있는 경우에 한해 재계약을 체결할 수 있다.

〈표 Ⅵ-5〉 외국청년의 처우

보 수	1인당 세금 공제 후 연간 360만 엔 정도를 지급
여 비	부임 및 귀국 시 여비 지급
근무 시간	1주 35시간, 주휴가 2일제(토·일)를 표준으로 함
계약 기간	1년간(도착 후 다음 날부터 1년간으로, 재계약도 가능)
보 험	정부 관장 건강보험, 후생연금 보험, 해외여행 상해 보험

ㄴ) 해외사무소 전개와 활동

(i) 해외활동지원

지방공공단체 관계자가 해외에서 행하는 조사 및 시찰 등의 활동에 대해, 본부에서 자료제공, 필요한 조언 등을 행함과 동시에 해외사무소에 있어서 약속 성사, 사무소 내에서 개요설명, 자료제공 등의 활동을 행한다.

(ii) 조사연구활동

해외사무소에서 담당지역의 지방제도, 지역활성화 사례 등을 중심으로 계획적인 조사연구를 진행시키고, 이 성과를 폭넓게 관계자에게 제공하기 위하여, 본부에서 클레어 리포트에 소개한다(국제정보의 조사 및 국내자치관계 정보의 발신).

(iii) 뉴스레터의 발행

일본의 지방공공단체의 활동 등을 소개하기위하여, 각 해외사무소에서 뉴스레터를 발행하고, 각 해외사무소 담당지역의 정부나 지방자치체 능의 관계자에게 배포한다.

(iv) 직원연수

지역의 국제화에 대응할 수 있는 인재를 육성하기위하여 다음과 같은 연수를 실시하고 직원에 대해 연찬의 장을 제공한다.

1. 어학연수: 개인레슨, 외국어 능력검정시험.
2. 능력개발 추진 조성제도: 직원이 수강하는 어학강좌 등에 수강료에 대한 조성.
3. 행재정 제도 연수: 일본 및 해외 지방행재정 제도에 관한 연수.
4. 업무연수: 컴퓨터 연수 등(http://www.soumu.go.jp/kokusai/pdf/051125_01.pdf).

마. 해외청소년 초청사업(JET 프로그램)에 대한 기본 검토회

ㄱ). 기본문제 검토회의 설치 취지와 목적

JET 프로그램은 1987년에 시작되어 지방공동단체, 교육현장 등으로부터 많은 수요를 발생시켰고, 청소년 프로그램으로서 많은 발전을 거듭함과 동시에 국내외에서 높은 평가를 받았다. 연간 초청인원은 6,000명으로 당면 목표를 달성하였고 일본 시정촌 가운데 약 70%를 넘는 시정촌이 JET 프로그램

참가자를 받아들이고 있다. 프로그램 시작 이래 15년이라는 전환점을 맞이하면서 프로그램에 대한 검토가 진행되었다. 지금까지 진행된 이 프로그램이 현재 직면하고 있는 과제와 방향성 등에 관한 포괄적 검토가 진행되었다. 전문가, 지방공공단체 및 교육위원회 대표, 외무성, 문무과학성, 총무성 및 재단법인 자치체 국제화협회(CLAIR)의 대표들이 참가하여 JET 프로그램 기본문제에 대한 검토회를 설치하였다(2000년 10월).

(i) 심의과정

본 검토회는 6회 개최되어, 제1회에서는 야마모토 타다시(山本 正) 재단법인 일본국제교류센터 이사장을 위원장으로 선출하여, JET 프로그램의 개요와 과제를 설명한 후 질의응답과 의견교환을 행하였다. 제2회에서는 지방공공단체로부터 청취와 의견교환, 제3회에서는 JET 참가자 경험자들로부터 청취 및 의견교환을 행하였다. 청취 때는 참가자들로부터 현장에서의 JET 프로그램의 현상·효과·과제 등을 설명함과 동시에 JET 프로그램의 강화를 위해서 여러 가지 제언이 행하여졌다. 그들 청취효과를 고려하여 제4회에서는 앞으로의 논점에 대해 커다란 틀과 방향성에 대한 논의가 행하여졌으며, 청년교류라는 프로그램의 기본적인 성격이나 지역에 있어서 국제교류 촉진과 외국어교육 충실이라는 2가지 목표를 유지하는 것이 중요하다는 것을 확인하였다. 또한 참가자의 동기부여를 높이는 성실이나 효과적인 홍보의 중요성들에 관해서도 논의하였다. 그들의 지적을 참고하여 제5회에서는 참가자가 얻는 효과, 질 높은 참가자 확보를 위한 노력, 학교에서 새로운 시도라는 관점으로부터, 개별 과제에 대해서 정리하고 나아가 각각에 대한 앞으로의 심도 있는 논의를 전개하였다. 그 이후 보고서를 작성하여 그 방향성을 제시하고 JET 프로그램의 발전을 향한 관계자들의 추진을 기대하였다.

ㄴ) JET프로그램 현상

JET프로그램은 세계 글로벌화의 흐름에 따라, 많은 변화를 초래한 일본 국제화 전략의 재검토 및 활성화를 받아들여, 1987년 창설 개시되었다. 일본의 지역차원에서의 국제교류 추진 및 중·고등학교에서의 외국어 교육의 충실을 목적으로, 나아가 여러 외국과 상호이해와 교류촉진을 위하여 실시되었다.

(i) JET프로그램의 발전과 경위

JET프로그램의 기원은 1977년으로 거슬러 올라간다. 그해 문부성에 의해 미국인 영어지도 교원 및 조교(MEF: Monbusho English Fellow)제도가 개시되었고, 그 다음해 외무성 및 문부성에 의해 영국인 영어지도교원 초청사업(BETS: British English Teachers Scheme)이 개시되었다. BETS의 개시에는 당시 일영의원연맹의 사무국장이었던 고이즈미 총리가 관여하였다.

또한 일본에 있어서 지역차원의 국제화나 국제교류촉진의 중요성에 대한 인식을 받아들여 자치성은 1985년, 1986년도 지방 행재정(行財政)중점시책에 관한 국제교류 프로젝트 구상을 발표하고, 그 가운데서 지방공공단체의 국제화시책에 대한 일정한 방향성 부여가 시도되었다. 나아가 일본의 외국어 교육의 충실 및 지역차원에서의 국제교류촉진을 통한 일본과 여러 나라의 상호이해증진을 목적으로 한 어학지도 등을 행하는 외국청년초청사업(JET프로그램)에 대하여도 외무성, 문부성이 협력하고 함께 구상하는 가운데서 실시가 제안되었다.

JET프로그램은 MEF, BETS의 양 프로젝트를 발전적으로 승계하고, 외무성·문부성·자치성 3성 공동의 프로젝트로 실시하게 되었으며, 사업의 실시주체는 지방공공단체가 된다. 또한 이 프로젝트의 원활한 추진을 위하여 지방공공단체 공동의 조직으로서 국제화추진 자치체협의회가 설립되었다. 더욱 이 협의회는 현재의 재단법인 자치체국제화협회로 발전하였다. 프로그램 초년도인 1987년에는 MEF, BETS로부터 계속 진행자를 포함해 848명의 참가자가 영어권의 4개국(미국, 영국, 오스트레일리아 및 뉴질랜드)으로부터 초청되었다. 프로그램 개시 당초의 직종은 지방공공단체에서 국제교류업무에 종사하는 국제교류원(CIR)과 공립 중·고등학교 지도 보조 등을 행하는 외국어 지도 조교(ALT) 2 종류이었다.

앞서 설명한 국제교류프로젝트 구상에 대해서는 당면 초청목표를 3,000명 정도로 하고, 초청대상국은 실정에 맞게 순차적으로 확대하기로 하였다. 초청자 수는 2년째 이후도 계속 순조롭게 증가하고, 초청대상국도 영어권의 캐나다 그리고 아일랜드가 추가되었고, 나아가 그 이후 비영어권의 독일과 프랑스가 추가되었으며 1992년에는 당초 목표였던 3,000명을 달성하였다. 1994

년에 새로운 초청 목표가 6,000명으로 되었고, 이때부터 스포츠 지도를 통한 국제교류업무에 종사하는 「스포츠 국제교류원(SEA)」 초청이 시작되었다.

CIR에 대해서는 지방공공단체의 요망에 따라 초청대상국이 순조롭게 확대됨과 동시에 1997년부터 연구, 예술 분야에서 국제교류에 종사하는 청년 초청을 확대하였고, 2001년까지 무대예술, 음악, 과학기술, 정보 등 다양한 분야로부터 청년들이 참가하였으며 그 전문성을 발휘하고 활약하였다.

ALT에 대해서는 프로그램 개시 당초 초청대상 언어가 영어 만이었기 때문에, 1989년에는 독일어 및 프랑스어에도 확대되었고, 1998년에는 중국어와 한국어도 추가되어 현재 5개 국어가 대상이 되고 있다. 또한 영어 ALT에 대해서는 그 초청 대상국이 당초 미국, 영국, 호주, 뉴질랜드, 캐나다, 아일랜드 등 6개국 만이었지만, 1997년부터 남아프리카가 추가되었고, 2000년부터 싱가포르, 자메이카도 초청대상국으로 확대되었다. 나아가 지방공공단체로부터 요망에 따라 이탈리아, 핀란드, 인도, 이스라엘로부터도 영어 ALT 초청이 이루어졌다. 지방공공단체로부터 JET 참가자에 대한 배치요망은 매년 증가하였으며, 6,000명 초청 목표는 2000년에 달성되었으며, 2001년부터는 6,190명의 참가자가 초청되게 되었다. 그것을 직종별로 보면 ALT가 5,583명, CIR가 576명, SEA가 31명 이었다. 15년간 직종별 초청자의 증가 상황은 여러 지표에서 나타내고 있다.

ㄷ) JET 프로그램 평가

JET 프로그램은 개시 이래 15년간 일본의 지역사회, 학교현장, 학생, 참가자 등 여러 방면에서 영향을 주었고 여러 가지 효과를 가져왔으며, 내외로부터 높은 평가를 받았다.

(i) 외국어교육·학교교육에 대한 평가

학교교육에 있어서 ALT 활동은 학생의 외국어에 대한 관심의 향상, 외국어 수업에 대한 적극성의 향상, 학생의 외국어 운용능력 향상, 수업내용의 충실 등 그 공헌을 평가하는 목소리가 높다. 특히 팀 티칭을 통한 대화 수단으로써 외국어에 대한 학생의 흥미, 이해가 증진되었다. 재단법인 자치체국제화협회(CLAIR)가 실시한 「JET 프로그램 평가조사보고서」에 의하면, 팀

티칭 수업에 대해 "재미있다", "어느 쪽이냐면 재미있다"라고 응답한 중학교, 고등학교 학생은 전체의 90%를 차지하고 있다. 또한 일본인 외국어 담당 교원의 외국어 능력 향상에도 일정한 효과를 보이고 있으며, 외국어 교육면에 있어서 ALT 초청의 다양한 효과는 높이 평가되고 있다. 나아가 SEA 초청을 통하여, 초청을 실시한 학교의 전국대회를 시작으로 각종 대회에서 순위향상과 같은 종목의 스포츠 애호가가 증가하였고, 클럽 활동 참가자 확대라는 효과도 보였으며, 학생의 기술력 향상뿐만 아니라 일본인 지도자 육성이라는 면에서도 평가를 얻고 있다.

(ii) 지역차원의 국제화에 대한 평가

CIR에 대해서 당초 영어권 4개국만을 초청하였던 때부터 15년간 40개국 이상으로부터 초청할 정도로 다양화되고 있다. CIR의 지방공공단체나 지역의 다양한 활동의 결과, 국제적인 이벤트 실시, 참가 촉진 등 지역에 있어서 국제교류활동의 활성화, 자매도시 교류 등 일본과 해외의 자치체 간 교류 촉진, 지역공공단체와 지역 주민의 외국어 학습 촉진에 의한 외국어 능력 향상 등, 지역의 국제화를 위한 다양한 효과를 들고 있다. 또한 JET 프로그램으로 일본에 참가한 사람들은 도시뿐만 아니라 작은 마을(町)이나 멀리 떨어진 섬의 작은 마을에 이르기까지, 일본 전역에 배치되고, 그 지역사회의 일원으로 살아가기 위하여, 직종을 불문하고 직장에서 활동이외에 JET 참가자와 접할 기회를 갖게 되는 지역주민의 이(異)문화 이해나 국제 감각 증진이 가져오는 효과가 높이 평가되고 있다.

(iii) 해외에서 일본이해를 촉진하기위한 평가

15년간 JET 프로그램에 참가한 사람은 합계 3만 명 이상에 이르고, 이들 JET 프로그램 경험자들 가운데는 동경에 있는 대사관에 근무하기도 하고, 일본 관련 기업에 취직하는 등 각계에서 활약하는 사람이 많다. JET 프로그램 참가자의 OB/OG 조직으로 JETAA(JET Alumni Association)가 JET 참가자들로부터 조직되고 있으며, 현재 세계 11개국 44개 지부를 가진 회원 총수 1만 1,395명의 조직으로 발전하고 있다.

JETAA는 회원들이 JET 프로그램에서의 경험을 살려, 국제의식을 높이고 지역의 국제화를 지원하는 인적자원으로 역학을 하는 것을 목표로 하고 있으며, JET 프로그램 진흥에 공헌함과 동시에, 일본과 JETAA 지부 모국과의 우호관계 촉진에 기여하는 등, 각국 각 지부에서 적극적인 활동을 전개하고 있다. 그 내용은 JET 프로그램의 모집, 홍보활동에 협력, 귀국 후 참가자에 대한 지원, 해외의 국제적인 이벤트에서 일본소개 등 다양한 분야에 걸쳐, JETAA는 젊은 인재들의 민간 차원의 2국간 교류 촉진에 공헌하고 있다. 또한 1995년부터 매년 국제총회를 개최하여 네트워크 강화나 활동을 조직적으로 행하고 있다. 이와 같은 대규모 JETAA 활동의 활발함은 일본의 지역의 국제화를 통한 여러 외국과의 상호이해 진전을 목포로 시작한 JET 프로그램의 발전적 효과이며, 일본뿐만 아니라 해외에 있어서도 국제이해를 촉진하고, 국제적인 인재를 육성하는 데 공헌하였다고 평가하였다.

ㄹ) 앞으로 직면한 과제
(i) 외국어 교육·학교교육에 있어서 과제
현재 ALT는 외국어 교육에 있어서 중요한 존재로 활약하고 있지만, 종래보다 ALT측으로부터 활동내용, 활동기회에 관한 보다 충실한 요구가 있다. 특히 여름방학 중(학교 수업이 없는 장기휴업 기간 중) ALT 활동에 관한 요망이 많다. 그리고 연수나 지역 활동 등 다양한 활동에 참가함으로써 학교수업 활동에 어느 정도 시간을 유효하게 활용하는 방책이 모색되고 있다. 그와 같은 활동 내용이나 활동 기회를 한층 충실히 하는 것은, 참가자의 동기부여 향상에 도움이 되며 중요성이 높다고 생각한다.
한편으로 학습지도요령 개편으로 중·고등학교에서 외국어과가 필수로 되고, 중학교에서는 영어를 원칙적으로 이수하게 되었으며, 외국어에 의한 대화능력 육성이 한층 중요시되고 있다. 일본에 있어서 외국어 교육의 방식에 대해서는 계속 전반적인 논의가 행하여지기를 지대하지만, 당면 외국어 교육에 있어서 ALT의 역할이 중요시 되고, 그것에 대응한 ALT 활동 방식을 어떻게 충실히 하느냐가 과제가 되고 있다. 앞으로 신 학습지도 요령이 목표로 한 학생의 기초적·실질적 대화능력 향상을 실현하기 위해서는, 중·고등학교 수업에서 원칙적으로 주 1회 이상 원어민에 의한 수업을 실시할 필요가 있다. 그렇게 하기 위해서 인재확보를 지역주재외국인이나 유학생 등도 염두에 두는 다방면의 검토가 필요하다. 또한 초등학교에서도 종합적인 학습시간 도입으로 국제이해 교육이 충실히 행하여지고 있기 때문에, ALT가 초등학교에서도 활동해 주기를 바라는 목소리가 높고, 초등학교에서 ALT의 방식에 대해서도 과제를 정리하고 대응할 필요가 있다. 그리고 ALT의 외국어 지도능력 향상 등 보다 질적인 향상도 기대한다.

(ii) 지역차원의 국제화 과제

지역에서 국제교류활동을 추진하는 데 있어서 CIR이 그 중요한 역할을 하고 활약하고 있지만, 다른 직종에도 의욕 있는 참가자가 다양한 활동을 할 수 있도록 희망하는 목소리가 높다. 지역에서 국제교류활동을 충실히 하기 위하여 그들 참가자가 보다 효과적인 활약이 가능한 교류사업 방식, 활동체제 방식이 과제로 되고 있다.

(iii) 해외에서의 과제

초청자 수가 6,000명 규모에 이르는 현재, 질 높은 참가자를 보다 많이 확보하기 위한 조치가 중요한 과제가 되고 있다. 그렇게하기 위해서는 참가의욕을 높이기 위하여 해외에서의 JET 프로그램 평가가 필요하다. 프로그램 참가 시 활동내용뿐만 아니라, 참가 후 그 경험을 어떻게 살리고 있는가의 관점으로부터, 참가자가 된 청년들, 나아가 그가 소속하는 모국의 지역사회에게 있어서 매력 있는 프로그램이 되게 하는 것이 중요하다. 나아가 그와 같은 관점으로부터 홍보활동의 충실도 중요하다. 약 3만 명에 이르는 JET 프로그램 경험자의 활약, 관계자에 의한 JET 프로그램에 대한 평가에 초점을 맞추어, 보다 효과적인 홍보활동에 노력하여야 한다는 것이다.

검토회는 JET 프로그램의 보다 충실을 기하기 위하여, 위와 같은 프로그램이 직면하고 있는 여러 과제에 대해 필요한 제도를 수정하여 새로운 대응책의 검토를 행하고 있다.

2) 자치체의 국제협력지원

자치체의 국제협력 지원사업으로는 자치체 직원 협력교류사업, 자치체 국제협력촉진사업(모델 사업), 시민 국제 프라자, 국제협력정보게시판, 자치체

국제협력네트워크, 그 이외 국제협력관련사업, 자치체의 국제협력정보 등을 실시하고 있다. 이하에서는 간단히 그 내용을 설명한다.

가. 자치체 직원 협력교류사업

근년 자매교류를 축으로 지방자치체의 국제교류가 활발하게 진행되는 가운데 그 내용도 교류로부터 협력으로, 나아가 폭넓은 활동을 전개하고 있다. 지방자치체에는 지역의 종합적인 경영주체로 다양한 노하우·기술 등의 축적이 있으며, 그것들을 활용한 국제협력이 진행되고, 그 중심이 되고 있는 것은 연수생을 받아들이면서 전문가 파견 등을 통한 인재육성에 협력하는 것이다. 일본의 총무성과 재단법인 자치체 국제화 협회에서는 이와 같은 자치체에 의한 주체적인 국제협력 실시를 한층 더 추진시키기 위하여, 해외의 지방자치단체 등의 직원을 일본의 지방자치체에 받아들일 때, 재정면이나 받아들이는 실무면에서 지원을 행하고, 「자치체직원협력교류사업(Local Government Officials Training Program in Japan)」을 1996년부터 실시하고 있다. 이 사업은 도도부현, 정령지정도시, 시정촌이 연수생을 받아들이는 주체가 되고, 그 연수분야도 일반행정, 환경, 경제, 교육, 농업 등 폭넓은 분야에 걸쳐, 서로 지역발전에 크게 공헌하는 프로그램으로서 국내외로부터 평가를 받고 있다(http://www.clair.or.jp/j/sien/kouryu/first/index.html).

ㄱ) 사업개요

사업목적은 해외의 지방자치체의 직원을 협력교류연수생으로 일본의 지방자치체에 받아들여, 지방자치체의 노하우·기술 습득을 실시하면서 동시에 초청한 자치체의 국제화 시책 등 협력을 통하여 지역의 국제화를 추진하는 것에 있다.

사업주체는 도도부현, 정령지정도시, 시정촌이고 연수기간은 대개 6개월부터 10개월 정도이다, 그리고 비용부담 및 재원은 초청한 자치체가 연수생의 왕복항공비, 체제비(숙박료, 생활보조비), 연수비, 국내이동비용 등을 부담하게 되어 있지만 소요비용에 대해서는 도도부현은 보통 지방교부세, 정령지정도시, 시정촌은 특별지방교부세로부터 재원조치가 실시된다.

협력교류연수생의 응모요건으로는 원칙으로 만 20세부터 39세까지의 해외 자치체 직원 등으로, 일본어 또는 영어 회화능력을 가지고 있음과 동시에, 장래 지도자가 될 우수한 자질을 겸비한 것을 그 요건으로 하고 있다.

협력교류연수생의 모집·선고·알선은 일본의 지방자치체의 초청 희망에 기초해 총무성, CLAIR에서 연수생의 모집·선고를 행하고, 지방자치체에 후보자를 알선한다. 더군다나 자매제휴도시 또는 교류 해외자치체 등으로부터 독자적인 선고에 의한 연수생 초청에 대해서도 지원하고 있다. 연수조건은 연수생의 연수조건(연수기간 등)은 초청 자치체의 근무형태와 합치시키는 등 연수 운영은 각 자치체 재량에 맡기고 있다.

ㄴ) 연수내용

초청 자치체, 총무성, CLAIR, 문화청이 협력하여 다음과 같은 연수를 실시한다. 먼저, 전체연수로는 동경연수로 일본체제 중 생활 및 연수를 원활하게 하기위한 정보를 제공하기 위하여, 일본에 도착한 후 총무성, CLAIR가 실시한다. 둘째로 JIAM(전국 시정촌국제문화연수소) 연수로, 지방자치체에서 생활이나 전문연수에 필요한 일본어 습득과 동시에 일본의 지방자치제도, 일본문화 등에 대해서 이해를 하기위하여 약 1달간 연수를 행한다. 셋째로 중간연수로 연수 중간까지 연구 성과를 발표하고, 지역정책과제에 관한 강의, 의견교환 등을 행하며, 남은 연수기간을 충실히 한다.

전문연수로는 사업의 중핵을 이루는 연수로 연수생의 연수분야에 응한 전문적인 연수를 초청 자치체 있어서 행한다. 연수내용은 초청 자치체가 주체가 되어 결정한다. 연수기간은 대개 5개월부터 9개월 간 정도 이다.

특별연수는 문화청 특별연수로 문화재 보호, 미술관 분야에 있어서 전문적인 연수를 문화청이 주최가 되어 행하고 있다. 우선 전체적인 연수생 초청 실적을 보면 <표 VI-6>과 같다.

한편 연수분야별로 이를 다시 정리해보면 <표 VI-7>처럼 일반행정, 농림수산, 문화·전통 등 다양하게 나타나고 있다.

그리고 이를 다시 자치단체별로 정리해보면 <표 VI-8>과 같다.

〈표 VI-6〉 연수생 초청실적

출신국·지역	1996	1997	1998	1999	2000	2001	2002	2003	2004	2005	합계
인도네시아	10	8	1	2	3	3	2	4	3	1	37
태국	6	9	4	3	6	5	3	3		2	41
필리핀	6	6	6	1		3	5	1		1	29
말레이시아	3	2	2	2	1	4	2		1		17
베트남	2	4	7	3	2						18
미얀마		2	3	4	3	2	2	2	1		19
중국	14	21	26	37	42	42	32		47	39	300
한국	6	11	13	18	29	27	22	27	16	19	188
러시아	1	2	1	1	1	1	1	1	1	1	11
폴란드	1										1
헝가리	1	1	1	1		1	2	1			8
독일		1		1						1	3
부탄			1	1		1	1	1			5
카자흐스탄			1								1
키르기스스탄			1								1
터키			1		6						7
캐나다			1								1
영국				1							1
덴마크				1							1
네팔				1	1	1					3
몽골				1	1	1	1	1	4	4	13
라오스				2	2			1	2	1	8
오스트레일리아					1	2	2		1	1	7
팔라우					1						1
파라과이					1						1
캄보디아						1	3	2			6
멕시코							1	1	1	1	4
브라질							1	1			2
미국								1			1
스리랑카										1	1
기니아										1	1
홍콩									1		1
합계(명)	50	67	69	80	100	94	80	46	78	73	738
참가국·지역수	10	11	15	17	15	14	15	14	11	13	32

〈표 Ⅵ-7〉 연수분야

연수분야	1996	1997	1998	1999	2000	2001	2002	2003	2004	2005
일반행정	12	15	19	32	33	30	29	19	18	19
환경	9	14	11	12	15	20	12	6	12	9
의료·보건		3	2	4	3	3	3		4	9
복지				2	1	1	1	1	1	1
상공	3	11	9	3	7	3	6	3	3	4
관광	3	3	5	2	3	6	4	4	8	10
농림수산	6	8	9	12	8	11	5	1	9	7
토목·건축	6	3	4	4	6	5	8	2	5	1
정보통신					3	2				1
국제교류							3	3	8	6
문화·전통	4	2	3	4	3	7	2	1	3	1
교육	5	5	6	4·	10	4	4	4	5	2
도시계획										1
동물관리										1
소방·공안	2	3	1	1	8	2	3	3	2	1
합계(명)	50	67	69	80	100	94	80	47	78	73

〈표 Ⅵ-8〉 자치단체별 통계

초청자치체 수	1996	1997	1998	1999	2000	2001	2002	2003	2004	2005
도도부현	31	38	36	39	42	41	34	23	30	25
정령지정도시	5	4	3	6	8	7	7	4	6	6
시		5	9	9	9	10	11	9	13	16
정		1	1	1	7	5	5	1	5	4
촌			2		1	1	1			
합계(명)	36	48	51	55	67	64	58	37	54	51

〈그림 Ⅵ-6〉 자치체 직원 협력교류 사업의 구조

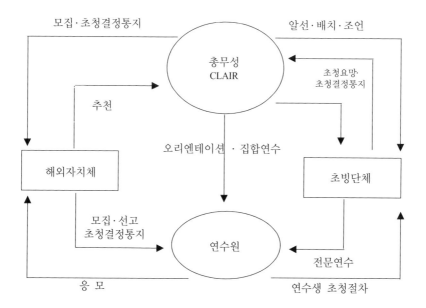

<그림 Ⅵ-6>은 이러한 연수내용을 지방차치단체/직원 협력교류 사업을 중심으로 구조화 시켜 볼 것이다.

나. 자치체의 국제협력촉진 사업(모델 사업)

근년 일본의 지방자치체는 우호 친선을 목적으로 한 국제교류에 머물지 않고, 그들을 기초로 하면서 자치체가 가지고 있는 전문지식, 인재 등을 활용한 국제협력이 적극적으로 전개되고 있다. 이러한 상황아래서 자치체에 대한 지역의 특성을 살린 다양한 협력, 대등한 협력관계를 기초로 한 주민참여형의 협력, 그리고 상대방 지역의 요청으로 상세한 협력이 점점 기대되고 있다. 그렇기 때문에 일본의 자치체 국제화 협회에서는 1996년 자치체가 행하는 국제협력 사업을 중심으로 선구적인 역할을 수행하는 사업을 모델 사업으로 인정하여 적극적으로 지원하고 있다. 2005년에는 14개 사업이 모델사업으로 선정되었다(http://www.clair.or.jp/j/sien/model.html).

<표 VI-9> 모델사업 내용

자치단체명	대상분야							상대지역						
	임업	교육	환경	인재육성	의료보험	형화공헌	산업경제	중국	한국	러시아	태국	캄보디아	브라질	미국
야마카다 시		○												
가나가와현					○			○	○					
도야마 현			○					○						
이시카와 현			○					○	○	○				
키부 현				○									○	
교토부(1)		○												○
교토부(2)	(○)		○					○						
교토부(3)							∪	○						
오사카 시		○									○			
효고현			○					○						
히로시마 현												○		
기타큐슈 시 (1)							○							
기타큐슈 시 (2)				○										
기타큐슈 시 (3)			○								○			
14개 사업		3	5	2	1	1	2	6	2	1	2	1	1	1

ㄱ) 모델사업 내역

위의 사업실시 기간은 2005년 4월 1일부터 2006년 3월 31일까지이다. 그리고 이러한 대상이 되는 단체는 지방자치단체(도도부현, 시구정촌) 및 NGO이다. NGO에 대해서는 지방자치단체와 연계하여 사업을 실시하는 NGO에 한해서, 그 사업에 관한 조성은 지방자치단체를 통하여 행하고 있다. 대상사업으로는 자치단체 및 지방자치단체와 NGO가 연계하여 실시하는 국제협력사업이다(사전 조사사업을 포함). 더 나아가 자금 공여만의 사업이나 사업의 실시에 있어서 국가 등의 조성을 받고 있는 사업 등은 대상이 되지 않는다. 그리고 재단법인 자치체 국제화협회의 지원내용은 조성금의 교부가 있다. 조성의 대상이 된 경비의 총액의 2분의 1이내에 상당하는 액으로, 동시에 하나의 사업에 대해 300만 엔을 한도로 하고 있다. 복수의 자방자치단체가 공동으로 행하는 경우는, 사업을 행하는 자치체의 수에 관계없이 하나의 사업당 500만 엔을 한도로 하고 있다. 모델사업에 대한 평가는 사업종료 후 보고회를 개최하여 평가함과 동시에, 다른 자치체에 대한 사업을 주지시키고, 국제협력사업의 촉진을 꾀하고 있다.

다. 시민국제플라자

「시민국제플라자」라는 것은 지방자치체와 NGO가 협력하면서, 지역의 특색을 살린 국제교류활동을 추진하는 것을 목적으로 설치한 시설이다. 최근 일본의 지방자치체 가운데 여러 가지 국제교류활동이 전개되고 있다. 또한 NGO의 활발한 국제협력활동은 국제적으로 평가를 받게 되었다. 그 결과 쌍방이 연대하게 되었으며 보다 효과적인 국제협력활동을 전개하고 있다. 일본의 「시민국제플라자」 시스템도 그러한 의미를 살려 고안한 것으로 현재 재단법인 자치체 국제화협회와 국제협력NGO센터(JANIC)가 공동으로 관리 운영을 행하고 있으며, 자치체나 NGO 등이 행하는 국제협력에 관한 정보를 수집, 제공하고 또한 홍보도 행하고 있다. 그리고 국제협력에 관한 노하우를 제공하며, 국제협력을 담당하는 인재를 육성하는 일을 담당하고 있다. 이러한 활동을 통하여 연계하려하는 지방자치체와 NGO를 후원하고 있다. 지방자치체와 NGO에서 활동하는 사람들은 국제협력에 관심을 가지고 있는 사람들이 적극적으로 이용하기를 기다리고 있다(http://www.clair.or.jp/j/sien/plaza.html).

「시민국제플라자」의 주요 활동으로는, 먼저 국제협력활동에 관한 정보수집과 그것을 제공해 준다. 지방자치체나 지역국제화협회, NGO 등이 행하는 여러 가지의 국제협력정보를 수집하기위하여, 「시민국제플라자」에서는 발행되는 서적, 팸플릿, 뉴스 레터, 각종 보고서 등을 수집하고 찾아오는 사람들에게 열람하도록 한다. 또한 전화나 팩스에 의한 지방자치체나 NGO에 대한 질문에 답하기도 하고, 자치체 국제화협회의 홈페이지에서 국제협력정보

게시판을 설치하여 국제협력에 관한 정보를 누구나 손쉽게 접할 수 있도록 하고 있다.

둘째로, 국제협력에 관한 노하우 제공 활동을 한다. 국제협력에 밝은 NGO 관계자등을 조언자로 등록하고, 각 지방자치체 등의 요청에 응해 파견하는 「국제협력 어드바이저」 제도로부터, NGO가 가지고 있는 국제협력의 노하우를 제공하고 있다.

셋째로, 자치체나 NGO와 연계하여, 예를 들면 어떤 나라에서 어떤 분야의 국제협력을 행하고 싶은데, 그와 같은 활동을 적극적으로 행하는 NGO는 없는가? 혹은 자치체와 협력을 생각하고 있는 NGO는 없는가? 등등을 조사하기 위하여, 「시민국제플라자」에서는 국제협력 NGO센터와 연계하여 정보제공을 하고 있다. 또한 이 센터로부터 파견된 코디네이터가 이 플라자에 상주하면서, NGO에 대한 정확한 답변이 되도록 체제를 갖추고 있다.

넷째로, 장래 국제협력을 담당할 인재를 육성하기 위하여, 매년 수차례 자치체와 지역 국제화협회 관계자를 대상으로 실무적인 워크숍을 행한다. 또한 국제협력에 관심 있는 사람들을 대상으로 한 입문적인 워크숍을 수시개최하고 있다.

다섯째로 「시민국제플라자」를 국제협력활동 실천의 장으로 하기 위하여 국제협력에 관한 연수회, 작은 실무회의 들을 일반에게 공개하고 있다(15명 정도의 소규모 회의가 가능하다). 이용 시에는 예약을 받고 있다.

마지막으로 국제협력활동에 관한 홍보활동을 행하고 있다. 자치체나 NGO가 연계하여 행한 국제협력활동이나 NGO의 개요에 대하여 알기 쉽게 사진전시 등을 통하여 항상 전시하여, 방문객들에게 국제협력에 대한 이해와 협력을 구하고 있다.

라. 국제협력 정보 게시판

자치체 NGO 교류 광장(http://www.clair.or.jp/ClairBBS/kyoryoku.html): 자치체 NGO와 정보교환의 장소로 이용해 주십시오. 이러한 게시판을 이용하여 국제협력에 관한 각종 정보를 제공한다. 이벤트 정보 광장, 인재, 물자 모집 광장, 국제협력정보의 광장으로 국제협력단체 활동을 소개하고, 국제협력을 둘러싼 최근 동향, 사례소개, 그리고 연구보고 등 폭넓은 국제협력에 관한 정보를 게재하는 장소이다.

마. 자치체 국제협력네트워크

일본의 자치체에서는 자매우호교류로부터 발전하였다. 세계의 다양한 지역을 대상으로 한 국제협력활동이 행하여지고 있음을 각 사례로 들어 인터넷에 발표하고 있다(http://www.clair.or.jp/j/sien/jigyo/index.html).

바. 그 이외의 국제협력 관련사업

톱 매니저 세미나 협찬 사업을 통하여 ODA의 일환으로서 지방행정 분야에서 여러 외국의 경제, 사회개발 협력을 목적으로, 지방행정에 간여하는 간부를 일본에 초빙하고, 지방행정을 둘러싼 여러 문제에 대한 의견 정보 등의 교환을 총무성이 실시하는 사업이다. 지금까지 27개국으로부터 초청되었으며 2003년에는 베트남과 캄보디아로부터 초청되었다. 또는 과거 초청 실적이 있는 각국의 간부직원과 네트워크를 만들어 진행시킴과 동시에, 일본에 있어서 지방 행·재정에 관한 정보를 발신하고, 국제교류나 협력추진을 진행하고 있다(http://www.clair.or.jp/j/sien/kanren.html).

그리고 자치체 국제협력전문가 파견 사업을 행하고 있다. 일본의 자치체는 다양한 분야에서 축적한 노하우를 가진 인재가 많이 있고 기술지도, 지원, 연수생의 초청 등 해외 자치체와 상호협력 분야에서 많은 성과가 기대되었다. 국제협력에 관한 기술이나 지식을 가진 자치체 직원(퇴직자를 포함)을「자치체 국제협력 은행」에 등록하고, 인재 확보의 정비, 충실을 기하고, 해외의 자치체와 국제협력활동 추진에 도움이 되도록 하고 있다. 2003년에 1,256명이 등록하였으며, 정보에 대해서는 등록자의 양해를 얻은 것에 한해, 각 지부에 제공하고, 자치체 등이 실시하는 각종 세미나 등에 활용하고 있다.

또한 해외 자치체의 행정자질 향상, 기술력 향상, 인재육성에 도움이 됨과 동시에, 일본의 자치체와 해외 자치체 등과 우호협력관계의 증진을 목적으로 하고, 해외지방정부로부터 요망에 따라「자치체 국제협력은행」등록자로부터 후보자를 선발하고, 자치체 국제협력전문가로 파견하고 있다. 지금까지

실적으로는, 1998년 3명, 1999년 6명, 2000년 10명, 2001년 5명의 자치체 직원을 파견하였으며, 농업 ,환경보전, 교육복지, 지방자치 재정제도 등 분야에서 협력활동을 전개하였다. 2002년 중국 1명, 인도네시아, 미얀마, 라오스에 각 1명씩 파견하였고, 환경보전이나 지방자치제도에 관한 지도를 행하였다. 2003년에는 라오스에 2명을 파견하고, 도서운영에 관한 지도지원을 행하였다.

사. 자치체의 국제협력정보

자치체 국제협력활동 정보를 데이터베이스화, 국제적인 자치체 간 네트워크조직에 관한 정보, 국제협력기관에 관한 정보로 독립행정법인 국제협력기구(JCIA), 국제협력은행(JBIC), 국제연합 등의 국제기관에 관한 정보를 제공한다. 일본에 있는 기관에 관한 정보 그리고 국제기관이 작성한 자치체 국제협력에 관한 문서, 보고서 등이 그 중심을 이룬다 (http://www.clair.or.jp/j/sien/kyoryoku/index.html).

3) 자매자치체 시스템

세계 가운데 지구차원의 국제화, 국제교류·협력이 하는 역할의 중요성이 확인되게 되었다. 그러한 움직임의 하나가 자매제휴이며 현재 1,400건을 넘어섰다. 재단법인 자치체국제화협회에서는 자매 제휴 정보를 제공하고 있다.

가. 자매자치체 교류 도서관

자치체 국제협력센터에서 자매교류 도서관을 설치하고, 자매교류에 관한 정보 및 자료 수집, 국내외 자치체에 관한 정보제공을 실시하고 있다. 또한 해외사무소와 네트워크나 국제자매자치단체와 연계하여 자치체의 자매교류 촉진 및 자매제휴에 대한 지원을 행하고 있다. 주요업무로는, 자매제휴 희망에 대한 알선과 지원, 자매제휴 상황, 구체적인 활동내용 등 자매교류에 관한 정보 수집과 제공, 적절한 자매교류 방식에 관한 상담과 조언을 주요 업무로 하고 있다(http://www.clair.or.jp/j/simai/library.html).

나. 자매교류에 관한 자료 출판·배포
 - 일본의 자매자치체 일람(일본어판, 영어판)
 - 자매자치체의 활동상황
 - 트윈 뉴스(자치체 자매교류속보)

다. 해외자치체 간부 교류협력 세미나 개최사업
 이 세미나는 당 협회 해외사무소 관내의 자치체 간부직원을 일본에 초청하고, 자빙자치의 현상이나 과제에 대해서 의견교환 및 정보교환을 행함으로써, 상호 지역의 지방자치제도 등에 대한 이해를 깊게 함과 동시에 해외자치체 간부직원과 국내 지방자치체와의 네트워크 구축을 추진하기위한 것을 목적으로 하고 있다.

라. 2006년도 지방교류 실시예정 사업
 지방교류사업의 내용: 구체적인 내용은 받아들이는 자치체와 당 협회가 협의하여 결정한다. 사업일정은 7일간은 뉴욕, 런던, 파리, 시드니 사무소에서 열리고, 4일간은 싱가포르, 서울, 북경사무소에서 열릴 예정이다. 내용은 받아들이는 자치체 등 간부직원 방문, 받아들이는 자치체의 개요설명, 의견교환, 시설시찰 , 받아들이는 자치체내 홈스테이(2박3일정도) 등으로 이루어진다.

마. 일본의 자매교류 희망 자치체(해외)
 현재 재단법인 자치체국제화협회에서는 해외의 자치체 등으로부터 일본의 자치체와 자매(우호)교류 희망 요청이 다수 들어오고 있다. 이 코너에서는 이러한 해외자치체 등의 개요나 교류에 해당하는 희망 조건 등을 소개하고 있다(http://www.clair.or.jp/j/simai/kibou_j/kibou_j.html).
 미국 443(28.4%)/ 중국 313(20.6%)/ 대한민국 109(7.2%)/ 오스트레일리아 105(6.9%)/ 캐나다 69(4.5%)/ 브라질 59(3.9%)/ 독일 50(3.3%) 등이 계속 증가하는 추세에 있다.

〈표 Ⅵ-10〉 상대국별 제휴수(2005.9.30현재)

구분	2005년 9.30 현재(A)	2005.3.31 현재(B)	증감(A) - (B)
자매제휴 자치체건수	889	911	▲ 22
도도부현	40	40	
시구정촌	849	871	▲ 22

바. 자매교류 희망 자치체(국내)

자치체국제화협회에서는 일본국내 자치체로부터 해외자치체와 자매제휴 희망이 요청되고 있는 바, 이것을 희망하는 국가, 지역별로 소개한다(복수의 국가, 지역을 희망하고 있는 자치체에 대해 중복하여 소개하고 있다).

사. 자매자치체 활동상황

지방자치단체의 외국 자매자치단체와의 활동상황을 제휴건수 중심으로 정리해보면 <표 Ⅵ-11>과 같다(http://www.clair.or.jp/cgi-bin/simai/j/00.cgi).

〈표 Ⅵ-11〉 자매제휴건수 및 자매제휴자치체수

구분	자매제휴건수	자매제휴자치체수	복수자매제휴자치체수
도도부현	120	40	30
시	1033	507	265
구	34	20	10
정	297	264	40
촌	40	42	3
합계	1524	873	348

(2005년 10월 31일 현재)

4) 인재육성사업체계

가. 국제교류 단기연수

국제교류 단기연수(CLAIR, 國際塾)는 지역의 국제화에 대응할 수 있는 인재육성에 이바지 하기위하여, 해외사무소를 활용한 협회 기획주최의 지방공무원을 위한 단기해외연수 프로그램이다. CLAIR(국제숙)에서는, 지방공공단체 직원 등을 대상으로 3개월 정도의 해외파견을 실시하고, 어학연수를 포함해 외국 지방단체의 실상을 실제로 체험하는 기회를 제공하는 것을 목적으로 하였다. 그러기 위해 대상 국가의 법·제도 등과 관련한 충실한 많은 강의·시찰을 포함한 외국 지방공공단체 등에서 실제로 업무 등을 체험하는 현지연수도 실시하고 있다(http://www.clair.or.jp/j/jinzai/juku.html).

〈그림 Ⅵ-7〉 국제교류단기연수의 흐름

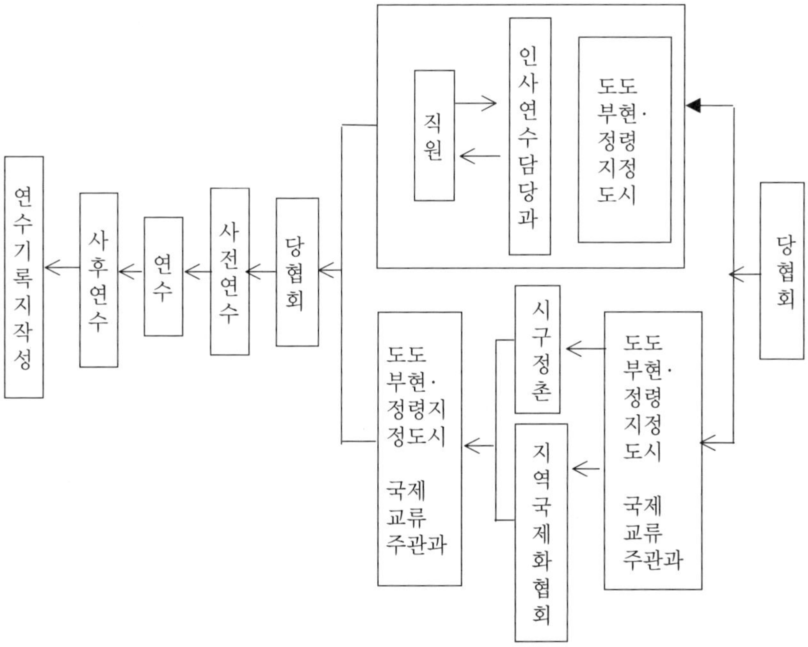

나. 지방공무원 해외파견 연수사업

일본, 아시아 여러 지역의 지방자치체 국제교류의 진전 상황을 살펴보면서, 일본의 지방자치체 직원이 아시아 여러 나라의 지방행정이나 지역 만들기에 대한 이해의 폭을 넓히기 위하여, 일본의 지방자치의 현상과 과제를 개선하면서, 동시에 지방자치를 추진하기위하여 국제 감각의 함양에 이바지하는 것을 목적으로 한다. 1996년부터 시작한 이 사업은 자치체국제교류협회가 총무성, 전국 시정촌 국제문화연수소와 공동으로 실시하고 있다. 파견 대상자는 지방자치체(도도부현 및 시구정촌)의 중견직원이다. 동남아시아 코스에 대해서는 지방자치체의 추천을 받은 NPO 등 민간단체의 직원·스탭 등도 파견 대상으로 하고 있다(http://www.clair.or.jp/j/jinzai/hakenkensyu.html).

연수의 특색으로는, 전국 시정촌 국제문화연수소(시가현 오오츠시)에서 대학교수 등으로부터 방문국의 지방 행·재정제도나 사회사정 등에 관한 강의를 받는다. 그리고 지자체 국제교류협회 해외사무소의 네트워크를 활용하여 통상은 방문할 수 없는 기관에서 강의·의견교환 등 프로그램을 준비하고 있다. 마지막으로 시정촌 및 정령지정도시에 대해서는 직원을 당 연수에 파견하는 경우, 소요되는 경비에 대해서는 특별교부세에 의한 재정조치가 취해진다.

〈그림 VI-8〉 지방공무원 해외파견연수 흐름

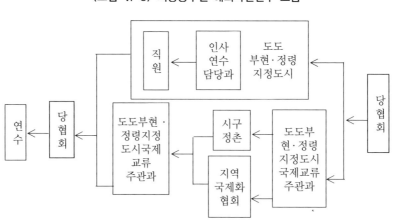

3일 정도의 사전연수와 7일정도의 해외파견 연수를 실시한다. 2005년도는 대한민국 코스, 중국 코스, 동남아시아 코스가 실시되었다.

5) 자치체 해외활동 지원사업

국제화협회는 세계 7개국 주요도시에 설치된 해외사무소를 통하여, 지방 공공단체 관계자의 해외조사에 대한 방문지 소개나 약속 등의 지원을 적극적으로 행한다. 그리고 해외에서 조사활동에 의한 지방공공단체에 정보제공이나 국내외 국제관계단체와 제휴·조정을 행하고, 지역의 국제화를 추진하고 있다.

가. 자치체의 해외활동지원

지방공공단체 관계자가 해외에서의 조사·시찰 활동 시, 방문지 소개, 약속을 취하고, 개요 설명, 자료제공 등의 활동지원을 행하고 있다. 주요한 지원 내용은 방문지에 대한 질문사항 전달, 방문지에 대한 자료제공 의뢰, 통역 알선, 그리고 해외사무소에 있어서 출장 목적에 관한 자료제공 및 개요설명 등을 행한다. 지원대상 지역은 대체로 아래와 같다 (http://www.clair.or.jp/j/other/sien/index.html).

〈표 VI-12〉 자치체 해외활동 지원지역

해외사무소	대상지역
뉴 욕	미국(알래스카, 하와이 제외), 캐나다
런 던	영 국
파 리	프랑스, 벨기에, 스위스(프랑스어 권)
싱가포르	싱가포르, 말레이시아, 태국
서 울	대한민국
시드니	오스트레일리아
북경	중 국

나. 자치체로부터 해외정보 조사 의뢰

지방공공단체 등의 사업에 필요한 해외 정보수집 및 행·재정 제도 조사로, 해외사무소를 통하여 실시하고 정보제공을 행하고 있다. 의뢰대상자는 지방공공단체, 총무성, 지방자치관계단체, 그 이외 다른 협회의 업무에 관계하는 단체로 하고, 조사대상 지역은 원칙적으로 해외사무소가 설치된 지역의 국내로 한다. 조사 의뢰의 흐름은 조사 타진, 정식 의뢰문 송부, 조사 실시로 이루어진다(http://www.clair.or.jp/j/other/chousa.html).

ㄱ) 국제정보조사 및 국내자치관계 정보발신 — 교류정보부 국제정보과36)

(i) 국제정보의 조사와 제공: 의뢰조사 실시, 『CLAIR REPORT』 발행: 각 해외사무소에서 해외 각 지역의 지방행재정 사정, 각종제도, 개발사례 등에 대한 조사를 실시하고, 지역과 분야별로 발행(2005년 9월말 현재, 271호)

(ii) 해외비교조사 실시: 각 해외사무소와 본부가 지방 행·재정에 관한 동일 주제에 대해 비교조사를 실시한다. 2005년 주제는 「각국의 전자 자치체의 진보상황」이다.

(iii) 『해외의 지방자치』 책자 발행, 그리고 비교지방자치연구회에서의 조사연구: 여러 외국의 지방자치제도에 대한 식견을 가진 사람들로부터 조직된 연구회로, 일본의 지방자치제도와 비교의 관점에서 여러 외국의 지방자치제도에 대한 조사연구를 행한다. 그것을 일본의 지방공공단체에게 폭넓게 홍보한다.

ㄴ) 국내지방자치 관계 정보의 해외발신

(i) 『Japan Local Government Data Book』 발행: 도도부현 및 정령지정도시의 기본적인 데이터를 영어로 정리한 자료 발행

(ii) 『Local Government in Japan』 발행: 일본의 지방자치제도의 개요를 영어, 불어, 한국어 및 중국어판으로 작성 발행.

---

36) http://www.soumu.go.jp/kokusai/pdf/051125_01.pdf(2005년도 도도부현, 정령지정도시 국제교류주관 과장회의가 여기에 해당된다).

(iii) 『Fact Sheet』 발행: 각종회의, 연수 자료로 활용하기 위해 『Local Government in Japan』의 개요판을 발행

(iv) 비교지방자치연구센터에서 자료정비: 해외에 대한 일본의 지방자치제도에 관한 정보제공을 행하기 위하여, <정책연구대학원 대학>에 센터를 설치하고 외국어 자료의 작성 등을 추진. 작성된 자료, 관련자료 등에 대해서는 일반 열람을 위하여 제공한다.

다. 지역국제화협회 등 선도적 시책 지원사업

재단법인 자치체국제화협회에서는 1998년부터 지역국제화협회 이외 최근 설립이 진행되고 앞으로 활동이 기대되는 시구정촌의 민간 국제교류조직이 실시하는 지역의 국제화에 이바지하는 선도적 사업에 대하여 조성제도를 설치 지원하고 있다. 조성금 한도액은 지역국제화협회는 300만 엔, 시구정촌 민간국제교류 조직은 200만 엔으로 하고, 조성금 총액은 1억 8,000만 엔(2004년도)에 이르렀다(http://www.clair.or.jp/j/other/josei.html).

라. 지역국제화협회 등과의 연계

「지역국제화협회」는 지역차원의 국제화를 추진하기위하여 도도부현 및 정령지정도시가 작성한 「지역 국제교류 추진 대강」에 기초하여, 지역의 국제교류를 추진하는데 적합한 중핵적인 민간 국제교류조직을 「지역국제화협회」로 총무성이 인정한 것이다(http://www.clair.or.jp/j/other/renkei.html).

ㄱ) 지역국제화협회 연락협의회에 대한 주요한 지원

지역국제화협회 연락협의회라는 것은 지역국제화협회를 구성원으로 하여 발족한 협의회로, 이 협회의 사무국으로 지역국제화협회 사이의 네트워크를 만드는 등 주요한 지원 사업을 행한다. 먼저 지역국제화협회 직원 연수를 실시한다. 국내연수는 매년 12월 상순에 실시하고, 해외연수는 매년 1월 하순에 실시한다. 그리고 정보공유화 및 정보교환을 촉진하는 사업을 실시한다. 「지역국제화협회 디렉터리(directory)」를 작성하고, 「지역국제화협회 직원명부」 작성, 다언어 생활 가이드북을 충실히 갱신하며, 주소록에 의한 정보교환,

의료 통역 자원봉사자 연수 프로그램 보급, 국제교류·협력실천자 전국회의 사업에 협력, 마지막으로 지역 블록 교부금(交付金)을 집행하는 사업을 한다.

ㄴ) 지역 국제화협회의 정보공유화 사업

전국 지역의 국제화협회에 집적되어 있는 다양한 정보의 공유화를 진행시켜, 네트워크화 해 가는 것을 목적으로, 지역 국제화협회연락협의회와 당협회 공동사업으로 실시하고 있다. 전국적으로 필요하고 동시에 편리하다고 생각되는 정보를 정리한『국제생활 Q&A』를 작성하는 등, 2002년은 효고현 등과 협력하여, 주재 외국인을 위하여 생활정보를 다언어로 제공하는『다언어 생활가이드』를 작성하였다. 2003년에는 재단법인 요코하마 국제교류협의회 작성 매뉴얼을 기본으로, 다언어정보를 작성하기 위한 요점을 정리한『다언어 정보 매뉴얼』과 5개국 언어의 표준 번역어를 정리한『다언어 표준 번역집』을 작성하였다.

마. 국제적 지방정부조직

국제적 지방정부 조직이란 지방자치에 관한 사항에 대하여 국제적으로 활동을 하고 있는 조직으로서, 다른 국가의 지방자치단체 또는 그 공동조직 등이 그 구성단체가 되어 있는 것을 지칭한다. 이와 같은 조직은 UCLG와 같이 중앙정부조직으로부터 독립적인 입장에서 중앙정부 간 조직이나 각국 중앙정부에 대하여 지방자치의 진전을 주장하고 있는 것이 주 업무이지만, 가운데는 유엔 등 중앙정부 간 조직의 자문기관의 일부로 역할을 행하는 것도 있다(http://www.clair.or.jp/j/other/iula/index.html).

국제기관이나 국제여론 등은 국제적인 과제 해결을 향해 지방자치체나 NGO에 대하여 많은 기대를 하고 있다. 특히 지구환경문제나 발전도상국에 있어서의 도시거주 환경문제 등을 해결하기 위하여 국제기관에 조언자, 국제기관 사무국의 지원자, 국제회의 등의 공동개최자 혹은 국제협력의 실행자로서 역할이 지방자치에 기대되고 있다. 이것과 동시에 지방자치체나 그 국제조직이 국제사회에 있어서 행동주체의 하나로서 계속 인지되고 있다.

이와 같은 상황가운데 국제교류협회는 앞으로 국제적 지방정부조직에 관한 각종회의에 출석하는 등 국제기관이나 지방정부의 국제조직 활동상황에 대하여 정보수집, 분석을 행하고, 지방자치체 등에 정보를 제공하고 있다. 전국지사회 등 국내관계단체나 지방자치체 국제관계연락회의를 설치하고 있으며, 정보교환을 행하는 등 국제적 지방정부조직과의 관계에 대해서 협의하고 있다. 일본 국제교류협회는 UCLG(아시아 태평양지부/UCLG-ASPAC)의 회원으로 활동하고 있다. 2004년도 활동(http://www.clair.or.jp/j/other/iula/iula_02.html) 으로는 IULA/ UCLG-ASPAC 집행이사회를 4월 14일~15일 대만의 타이페이에서 개최하였으며, UCLG 설립총회를 5월 2~5일 프랑스 파리에서 개최하였다. 또한 UCLG-ASPAC 집행이사회를 9월 22~24일 중국의 천진에서 개최하였다.

바. CLAIR 후원사업

후원 사업으로 국제교류 프로그램 「세계가 좋아! 2005」를 피스차일드 동경이 개최하였다. 그 개요는 국내외 청소년이 함께 만나고, 합숙하는 형식으로 토의·야외활동·자원봉사 활동을 행하고, 이(異)문화 이해를 하면서 지구의 중요함, 평화 존중을 학습하는 것이었다. 두 번째 후원 사업으로, 재단법인 국제친선협회가 실시한 제29회 「재팬위크 2004 포르투갈·리스본」 사업을 지원하였다. 이 사업의 개요는 일본의 향토·예능·생활문화·미술·음악·공예·스포츠 등을 통하여 일본을 소개함과 동시에 개최지 주민도 참가하고, 시민 차원에서 상호이해와 우호친선을 도모한 것이었다. 세 번째로 사단법인 국제음악교류협회가 실시한 「차이코프스키 기념 국립모스크바 음악원 러·일 교환 콘서트 2004」를 후원하였다. 이 사업은 지방에 음악을 보급하고, 음악을 통한 국제·지역 간 교류를 실시하는 것을 목적으로 차이코프스키 기념 국립모스크바음악원 교수, 일류 음악가에 의한 콘서트를 각지에서 개최하였다

(ttp://www.clair.or.jp/j/other/kouen.htmlhttp://www.clair.or.jp/j/other/kouen.html).

6) 2006년도 총무성 중점시책[37]: 지방공공단체 및 지역국제화협회 지원사업

가. 지역국제화협회에의 지원과 강화

지역국제화협회에 대한 지원으로 직원에 대한 국내연수(강연회, 과제별 분과회) 등 실시, 다언어 생활정보의 전국사용판(일상생활편, 주택편, 의료편, 생활정보 관련집) 홈페이지 운용, 의료통역 볼런티어 연구 프로그램 설명회 개최, 지역국제화협회 과제연구회, 운영 간사회 개최(지역국제화협회가 직면하고 있는 여러 문제에 대한 검토).

지역국제화협회 등 선도적 실시지원사업(교류 친선과와 공동관리)으로는, 지역국제화협회 및 시구정촌 국제교류조직이 실시하는 지역의 국제화에 이바지하는 선도적인 사업에 대한 조성을 실시한다.

지역의 국제화활동에 유익한 정보제공으로는, 기관지『자치체 국제화 포럼』을 발행하며, 전국의 지방자치체 및 지역국제화협회 대상으로 월간 정보지(발행부수 8,500부)를 발행한다.

나. 다문화공생 사업추진

2005년도 지역국제화협회나 자치체에서 거주 외국인 지원을 원활하게 진행시키기 위하여, 다음과 같은 내용의 프로그램과 소프트를 개발한다. 화재 시 다언어정보제공을 위한 콘텐츠와 그 이용 매뉴얼 작성, 화재 발생 후 중장기적인 지원을 위하여 전문가 육성, 통신기기를 활용한 다언어 대응 통역 시스템 개발을 위한 조사연구, 일본에서 발행되고 있는 에스닉 메디어에 관한 정보수집과 공유화 등의 사업 추진을 행한다.

2006년도 총무성 중점시책으로 다음과 같은 사업을 검토한다. 화재 시 다언어정보제공을 위한 프로그램 등 제공, 통역 코디네이터에 관계되는 시스템 구축이나 인재육성, 장기체제나 영주 등을 목적으로 한 외국인에 대한 일본 입국 시 오리엔테이션을 위한 지원프로그램 개발.

---

37) http://www.soumu.go.jp/kokusai/pdf/051125_01.pdf(2005년도 도도부현정령지정도시 국제교류주관 과장회의).

III. 일본의 지방외교 전담기관(II): 독립행정법인 국제협력기구(JICA)

1. 조직체계

2003년 10월 1일 설립되었으며, 자본금은 885억 엔(2004년 4월 현재)이며, 예산은 1,612억 엔(2004년도 교부금), 상근 직원 수는 1,328명(2004년 말), 설립목적은 「독립행정법인 국제협력기구법」(2003년 법률 제136호)에 기초하여 설치된 독립행정법인으로, 개발도상지역 등의 경제 및 사회 발전에 기여하고, 국제협력 촉진에 이바지하는 것을 목적으로 설립되었다.

주요 업무로는 개발도상국에 대한 기술협력으로 연수생 초청, 전문가 파견, 기재 공여, 개발조사, 무상자금 협력(조사, 실시 촉진), 국민 등의 협력활동 촉진, 해외이주자, 일본계에 대한 지원, 기술협력을 위한 인재양성 및 확보, 긴급원조를 위한 기재·물자 비축과 공여, 국제긴급원조대 파견 등이다.

〈그림 VI-9〉 국제협력기구 조직도

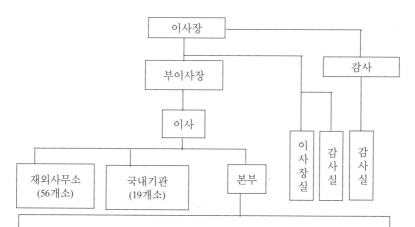

총무부-홍보실, 인사부, 경리부, 조달실, 기획조정부, 아시아제1부, 아시아제2부, 중남미부, 아프리카부, 중동유럽부, 사회개발부, 인간개발부, 지구환경부, 농촌개발부, 경제개발부, 국내사업부-시민참가협력실, 무상자금협력부-심사실, 청년해외대사업국, 국제긴급원조대사무국, 국제협력인재부

2. 사업개요

가. 연수생 초청

개발도상국의 기술자나 행정관을 일본에 초청하여 일본의 정부기관, 자치체, 기업, 대학 등의 협력을 얻으면서, 그 나라에서 필요한 지식이나 기술을 전해주는 연수를 행하고 있다.

분야별 과제로는 교육, 거버넌스, 운수교통, 경제정책, 자연환경보전, 도시개발·지역개발, 원조실시·전략, 시민참가, 보건의료, 평화구축, 정보통신기술, 민간섹터 개발, 수산, 빈곤퇴치, 평가, 일본어 교육, 수자원, 사회보장, 에너지·광업, 농업개발·농촌개발, 젠더의 주류화·WID, 환경관리, 남남협력 등의 분야이다.

나. NGO·대학·자치체·기업과 연계사업

일본의 NGO·대학·자치체·기업 등이 가진 기술이나 경험을 살려 기획한, 개발도상국에 대한 협력활동 실시를 JICA가 단체에 일괄적으로 요청하는 제도나 JICA가 지원하고, 공동으로 실시하는 사업이다.

3. 제안형기술협력

제안형기술협력(PROTECO)이란 JICA가 개발도상국에서 실시하고 있는 기술협력 프로젝트에 대해 민간의 활력, 창의, 노하우를 보다 살리기 위하여, 기술협력 프로젝트 형성 또는 준비 단계부터 참가를 받아 프로젝트 실시를 일괄 요청하는 제도이다. 이 제도에는 개발도상국의 요청서를 고려하여 프로젝트를 공시하는 「요청대응 형태」와 JICA가 대상국과 개발과제를 공시하는 프로젝트 제안을 모집하여, JICA와 함께 프로젝트를 형성하는 「과제개발형」이 있다.

대상국으로는 JICA의 모든 협력대상으로 하고 있다. 다만 안전관리 등을 고려하여, 원칙적으로 JICA 사무소의 소재국으로 한다. 아직 과제개발형에 관해서는 국제적 약속 형성이 어렵다고 예상되는 국가에 대해서는 대상에서 제외된다.

4. 공시내용에 대하여

「요청대응형」의 경우 개발도상국 정부로부터 요청서에 기초하여 프로젝트의 요청내용, 목적, 협력의 실시조건, 요청 배경을 공시한다.

「과제개발형」의 경우 요청서가 없는 단계에서 대상국의 개발과제, 공모내용, 그것에 관한 배경 등을 공시한다. 과제 개발의 주요한 공시대상 분야는 교육(기초교육, 고등교육, 기술훈련, 비정상교육), 인구·보건의료(감염증 대책, 보건·의료, 모자보건), 사회보장(장애자 지원, 사회복지, 고용관계), 자연환경보전(자연환경보전, 삼림자원관리/식림, 생물다양성), 젠더와 개발, 빈곤삭감, 농촌개발, 평화구축, 정부기관, 지방자치단체, 대학 등의 조직제도 만들기, 실시능력 향상 등으로 지적지원을 행한다.

5. 대상자와 자격

이 제도는 일본의 민간기업·NGO, 사립대학, 공익법인, 지방자치체의 국제교류단체 등으로 JICA의 기술협력 프로젝트를 실시하는 능력이 있는 단체를 대상으로 하고 있다. 다만, 참가 자격요건으로서는 계약을 체결할 능력이 없는 자 및 파산자로 복권하지 못한 자. 그리고 해외에서 활동경력을 2년 이상 가진 자, 최근 2년간 매년 지출합계가 각각 1,500만 엔 이상 있는 자로 한다.

6. 풀뿌리 기초

개발도상국의 다양한 수요에 응하기 위하여, JICA는 시민들, NGO, 자치체, 대학 등에 의한 국제협력활동에 대한 참가를 지원하고, 다양한 형태로 연계하고 있다. 특히 이들 단체들이 키워온 경험이나 기술을 살려 기획한, 개발도상국에 대한 협력활동을 JICA가 지원하고 공동으로 사업을 실시한다. 구체적으로 JICA가 제안단체에 의한 주체적인 활동의 제안을 심사하고, 정부개발원조에 의한 실시가 타당하다고 인정되는 제안에 대해, 승인한 활동계획에 기초해 그 사실을 지원한다. 특히 개발도상국의 사람들의 생활개선

이나 생계향상에 직접 도움이 되는 분야로, 풀뿌리 차원에서 상세한 활동이 행해지는 사업이 대상이 된다

7. JICA와 지방자치단체

지방자치단체가 가지고 있는 노하우를 국제협력에 활용하기 위하여 여러 가지 연계를 행한다(http://www.jica.go.jp/partner/jichitai/partnership/index.html).
연계를 향한 기반 만들기 지방자치단체 직원들을 대상으로 한 연수, 연계를 위한 의견교환의 장, 국제협력추진원, 개발교육(국제이해 교육) 지원, 계발에 있어서 연계등이 주요 내용이다. 일본의 지방자치체에는 개발 도상국의 지역주민을 향한 서비스를 위한 상하수도, 폐기물처리, 보건위생과 모자보건, 사회복지, 농업보급, 초등중등교육, 직업훈련, 환경보전, 공공교통과 같은 분야에서 지금까지 축적한 노하우와 인재가 풍부하다. 나아가 개발도상국의 지방분권화를 수반하는 지방자치의 방법 등의 경험도 개발도상국가에게 도움이 된다. 또한 지역사업의 무역, 투자활동에서 나타나는 경제의 국제화, 적극적으로 국제교류와 협력을 실시하는 자치체가 증가하므로, 지역의 국제화와 활성화를 국제협력을 진행시키는데 적극적으로 시민의 이해와 참가가 주요한 과제가 된다.

IV. 전일본 자치단체 노동조합

1. 개요

많은 단체나 개인이 국제협력활동에 참가하고 있고, 그 협력과 교류분야는 여러 가지이며 규모도 대규모부터 개인이 행하는 작은 것에 이르고 있다. 자치체는 국제교류의 주역으로 활약이 기대되며, 특히 환경문제나 에너지문제와 같은 지구규모에서 생각하여야 하는 문제와 시민생활에 불가결한 문제에 참가가 요청된다 (http://www.jichiro.gr.jp/seisaku/2005_08/09.htm#04).

현재 자치체의 국제협력활동은 자매도시 제휴에 의한 우호친선교류가 주류로, 인적자원 제공이나 기술연수생 초청 등은 한정된 자치체만 실시하고 있는 것이 현실이다. 보건사나 공립병원의 간호사사 가진 높은 수준의 초기 의료 기술, 농업보급원, 농업토목기사가 가진 농업기술, 관개(灌漑)기술, 공해기술연구소 등의 공해방지, 오염측정기술, 보육원이나 유치원에서 행하는 유아교육기술, 공영기업에서의 상하수도 개발도상국이 매우 필요로 하는 것을 일본의 지방자치체가 가지고 있다.

그러므로 자치체의 국제협력활동은 인적, 기술적 자원을 살려 행하는 것이 중요하다. 그러기 위해서는 선국적인 국제협력활동을 실시하고 있는 NGO나 시민그룹과 제휴, 또는 자치체 직원이 그 역할을 추진하는 주체로 활약할 수 있도록 지방공무원 해외파견법에 기초한 조례 책정, 활용이 중요하다.

국가에 대해서는 ODA의 목적, 정보공개, 실시 정차의 명확화를 강하게 요구하고, 자치체에 대해서는 자치체 직원의 파견 및 연구생 초청을 적극적으로 실시하도록 요구하고 있다. 나아가 유엔기관을 시작으로 국제기관에 직원파견을 통한, 자치체 직원이 가지고 있는 여러 가지 기술, 노하우를 국제협력에 살리도록 요구한다, 둘째로 ODA는 해당국의 자립지원을 중점에 두고, 인간의 안전보장에 기초한 자치체의 ODA실시를 바란다. 셋째로 지구환경보전을 위한 활동을 자치체가 선도하고, 환경파괴 않는 에너지 사용, 폐기물의 재활용 촉진 등 환경자치체 만들기를 진행하고, 이러한 경험을 살려 여러 외국 자치체와 기술교류를 통하여 확충하기를 요망한다. 또한 국제환경자치체 협의회(ICLEI)에 가맹하고, 세계 각국의 환경자치체 만들기를 배우고, 지구환경보전을 위한 상호협력을 희망한다. 넷째로 제네바 조약 추가의정서에 기초해 무방비지역 선언 등, 자치체가 지역을 대표하여 시민의 이익을 지키는 주역으로서 역할을 적극적으로 받아들이도록 요구한다. 특히 비핵화평화도시 선언·조례를 국내외 넓히고, 비핵지대 확대를 자치체 차원에서 시도하기를 요구한다. 다섯째로 지방공무원 해외파견법에 기초해 국제협력활동에 참가하는 자치체 직원의 신분보장과 근로조건 확보를 위하여 조례를 제정하고, 지치체 직원이 활약할 수 있도록 환경정비를 요망한다. 그 경우 파견대상을 공적인 기관에 한정하지 않고 폭넓게 NGO 등에도 확대하는 것이 요망된다. 여섯째 국제기관뿐만 아니라 NGO나 시민차원에서 국제협력의 선진적인 사례를 배우고 자치체 직원이 폭넓게 국제협력에 대한 인식을 깊이 하도록 지원·상호이해의 시도를 요망한다. 마지막으로 세계적 규모의 자치체 간 협력 네트워크인 UCLG(도시·자치체 연합)에 가맹을 요망한다.

2. 일본 각 현의 국제연대활동

1) 동해지역연합·아이치현 본부

자치조합이 추진해 온 아시아의 어린이집의 이념을 자신들의 현장에서 구체적으로 실현한다, 둘째로 조합원의 자주적인 참가에 의한 활동을 통하여, 노동조합운동의 풍요함과 저변확대를 지향한다.

제휴하고 있는 NGO는 Shanti Volunteer Association이다. 활동내용으로는 먼저, 라오스에 지원을 중점적으로 실시하고 있다. 처음에는 캄보디아와 라오스 양국에서 활동을 전개하였지만, 운동의 연속성과 자신들의 역량을 고려해 하나의 국가에서 활동하고 있다. 둘째로 지금까지 행한 사업으로는 도서관 지원사업과 그림책 지원 활동을 행하였다. 세 번째로는 양방향 교류로 라오스와 캄보디아에 연수 연구 여행(5회), 라오스로부터 도서관 연수생 초청(2000년, 2002년 2회)을 실시하고 있다. 넷째로 유학생과 교류, 라오스어 강좌 강사 의뢰, 조합원이나 시민을 향한 이벤트 개최(강연회, 라오스 요리교실, 도서관 건설을 위한 자선 음악회 등)를 하고 있다.

2) 가나가와현 노동조합

국제연대활동의 목적은 먼저 노동조합의 사회적 역할을 높이고, 가능하면 다양한 국제 감각을 익혀 새로운 간부를 육성시키는 것에 있다. 지금은 선진적인 현 본부의 노력을 참고로 캄보디아 지역의료 활동에 초점을 두고 활동하고 있다. 제휴하고 있는 NGO 로는 Share라는 「국제보건협력 시민회」와 협력관계를 기초로 사단법인 「가나가와현 인권센터」와 연계를 시도하고 있다.

구체적인 활동내용은 2004년을 시작으로 5년간 목표로 캄보디아 지원을 계획하고 실시하고 있다. 캄보디아 사람들에게 가장 필요로 하는 의료시설인 보건센터의 기능 강화를 위한 활동을 축으로 하고 있다. 먼저 보건센터 지원으로써 물의 공급시스템 정비, 스탭, 볼런티어 용 자전거 제공, 예방접종 시 신체측정용 체중계 제공을 행하고 있고, 그리고 현지에서 볼런티어의 인재 육성으로 볼런티어에 대한 보건교육 훈련실시, 볼런티어용 보건교육 매뉴얼 작성 및 배포, 우수한 볼런티어 표창을 행하고 있다. 나아가 새로운 직원 세미나나 관계한 스탭을 가나가와현 인권센터와 연계하면서, 현 본부로서 보고집회, 학습회 등에 강사파견, 지원 바자 등 조합원들이 쉽게 참가 할 수 있는 구조를 만드는 것을 목표로 하고 있다.

V. 한국의 지방외교 전담기관

1. 국가단위 지원기관: 한국지방자치단체국제화재단

한국지방자치단체국제화재단은 21세기 국제화, 지방화시대에 대비하여 각 자치단체의 해외활동 및 국제교류업무를 효율적으로 지원함으로써 지역의 국제화와 지방자치발전에 기여하기 위하여 1994년 전국의 지방자치단체가 공동으로 출연하여 설립하였다. 주요 기능은 지방의 국제화에 관한 기획·조사·연구, 공무원 연수 및 교육 운영 등 지방의 국제화 인력 양성, 지방자치단체 국제교류협력사업의 지원·알선, 외국의 지방자치제도 등 해외정보의 수집·제공, 지방자치단체의 해외통상활동 지원 등을 통하여 유일한 국가단위 지방외교정책 지원기관으로서의 기능을 수행하고 있다. 이를 보다 상세하게 살펴보면 다음과 같다.

1) 국제화 인력양성

지방의 국제화를 이끌어갈 전문인력 양성 교육프로그램을 운영하여 국제

화 전문인력 양성을 추진하고 있다. 이를 위한 사업으로 지방자치단체장과
부단체장 선진행정 연찬, 지방 의회의원 해외연수, 지방자치단체 공무원 관
리자 정책연수, 지방자치단체 공무원 직무연수, 자치단체 해외연수 지원, 직
무교육 및 어학훈련 실시 등을 통하여 지방 공무원들의 국제적 안목과 정책
개발 능력을 높여나가고 있다.

2) 국제교류 협력증진

지방자치단체의 국제교류 협력사업의 내실화 및 해외통상을 활성화시키
기 위해 첫째, 외국 지방공무원 초청연수(K2H 프로그램)사업으로써 해외 자
치단체 공무원을 초청하여 우리나라 자치단체에 연수를 실시함으로써 양 자
치단체 간 교류협력 관계를 돈독히 하여 친한 인사를 양성함과 동시에 해외
협력 요원으로 활용하기 위한 사업을 추진하고 있다. 둘째, 한·중·일 3개국
자치단체 간 교류 활성화를 통해 재단과 지방자치단체와의 협력사업을 추진
하고 있다. 셋째, 자치단체 국제교류세미나 참가를 계기로 각국의 국제교류
관련 유관기관 간의 네트워크를 강화시켜 나가고 있다. 넷째, 지방자치단체
자매결연 사업 지원을 통해 외국 지방자치단체와의 국제교류 협력체제 강화
및 해외네트워크 구축을 추진하고 있다. 다섯째, 기타 일본 협력교류 연수사
업 지원, 지역경제 활성화를 위한 시장개척단 파견지원, 한·중 지방정부 세
미나 개최 등을 추진하고 있다.

3) 국제교류 협력업무 지도 지원

지방 공무원의 국제화 의식을 제고하고 국제화 사업과 관련한 애로사항을
컨설팅하기 위하여 국제화 순회강연회 개최, 국제화 심포지엄(세미나) 개최,
국내·외 정보교류 협력 네트워크 구축 및 운영, 지방의 국제화 컨설턴트 위
촉운영, 자치단체 국제화 사업 컨설팅 등을 추진하고 있으며, 자치단체 국제
화를 위한 원스톱(One-Stop)서비스를 제공하기 위해 해외 정보자료의 수집 제
공, 자치단체 통역 및 번역 지원, "지방의 국제화 FAQ" 등을 운영하고 있다.

4) 국제화 정보 종합관리

자치단체의 국제교류 사업의 효율적인 지원을 위해 해외정보 종합센터를 운영하고 있다. 이를 위해 지방의 국제화 커뮤니티 활성화, 지역의 국제화 리포터 운영, '지방의 국제화' 지식정보 평가제 시행, 지식정보 관리 시스템(KMS) 운영,『월간, 지방의 국제화』발간,『해외 우수행정사례』지원 D/B구축, 컨벤션(Convention) 편람 발간, 한국의 지방자치제도 소개 영문판 발간, 해외사무소 연구 활성화, 해외 도시정보 구축, 해외시책 및 동향 지원 등을 추진하고 있다.

5) 국제화 기반 조성

재단의 기능을 활성화하기 위해 직원교육, 국제교류 담당공무원 연찬회, 재단 발전을 위한 워크숍 등을 개최하고 재단의 역할 및 기능 등 홍보를 강화하여 지방자치단체 국제교류 협력사업 추진을 내실화해 나가고 있다.

6) 환경문제 국제협력지원

지방자치단체의 환경정책 역량강화를 위해 해외 선진 환경제도를 수집하여 제공하고 있다. 이를 위해 ICLEI 회원단체 관리 및 총회 개최, 환경워크숍 개최, ICLEI 국제연수센터 교육 및 선진 환경행정 견학, 온실가스배출 감소를 위한 ICLEI 세계 캠페인 실시 등을 추진하고 있다.

2. 지방자치단체 국제통상관련 지원기관

국제통상업무와 관련해서는 중앙부처인 산업자원부와 중소기업청 및 국가단위 기관 단체와는 매우 유기적이고 효율적인 연계체계를 확립하고 있다. 즉, 산업자원부에서는 수출증대 및 외자유치에 관한 정책과 제도를 마련하고 중소기업청과 대한무역진흥공사(KOTRA), 한국무역협회 등이 지방자치단체를 적극 지원하는 체제를 갖추고 있다. 그 결과 지방자치단체 내에서는 국제통상 분야를 중심으로 지방외교 전담조직이 짜여지고, 많은 예산이 투자되고 있다.

이번 연구과정에서 주로 도움을 받는 외부기관은 어디인가라는 질문에 대부분의 시·도가 대한무역진흥공사 시·도 무역관과 한국무역협회 시·도지부라고 응답하고 있는 것도 이런 이유 때문인 것으로 풀이된다. 지방단위에서 국제통상관련 업무는 거의 이 두 기관에 의존하고 있다고 해도 과언이 아닐 것이다. <표 VI-13>은 지방자치단체를 지원하는 통상관련 지원기관을 표로 정리한 것이다. 국가단위기관과 보험·금융기관, 통상지원기관, 유관단체 조합이 기능을 분담하여 수행하고 있다.

<표 VI-13> 지방자치단체 국제통상관련 지원기관

구분	기관명	주요기능
국가기관	산업자원부	해외전시회 개인·단체참가 지원, 해외주최 전시회 지원사업, 전략적 시장개척사업, 정책 마케팅 사업(정부조달시장·BRICs 시장 진출 등)
	지방중소기업청	중소기업 수출기업화사업 지원, 수출유망 중소기업 지정·운영, 중소기업 해외시장개척단 파견, 해외시장 개척요원 파견·양성사업, 중소기업 수출상담회 개최, 중소기업 해외규격 인증 획득 지원
	중소기업진흥공단 시·도 지부	중소기업수출금융지원자금, 수출컨설팅지원, 수출인큐베이터운영, Korea Buyers Guide, 중소기업정보은행, 중소기업 다국어 홈페이지 제작지원(인터넷중소기업관), 벤처기업 해외진출 지원사업, 연계생산지원사업 (수·발주 거래알선), 국제협력지원, 한·일산업기술협력재단사업, 벤처기업 SBIR진출 지원사업
	세관	수출입 화물 24시간 특별통관 지원, 월별납부제도 도입 운영, 자동간이 환급제도 운영, 관세종합상담센터 운영
	KOTRA 시·도무역관	해외시장 개척단 및 박람회 참가, 수출 구매상담회 개최, 지사화 사업 지원, 해외시장 조사대행 서비스 지원, 수출상품 카탈로그 (Korea Trade지) 제작 및 배포 지원, 해외 세일즈 출장지원
	한국무역협회 시·도 지부	무역기금융자, 수출입운임할인센터, 무역구제자금 지원, 무역관련 애로 및 실무상담/전문가 분야별 상담, 종합무역정보 서비스 제공, 영세업체 수출신고 지원, APEC 기업인 여행카드, 해외지사설치 인증추천

보험, 금융기관	한국수출보험공사 지사	수출보험 사업 총괄, 단기수출보험, 환변동보험(선물환방식) 사업
	한국수출입은행 지점	포괄 수출금융, 중소기업 수출 특례 신용대출, 중소규모 자본재 수출자금 대출, 단기 수출자금 대출, 중장기 수출거래 지원, 직접 대출, 외국환 거래 지원, 포페이팅(Forfaiting), 수출거래관련 이행성 보증, 수입자금 대출, 해외투자(사업)자금대출, 대외거래관련 대고객 서비스 지원
	한국산업은행 지점	외화보증(차관지급보증, 기타외화지급보증), 해외건설보증 (이행성보증), 수출입 금융상품(수출환어음매입, 수입신용 장 개설, 무역어음 대출, 무역어음 할인)
	기업은행지역본부	국제 팩토링, 무역 금융, 수탁 보증
	신용보증기금 지역본부	수출기업에 대한 보증지원제도, 수출인큐베이팅(Incubating)제도, 수출 중소기업에 대한 특례보증
	기술신용보증기금 지점	수출입관련 지원사업, 중소 ,벤처기업 지원사업
	신용보증재단	수출기업 보증지원
통상지원 기관	한국표준협회지부	국제규격 인증, 해외진흥
	한국과학기술정보 연구원지원	국내외 과학기술정보 지원사업
유관 단체, 조합	상공회의소	무역EDI지원센터 운영, 무역증명발급 서비스, 통·번역업 무지원, 글로벌 비즈니스업무 지원, 해외경제사절단 파견
	중소기업협동조합 중앙회지회	무역구제 지원자금 운영, 외환리스크관리 지원, 중소기업 해외마케팅 지원

자료: 충청북도 내부자료, 2005.

그러나 몇 가지 문제점도 지적되고 있다. 첫째, 유사한 기능을 여러 기관에서 맡고 있다보니 기능상의 중복이 심하고 혼선을 빚는 경우가 빈발하고 있다. 특히, 지방중소기업청과 지방자치단체의 경제통상부서의 기능중복이 심해 갈등을 빚고 있다. 경우에 따라서는 해외시장개척단 파견사업을 지방중소기업청과 시·도, 시·군이 각각 별도로 추진함으로써 참여 기업들이 어느 곳으로 참가해야 할지 고민하는 사례도 빈발하고 있다.

둘째, 국제통상관련 기능들을 여러 기관에서 분담하여 추진하다보니 관련

기관 간 협력체계가 미흡하다는 것이다. 이에 따라 기능중복이나 중복투자 등 부작용이 발생하고 있다.

셋째, 기관별로 이루어지는 각종 사업들에 대한 홍보가 미흡하여 각 기관들의 노력에 비해 기업의 활용도나 만족도가 매우 낮다는 것이다. 일부 시·도에서는 이를 해소하기 위하여 합동설명회나 연찬회를 개최하거나 공동으로 업무편람이나 홍보자료를 작성하여 활용하고 있으나 아직 미흡한 수준에 머물러 있다.

VI. 한국 지방외교 전담기관의 문제점 및 역할 강화방안

1. 전담기관의 문제점

지방자치단체의 지방외교정책을 어렵게 하는 주요 요인으로는 전담기관이 가진 문제점[38]이라 할 수 있을 것이다. 즉 지방외교정책의 전담조직, 인력, 예산, 외부지원체제의 미흡을 들 수 있을 것이다. 즉 능률적이고 효과적인 외교업무 처리를 위해서는 적정규모의 조직, 전담인력의 효율적 관리, 국제교류 예산의 확충, 중앙지원체계와 지역지원체계 등 국제교류지원체제의 적절한 개편이 필요할 것이다. 또한 운영측면에서는 전담 부서와 관련 부서

---

38) 지방자치단체가 외국 자치단체와의 교류과정에서 극복하여야 할 많은 문제들을 갖고 있다. 1997년의 경제·통상부문 우수사례로서, 외국인 투자유치에 성공한 경기도의 경우 투자유치를 위한 제도의 미비, 경기도내의 입지의 문제 등 다양한 문제가 있었는데, 지방정부 내에 전담기구 및 인력이 부족한 것도 큰 문제로 지적되었다. 즉, 지방공무원들이 외국인 투자유치 실무능력이 미흡하고, 전담조직이 부재하므로 투자 상담 및 사후관리에 애로가 많았다는 것이다. 이것은 투자유치 부분뿐 아니라, 수출사업의 경우에도 그 추진 일정을 분석하여 볼 때, 전문화된 인력과 조직이 있어야 함을 알 수 있다. 그러므로 지방자치단체는 국제화를 위한 전문인력과 그들을 활용할 수 있는 조직을 확보하여야 할 것이다. 지방자치단체 국제화재단, 제4회 「지방자치단체 통상 관계공무원 연찬 및 우수사례 발표」(1998).

사이에 원활한 의사전달 체계, 기관 간의 업무협조 등이 요청된다.

날로 확대되는 지방자치단체의 외교정책에 적절히 대응하기 위해서는 전담기관의 규모의 확대와 통합정원제의 도입뿐만 아니라, 기초자치단체에도 전담 부서의 설치가 필요하고, 통합형 조직으로의 개편과 시·도지사 직속기구화 등이 필요하다. 인사행정 측면에서도 충원제도의 개선, 교육훈련의 강화, 전보 및 승진에 있어서의 전문성 고려 등 제도적 차원의 대응전략이 필요하고, 개인별 외국어능력 향상방안, 학력을 고려한 인사배치, 사기진작방안의 강구, 지방행정인의 새로운 자세확립 등 개인적 차원에서의 대응방안의 마련도 요구된다.

즉 지방자치단체 외교정책의 원활한 수행을 위해서는 외교정책전담 부서의 설치 및 확대, 인력의 확충과 전문화, 관련예산의 우선지원과 기금의 설치 등이 필요하다(박경국, 2003: 298).

2. 제도적 개선방안

지방자치단체가 외교정책의 효과적인 수행을 위해서는 전담조직 및 전담인력의 확충이 시급하다. 따라서 전담인력을 지역의 외교정책활동의 수요에 맞게 확충하는 일이 무엇보다도 중요하다. 지방외교정책은 정책의 특성상, 전문적인 지식과 유창한 외국어 구사능력, 현장감 있는 외교력이 요구되므로 조직 내에서 가장 우수한 공무원을 배치시킴은 물론, 체계적이고 종합적인 인재양성 프로그램이 시행되어야 한다. 특히 지방정부간의 외교관계는 오랜 인간관계가 그 바탕이 되므로 잦은 인사이동을 방지할 수 있는 제도적 장치를 강구하여야 하고, 능력 있는 외부인사를 폭넓게 활용할 수 있도록 개방적 인사제도를 마련하여야 한다.

다음으로 지방외교정책에 대한 과감하고 지속적인 재정적 지원이 이루어져야 한다. 지방자치단체의 투입예산액은 전담인력과 국제교류협력활동, 국제통상활동, 국제행사, 단체장의 해외출장 등 지방외교활동의 핵심적 요인이 되기 때문이다. 그러나 지방정부의 예산현황도 넉넉하지 않으므로 기대한 만큼의 재정을 확보하기는 쉽지 않은 실정이다. 특히, 지방외교는 외부효과가 존재하는 정책이므로 지속적이고 일관적인 재정적 지원이 성패의 관건이 된다. 따라서 소요예산을 안정적으로 확보될 수 있는 방안이 강구되어야 한다. 예를 들면, 광역자치단체 단위로 국제교류재단을 설립하거나 별도의 특별회계제도 혹은 기금을 설치하는 방안 등이 고려될 수 있을 것이다.

또한 제도적인 측면에서 더 보완되어야 할 요소로서는 중앙과 지방정부 간 합리적 역할 분담(권한과 재정 등)방안이 모색되고 법제화되어야 하며, 중앙정부가 가진 세계 각국과의 외교활동으로 축적된 풍부한 인적·물적 정보를 공유하고, 중앙정부는 지방정부의 외교적 역량의 확충에 필요한 지원을 적극적으로 수행하여야 할 것이다(박경국, 2003: 298).

3. 운영상의 개선방안

첫째, 의식의 개혁이 필요하다. 지방자치단체의 외교정책은 국가적 경계를 넘어서는 업무의 수행이다. 그러므로 지금까지 지방 혹은 국가의 울타리 안에서만 머물렀던 생각이나 관행을 과감히 바꾸어나가야 한다. 이것은 단기간에 이루어질 수는 없겠지만, 지속적인 교육을 통해서 달성하여야 할 과제이다. 그러므로 각 지방정부의 주요 의사결정자들은 지방의 국제화를 위한 의식변화에 적극적으로 앞장서야 한다.

둘째, 공무원의 능력향상을 위한 좀 더 많은 투자를 하여야 한다. 공무원의 능력향상은 국제화라는 환경변화가 없더라도 주민들에게 보다 나은 행정서비스를 보다 적은 비용으로 공급하기 위해서 지속적으로 추진해야 할 사항이다. 그런데 국제화는 공무원이 제공해야 하는 행정서비스의 지리적 범위를 세계로 넓혀 놓음으로써 그 능력향상을 위해 이전보다 더 많은 노력을 기울여야 한다. 각 지역이 세계에 자신을 알리고, 세계와 경쟁하기 위해서는 처음 단계에서 주도적 역할을 담당해야만 하는 공무원의 능력발전이 필수적임을 인식하고 그를 위한 투자에 더욱 적극적이어야 한다.

셋째, 가능한 한 공무원들에게 해외경험을 쌓을 수 있는 기회를 많이 제공하여야 한다. 공무원들의 해외 경험을 통하여 선진외국의 정부 인력으로부터 전문성을 습득하는 이외에도 공직과 업무에 대한 그들의 태도와 대국민

자세 등을 실제 체험으로 익히게 하여야 한다. 의식이나 업무 관행의 개선은 국내교육에서의 간접적 경험보다, 현지에서 직접 체험함으로써 얻는 것이 효과가 훨씬 크다. 공무원들에게 해외 경험을 많이 쌓게 할수록 국제화에 필요한 능력의 향상은 빠르게 이루어 질 것이다.

넷째, 공무원들도 스스로 국제화시대에 맞는 인력이 되도록 노력해야 한다. 국제화 시대의 공무원은 전문성을 갖추는 이외에도 여러 요소가 필요하다. 무사안일에 빠지지 않고 대민서비스를 적극적으로 수행하려는 자세, 세계인으로서 편견 없이 민원인을 대하는 자세, 폭넓은 교양과 예의를 갖추는 자세 등 공무원 스스로 국제화에 맞는 변화노력을 기울인다면, 공무원의 능력향상을 위한 환경으로부터의 지원도 강화될 수 있을 것이다.

제7장

한국 지방외교의 활성화 방안

I. 한국 지방외교(정책)의 문제점

1. 지방외교 관련법령과 제도 및 역할분담 체계

한국의 지방외교, 즉 지방자치단체의 외교정책 등과 관련된 법령과 제도, 역할분담 면에서의 핵심적인 문제점들을 요약해 보면, 첫째, 지방자치단체의 외교정책과 국제활동에 관하여 아직도 법령이나 명문규정이 없다는 사실이다.

둘째는, 지방자치단체의 국제활동에 대한 중앙정부의 간섭과 통제가 심하다는 것이다. 앞서 살펴본 바와 같이 지방정부가 외국의 주요 인사를 초청하거나, 자매결연을 체결할 경우에는 관련부처 장관과의 사전협의를 의무화하거나 승인을 받도록 규정하고 있고 지방자치단체의 대외활동에 대해 훈령이나 예규, 지침 등을 제정하여 조정·통제하고 있다.

셋째, 지방자치단체의 대외활동에 관한 자치법규 제정노력이 부족하다는 것이다. 현실적인 제도미비는 그렇다 해도 지방외교에 대한 문제의식조차 취약하다는 점은 세방화 시대를 맞이한 현 시점에서 큰 문제가 아닐 수 없다.

넷째, 제도적인 미비에서 기인하는 것이긴 하나, 또 다른 문제점으로는 전체 국가 차원에서의 새로운 외교와 관련된 역할분담 체계가 이루어지고 있지 못하다는 점이다. 수평적 역할분담은 물론, 수직적인 역할분담 체계가 제대로 정리되어 있지 못하다는 것이다.

2. 지방외교 전담조직과 인력 및 예산 측면

1) 지방외교전담 조직

앞서 검토한 바와 같이 지방외교정책 전담부서가 갖고 있는 문제점을 요약정리해 보면, 첫째, 시·도 본청의 전담기구는 일부 시·도를 제외하고 대부분 경제통상 분야를 관상하는 실·국에 편제되어 있어 국제교류와 협력보다는 국제통상업무에 중점을 두고 있는 것으로 나타나고 있다. 즉, 단순한 수출 진흥 사업이나 외자유치에 중점을 두다 보니 보다 차원 높은 국제교류나 협력은 소홀 할 수밖에 없으며, 시·도정의 각 분야를 국제적 수준으로 향상시키기 위한 종합조정기능은 기대하기 어렵게 되어 있다.

둘째, 해외사무소는 10개 시·도에서 17개의 해외사무소를 두고 있으나 아직은 큰 성과를 내지 못하고 있다. 그 이유는 개설된 지역이 일부지역에 편중되어 있을 뿐만 아니라 배치된 인력의 전문성이 부족하고, 근무기간이 짧아 현지사정을 익힐 만하면 다시 복귀하는 현상이 빈발하고 있다.

셋째, 해외주재관은 10개 시·도에서 26명을 파견하고 있으나 해당 지방자치단체를 대표하는 지방외교관으로서의 역할을 수행하기에는 직급, 전문성, 근무기간, 활동 내용면에서 모두 역부족이라는 것이다.

넷째, 지방외교정책을 지원하기 우한 지역협의체는 다양한 형태로 운영되고 있으며, 지역 내 많은 전문가들이 위원으로 위촉되어 있으나 비상설기구인데다 운영실적도 저조하여 별다른 도움이 되지 못하고 있다.

다섯째, 해외시민 네트워크로써 해외에 거주하는 관련인사를 국제자문관, 명예대사, 통상자문관 등으로 위촉하여 활용하고 있으며, 현지 향우회와도 유대를 강화해 나가고 있으나 전반적으로는 크게 활성화되지 못하고 있다. 그 이유는 이들의 활동에 대한 실비 보상 등이 이루어져야하나 그것이 현실적으로 어렵고, 위촉 후 사후관리가 되지 않아 이름뿐인 자문관들이 대부분인 것으로 파악되고 있다.

2) 지방외교정책 전담인력 측면

지방외교정책을 전담하는 인력은 고도의 전문성과 정책 기획력, 판단력, 경험과 세련된 국제 감각 등을 요구하는 분야임에도 불구하고 첫째, 하위직이 차지하는 비중이 지나치게 높다는 것이다. 그들이 수행해야 할 업무의 비중과 질적 수준, 접촉하는 상대국 공무원의 직급에 비추어 너무 낮기 때문에 직무수행 상 많은 애로를 겪고 있다는 것이다.

둘째, 업무의 성격 상 고도의 전문성과 유창한 외국어 실력이 요구됨으로써 외부 전문가를 활용할 수 있는 개방형 직위공모제나 계약직 공무원을 많이 활용하여야 하나 미흡한 수준에 머물러 있다.

셋째, 지방외교 전담 공무원의 재직기간이 지나치게 짧고, 학력수준은 비교적 높은 편이나 관련 분야 전공자는 매우 적은 것으로 조사되었다.

넷째, 지방외교 담당인력의 전문성이나 능력향상을 위한 프로그램을 시·도 자체적으로 운영하고 있으나 매우 미흡한 실정이어서 보다 전문적이고 체계적인 교육훈련 프로그램의 마련이 시급한 실정인 것으로 조사되었다.

3) 지방외교정책 관련 예산 측면

다른 국가행정 분야에서도 마찬가지듯이, 특히 지방외교정책은 개념적 초기성 때문에 재정적 취약성은 지방외교 활성화의 근본적인 장애요인이 되고 있다. 이는 정부 차원에서도 문제지만, 무엇보다도 국가예산을 책임지고 있는 국회의 지방외교에 대한 이해부족이 최대의 문제점이라고 할 수 있다. 이러한 정치적인 문제점은 결국 총체적 국가외교의 분권적 논리를 이해해야만 그 돌파구가 열릴 수 있다고 하겠다. 이곳에서는 이러한 정치적 차원은 생략하고 구체적으로 지방외교정책 관련 예산 측면에서의 문제점들을 요약해 본다.

지방외교정책관련 예산 측면에서의 문제점은 첫째, 지방외교정책의 수요가 지속적으로 증대되고 있는데도 불구하고 이 분야의 예산은 여전히 극히 미미한 수준에 머물러 있다는 점.

둘째, 전체 예산 중에서 사업비의 비중이 지나치게 낮다는 점을 또한 지적할 수 있는데, 이는 다른 운영비 등에 비해 정작 핵심 사업비가 적다는 것이다.

셋째, 전체적으로 일반회계 예산에 의존하고 있어 일정규모의 예산을 안정적으로 확보하지 못할 위험이 상존하고 있다.

3. 지방외교 운영/추진상의 문제점

1) 지방외교정책의 목표 측면

우리나라 지방정부의 외교정책이 추구하는 목표를 분석해 보면, 첫째, 외교정책의 목표가 지나치게 경제적 실리추구에 치중되어 있어 국제사회의 일원으로서 인류공동의 문제에 대한 기여와 저개발국에 대한 지원 등 보다 차원 높은 정책적 배려는 미흡한 실정이다.

둘째, 지방정부의 외교정책목표가 장·단기 지역발전 비전에 기초한 고도의 정책적 판단에 의해 설정되었다기보다는 단순한 국제교류사업이나 외자유치 및 수출 진흥 시책의 종합화 수준에 머물러 있다는 것이다. 따라서 목표자체가 지나치게 구체적이고 단위사업의 나열 수준에 그치고 있다.

셋째, 지방정부별 외교정책 목표가 대동소이하다는 것이다. 지방외교정책의 특징은 지역의 여건과 특성에 따라 다양한 지역이익을 추구하는 "내용과 형태의 다양성"에 있음에도 불구하고 대부분의 자치단체가 국제교류의 다변화, 외자유치, 수출 진흥시책 등 유사한 목표를 설정하고 있다.

2) 국제교류 측면

가. 외국 지방자치단체와의 자매결연

외국 지방자치단체와의 자매결연에 대한 문제점을 종합해 보면, 첫째, 자매결연 대상지역의 선정 시 충분한 사전정보와 검토 없이 자매결연이 이루어져 활발한 교류가 곤란하고 심지어는 한 두 번의 행사 후 장기간 교류가 단절되는 현상이 지적되고 있다. 즉, 충분한 사전준비와 검토의 미흡을 지적하고 있다.

둘째, 교류대상지역이 일부지역에 편중되어 있다는 것이다. 앞서 살펴 본 바와 같이 자매결연 대상지역이 미국, 중국, 일본, 러시아 등 몇 개국에 편중되어 있다.

셋째, 교류의 계속성과 관련하여, 교류초기에는 높은 관심을 보이다가 시간이 지남에 따라 시들해져 관심이 저조해 지는 현상을 지적하고 있다.

넷째, 민간단체나 지역주민의 참여가 미흡하다는 것이다. 외국 지방자치단체와 자매결연 맺는 궁극적 목적은 외국과의 교류를 통해 지역의 전반적인 국제화 수준을 높이고 개방화를 촉진하여 지역주민의 삶의 질을 향상시켜 나가는 것이기 때문에 무엇보다 지역주민의 적극적인 참여가 그 바탕이 되어야 하는 것이다. 그러나 지나치게 관 주도의 교류가 추진됨으로써 지역주민은 수동적이고 소극적인 참여에 그치는 경우가 대부분이라는 것이다.

이 외에 추가로 지적할 수 있는 것은, 첫째, 자매결연 대상국가의 선정과 자매결연 여부 검토 시 해당지역과의 교류실익에 대한 검토가 미흡하다는 것이다. 다분히 의례적이고 형식적인 면에 치우쳐 지역사회에 가져다 줄 교류의 이익에 대한 면밀한 검토 없이 체결되는 경우가 대부분을 차지하고 있다.

둘째, 교류의 내용과 과제 면에서, 상호 방문단의 교환, 지역 내 문화예술 행사에의 초청 등 대부분 비경제적 교류에 치중하여 경제적 측면에서의 교류는 다소 미흡하다는 것이다.

셋째, 교류의 형식과 절차 면에서의 형평성의 문제이다. 우리나라의 경우 외국인에게는 지나치게 관대한 경향이 있어, 지나친 예우를 하거나 과도한 선물, 과도한 경비부담 등이 종종 문제시되기도 한다.

넷째, 자매결연사업에 대한 정기적 모니터링과 평가가 미흡하다는 것이다. 현재 진행 중인 자매결연사업의 성과를 평가하고 분석하여 향후 보완발전방안이 모색되어야 하나 이러한 사후관리 시스템이 확립되어 있지 않다는 것이다.

나. 외국 지방자치단체와의 우호교류

외국 우호교류지역과의 교류는 자매결연 자치단체와의 교류보다 교류분야가 한정되어 있으며 특정사안이나 구체적 프로젝트에 대한 상호협력의 경우가 대부분이다. 나아가, 전체교류실적에서 경제교류가 차지하는 비중은 자매결연단체와의 교류실적보다 높지만 아직도 실질적인 교류실적은 미미한 수준에 머물러 있다는 점을 지적할 수 있다. 결국 외국 지방자치단체와의 우호교류는 그 내용에 있어서 다양성이 부족하다는 점이 가장 큰 문제점으로 지적된다.

다. 주민과 민간단체에 의한 교류

지방외교는 궁극적으로 민간외교의 구체적인 한 방법이다. 이 때문에 이미 일본에서는 '민제외교'라는 개념을 일찍부터 발전시켜 왔음을 강조한 바 있다. 우리의 경우도 몇몇 시·도와 기초자치단체에서 민간(단체)에 의한 교류가 활발하게 추진되고 있으나, 전반적으로는 아직 미미한 수준에 그치고 있다. 지방외교가 일반화 된 유럽의 경우 지방외교정책의 핵심 역할자는 지방정부가 아니라 자발적인 시민들에 의하여 이루어진다는 점에서 눈여겨보아야 할 부분이다. 주민과 민간단체에 의한 교류 활성화는 지방외교정책이 나아가야 할 방향임을 직시해야 한다.

3) 국제협력 측면

우리나라 지방정부의 국제협력 기능은 아직은 초보적 단계에 머물러 있다. 앞서 살펴본 바와 같이, 주로 지역의 경제교류 및 문화교류를 위한 네트워크 구축에 치중해 있으며 보다 차원 높은 인권과 비핵화, 환경문제 등을 위한 국제협력은 아직 미미한 수준에 머물러 있다. 일본의 경우도 1955년 자매도시교류가 시작된 이래 지방정부의 국제활동에 비약적인 발전이 있었음에도 불구하고 최근에 와서야 단순한 국제교류에서 탈피하여 국제협력으로 발전시켜 가고 있다(윤설현, 1996: 20-35).

이와 같은 이유는 첫째, 지방정부의 국제적 활동경험이 비교적 일천하다는데 기인한다.

둘째, 아직 우리나라의 경제·사회적 여건과 지역 경제기반이 취약하기 때문이다. 특히, 우리나라는 1990년대 후반 IMF지원체제를 겪은 후 이제야 이전수준으로 회복되는 단계에 와 있기 때문에 가장 시급한 것은 세계 여러 나라들과의 교류협력을 통한 지역경제의 활성화인 것이다. 그러나 다행스러운 것은 이러한 여건에도 불구하고 몇몇 지방정부를 중심으로 세계평화와 인류의 행복을 위한 국제협력을 증대시켜 가고 있다는 것이다.

셋째, 오랜 중앙집권적 정치행정체제와 중앙중심의 논리에 기인한다. 특히 외교정책에 대해서는 아직도 중앙정부의 독점의식이 상존하고 있으며 지방정부의 외교역량에 대해 높은 평가를 하지 않고 있다. 따라서 지방정부의 외교활동의 당위성을 지역경제 활성화에 둘 수밖에 없었으며, 보다 차원 높은 국제협력으로의 발전을 기대하기 어려운 상황이었다.

4) 국제통상 측면

가. 지역 내 기업의 수출증대를 위한 지원

지방정부의 해외시장 개척 활동과 수출 증대를 위한 다각적인 정책이 추진되고 있는데도 불구하고 몇 가지 문제점이 지적되고 있다.

첫째, 해외시장개척과 관련하여, 해외시장에 대한 체계적인 정보의 축적과 활용의 미비, 해외시장개척활동에 나선 참가업체의 사전준비의 부족, 언어구사능력과 수출입 절차에 능통한 전문 인력의 미비, 국제경쟁력을 갖춘 지역수출상품의 개발에 대한 지방정부의 노력이 부족하다는 점 등이 지적되고 있다

둘째, 국제통상기반의 확충과 무역 전문 인력의 양성, 해외시장정보의 제공 등과 관련하여 다양한 시책들이 추진되고 있으나 이러한 지방정부의 노력에 비하여 중소기업의 참여는 부진하다는 것이다. 이는 지역 내 기업의 무관심에도 그 원인이 있다고 하겠으나 보다 근본적인 원인은 홍보가 부족하여 '알지 못해 참여하지 못하는' 현상이 빚어지고 있다.

나. 외국자본 및 기업의 유치

우리나라 지방자치단체들이 외국자본이나 기업의 유치를 위해 많은 투자와 노력을 기울이고 있는데 비해 별로 큰 성과를 내지 못하고 있는 것이 현실이다. 주된 원인은 첫째, 해외 투자자에 대한 정보가 부족하다는 것이다.

둘째, 외국 투자자들을 만족시킬 만한 구체적인 프로젝트나 서비스가 준비되지 못하고 있다는 것이다.

셋째, 외국 투자자들이 투자를 결정했다하더라도 관련되는 인허가 등 행정서비스가 국제표준에 미치지 못하여 투자자들의 불만을 사거나 심지어 투자계획 자체가 백지화되는 사례가 발생하고 있다는 것이다.

넷째, 외국인 투자기업에 대한 사후관리가 미흡하다는 것이다. 일단 외국인 투자가 성사되고 입주가 완료된 기업에 대해서는 무관심하거나 사후관리가 되지 않아 추가투자 의욕을 상실하게 되는 경우가 빈발하고 있다는 것이다.

5) 지역의 국제화 측면

가. 외국인 학교

외국인 학교와 관련된 문제점을 정리해 보면, 첫째 대부분의 외국인 학교의 재정여건은 어려운 편으로 외국인 학교들에 대한 정부지원은 다른 경쟁국가에 비해 미미한 실정이며, 학교부지나 금전적인 지원 등과 같은 직접적인 지원뿐만 아니라 세제혜택도 거의 없어 외국인 학교들은 학교시설 개선 및 운영에 어려움을 겪고 있다.

둘째, 교과과정과 관련하여 서울이나 대전 소재 외국인학교를 제외하고 학생수의 과소로 인하여 다양한 교과목을 개설하고 있지 못하고 있는 실정이다.

셋째, 주한 외국인들은 우리나라 외국인학교의 학비가 본국의 교육비 수준에 비해 고가임에도 불구하고 학교시설이나 교육의 질이 낮은 것으로 인식하고 있는 것으로 나타나고 있다.

나. 외국인을 위한 행정서비스

지방외교는 외국과의 자매결연 등을 통한 교류사업이 중요한 방식이기도 하지만, 이러한 소위 '외향적 지방외교'와 함께 지방자치단체를 방문하는 외국인을 위한 정책, 즉 '내향적 지방외교' 또한 매우 중요한 지방외교정책이다(심익섭, 2005c). 특히 외국인 노동자 활동이 보편화 되면서 이들을 포함하는 외국인을 위한 행정서비스의 활성화는 또 다른 지방외교정책이라고 할 수 있다. 서울시와 부산, 인천, 대구, 광주, 대전 등 광역시단위에서는 지역 내에 거주하는 외국인들을 위한 다양한 서비스가 제공되고 있으나 도 단위에서는 아직도 미흡한 실정이다.

4. 지방외교 외부지원체제 및 기반시설 측면

1) 지방외교정책의 외부지원체제

가. 국가단위 지원기관

지방외교를 지원하는 대표적인 국가단위기관으로 재단법인 한국지방자치단체국제화재단이 있으나 지방외교정책에 있어서의 비중과 역할은 매우 미약한 실정이다. 그 원인은 첫째, 재단의 사업이 지방정부의 수요를 충족시키지 못하고 있기 때문이다. 재단에서 추진하고 있는 많은 사업들이 지방정부의 수요에 기초하는 것이 아니라 재단에서 개발한 프로그램에 희망하는 지방자치단체가 참여하는 형식에 의해 추진되기 때문이다.

둘째, 지방정부의 활용노력이 미흡하기 때문이다. 활용 가능한 많은 프로그램이 있는데도 불구하고 지방자치단체의 관심과 노력이 부족하여 잘 활용되지 못하고 있다.

셋째, 국가의 재정적 지원과 지방자치단체의 재정적 출원이 미흡하기 때문이다. 지방외교의 구심체 역할을 할 수 있는 조직과 인력을 갖추고 있으나 재정적 어려움 때문에 제 기능을 다하지 못하고 있다.

한편, 국제통상업무와 관련해서는 중앙부처인 산업자원부와 중소기업청 및 국가단위 기관 단체와는 매우 유기적이고 효율적인 연계체계를 확립하고 있으나 몇 가지 문제점도 지적되고 있다.

첫째, 유사한 기능을 여러 기관에서 맡고 있다보니 기능상의 중복이 심하고 혼선을 빚는 경우가 빈발하고 있다.

둘째, 국제통상관련 기능들을 여러 기관에서 분담하여 추진하다보니 관련기관 간 협력체계가 미흡하다는 것이다. 이에 따라 기능중복이나 중복투자 등 부작용이 발생하고 있다.

셋째, 기관별로 이루어지는 각종 사업들에 대한 홍보가 미흡하여 각 기관들의 노력에 비해 기업의 활용도나 만족도가 매우 낮다는 것이다.

나. 지역 내 소재하는 대학

지방외교정책을 추진하는 데는 지역 내 소재하는 대학이 매우 중요한 역할을 하고 있는데도 불구하고 잘 활용되지 못하고 있다. 이는 지방자치단체의 인식부족과 교류 프로그램의 미비에도 그 원인이 있지만 대학 측에서도 지역사회에 대한 관심과 지원이 부족한데서 기인하고 있다. 특히 지방외교는 그 사업 내용의 전문성으로 인하여, 해당 지방자치단체에 대학이 있을 경우는 지방정부-지역주민이 대학과 함께 지방외교정책을 수행하는 것이 무엇보다도 중요하다.

다. 외국 지방자치단체 및 기관의 한국 사무소

외국지방자치단체나 기관의 한국사무소는 활용하기에 따라서는 매우 큰 성과가 기대되는 분야이지만 지방자치단체의 인식부족과 활용 프로그램의 미비, 상호 정보부족 등으로 잘 활용되지 못하고 있다. 멀리서 찾을 것이 아니라 우선 가까운 곳에서 이용 가능한 것이 있는지부터 살피는 것이 중요하다. 이미 우리가 벤치마킹하고 있는 일본의 자치체국제화재단(CLAIR)은 오래전부터 한국에 사무소를 개설하고 양국 지방자치단체 간 교류역할을 수행하고 있으며, 많은 일본의 지방정부들도 한국에 직접 교류사무소를 개설해 놓고 있다. 뿐만 아니라 유럽의 국가들도 우리나라에 자치단체 교류를 위한 사무소를 열어놓고 있기도 한데, 우선 이들을 적극적으로 이용하는 것이 바람직하다.

2) 물적 기반시설

물적 기반시설로서 지역 내 공항과 항만 현황을 살펴볼 수 있으나 공항의 경우 인천 신공항이 개항됨에 따라 중앙정부의 관심과 지원이 집중되는 바람에 지방공항은 소외되거나 침체되고 있으며, 공항 운영업무가 국가사무임에도 불구하고 지방정부의 큰 부담으로 작용하고 있다. 따라서 공항과 항만의 운영에 관한 업무의 대폭적인 지방이양이 요구되고 있으며, 이러한 지방자치단체의 노력에 대해 중앙정부도 적극 지원해야 한다. 서울 중심의 물적 기반을 지방분권화 시키지 못한다면 장기적인 지방외교정책의 수행에 어려움이 있을 수 밖에 없다.

5. 이론과 시민의식 측면

이미 강조했듯이 지방외교는 무엇보다도 전형적인 '민간외교'의 연장선상에 존재한다. 즉 지방외교는 시민들의 의식이 중요하다는 것이며, 그에 못지않게 지방외교에 대한 학문적인 관심 또한 중요한 변수가 된다. 이렇게 볼 때 지방외교에 대한 한국 상황에서의 이론적-의식적 문제점들은 다음과 같이 요약할 수 있다.

1) 지방외교(정책)의 이론개발 미비

지방외교가 제대로 자리매김하기 위해서는 무엇보다도 그의 토대가 되는 이론개발이 시급하다. 우리의 경우 '지방외교'라는 용어 자체도 새롭듯이, 이에 관한 이론은 거의 불모 상태라고 할 수 있다. 지방외교정책의 이론개발과 관련해서는 다음과 같은 문제점들을 지적할 수 있다.

첫째, 지방외교(정책)에 대한 기본적인 사고의 부재(지방자치 자체 및 지방의 세계화마인드)를 지적할 수 있다.

둘째, 단기적인 학문적 관심사에 따라서 보다 근본적일 수밖에 없는 지방외교에 대한 학계의 관심 부족을 지적할 수 있다.

셋째, 지방외교에 대한 한국화 된 이론적인 토대가 매우 부족하다.

2) 법적·제도적 장치의 부재

한국 행정메커니즘의 전체적인 문제이기도 하지만 외교는 특정 중앙부처의 독점적 기능이라는 사고가 팽배하여 아직도 전 정부 차원의 협력 네트워크가 부재하고 있다는 점을 우선 지적할 수 있다.

나아가 외교권에 대한 인식의 한계가 특히 우리에게는 크다는 점을 문제점으로 지적할 수 있다. 이러다 보니 한국 지방외교정책 관련 법제화는 여전히 초보단계로서, 구체적인 논의조차 제대로 이루어지지 못하고 있다는 문제점이 있다.

3) 시민의식의 결여

국가외교에서도 갈수록 민간 부문의 중요성이 강조되고 있지만, 특히 지방외교는 민간외교의 전형이라고 할 수 있다. 이러한 점에서 시민의식의 결여를 문제제기 할 수밖에 없는데, 구체적으로는 첫째, 정치교육(민주시민교육)의 미비로 인한 세계시민화가 여전히 취약하다는 점이다.

둘째, 수많은 해외여행의 증가에도 불구하고 세계화의 질적인 차원에서 보면 세계공동체 의식에는 여전히 한계를 보이고 있다.

셋째, 세계화가 전 세계적인 21세기 경향이라는 점을 이해하면서도 정작 이를 위한 동기부여의 기반은 여전히 취약한 상태이다.

6. 실천적·운영상의 문제점

제도나 의식이 잘 정비되어 있더라도 실제 운영이 잘못될 경우 아무리 좋은 제도도 실패하는 경우를 종종 볼 수 있다. 지방외교정책 또한 미래지향적인 '분권화된 협력체계' 구축을 전제로 제도화가 이루어진다고 해도 이를 제대로 운영하는 것은 대단히 중요한 성공적 정착의 전제조건이 된다. 좀더 구체적으로 실천적이고 운영상의 문제점들을 적시해 보면 아래와 같다.

1) 양적인 지방외교 성장의 문제점

양적, 질적인 측면에서 우리의 지방외교에 문제가 있다. 우선 양적인 차원에서는 첫째, 내용을 생각하기 보다는 형식적인 자매결연 수준에 머물고 있다는 점이다.

둘째, 지금까지의 지방외교정책은 주로 대도시 중심으로 이루어지고 있다는 점인데, 상대적으로 여건이 취약한 농어촌 지역의 지방자치단체들에게는 한계로 남아 있는 부분이다.

셋째, 지방외교 초보단계에서 나타나는 지역정치리더들의 의지에 따라 자매결연 등 지방외교정책이 수행되다보니 단체장이 바뀌면 소원해지는 등 지속성의 한계를 보이고 있다.

2) 질적인 지방외교의 문제점

질적인 차원에서도 지방외교정책의 문제점이 나타나고 있는데, 무엇보다도 교류내용상의 한계, 즉 내용이 획일적이거나 별로 의미 있는 교류내용이 없다는 점이다.

둘째, 이미 강조했듯이 민간외교의 전형이 지방외교라는 점을 이해한다면 지역주민의 저변확대 및 다양한 교류내용이 중요한데, 여전히 이에 대한 개발노력이 미흡한 실정이다.

셋째, 지속적인 해결 과제이긴 하지만 국가외교와의 상관관계가 매우 취약하다는 점을 지적할 수 있다.

7. 이론과 제도적 문제점

현대사회가 세계화, 지방화시대로 접어들면서 지방자치단체, 시민단체(NGO), 시민이 국가정책의 거의 모든 부분에서 국가와 더불어 주체로서 등장하게 되었으며, 이러한 추세는 앞으로 더욱 가속화될 것이다. 유럽지방자치헌장이나 세계지방자치선언의 내용 및 세계지방자치헌장을 마련하기 위한 현재의 노력들, 그리고 미국, 프랑스, 일본 등에서 이루어지는 지방자치와 관련한 논의들을 통해서도 이해할 수 있듯이, 지방자치의 확대강화는 세계적 흐름이자 바람직한 방향임을 이해 할 수 있다.

그러나 우리나라 현행법제는 지방자치의 확대강화라는 세계적 추세를 제대로 반영하고 있지 못한 것이 현실이다. 우리 현행법제가 가진 개략적인 문제점을 제시하면 다음과 같다.

첫째, 우리나라 법령은 중앙집권주의 입법형태를 탈피하지 못하고 있다. 지방자치단체가 처리하기에 적합한 사무까지도 아직도 중앙정부의 소관사무로 규정하고 있는 경우가 많다. 또한 그러한 사무를 기관위임사무로 하여 지방정부의 자율성을 크게 제약하고 있다.

둘째, 지방정부의 조례제정권 확대를 위해 헌법과 지방자치법의 개정이 필요하다. 헌법 제117조 제1항은 "법령의 범위 안에서 자치에 관한 규정을 제정할 수 있다"고 규정함으로써, 자치단체의 자치입법권을 제약하고 있으며, 지방자치법 제15조 역시 "지방자치단체는 법령의 범위 안에서 조례를 제정할 수 있다. 다만, 주민의 권리제한 또는 의무부과에 대한 사항이나 벌칙을 정할 때에는 법률의 위임이 있어야 한다"라고 규정하여, 역시 자치입법권을 제한하고 있다.

셋째, 현재 우리나라는 국세와 지방세의 징수액 비율이 약 80 대 20의 비율로 이루어져 있다. 지방자치단체들은 재정적 여건이 매우 열악하여 중앙정부의 재정지원에 대한 의존도가 매우 높은 실정이다. 현대의 지방자치이념에 충실하도록 국세와 지방세의 비율을 과감하게 조정하여야 한다.

넷째, 무엇보다도 모든 국민은 진정한 지방자치(충실한 지방자치)의 구현이 우리헌법의 기본원리인 민주주의와 국민주권주의를 확대·강화하고, 우리헌법의 최고이념이라 할 수 있는 인간의 존엄성을 비롯한 기본적 인권을 실질적으로 구현하는 길임을 명심하고, 국가의 법령과 제도를 진정한 지방자치의 실현에 기여하는 방향으로 고쳐나가야 할 것이다.

아울러 지방자치단체가 외교정책을 적극적으로 추진할 수 있는 여건을 조성하고, 지방자치단체의 자치권을 확대강화하자는 것은, 단순히 자치단체의 권한을 확대하자는 데 목적이 있는 것이 아니라, 자치권의 확대강화가 우리 헌법이 지향하는 민주주의 및 국민(인민)주권주의를 실질적으로 구현하고, 국민의 기본권 실현이라는 헌법의 궁극적 이념과 목적을 달성하는데 필수불가결하기 때문이다.

따라서 국가(중앙정부)는 지방자치의 확대강화가 갖는 의미를 명확히 인식하고, 지방자치단체의 외교활동을 포함한 지방자치단체의 적극적인 역할에 미흡하거나 장애가 되는 국가법령은 신속하게 정비해 나가야 할 것이다. 또한 중앙정부는 국내정치행정구조의 분권화를 통해서만 비로소 급격하게 변화하는 국제사회에 적절히 대응할 수 있다는 사실을 명심하여야 할 것이다.

II. 지방외교의 활성화 방안

앞서 살펴본 바와 같이 지방외교정책은 대외적으로는 외교주체와 영역의 다원화로 인한 국제정치체제의 변화와 WTO 체제로 대표되는 새로운 경제질서의 출범, 대내적으로는 지방의 창의와 자율성이 존중되는 지방화의 흐름에 효율적으로 대응하기 위한 실천적 대안으로서 유용한 수단이 되고 있음에도 불구하고 그동안 구조·기능·환경 면에서 많은 미비점을 보여 왔으며 그 결과 정책효과도 미미한 수준에 머물러 있다.

그러나 우리나라가 새로운 국제질서와 환경의 변화 속에서 세계일류국가로 발전하기 위해서는 외교정책의 지방화 내지 지방외교정책의 독자적 영역과 수단에 대한 연구가 보다 활발히 전개되어 제도화되어야 하고, 실질적인 방안들이 보완 발전되어야 한다.

본 연구는 이러한 시각에서 앞서 분석한 실태조사결과와 문제점 적시를 토대로 현재 우리나라 지방외교정책의 분야별 보완 발전 방안을 정리해 본다.

1. 중앙-지방 간 분권적 협력체제 구축 및 관련 법률의 제정

이미 강조 했듯이 분권적 협력(Dezentralisierte Kooperation)은 21세기 새로운 중앙-지방 정부간 관계론으로 주목 받고 있는데, 특히 외교에 대한 지방자치단체의 협력관계를 설명하는 중요한 근거이론이기도 하다(심익섭, 2005). 외교정책에 관한 중앙정부와 지방정부 간 합리적인 역할 분담방안이 모색되어야 한다. 지금까지 지방외교정책에 대한 중앙정부의 반응은 대체로 무관심·조정·반대·협조 등 네 가지 서로 다른 반응을 보여 왔다. 이들 중 가장 일반적인 반응은 무관심이었다(Shuman, 1994: 650).

그러나 1950년대부터 일부 선진 국가들의 중앙정부들은 지방정부들의 국제적 활동이 국익에 도움을 줄 수 있다는 점을 인정하기 시작했고 캐나다, 핀란드, 프랑스, 독일, 네덜란드, 노르웨이 등에서는 대체로 중앙정부들과의 긴밀한 협력 속에서 지방외교가 추진되었다. 특히, 캐나다, 독일, 네덜란드에서는 중앙정부들이 지방정부를 비롯한 NGO들과 지역사회조직들이 참여하는 국제협력프로그램들에 대규모 보조금을 지원해 왔다. 일반적으로 비교적 부유하고 민주적이며 지방분권적인 나라들의 지방정부들이 지방외교를 활발히 전개해 왔다(심익섭, 1999).

우리나라의 경우 중앙정부의 지방외교정책에 대한 반응은 무관심에 가깝거나 소극적 관여로 일관하고 있다. 앞서 살펴본 바와 같이 지방정부에서 주요 외빈을 초청할 때 사전 협의를 하도록 하거나 외국방문 시 현지 활동을 일부 지원하는 선에 그치고 있으며, 일본의 경우처럼 지방의 국제화 비전을 제시하거나 국제협력 프로그램에 지방정부도 참여하게 하는 등의 적극적 지원이나 관여는 하지 않고 있다. 그러나 급변하는 국제정치·경제체제에서 다양한 국가의 이익을 실현하기 위해서는 중앙정부와 지방정부 간에 합리적인 역할분담 방안이 강구되어야 한다.

1) 중앙-지방의 합리적 역할분담과 관련 법률의 제정

이를 위해, 중앙과 지방정부 간 합리적 역할 분담방안이 모색되어 법제화되어야 한다. 가칭「지방자치단체의 국제교류협력 지원에 관한 법률」을 제정하여 중앙정부와 지방정부의 역할분담 및 책임과 의무를 명확히 하여야 한다. 예를 들면, 중앙정부가 국가적 차원에서 외교정책의 큰 틀을 정하고, 이의 구체적 추진은 지방정부가 담당하도록 한다든지, 지방정부의 독자적 외교정책 수립을 촉진하고 중앙정부가 이를 지원·협력하는 방안을 생각해 볼 수 있다. 소위 '참여정부' 들어 지방분권을 핵심 국정방향으로 잡고 적극적으로 추진했으나, 결과적으로는 이러한 논의 구조 속에서도 근본적이고 새로운 과제영역에 대해서는 소극적으로 대응해 왔다. 즉 지방외교정책은 지방분권을 기치로 출범한 참여정부에서도 크게 이슈화 되지 못했고, 이 때문에 관련 법률의 제정 또한 생각할 수도 없는 실정이다.

2) 지방외교정책에 대한 중앙정부의 관심제고와 지원

지방외교정책에 중앙정부의 적극적인 관심과 지원이 필요한 이유는 첫째, 국가의 외교정책과 지방외교정책의 적절한 조화를 통해 총체적으로는 외교정책의 통일성과 일관성이 유지되는 가운데 지역 특성과 이익이 반영된 외교정책의 추진이 가능해 짐으로써 국익을 극대화할 수 있다. 둘째, 그간의 국가 간 외교의 성과, 즉 기존의 선린 외교관계, 해당국의 관련 정보, 재외공관의 현지 경험, 인적·물적 네트워크 등을 공동 활용할 수 있어 지방정부의 외교능력을 급속히 향상시킬 수 있다. 셋째, 국가 차원의 외교로는 대응이 곤란한 외교현안이나 국제문제에 대하여 지방정부의 외교역량을 활용함으로써 추가 비용부담 없이 국가 전체의 외교능력을 향상시킬 수 있기 때문이다.

2. 지방외교 전담조직과 인력보강 및 예산지원

1) 지방외교정책 전담조직의 보강

우리나라 지방외교 전담조직은 일부 시·도를 제외하면 국제통상기능 위주로 편제되어 있다. 그러나 보다 차원 높은 지방외교를 실현하기 위해서는 고도의 정책적 판단이 용이한 조직형태로 재편되어야 한다. 지방외교는 보다 정책적이고, 전략적이고, 장기적인 안목과 판단을 요구하므로 이러한 기능을 수행하기 용이한 조직형태가 되어야 한다. 이를 위해서는 정책기획과 종합조정을 맡고 있는 기획관리실이나 시·도지사 직속 기구화 하는 것이 유리할 것이다. 현행 경제통상관련 실·국에 소속된 실무형 조직보다 기획관리실이나 지방단체장 직속의 전략 기획형 조직이 보다 효과적일 것으로 판단된다.

둘째, 해외사무소나 해외주재관은 실익을 고려하여 설치하거나 파견하여야 한다. 해외 사무소나 주재관으로 파견하는 직원은 다양한 채용방식을 도입하여 정예요원을 엄선하여 파견하되 그에 상응하는 인센티브를 부여하고, 성과 중심의 인사관리체계를 확립하여 실질적 효과를 거양해 나가도록 해야 한다.

셋째, 지방외교를 지원할 수 있는 해외 민간 네트워크는 선정 당시부터 신중을 기하되 일단 선정된 요원은 상시관리체제를 확립하여야 한다. 그리고 성과에 상응하는 보상체계를 확립하여 이들의 활동성과에 따라 적절한 인센티브를 부여하고, 정기적인 활동평가시스템을 도입하여 활동성과가 미미한 요원들은 과감히 정비해 나가야 한다.

2) 지방외교정책 전담 인력의 보강

무엇보다 전담인력을 지역의 외교정책활동의 수요에 맞게 확충하는 일이 가장 중요하다고 할 수 있다. 이를 위해 첫째, 지방외교정책은 정책의 특성상, 전문적인 지식과 유창한 외국어 구사능력, 현장감 있는 외교력이 요구되므로 조직 내에서 가장 우수한 공무원을 배치시킴은 물론, 이에 상응하는 직급의 공무원이 배치되어야 한다.

둘째, 특히 지방정부 간의 외교관계는 오랜 인간관계가 그 바탕이 되므로 잦은 인사이동을 방지할 수 있는 제도적 장치를 강구하여야 하고, 장기간 근무자에 대한 인사상의 인센티브가 제도화되어야 한다.

셋째, 지역 내에 능력 있는 외부인사를 폭넓게 활용할 수 있도록 개방적인사제도를 마련하여야 한다. 특히, 지역 내 거주 외국인, 외국 생활경험이 풍부한 전문가들의 참여방안이 제도화되어야 한다.

넷째, 체계적이고 종합적인 인재양성 프로그램이 시행되어야 한다. 외교는 고도의 판단능력, 협상능력, 조정능력, 언어구사력 등이 요구되므로 지방외교를 전담하여 발전시켜 나갈 정예요원을 양성할 수 있는「장·단기 교육프로그램」이 마련되어야 한다. 이러한 교육프로그램은 외교정책을 총괄하고 있는 외교통상부 산하 외교안보연구원이나, 지방외교를 총괄 지원하고 있는 행정자치부 산하 한국지방자치단체국제화재단 내에 설치하는 것이 바람직할 것이다.

3) 지방외교에 대한 과감하고 지속적인 재정적 지원

안정적인 재정 지원은 외교라는 국제관계를 고려할 때 대단히 중요한 변수이다. 지방외교정책에 대한 과감하고도 지속적인 재정적 지원이 이루어져야 한다는 것이다. 그러나 지방정부의 예산 역시 복잡한 과정을 거쳐 결정됨으로 기대한 만큼의 재정을 확보하기는 쉽지 않은 것이 현실이다. 특히, 지방외교는 외부효과가 존재하는 정책이므로 지속적이고 일관적인 재정적 지원이 성패의 관건이 된다. 따라서 소요예산이 안정적으로 확보될 수 있는 방안이 강구되어야 한다. 예를 들면, 광역자치단체 단위로 국제교류재단을 설립하거나 별도의 특별회계제도 혹은 기금을 설치하는 방안 등이 고려될 수 있다. 나아가 보다 근본적으로는 지방외교 또한 국가외교의 한 부분이라는 점에서, 지방외교정책의 경우는 국가예산 차원에서 지속적인 지원이 이루어질 수 있는 메커니즘 구축이 중요하다.

3. 지방외교의 비전정립과 내실화

1) 지방외교정책의 비전과 전략적 목표의 설정

우리의 지방이 보다 적극적으로 국제화·세계화에 대응해 나가기 위해서

는 이제 단순한 '국제교류사업' 차원을 뛰어넘어 국제정책, 즉, 지방외교정책
의 단계로 발전해 나가야 한다(강형기, 2001: 445-446). 지방정부 스스로도
지금까지의 국제활동을 단지 '단위사업' 정도로 간주하여 사업의 효율적 추
진체제의 확립과 투자의 증대, 유관기관 간의 협조체제 강화 등에 초점을 맞
추어 추진하여 왔고, 이 분야의 연구도 국제교류사업의 평가와 활성화 방안
에 중점을 두어 왔다. 그러나 앞서 살펴 본 바와 같이 본격적인 세계화와 지
방화 추세와 세계정치·경제질서의 변화는 국제관계에 있어서 지방정부의
주체적 역할을 강조해 왔고, 그 영역도 급속히 확대됨에 따라 지역의 특성과
여건이 반영된 독자적인 외교전략 내지 정책을 갖도록 요구하고 있다.

이러한 패러다임 전환의 조짐이 1990년대에 들어와 우리나라에도 통상외
교의 측면에서 뚜렷이 나타나기 시작했다. 지방이 국가의 울타리 안에서 단
지 부수적·지엽적으로 국제적 활동을 수행하던 입장에서 세계질서의 중요
한 형성자로서 세계무대에 서기 시작한 것이다. 지방과 세계의 상호침투성
과 상호의존성으로 인해 지방정부의 내치(內治)와 외치(外治)의 구분이 점차
희박해 지고 있다. 이러한 변화는 지방정부에게 세계무대에서 한껏 기량을
펼칠 수 있는 기회를 제공하는 동시에 자신의 행동에 대해 국내적으로나 국
제적으로 무거운 책임을 져야하는 도전을 제기하고 있다(안성호, 1998: 234).

따라서 각 지방정부가 치열한 국제경쟁시대에서 지역의 산업을 육성하고
다양한 지역의 이익을 실현하여 주민의 삶의 질을 향상시켜 나가기 위해서
는, 지금까지의 형식적·의례적인 국제교류에서 탈피하여 새로운 국제정치·
경제체제에 순응하고, 이를 지혜롭게 활용할 수 있는 비전과 전략을 실천할
수 있는 지방외교정책이 수립되어야 한다(심익섭, 2005). 이를 보다 구체적으
로 살펴보면 다음과 같다.

가. 지방외교의 비전과 전략의 수립
중앙정부에서는 국가의 외교적 목표와 방향, 중앙과 지방이 공동 협력해
야 할 외교적 과제 등을 제시하고, 지방정부에서는 이러한 큰 틀 속에서 지
방외교의 비전과 전략을 담은「지방외교의 비전과 전략」을 수립하여야 한
다. 이를 위해 첫째, 국가의 외교활동이 지방을 지원하고, 지방의 외교활동이

국익의 증진에 보탬이 되는 외교 분야의 상호보완적 공동협력관계가 구축될 수 있는 비전과 전략이 마련되어야 한다.

둘째, 지역주민의 외교수요와 지역의 특성이 반영된 비전과 전략이 수립되어야 한다. 즉, 지방외교의 특징인 지역 주민이 주체가 되는 외교, 지역의 여건과 특성이 반영된 외교를 실현할 수 있는 비전과 전략이 수립되어야 한다.

나. 지방외교의 비전과 전략을 실천할 수 있는 정책목표의 설정

위와 같이 수립된 지방외교의 비전과 전략을 실천할 수 있는 지방외교정책의 목표가 설정되어야 한다. 이를 위해 첫째, 지금까지 단순한 의례적, 형식적 국제교류나 경제적 실리 위주의 해외시장개척, 외자유치 활동에서 탈피하여 외국 지방정부와 함께 공동의 꿈을 실현하고, 국제사회의 일원으로서 인류공동의 복지나 환경, 빈곤퇴치, 재난 극복 등 현안에 대한 국제협력을 강화해 나가는 등 보다 차원 높은 지방외교를 실현할 수 있는 목표가 설정되어야 한다.

둘째, 지방외교는 주민들의 참여를 통한 마음과 마음을 잇는 외교인만큼 지역의 여건과 특성, 지역 주민의 여망을 담은 목표를 설정하여 주민의 자발적 참여를 유도하여야 한다.

2) 국제교류 지역의 다변화와 교류내용의 다양화

국제교류지역의 다변화와 교류 내용의 다양화가 이루어 져야 한다. 지금까지의 중국과 일본 및 미주지역 중심의 교류에서 탈피하여 인도 등 아시아의 여러 나라와 아랍·아프리카권 및 중남미 지역과의 교류를 활성화하고, 교류 내용도 지역별 특성을 살린 실질적 과제를 채택하여 지속적으로 추진하여야 한다. 이를 위해 첫째, 교류대상지역 선정 시 사전에 충분한 검토와 절차를 거쳐 선정하되 일부 지역에 편중되지 않게 다변화 하며, 가급적 새롭고 이질적인 문화권과의 교류로 다변화하여야 한다.

둘째, 일단 교류대상지역으로 선정되었을 경우에는 장단기 교류계획을 수립하여 실질적이고, 지속적인 교류를 추진하여야 한다.

셋째, 처음 시작단계에서는 보다 쉬운 과제를 채택하여 양 지역이 성과를 체감할 수 있도록 하고, 이를 바탕으로 하여 보다 차원 높은 과제로 확대해 나간다.

넷째, 초기에는 관에서 주도해 나가는 것이 불가피 하지만, 점차 교류가 확대되어 가면 교류의 주체를 각계각층의 민간단체들이 참여하도록 하여 다양화해 나가도록 한다.

다섯째, 국제교류 성과에 관한 정기적인 평가와 모니터링이 이루어져야 한다. 평가결과 교류의 실익이 없는 지역이나 프로그램은 과감히 정비하여 보다 실질적이고 내실 있는 교류가 이루어지도록 하여야 한다.

3) 다자간 국제협력의 강화

국제적 문제해결방식으로서의 다자협력 증대추세는 전통적인 국가주권개념을 불가피하게 제약·변화시킴에 따라 대외적 측면에서는 유럽연합(EU)의 발전과정에서 보듯이 국가와 국가 간의 관계도 새로운 틀의 모색이 필요해지고 있으며, 대내적인 측면에서도 국가와 사회 간의 관계변화의 요구로 나타나 이를 반영할 수 있는 정책집행체계로의 개선 필요성이 제기되고 있다.

특히, 평화정착·빈부격차 해소·환경보전·인권보호·테러와의 전쟁 등 범세계적 이슈들은 더 이상 국가차원으로만 해결될 수 없을 정도로 복잡해지고 있으며, 이에 따라 국제관계의 행위주체도 다양화되고, 그중에서도 비국가적 행위자들(Non-State Actors)이 핵심세력으로 등장하면서 민간외교의 중요성도 강조되고 있다(조선일보, 2002.8.16).

이미 많은 지방정부들이 외교문제에 깊숙이 관여하기 시작했다. 지방정부들은 우호와 평화를 도모하여 자매결연을 맺고, 지방경제를 활성화하기 위해 통상외교에 나서며, 개발도상국들에게 원조를 제공하고, 심지어 민감한 정치적 문제에 개입하여 국가의 외교정책에 영향을 미치는 국제적 활동을 펼쳐 왔다(안성호, 1998: 223). 따라서 우리나라의 외교정책도 기본적 패러다임을 전환하여야 한다.

이를 위해 첫째, 국내적으로 지금까지의 국가 독점적 사고에서 탈피하여,

지방정부를 비롯하여 비정부기구(NGO) 및 시민 등 다양한 외교주체를 인정하고, 이들이 추구하는 다양한 이익이 실현되도록 적극 지원하는 다채널 방식으로 전환하여야 한다.

둘째, 대외적으로는 외교영역과 관련하여 정치·군사 문제를 중심으로 다루었던 것으로부터 경제·환경문제 등의 다양한 문제를 다루어 나갈 수 있도록 다원화(multi-dimensionalism)시키고 , 외교대상도 진영간 대결의 전략적 균형에 초점을 맞추던 것으로부터 외교관계의 다변화(diversification)를 추구해야 하며, 외교방식의 차원에서는 쌍무 관계에 주안점을 두고 있던 종래의 방식으로부터 국제기구 및 레짐을 활용하는 다자화(multi-lateralism)방식(이동휘, 1997:25-63)으로 전환되어야 한다.

4) 국제통상 활동의 내실화와 기업 및 투자환경의 개선

지역의 국제경쟁력 강화를 위한 마스터플랜을 수립하고, 세계 각 지역의 지방정부와 경쟁할 수 있는 기업환경 및 투자여건을 조성하여야 한다. 또한 세계시장 동향과 무역환경에 대한 정보를 축적하고, 효율적인 정보공유네트워크를 구축하여 지역 상품의 수출을 촉진하여야 한다.

가. 기업의 수요에 걸맞는 수출진흥 프로그램 개발

지금까지의 공급자 위주의 수출진흥 프로그램에서 탈피하여 기업이 원하고, 자발적으로 참여할 수 있는 프로그램을 개발하여야 한다. 해외시장 개척 활동의 경우 사전에 대상지역과 상품을 정해 놓고 희망하는 기업을 모집하기보다는 기업들이 희망하는 지역과 시기를 먼저 조사하여 이들의 요구에 맞는 시장 개척활동을 지원하는 수요자 중심의 해외시장 개척활동으로 전환하여야 한다.

둘째, 관련되는 기관 단체가 개별적, 산발적으로 수출진흥 시책을 추진할 것이 아니라 기관별 가용수단과 자금을 묶은 통합 지원방식으로 전환하여야 한다. 이를 위해 연초에 유관기관 연석회의나 실무위원회를 개최하여 지역 단위로 관련시책을 통합 내지 조정하는 노력이 필요하다.

셋째, 준비된 각종 시책들이 기업들에게 충분히 알려지도록 하여야 한다. 지역 내 기업을 연결하는 통합 정보망이나 신문·방송 등 언론매체를 활용하여 주기적으로 홍보하고, 상시 상담할 수 있는 창구가 마련되어야 한다.

나. 세계적 표준의 기업 및 투자환경 조성

외국 기업과 외국인 투자를 유치하기 위해서는 세계적 표준(Global Standard)에 걸 맞는 행정 서비스가 공급되어야 한다. 이를 위해 첫째, 각종 인허가의 원스톱(One-Stop) 서비스체제가 확립되어야 한다. 외국인 투자 및 기업유치 인허가 매뉴얼을 작성하여 외국인 기업 접촉 시부터 관련 인·허가를 사전 검토하였다가 투자결정과 동시에 신속히 처리할 수 있는 방안도 좋을 것이다.

둘째, 일단 지역 내에 유치한 외국기업에 대한 사후 행정서비스를 강화하여야 한다. 외국기업은 국내 사정에 어둡기 때문에 외국에서 유치한 기업이 정상적으로 운영될 수 있도록, 후속 인허가, 관련 자금 및 정보의 제공 등 국내 기업 이상의 행정 서비스를 제공하여야 한다.

셋째, 종사자 및 관련 임직원이 지역 내에서 생활하는 데 불편이 없도록 교육·의료·주거 등의 부문에 세심한 배려를 하여야 한다.

5) 지역의 국제화와 민·관 파트너십의 강화

가. 외국인 학교의 설립과 지원

외국인 학교에 대해 지방정부가 관심을 갖기 시작한 것은 비교적 최근의 일이다. 외국기업과 지역 내 거주 외국인의 수가 급속히 증가하면서 외국인 자녀들을 위한 교육시설이 시급한 과제로 대두되었기 때문이다. 최근에 외국인학교설립과 지원을 시·도 차원에서 적극 추진하고 있는 이유도 이 때문이다. 외국인학교 운영의 활성화를 위하여 첫째, 외국인학교를 추가 설립하여 선택의 폭을 넓혀주고, 외국인학교 교사의 질과 프로그램의 수준을 향상시키며, 교육비 수준도 다소 부담스럽지 않아야 할 것이다. 이를 위해서는 주변 경쟁국가에서와 같이 외국인학교에 대한 재정적 지원이 이루어져야 할 필요가 있다(하봉운, 2005: 106).

둘째, 기존 외국인학교에 대한 지원이 강화되어야 한다. 이를 위해 내국인 자녀 입학요건을 완화하고, 이전을 원할 시 학교 부지를 알선하거나 제공하며, 지역 내 문화체육단체와의 네트워크를 구축하고, 교육여건 개선을 위한 시설투자를 지원하여야 한다(문유석, 2005: 63-65).

셋째, 국내 정규 교육훈련기관과의 유대를 강화하여야 한다. 교과운영과 학력인정, 부족한 시설의 상호 활용 등 지역 내 교육기관과의 상호교류 및 협력을 강화하여야 한다.

넷째, 외국인들에게 자녀교육을 위한 신뢰할 만하고 공식적인 정보가 제공되어야 한다. 외국인들은 학교의 학기 과정과 관계없이 수시로 입국하기 때문에 학교에서의 대기 수요와 입학 가능시기에 대한 정보가 항시 제공되어야 한다.

나. 지역 내 거주 외국인을 위한 「맞춤형 행정서비스」 제공

지역 내에 거주하는 외국인도 아무 불편 없이 생활할 수 있는 세계적 표준의 교육·의료·복지시설과 제도를 단계적으로 확충하고 외국인을 위한 전문 행정서비스가 공급되어야 한다. 앞서 검토한 바와 같이 대부분 외국인을 위한 위안행사에 그치고 있으나 외국인들에게 실질적으로 도움이 될 수 있는 「맞춤서비스」가 개발되고 시행되어야 한다. 특히, 언어소통이 곤란한 외국인들을 위한 배려가 있어야 한다.

다. 민간외교를 위한 민·관 파트너십(Partnership) 강화

지방외교정책에 대한 민간의 참여와 민·관 파트너십이 강화되어야 한다. 지방외교정책의 진정한 의미는 주민참여를 전제로 하고 있다는 점이다. 지방외교는 지역주민의 다양한 아이디어와 요구가 반영되고, 주민이 주체가 되는 '생활외교', '민간(시민)외교'라는데 큰 의미를 지니고 있다. 궁극적으로 지방외교의 주체가 지역 주민이므로 지역주민의 참여와 민·관 파트너십이 가장 중요한 이슈가 된다. 국경을 초월한 「시민과 시민(People to People)」 「지역과 지역(Region to Region)」의 상호교류는 결국 민간부문 주도형의 교

류에 주안점을 두어야 한다(이은재, 1991: 46). 즉 일반 주민이 스스로 참가하고, 교류아이디어를 제공하고, 교류사업을 계획하는 등의 주민차원의 풀뿌리 교류주체를 육성하는 것이 우리나라 지방자치단체가 해결해야 할 시급한 과제 중의 하나인 것이다(성기중, 1999: 1091).

그러나 우리나라 지방정부의 현실에 비추어 볼 때 각 지역에서의 지역주민 및 민간단체에 국제교류를 의존할 수는 없으며, 지역의 행정주체이며 종합경영주체인 지방자치단체가 선도적 역할을 수행하고 민간단체가 적극 참여하는 민·관 협동의 파트너십을 확립해 나갈 필요가 있다. 그러나 어디까지나 지방외교정책은 주민의 주체적 참여하에, 주민의 요구와 여망이 수렴된 정책의제를 기본적 토대로 하여야 하며, 일차적으로 지역의 이익이 극대화되고 나아가 국가의 이익과 세계평화에 기여하는 방안이 모색되어야 한다.

4. 외부지원기관과의 유기적 협력체제 강화

1) 한국지방자치단체국제화재단의 기능과 역할 강화

지금까지 무관심 내지 소극적, 방관자적 역할에서 탈피하여 관련 중앙부처의 국제협력 및 교류 프로그램에 지방을 적극적으로 참여시키고, 지방정부의 그러한 노력을 적극 지원하여야 한다. 특히, 한국지방자치단체국제화재단의 기능과 역할이 강화되어야 한다. 이를 위해 첫째, 재단의 기능과 역할이 강화되어야 한다. 지금까지의 국제화 인력양성과 국제교류협력의 증진 및 국제화 정보 및 기반조성기능에서 한 걸음 더 나아가 지방정부의 외교활동을 현장에서 직접 지원하고, 중앙과 지방의 가교역할을 수행하며, 더 나아가 외국 지방정부와의 실질적 교류협력 프로그램을 개발 보급하여야 한다.

둘째, 지방외교 전담인력 및 지방공무원의 전문화를 위한 국내 및 해외교육훈련 프로그램을 개발 운영하여야 한다. 현재 자치단체별로 운영하고 있는 장·단기 해외 교육훈련 프로그램을 재단에서 통합 운영하여 시·도 지방공무원의 해외 장기교육훈련 프로그램을 제도화하여 운영하고, 특히 지방외교 전문요원의 양성을 위한 특별 훈련과정을 설치하여 운영하여야 한다.

셋째, 재단에 대한 중앙정부 및 지방정부의 재정적 지원을 확대하여야 한다. 앞서 설명한 바와 같이 재단이 실질적 역할을 다 할 수 있도록 충분한 재정적 뒷받침이 있어야 한다. 특히, 중앙정부 차원에서 지방의 외교역량을 확충하기 위한 정책적, 전략적 재정투자가 이루어져야한다.

2) 지역 내 대학의 적극적 활용 프로그램 개발

지역 내 대학과의 다양한 교류협력 프로그램이 개발되어야 한다. 앞의 실태분석결과에서 볼 수 있듯이 대학은 지역의 「지적 인프라」로서 국제교류 · 협력활동, 국제통상활동 등에 많은 기여를 할 수 있으며, 실제 지방외교의 현장에서도 많은 역할을 하고 있는 것이 사실이다.

따라서 지방외교정책을 지원하고, 교류협력 프로그램에 직접 참여할 수 있는 다양한 교류협력프로그램이 개발되어야 한다. 특정 교류 대상 국가의 지방정부를 연구하는 연구소의 설치 운영, 외국에 있는 대학과의 학술교류는 물론, 통·번역 센터의 운영, 외국인 유학생의 상호교환, 전문적인 교육과정 운영 등 지방정부의 외교활동에 다양하게 참여할 수 있다.

3) 활용 가능한 지방외교적 자원과 네트워크의 활용방안 강구

지방자치단체에서 활용 가능한 지방 외교적 자원과 네트워크에 대한 일제 조사와 활용방안이 모색되어야 한다. 이를 위해서 외국 지방자치단체나 기관의 한국사무소를 비롯하여 지역 내 활용할 수 있는 민간단체나 인적인 요소들에 대한 종합적인 조사와 참여 내지 활용방안이 모색되어야 한다.

사실 비록 농어촌 지역이라고 해서 지방외교정책을 수행하기가 불가능 하지는 않다. 지역 내에서 민간(단체) 등의 참여를 통한 활성화도 가능하고, 나아가 국제관계를 지원하는 많은 국내외 단체들과의 네트워킹이 현대 지식정보화 사회에서는 얼마든지 가능하기 때문이다. 이제는 도시 지역만의 전유물로 지방외교를 생각할 때는 지났다는 것이다.

5. 지방외교 기반시설의 확충

지역의 산업과 주민의 국제교류를 뒷받침할 수 있는 기반시설이 확충되어야 하고 이의 운영관리를 위한 지방정부의 기능과 역할이 증대되어야 한다. 국제공항, 국제항만, 국제회의 시설, 관광호텔 등 숙박시설, 국제적 수준의 정보통신시설은 물론 이들 기반시설들의 운영체계도 국제화되어야 한다. 앞서 살펴본 바와 같이 국제공항이나 항만시설의 경우 건설과 운영을 국가에서 담당하고 있지만 이의 활용이나 활성화는 지방정부의 몫으로 전락되는 경우가 대부분이기 때문이다. 따라서 시설의 운영과 관리에 지방정부의 역할과 참여 범위가 확대되어야 한다.

지방외교의 활성화를 위해서는 지금까지의 우리 상황을 분석해 볼 때, 현실적으로는 우선 다음과 같은 세 가지 기본적인 지향점을 고려해야 한다(심익섭, 2005: 28):
- 교류관계의 제도화
- 지방교류의 확산
- 실질적인 교류의 심화

6. 지방외교 전문성 강화

1) 공무원의 전문성

외교는 고도의 전문성을 지닌 분야이다. 그렇기 때문에 일반 행정과는 달리 외교정책은 전통적으로 전문적 교육을 받은 공무원들이 담당하여 왔다. 따라서 지방외교 또한 담당 공무원의 전문성을 요구 받게 된다. 물론 여기에는 국가외교와는 차원이 다르긴 하지만 최소한도의 전문성을 필요하다. 예를 들면, 민간외교관으로서의 소양이라든가, 최소한도의 의사소통이 가능한 외국어 능력 등이 그것이다.

한국지방자치단체국제화재단이라는 전담조직을 갖고 있는 상황에서는, 재단의 기능 중 중요한 하나로 지방외교 담당공무원들에 대한 체계적인 전문성 교육시스템을 구축하는 것도 하나의 대안이 될 수 있을 것이다. 물론 지역의 고등교육기관이 있다면 이들 지역사회단체와의 네트워킹을 통한 전문성 강화방안도 또 다른 접근방식 등 하나라고 할 수 있다.

2) 지역주민의 지방외교 참여방안

이미 강조 했듯이 지방외교는 전형적인 민간외교라는 점에서 지역주민의 지방외교 참여방안이 구체적으로 마련될 필요가 있다. 일본의 '민제외교'를 앞에서 상세히 기술하였으나, 서구 선진국 또한 지방외교정책의 핵심수행자가 자발적인 시민이라는 점을 고려하여, 우리도 적극적인 참여 방안을 모색해야 한다. 이를 위해서는 주민자치센터 등을 통한 민주시민교육의 활성화가 무엇보다도 시급하다고 할 수 있다.

특히 앞으로 지방외교정책의 수행자는 궁극적으로 지역사회 주민임을 지방정부는 물론 지역 사회 스스로도 정확하게 인식할 필요가 있다. 실제로 서구 국가들에서는 지방정부는 단순히 행정지원만 할 뿐 실질적인 교류사업 전반은 시민 스스로 조직한 관련 시민단체 중심으로 이루어지고 있음을 볼 수 있다. 구체적인 사례로 독일 슈파이어(Speyer) 시에서는 외국 자매도시에 관심을 갖는 시민들의 자발적인 모임들이 해당 도시와의 연중 행사를 기획하고, 시 행정에서는 시장 비서실 직원 한 사람이 부수적인 업무로 이를 행정적으로 지원하고 있음을 볼 수 있다(www.speyer.de).

III. 지방외교정책의 분야 및 국제교류 매뉴얼 개발

1. 전통적인 지방외교분야(도시, 인권문제 등)

지방외교정책은 전통적인 분야와 새로운 분야로 구분할 수 있는데, 우선 전통적인 분야로는 산업사회에 부응하여 나타났던 사항들이 주류를 이루고 있다. 나아가 이러한 산업화 과정에서 파생된 권위주의 문제, 즉 인권문제 등이 전통적인 분야로 분류된다. 결국 생활의 질이 상승 하면서 지역 주민들의 세계화 시각에 부응하는 것에서 교류 분야가 발전되어 왔다.

2. 새로운 지방외교분야(환경, 지역경제 등)

21세기에 들어서면서 산업사회는 급격하게 지식정보화 사회로 전환되어 가고 있다. 이에 따라서 지방외교정책 또한 새로운 영역으로 교류 내용이 확산되고 있는데, 지역경제 발전이나 환경문제 등이 그것이다. 특히 과거와는 달리 '지방 의제 21(Local Agenda 21)' 등처럼 환경문제를 중심으로 지역의 역할이 강조되고 있음을 직시할 필요가 있다. 결국 현대의 개방화, 세계화 경향에 따라서 자연스럽게 지방외교정책 분야가 확대되고 있다고 할 수 있다.

3. 국가별-권역별 지방자치단체국제교류 매뉴얼

지방외교정책 수행과 관련하여 대상 국가에 따라 달리 접근하는 것이 필요하다. 선진국 지방정부와의 자매결연과 개발도상국가 지방정부와의 그것은 접근을 달리할 수 밖에 없기 때문이다.

1) 선진국 지방자치단체와의 교류전략

선진국 지방자치단체와의 교류전략은 대등한 관계에서, 또는 그들의 노하우(know-how)를 겸허하게 배운다는 입장에서 교류관계를 확산시켜 나갈 필요가 있다. 이에 따라서 이들 선진국과의 지방외교정책은 철저한 상호교류와 상호의존적인 자세에서 접근이 이루어질 필요가 있다.

2) 개발도상국 지방자치단체와의 교류전략

개발도상국가 지방정부와의 교류에 있어서는 무엇보다도 과거 우리가 지원을 받던 시절을 고려하여 열악한 제3세계 주민들을 고려하고, 이들 지역 발전에 나름대로 기여 한다는 자세를 견지해야 한다. 세계 10위권의 무역 대국이면서도 여전히 발전도상국에 대한 지원 또는 고려가 인색하다면, 보다 큰 국제적 지도국가로서는 분명한 한계가 있음을 직시해야 한다.

3) 이념국가들과의 자매결연 관계

사회주의 국가들과의 관계에서는 여전히 지구상에서 남아 있는 분단지역 이라는 점을 고려하여 신중한 접근이 요구된다. 이념적 장벽도 극복해야 하고, 동시에 지방교류의 기본 정신도 달성할 수 있어야 하기 때문이다.

나아가 북한과의 지방간 교류를 어떻게 발전시킬 것인지에 대한 근본적인 입장 정리가 요구된다. 우리에게 있어서 북한은 외국도 아니고, 그렇다고 여타 국가와의 지방외교정책처럼 접근할 수도 없기 때문이다.

4. 합리적인 국제협력 추진체제

1) 대등한 파트너십

현재 세계는 공생의 정신 환경, 복지, 산업, 교육, 소방·방재에 관련된 문제 등에 직면해 있지만, 이들 문제에 대해서는 지역차원의 공통의 문제의식과 목표를 공유하는 동시에, 자치체끼리 국제적으로 협력하여 서로 각 지역의 발전과 주민복지 향상을 위해 노력하는 것이 중요하다. 특히 지방외교에서는 대등한 파트너십이 중요한데, 왜냐하면 지자체는 종래부터 자매교류 등을 통하여 해외의 자치체와 폭넓은 상호이해 아래 대등한 협력관계를 구축하는 것이 중요하기 때문이다.

우리와 인접한 일본의 경우 지방자치단체의 국제협력을 보면 1989년 이후 각 도도부현 및 정령지정도시에서는 「지역국제교류추진 대강책정에 관한 지침」을 고려하여, 지역국제교류 추진대강이 책정되었다. 그 이후 지역의 국제교류시책이 종합적·계획적으로 추진되어, 해외 이주자와의 교류, 해외지역

과의 자매교류, 해외청소년 초청 사업(JET프로그램) 등을 중심으로 지방공공
단체의 국제교류 협력시책은 급속하게 진전되었다.

일본의 경우 지역의 종합경영주체로서 지역주민, NGO, 경제단체, 기업 및
볼런티어 등의 참여를 받으면서, 우수한 인재와 방법론을 활용할 수 있는 지
방공공단체를 중심으로 한 국제협력의 시작을 매우 중요시하게 되었다. 또
한 1995년 4월 지방공공단체에 의한 국제교류와 국제협력을 동시에 종합적
으로 지원하기 위하여 CLAIR 내에 자치체 국제협력센터가 설치되었다.

이러한 상황을 배경으로 각 도도부현 및 지정도시에서는 국제협력에 관한
명확한 이념과 방침을 규정한 대강(이하, 자치체 국제협력추진 대강)에 기초
해 계획적인 동시에 종합적인 시책을 추진할 수 있었다. 대강을 책정하는 의
의는 지역커뮤니티 차원의 국제협력시책의 계획적이고 종합적인 추진에 이
바지하는 것 및 그 취지를 지역주민에게 주지시킴으로써 국제협력에 관한
계몽효과를 기대했기 때문이었다

2) 합리적인 지방외교 추진 메커니즘

한국의 경우 지방공공단체에 있어서 지방외교정책의 추진체제 정비가 중
요한데, 지방공공단체의 각 부·국의 역할을 고려하고, 국제교류담당부·국을
중심으로 한 부·국 간 연계를 시도하는 청내 연락조정체제 및 해외사무소
등의 해외 조직체제 정비 등, 지방외교를 추진하는 합리적인 메커니즘의 구
축이 중요하다고 하겠다.

일본의 경우 「대강」을 추진하는 데 있어서 국가, 지역국제화협회, 관계 시
정촌, 지역주민, NGO, 경제단체, 기업 및 볼런티어 등과 적절한 역할분담에
배려를 하면서, 스스로의 역할과 책임을 명확히 하는 것이 요구된다. 「대강」
에서는 종래의 국제교류 추진체제와의 정합성 등을 고려한 위에 스스로의
역할과 책임, 그 이외 「대강」의 원할한 추진에 관한 배려사항에 대하여 기술
하고 있다.

3) 국내외 지방공공단체와의 연계 및 국제 네트워크 형성

각 지방공공단체에는 재정, 인재, 조직, 기술, 노하우, 연수시설 등 서로 다른 사정이 있고, 보다 효과적인 국제협력을 추진하기 위하여서는, 각각 특성 있는 것을 가지고 부담을 분산하면서, 공동으로 국제협력을 행하는 것이 바람직하다. 또한 해외의 동일 지역에 대해 복수의 지방공공단체가 똑같은 협력을 정합성 없이 행하는 것보다는 서로 일치 협력하여 행하는 것이 보다 효과적일 수 있을 것이다.

아울러 타 지역 간 자매제휴 추진을 포함한 폭넓은 자매제휴의 적극적인 전개 및 외국의 지방공공단체 사이의 직원 초청, 파견 추진 등을 실시하고, 그러한 지역차원의 교류와 상호이해를 통하여, 해외의 지방공공단체와 국제적인 네트워크를 형성하는 것이 요망된다.

4) 자치체 국제협력센터 활용

1995년 4월 일본에서는 지방공공단체에 의한 국제교류와 국제협력을 종합적으로 지원하기 위하여, 재단법인 자치체국제화협회 내에 「자치체 국제협력센터」가 설치되었다. 이 센터에서는 자매교류 도서관, 자치체 국제협력 인재 은행 및 국제교류협력에 관한 정보센터 설치, 지방공동 프로젝트 조정 및 지원, 자치체 국제협력 모델 사업의 기획 및 실시, 해외 네트워크 형성 등이 추진되고 있다. 우리의 경우 이러한 체계적인 시스템이 취약하다는 점을 직시하여 보완할 필요가 있겠다.

5. 국제협력전문가 양성 및 국가와의 적절한 연계

국제협력을 효율적으로 수행하기위해서는 커뮤니케이션의 방법, 상대 지역에 적합한 기술, 노하우 등이 불가피하다. 때문에, 연수기회를 충실히 하고 국제협력에 필요한 어학, 다른 문화권 및 문화에의 이해의 기본적인 소양, 기술, 노하우 등을 겸비한 국제협력 전문가 양성에 노력할 필요가 있다.

현재 일본의 자치대학교에서는 자치체 차원의 국제교류·협력 스탭 양성을 지원하기 위하여 「국제교류전문과정」을 설치하고, 지방공공단체 직원에 대한 연수를 실시하고 있으며, 또한 「전국시정촌 국제문화연수소」에서는 지방공공단체 직원의 국제협력에 관한 실무능력 향상을 위한 「국제협력연수코스」를 개설하는 등 연수에 충실을 기하고 있다. 우리의 경우도 일본의 이러한 노력을 고려할 때가 되었다.

덧붙여 국가와의 적절한 연계 문제로서, 지방자치단체의 국제협력 추진에 즈음하여, 지방공공단체의 자주성 및 주체성을 기본으로 하고, 필요에 따라 국가, 재외공관, 국제협력사업단, 국제기관 등과 적절한 연계를 하는 것이 필요하다. 특히 이 시점에서는 중앙정부 차원에서의 지방외교에 대한 새로운 인식 전환이 무엇보다도 중요하다. 즉, 결국은 지방외교가 국가외교와 분리해서 생각할 수 없는 것이라면 국가와의 합리적이고도 적절한 관계 설정이 무엇보다도 중요하다는 것이다.

6. 지방자치단체연합 활동의 충실 및 주민의 국제이해 증진

국내외의 국제협력에 있어서 지역주민, NGO 등의 민간차원 역할의 중요성이 점점더 높아지게 되어, 지방자치단체는 주민에게 가까운 행정주체로 주민참가형 국제협력을 행하도록 요청받고 있다. 각 광역 및 기초 지방자치단체들이 만든 전국적인 조직들은 지역의 국제교류활동의 중심이므로 주체적인 동시에 창조적인 활동을 행함과 동시에, 지역공공단체와 주민, NGO 등의 연결고리로서 핵심적 역할을 수행해야 한다.

이러한 의미에서 지방자치단체는 한국지방자치단체국제화재단을 통해서 지역주민, NGO 등의 국제협력활동의 참가를 한층 촉진할 필요가 있다. 또한 자치단체연합회가 국제협력을 위하여 활동하는 여러 NGO 등의 네트워크를 구축하고, 필요에 응해 지역자원의 국제협력활동을 조정하는 것도 요청된다.

일본의 경우 도도부현, 지정도시가 아닌 일반 시정촌에서도 많은 특색 있는 국제협력의 구조가 보인다. 또한 시정촌에는 소방, 상하수도, 사회복지, 폐기물 처리, 교육 등의 분야에서 도도부현에는 없는 기술과 노하우를 가지고 있다. 그래서 도도부현에서는 관계 시정촌의 국제협력 추진에 대한 배려를 행함과 동시에 필요한 경우 서로 연계하여 국제협력에 참가하는 것이 요구되고 있다. 우리의 경우도 도시 지역 이외에 농어촌 지역에서도 지방외교가 확산될 수 있는 여건 마련이 시급히 요구된다.

이와 함께, 지방공공단체는 주민이 스스로의 지역과 세계의 연결을 시야에 두고, 국제협력에 대한 이해를 깊이하기 위한 기회를 제공하려고 노력하는 것이 요구된다. 예를 들면 강연, 강좌 개최, 홍보, 이벤트 실시, 표어 활용, 고교생 등에 대한 외국 연수·유학 지원 등의 방법 등이 그것이다. 한마디로 지방외교정책의 원만한 추진을 위해서는 지역주민의 국제관계 이해와 세계시민으로서의 자아인식이 무엇보다도 중요하다는 것이다.

제8장

결 론

지금까지 세계화와 지방화라는 전 세계적인 경향 속에서 필연적으로 나타나고 있는 지방정부외교에 대한 논의를 종합적으로 정리해 보았다. 특히 우리에게는 생소한 '지방외교'라는 용어의 개념화와 함께, 이를 현실화 시킬 수 있는 이론(Theory)과 실제(Praxis)에 관한 정리를 시도 하였다. 이를 위해서는 선진국의 벤치마킹이 중요하다고 판단되어, 지방외교가 활성화 되어 있는 일본과 독일을 중심으로 한 외국의 사례를 집중 분석해 보았다. 무엇보다도 지방외교에 대한 이론적 토대가 중요한 바, 지방외교에 대한 이론적 접근과 함께, 법적 및 제도적인 접근가능성을 동시에 시도함으로써 지방외교 정책의 현실적실성을 지향하도록 노력하였다.

본격적인 세방화 시대를 맞아 바야흐로 지방외교는 21세기의 새로운 화두로 자리매김 되고 있다. 그렇다면 국제교류를 추진해야 할 당위성은 어디서 오는 것일까? 그것은 두말할 것도 없이 이미 세계화가 보편화되어 중앙정부의 보호막이 붕괴되었고, 지방정부가 세계적인 정치경제적 변화 속에서 스스로 자립할 수 있는 기반을 형성해야 할 필요성이 갈수록 커지면서 지방의 세계화가 불가피해졌기 때문이다. 특히 세계화는 자원 없는 한국에게 있어서 선택이 아닌 필수적인 생존전략이며, 국제교류는 이를 위하여 지역주민들을 교육시켜나가는 과정이기도 하다. 동시에 지방화는 한국 민주주의를 위한 보루로서 발전시켜 나가야 할 필연이다. 결국 지방화와 세계화의 동시적인 당위성으로부터 지방외교를 중요성을 이해해야 할 것이다.

이들 문제에 대한 이해를 깊게 하고 문화의 다양성을 수용하면서 지구촌 공동체 시대가 도래하였음을 시민들에게 인식시켜 다음 세대로 이어질 수 있도록 일깨워주는 작업이 요구된다. 따라서 국제교류가 지금까지는 잘해야 개인 차원의 '점(點) 대 점(點)' 교류였다면, 이제는 전반적인 국가구성체들 간의 '면(面)대 면(面)' 교류로, 더 나아가 다면적인 입체적 그리고 다차원적 교류로 승화되어야 한다. 유감스럽게도 아직까지 우리나라 대부분의 지방정부 간 교류가 여전히 관-관(官-官)교류에서 크게 벗어나지 못하고 있음을 반성해야 한다는 것이다.

본 연구 결과를 전체적으로 조망해보면 선후진국을 막론하고 '지방외교' 자체의 개념적 일천성으로 인해서 여전히 많은 문제점들이 야기되고 있는 것이 사실이다. 여기서 특히 한국 지방외교의 문제점들을 요약 정리해 보면 아래와 같다.

(1) 지방외교 관련 법령과 제도 및 역할분담 체계의 비합리성
(2) 지방외교 전담조직과 인력 및 예산의 열악성
(3) 지방외교정책의 운영과 추진의 문제점
(4) 지방외교 외부지원체제 및 기반시설 측면
(5) 지방외교 이론과 시민의식의 한계
(6) 지방외교정책의 실천적 및 운영상의 문제점
(7) 지방외교정책 이론과 법·제도적 문제점

지방외교정책은 대외적으로는 외교주체와 영역의 다원화로 인한 국제정치체제의 변화와 WTO 체제로 대표되는 새로운 경제질서의 출범, 대내적으로는 지방의 창의와 자율성이 존중되는 지방화의 흐름에 효율적으로 대응하기 위한 실천적 대안으로서 유용한 수단이 되고 있다. 그럼에도 불구하고 그

동안 구조·기능·환경 면에서 많은 미비점을 보여 왔으며 그 결과 아직까지는 정책효과도 미흡한 수준에 머물러 있다.

그러나 우리나라가 새로운 국제질서와 환경의 변화 속에서 세계일류국가로 발전하기 위해서는 외교정책의 지방화 내지 지방외교의 독자적 영역과 수단에 대한 연구가 보다 활발히 체계화되어야 하고, 지방외교정책을 위한 실질적인 방안들이 보완 발전되어야 한다. 한국 지방외교의 실태조사결과와 문제점 적시를 토대로 현재 우리나라 지방외교정책의 분야별 보완 발전 방안을 정리해 보면 다음과 같다.

(1) 분권적 협력(Dezentralisierte Kooperation): 중앙-지방 간 외교에 대한 분권화된 협력체제 구축 및 관련 법률의 제정
(2) 지방외교 전담 조직과 인력보강 및 예산 지원: 전문 조직 보강, 전담 인력의 보강, 지속적인 재정적 지원
(3) 지방외교 비전 정립과 내실화: 비전과 전략적 목표의 설정, 국제교류 다변화 및 다양화, 민-관 파트너십의 강화
(4) 외부지원기관과의 유기적 협력체제 강화: 지원기관 등의 역할 강화, 활용가능한 자원 네트워킹 강화
(5) 지방외교 기반시설의 확충: 지방정부간 교류관계 제도화, 지방외교정책의 확산, 실질적인 교류의 심화
(6) 지방외교의 전문성 강화: 공무원의 전문성 강화, 지역주민의 지방외교 정책과정 참여 활성화
(7) 기타: 지방외교정책의 분야 개발, 국가별-권역별 지방자치단체국제교류 매뉴얼 준비, 대등한 파트너십과 합리적인 국제협력 추진체계 정립, 지역주민 등과의 지방외교 네트워크 구축, 등.

앞으로 우리의 지방외교는 지역내 민간단체와 외국 자매도시 내의 민간단체 간 자매결연을 본격적으로 추진하여 다원화시키는 것이 중요하다. 이를 위하여 각종 시민단체, 여성단체, 초중고 및 지역대학 등의 교육기관 간 교류 등으로 지방교류의 폭이 넓어져야 한다는 것이다. 바로 지역 차원의 로컬거

버넌스와 세계 차원의 글로벌거버넌스를 지방외교정책에서 승화시키는 것이 관건이라고 할 수 있다.

실제로 미국 지방도시의 경우 자율적인 민간위원회가 교류협력 관계를 주도하는 경우가 허다하다. 일본도 대부분의 지자체에 설치된 국제교류협회가 교류를 주도하여 민-관(民-官)형태의 교류가 균형을 이루고 있다. 독일의 경우는 이를 제도화시켜 '국가-지방정부-민간'이 연대하여 보충성의 원칙에 따라 지방외교를 체계적으로 수행하고 있다. 미국에서 소위 '트랙 투(TRACK 2)'라고 불리는 민간인그룹의 역할, 일본의 방대한 민간교류단체, 그리고 독일의 전 국가사회적인 구성원 참여의 제도적 보장이 지방외교정책에 있어서 힘의 원동력이라는 점을 깊이 깨달아야 한다.

'지방외교'가 단순한 생색내기 식의 형식적인 국제교류가 아니라, 종합적이고 과제 지향적이며 체계화된 실질적 지방외교정책으로의 자리매김 되는 것이 우리에게 시급히 요구된다고 하겠다.

이를 위해서는 지방외교의 활성화를 지향하고 우리나라 지방외교정책의 기본 정책방향과 전략에 대한 심도 있는 반성을 바탕으로, 이론과 비교분석을 통하여 좀더 근본적인 정책대안을 검토하려는 시도가 중요하다. 한마디로 21세기 무한경쟁 시대를 맞아 국가를 단위로 하는 전통적인 외교만이 아니라, 지방자치단체 나아가 민간이 외교주체로서 함께하는 지방외교의 공존을 구체적인 대안으로 발전시켜 나가야 한다는 것이다. 이를 위해서는 우선 다음과 같은 국가적 차원의 외교에 관한 정책아젠다 형성이 요구되며, 이러한 기본원칙을 바탕으로 구체적인 지방외교 활성화 정책대안 마련이 요구된다:

- 지방외교에 대한 냉철한 현실 인식
- 지방외교정책의 실체인정과 영역에 대한 입장 정리
- 풀뿌리 외교정책의 주체로서 민간부문(시민사회단체 등)의 이해
- 한국 지방외교정책 활성화를 위한 국가 차원의 비전과 지원
- 지방정부 간 국제자매결연의 내실화를 위한 국가차원의 지원방안 마련
- 지방외교담당 전문기관 및 지방정부의 전문성 강화방안 제시

　오늘날의 전 세계적인 현실적 상황은 과거 19세기에 표출된 주권국가 또는 민족국가 및 그의 상호작용 관계로서의 국제관계라는 틀만으로는 이미 실체를 파악하기가 어렵게 되었다. '포스트 주권국가' 시대가 도래했다는 말이 현실화 되고 있다는 것이다.

　물론 국가개념이 사라질 것 같지는 않지만, 분명한 것은 과거와는 달리 시민들이 주권국가의 틀을 넘어서서 '지구인(세계시민)'으로서 행동하는 양태가 나타나고 있다는 사실을 직시해야 한다. 이는 특히 인권문제나 환경문제와 연관된 국제모임 등에서 다양하게 나타나고 있음을 볼 수 있다. "지구적으로 생각하고, 지역적으로 행동한다"라는 말이 결코 과장이 아닌 현실이라는 것이다. 앞에서 이미 선진국들이 이러한 이슈를 중심으로 오래전부터 지방외교정책을 작은 단위에서 활발하게 전개해 왔음을 보았다.

　우리의 경제규모나 OECD 회원국으로서의 입장을 고려할 때 이제는 지방외교라는 작지만 구체적이고도 실천적인 정책개발을 소홀히 할 때가 아니다. 이 책에서 제시한 기본적인 원칙들을 바탕으로 지방외교 활성화를 위한 정책대안 마련이 이 시점에서 절실하게 요구된다.

　여기에는 구체적으로 볼 때 제도적인 측면과 실제 운영상의 측면에서 대안 마련이 중요하다. 우선 제도적으로는 지방자치단체가 세계화 전략을 국익을 훼손하지 않는 한 자율적으로 수행할 수 있는 기본 틀을 마련해야 할 것이며, 이를 위해서 21세기에 걸 맞는 '외교'에 대한 중앙-지방 간의 "분권화된 협력체계화"가 무엇보다도 시급하다고 하겠다.

　나아가 운영상으로는 지방외교의 최대 장애물 중 하나가 바로 열악한 물적 토대라는 점에서, 이제는 21세기 지방자치에 부응할 수 있도록 지방외교에 대한 과감한 국가재정 등 소프트웨어와 하드웨어의 지원체계가 마련되어야 할 것이다. 지방외교정책의 활성화를 위한 제도와 운영의 동시적인 합리화가 세계화, 지방화, 개방화, 지식정보화 시대에 국익을 위한 첩경임을 직시해야 할 때이다.

참고문헌

〈한국문헌〉

1. 단행본

강형기. 2001. 『향부론』. 비봉출판사.
경기개발연구원. 1995. 『21세기 경기도의 세계화전략』. 수원: 경기개발연구원.
공보처. 1995. 『변화와 개혁의 방향3, 세계화·지방화 추진전략』. 서울: 공보처.
광주광역시. 1994. 『세계화, 국제화에 대응한 지방행정의 나아갈 방향』. 광주광역시.
구니도미 쓰요시. 1994. 『국제화시대에는 이런 관리자를 요구한다』. 서울: 한국산
　　　업훈련소.
국정홍보처. 2003. 『국가균형발전과 비전과 과제』. 서울: 공보처.
국제화추진위원회. 1994. 『국제화 의식 함양방안』. 서울: 국제화추진위원회.
　　　　. 1994. 『국제화의 개념 및 추진 기본방향』. 서울: 국제화추진위원회
금창호 외. 2001. 『지방자치단체의 남북교류 활성화 방안』. 서울: 지방행정연구원.
김경량. 1999. 『독일통일과 동서독 지방자치단체간의 역할 및 협력에 관한 조사연구』.
　　　　강원: 강원발전연구원.
김경원 외. 1994. 『세계화의 도전과 한국의 대응』 서울: 나남출판사.
김공렬. 1993. 『북한관료제론』. 서울: 대영문화사.
김관수. 1995. 『세계화 좀 차분히 하자구요』. 서울: 넥서스.
김국신. 1993. 『예멘 통합 사례연구』. 서울: 민족통일연구원.

김영기. 1994.『국제화시대의 지역대응에 관한 주민의식조사』. 전주: 전북경제사회
　　연구원.

김종기 외. 1994.『지방의 국제화 추진전략』. 서울: 한국개발연구원.

김학성·최진욱. 2001.『남북한 지방자치단체간 교류·협력 – 실태분석과 활성화 방
　　안』. 서울: 통일연구원.

김희오. 2001.『국제관계론』. 서울: 백산출판사.

대통령자문21세기위원회. 1994.『국제화시대의 한국의 진로』. 서울.

문태현. 2000.『글로벌화와 공공정책』. 서울: 대명출판사.

박세정. 1995.『세계화 시대의 일류행정』 서울: 가람기획.

박영호·박종철. 1993.『남북한 정치공동체 형성방안 연구』. 서울: 민족통일연구원.

박응격. 1996.『통일 이후를 대비하는 정부인력관리의 과제와 대책』. 서울: 한국행
　　정연구원.

박정택. 1996.『국제행정론』. 서울: 대영문화사.

변창구. 2000.『세계화 시대의 국제관계』. 서울: 대왕사.

부산광역시. 1995.『세계화 시대의 시방경영』. 부산광역시.

서진영. 1998.『세계화추진위원회 보고서』. 서울: 나남출판사.

세계화추진위원회. 1995.『세계화과제보고서』. 서울: 세계화추진위원회.

＿＿＿. 1995『세계화의 비전과 전략』. 서울: 세계화추진위원회.

심익섭 외. 1999『마지막 남은 개혁@2001』. 서울: 교보문고.

심익섭. 1994.『독일통일과 행정통합에 관한 연구』. 93-94 지역연구보고서. 서울대
　　학교 지역종합연구소.

안성호. 1996.『세계화, 지방화 그리고 민주화』. 서울: 교육과학사.

양현모·이준호. 2001.『남북연합의 정부·행정체제 구축방안』. 서울: 통일연구원.

양현모. 1997.『독일통일의 경험이 남북한 체제통합에 주는 교훈: 행정통합을 중심
　　으로』. 서울: 한국행정연구원.

＿＿＿. 1998.『통일행정요원 양성 및 관리방안』. 서울: 한국행정연구원.

＿＿＿. 2001.『지방자치단체의 바람직한 남북교류협력사업 추진방안』. 서울: 한국
　　행정연구원.

오성호. 1999.『국제화에 대비한 전문인력 양성, 지방의 국제화』. 서울: 한국지방자
　　치단체국제화재단.

우동기. 1995.『세계화와 지방자치단체의 정책과제』. 서울: 한국지방자치단체국제
　　화재단.

유지호. 1994.『예멘통일의 문제점』. 서울: 민족통일연구원.

윤영관 외. 1996.『국제기구와 한국외교』. 서울: 민음사.

윤정석. 1995.『세계화 국가전략』. 서울: 21세기정책연구원.

이강호. 1995.『세계화국가전략』. 서울: 오롬시스템.

이수만. 1997.『지방자치단체의 세계화 추진실태 및 개선방안』. 서울: 지방행정연구원.

이은재 외. 1990.『지방자치단체의 국제교류에 관한 연구』. 서울: 지방행정연구원

이은재. 1999.『자매결연을 통한 지방의 국제교류촉진, 지방의 국제화』. 서울: 한국
　　　지방자치국제화재단.

이재창. 1993.『국제화의 과제와 대응전략』. 서울: 교문사.

이홍재. 1995.『국제문화교류 활성화 및 기반조성 전략의 문제점과 정책방향』. 서
　　　울: 한국문화정책개발원.

자비끼 요시히로. 1996.『지역의 국제화와 그 과제』. 수원: 경기개발연구원.

장정섭. 1995. "통일 한민족국가의 사회통합 – 사회적 시민권의 관점에서 본 '준비
　　　된' 통일 – ." 박기덕 · 이종석 편.『남북한 체제비교와 통합모델의 모색』. 성남:
　　　세종연구소.

정규석. 1995.『한국의 세계화전략』. 서울: 21세기북스.

제성호. 2001.『남북한 평화공존과 남북연합 추진을 위한 법제정비 방안 연구』. 서
　　　울: 통일연구원.

조창현. 1993.『지방차지론』. 서울: 박영사.

최외출 외. 2001.『자치단체 국제교류 이론과 실제』. 대구: 한국지역발전연구재단
　　　출판부.

최우용. 2002『현대행정과 지방자치법』서울: 세종출판사.

최종기. 1985.『현대국제행정론』서울: 법문사.

통일교육원. 2002.『북한이해』. 서울: 통일교육원.

통일원. 1992『통독2주년 보고서』. 서울: 통일원.

＿＿＿. 1996『독일통일 6년, 동독재건 6년 – 분야별 통합성과와 향후과제 – 』. 서
　　　울: 통일원.

하영수. 1996.『지방자치행정 조사보고서』. 서울: 한국지방자치단체국제화재단.

한국정신문화연구원. 1996.『세계화와 한국의 진로』. 성남: 한국정신문화연구원.

한국지방자치국제화재단. 1994.『국제화시대의 한국사회와 지방화』. 서울: 나남출판사.

＿＿＿. 1999.『지방자치단체 국제교류 매뉴얼』. 서울: 한국지방자치국제화재단

＿＿＿. 1999『지방의 국제화』. 서울: 한국지방자치국제화재단.

한국행정학회. 1996.『통일 이후의 한국의 행정조직 및 지방행정체제의 설계』. 서
　　　울: 한국행정연구원.

한국행정학회 조직학연구회 편. 1999.『정부조직구조연구』. 서울: 대영문화사.

한대원 외. 2002.『현대중국법개론』. 서울: 박영사.

한부영·금창호. 1997. 『통일대비 지방행정 통합방안』. 서울: 한국지방행정연구원.
한스 피터. 1998. 『세계화의 덫』. 서울 : 열림카디널.
Alger, Chadwick F. 1995. 『지역으로부터의 국제화』 강병희 외 공역. 대구: 지역발
    전연구센터출판부.

2. 논문

강명세. 1999. "21세기형 국제화시대의 국제전문인력 양성." 『국제교류』. 29.
강신일. 1995. "한국지방자치단체의 국제교류에 관한 연구." 건국대학교 석사학위
    논문.
강원도. 1996. "환동해권 카르텔전략." 『세계화추진보고회의자료』. 세계화추진위원회.
_____. 1997. "강원도 캐나다 앨버타주 교류협력사업 확대." 『국제교류』. 14.
강응선. 1995. "지방정부의 세계화전략." 『국제교류』. 3.
강재규. 2001. "지방자치단체의 외교정책과 법적 문제." 『아·태공법연구』. 9.
_____. 2004. "분권시대와 김해시의 대응방안." 『김해발전전략연구원 2004년도 춘
    계심포지엄 자료집』.
강형기. 1996 "지방자치를 통한 충북의 국제화 실천." 『세계화, 지방화 그리고 민주
    화』. 서울: 교육과학사.
_____. 1999. "지방의 국제화." 『지방의 국제화』. 한국지방자치단체국제화재단.
_____. 2000. "21세기, 왜 문화이며 지방경영이어야 하는가." 『도시문제』 35(382).
경기도. 1996. "경기도와 중국 요녕성 간의 국제교류현황." 『국제교류』 10.
고충석. 1999. "세계화, 지방화시대에 있어서의 지역정책분석모형." 『법과 정책』 5.
권 익. 2001. "지방의 국제화를 위한 지방정부의 역할." 『지방의 국제화포럼』. 52.
권경득. 1999. "지방자치단체의 세계화를 위한 전략적 접근." 『지방정치특별학술회
    의 발표자료』. 한국정치학회.
권경득·우무정. 2001. "충청남도 국제통상정책의 비전과 전략." 『충청남도 세계화
    중장기계획수립 방향설정 심포지엄 발표자료』. 충청남도.
권용우. 1999. "도시 간 국제협력의 바람직한 방향." 『국제교류』. 33.
권철현. 1995. "세계화초석으로서의 지방화전략." 『한국행정연구』. 4(1).
권태준. 1996. "세계화에 대응하는 지방화." 『세계화추진보고회의 자료』. 세계화추
    진위원회.
김경원. 2000. "세계화는 필요한가." 『국제교류』 42.
김기섭. 1997. "세계화와 지방정부의 역할에 관한 연구." 부산대학교 석사학위논문.
김동훈. 1995. "세계화의 배경과 특징." 『국제교류』 3.

김명신. 2001. "한·일 교류의 발전방안에 대한 고찰."『일본학보』7(1).

김문환. 2000. "지방자치단체의 국제교류."『자치공론』6(10).

김병준. 1994. "국제화와 지방행정인."『지방행정』43(488).

_____. 1994 "지방자치단체의 국제화 방향과 과제."『'94과제연구보고서』. 한국지방자치단체국제화재단.

_____. 1999. "국제화를 위한 외국지방정부 행정개혁; 뉴질랜드의 지방행정개혁."『국제교류』32.

_____. 1999. "국제화사업의 외부효과과 중앙정부의 역할."『국제교류』30.

_____. 1999. "민관협력을 통한 지방행정의 국제화."『국제교류』35.

_____. 1999. "지방자치단체 국제화 사업의 특수성과 제약요인."『지방의 국제화』. 한국지방자치국제화재단.

_____. 1999. "지방자치단체의 국제화사업 활성화를 위한 노력."『지방행정』48(548).

김석진. 1999. "다자간 자치단체 교류협의체 활성화 방안."『국제교류』28.

김선기. 1994. "지방자치단체의 통상교류 과제와 추진방안."『'94연구과제보고서』. 한국지방자치단체국제화재단.

김선혁. 2004. "국제행정과 초국가 거버넌스."『한국행정학보』38(2).

김성수. 1998. "독일의 행정개혁과 관료제."『한국행정학보』32(4).

김수규. 1999. "국제관계에 있어서 민관협력."『국제교류』35.

김영윤. 2004 "동서독 지역 간 교류협력 사례: 도시간 자매결연." 2004년도 통일문제연구협의회 정기총회 및 공동의장·운영위원 워크숍. 10-20.

_____. 2005. "지방자치단체의 대북 교류·협력: 현황과 과제."『통일정책연구』. 14권 1호.

김영호. 1993. "지방화와 국제화."『사회문화연구』. 경북대학교.

김우석. 1998. "지방문화의 육성과 국제문화교류."『국제교류』24.

김운호. 2000. "지방의 Globalization과 NGOs."『국제교류』41.

김은상. 1999. "Global Standard로 변신하자."『국제교류』36.

김익식. 1999. "국제화를 위한 중앙과 지방정부 및 민간의 역할."『지방의 국제화』. 한국지방자치단체국제화재단.

_____. 2000. "지방의 국제화: 동향와 대응자세."『국제교류』44.

_____. 1999. "국제화를 위한 중앙과 지방정부 및 민간의 역할."『지방의 국제화』. 한국지방자치단체국제화재단.

김재영. 1995. "지방의 국제화를 위한 민선자치단체장의 역할과 과제."『국제교류』5.

김정수. 1995. "국제화·세계화시대의 한국행정의 진로."『한국행정연구』4(3).

김종학. 1997. "지방자치단체의 세계화정책에 관한 연구." 충남대학교 석사학위논문.

_____. 1999. "지방자치단체의 세계화정책에 관한 연구 – 실태분석 및 발전방향을 중심으로 – ." 충남대학교 행정대학원 석사학위논문.

김종호. 1999. "지방자치단체의 국제경쟁력강화에 관한 연구."『KRF연구결과논문』. 한국정책분석평가협회.

김주한. 1999. "국제화를 위한 외국지방정부 행정개혁; 국제화를 향한 동남아지방 정부의 행정개혁비교."『국제교류』32.

김진선. 1999. "지방의 국제화시대에 자치단체장의 역할과 과제."『국제교류』29.

김진욱. 1996. "지방자치단체의 세계화 실태와 전략." 서울대학교 행정대학원 석사 학위논문.

김창기. 2002. "지방의 국제화, 이렇게 열어가야 한다."『지방의 국제화포럼』.

김충환. 2000. "국제자매도시간의 협력을 통한 도시발전."『국제교류』45.

김판석. 1994. "세계화시대의 정부부문 경쟁력 제고"『한국행정학보』28(4)

_____. 1999. "지방의 국제교류와 평가."『국제교류』36.

_____. 2000. "지방자치단체의 국제교류발전방향."『한국지방자치학회보』(124).

김필두. 1999. "국세화를 위한 외국지방정부 행정개혁: 국제화를 향한 영국지방행 정제도의 개혁."『국제교류』32.

_____. 2000. "지방외교시대의 국제화 사례."『국제교류』45.

노화준. 1994. "세계화시대의 정부의 정책기능과 구조."『행정논총』32(2).

로날드 마이나르두스. 1999 "한국지방정부의 개혁에 관한 외국의 시각."『국제교류』 32.

멘주 도시히로. 2001. "세계화를 위한 도전 지방자치단체의 외교전략."『지방의 국 제화포럼』.

문순태. 1995. "지방문화육성과 국제교류."『국제교류』6.

문장순. 1996. "지방정부의 다자간 국제교류."『부산정치학회보』6(1).

_____. 2001. "지방정부의 대북교류 방향모색."『한국정책과학학회보』5(3).

문창수. 1998. "자매결연의 내실화".『국제교류』24.

_____. 1998. "지금은 지방의 국제화시대."『국제교류』22.

_____. 1999. "21세기 정보화와 지방의 국제화."『국제교류』28.

_____. 1999. "지방의 국제화시대와 지방자치단체."『국제교류』29.

_____. 1999. "지방의 국제화와 국제기구와의 국제교류, 협력."『국제교류』33.

_____. 1999. "지방의 국제화와 민관협력."『국제교류』35.

박경국. 2001. "지방정부의 국제통상역량확충방안."『충북대 개교50주년 기념학술 회의』. 충북대사회과학연구소.

_____. 2003. "지방외교정책의 결정요인과 정책효과." 충북대학교 대학원 박사학

위논문.

박경원. 1999. "지역종합정보체계의 구축과 국제화."『지방의 국제화』. 한국지방자치단체국제화재단.

박기관. 2000. "국제도시간의 자매결연 실태와 발전방안."『국제교류』. 45.

박래영. 1998. "지방자치단체의 국제교류협력에 관한 연구." 전남대학교 석사학위논문.

박복재. 1996. "지방정부의 대외정책에 관한 사례연구 – 일본에 있어서 지역의 국제화현상과 향후의 방향 – ."『여수수산대학교 논문집』.

박상식. 1995 "세계화란 무엇인가."『한국정치학회보』29(1).

박상필. 2000. "지방의 국제화를 위한 민관협력의 바람직한 방향."『국제교류』41.

박성수. 2001. "국제교류촉진을 위한 지방자치단체의 역할." 충북대학교 행정대학원 석사학위논문.

박영철. 1995. "지방화시대의 지역경제 국제화방안: 대전·충남지역을 중심으로",『도시문제』30(319).

박용구. 2000. "일본의 국제문화교류정책."『일본연구』2000(14).

박우서. 1999. "지방의 국제화의 비전과 전략."『지방의 국제화』. 한국지방자치단체국제화재단.

_____. 1999. "지방자치단체의 국제기구와의 협력."『국제교류』36.

_____. 2002. "동북아 지역의 세계도시간 협력구상."『지방의 국제화 포럼』65.

박인호. 1995. "자치단체 국제화를 위한 제도적 방안과 프로그램."『국제교류』4.

박재창. 1996. "지방자치단체의 국제교류와 인재양성."『국제교류』9.

박정택. 1993. "새로운 국제행정개념의 탐색."『한국행정학보』27(1).

박헌주. 2001. "지방의 국제화가 동북아협조체제의 첩경이다."『지방의 국제화포럼』52.

박희정. 1995. "일본자치단체의 경제교류."『국제교류』3.

_____. 2002. "지방의 국제화 중심은 누구인가."『지방의 국제화포럼』67.

배창제. 1996. "지방자치단체의 국제화 추진전략에 관한 연구(광역시를 중심으로)." 단국대학교 행정대학원 석사학위논문.

백성운. 1994. "지방의 국제화 수준과 전략."『지방행정』43(485).

서원석. 1997. "정부혁신시대의 인력관리."『한국행정연구』. 제6권. 서울: 한국행정연구원.

선종윤. 2000. "지역성장 거점도시의 세계화 전략에 관한 연구." 호남대학교 박사학위논문.

성기소. 1993. "일본의 지역국제교류협력에 관한 고찰."『일본연수보고서』. 충청북도.

성기중. 1999. "국제화와 지방자치단체의 역할."『경일대학교 논문집』16(4).

세계화추진위원회. 1996. "세계화추진 성과와 향후과제." 『세계화추진보고회의자료』.

손성락. 1998. "지방자치단체의 국제경쟁력 강화방안 연구." 동국대학교 행정대학원 석사학위논문.

송 자. 1999. "보편적 세계주의의 구현과 지방의 세계화인식." 『국제교류』 29.

송인성. 2000. "남북교류기반강화 차원의 도시간 교류촉진방안." 『도시문제』 380.

송희준. 1992. "지방자치단체의 국제교류협력방안." 『지방행정』 41(463).

수원시. 1996. "수원시와 산동성 제남시와의 교류사례." 『국제교류』 10.

신기현. 1996. "지방자치단체의 국제교류실태." 『지방자치연구』 4.

_____. 1998. "자치단체의 국제교류 효율화 방안." 『지방자치연구』 6.

_____. 1996. "지방자치단체의 국제교류실태." 『지방자치연구』 4월호.

신상협. 1999. "지방자치단체의 국제통상교섭력 강화방안." 『국제교류』 30.

신인용. 2000. "한국지방정부의 국제화전략에 관한 연구-광주·전남의 외국인 투자유치전략을 중심으로." 조선대학교 박사학위논문.

신창소. 2001. "지방자치단체 국제간 경제교류." 『자치공론』 6(10).

심익섭. 1990. "통일의 밑거름 된 녹일의 지방자치." 『지방자치(현대사회연구소)』 25.

_____. 2005. "지방화 시대를 선도할 지방외교의 역할과 방향." www.klafir.or.kr (지방자치단체국제화재단 홈페이지). 강원도 특강자료.

_____. 1992. "국제지방행정학회의 종류와 그 기능." 『지방행정』. 41(463).

_____. 1992. "독일통일과정에서 지방자치의 역할 - 동·서독 지방자치단체간 교류관계를 중심으로 - ." 『한국행정학보』. 25권4호. 263-287.

_____. 1993. "통일정책 수행을 위한 남북한 지방자치제도의 발전방향." 『한국행정학회 하계학술대회 논문집』.

_____. 1994. "독일통일과 행정통합에 관한 연구." 서울대 지역종합연구소 지역연구보고서.

_____. 2000. "남북화해협력시대 지방정부의 역할." 『지방자치』 145.

_____. 2000. "지방의 국제화와 지방외교시대." 『국제교류』 45.

_____. 2000a. "한반도 통일에 대비한 지방정부의 역할." 『통일에 대비한 지방정부의 역할』. 한국지방자치학회/한국지방행정연구원(경기개발원 후원) 학술세미나자료집.

_____. 2000b. "지방의 국제화와 지방외교시대." 『월간 지방의 국제화』. (지방자치단체국제화재단). 제45호.

안성호. 1998. "지방자치외교의 성격." 『한국행정학보』 32(4).

_____. 2000. "지방의 국제협력 운영실태와 개선방안." 『국제교류』 45.

_____. 2001. "지자체 국제협력(MIC)의 수단과 영역." 『충청남도 세계화 중장기계

획수립 방향설정 심포지엄 발표자료』. 충청남도.

_____. 2002. "지자체국제협력의 등장과 잠재력."『지방의 국제화포럼』 67. 한국지방자치단체국제화재단.

_____. 1999. "지방자치외교와 세계발전: 지방정부국제협력(MIC)의 수단."『지방정치특별학술회의』. 한국정치학회.

안영훈. 1999. "국제기구와의 협력을 통한 지방의 국제화."『지방의 국제화』. 한국지방자치단체국제화재단.

야마네 이즈미. 1997. "지방화시대의 국제교류(일본 시네마현의 경우)."『국제학논총』 2(1).

야스이 도시오. 2001. "시민들이 '국제협력' 추진할 때."『지방의 국제화포럼』 57.

양기호. 2004. "국제화의 도전과 지방의 미래." 지방자치단체국제화재단국제화 포럼(제주).

양현모. 2002. "지방자치단체 남북교류협력사업의 효과적 촉진방안에 관한 연 구."『국행정연구』 11(2).

여박동. 1998. "일본 지방자치체의 국제화시책 추진에 관한 연구."『일본학지』 18(1)

오성호. 1999. "국제화에 대비한 전문인력양성."『지방의 국제화』. 한국지방자치단체국제화재단.

온영태. 2003. "신행정수도 왜 필요한가?"『신행정수도 건설정책 공개토론회(대한국토·도시계획학회 논문집)』. 1.27: 15-32.

우동기. 1995. "세계화, 지방화시대의 지방정부개혁과 경영전략."『국제교류』 3.

_____. 1999. "국제화, 분권화시대의 지방정부 개혁과 경영혁신."『국제교류』.

_____. 1999. "일본 오사카시의 국제교류와 국제협력."『도시문제』 34(362).

우수키 히데오. 1994. "한국 지방공무원의 국제화감각."『지방행정』 43(488).

위오기. 1997. "충청권지방경제의 세계화를 위한 국제통상전략."『지역개발연구논총』 5(1).

윤설현. 1996. "일본지방자치단체의 국제교류협력에 관한 연구." 한국외국어대학교 석사학위논문.

윤용섭. 1997. "지방자치단체의 국제교류 내실화방안-경상북도의 해외자매결연지역을 중심으로."『국제학논총』 2.

이강호. 1999. "지방의 국제화를 위한 지역정보화사업의 문제점과 개선방안."『국제교류』 28.

이기옥. 1999. "세계도시들의 국제협력시대."『국제교류』 33.

이기우. 2005. "유럽지방자치헌장과 지방자치의 세계화."『지방행정연구』 19(3).

이명화. 1999. "행정변화에 따른 행정학의 연구범위 확대: 국제행정의 정체성 모색

522 • 한국 지방정부외교론

에 관하여."『한국행정학회 동계학술대회 논문집』.
이병렬. 1999. "호남지역 지방자치단체들의 세계화와 지역발전."『지방정치 특별학
    술회의 발표자료』. 한국정치학회.
이상우. 1992. "남북한 통합과 21세기의 한국." 제5차 미래정책공개토론회. 서울:
    대통령자문 21세기위원회.
이상준. 1999. "동·서독간의 도시교류경험과 시사점."『도시문제』 34(362).
이상환. 1999. "지방의 국제화를 위한 지방자치단체의 사회, 문화적 국제교류와 민
    간협력."『국제교류』 35.
이선우·최진욱. 2000. "남북한 행정체제 및 인사제도 비교연구."『한국행정학회 동
    계학술대회 발표논문집』.
이수철 외. 1993. "국제화시대에 부응하는 통상행정체제 개편에 관한 연구."『한국
    행정연구』 2(4).
이승종. 2003. "분권과 균형발전."『지방행정연구』 17(3).
이용헌. 1994. "지방국제화의 현황과 과제의 실증적 분석과 행정대응방안."『한국
    행정학보』 28(4).
이윤식. 1997. "지방자치단체 해외투자실태와 개선방안."『국제교류』 16.
_____. 1999. "지방자치단체의 국제통상활동."『국제교류』 36.
_____. 2001. "21세기 지방의 효율적 국제화 방향."『지방의 국제화포럼』 50.
이은재. 1991. "지방자치단체의 국제교류 활성방안."『지방행정』 40(457).
_____. 1992. 지방자치단체의 국제교류에 관한 연구,『한국지방행정연구원 연구보
    고서』.
_____. 1994. "지방자치단체의 국제화 실태 및 과제에 관한 연구."『한국행정학보』
    28(4).
_____. 1999. "자매결연을 통한 지방의 국제교류 촉진."『지방의 국제화』. 한국지
    방자치단체국제화재단.
_____. 2001. "국제교류가 지역경제활성화에 미치는 영향."『지방자치국제화교류
    재단 국제세미나 논문집』.
이정주. 1995. "지역발전축진을 위한 자치단체의 국제화모형." 영남대학교대학원
    석사학위논문.
_____. 2000. "자치단체의 국제교류 결정요인과 교류효과에 관한 연구." 대구대학
    교 박사학위논문.
이정주·최외출. 2003. "지방자치단체의 국제교류효과분석을 통한 국제교류활성 화
    방안에 관한 연구."『한국지방자치학회보』 15(2).
이정표. 2003. "지방정부의 국제교류정책분석." 대구대 박사학위논문.

이종민. 2004. "지방자치단체의 국제 교류와 평가." 포천시 국제교류세미나.

이종수. 1999. "도시간 국제교류와 민관협력의 방향." 『국제교류』 35.

이종영. 1993. "지역발전과 국제협력 Network형성." 『사회문화연구』. 경북대학교.

이종일. 1996. "한·중 자치단체 경제교류의 현상과 과제." 『국제교류』 10.

이지석. 2002. "동북아 자치단체연합이 영글고 있다." 『지방자치』 166.

이창호. 2001. "지방의 국제화와 시민단체." 『지방의 국제화포럼』.

이택구. 1998. "효율적인 지방의 통합형 국제교류 모델." 『지방자치』 2.

이현길. 1996. "세계화 시대에 있어서 지방행정 발전전략." 연세대학교 행정대학원 석사학위논문.

이형민. 1999. "지방자치단체의 국제교류-대구광역시와 경상북도의 비교연구." 『지방자치연구』 3.

이혜숙. 2001. "자치단체와 대학간의 국제교류협력방안." 『지방의 국제화포럼』 52.

이홍재. 1995. "국제문화교류활성화 및 기반조성전략의 문제점과 정책방향." 『정책연구』 95(3). 한국문화정책개발원.

이희태. 1995. "지방자치단체의 통상행정체제 발전방안에 관한 연구." 충남대학교 석사학위논문.

임길진 외. 1999. "지방의국제화 전략과 이론적 모형." 『지방의 국제화』. 한국지방자치단체국제화재단.

임수복. 2000. "지금의 지방외교의 시대." 『국제교류』 45.

_____. 2001. "지방의 국제화와 주민참여." 『지방의 국제화포럼』 52.

임판택. 1998. "지방정부의 국제화추진전략과 개선방향." 영남대학교 석사학위논문.

장병구. 1996. "지방자치단체 국제협력의 새로운 방향." 『국제교류』 10.

_____. 1997. "지방국제화의 발전방향." 『국제교류』 14.

장인봉. 2004. "남북한 경제교류협력을 위한 도시정부의 대응방안." 『한국정책연구』 4(1).

전라남도. 1996. "전라남도의 국제교류." 『국제교류』 10.

정기영. 1996. "문화부문의 국제화." 『국제교류』 8.

정덕주. 1996. "지방자치단체간의 국제협력에 관한 비교연구 – 한국·일본의 비교를 중심으로." 『동북아논총』 33.

정문화. 1995. "지방자치단체의 국제교류를 위한 제언." 『국제교류』 6.

정세욱. 1999. "지방자치단체의 세계화과정에 대한 분석모형과 그 평가." 『지방정치특별학술회의 발표자료』, 한국정치학회.

_____. 2002. "민선지방자치 3기 출범에 즈음한 국제화 대응방향." 『지방의 국제화포럼』 67.

정읍시. 1997. "전북 정읍시와 중국 강소성 서주시와의 교류."『국제교류』 14.

정진호. 1995. "지방세계화를 위한 인천광역정부의 지방경쟁력 강화전략."『국제교류』 5.

조돈영. 1999. "지방의 해외투자유치 및 국제통상교류."『지방의 국제화』. 한국지방자치단체국제화재단 .

조문부. 1995. "세계화를 위한 지방자치단체의 정책방향과 도민의 대응."『법과 정책』 창간호. 제주대학교 법과 정책연구소.

조석주. 1997. "지방자치단체의 국제교류와 현황."『국제교류』 16.

조영복. 1996. "산업, 경제부문의 국제화."『국제교류』 8.

조이현. 2000. "한·중 지방자치단체간 교류·협력방안."『자치공론』 6(10).

조정임. 1998. "지방자치단체의 국제교류에 관한 연구." 전남대학교 석사학위논문

조홍남. 1994. "지방정부의 국제화 대응실태와 전략." 성균관대학교 행정대학원 석사학위논문.

주정연. 2000. "통일을 위한 사회통합과 자치단체의 역할."『통일연구논집』 3.

채경석. 2000. "남북한 교류협력과 지방정부의 대응."『통일연구논집』 3.

최기선. 1996. "지방자치단체와 국제협력."『국제교류』 10.

최병렬. 1995. "국제교류의 새로운 방향."『국제교류』 3.

최병익. 1999. "한국국제협력의 현황과 발전방안."『산업개발연구』 7.

최봉기. 1996. "지방정부의 자치역량강화와 국제화전략."『지방자치연구』 8(3).

최영출. 1998. "영국의 지역개발에 있어서 외국기업 유치전략 – 북잉글랜드 개발청을 중심으로."『정책연구』 98-06. 충북개발연구원.

최영희. 1994. "영국자치단체의 자매결연 현황 및 특징."『국제교류』 1.

최창호. 1995. "지방행정의 국제화방향."『국제교류』 7.

충청남도. 2001. "세계화중장기계획 수립추진요목."『충첨남도 세계화중장기 계획 수립방향설정을 위한 심포지엄 발표자료』.

하승창. 2000. "해외 NGOs 모범사례 – 세계화에 응전하는 시민단체들."『국제교류』 41.

하연섭. 1999. "세계화에 대응한 지방재정의 개혁과제."『지방정치 특별학술회의 발표자료』. 한국정치학회.

하영수. 1996. "지방자치단체의 국제교류 모형설정에 관한 연구." 대구대학교 박사학위논문.

하태권. 2000. "지방정부 행정관리 패러다임의 개혁방향."『자치행정』 143.

한국지방자치단체국제화재단. 1996. "동경도 구·시·정·촌의 국제정책 상황."『참고자료』. 한국지방자치국제화재단.

한국지방행정연구원. 2001. 지방자치단체의 남북교류 활성화 방안. 연구보고서 339.

한부영. 2000. "남북지방자치단체간 교류협력 확대방안." 『지방행정연구』 14(2).

한영주. 1996. "행정의 국제화를 중심으로." 『국제교류』, 8.

_____. 1999. "국제도시간 자매결연 사업의 현황과 과제." 『국제교류』 36.

허 훈. 1995. "지방자치단체의 국제화사업을 위한 재원조성 방안." 지방자치단체 국제화재단 연구과제보고서 95-01.

_____. 2004. "지방자치단체 국제화의 모델과 실천방향." 『한국정책연구』 4(2)

허 훈·강형기. 1996. "지방화시대의 충북의 국제화실천." 『국제연구』 9 (충북대 국제관계연구소).

허수정. 1998. "지방자치단체의 세계화실태분석과 추진과제 - 대구광역시를 중심으로." 계명대학교 정책개발대학원 석사학위논문.

홍순용. 1996. "자치단체 해외시장 개척사업 추진현황 및 개선사항." 『경제통상교류 실무요령』. 한국지방자치단체국제화재단.

홍준향·김병기. 1998. "독일통일과정에 있어 법·행정 통합에 관한 연구." 『행정논총』 36(2).

황정일. 1996. "한·중 관계와 한·중 지방정부간 교류." 『국제교류』 10.

황정홍. 1998. "지방자치단체의 국제교류정책." 대구대학교 박사학위논문.

황주성. 2000. "인터넷을 통한 지방의 글로벌 네트워크 구축." 『국제교류』 45.

황철곤. 1994. "국제화시대의 지방행정 대응력 제고방안." 『지방행정』 94.7.

Renier Nijskens. 2000. "한국적 가치의 수출." 『국제교류』 36.

3. 정부 및 국내인터넷 자료

김형국. 2002. 수도이전, 지금은 때가 아니다. 『동아일보』. 12.27:6.

강원도. 2001. 2001 주요업무계획, 『강원도(국제통상협력실) 내부자료』.

_____. 2001. 2000년 국제교류협력 관련업무 추진실적. 『강원도 내부자료』.

_____. 2001. 국제도시간 자매결연교류실태카드. 『강원도 내부자료』.

광주광역시. 2001. 2000년 국제교류협력관련업무 추진실적. 『광주광역시 내부자료』.

_____. 2001. 국제도시간 자매결연교류실태카드. 『광주광역시 내부자료』.

경기도. 2001. 2000년 국제교류협력 관련업무 추진실적. 『경기도 내부자료』.

_____. 2001. 국제도시간 자매결연교류실태카드. 『경기도 내부자료』.

경상남도. 2001. 2000년 국제교류협력관련업무 추진실적. 『경상남도 내부자료』.

_____. 2001. 국제도시간 자매결연교류실태카드. 『경상남도 내부자료』.

경상북도 2000. 2000년 국제교류협력관련업무 추진실적. 『경상북도 내부자료』.

_____. 2001. 국제도시간 자매결연교류실태카드. 『경상북도 내부자료』.

대구광역시. 2001. 2000년 국제교류협력관련업무 추진실적. 『대구광역시 내부자료』.
_____. 2001. 국제도시간 자매결연교류실태카드. 『대구광역시 내부자료』.
대전광역시. 2001. 2000년 국제교류협력관련업무 추진실적, 『대전광역시 내부자료』.
_____. 2001. 국제도시간 자매결연교류실태카드. 『대전광역시 내부자료』.
부산광역시. 2001. 2000년 국제교류협력관련업무 추진실적. 『부산광역시 내부자료』.
_____. 2001. 국제도시간 자매결연교류실태카드. 『부산광역시 내부자료』.
서울특별시. 2001. 2000년 국제교류협력관련업무 추진실적. 『서울특별시 내부자료』.
_____. 2001. 국제도시간 자매결연교류실태카드. 『서울특별시 내부자료』.
인천광역시. 2001. 2000년 국제교류협력관련업무 추진실적. 『인천광역시 내부자료』.
_____. 2001. 국제도시간 자매결연교류실태카드. 『인천광역시 내부자료』.
외교통상부. 2001. 주요선진국 지자체의 외국인투자유치 인센티브. 『외교통상부 내
      부자료』.
울산광역시. 2001. 2000년 국제교류협력관련업무 추진실적. 『울산광역시 내부자료』.
_____. 2001. 국제도시간 자매결연교류실태카드. 『울산광역시 내부자료』.
전라남도. 2001. 2000년 국제교류협력관련업무 추진실적. 『전라남도 내부자료』.
_____. 2001. 국제도시간 자매결연교류실태카드. 『전라남도 내부자료』.
전라북도. 2001. 2000년 국제교류협력관련업무 추진실적. 『전라북도 내부자료』.
_____. 2001. 국제도시간 자매결연교류실태카드. 『전라북도 내부자료』.
중국 산동성. 2001. 중국산동. 동북아 자치단체 정상회의 및 경제발전 세미나 자료.
제주도. 2001. 2000년 국제교류협력관련업무 추진실적. 『제주도 내부자료』.
_____. 2001. 국제도시간 자매결연교류실태카드. 『제주도 내부자료』.
충청남도. 2001. 2000년 국제교류협력관련업무 추진실적. 『충청남도 내부자료』.
_____. 2001. 국제도시간 자매결연교류실태카드. 『충청남도 내부자료』.
충청북도. 1997. 충북 국제통상진흥의 구상과 전략. 『충청북도 내부자료』.
_____. 2000. 2000 국제통상 업무편람. 『충청북도 내부자료』.
_____. 2000. 세계주요국 지방정부 세계화 성공사례. 『충청북도 내부자료』.
_____. 2001. 2000년 국제교류협력관련업무 추진실적. 『충청북도 내부자료』.
_____. 2001. 국제도시간 자매결연교류실태카드. 『충청북도 내부자료』.
한겨레신문. 2005. "맥아더 '소란스런 한국인에겐 권위주의가 적합' - 1947년 캐나
      다 비밀문서 발굴... 당시 일본 사령관과의 대화록 분석." 10. 25일자.

http://challenger.lg.co.kr/korean/report/1996/social07.html 일본지자체의 국제화경향과
      민간기업의 참여.
http://challenger.lg.co.kr/korean/report/1996/economy05.html   지방세계화모형연구 -

일본지방자치단체 세계화 경제전략.
http://edupark.kongju.ac.kr/uni/5/index.htm 공주대학교 국제관계의 이해.
http://www.jachi.co.kr/nondan/nondan_menu4.html 지방자치단체의 국제교류.
http://kcouncil.com/home/document/book03/21.html 지방의 국제화 그 실상과 허상.
http://kilsp.jinbo.net/colloquium/col46.html Glocalization: 지구화의 주요성격.
http://user.chollian.net/~ifa000/ifa/soge.html 국제교류지원단(IFA).

〈동양문헌〉

1. 단행본 및 논문

高田和夫. 1999. 『国際関係論とは何か』. 東京: 法律文化社.
橋本勇. 1995. 『地方自治の歩み-分權の時代にむけて』.
吉田 均. 2001. 『地方自治体の国際協力』. 東京: 日本評論社.
大津眞作 譯. 1994. 『トクヴィル伝』.
木佐茂男外. 1995. 『環境行政判例の總合的研究』. 北海道大學圖書刊行會.
氷井 浩. 1989. 『地方の国際化』. 東京: 新泉社.
杉原泰雄. 1992. "民衆の國家構想-失われた理念の再生を求めて." 日本評論社.
_____. 2002. 『地方自治の憲法論』. 勁草書房.
_____. 1978. 『人民主權の史的展開』
小林武. 1989. 『現代スイス憲法』.
松下圭一. 1988. 『自治体の国際政策』. 東京: 学陽書房.
水上徹男. 1996. 『グラスルーツの国際交流』. 東京: ハーベスト社.
須田春海(寄本勝美 編集). 1992. "地球環境時代の自治体の國際協力." 『地球時代の
　　環境政策』. きょうせい.
市岡政夫. 2000. 『自治体外交』. 東京: 日本経済評論社.
『新版地方自治辭典』. 1986.
阿部 齋・新藤宗幸. 2000. 『槪說 日本の地方自治』. 東京大學出版會.
羽貝正美. 1994. 『自治体外交の挑戦』. 東京: 有信党.
井伊玄太郎 譯. 1998. 『アメリカの民主政治』(上)・(中)・(下). 講談社學術文庫版.
何部照哉他 編. 1989. 『地方自治體系Ⅰ』.
下村恭民 外. 2001 『その新しい潮流国際協力』. 東京: 有斐閣.
横田淸. 1997. 『アメリカにおける自治・分權・参加の發展』.

A. de Tocqueville, Souvinirs/喜安朗 譯. 1983.『フランス二月革命の日日-トクヴィ
　　ル回想録』. 岩波文庫.

長洲一二・坂本義和 編著. 1983.『自治体の国際交流ーひらかれた地方をめざして』.
　　(学陽書房.

民際外交10年史・企劃編輯委員會 編. 1990.『民際外交の挑戦ー地域から地球社會へ』.
　　(日本評論社).

芦部古稀祝賀. 1993.『現代立憲主義の展開・下』. 有斐閣.

山之・村上・佐々木 編. 1994.『岩波講座 社会科学の方法 XI グローバル・ネット
　　ワーク』.岩波書店.

薮野裕三. 1994.『自治体の國際戦略』. 岩波講座XI グローバル・ネットワーク. 岩波
　　書店.

岩波講座. 2002.『自治体の構想３. 政策』. 岩波書店.

岩田勝雄. 1994.『新地域国際化論ー自治体における国際化政策への指針ー』. 法律文
　　化社.

Chadwick F. Alger, Chadwick F. Alger. 吉田新一郎 訳. 1987.『地域からの国際化ー
　　国際関係論を超えて』. 東京. 日本評論社.

吉田 均. 2001.『地方自治団体の国際協力ー地域参加型のODAを目指して』. 日本評
　　論社.

山口二郎 編. 2003.『グローバル化時代の地方ガバナンス』. 岩波書店.

坂本義和. 1983.『地方の国際化』長洲一二・坂本義和 編著.『自治体の国際交流ーひ
　　らかれた地方をめざして』. 学陽書房.

多賀秀敏. 2002.『自治体の国際協力』. 岩波講座 自治体の構想３. 정책. 岩波書店.

Stefano Bartolini. 小川有美 訳. 2003. "中央-地方關係の轉換-グローバル時代の領域
　　政治." 山口二郎 編.『グローバル化時代の地方ガバナンス』. 岩波書店.

薮野裕三. 1994. "世界の構造変化と自治体の役割".『自治体外交の挑戦ー地域の自
　　立から国際交流圏の形成へ』. 羽貝正美・大津 浩, 有信堂高文社.

羽貝正美・大津浩. 1994.『自治体外交の挑戦』. 有信堂高文社.

臼井久和・高瀬幹雄. 1997.『民際外交の研究』. 三嶺書房.

国際交流基金日米センター.『日本の地域レベルの国際化と米国との交流活動』(vol.I).

島袋 純. 2003. "沖縄ガバナンスのゆくえー国際都市形成構想から新沖縄振興計画
　　へー." 山口二郎 編.『グローバル化 時代の地方ガバナンス』. 岩波書店.

鈴木佑司. 1983. "「くに」からの解放と自治体外交." 長洲一二・坂本義和 編著,『自
　　治体の国際交流ーひらかれた地方をめざして』,学陽書房.

櫛谷圭司. 1994. "歴史を貫く新潟の対岸交流" 羽貝正美・大津浩.『自治体外交の挑

戦』, 有信堂高文社.

成田賴明. 1993. "地方公共団体の対外政策の法的位置づけと限界." 芦部古稀祝賀, 『現代立憲主義の展開・下』. 有斐閣.

凌星光. 1992. "地方自治團體の國際交流."『市政研究』. 겨울호(제94호).

浜川清. 1999. "非核港灣條例と地方自治."『法律時報』71(6).

佐々木信夫. 1988.『現代都市行政の政策科学的研究』. 慶応義塾大学 博士論文.

Arther B. Gunlicks. 1997. "アメリカの地方自治-多様性と不均一の發展" ヨヒア・J. ヘッセ 編.『地方自治の世界的潮流』(上).

2. 정부 및 기타자료

茨城県 国際交流課. 2001.『宮城県の国際交流の現状』. 宮城県.

大阪府 国際課. 2001.『大阪府 国際化推進基本指針』. 大阪府.

千葉県 文化国際課. 2001.『千葉県における国際化の状況』. 千葉県.

日本 龍谷大 法学部. 2000.『自治体外交』. 政治系ゼミ合同討論会. 日本龍谷大.

福岡県 国際交流課. 2001.『福岡県の国際化の現状』. 福岡県.

山梨県 国際課. 1999.『山梨県の国際施策』. 山梨県.

最判 平成 3년 3월 8일.『民集』제45권 제3호.

동경지판 소화 62년 9월 30일『判例時報』제1250호.

3. 동양 인터넷자료

Http://www.alc.co.jp/oss/oss4/books3-c.html 日本の国際交流の現状.

Http://www.cis.yamaguchi-pu.ac.jp/~iwashita/page/ronbun/takada .

外交の多元化ーポスト冷戦期の『新外交』を求めて。.

Http://www.eco.shimane-u.ac.jp/~tomino/nihonnkai.txt .

グローカリズム時代における自治体の国際活動と国際秩序形成.

Http://www.eco.shimane-u.ac.jp/~tomino/prague.txt .

自治体国際協力の理論と戦略.

Http://www.linkclub.or.jp/~gr276958/jichitai/9901lec.html .

国際化時代における行政の役割.

Http://www.mha.go.jp/kokusai/000403.html 日韓地域交流促進期間事業計画.

Http://www.mofa.go.jp/mofaj/annai/honsho/kokusai/index.html .

地域の国際化への支援窓口事業.

Http://www.pref.ishikawa.jp/kokusai/suisin/1.html 石川県 国際交流.
Http://www.pref.kanagawa.jp/osirase/kokusai/seisaku/plan/pmoku .
新神奈川国際政策促進プラン主要施策.
Http://www.rikkyo.ne.jp/~htanaka/98/NAYD.html .
国際交流の戦後史ー青少年の交流を中心に.

〈구미문헌〉

1. 영미문헌

Amin, Ash/Thrift, Nigel. 1995. *Globalization, Institutions, and Regional development in Europe.* Oxford: Oxford University Press.

Anderson, William. 1960. *Intergovernmental Relations in Review.* Minneapolis: University of Minnesota Press.

Castells, Manuel. 1983. *The City and the Grassroots.* London.

Deutsch, K.W. 1967. *France, Germany and the Western Alliance, A Study of Elite Attitudes o n European Integration and World Politics.* New York.

Dougherty, James E. & Pfaltzgraff, Robert L. Jr. 1981. *Contending Theories of International Relations.* New York: Harper & Publishers.

Duchacek, I. D. 1990. "Perforated Sovereignties: Toward a Typology of New Actors in International Relations." In H. J. Michelmann & P. Soldatos (eds.). *Federalism and International Relations: The Role of Sub-national Units.* Oxford: Clarendon Press.

Gargan, John J. 1997. *Handbook of Local Government Administration.* New York: Marcel Dekker, Inc.

Goss, S. 2001. *Making Local Governance Work: Networks, Relationships and the Management of Change.* Palgrave: New York.

Haas, E. B. 1964. *Beyond the Nation-state: Functionalism and International Organization.* Stanford, Cal.

Hafteck, Pierre. 2003. "An Introduction to Decentralized Cooperation: Definitions, Origins and Conceptual Mapping." *Public Administratio n and Development,* 23:333-345.

Halperin, Morton H. 1974. *Bureaucratic Politics and Foreign Policy.* Washington

D.C: The Brookings Institution.

Henkin, L. 1972. Foreign Affairs and the Constitution, at 476 n. 51.

Hewitt, W.E. 2002. "Partnership as Process: Municipal Co-operation for International Development." *Canadian Journal of Development Studies,* 23/2: 225-247.

Hocking, Brian. 1993. *Foreign Relations and Federal States.* London and New York: Leicester University Press.

_____. 1993. *Localizing Foreign Policy.* New York: St. Martin's Press.

Jones, M.L./Blunt, P. 1999. "Twinning as a Method of Sustainable Institutional Capacity Building," *Public Administration and Development,* 19: 381-402.

Jun, Jong S. & Wright, Deil S. 1996. *Globalization & Decentralization.* Washington, D.C.: Georgetown University Press.

Kincaid, J. 1990. "Constituent Diplomacy in Federal Polities and the Nation-State: Conflict and Cooperation." In H. J. Michelmann & P. Soldatos(eds.). *Federalism and International Relations: The Role of Subnational Units.* Oxford: Clarendon Press.

King, Desmong S. & Pierre, John. 1990. *Challenges to Local Government.* London: SAGE Publications.

Krishna, Anirudh. 2003. "Partnerships between Local Governments and Community-Based Organizations: Exploring the Scope for Synergy." *Public Administration and Development,* 23: 361-371.

Lee, Gun Young & Kim, Yong Woong. 1995. *Globalization & Regional Development.* Seoul: Korea Research Institute for Human Settlements.

LGIB. 1999. *Global Partnerships: Local Authorities Case Studies.* LGIB: London.

Lindberg, L./S. Scheingold. 1970. *Europe's Would-Be Polity, Patterns of Change in the European Community.* Englewood Cliffs.

Mitrany, D. 1966. *A Workin g Peace System: An Argument for the Functional Development of International Organizations.* Chicago.

Nye, J.S. 1970. "Comparing Common Markets: A Revised Neo-Functionalist Model." *International Organization,* XXIV: 796-836.

Olowu, D. 2002. "Capacity Building for Policy Management through Twinning: Lessons from a Duth-Namibian Case." *Public Administration and Development,* 22: 275-288.

Rose, R. B. 1965. *The Enranges: Socialists of the French Revolution?* Melbourne University Press

Scharpe, L.J., ed. 1993. *The Rise of Meso-Government in Europe.* Sage Modern Political Series, Vol.32. London: Sage.

Schmitter, P.G. 1970. "A Revised Theory of Regional Integration." *International Organization,* XXIV: 836-896.

Shuman, M. 1986. "Dateline Main Street : Local Foreign Policies," *Foreign Policy* 65: 154.

_____. 1992. "Dateline Main Street: Local Foreign Policies." *Foreign Policy* 86: 158-177.

Smith, B.C. 1988. *Bureaucracy and Political Power.* Sussex: Wheatsheaf Book.

Soldatos, P. 1993. "Cascading Sub-national Paradiplomacy in an Interdependent and Transnational World." In D. M. Brown & E. H. Fry(eds.). *States and Provinces in the International Economy.* Berkeley: University of California Press.

Stohr, Walter B. 1990. *Global Challenge and Local Response.* New York: The United Nations University.

Tomino, K. 1996. "Local Autonomy Diplomacy in Japan," Unpublished Paper. Shimane National University.

Vayrynen, Raimo. 1999. *Globalization and Global Governance.* Rowman & Littlefield Publishers, Inc.

Wolfson, Joann. & Frisken, Frances 2000. "Local Response to the Global Challenge," *Journal of Urban Affairs.* Boston, Massachusetts: Blackwell Publishers.

Wright, Deil S. 1998. *Understanding Intergovernmental Relations*(3rd ed.). California, Pacific Grove: Brooks/Cole Publishing Company.

2. 유럽문헌

Adam, Brigitte. 1994. *Städtenetze zwischen Tradition und Innovation.* Bundesforschungsanstalt für Landeskunde und Raumordnung.

Akademie für Natur- und Umweltschutz beim Ministerium für Umwelt Baden-Württemberg. 1993. *Umweltschutz in den Städtepartnerschaften – Tagungsdo -kumentation eines intern.* Kollegiums, Band 15.

Akademie für Natur- und Umweltschutz beim Ministerium für Umwelt Baden-Württemberg. 1989. *Die Rolle der Gemeinde – Eine Orientierungshilfe zur Gestaltung des Themas "Umwelt" im Rahmen deutsch-französischer Städtepartnerschaften.* Band 2.

Ammer, T. Stichwort. 1987. "Städtepartnerschaften." *DA(Deutschland Archiv)*.

Andreas, Langmann. 1996. Entwicklungspolitik in der Bundesrepublik Deutschland, *Informationen zur politischen Bildung,* 252: 45.

Andreas, Philipp. 2004. "Grundlage des 'Europas der Bürger': Bedeutung der Städtepartnerschaften in der Europäischen Union." *Europa kommunal,* 28.

Andreasson, B./L. Koenigson. 2003. *Sida's Program "Twinning Cooperation between Municipalities in Sweden and in Countries of the South, Sida Evaluation 03/39.* Stockholm.

Anhang Materialien zur Deutschen Einheit und zum Aufbau in den neuen Bundesländern. 1991. Bundesministerium des Innern.

Atlantische Akademie Rheinland-Pfalz. 1997. *Kommunale Partnerschaften.*

Auswärtiges Amt, *40 Jahre Elysée-Vertrag,* http://www.auswaertiges-amt.de/www/de/laenderinfos/elysee/index_html.

Wagner, Beate. 1994. *Partnerschaften deutscher Städte und Gemeinden. Transnationale Beiträge zur internationalen Sicherheit.* Diss. Münster.

Battis, Ulrich. 1991. "Entwicklungstendenzen und Probleme der Einführung des Dienstrechts in den neuen Ländern". In: *Neue Justiz.*

Bauer, Thomas. 1991. Aufbau der Verwaltung in den neuen Bundesländern - Erfahrungen eines bayerischen Beamten im Thüringer Innenministerium. In: *Staatswissenschaften und Staatspraxis.*

Bautz, Ingo. 2002. *Die Auslandsbeziehungen der deutschen Kommunen im Rahmen der europäischen Kommunalbewegung in den 1950er und 60er Jahren.: Städtepartnerschaften–Integration-Ost-West-Konflikt.* Siegen.

Bayerische Landeszentrale fuer Politische Bildungsarbeit. 1994. *Partnerschaten in Europa: Staedte, Gemeinden, Bildungswesen, Kulturregionen.* Muenchen.

Becker, Hubert. 1997. Jugendaustausch und Kulturmaßnahmen gefördert: Auswärtiges Amt unterstützt Städtepartnerschaften. *Europa kommunal: 21.*

Benz, Wolfgang. 1994. "Institut zur Förderung öffentlicher Angelegenheiten." In: ders., *Deutschland unter alliierter Besatzung 1945-1949/55.* Berlin.

Bernet, Wolfgang. 1991. *Aspekte der Wiedereinführung der Länder.* Berlin.

Beyme, Klaus von. 1993. "Gemeinden und Gemeinderecht im Regimewandel. Von der DDR zu den neuen Bundesländern." *Aus Politik und Zeitgeschichte* (Beilage zur Wochenzeitung Das Parlament), B 36/93.

Beyerlin, U. 1982. "Grenzueberschreitende Zusammenarbeit benachbarter Gemeinden und auswaertige Gewalt." In: A. Dittmann/M. Klian. *Kompetenzprobleme der Auswaertigen Gewalt.* Tuebingen.

Blumenwitz, Dieter. 1983. "Kommunale Aussenpolitik." In: A. von Mutius. *Selbstverwaltung im Staat der Industriegesellschaft.* Heidelberg.

_____. 1980. *Die deutsch-polischen Staedtepartnerschaftsabkommen im Lichte des Staats- und Verfassungsrecht.* Bonn.

BMZ. 1998. *Jahresbericht.* Bonn.

Brueske, Hans-Guenther. Hrsg. 1983. *Staedtepartnerschaften.* Bonn.

Brundert, Willi. 1970. "Die politische Bedeutung von Städtepartnerschaften." In: ders., *Städtetag.* 23.

BVerfGE 2, 347/sog. "Kehler Hafenabkommen".

Buecking, Hans-Joerg. Hrsg. 1998. *Entwicklungspolitische Zusammenarbeit in der Bundesrepublik Deutschland und der DDR.* Berlin: Duncker & Humblot.

Buchloh, A. 1960. Staedtepartnerschaften, In: *Der Staedtetag.*

Bundesministerium des Innern – Der Beauftragte der Bundesregierung für Aussiedlerfragen. 2000. *Kommunale Partnerschaften – ein neuer Schwerpunkt der Minderheitenförderung.* Dokumentation der Fachtagung am 6. April 2000 im Rathaus Schöneberg zu Berlin (Info-Dienst Deutsche Aussiedler, Nr. 109)

Bundesvereinigung der kommunalen Spitzenverbaende. 2005. *Die Partnerschaften der Staedte, Gemeinden und Kreise.* Koeln.

Chodzinski, Guenter/Glagow, Manfred. 1988. *Sinn und Unsinn oertlicher Entwicklunghilfe.* Bielefeld.

Colucci, Alessandro. 2002. *Interlokale Kooperation am Beispiel des Engagements der Stadt Köln in Corinto.* Universität zu Köln.

Coly, A./E. Breckner. 2004. "Dezentralisierung und Staerkung kommunaler Selbstverwaltung zur Foerderung von Good Governance." *APuZ,* B15-16.

Cramer, C./S. Schmitz. 2004. "Die Welt will Stadt – Entwicklungszusammenarbeit fuer das Urbane Jahrtausend." *APuZ,* B15-16.

Derlien, Hans-Ulrich. 1993. *Regimewechsel und Personalpolitik – Beobachtungen zur politischen Säuberung und zur Integration der Staats-funktionäre der DDR in das Berufsbeamtentum* (Verwaltungswissenschaftliche Beiträge der Universität Bamberg, Nr. 27). Bamberg.

Detering, Tatiana. 2003. Vom fachlichen Austausch bis zu Hilfsaktionen: deutsch-russische Zusammenarbeit bei Städtepartnerschaften. *Europa kommunal,* 27.

Detering, Tatiana. 1997. "Jugendliche wollen am Aufbau Europas beteiligt werden." *Europa kommunal*, 21.

_____. 1997. "Städtepartnerschaften sind das Bindeglied zwischen den Völkern." *Europa kommunal*, 21.

Deutsch-Russisches Forum (Hrsg.). 1999. *Impulse für die Bürgergesellschaft in Russland.*

Deutscher Staedtetag. 1992. *Die innerdeutschen Staedtepartnerschaften.* Koeln.

Deutsches Institut fuer Urbanistik (Hrsg.). 2004. *Kommunen auf dem Weg zur Nachhaltigkeit. Kongressdokumentation.* Koeln/Berlin.

Deutsche Sektion im Rat der Gemeinden Europas (Hrsg.). *Leitfaden fuer die Partnerschaftsarbeit.* Duesseldorf.

Die Niederschrift über die Sitzung des Arbeitskreises III, "Kommunale Angelegenheiten" der Arbeitsgemeinschaft der Innenministerien der Bundesländer am 3./4., 10. 1985 in Reinbek, Top 7: Auslandsarbeit der Kommunen.

Ein-Welt-Forum Muenster (Hrsg.). 1997. *Internationale Zusammenarbeit auf kommunaler Ebene als Schwerpunkt einer 'lokalen Agenda 21' fuer Muenster.* Muenster.

Emminghaus, C. 2003. *Kommunale Entwicklungszusammenarbeit – Ansaetze und Erfahrungen anderer bi-und multilateraler Geber. Studien zu den Niederlanden, Grossbritannien, Daenemark und der Europaeischen Union.* GTZ, Eschborn.

Evangelische Akademie Bad Boll (Hrsg. Karl Giebeler). 1998. *Deutsch-israelische kommunale Partnerschaftsarbeit im Wandel.* Bad Boll.

Evangelische Akademie Iserlohn (Hrsg.). 1988. *Rechtliche Aspekte der kommunalen Nord-Sued-Arbeit.* Iserlohn.

Europäische Kommission (Dir. Bild+Kultur). 2005. *Städtepartnerschaften und Zivilgesellschaft.* Generalsekretariat der Europäischen Kommission.

FES, Arbeitsgruppe Kommunalpolitik. 2005. *Kommunale Partnerschaften.* und http://www.twinnings.org/de/index_de.htm

_____. 1997. "Kommunale Partnerschaften." In: *Wegbeschreibung für die kommunale Praxis*, E3.

Czempiel, Ernst-Otto. 1981. *Internationale Politik.* Paderborn/München.

Fieber, Bettina. 1995. *Internationale Gemeindepartnerschaften. Kulturaustausch und seine Wirkungen in europäischen Landgemeinden.* Wissenschaftlicher Verlag

Trier.

Fiebig, K.-H./U. Krans. 1990. *Bilaterale Projekte zwischen Kommunen der Bundesrepublik und der DDR im Rahmen von Staedtepartnerschaften.* Berlin.

Frey, Rainer. 1986. "Entwicklung durch kommunale Zusammenarbeit." *Verwaltungsrundschau.*

Frey, Rainer/Dirk Manthey. 2000. "Kommunale Entwicklungszusammenarbeit." J. Bellers/R. Frey. *Einfuehrung in die Kommunalpolitik.* Muenchen/Wien: R.Oldenbourg.

Friedrich, Carl J. 1963. "The Grassroots Base of the Unification of Europe." in: *Public Policy.* Vol. XII.

_____. 1972. *Europa – Nation im Werden.* Bonn.

_____. 1964. "Nationaler und internationaler Foederalismus in Theorie und Praxis." *PVS.* 5: 154-339.

Füssl, Karl-Heinz. 2000. "Bildung und Erziehung." In: Bellers/Frey(Hg.). *Einfuehrung in die Kommunalpolitik.* Muenchen/Wien.

Gessenharter, Wolfgang. 1996. "Warum neue Beteiligungsmodelle auf kommunaler Ebene?." *APuZ,* 50.

Goeschel, Albrecht. 2003. "Der Forschungsverband 'Stadt 2030'." *APuZ,* 28.

Grauhan, R.-R. 1968. "Die Verschwisterung deutscher und franzoesischer Gemeinden, In: J. Friedrich. *Politische Dimensionen der europaeischen Gemeinschaftsbildung.* Koeln/Opladen.

Grüne, Liga. 1993. *Umweltschutz in Städtepartnerschaften.* Tagungsband zu einem Workshop vom 28.-30.06.1993 in Petzow bei Potsdam

Grunert, Thomas. 1981. *Langzeitwirkungen von Staedte-Partnerschaften. Ein Beitrag zur europaeischen Integration.* Kehl/Strassburg: N.P.Engel.

Grunow, Dieter. 1991. "VerwaltungshelferInnen als 'Change-agents' und Zeitzeugen." (Ergebnisse der schriftlichen Befragung von Landesbediensteten).

Grunow, Dieter und Mitarbeiter. 1996. *Verwaltungstransformation zwischen politischer Opportunität und administrativer Rationalität.* Bielefeld.

Gummett, P., ed. 1996. *Globalization and Public Policy.* Cheltenham: Edward Elgar.

Haeussermann, Hartmut. 2005. "Umbauen und Integrieren – Stadtpolitik heute." *APuZ,* 3.

Hanke, Irma. 1994. "Demokratisierung." In: Benz, Wolfgang(Hrsg.), *Deutschland unter alliierter Besatzung 1945-1949/55. Ein Handbuch.* Berlin.

Heberlein, Horst. 1992. Die Rechtsprechung des BVerfG und des BVerwG zur "kommunale Außenpolitik." *Neue Zeitschrift für Verwaltungsrecht.* 6: 543.

_____. 1992. Die Rechtsprechung des Bundesverfassungsgerichts und des Bundesverwaltungsgerichts zur 'kommunalen Ausswenpolitik', *NVwZ,* 92: 543.

_____. 1989. *Kommunale Aussenpolitik als Rechtsproblem.* Koeln: Kohlhammer.

_____. 1990. Rechtsprobleme kommunaler Entwicklungshilfe, *DOEV,* 374.

_____.1990. Kommunale Zusammenarbeit mit Gemeinden und Kreisen in der DDR, *BayVBl,* 268.

_____. 1991. "Kommunale Aussenpolitik und atomwaffenfreie Zonen: Die Massstaebe des Bundesverwaltungsgerichts." *DOEV,* 916.

Heinz, W./N. Langel/W. Leiterman. 2004. "Kooperationsbeziehungen zwischen deutschen Staedten und Kommunen in Entwicklungslaendern." *APuZ* 15-16.

Held, Wilhelm. 1989. Kommunale Außenbeziehungen – Möglichkeiten und Grenzen "kommunaler Außenpolitik." In: D. Fischer/R. Frey/P. Paziorek (Hrsg.). *Vom Lokalen zum Globalen. Die Kommunen u nd ihre Außenbeziehungen innerhalb u nd außerhalb der EG.* Landeszentrale für politische Bildung Nordrhein-Westfalen.

Hooghe, Liesbet/Gary Marks. 2001. *Multi-Level Governance and European Integration.* New York: Rowman & Littlefield.

Illy, Hans F.. 2001. "Politische und institutionelle Erfolgsfaktoren der Dezentralisierung." W. Thomi/M. Steinich/W. Polte(Hrsg.). *Dezentralisierung in Entwicklungslaender – Juengere Ursachen. Ergebnisse und Perspektiven staatlicher Reformpolitik.* Baden-Baden.

_____. 1986. *Zielsetzung – Planung – Evaluierung in der Entwicklungspolitik.* DHV-Speyer.

_____, Hrsg. 1983. *Projektplanung in der Entwicklungspolitik.* DHV-Speyer.

Illy, H. F./Schimitzek, K. (Hrsg.). 1986. *Entwicklung durch Dezentralisierung?.* Muenchen.

InWent. 2004. *Capacity Building: Wissen als Schluessel fuer die Zukunftsfaehigkeit. Jahresbericht. 2003.* Bonn.

Jakubowski, Peter. 2005. "Neue Kooperationsformen in der Stadtentwicklung." *APuZ* 3.

Jünemann, Annette/Emanuel Richter/Hartmut Ullrich, Hrsg. 1994. *Gemeindepartnerschaften im Umbruch Europas.* Frankfurt am Main.

KAS (Institut fuer Kommunalwissenschaften der Konrad-Adenauer-Stiftung). 1987. *West-Ost-Beziehungen auf kommunaler Ebene – Eine Dokumentation.* Reklinghausen.

Kaus, Manfred. 1994. *Städtepartnerschaften zwischen ost-und westdeutschen Kommunen.* Berlin.

KGSt. 1990. *Partnerschaftliche Kommunalberaqtung in den neuen Bundeslaendern.* Koeln.

Koblenzer Geographisches Kolloquium. 2004. *20 Jahre Laenderpartnerschaft Rheinland-Pfalz – Rwanda. Ergebnisse der Zusammenarbeit in Forschung und Lehre.* Koblenz.

Kodolitsch, Paul von, Hrsg. 1989. *Kommunale "Aussenpolitik." Zur Auslandsarbeit der Gemeinden und zu innerdeutschen Staedtepartnerschaften.* Berlin: Difu-Materialien 2/89.

Koenig, Klaus/Schleicher, W./Bolay, F., Hrsg. 1986. *Oeffentliche Verwaltung und Entwicklungspolitik.* Baden-Baden: Nomos

Koenig, Klaus. 1991. *Zur Transformation einer real-sozialistischen Verwaltung in eine klassisch-europäische Verwaltung*(Speyer Forschungsberichte 99). Speyer.

_____. 1991. "Verwaltung im Übergang – Vom zentralen Verwaltungsstaat in die dezentrale Demokratie." In: *Die öffentliche Verwaltung.*

König, Klaus/Meßmann, Volker. 1995. *Organisation und Personalprobleme der Verwaltungstransformation in Deutschland.* Baden-Baden.

Konrad, Hans-Joachim. 1982. Verfassungsrechtliche Probleme von Staedtepartner-schaften, In: A. Dittmann/M. Kilian(Hrsg.). *Kompetenzprobleme der auswaertige Gewalt.* Tuebingen.

Krause, Winfried. 1989. Kommunale Entwicklungshilfe, In: Paul von Kodolitsch (Hrsg.). *Kommunale "Außenpolitik.* Difu-Materialien 2/89.

Kulturausschuesse der kommunalen Spitzenverbaende. 1978. "Empfehlungen. Der Beitrag der Staedte, Gemeinden und Kreise zur kulturellen Aussenpolitik." *Der Landkreis*, 12.

Leifer, Walter. 1965. "Zur Geschichte der Städtefreundschaften mit Großbritannien." In: *Zeitschrift für Kulturaustausch*, 15: 13.

Leitermann, Walter. 1997. Städte initiierten größte "Friedensbewegung" Europas, In: *Europa kommunal.* 1: 3-18.

_____. 1988. "Deutsch-deutsche Staedtepartnerschaften." *Der Staedtetag,* 172.

_____. 1985. "Kommunale Partnerschaften und Kontakte – Vorschlaege zur Festigung und Belebung." *Europa kommunal,* 34.

_____. 2002. Städtepartnerschaften in Europa: historische Entwicklung und aktuelle Tendenzen aus deutscher Sicht. Institut für Europäische Regionalforschungen, Universität Siegen. Interregiones, Thema: "Europa als Wirkungsraum der Kommunen".

_____. 1999. Städte und Gemeinden gestalten Europa. In: Euro(pa) im Rathaus/Kommunalpolitische Vereinigung Bildungswerk (Hrsg.). *Kommunalpolitische Vereinigung – Bildungswerk*. Recklinghausen.

_____. 1998. "Liste kommunaler Partnerschaften in Deutschland liegt vor." In: *Europa kommunal*, 22: 191-194.

_____. 1997. "Die historische Entwicklung des Partnerschaftsgedankens nach dem Zweiten Weltkrieg." In: *Kommunale Partnerschaften/Atlantische Akademie Rheinland-Pfalz*, S. 17-24.

Linde, Juergen. 1999. "Der Neuaufbau eines Landes: Das Beispiel Brandenburg." *Staatswissenschaften und Staatspraxis*.

Lohse, Volker. 1989. "Rechtliche Aspekte der kommunalen Nord-Sued-Arbeit." *Deutsche Verwaltungspraxis*, 291.

Marks, G./F.W. Scharpf/Ph.C. Schmitter/W. Streek, eds. 1996. *Governance in the European Union*. Thousand Oaks, CA: Sage.

Marwede, Michael. 2004. "Kommunale Entwicklungzusammensrbeit." Deutsches Institut fuer Urbanistik (Hrsg.), *Kommunen auf dem Weg zur Nachhaltigkeit*. Koeln/Berlin.

Materialien zur Deutschen Einheit und zum Aufbau in den neuen Bundesländern. 1996. Bundesministerium des Innern.

Mayer, Ernst-Georg. 1986. *Auslandsbeziehungen deutscher Gemeinden — Bestandsaufnahme und rechtliche Probleme*. Bonn.

Mirek, Holger. 1984. *Deutsch-franzoesische Gemeindepartnerschaften*. Kehl am Rhein

Nass, Klaus Otto. 1986. "Nebenaussenpolitik" der Bundeslaender, *Europa-Archiv*, 619.

Nitschke, Ulrich. 1998. "Kommunen in der Einen Welt." *epd-Entwicklungspolitik*, 123ff.

Nutzenberger, Klaus M. 2004. "Du bist nicht frei, die Aufgabe zu verlassen: zur Zukunft der deutsch-französischen Städtepartnerschaften." *Stadt und Gemeinde interaktiv*, 59.

Oberreuter, Heinrich/Weber, Jürgen (Hrsg.). 1996. *Freundliche Feinde? Die Alliierten und die Demokratiegründung in Deutschland.* München/Landsberg am Lech.

Oehm, Matthias. 1982. *Rechtsprobleme Staatsgrenzen ueberschreitender interkommunaler Zusammenarbeit.* Muenster.

Paul, Frank. 1993. *Internationale Partnerschaften zwischen lokalen Gebietskörperschaften nach deutschem und franz. Recht.* Aachen: Shaker Verlag.

Pawlow, Nicole-Annette. 1990. *Innerdeutsche Staedtepartnerschaften.* Holzapfel: Verlag Gebr.

Pitschas, Rainer, Hrsg. 2005. *Globalisierung als Herausforderung fuer die Verwaltung.* Speyer: DHV.

_____. 2004. Politische Dezentralisierung als Herausforderung an die kommunale Aus- und Weiterbildung. *Verwaltung und Management,* 10(4).

Provost, Madeleine. 1985. "Le Jumelage des Villes." In: *Action Nationale,* 75: 371-394.

Prüser, Jürgen. 1993. *Geschichte, Erfahrungen, Möglichkeiten und Grenzen der Städtepartnerschaften Bremens: Projektbericht.* Hochschule für Öffentliche Verwaltung Bremen.

Puchala, D. J. 1970. Entwicklung und Strukturen regionaler Integration. *Integration,* 3: 163-184.

RGRE(Rat der Gemeinden und Regionen Europas)/Deutsche Sektion. 1998. *Die Partnerschaften der Städte, Gemeinden und Kreise der Bundesrepublik Deutschland.* Köln.

RGRE/Deutsche Sektion und Stadt Rheine. 1998. *Die lokale Agenda 21 als Gegenstand der kommunalen Partnerschaften.* Koeln.

RGRE/Deutsche Sektion. 1998. *Die Partnerschaten der Staedte, Gemeinden und Kreise.* Koeln.

Schefold, Dian/M. von Schwanenfluegel. 1991. Kommunale Entwicklungzusammenarbeit. In: *AfK,* 17.

Scherrer, Christoph. 2000. "Globalisierung — eine Zwischenbilanz." In: *Kommune,* 7: 51.

Scheytt, Oliver. 1991. "Verwaltungshilfe für die Kommunen in den neuen Ländern der Bundesrepublik Deutschland." In: *Archiv für Kommunalwissenschaft,* 7.

_____. 1992. "Innerdeutsche Staedtepartnerschaften – Basis der Verwaltungshilfe." In: *Die Neue Verwaltung(DNV),* 2.

Schloegel, Birgit. 1982. *Grenzueberschreitende interkommunale Zusammenarbeit.*

Berlin.

Schmierer, Wolfgang. 1999. Die Städtepartnerschaft zwischen Mömpelgard und Ludwigsburg nach dem Zweiten Weltkrieg, In: Württemberg und Mömpelgard. 600 Jahre Begegnung. Montbéliard-Würtemberg. 600 Ans de Relations. Beiträge zur wissenschaftlichen Tagung vom 17. bis 19. September 1997 im Hauptstaatsarchiv Stuttgart, Sönke Lorenz und Peter Rückert (Hrsg.). *Leinfelden-Echterdingen.* Stuttgart.

Schnakenberg, Oliver. 1990. *Innerdeutsche Staedtepartnerschaften. Rechtliche Aspekte grenzueberschreitenden kommunalen Handelns.* Baden-Baden: Nomos.

Schneider, K.-H. 1988. "Die Handlungskompetenz der Kommunen in Bezug auf Inhalte von Staedtepartnerschaftsvertretungen mit den rechtlichen Staatsorganen der DDR." In: *Recht in Ost und West.*

Schultze, Claus J. 1997. *Die deutschen Kommunen in der Europäischen Union. Europa- Betroffenhei t und Interessen-wahrnehmung.* Baden-Baden.

Schwanenfluegel, Matthias von. 1993. *Entwicklungszusammenarbei t als Aufgaben der Gemeinden und Kreise.* Berlin: Duncker & Humblot.

Seibel, Wolfgang/Benz, Arther/Mäding, Heirich (Hrsg.). 1993. *Verwaltungsreform und Verwealtungspolitik im Prozeß der deutschen Einheit.* Baden-Baden.

SKEW(Servicestelle Kommunen in der Einen Welt)/Towns and Development. 2003. *Globales Handeln lokal verankern – Befragung 2002 der Kommunen und Nichtregierungsorganisationen zum Stand der lokalen Agenda 21 und der Eine-Welt-Arbei t in Deutschland.* Bonn.

Sticker, Johannes. 1982. *Kommunale Aussenpolitik.* Koeln: Deutscher Gemeindeverlag.

Stober, Rolf. 1996. *Kommunalrecht in der Bundesrepublik Deutschland.* Stuttgart u.a.: Kohlhammer.

Thadden, Rudolf von. 2003. Ein dichtes Netzwerk: die Kommunen und die deutsch-französischen Beziehungen. In: *Europa kommunal,* 27.

Vogler, Hermann. 2003. Städtepartnerschaften: ein Beitrag zum kulturellen Selbstverständnis. In: *Die alte Stadt,* 30.

Vontz, Andrea. 1999. Bedeutung der kommunalen Partnerschaften unterstrichen. In: *Europa kommunal,* 23.

_____. 1998. Verhältnis kritisch hinterfragt. In: *Europa kommunal,* 22.

_____. 1997. Transatlantische Brücken mit Zukunft. In: *Europa kommunal,* 21: 4.

_____. 1997. Der Kampf durch den Richtliniendschungel. In: *Europa kommunal,* 21.

_____. 1996. Zusammenarbeit intensiviert. In: *Europa kommunal,* 20: 5.

Wagner, Beate. 1995. *Partnerschaften deutscher Staedte und Gemeinden. Transnationale Beitraege zur internationalen Sicherheit.* Muenster: LIT Verlag.

Werner Heinz/Nicole Langel/Walter Leitermann. 2004. Kooperationsbeziehungen zwischen deutschen Städten und Kommunen in Entwicklungsländern, In: *Aus Politik und Zeitgeschichte,* B 15-16.

Wiezsaecker, Beatrice von. 1990. *Verschwisterung im Bruderland. Staedtepartnerschaften in Deutschland.* Bonn: Bouvier Verlag.

Wimmer, Johann W. 1989. *Städtepartnerschaften der Kommunen in Nordrhein -Westfahlen.* Münster.

Wittkaemper, Gerhard W. 1997. "Welttrends – Herausforderungen fuer Interkommunale Zusammenarbeit." G. Brunn, u.a. (Hrsg.). *Interkommunale Zusammenarbeit.* Muenster.

Zdavko, Milinar. ed. 1992. *Globalization & Territorial Identities.* Newcastle: Athennaum Press Ltd.

3. 정부 및 기타자료

11 Alaska Admin. Code § 76. 130.

208 Cal. App. 2d 803. 1962.

252 F. Supp. 641. 1966.

276 Cal. App. 2d 211, 80 Cal. Rptr. 800. 1969.

307 A. 2d 1. 1973.

331 U. S. 503. 1947.

389 U. S. 429. 1968.

391 U. S. 604. 1968.

393 U. S. 398. 1968. 399 U. S. 901. 1970.

426 U. S. 794. 1976.

435 U. S. 151. 1978.

447 U. S. 429. 1980.

460 U. S. 204. 1983.

467 U. S. 82. 1984.

AA(Auswaertiges Amt), Hrsg. 1988. Auswaertige Kulturpolitik 1984-1986, Bonn.

AA. 1989. Wege zur Freundschaft. Partner fuer die Deutsch-Franzoesische Zusammenarbeit, Bonn.

A. E. Nettleton Co. v. Diamond, 27 N. Y. 2d 182, 264 N. E. 2d 118(1970).

A. Soboul, Les sans-culottes parisiens en l'an Ⅱ.

Barnes v. District of Columbia, 91 U. S. 540(1876)

Bethlehem Steel Corporation v. Board of Commerces, 80 Cal. Rptr. 800(1969).

BMZ. 2001. BMZ – Kaukasus – Initiative (unveroeffentlicht)

BMZ. 1999. Uebersektorales Konzept – Partizipative Entwicklungszusammenarbeit – Partizipationskonzept. BMZ Konzept, Nr.102, Berlin/Bonn.

Cal. Gov't Code § 4303.

GTZ. 2004. Schlussbericht Orientierungsphase 01.03.02-29.02.04.

GTZ. 2003. Dokumentation des Workshops "lokale Koordinatoren" vom 11./12.07.03. (unveroeffentlicht)

GTZ. 2003. Workshop "Entwicklungspolitische Themenfelder" – wesentliche Prinzipien und Instrumente der Entwicklungzusammenarbeit im Rahmen des Projektes Staedtenetzwerk Kaukasus.

L. Glick. 1984. Multilateral Trade Negotiations : World Trade after the Tokyo Round 138.

Metropolitan Life Ins. Co. v. Massachusetts, 471 U. S. 724(1985) ; Silkwood v. KerrMcGee Corp., 464 U. S. 238, 247-249(1984).

Pacific Gas & Electric Co. v. State Energy Resources Conservation & Development Comm'n, 461 U. S. 190(1983).

Palladio v. Diamond, 321 F. Supp. 630(S. D. N. Y. 1970. aff'd., 440 F. 2d 1319, cert. denied, 404 U. S. 983(1971)

Pennsylvania R. R. v. Illinois Brick Co., 297 U. S. 477(1936) (regulations of ICC).

Silver v. New York Stock Exchange, 373 U. S. 341(1936).

Territory v. Ho, 41 Hawaii 565(1957).

Trenton v. New Jersey, 262 U. S. 182(1923)

UNDP. 2004. Human Development Report 2004 - Cultural Liberty in Today's Diverse World. New York.

UN-Habitat/WACLAC. 2003. Partnerships for Local Capacity Development – Building on the Experiences of City-to-City Cooperation. Nairobi.

United States Steel Corp. v. Multistate Tax Commission, 434 U. S. 452(1978).

United States v. Belmont, 301 U. S. 324(1937) ; United States v. Pink, 315 U. S.

203(1942).

United States v. Curtiss-Wright Export Corp., 299 U. S. 304, 315-316(1936). app'l dismissed sub non ; Reptile Prod. Association v. Diamond, 401 U. S. 969(1971).

U. S. Const. art. Ⅰ, § 10(3). Cf., Virginia v. Tennessee, 148 U. S. 503(1893)

U. S. Const. art. Ⅵ (2).

World Bank. 2003. Sustainable Development in a Dynamic World - Transforming Institutions, Growth and Quality for Life, World Development Report 2002, New York.

World Bank (1997), The State in a Changing World, World Development Report 1997, New York.

4. 구미 인터넷자료

www.auswaertiges-amt.de/Staedtepartnerschaften 독일외무성도시교류자료

www.bpb.de 독일연방정치교육원

www.ccre.org CERM (Council of European Municipalities and Regions/Conseil des Communes et Regions d'Europe)

www.citiesalliance.com Cities Alliance

http://www.citiesalliance.org Cities Alliance유럽

http://www.cities-localgovernments.org UCLG (United Cities and Local Governments) 공식홈페이지, Main themes of the funding congress

(IULA+FMCU+METROPOLIS)

www.coe.int/T/E/North-South-Centre Nord-Sued-Zentrums/Council of Europe (EU집행위원회남북관계센터)

www.concordeurope.org CONCORD (European NGO Confederation for Relief and Development)

http://www.cor.eu.int Committee of the Regions/EU

http://www.diplomatie.gouv.fr/cncd 프랑스자치단체국제교류지원위원회

www.euforic.org Informationsplattform 국제교류정보플랫홈

www.gtz.de/urbanet URBANET/GTZ

www.iclei.org ICLEI/UN

www.iula.org IULA홈페이지

www.inwent.org InWEnt (Internationale Weiterbildung und Entwicklung gGmbH)

(Carl Duisburg Gesellschaft+DSE)

www.rgre.de Rat der Gemeinden und Regionen Europas유럽지역·자치단체협의회 (CERM독일지회)→ KGRE (Kongress der Gemeinden und Regionen Europas/EU)

http://www2.saarbruecken.de Stadt Saarbruecken(30-jaehrigen Jubilaeum der Partnerschaft mit Tbilissi)

www.service-eine-welt.de Servicestelle "Kommunen in der einen Welt"

www.staedtetag.de 독일도시협의회

www.transparency.org Transparency International (Corruption Perception Index 2004)

http://magnet.undp.org UNDP – Management Development and Governance Division 2000b (The Challenges of Linking)

www.unhabitat.org UN-HABITAT (City-to-city Cooperatin/HABITAT Forum 및 Habitat-Agenda)

www.worldbank.org 세계은행 World Development Indicators Database 2005

http://devdata.worldbank.org World Bank: Country Profile Georgia

부 록

[보론 1]
1. 도시간 파트너십 – 지방수준에서의 외교인가?

[보론 2]
2. 한·중·일 지방정부 간 교류활성화 방안

도시간 파트너십
-지방수준에서의 외교인가?

한스 F. 일리(Hans F. Illy)*

I. 서 론

독일 지방자치단체의 파트너십 활동망은 오래전부터 전세계를 향해 펼쳐져 왔으며, 최근엔 호주와 동아시아에 이르는 먼 곳에까지 다다라 있다. 현재 독일의 3,036개의 지방자치단체가 이에 상응하는 외국의 파트너와 함께 6,406건에 달하는 파트너십 관계를 유지하고 있는 것으로 나타나 있다. 특히 유럽연합 회원국의 게마인데와 주로 이러한 파트너십 관계를 맺고 있는 것으로 보이며, 전체 파트너십 관계의 대략 3%만이 개발도상국의 지방자치단체와 이루어지고 있는 것으로 평가되고 있다.

오늘날 우리는 이러한 지방자치단체 간 파트너십 관계를 현실로 받아들이고 이행하고 있지만, 그와 동시에 — 최소한 독일에서는 — 이러한 파트너십 관계가 지방자치단체 본래의 지방사무영역, 즉 지방자치단체의 업무범위는 '지역적 사무'에 국한된다는 규정에 반하는 것은 아닌지에 대한 논의가 있었

* 독일 콘스탄쯔대학교(Univ. Konstanz) 정치행정학부 교수

던 것도 주지의 사실이다. 그러나 독일헌법에 연방정부가 주정부의 외교관계를 대표하는 독점적인 지위를 명시하고 있음에도 불구하고, 이러한 문제가 그동안 실용적으로 해결되어 왔음을 볼 수 있다. 이와 같은 현실을 반영할 때, 도시간 파트너십은 공식외교와 경합하는 것이 아니라 공식외교를 보완하는 것이라 할 수 있겠다.

II. 도시간 파트너십의 역사

도시간 파트너십은 대략 1947년부터 2차 세계대전으로 인해 파괴된 민족간의 이해와 의사소통을 실현하기 위해 처음으로 이루어지게 되었다. 독일의 본과 영국의 옥스퍼드가 그 예기 될 것이나.

이 같은 의도로 1951년 스위스 제네바에서 독일과 프랑스의 50명의 시장들이 모여 유럽 게마인데 이사회(Rat der Gemeinden Europas), 1984년 이래로 유럽 게마인데 지역이사회(RGRE: Rat der Gemeinden und Regionen Europas)를 결성하게 되었다. 이 이사회는 유럽민족 간의 화해와 국가경계를 넘어선 지방자치단체 간의 공동협력을 지원하였으며, 이후 도시간 파트너십의 구축을 위한 국제적 토대가 되기도 하였다. 1955년엔 이 이사회에 의장(2003년 이래 볼프강 슈스터(Wolfgang Schuster) 슈투트가르트 시장이 의장)에 의해 운영되는 독일분과가 개설되었다.

바덴 - 뷔르템베르크(Baden-Württemberg)주는 독일에서 지방자치단체의 파트너십 관계형성에 있어 선도적 역할을 해오고 있다. 그 예로 1951년 프랑스의 도시와 처음으로 도시간 파트너십 관계를 맺었다. 당시 바덴-뷔르템베르크주의 루드비히스부르크(Ludwigsburg)시가 프랑스의 몽벨리아(Montbéliard)시와 파트너십 관계를 맺게 된다. 거기엔 몽벨리아(독일어로 Mömpelgard)가 과거 오랫동안 뷔르템베르크 왕국의 영토였다는 역사적 관계가 특별한 역할을 하게 된다. 이를 계기로 점점 더 많은 독일의 도시들이 프랑스 및 다른 국가의 도시들과 친선우호관계를 맺게 된다.

역사적으로 봤을 때, 이미 836년에 독일의 파더본(Paderborn)과 프랑스의 르망(Le Mans)사이에 가장 오래된 유럽의 도시간 자매결연이 있었음이 문서 상 언급되어 있지만, 이 우호관계는 1967년에야 비로소 공식적인 도시간 파트너십 관계로 발전하게 되었다.

1980년대 '철의 장막(Eisernen Vorhangs)'이 조금씩 걷히기 시작하면서 동독과 서독의 게마인데 간에 파트너십 관계가 허용되게 되는데, 이러한 분위기 속에 1986년 4월 25일 최초의 역사적인 독일 - 독일(deutsch-deutsch) 파트너십이 서독 자알란트(Saarland)주의 자알루이스(Saarlouis)시와 동독 프랑크푸르트/오데르(Frankfurt/Oder) 관구의 아이젠휘텐슈타트(Eisenhüttenstadt)시 사이에 맺어지게 된다.

독일통일 후 동독과 서독 지방자치단체 간의 파트너십 관계가 계속해서 맺어지게 되었는데, 초기엔 서독의 지방자치단체가 동독 지방자치단체의 정치·경제적 변화를 지원하는 활동을 주로 하였다.

유럽의 정치환경 변화로 인해 독일과 폴란드 지방자치단체 사이에도 많은 파트너십 관계가 맺어지게 되었다. 특히 이 파트너십 관계는 많은 경우 제2차 세계대전 후 서독의 도시들이 오데르 - 나이세 경계(Oder - Neiße Grenze) 동쪽의 도시(현재 폴란드 지역)에서 축출된 주민들을 수용하는 과정에서 맺어진 도시간 협력계약(Städtepatenschaft) 관계에서 기인한다.

오늘날 독일의 수천개 도시와 게마인데가 독일의 '다른 부분' 또는 외국의 도시와 파트너십 관계를 유지하고 있으며, 최근에 증가된 유럽외부 도시와의 관계도 포함되어 있다.

도시간 파트너십의 의미와 목적은 역시 경계를 넘어선 인간의 자유로운 결합에 있다고 할 수 있을 것이다. 이를 위해 과거엔 도시들이 각각 그에 상응하는 적합한 파트너 도시들을 찾아보았고, 거기엔 도시의 크기와 구조(예로, 농촌 또는 산업도시)뿐만 아니라 단체의 활동이 특별한 역할을 하였다.

그에 앞서 대체로 외국의 지방자치단체와 시민, 지역 정치가 또는 학교의 사적교류가 있는지의 여부가 검토되어 지며, 경우에 따라 이러한 교류가 더욱 강화되어질 수 있고, 이후 도시간 파트니십으로 귀결될 수 있는지도 평가되어 진다. 이와 같은 교류가 존재하지 않을 경우, "파트너십 관계를 맺고자 하는 의지"를 갖고 있는 지방자치단체는 초지역적 기관의 주선을 받을 수 있다. 또한 국제적 파트너십을 원하는 많은 도시들이 "유럽 게마인데 지역이사회"의 웹사이트에 공시되어 있고, 여기엔 파트너십을 위한 협약범례도 게시되어 있다.

다양한 범주에서 합의는 되었지만, 그 합의에 있어 상당한 괴리가 있는 경우, 행정최고책임자(시장, 게마인데 의회)의 상호방문이 있게 된다. 상호방문에 따른 긍정적 반향이 있게 되면, 대체로 파트너십 증서에 서명하고 도시간 파트너십을 공식적으로 맺게 된다.

이에 따라 매년 도시간 방문행사가 자주 이뤄지는데, 이러한 방문행사는 시행정기관에 의해 주도가 되며, 때때로 단체에 의해 이루어지기도 한다. 방문자들은 대체로 파트너 도시 주민의 집에 초대되어 머물게 되는데, 이는 양 시민간 하나가 되는 계기를 마련하고 장려하는 것이라 할 수 있다. 또한 단체가 그러한 교류에 참여하는 경우, 대개 스포츠 시합(스포츠 단체에서), 공연(음악단체 또는 합창단에서) 등 공동의 행사를 개최하게 된다.

그럼에도 불구하고 도시간 파트너십에서 보이는 실질적 참여의 정도는 매우 차이가 나는데, 파트너 도시가 많을수록 실질적 교류는 줄어드는 것으로 보인다.

III. 특별사례: 내독간 파트너십

독일통일의 시점(1989/90)에 동·서독의 게마인데 사이에 62건의 형식화된 도시간 파트너십이 맺어져 있었다. 어떻게 이러한 파트너십이 이루어졌고, 이러한 파트너십이 어떤 기능을 하였는가?

이러한 '내독간' 또는 '독일-독일 간' 관계의 형성근거를 간략히 기술해보는 것은 의미있는 일이라 할 수 있을 것이다(이데올로기적 입장에 따라).

서독정부는 1950년대와 60년대에 동독의 국제적 인준을 저지하기 위해 노력하였다(소위 할슈타인 원칙에 따라). 이와는 반대로 동독정부는 이로 인한 고립화를 극복하기 위해 모든 노력을 다 하였다. 도시간 파트너십은 이러한 동독정부의 노력에 일정부분 역할을 하였다고 할 수 있는데, 그 예로 프랑스에서 공산당이 집권하는 게마인데들과 도시간 파트너십을 맺은 것을 들 수 있다. 반면 서독의 도시들은 이러한 도시간 파트너십의 도구화를 철저히 거부하였다. '신동방정책(1969년부터)'과 더불어 이러한 상황이 서서히 변하기는 하였으나, 동독은 지방자치단체의 파트너십 개설에 요구조건을 내세우기 시작하였다. 즉 고유한 동독 국적의 인정, 비교가능한 국가기관 간의 공식적 접촉의 수용(예로 양측 의회), 양독 간의 외교관계 수용 등이다. 근본적으로는 도시간 파트너십이 동독의 국제적 인준을 위한 단초로 이용되어졌다고 할 수 있다.

1985년 10월 당시 자알란트 주지사였던 오스카 라퐁텐이 동독 국가평의회 의장 에리히 호네커를 방문했을 때 도시간 파트너십이 주제로 거론되었는데, 이를 계기로 도시간 파트너십에 변화가 일어나게 되었으며, 이후 몇 년 동안 앞에서 언급했다시피 62건의 도시간 파트너십이 맺어지게 되었다. 그러나 구체적인 실제에 있어서는 어떠했었는가?

양측은 매우 다른 목표를 추구했었다. 즉 동독은 도시간 파트너십을 사회주의 이념의 확산수단으로 이용하려 하였고('민족외교'라는 이름하에), 반면 서독의 도시들은 '인간 대 인간으로'의 관계를 구축할 수 있는 기회로 보았다. 이렇게 이분화된 목표는 거의 조정될 수 없었고, 특히 동독에선 지방자치단체의 정치·행정적 독립성에 관해 언급조차 할 수 없었다. 동독체제에 기여하는 자로 외국이나 서독으로 여행할 수 있었던 사람은 국가체제신봉자임에 틀림없었다(그 밖의 경우엔 국경은 엄격히 통제되고 있었다.).

이러한 상황 속에서 체결된 파트너십 협약은 문제가 될 수밖에 없을 것이다. 파트너십은 "군비축소, 긴장완화와 협력"이라는 목표를 달성하는 데 유익하고, '군비경쟁'을 방지한다고도 하였는데, 이러한 파트너십의 이데올로기적 도구화는 서독 지방자치단체에선 극히 제한적으로 일어났다. 이와 더불어 서독에서는 모든 접촉의 형식이 매우 꼼꼼히 계획되어 졌는데, 예를 들어 축구팀의 경기 또는 합창단의 방문시 충동적이거나 즉흥적인 상황이 발생할 소지가 없도록 계획되었다. 또한 서독에서 온 방문자들을 동독정부가 일반가정이 아니라 (감독이 용이한) 정당의 회의시설에 머물게 하였음은 매우 주목할 만한 사안이다.

1989/90년 이러한 한계와 속박이 해소된 후 다양한 수준에서 자연적인 교류관계들이 발전되는데, 이러한 교류는 5개의 새로운 연방주(州)가 국가사회주의에서 자유사회적 시장경제로 변환하는 과정에 큰 기여를 하였다.

돌이켜보면 내독간 파트너십은 두 국가의 시민들 사이의 의사소통이란 의미에선 파트너십의 역량을 완전히 펼치지 못했다고 할 수 있다. 왜냐하면 도시간 파트너십이 너무 집중적으로 두 권력블록 사이에, 소위 '냉전'의 이데올로기적 대립에 연결되어졌기 때문이다. 그러나 이러한 평가에도 불구하고 다른 문화적 맥락(예로 남한과 북한관계에서)에선 파트너십이 이데올로기적 도구로 이용되지 않을 수도 있다는 것을 배제하지는 않는다. 최소한 도시간 파트너십은 파트너십 외에 어떠한 접촉도 할 수 없는 사람들이 만날 수 있는 하나의 장(場)이라 할 수 있다. 이러한 파트너십의 역량은 저평가되어서는 안 될 것이다. 또한 이를 통해 구체적인 협력활동을 발전시킬 수 있다는 것도 배제해서는 안 될 것이다(예로 지방의 경제기반구조 분야).

일반적으로 내부 파트너십 관계에 있어 양 파트너 사이의 불균형적인 발전상태에도 불구하고 모든 외형적으로 비춰지는 모습에 있어 한 쪽이 우월하게 보이는 것은 피해야 할 것이다. 이런 의미에서 스포츠와 문화적 만남을 통해 교류를 시작하는 것이 가장 좋을 것으로 사료된다.

IV. 도시간 파트너십의 유형

지금까지 도시간 파트너십의 형성에 다양한 근거가 있을 수 있음을 보여줬고, 동시에 이러한 상황 속에서 행해진 도시간 파트너십의 기능과 목표설정에 대해서도 기술하였다. 또한 파트너십 관계의 심화와 강화에 있어 매우 큰 차이가 있을 뿐만 아니라, — 더 정확히 경험적으로 분석해 보면 — 관계의 대부분이 매우 표면적이거나 비정규적임을 알 수 있다.

특히 파트너십이 주민들의 적극적인 참여로 활성화되지 않고 양 행정기관에만 맡겨진 경우에 그런 경우가 많다. 물론 파트너십을 공고히 하기 위해 시장이나 게마인데 의회에서 흔쾌히 파트너 게마인데를 방문(특히 지방재정

〈표 1〉 도시간 파트너십의 유형

구분	기능적 특성	(설립 연도) 독일 부퍼탈(Wuppertal)	독일 슈투트가르트 (Stuttgart)	다른 사례
A	서구 적대국 /점령국과의 화해	(1951/56) South Tyneside(영국); (1960) St. Etienne (프랑스)	St. Helens (영국/잉글랜드); Cardiff (영국/웨일즈); Straßburg(프랑스); St. Louis(미국)	Solingen(독일): Blyth Valley(영국); Chalo-sur-Saone (프랑스); Gouda(네델란드)
B	독일과 유대계와의 화해	(1977) Beer Sheva (이스라엘)		Solingen(독일): Ness Ziona (이스라엘)
C	동유럽의 적대국과의 화해	(1980) Košice (슬로바키아); (1993) Lenica(폴란드)	Lodz(폴란드); Brünn(체코)	Fellbach(독일): Pécs(헝가리) Bielefeld(독일): Nowgorod(러시아)
D	철의 장막이 걷힌 후: 변화지원	(1990/91) Jekaterinburg(러시아)	Samara(러시아)	Nürnberg(독일): Prag(체코); Charkow (우크라이나) Osnabrück(독일): Tver(러시아)
E	제3세계 개발원조	(1987) Matagalpa (니카라과)	Bombay(인도); Menzel Bourguiba (튀니지); Kairo(이집트)	Solingen(독일): Jinotega(니카라과); Thiès(세네갈)
F	전 외국인 노동자- 출신국과의 관계			Dortmund(독일): Novi Sad (유고, 현 세르비아 - 몬테네그로) Nürnberg(독일): Antalya(터키); Kavala(그리스) Fellbach(독일): Erba(이탈리아)
G	세계화			Nürnberg(독일): Shenzen(중국)

에서 부담되는 경우)하기도 한다. 그러나 진정한 파트너십은 두 게마인데 주민의 주도와 파트너십에 대한 풍부하고 성숙된 사고에 의해 지속되게 된다.

다음으로 몇 가지 사례와 함께 독일의 도시와 게마인데에 어떤 형태의 파트너십이 있고, 어떤 형성근거들이 정형화될 수 있는지를 살펴본다. 그러나 이는 단지 독일의 맥락에서 파트너십을 유형화한 것으로 다른 나라에선 매우 다르게 볼 수 있음을 강조하는 바이다.

V. 지방자치단체의 발전파트너십

여기에선 범주 E(제3세계 개발원조)의 유형을 더 자세히 살펴보려 한다. 범주 E는 일반적으로 지방자치단체의 발전파트너십(이하 발전파트너십)으로 일컬어진다. 최근 15년 동안 이러한 형태에 상당한 의미가 부여되고 있는 상황이다.

개발도상국과 구사회주의국가와의 도시간 파트너십이 증가된 동인은 1992년 리우데자네이루에서 열린 "국제연합 환경개발회의(UNCED)"에서 의결된 '의제 21 (Agenda 21)'이었다. 의제 21의 28조는 지속가능한 발전을 달성하는데 있어 지방자치단체에 특별한 역할을 부여하고 있다. 그 이래로 일반화된 "지역적으로 생각하고, 세계적으로 행동하라(Lokal denken, global handeln)"는 표어는 지방자치단체에 더욱 발전정책적으로 활동하라는 요구를 표현하고 있는 것이라 할 수 있다. 이는 독일의 발전정책에서 구체적 활동영역의 확장과 다양화로 기술되어 진다. 또한 1994년 주지사회의의 결정은 리우회의 결정사항에 대한 이행범위의 기초를 마련하게 하였다.

발전파트너십 활동은 다양한 주제와 분야를 포함하고 있음으로 인해 통상적인 만남과 문화적 교류의 양상을 넘어서고 있는데, 개발도상국 지방자치단체의 발전을 지원하는 데 있어 다음과 같은 분야들이 언급될 수 있다.

- 행정개혁과 행정현대화
- 도시발전과 도시공간계획
- 지방자치단체의 경제지원
- 환경 (예로 수자원 및 폐기물관리)
- 교육
- 사회, 청소년

- 보건체계

발전파트너십 활동의 많은 부분은 지식 및 경험교류분야에서 이루어지고 있으며, 그 사이 다른 유럽국가의 경험들도 많이 제시되어 있는 상황이다. 또한 이러한 경험들이 계속 증가하고 있고 국제적으로 교환되고 있음을 볼 수 있다.

1992년 리우회의 이후 지속적으로 중요한 진전들이 확인되고 있는데, 그 예로 1996년 이스탄불에서 개최된 "국제연합 주거환경 회의(UN-Habitat -Conference)"에서 지속가능한 도시발전을 위한 "주거환경-의제(Habitat-Agenda)"의 결정; 1996년 "세계 도시·지방정부 조정회의(WACLAC: World Assembly of Cities and Local Authorities Coordination)"의 설립; 심지어 "국제 지방환경 발의 회의(ICLEI: International Council of Local Environmental Initiatives, 독일 프라이부르그 소재)"와 같은 특별기구의 존재 등을 들 수 있다. 또한 세기의 변화와 "밀레니엄 발전 목표(MDG: Millenium Development Goals)"의 의결, "요하네스버그 성명(Aufruf von Johanesburg, 지속가능한 발전을 위한 정상회담 2002에서)" 등이 발전파트너십의 새로운 동인(動因)이 되고 있고, 이를 통해 의제 21의 이행과정에 지방자치단체가 더욱 적극적으로 참여하도록 호소하고 있다(지방의제 21, Lokale Agenda 21).

2004년엔 모든 국제적 도시단체들이 하나의 세계지방자치단체연합, 즉 "도시·지방정부연합(UCLG: United Cities and Local Governments)"을 결성하였다.

다음으로 이러한 상황 속에서 발전파트너십의 발전정책적 역량이 어디에 있는가를 좀 더 상세히 논의할 것이다. 발전파트너십은 소위 "동료 대 동료로의 접근(colleague to colleague approach)"을 통한 두 지방행정기관 사이의 협력이라고 특징지을 수 있을 것이다. 이는 참여자들이 눈높이를 같이 하고, 실제 환경에 따른 지식과 경험교류를 이루어나가는 것을 말한다. 이를 통해 일정부분 존재하는 비대칭성을 극복하게 되는데, 이는 그 출발점이 기존의 파트너십에서 기인하기 때문이라고 할 수 있다.('주는 자'와 '받는 자'의 관계를 통해 형성되는 국가적 발전협력과는 달리) 또한 이와 같은 협력을 통해 참여와 '주인됨'을 위한 좋은 기반이 조성되게 되는데, 이로 인해 목표한 결과를— 예로 더욱 효율적이고 시민친화적인 행정—파트너 게마인데 스스로 얻어내고 있음을 볼 수 있다.

발전파트너십은 시민사회의 활성화에도 기여할 수 있는데, 그 예로 지방의제 21의 이행과정에 시민의 참여를 들 수 있다. 이러한 참여는 "하나의 세계차원(Eine- Welt-Dimension)"으로도 불린다. 시민사회의 참여를 위한 또 다른 장점은 발전파트너십을 통한 협력은 비교적 지속적이라는데 있다(많은 '전통적' 도시간 파트너십에서 보이는 매우 개별적이고 산발적인 활동과는 달리).

'북반구'의 지방자치단체들은 발전파트너십을 통해 발전협력에 참여하려는 독자적 관심을 가질 수 있다.:

- 이는 지방자치단체의 이미지 개선이라는 국제적 목표달성에 적합하고 (특히 독일수도를 베를린으로 옮긴 후, 본이 아주 좋은 예이다.)
- 발전파트너십이 지역 향토기업의 국제적 관심을 진흥시킬 수 있으며(예로, 시장개척)
- 지방자치단체의 인력을 해외에 투입함으로써 그들의 문화간 업무능력을 개선할 수 있기 때문이다(이는 또한 이민자들의 통합에 긍정적인 영향을 줄 수 있다.).

이와 더불어 발전파트너십은 "남-북-지식전이(Süd-Nord-Wissenstransfer)"의 기회를 제공한다. 왜냐하면 남반구의 파트너지방자치단체에 신기술을 제공하는 것이 대체로 더욱 용이하기 때문이다(예로 태양에너지기술). 또한 행정현대화에 있어서도 독일의 지방자치단체에게 많은 것을 배울 수 있다(예로 브라질 Porto Alegre에서의 참여적 예산편성).

그렇다면 지금까지 발전파트너십을 통해 얻어진 경험들은 어떻게 평가되고 있는가? 우선 북반구의 지방자치단체들이 파트너 지방자치단체에게 유용한 전문지식(Know-How)을 가지고는 있지만, 많은 경우 발전정책적 경험지식이 결여되어 있음이 확인되고 있다. 이는 부족한 재원에 대해 말하려고 하는 것이 아니라, 더 크고 복잡한 프로젝트를 성공적으로 계획하고 수행하며 평가할 수 있는 능력의 결여를 이야기하고 있는 것이라 할 수 있다. 따라서 발전파트너십에 참여하고자 하는 지방자치단체들은 이러한 능력을 고양시킬 수 있도록 더욱 체계적으로 지원할 필요성이 있다고 하겠다.

이에 2001년에 독일 지방자치단체의 최고기관들이 모여 "지방자치단체 지원센터(Servicestelle Kommunen in der Einen Welt)"를 설립했다. 이 지원센터는 지방행정기관과 비정부기구, 기업의 발전파트너십을 위한 출발점이자 봉사자로서의 역할을 하고 있으며, 지방과 지역의 기관이 수행할 수 없는 업무들을 담당하고 있다. 또한 이 지원센터는 발전파트너십의 참여를 전문화하고, 이를 위한 전문능력을 확대하며 경험교류를 위한 지방네트워크를 활성화시키고자 한다.

이와 더불어 그동안 얻어진 경험들을 모아 놓은 자료은행(Datenbank)이고자 하며, 성공요인들을 정형화하고 지속적으로 확산시키고자 한다. 그러한 성공요인으로 경험에 따라 다음과 같은 것들이 있을 수 있다:

- 양측 행정최고책임자 측에서 발전파트너십을 위한 조치의 지원
- 총 프로젝트 과정에서 시민사회의 참여가 가장 큰 척도
- 양측의 상임 담당자와 프로젝트 조정자
- 좋은 개인적 관계와 서로의 파트너에게 관심을 보이고 다가가며 이해하려는 의지
- 공동의, 필요에 따른, 실현가능하고 측정가능한 목표
- 견고한 신뢰관계를 바탕으로 한 '성숙된' 도시간 파트너십으로부터 발전파트너십으로의 전개

파트너 지방자치단체들이 양향적 발전협력의 형태를 계획하고, 그에 따른 목표, 행동노선, 재정을 그들의 경험과 연결짓는다면 다른 전략적 행동이 제시된다. 이러한 양향적 발전협력으로 프로젝트활동의 지속가능성과 광범위한 효과를 함께 어우를 수 있는 통합상승효과(Synergieeffekte)를 가져올 수 있다. 이러한 전략의 사례로 다음 그림에서 기술되어지는 "코카서스 도시네트워크(Städtenetzwerk Kaukasus)"를 들 수 있다. 이러한 네트워크로 인해 구

체적 목표가 설정되고 달성되기 전에 조정비용이 현저히 줄어들고, 많은 실질적 문화적 장애들이 극복되어질 수 있음이 명확해 졌다. 그러나 향후 파트너십활동의 질이 프로젝트 종료에도 불구하고 지속적으로 높아질 수 있을지에 대해선 논외로 한다.

　이러한 사례들은 발전파트너십의 가능성과 적용범위가 매우 다양하다는 것을 보여주는데 충분하다고 할 수 있다. 발전파트너십은 제 3세계에 있는 도시와 게마인데가 점점 더 필요로 하는 자문요구에 대한 답을 줄 수 있는 하나의 도구라고 할 수 있다. 많은 국가의 정부가 그동안 게마인데에 더 많은 권한을 위임하고자 하고 있다. 그러나 그것이 기관의 설립과 그 기관의

〈그림 1〉 코카서스 시 조정모델의 네트워크

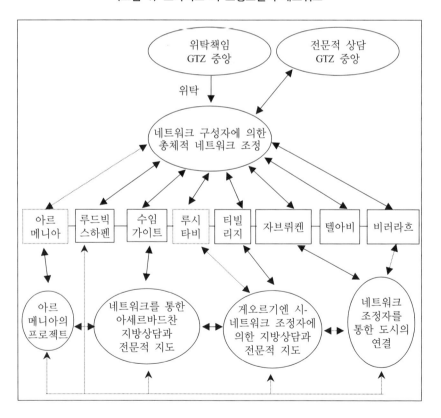

행위능력에 관한 것일 때에는 대부분 그대로 두는 경우가 많다.

VI. 세계시민사회의 요소로서 도시간 파트너십

도시간 파트너십은 국가경계를 넘어서고, 모든 사회단체에 열려져 있는 친선우호·협력적 관계를 구성한다. 도시간 파트너십은 초국가적 — 초정부적과는 다른 — 네트워크로 설명될 수 있는데, 이 점에 있어 지방자치단체는 준(準)-비국가적 행위자로서, 또한 국제사회관계의 책임기관으로 활동할 수 있을 것이다. 이와 더불어 — 그 존재가치를 과다하게 나타내지 않아도 — 도시간 파트너십은 우리의 글로벌한 세계 속에 그 가치를 내뿜고 있다.

지방자치단체의 관계는 경계를 넘어서는 사회관계를 위한 환경을 제공하고, 경우에 따라 역사적 부담을 덜어내야 하는 민족과 국가 사이에 화해의 장을 마련하기도 한다. 이는 유럽에서 1990년 이래로 외형상 극복된 동서간의 대립에도 해당되는데, 여기에는 전적으로 시민사회의 기반을 필요로 한다.

이러한 관점은 또한 '지방외교'의 개념에도 통합될 수 있고, 그와 동시에 이러한 관점들이 지방외교의 개념을 전적으로 넘어설 수도 있다. 오늘과 내일의 세계사회는 국가가 없어도 지장이 없는 그런 사회는 분명 (아직) 아닐 것이다. 그러나 이미 오랫동안 각각의 사회가 국제적으로 서로 소통하고 있는 만큼 더 이상 중앙집권적 국가에 의해 좌우되지는 않을 것이다.

≪참고문헌≫

Deutscher Städtetag. 2005. *Kommunale Entwicklungszusammenarbeit. Hintergrundinformation und praktische Tipps zu Auslandseinsätzen der kommunalen Entwicklungszusammenarbeit.* Köln.

Eichler, Jörn Philip. 2005. *Kommunale Entwicklungspartnerschaften – ein effektives und effizientes Instrument der Entwicklungszusammenarbeit?* Verwaltungswiss.

Diplomarbeit. Universität Konstanz.

Emminghaus, Christoph. 2003. *Kommunale Entwicklungszusammenarbeit – Ansätze und Erfahrungen anderer bi- und multilateraler Geber, GTZ.* Eschborn.

Heinz, Werner/Langel, N. 2003. *Kommunale Entwicklungszusammenarbeit - Kooperationsbeziehungen zwischen deutschen Städten und Kommunen in Entwicklungsländern und Transformationsstaaten. Eschborn: GTZ.*

von Kodolitsch, Paul (Hrsg.). 1989. *Kommunale "Außenpolitik". Zur Auslandarbeit der Gemeinden und zu innerdeutschen Städtepartnerschaften.* Difu-Materialien, Berlin.

Pawlow, N.-Annette. 1990. *Innerdeutsche Städtepartnerschaften. Entwicklung, Praxis, Möglichkeiten.* Berlin.

von Schwanenflügel, Matthias. 1993. *Entwicklungszusammenarbeit als Aufgabe der Gemeinden und Kreise.* Berlin (Diss. Jur. Univ. Bremen)

Servicestelle Kommunen in der Einen Welt. 2002. *Eine Welt beginnt vor Ort.* Bonn.

_____. 1999. *Sociologics.* Nr. 10 (Schwerpunkt "Städtepartnerschaften")

United Nations Centre for Human Settlements (Habitat), UTO/FMCU and WACLAC. 2001. *City-to-City Cooperation: Issues arising from experience.* Report, Nairobi, 25 May 2001

von Weizsäcker, M. Beatrix. 1990. *Deutsch-deutsche Städtepartnerschaften 1986-Januar 1990: Bestandsaufnahme und rechtliche Würdigung.* Diss. jur. Univ. Göttingen.

【보론 2】

한·중·일 지방정부 간 교류활성화 방안

양기호*

I. 세계화 10주년과 지방정부

　세계화와 정보화가 밀려오기 시작한 1990년대 이후 한국과 중국, 일본의 동북아시아국가는 두 가지 공통된 고민을 안고 있었다. 하나는 중앙정부 주도의 사고방식과 공공관행, 그리고 제도에서 탈피하여 지방의 활력을 살려나가는 것, 더 나아가 폐쇄적인 경제구조와 시민의식에서 벗어나 국제화의 흐름을 수용하는 것이었다.

　이들 두 가지 과제에 대한 각국 정부의 대응은 한국에 있어서 세계화와 지방화, 중국의 개혁과 개방, 일본에서는 국제화와 지방의 시대라는 정치적 슬로건으로 요약되었다. 지방분권의 필요성을 느낀 각국정부는 지방자치의 실시, 중앙에서 지방으로 권한이양을 골자로 한 지방분권개혁을 과감하게 시도하였다.

　지방분권과 동시에 진행된 지방정부의 국제화는 지난 20년간 동북아지역

---

* 성공회대학교 교수

에 있어서 상호교류와 이해증진에 크게 기여해 왔다. 지방정부의 국제교류가 시작된 1980년대이래 한국, 일본, 중국은 대외개방과 이문화(異文化)의 수용을 강조하였다. 동북아국가에서 개화된 국제화, 세계화의 목적은 국제화에 대한 의식제고, 지방도시의 국제화, 지역경제의 활성화, 다자간 협의를 통하여 국경을 넘은 지방정부간 협력을 들 수 있다(<표 1>을 참조).

한중일 3국간 국제교류는 그동안 폐쇄적인 의식과 제도에 젖어있었던 동북아 각국의 현상을 변화시키는 인적 개발의 측면, 그리고 지역경제를 활성화시켜 국가경쟁력을 높이기 위한 탄탄한 하부경제구조 만들기라는 물적 개발의 측면을 동시에 내포하고 있었다. 정보화, 세계화의 급격한 도래는 이들 국가의 내적 변화를 요구하면서 필연적으로 지방의 국제화를 선도하는 환경을 제공하였다고 볼 수 있다.

1995년 김영삼 대통령의 시드니(Sydney)구상에서 출발한 한국의 세계화선언은 지방자치와 함께 지방정부의 통상능력강화에 중점을 두고 있었다. 세계무역기구(WTO)의 출범과 함께 시작된 국경없는 무역전쟁은 김영삼 정권을 이끌고 있던 정부엘리트들로 하여금 국가경쟁력 강화라는 지상명제의 유혹에 쉽게 빠져들게 하였다.[1]

지방자치의 전면실시는 민주화의 토대로서, 민주주의 학교로서 전제하에 이루어졌으나, 동시에 종합적인 국가경쟁력 향상을 뒷받침하고 지지하는 강력한 토대구축으로 간주되었다.

이전에 국가간 무역전쟁의 후방에 남아 정책집행과 소비의 주체로만 취급받아 왔던 지방정부가 중앙정부와 함께 총체적인 국가경쟁력을 상승시키는 든든한 동반자로 새로이 부각되었다. 심지어 정부일각에서는 세계시장이라는 완전경쟁체제하에서 지방정부의 자생력을 기르기 위하여 연방제를 도입하자는 발상마저 나왔다. 중앙정부는 지방정부가 하루빨리 지역경제력과 통상능력을 강화하기를 기대하였으며, 지방분권보다도 지역경제 활성화, 국제교류보다는 국제통상 등의 용어가 중요한 담론으로 인식되었다.

---

1) 정부와 여당이 얼마나 국가경쟁력 주장에 공감하고 있었는가에 대해서는 김용훈, "국가경쟁력, 그 신화와 실체," 『지방자치』(1994. 8)등을 참조. 당시 주요일간지의 국가경쟁력 관련기사 빈도는 90%에 육박하여 거의 매일 기사화될 정도였다.

〈표 1〉 국제교류의 목적

구 분	목 적
인식제고	국제기준(international standards)에 대한 이해와 시민의식 개혁 주민의 국제화 마인드 함양 및 국제협력 공감대 형성 해외연수, 견학, 시찰 등을 통한 견문 및 세계적 시야의 확대 등
도시국제화	발전된 선진행정과 제도 및 우수사례 도입 지역간의 상호 협력체제 강화 도시국제화 기반 조성 및 내부수용능력 향상 등
지역경제 활성화	지역산업과 경제를 자극하여 지역경제 활성화 도모 외국인 경제활동 지원 우수기술과 해외자본 유치 등
공동협력	공동관심사(환경, 보건, 안전 등)협의 및 상호 협력 국제기구 가입 및 국제적 연대 활동 증대 국가외교의 보완 및 실무협의 증진 등
기타	인재의 육성 외국문화 이해 지역사회에 필요한 국제정보의 수집 등

출처: 인천발전연구원, 7항

세계화선언은 한국에 있어서 국제교류의 본격적인 시대의 도래를 알리는 신호탄이었다. 전국 16개 광역시도별로 국제통상협력실이 신설되고 국제교류와 국제통상을 담당, 추진할 수 있는 전문인력이 충원되어, 국제교류와 통상을 지방화의 중점정책으로 추진해 왔다. 한국 지방정부의 국제교류[2]에 있어서 가시적인 성과를 가늠하는 자매결연지역의 숫적 증가를 살펴보자. 2005년 3월 현재 광역자치단체는 134개 지역, 기초자치단체는 317개 지역, 합계 44개 국가 내 451개 지역의 해외도시와 국내 지방정부가 교류하고 있다. 이것은 세계화선언과 국제교류가 본격화된 1995년과 비교하여 수적으로 거의 두 배 가까이 증가한 셈이다.

---

2) 국제교류와 자매결연은 제2차대전 이후에 미국이 전후로 황폐해진 유럽을 지원하기 위하여 우정의 자매관계를 도시별로 맺어간 것이 기원이라고 한다. 그후 1960년대에 들어와 미국에서 국제교류의 범위를 전세계로 확대하고자 하는 시민운동이 왕성해지면서 'People to People Program(시민에서 시민으로 교류계획)'을 기본으로 국제도시간 자매결연이 급속히 확대되게 되었다.

이 가운데 중국지역과의 교류가 129개로 가장 많으며, 미국은 82개 지역으로 2위, 일본은 78개 지역으로 3위를 차지하고 있다. 이들 3개국가 내 지방정부와의 교류는 289개 지역에 달하여 전체 지방간 국제교류지역의 63%, 거의 3분의 2를 차지하고 있다. 여기서 알 수 있듯이 한국지방정부의 국제교류는 아직까지 중국, 미국, 일본이라는 전통적으로 그간 정치, 경제, 사회면에서 한국과 깊은 연관을 맺어온 주변국가에 주로 집중되고 있다.

흥미로운 점은 지금까지 제2차대전 이후 한국과 정치, 군사적으로 동맹관계를 맺었거나 이에 가까운 미국과 일본에 주로 치중되었던 국제교류가 점차 중국과 러시아 등 과거 공산권 국가와 동북아지역을 포함한 유라시아 대륙권으로 확대되고 있다는 것이다. 미국과 일본지역이 160개 지역인데 비하여, 중국과 러시아는 145개지역으로 거의 비슷한 수준에 육박하고 있다. 국제정치적인 측면에서 냉전체제가 해소되고 남북화해가 진전되면서 그 효과가 동북아 지방정부의 국제교류에도 반영되고 있다고 할 수 있다.

한국지방정부에서 추진해 온 국제통상과 국제협력은 1995년부터 시작된 광역자치단체의 신규조직의 설치와 인력배치로 적지 않은 성과를 거두었다. 필자는 교류실적과 교류내용을 중심으로 광역과 기초자치단체의 국제교류 성과를 분석한 적이 있다.[3] 2003년도 광역과 기초단체의 국제교류성과를 분석한 결과, <표 2> 광역자치단체별 국제교류실적에서 나타났듯이 외국과의 자매도시가 가장 많은 곳은 서울특별시로 18개 지역, 이어서 부산광역시가 16개 지역, 경기도가 14개 지역과 교류하고 있어 지방정부의 규모와 자매도시의 숫자가 정비례함을 알 수 있다.

---

3) 조사데이터는 한국지방자치단체국제화재단에서 펴낸 『지방자치단체 국제자매 결연현황 2004』(2004년7월)에 근거하였다. 이 책은 재단설립이래 처음으로 각 지방자치단체의 교류현황을 모아낸 것으로 지자체의 자매결연 현황, 체결시기별, 대상국가별 자매결연 현황을 나누어 분석하여 매우 알기쉽게 편집한 책이다. 그리고 지자체의 국제교류 활동 현황을 모아서 데이터가 집적되어 있어서 2003년도 1년간 광역과 기초단체의 교류활동을 대부분 파악할 수 있다.행정교류에는 행정, 우호, 회의, 파견 등이 포함되며, 민간교류는 민간, 문화, 스포츠, 학생, 기술, 학술회의, 체육 등을, 경제교류에는 경제, 관광홍보, 우호홍보, 농업 등의 항목을 모아서 하나로 통계처리하였다.

<표 2> 광역자치단체별 국제교류실적

광역자치단체	교류지역	행정교류	민간교류	경제교류	합 계
서울시	18	36	0	0	36
부산광역시	16	17	1	1	19
대구광역시	8	8	9	2	19
인천광역시	9	33	10	9	52
광주광역시	5	24	19	5	48
대전광역시	9	4	9	2	15
울산광역시	8	14	5	2	21
경기도	14	11	2	0	13
강원도	5	26	47	4	77
충청북도	5	2	2	0	4
충청남도	6	16	5	1	22
전라북도	4	6	4	4	14
전라남도	3	10	3	4	17
경상북도	7	16	6	0	17
경상남도	10	16	6	2	24
제주도	4	8	2	1	11
합 계	131	247	130	37	414

출처: 양기호b, 163항

　반면, 가장 적은 곳은 전라남도 3개지역, 제주도와 전라북도가 각각 4개지역이며, 강원도, 충청북도, 광주광역시가 5개지역과 교류하고 있다. 따라서 서울시, 부산광역시, 경기도가 교류단체가 많은 곳, 전라남도와 제주도, 전라북도가 교류단체가 적은 광역자치단체라고 할 수 있다(<표 2>를 참조).
　그러나 교류내용면을 들여다 보면 다른 모습이 나타난다. 즉, 교류지역이 많다고 해서 교류내용이 알차거나, 교류지역이 적다고 해서 교류가 빈약한 것은 아니다. 2003년도 단년도 통계상으로 보았을때 교류건수가 가장 많은 곳은 교류지역이 5개에 불과한 강원도로 77건에 이른다. 행정교류가 26건,

민간교류가 47건, 경제교류가 4건으로 다른 지자체의 실적을 훨씬 윗돌고 있다. 교류내용을 보아도 민간교류가 절반을 넘어서 이미 교류가 행정교류에서 벗어나 다양한 민간교류로 이어지고 있음을 알 수 있다.

한편, 기초단체의 경우 국제화의 성과면에서 나름대로 상당한 진전을 이룩하였으나, 국제화의 수준차이가 큰데다 소규모 자치단체일수록 국제교류와 통상협력면에서 성과가 미미한 실정이다. 광역단체에는 국제통상협력실이 16개시도에 일괄적으로 설치되고 인력면에서 크게 보강된 반면, 아직까지 기초자치단체에 국제교류과내지 국제교류계가 설치된 곳은 매우 부족한 실정이다. 그나마 국제교류계이상의 조직이 있는 곳은 강릉시청 대외협력담당관실, 안양시청 국제협력과, 마산시청 경제통상과, 구미시청 투자통상과, 경주시청 국제교류계의 5개도시에 그치고 있다. 그 밖의 기초단체는 대부분 기획실 내지 총무과에서 1~2명의 직원이 전담하고 있는 실정이다.

말하자면 기초단체는 지방의 세계화라는 흐름에 적극적으로 나설 여건이 갖추어지지 못한 곳이 적지않다고 할 수 있다. 일본의 경우, 30만 도시라면 국제과 설치에다 평균 7명의 직원이 근무하여 자매도시 담당, 지역내 외국인 담당, 민간경제교류 담당으로 나누어 업무를 분장하고 있는데 비하여 한국의 국제화조직은 아직까지 매우 열악한 실정이다.

II. 한·중·일 지방간 국제교류의 현황

그렇다면 한중일 지방정부 간 국제교류의 현황은 어떤 수준일까. 한-일 지방정부 간 교류는 1968년 울산시가 일본 야마구치(山口)현 하기(萩)시와 자매결연을 맺은 이래, 2005년 3월 통계상으로 14개의 광역자치단체, 64개의 기초자치단체가 일본지방정부와 교류를 실시하고 있다. 이제 한일 간 지방정부의 국제교류는 상호간 뿌리를 내리면서 인적교류를 비롯한 상호방문과 홈스테이, 스포츠와 문화교류가 일상적인 풍경으로 자리잡게 되었다.

한일 지방간 교류는 10여 년의 전통이 축적되면서 상호간에 느끼는 동질감이 매우 높은 수준이며, 가장 내용이 풍부하고 실질적인 효과를 거두고 있다. 미국과의 교류가 제도나 문화가 달라서 선진문물을 배우는 것에 그치는 경우가 적지 않은 데 비하여 일본과의 교류는 상호호혜적인 측면이 강해서 신뢰축적이 빠른 속도로 이루어지고 있다.

한-중 간 지방정부의 국제교류도 급속도로 성장해 왔다. 1992년 한·중수교이후 양국간 경제교류와 상호협력은 빠른 속도로 늘어나 이제 중국은 한국의 최대 무역파트너로 성장하였다. 중국은 적극적으로 국내시장을 개방하고 자본주의 경제의 도입과 외자유치를 통하여 국내체제를 개방해 왔다. 중국은 개혁, 개방정책이래 한국과 일본의 대중국투자를 유도하기 위하여 한-중-일 지방간 교류를 크게 확대해 왔다. 중국은 중앙정부와 지방정부를 불문하고 3개국가운데 지방간 교류에 가장 높은 관심을 보이고 있다.

이에 따라 중국과 한국의 지방정부간 자매결연이 증가하여 국내 129개 지방정부가 중국과 자매결연을 맺어 교류하고 있다. 특히, 인천 국제공항과 지방도시에서 중국행 국제항공편이 증설되면서 양국간 교류가 더욱 수월해지고 있다. 예를 들면, 경기도와 중국요녕성 교류에서는 지방공단 설치를 비롯한 양국간 경제투자 교류, 공무원상호 교환이 빈번히 이루어지고 있다. 중국과의 교류가 가장 활발한 인천광역시도 5개의 중국도시와 국제교류와 통상을 전개하고 있으며 경제, 문화, 체육, 관광교류가 일상적인 풍경으로 자리잡았다고 할 수 있다.

일본에서도 일-중 지방정부 간 교류는 미국에 이어 가장 중요한 국제교류로 일본의 34개 도도부현(都道府縣)과 267개 시정촌(市町村) 등, 301개의 지방정부가 중국과 자매결연을 맺고 있다. 1973년 고베(神戶)시와 중국의 텐진(天津)시 간 자매결연을 시작으로, 특히 중국내 황해안지역의 지방정부가 일본과의 교류를 적극적으로 추진하여 다수 중국도시가 각자 복수의 일본도시와 우호교류를 개시하게 되었다. 최근에는 굳이 자매결연의 형식을 빌리지 않더라도 분야별 상호협력관계를 유지하는 사례가 늘고 있다. 이제 일-중 간 지방교류는 단순한 형식적인 교류에서 탈피하여 실질적인 경제협력과 공동사업을 추진하는 단계에 접어들고 있다. 농업, 공업, 상업, 의료 등 국제교류와 경제협력사업이 구체적으로 전개되고 있어 동북아지역 내에 한-중-일 지방간 국제교류의 토대가 마련되었다고 해도 과언이 아니다.

몇가지 구체적인 사례를 들어보자. 중국 지린성(吉林省)으로부터 청년연합회 대표단이 강원도를 방문하였고 강원도 여성대표단은 지린성을 방문하였다. 일본 돗토리현(鳥取縣)에 강원 도립대학 대표단이 방문하였고, 러시아 블라디보스토크시(Vladivostok)로부터 동북아 지방정부 대학생을 초청하여 연수를 실시하였다. 인천광역시의 경우, 최근 중국과의 교류를 활발하게 펼치면서 경제교류, 행정교류에 이어 민간교류도 나름대로 활발하게 전개하고 있다.

광주광역시는 일본의 센다이시(仙臺市)와의 교류에 매우 적극적으로, 2003년도 실적 48건 가운데 18건이 센다이시와의 교류에 집중되어 있다. 특히 관-관교류에서 벗어나 민간교류로 확산되면서 광주광역시의 시민단체가 센다이시의 환경시설을 시찰하거나 광주광역시의 김치축제에 센다이시의 여성경제인들이 방문하였다. 중국 광동성 광저우시(廣州市) 조천로소학교와 광주광역시 일곡초등학교와 자매결연을 맺거나, 광저우시 부녀연합회 주석 일행이 광주광역시를 방문하기도 하였다.

충청남도의 경우 일본 구마모토현(熊本縣)과의 교류가 집중되어 있다. 매달 1~2번씩 양측 대표단이나 민간단체가 상호 왕래하고 있어 매우 활발하다는 것을 알 수 있다. 여성정책에 대한 공동연구 협의나 충남지역 테니스동호회 친선경기 개최, 한일서예전 개최, 충남도에서 '구마모토 날(DAY)'행사와 기모노 패션쇼를 개최하는 등 다채로운 교류를 전개하고 있다. 다만, 이것은 전체교류건수 가운데 일본지역과의 교류가 대부분을 차지하고 있어서 교류지역의 상대적인 균형회복이 기대되고 있다. 물론, 중국 허베이성(河北省) 투자설명단이 한국을 방문하거나, 충청남도의 의회교류실무단이 허베이성을 방문하고 있다.

충청북도의 경우, 중국 헤이룽장성(黑龍江省), 일본의 야마나시현(山梨縣)과 교류하고 있으나 단지 교류내역이 4건에 그치고 있다. 내륙에 위치한 충청북도는 관광이나 국제교류에 관심이 덜할 수밖에 없으나 그럼에도 불구하고 자발적인 국제교류에의 노력이 부족하다는 느낌이 든다. 중국의 공무원 상호파견 실시, 충청북도에서 병원교류 실무대표단을 헤이룽장성에 파견한 것 외에 일본 야마나시현과 공무원, 유학생을 상호파견하고 있는 정도이다.

기초단체의 경우 안양시의 국제교류 노력이 돋보인다고 할 수 있다. 안양시는 일본 도코로자와시(所澤市), 미국 캘리포니아주 가든그로브시(Garden Grove City)와 고교생 홈스테이, 국제우호위원회 상호방문, 안양시 시립소년소녀합창단이 도코로자와시를 방문하는 등, 다양한 지역과 활발한 교류를 전개하고 있다. 춘천시의 경우, 일본 호후시(防府市)와 민간교류가 다양하여 일본 중학생대표단이 춘천시를 방문하거나, 스포츠면에서 볼링동호회 간 교류, 육상교환경기를 상호교환하면서 실시하고 있다. 중국과는 다렌시(大連市)의 실무자들이 상호방문하여 행정교류가 진행중이다. 여수시는 일본 가라쓰시(唐津市)와 한중일 3국 바둑대회 대표단을 초청하였고, 중국 항저우시(杭州市)와 교류하여 양측 상공회의소가 자매결연을 맺고자 방문하였고 항저우시에 여수시 공무원을 연수차 보내고 있다. 전통문화 도시인 강릉시도 일본 지치부시(秩父市, 1983년), 중국 자싱시(嘉興市, 1999년)와 자매결연을 맺고 있으며, 앞으로도 미국, 러시아, 유럽 등지로 교류도시를 늘리고자 노력하고 있다.

위에서 보는 것처럼 세계화선언 10주년이라는 짧은 기간내에 지방정부의 국제교류와 통상협력이 '압축성장'을 달성한 것은 부정할 수 없는 명확한 사실이다. 단, 국제교류의 증가로 인적, 물적 왕래가 급증한 것은 사실이나, 그 교류의 실상은 어떠한가에 대하여 재검토할 필요가 있다. 지방간교류가 나름대로 독자적인 논리와 체계성을 가지고 추진되고 있는가, 물량적 증가가 내실의 충실을 보장하고 있는가에 대한 진지한 숙고가 필요한 시점에 와있는 것이다. 최근 필자가 조사한 바에 따르면, 세계화선언이 10여 년 지난 지금 지방정부 간 국제통상교류는 왕성한 활동과 성과에도 불구하고 일정한 한계에 부딪친 것으로 보인다.

첫째, 처음부터 중앙정부가 추구했던 지방정부 간 국제통상교류는 여러가지 이유로 실질적인 효과를 거두지 못하고 있다. 한-일, 한-중 지방정부 상호간에 빈번하게 투자설명회를 열거나 현지에서 지역물산전을 개최해도 투자유치와 거래실적은 기대했던 만큼 높지 못하다. 지방정부의 경제통상협력이 큰 성과를 거두지 못하고 있는 것이다. 아직까지 무역과 통상은 중앙정부의 분야라는 인식이 강하고 지방정부는 주로 관내 중소기업을 대상으로 수출지원과 시장개척단 파견 등의 업무에 매달리다보니 중앙정부에 비하여 가시적인 성과를 크게 거두지 못하는 태생적인 한계를 내포하고 있다.

또 다른 이유로 자매결연 도시의 선정에 있어서 단기, 장기적인 전략이 부재한 탓도 무시할 수 없다. 자매교류 지역선정이 단순히 몇몇 고위층 인사들의 소개나 양도시간 인연, 지역적인 유사성으로 정해지는 경우가 적지 않다. 부산시와 야마구치(山口)현 등은 상호간 인구규모나 산업분포의 불균형으로 인하여 활발한 통상교류를 기대하기 어려운 실정이다. 강원도의 경우 돗토리(鳥取)현과 자매교류를 실시하고 있으나, 도내 기초단체들이 지나치게 광역단체에 의존하여 돗토리현 내 기초단체와만 교류하는 곳도 적지 않다. 장기적으로 보아서 일본내 교류지역이 편중되면서 다양한 일본문화와 접하는데 장애요인이 될 우려도 있다.

둘째, 한중일 지방정부 간 교류가 아직까지 유감스럽게도 대부분 관-관교류에서 크게 벗어나지 못하고 있다. 아직까지 한국지방정부의 국제교류는 행정교류가 지나치게 많은 편이다. 전체적으로 417건가운데 247건으로 60%에 달한다. 관-관교류라는 비판에서 전혀 자유롭지 못한 셈이다. 앞으로 당분간 목표치를 절반이하인 50%이하로 낮추도록 하고 상대적으로 민-민교류를 확대하는 방향으로 추진하는 것이 바람직한 것으로 보인다. 단체장이나 지방의원의 방문, 공무원 상호교류가 주된 인적 교류이며, 민간단체나 청소년교류는 장기적으로 지속되지 못하고 있는 형편이다. 따라서 민간단체간 교류, 시민간 교류를 확대하면서 자연스럽게 한-중-일 3국의 시민들이 동북아 공동의 문제에 의견을 나눌 장을 보다 많이 제공할 필요가 있다. 이를 위하여 어떤 절차와 방법론이 필요한가가 본격적으로 논의되어야 한다.

한국이나 일본은 지방재정이 악화되고 있고 중국은 아직 재정부족으로 국제교류에 충분한 예산을 지원할 수 있는 상황이 마련되고 있지 못하다. 게다가, 지방간 상호교류의 방법이 대부분 비슷비슷하면서 새로운 방식을 개발해내지 못하고 진전이 더딘 한계에 도달한 상태이다. 또한 국제교류를 선도해야 할 지방단체장과 지방의원은 자주 바뀌며, 과장이상 공무원들의 평균 재임기간은 2년 이하로 국제적인 인맥구축을 기대하기 어려운 실정이다. 동시에 광역시도에서 각 시군구의 국제교류에 대한 지원이 필요하다. 이러한 현실을 극복하고 앞으로 국제교류가 체계성을 지니고 실무에서 활용될 수 있는 국제화전략의 장·단기계획을 수립해나갈 것이 요구된다.

셋째, 국제교류의 진정한 의미는 대외교류와 통상뿐만이 아니라, 그 과정을 통해서 지역주민들의 국제적인 의식을 높이는 데 있다는 점이 충분히 인식되지 못하고 있다. 국제화, 세계화로 대변되는 국제교류가 지향하는 목표가 결국은 지역주민의 국제화의식 제고라는 점을 잊어서는 안 된다. 문화의 차이를 인정하고 서로 다른 이문화에 호감을 느끼면서 수용하는 자세를 형성하는 것이 국제교류의 장기적인 목표이다. 국제화는 국가의 백년대계로서 한국의 생존전략이며, 국제교류는 이를 위해 지역민들을 교육시켜 나가는 과정이기도 하다.

중국과 일본의 경우, 초기부터 국제화가 민관협력내지 투자유치를 바탕으로 출발하고 있는 데 비하여, 한국의 관주도 통상협력 발상은 이제 바뀌어야 할 시점에 와있다. 하루빨리 민-재-관 협력하에 국제교류협회를 만드는 작업이 시급하다고 하겠다. 각종 단체, 변호사회, 여성단체, 초·중고 대학 등 교육기관 간 교류를 지원한 대구시의 사례는 좋은 모델이 될 수 있다. 미국 지방도시의 경우에도 민간위원회가 국제교류를 주도하는 경우가 허다하다. 일본도 대부분의 지방정부에 설치된 국제교류협회가 민간교류를 주도하여 관-민교류가 균형을 갖추고 있는 점에 유의해야 한다. 국제교류가 지금까지 점대 점 교류에서 면대 면 교류로, 더 나아가 입체적인 교류로 승화되도록 노력을 경주할 필요가 있다는 점을 지적하고 싶다.

한·중·일 지방정부 간 국제교류로 되돌아가서 살펴보면, 2005년 들어 특히 한일 지방정부 간 교류는 커다란 난제를 안게 되었다. 주지하다시피, 2005년 3월 일본시마네현(島根縣)의 독도문제 도발과 교과서 왜곡으로 인하여 한·일 관계가 악화되면서 양국의 지방정부 간 국제교류도 크게 부정적인 영향을 받게 되었다. 한·일 정부 간 대립과 갈등은 지방정부 간 교류를 포함하여 사회적으로 엄청난 반향과 함께 국내에서 적지 않은 반일감정을 불러일으켰다. 이러한 상황에 직면한 한국의 지방정부는 일본의 도발적인 행동에 대하여 단호히 대처하자는 입장과, 독도문제는 중앙정부 간 외교문제로 풀어야 하며, 경제와 문화교류는 지속적으로 추진하고, 지방정부는 민간교류를 통한 실익을 추구하자는 입장으로 양분되었다. 특히, 광역자치단체는 자체적인 기준을 가지고 대응한 반면, 기초자치단체는 중앙정부와 광역자치단체의 동향을 주시하면서 대응하는 경향이 현저하게 나타났다. <표 3>을 보면 알 수 있듯이, 2005년 3월 한·일 외교전쟁이 시작된 이래 양국의 지방정부 간 국제교류가 잇따른 중단사태를 맞이하여 자매결연 파기가 2건, 교류잠정중단이 8건, 항의서한이 9건, 교류행사 취소가 4건으로 나타났다.

경상북도와 시마네현(島根縣), 대전광역시와 일본 오타시(大田市)가 자매결연을 파기하였고 강원도와 돗토리현(取鳥縣), 전라남도 고흥시가 사가현(佐賀縣) 가시마시(鹿島市)와 교류를 잠정 중단하는 등, 한국의 39개 지방정부가 교류중단, 항의서한 발송, 초청취소 등의 대일 강경조치를 취하였다. 이는 한국과 일본의 지방간 교류협정을 맺은 78개 단체 가운데 절반에 해당하는 것으로 중앙정부의 갈등이 지방정부 간 국제교류에 매우 큰 여파를 미쳤다고 하지 않을 수 없다. 그러나 일본지방정부의 반응은 영토문제와 교과서 왜곡이 한국에서만큼 큰 이슈가 되지 못하였다.

〈표 3〉 한일 지방정부 간 교류동향 통계(2005.3.1. 현재)

구분	총계	자매결연 파기	교류 잠정 중단	항의 서한	입장 표명 요구	행사 취소	검토중 기타 조치
총계	39	2	8	9	2	4	14
광역	9	2 경북 대전	1 강원	2 울산 전북			4 인천 대구 광주 충북
기초	30		7 횡성 춘천 충주 고흥 통영 남해 영월	7 이천 서산 목포 밀양 제주 서귀포 남제주	2 청주 보은	4 안양 의정부 경주 진주	10 연제구 포천 옥천 안동 김천 영천 마산 부산중구 부산영도구 천안

대부분 양국 지방정부 간 교류는 계속되어야 한다는 것이었으며, 청소년 교류, 문화교류 등 교육적이고 비정치적인 분야의 교류나 이벤트가 중지되는 것에 대한 아쉬움을 표명하였다.[4]

한일 중앙정부 간 갈등이 지방정부에로 비화한 최근의 상황을 볼 때에 중국 지방정부의 차분한 대응은 대조적이라 할 수 있다. 중국의 경우 지방정부가 중앙정부의 통제를 받는다는 것을 전제로 하더라도, 일본의 신사참배, 역사왜곡에 중앙정부 간 갈등이 심화되고 있음에도 불구하고, 일-중 지방정부 간 국제교류는 오히려 더 활발해지고 있다. 중앙정부 간 심각한 대립에도 불구하고 지방간 교류를 고수하는 중국의 대응은 한일 지방 간 갈등에 시사점을 던져주고 있다고 하겠다.

III. 다자간 협의체체의 필요성

최근의 한-일 간, 중-일 간 각국의 갈등과 대립에서 나타났듯이 냉전이후 평화의 세기가 도래할 것으로 기대되었던 동북아지역은 오히려 북핵문제와 내셔널리즘의 확산, 환경보호와 에너지 확보를 둘러싸고 갈등의 개연성이 높아져 왔다. 포스트냉전기에 접어들면서 한중일 3개국이 새로운 국가 아이덴티티를 모색하는 가운데 글로벌리즘(Globalism)에 대항하는 하나의 문화현상으로서 내셔널리즘(Nationalism)이 나타난 것이다. 한중일을 비롯한 동북아시아 각국은 이제 과거 냉전의 굴레에서 벗어나 새로운 21세기의 관계를 모색하고 있으며, 한국의 동북아공동체 추구, 일본의 경제공동체에 대한 관심, 중국의 세계국가(World State)로의 부상이 두드러지고 있다.

중국은 경제성장 과정에서 나타나는 빈부격차와 갈등을 해소하기 위한 하나의 정치적 도구로서 공산당지배와 내셔널리즘을 병행시켜 나가고 있다. 일본은 탈냉전 이후 신세대들의 정치적 자아에 대한 확인작업이 스포츠시합 등을 통한 문화민족주의, 보수정치가들의 우경화 발언과 반응하면서 내셔널

4) 서울. [한국지방자치단체국제화재단] 내부자료.

리즘이라는 새로운 정치문화가 발아하고 있는 것처럼 사료된다. 자칫하면 글로벌리즘과 내셔널리즘의 부조화는 정치적 갈등과 외교관계의 악화가능성을 내포하면서 동북아지역의 국제관계에서 갈등의 수준이 점진적으로 착실하게 높아가고 있다고 해도 과언이 아니다

특히 새로운 국제환경과 새로운 정치문화, 새로운 정치세대들이 한-일, 중-일관계의 틀을 바꾸는 장면들이 무수히 연출되고 있다. 냉전 이후 미국의 동북아정책의 전환, 중국의 부상과 일본의 보수화, 한국내 동북아균형자론의 대두는 국제질서의 변화요인으로 잠복해 있다. 이들 요인이 중층적으로 상호작용을 일으키면서 북한 핵문제를 둘러싼 갈등과 대화, 역사문제에 대한 한중일 3국간의 인식차, 대만문제를 둘러싼 엇갈린 동북아국가들의 이해관계가 두드러지고 있다. 동시에 적지 않은 갈등요인에도 불구하고 동북아 국가간 경계를 넘어 정치적, 경제적, 군사적 다자주의를 모색하는 동북아 공동체의 제장 등은 역내 국제관계에 있어서 21세기의 다양한 외교상들을 적나라하게 보여주고 있다고 해도 과언이 아니다.

한편으로 냉전의 붕괴와 자유민주주의의 전파, 교통과 통신의 발달은 중앙정부가 국제관계의 주체로서 독점해 왔던 구체제를 무너뜨리고 대중외교(Public Diplomacy)를 일상화시켜 왔다. 국가, 지방, 사회, 문화에 이르는 다양한 분야의 교류확산과 복합적인 교류주체의 등장은 상호중층적으로 작용하면서 이문화격차를 줄여나가는 데 크게 기여해 온 것은 사실이나, 동시에 다양한 접촉과 교류가 상호간 갈등을 증폭시키는 계기로 작용할 개연성도 높아지고 있다. 위에서 서술한 일본 시마네현(島根縣)의 독도문제 분쟁화가 양국간 갈등을 일으킨 계기를 제공한 것은 그 단적인 사례이다. 지방정부의 영토문제 제기가 중앙정부 간 분쟁으로 비화한 것은 지금까지 지방외교의 중앙정부에의 종속구조와는 전혀 다른 양상이 벌어졌다는 것을 보여준다. 말하자면, 국제정치와 국제관계에서 다양한 주체가 등장함으로써 국가간 협조와 갈등을 내포하는 불확실성도 크게 높아졌다는 것을 의미한다.

이에 따라 한-일, 일-중 양국간 갈등구조를 해소할 대안내지 보완책으로서 다자주의와 비권력적인 하위정치(Low Politics)에서의 국제기구의 역할은 매우 큰 의미를 지니고 있다고 할 수 있다. 예를 들면, 2005년 11월 부산에서

개최되는 '2005년 APEC 정상회의'는 양자간, 다자간 회담을 통하여 한중일 3개국 정상이 대화를 나눔으로써 경직된 한·일 관계와, 일·중 관계를 개선시킬 수 있는 하나의 계기로 기대되기도 하였다. APEC은 아시아·태평양 경제협력체(Asia-Pacific Economic Cooperation) 정상회의로 아시아와 태평양 연안 국가들의 원활한 정책 대화와 협의를 주목적으로 하고 있다. APEC은 국제조약에 따라 설치된 국제기구와는 달리 정부와 민간이 자발적으로 참여하는 포럼 형태의 정책협력체이며, 아·태지역의 경제협의체인 만큼 의제설정, 경제협력, 아시아의 빈곤과 기아해결, 대테러대책 등 수많은 분야에 걸쳐서 이웃국가인 일본의 지지와 협력이 불가피한 현실이기 때문이다.

한-일, 중-일 양국간 관계는 궁극적으로 상호간 이해와 대화를 통하여 복구되어야 할 것이나, 이를 위한 국제기구나 다자간 협의체의 지원역할이 적지 않다고 할 수 있다. 국제기구나 다자간 협의체는 문제해결을 위한 기본원칙과 규범, 절차와 최종 결정과정, 공통인식의 형성과 사후감시에 이르기까지 양자간 갈등을 중재하는 중요한 도구로 작용하게 된다. 최근 악화된 한-일, 중-일관계가 동북아지역 협의체에 대한 관심증가, 6자회담을 둘러싸고 한일양국의 협력가능성 모색, 아시아·태평양지역의 정상회담이라 할 수 있는 APEC(아·태경제협력체)총회를 앞두고 관계개선의 가능성을 탐색하는 것은 바람직한 현상이라 할 수 있다.

당연히, 다자간 협의를 통한 국제문제의 해결방식은 동북아지역 지방정부 간 국제교류에도 충분히 적용될 수 있다고 보여진다. 한-일, 한-중 간 자매결연이 증가하면서 지방정부 간 교류협력이 활발해지고 있으나 2국간 교류가 대부분으로, 향후 한 단계 보다 높은 발전이 요구되고 있다. 앞으로는 동북아지역내 다자간 협의를 위한 기구설립과 한중일 3국간 지방정부의 교류와 협력이 필수적인 현실이다. 최근의 경색된 한일관계를 보완하는 의미에서 한중일 지방정부 간 청소년·문화 교류를 통한 상호이해 심화는 한-일, 중-일 관계를 개선하는 장기적이고 확실한 방안으로 여겨진다(양기호a, 33-64항).

예를 들면, 부산광역시가 APEC총회를 계기로 현재 국제교류를 실시하고 있는 회원국 산하 지방정부 총회를 동시에 개최함으로써 세계도시로서 리더십을 발휘할 수도 있겠다. 또한, 현재 동북아 3국간 교류중인 부산광역시, 중

국의 상해시, 일본 시모노세키시(下關市)가 공동으로 국제회의체를 설립하여
독자적인 한중일 지방정부간 대화채널을 구축하는 것도 바람직하다. 이것이
어렵다면 이미 가동중인 동북아자치단체연합, 한일해협연안 지사교류회의[5]
등의 다자간 대화채널을 작동시켜 갈등을 해소할 수 있는 창구를 탐색할 시
기에 와 있다. 다자간협의체 내에서 한일 간 문제를 의제로 올려 허심탄회하
게 논의함으로써 경색된 양국관계를 극복할 수 있는 대안을 제시할 수 있을
것이다.

　물론, 아직까지 한국내 지방정부의 국제교류에 관한 다자협의체로서 기능
할 수 있는 범국제적인 단체는 별로 없거나 있더라도 그 인지도는 크게 떨어
지는 것이 현실이다. 예를 들면, 대전광역시가 주도하는 세계과학도시연합(WTA)
과 경상북도에 위치한 동북아지역자치단체연합(NEAR, http://www.neargov.org/)[6]
의 경우 구글 검색을 하여도 거의 언급되지 않거나 앞자리 또는 첫페이지에
위지하지 않는다. 말하자면, 세계적인 수준에서 볼때 동북아지역 내 지방정
부의 다자간 연합은 아직 초보적인 수준에 지나지 않는다. 당연히 국제지방
정부연맹(IULA, http://www.iula.org/)과 비교해 볼때 더욱 그렇다. 지방정부의
국제연합에 해당하는 IULA는 매우 다양한 사업을 전개하고 있다. 밀레니엄
도시 캠페인, 빈곤추방운동, 에이즈예방, 젠더문제의 해결모색, 아동친화적
인 도시만들기(Child Friendly Cities) 등이 그것이다.

　아직까지 동북아 각국의 지방정부는 내셔널리즘의 속박에서 자유롭지 못
하며, 범세계적인 시야와 안목, 세계적인 보편성을 가진 시민사회의 담론이
나 주제에 대한 기존 선점권에 대한 관심이나 앞으로의 선점의지도 비교적
약하다. 오히려 한일 간 중앙정부의 갈등에 대하여 지방정부는 어떤 대안도
제시하지 못하고 갈등요인만 제공하는 경우마저 있었다. 앞에서 서술한 바
있는 일본시마네현의 독도영유권 주장(2005.3.16), 마산시의회의 대마도조례

---

5) 한일해협연안 지사교류회의는 1992년 시작되어 부산광역시, 경상남도, 전라남도,
　제주도, 야마구치현(山口縣), 후쿠오카현(福岡縣), 사가현(佐賀縣), 나가사키현(長
　崎縣) 한일해협에 면한 8개 지방정부가 참여하고 있다.
6) 영어약자로 NEAR로 약칭함. 정식영어명은 The Association of North East Asia
　Regional Governments.

공포(2005.06.19) 등이 그것이다. 지금까지 쌓아온 지방정부간 동북아교류를 토대로 보다 진일보한 국제기구의 발전이 필요한 상태라 할 수 있다.

IV. 동북아공동체와 지방정부

한·중·일 갈등에도 불구하고 동북아평화는 중요한 테마 가운데 하나임은 분명하다. 동북아시대를 제창한 한국 참여정부의 외교목표이며, 동북아 지방정부의 국제교류를 떠받치는 비전이기도 하다. 한국과 일본정부, 사회과학계에서 동북아 지역공동체 논의가 활발해지고 있으나 구체적인 대안은 명쾌하게 제시되지 못하고 있다. 아직까지 동북아공동체, 또는 동아시아공동체 등의 용어가 혼용되고 있으며, 이론적인 토대의 제시 자체도 시험적인 수준에서 크게 벗어나지 못하고 있다. 동아시아문화, 한자권, 유교, 지역, 인종 등을 포함한 공동체라는 개념을 어떻게 정립해 나갈 것인가라는 아이덴티티의 모색이 주요 관심사이며, FTA 등 경제통합의 시도를 제외하면 동북아공동체를 도출해 낼 수 있는 구체적인 대안의 부재가 두드러진다.

동북아공동체 논의는 애당초 출발점으로서 한계를 지니고 있다. 그것은 화두의 시작이 미국에서 1980년대 동아시아 시장의 성장을 중시하면서 높이 평가한 데서 기인하고 있기 때문이다. 말하자면 동북아연대를 지향하는 자생적인 지식인 간 논의가 출발점이 된 것이 아니었다는 점을 반성할 필요가 있다. 대외압력과 서구로부터의 문제제기에 반동적으로 대응하면서 형성되어가는 동북아공동체 담론의 취약성이 오늘날 그대로 노정되고 있다고 해도 과언이 아니다.

동북아공동체를 실현시키기 위한 방법면에서 경제적 통합을 위한 1단계로 한일간 FTA협정추진을 위한 구체적인 논의가 진전을 보이고 있기는 하나, 아직까지 한·중·일 3국간 합의가능하고 수용할 수 있는 기본적인 대안을 제시하고 있지 못한 채 EU, NAFTA 등의 성립에 대한 방어심리 내지 모방심리에서 출발하거나 아니면 따라잡기형 근대화의식에서 탈피하지 못한 한계를 지적하지 않을 수 없다. 무엇보다도 동북아공동체에 대한 한국의 높은 관심에 비하여 다른 당사자인 중국이나 일본 중앙정부의 관심도는 상대적으로 낮아서 앞으로 꾸준한 노력이 요구되고 있는 실정이다.

냉전 이후 동북아지역내 불안정요인이 증가하면서도 한중일 3국은 동북아 다자간 대화채널의 필요성에 공감하고 있다. 중국은 후진타오(胡錦濤)주석이 2003년 6월 몽골의회 연설에서 동북아지역의 다자간 협력필요성을 강조하였다. 일본도 엔의 국제화, 한일FTA체결 등 다자간 경제협력체 형성을 강조하고 있으며, 중국의 군사력증강을 억제할 대화공간의 필요성이 대두하면서 다자간 대화채널 구축에 관심을 보이고 있다. 일본은 1997년 12월 한일 수뇌회담에서 ASEAN+3개국 회의를 제창하였으며, 2002년 1월 다시 일본정부가 동아시아공동체를 만들어나가자는 주장을 현직총리로는 최초로 고이즈미(小泉純一郎)총리가 언급하였다. 일본은 아세안+ 동북아+인도지나+ 호주까지 포함하는 광역 동아시아주의에 관심을 보이고 있으며, 동북아에서 한국과 중국을 견제하는 의미에서 대안으로서 동남아와의 연계를 강조하고 있다. 중국이나 한국에 비하여 일본은 동북아 3개국이 아닌 동남아국가를 포함한 지역협력체 형성에 중점을 두고 있다(山影進 編, 6-10항). 또한, 동아시아공동체 형성을 위하여 중국과의 정책협조가 불가결함을 강조하고 있다(防衛廳防衛研究所 編, 46항).

한국의 경우, 노무현 정부가 집권초기에 제창한 동북아 경제중심국가 구상도 동북아 커뮤니티를 향한 대안이었다. 원래 동북아 비즈니스 국가구상은 두 가지 의미를 지니고 있었다. 하나는 동북아 경제활동의 지리적 거점으로서 허브(Hub)기능이다. 즉, 물류, 금융, 투자, 산업혁신의 거점으로서 한국이다. 또 하나는 중국과 대만, 일본을 포괄하는 동북아 경제공동체에 있어서 중심역할을 기대한다는 의미에서였다. 약간 변질되기는 했으나, 노무현 정부의 동북아 비즈니스국가 구상은 동북아 경제활동의 지리적 거점으로서 허브기능을 중시하되, 이는 지방정부 간 경제협력을 전제로 한 것이었다. 중국과 대만, 일본을 포괄하는 동북아 경제공동체 형성에 있어서 중심적인 매개역할을 기대한다는 목표는 지방간 교류를 통한 동북아공동체 구상에 더욱 큰 의미를 부여하게 된다. 이미 국내에서는 이러한 정부구상을 배경으로 인천광역시가 선두주자로서 중국, 일본 내 지방정부와의 연계를 강화시켜 나가

고 있다. 동북아경제공동체를 위한 중앙정부의 구상은 지방정부의 행동으로
서 현실화되어있다고 보아도 과언이 아니다.

　동북아공동체에 대한 중앙정부의 관심과 성과가 부진한 데 비하여 한·중
·일 3국의 지방정부 간 국제교류는 상대적으로 매우 활발하며, 지방과 시민
을 잇는 교류채널로서 중요한 역할을 수행하고 있는 점에 주목할 필요가 있
다. 동북아공동체론을 두고 중앙정부가 아직 논의와 담론수준에서 머물고
있는데 비하여, 한·중·일 3국간 지방자치단체의 국제교류는 놀라울 만큼 상
대적으로 활발하며 국가간 외교의 한계를 극복하면서 지방간 국제연대를 추
구할 정도의 수준에 이르고 있는 것이다.

　나날이 활발해지고 있는 한-중-일 3개국 지방자치단체 간 국제교류는 앞
으로 동북아 3개국가를 잇는 매개체로서 동북아공동체를 향한 적극적인 대
안으로 평가할 수 있으며, 지속적으로 그 가능성을 모색해 나갈 것이 요구된
다. 그러나 유감스럽게도 한·중·일 지방간 교류는 그 축적된 교류성과와 앞
으로 동북아공동체를 이끌어갈 가능성을 지닌 충분한 역량에도 불구하고 지
금까지 거의 주목을 끌지 못하였다. 지방정부와 시민그룹 간 활발한 교류와
상호이해의 진전에도 불구하고, 그 중요도에 비해 이 분야는 매스컴의 주목
을 받지 못하였으며, 학문상의 미개척지로 남아있는 현실이다.

　아직까지 주목을 끌지못한 가장 큰 이유는, 동북아공동체를 지향하는 한
·중·일 중앙정부의 상호노력이 부족한데다, 중앙정부 간에 공동체형성을
위한 시론조차 형성이 되지 않은 상태에서 지방간 교류를 통한 동북아공동
체 논의가 시기상조라는 인식이 강하기 때문일 것이다. 말하자면, 중앙정치
가 선도하고 나중에 자치단체가 추종하는 식의 중앙정부 우위 발상에서 벗
어나지 못하고 있는 것이다. 지방자치에 대한 저평가라는 구태의연한 시각
에서 벗어나지 못한데다, 지방교류라고 하여도 관-관협력에 머물거나 단체
장의 외유행사 정도로 지방간 교류를 평가절하해 버리기 때문이다.

　요컨대 동북아공동체는 거대담론에서 출발하여 구체적인 실상을 찾아가
는 연역법이 아니라, 현실사례에서 부분적이나마 실현되는 모습을 확인하면
서 그 공통분모를 찾아내는 귀납적인 방법론으로 전개되어야 한다. 먼저 동
북아공동체를 지향하는 방법론에 있어서 지방정부간 연대를 통하여 그 기반

을 구축한다. 그리고나서 이것이 확대발전하여 중앙정부간 통합 움직임으로 발전하는, 아래로부터 위로 상승해가는 사고방식의 '코페르니쿠스적인 전환'이 요구되고 있는 것이다. 앞으로 동북아공동체에 대한 낙관적인 전망이나 문화□경제 중심주의의 한계를 극복할 이론적인 패러다임과 그것을 실천할 수 있는 방법론을 현재의 지방간 국제교류에서 찾아나가야 한다.

　한중일 3국내 지방정부 간 국제교류의 사례는 나름대로 풍부한 편이다. 한국의 강원도, 중국의 길림성(吉林省), 일본의 돗토리현(鳥取縣) 간 3국간 국제교류가 활발하게 진행되고 있다. 1994년 시작된 환동해권 5개 지방정부(돗토리, 길림, 연해주, 강원도 등)국제회의는 관광, 환경, 농축산업, 경제교류 부문의 상설협의체 구성을 추진해 왔으며, 단체장들은 동북아지방정부 교류에 있어서 적극적이고, 개인적인 유대관계도 비교적 성숙되어 있다. 강원도는 길림성 장춘(長春)에 강원경제무역사무소를 설치하여 도내기업의 중국진출을 지원하고 있다. 일본, 중국, 러시아와의 교류가 비교적 활발하여 4개국 지사성장회의, 속초시에서 열린 환동해권도시회의 등의 활발한 동북아 도시간 교류에서 알 수 있듯이, 현재 강원도내 기초단체가 일본의 4개 도시, 중국의 6개 도시, 러시아 2개 도시와 자매결연을 맺어 지속적인 교류와 협력을 전개하고 있다.

　환황해권과 환동해권에 있어서 한□중□일 지방정부 간 교류, 동북아지역 간 지사□성장회의, 경기도-요녕성-가나가와현 3개 지역 국제회의와 동아시아경제인회의, 한중(인천-중국연안) 및 한일해협연안(남해안-일본규슈지역)지사교류회의, 한중일 지자체국제화재단 주최 동북아회의 등의 다자간 지방연대는 동북아지역 지방정부간 국제교류가 앞으로 공동체구축을 위한 논의를 본격화할 것이라는 기대를 걸게 하고 있다.

　특히, 가나가와현(神奈川縣)과 경기도와는 1990년4월 자매결연을 맺은 이후 교류공무원의 상호파견, 한국공원조성, 청소년교류, 교육계인사 교류, 문화교류, 물산전개최 등 다방면에 걸쳐 활발한 교류가 이루어지고 있다. 특히 1999년도부터는 상호간 자매지역인 중국의 요녕성과 함께 지사회의를 개최하여 환경문제, 수해방지 등 3국간의 공통과제해결에 적극 나서고 있으며, 동아시아경제인회의를 개최하여 지역간 경제교류에도 크게 기여하는 등 지자체 국제교류의 모범이 되고 있다.

〈표 4〉광역자치단체의 한중일 지방정부 간 삼각교류

중국		한국		일본	
北京市		서울특별시		東京都	
上海市		부산광역시		山口縣	下關市
上海市	戶灣區	부산광역시	영도구	長崎縣	對馬市
山東省	靑島市	대구광역시		廣島縣	廣島市
天津市		인천광역시		福岡縣	北九州市
廣東省	廣州市	광주광역시		宮城縣	仙臺市
江蘇省	南京市	대전광역시		島根縣	大田市
吉林省	長春市	울산광역시		山口縣	萩市
遼寧省		경기도		神奈川縣	
吉林省		강원도		鳥取縣	
河北省		충청남도		熊本縣	

<표 4>의 한중일 지방정부 간 3각 교류는 이미 한-일, 한-중, 일-중 간 지방 정부의 국제교류가 한단계 발전하여 한중일 3국간 다자간 협의체의 구성을 위한 기반이 마련되었음을 의미한다. 예를 들어 중국의 베이징시(北京市), 한 국의 서울특별시, 일본의 도쿄도(東京都)가 3국간 교류를 본격화시킨다면 민 간차원의 채널로 충분한 기능을 발휘할 수 있을 것이다. 경기도, 요녕성, 가 나가와현의 경우는 1999년부터 동북아지역내 공통의제를 다룰 정도로 3개국 다자협력체가 이미 상당한 정도로 진전되어 많은 시사점을 던지고 있다.

한·중·일 3국과 러시아, 몽골을 포함한 동북아 지방정부간 교류는 [동북 아지역자치단체연합]에서 일단 결실을 맺어서 동북아공동체의 시범적인 모 델을 제공하고 있다. 1993년 시작된 [동북아지역자치단체연합]은 동북아 한, 중, 일, 러시아, 몽고, 북한 6개 국가내 29개 지방정부의 단체장이 모여서 개 최되고 있다. [동북아지역자치단체연합]의 설립목적은 헌장에 명기되어 있듯 이 동북아시아지역 자치단체들이 호혜 평등의 정신을 바탕으로 교류협력 네 트워크를 형성함으로써 상호이해에 입각한 신뢰관계를 구축하여 동북아시 아지역 전체의 발전을 지향함과 동시에 세계평화에 기여함을 목적으로 하고

있다(연합사무국·경상북도, 161). [동북아지역자치단체연합]은 그동안 러시아나 중국 등 저개발지역에 대한 투자, 인적·물적 교류의 확대, 환경문제에의 공동대응, 동북아센터 설립추진, 문화예술제의 공동개최 등을 추진해 왔다. 아울러, 환동해권 교류활성화와 거점형성, 지역간 교류를 네트워크화하기 위한 제휴작업, 환동해권 관광 및 환경벨트의 조성, 환동해권 산업과 정보벨트의 형성을 구상하고 있다.

물론, 아직까지 지방간 교류를 통한 동북아지역공동체 모색은 너무나 많은 문제점을 안고 있다. 동북아지방자치단체 연합회원국 내에 6개이상의 언어가 상존하는 배경으로 상호간 의사소통이 그리 쉽지않은데다, 사무국과 상설직원은 이제 갓 출범한 상태이고 공동재원조차 부족하여 구체적인 사업계획의 수립은 시간을 두고 기대할 수밖에 없는 현실이다.7) 지나치게 회원 숫자가 많은 것도 교류가 활발하게 진척이 안 되는 이유가운데 하나일 것이다. 이것은 민간단체에도 마찬가지 현상으로 한국의 환동해학회, 일본의 환동해 심포지엄 등이 나름대로 활동을 벌이고 있으나 상호간 학술교류에 적극적으로 나서지 않고 있는 것과 유사한 맥락에 놓여있다. 따라서 앞으로 각국내 지방정부나 민간단체 간 상호 협력, 또는 각국 지방정부나 민간단체 사이에 교류협력이 서로 어우러져 시너지효과를 낼 수 있는 시스템의 구축이 필요한 바, 이를 위한 본격적인 논의가 요구되는 시점에 와 있다.

한국, 일본, 중국, 러시아, 몽골, 그리고 북한을 아우르는 동북아지역은 남북문제와 동서문제가 아직도 해결되지 않은 채 남아있는 곳이다. 냉전의 잔재와 국가간 경제·소득격차가 여전히 존재하고 있으며, 국내에 있어서 느끼

---

7) 2004년 9월 6일~9일 간 중국 흑룡강성 하얼빈에서 동북아 6개국 자치단체연합회(NEAR)가 개최되었다. 회원 단체인 경상북도와 부산 등이 참가하였으며, 상설사무국의 경상북도 유치를 위하여 이의근 경북지사가 적극 적인 요청을 하였다. 1996년 9월에 경상북도 경주에서 동북아자치단체연합는 출범하였으나, 상설사무국 없이 2년마다 각국에서 총회를 개최하고 있다. 경상북도는 상설사무국 영구설치를 주장하고 다른 국가에서는 이에 동조하는 편이나 일본은 한국측을 견제하기 위해 임기제를 주장하고 있다. 예를 들면, 경북은 상설사무국 6년제와 연임제를 주장한 반면, 일본은 4년제 연임을 주장하였다. 경상북도는 2004년 말 회의에서 상설사무국유치에 성공하였다.

는 소외감정을 지닌 지역도 포함되어 있다. 따라서 주변지역으로서 이미지 극복이 이들 지방정부에 공통된 과제이며, 중앙-지방의 단선적인 한계를 넘어서는 새로운 패러다임의 창출이라는 과제에 직면해 있다. 유럽이 유럽연합을 추구했듯이, 동북아국가들도 동북아공동체(AU: Asian Union)를 추구하는 것은 21세기가 당면한 과제이다. 동북아공동체 형성을 통한 평화정착과 이문화 수용은 남북한 갈등을 완화하고, 한중일 3국간 민족주의를 더 한층 승화된 공동체의식으로 전환시켜나가는 과정이기도 하다(山影進 編, 246-251항). 동북아 3개국 지방정부 간 국제교류는 이를 위한 1차적인 방법이며, 적극적인 대안으로 떠오르고 있다. 동북아공동체 시대에 대비하여 지역간 교류를 통한 토대를 형성해 나가는 작업이 기대되고 있는 것이다.

V. 결 론

한중일 지방정부의 국제화, 세계화정책은 각자 다른 특징을 지니고 있었다. 국제화정책이 개화된 시기, 정책내용, 정책목표가 약간의 상이성을 지니고 있었다. 그러나 앞으로 더욱 글로벌화 되어가는 지구촌시대에 한중일 3국에 보편적으로 통용되는 국제적인 감각과 인식이 확산되어갈 것으로 전망된다(박명흠, 43항). 최근 들어 한-일, 중-일 간 인적·물적 교류 증진과 중국경제의 놀랄 만한 성장, 일본경제의 회복은 환동해권 지역간 국제협력에 청신호로 비추어지고 있다.

이제 한-일, 한-중, 중-일의 2국간 지방정부의 국제교류라는 시점에서 벗어나 보다 넓은 시야에서 동북아 내지 동아시아 지역 내 지방정부 간 연대라는 목표의식을 지녀야 한다. 중앙정부가 한계에 부딪친 동북아 시민 간 교류와 상호이해를 지방정부가 떠맡아 평화의 주역으로 나서야 한다. 노무현 정부의 동북아시대 제창과 지방분권에 대한 강력한 의지는 이러한 동북아공동체의 흐름에 순풍으로 작용하고 있다. 우선 광역단체의 단체장들이 나서서 지방정부의 동북아공동체를 지향하는 기구와 제도마련에 대하여 적극적인 지지를 보내야 한다. 한-중-일 지방정부가 출연한 공동개발기금의 출자, 한중일

공동 인터넷이나 신문과 방송 등, 매스컴 매체의 설립은 공동체구축을 위한 하나의 단계로서 실질적인 대안이 될 수 있다. 한국의 지방정부는 단순한 국제교류에서 벗어나 동북아 공동체의 형성이라는 이상을 제일 먼저 실현하는 전위부대로서 그 위치가 제고되어야 할 것이다.

≪참고문헌≫

권용혁. "동아시아 공동체의 가능성 모색."『사회와 철학』(제5집. 2003).
박명흠. "한중일 지방도시의 국제화정책."『부산발전논단』(1998. 9/10월호).
박용길. "국제화와 지방정부의 대응: 강원도의 국제교류정책을 중심으로."『한국행정연구』(제12권 2호. 2003).
박제훈. "동북아 지역경제권과 동북아공동체."『사회과학논평』(제22호, 2002).
서진영외 편.『탈냉전기 동북아의 국제관계와 정치변화』(서울: 오름, 2003).
송병록. "동아시아 공동체형성을 위한 분야별 협력방안."『국제정치논총』(제42집 3호. 2002).
심익섭. "독일통일과정에서 지방자치의 역할: 동서독지방자치단체간의 교류관계를 중심으로."『한국행정학보』(제25집 4호. 1992).
안성호. "지방자치외교의 성격."『한국행정학보』(제32집 4호. 1998).
양기호a. "동북아공동체 형성을 위한 대안으로서 한중일 지방간 국제교류."『일본연구논총』(제20집. 2004.12).
_____b. "한국지방자치단체 국제화 평가와 분석모형." 한국지방자치단체국제화재단b.『지방의 국제화』(2004).
_____c.『일본의 지방정부와 정책과정』(서울: 서울대출판부. 2003).
_____d.『한일지방자치단체간 교류실태에 관한 보고서』(서울: 한일문화교류회의. 2002.9.).
연합사무국·경상북도.『동북아지역자체단체 연합총람』(1998.10).
외교통상부a.『APEC바로알기』(서울: 외교통상부. 2004.10).
_____b.『APEC개황』(서울: 외교통상부. 2004.12).
_____c.『2004년 아태경제협력체(APEC)정상회의 및 합동각료회의 결과』(서울: 외교통상부. 2004.12).

이정주·최외출. "지방자치단체의 국제교류효과분석을 통한 국제교류활성화 방안에 관한 연구." 『한국지방자치학회보』(제15권 2호. 2003).

인천발전연구원 한중교류센터. 『한중수교 10주년 기념 국제심포지움』(2002.10.).

인천발전연구원. 『인천-중국 자매도시 우호관계 10주년 조망과 새로운 협력방안 모색』(2003).

충청북도. 『일본 야마나시현과 국제교류 10년사』(2003.2.).

한국지방자치단체국제화재단a. 『한일자치단체동향』(내부자료).

_____b. 『지방의 국제화』(2004).

_____c. 『지방자치단체국제자매결연현황2004』(2004.7.).

한승완. "민주주의의 심화와 동아시아 공동체." 『사회와 철학』(제5집, 2003).

현대일본학회 공동주최 논문집. 『한일관계와 동북아시아의 새로운 비젼을 찾아서』(2005.06.02).

홍석준. "한국에서의 동아시아 정체성 담론들에 대한 비판적 검토." 『목포대학교 민두기교수 기념문고 개설기념 학술심포지움』(2002).

高橋直子 編. 『國際交流の理論』(東京, 勁草書房, 1997年).

吉田均. 『地方自治體の國際協力』(東京, 日本評論社, 2001年).

大沼保昭編. 『國際化: 美しい誤解が生む成果』(東京: 東信堂, 1990年).

防衛廳防衛研究所 編. 『東アジア戰略槪觀』(東京: 國立印刷局, 2005年).

山影進 編. 『東アジア地域主義と日本外交』(東京: 國際問題研究所, 2003年).

日韓自治體友好交流會議實行委員會. 『日韓自治體友好交流會議報告書』(2002.9).

自治體國際化協會. 『自治體國際交流セミナー2000』(2000.10).

색인

ㄱ

가나가와 비핵화선언 353
강택민 전(前) 주석 378
개혁개방 378-380 384
거버넌스(Governance) 7, 22-23, 456
게마인데 간의 파트너관계 66
게마인데(Gemeinde) 정신 66
견제와 균형 372
경제혁명 330
고유한 자치권 86, 87
고이즈미(小泉純一郎)총리 582
고지현의 비핵조례 149
공동의 비핵지대 운동 52
공무원 자질향상 프로그램 193
공무원들의 해외 경험 468
공무원의 능력향상 468, 469
공무원의 전문성 498, 509
공법상의 계약 34, 53

공산당 1당 독재체제 370
구마모토현의 국제화정책 356
국가 중심의 외교 22
국가 차원의 외교 165, 403, 487
국가균형발전특별법 90
국가사무의 권한이양 23
국가외교권 78
국가의 개념 44, 86
국가의 개입 31
국가의 외교권 78, 143, 145, 149
국가의 재정적 지원 479
국가중심주의 21
국경 없는 무역전쟁 564
국고보조금 92, 112, 136, 141
국내투자환경 개선 175
국민(시민)외교 40
국민주권 84, 105, 128, 135, 139

국민주권주의 84, 106, 400, 484
국세 76, 89, 184, 484, 489
국제 도시 간 교류 64
국제 상호의존 37
국제 Sounding Board 186
국제관계 자문대사 172, 177
국제교류 단기연수 447
국제교류 지역의 다변화 491
국제교류 지원위원회(CNCD) 406
국제교류부서협의체 186
국제교류원(CIR) 339, 425, 426, 491
국제교류의 발전단계 204
국제교류의 파급효과 204
국제교류협력 증진에 관한 조례 174
국제교류활동 76, 163, 205, 339, 420
국제도시간 자매결연 96, 171
국제민간교류단체협의회 186
국제연합(UN) 83, 234, 289, 348, 406, 558
국제연합지자체자문위원회 42, 58
국제연합 환경개발회의(UNCED) 558
국제자매도시연합(FMCU) 404
국제자문관 186, 189
국제적 지방정부조직 452, 453
국제정책교류회의 335
국제정치의 권력이동 37
국제지방자치단체연합(IULA) 80, 224
국제지방정부연맹 580
국제지자체연맹(IULA) 41, 222
국제통상 활동 493
국제통상의 개념 242
국제통상의 영역 244
국제통상의 필요성 243
국제협력 정보 게시판 442

국제협력사업단(JICA) 338, 341, 343, 504
국제화 시대의 공무원 469
국제화 인력양성 272, 462, 496
국제화 정보 종합관리 272, 463
국제화 추진 대책비 340
국제화추진협의회 186, 421
군사소국주의 123
권력분립론적 정당화론 107
권리로서의 통치권 86
권한으로서의 통치권 86
근대 시민 혁명기 100
근대시민헌법 84, 97-99
근대입헌주의 시민헌법 121
근접성의 원칙 99, 117
글로벌 시스템의 변용 44, 47, 330
글로벌화 38, 44, 48, 54-55, 319-320, 325, 389
김대중 93
김영삼 564

ㄴ

남-북-지식전이 558
내독간 파트너십 552, 554
노동의 경제적 해방 124
노동자계급의 정부 124
노무현 90, 410
노무현 정부 580, 585
뉴잉글랜드형 지방자치 126
닉슨 370, 378
닉슨쇼크 347

ㄷ

다국 간 외교 37
다국적기업 348
다원적인 외교 주체 335
다자간 국제협력 492
다자주의 576
다층적 거버넌스 31
단체자치 87, 99-102, 120, 124
당구공 모델 67
대 EU외교 37
대미외교 37
대전국제화추진협의회 185, 186
대전국제화포럼 185, 186
대중외교(Public Diplomacy) 578
대처 혁명 44
대처(M. Thatcher) 30
대통령의 조약체결권 153
대한무역진흥공사(KOTRA) 272, 463
도시·지방정부연합 42, 557
도시간 자매결연 33, 35, 65, 301, 308,
    316, 318-319, 402-403, 551
도시간 파트너십 549-552
도시간 협력 41, 226
도시간 파트너십의 역사 550
도시간 파트너십의 유형 554
도시간 협력계약 551
도시자매결연 56-57
도시정상회의 41, 58, 222, 235, 335
독도문제 573, 576
독일 지방외교의 발전 58, 300, 303
독일 지방외교의 지원수단 304
독일의 경제협력·발전부 291
독일의 지방자치단체 57, 292, 310, 558
독일의 지방자치이론 53

독일통일 66, 294,
동구권의 몰락 30
동방정책(Ostpolitik) 30, 315
동북아 경제중심국가 구상 580
동북아 비즈니스 국가구상 580
동북아경제공동체 581
동북아공동체(AU) 583, 585
동북아공동체론 581
동북아자치단체연합 168, 235
동북아지방자치단체연합(NEAR) 233
동북아지역자치단체연합 578, 584
동서간 협력 307
동아시아경제교류추진기구 235
동아시아도시회의 235, 236
드골 대통령 303
등소평 378, 400
등소평 외교사업이론 378, 400

ㄹ

레닌 40, 124
레이건 혁명 44
레이건(R. Reagan) 30
로까르노협약 292
로베스피에르 122, 123
로컬리즘(지방주의) 45, 328, 331, 338
리우+10회의 41, 58
리우의 지구정상회의 41, 58, 222
리우회의 31, 42, 58, 289, 556
리저널리즘(지역주의) 45, 331, 338

ㅁ

마르크스 123-125, 400

마르크스 사상 378, 400
맞춤형 행정서비스 495
맥아더 106
명치헌법 135
모택동 377
모택동의 국제전략사상 378, 400
몽테뉴헌법 122
무역기반 확충 246
문화교류 162, 180, 203, 211
문화대혁명 379
미국 민주주의 126-129
미국의 정치법 128
미국의 지방자치 98
미국의 '충실한 지방자치' 전통 126
미노베(美濃部) 321
미주여행업 협회 235
민·관 파트너십 494
민간차원의 교류협력 210, 211
민제외교 37-40, 60, 325, 329, 346-350
민족주의 21, 65, 575, 585
민주시민교육 63, 482, 499
민주시민교육의 활성화 499
민주주의의 세계화 102
민주주의의 안전장치 79
민주주의의 학교론 107
민중 지방자치론 126
밀레니엄 발전 목표 557

ㅂ

박정희 114
발전파트너십 556, 558, 560
버블 경제 114
버지니아주 권리장전 129

버치(A. H. Birch) 129
베를린 헌장 227
베버(Max Weber) 52, 167
변형국가 310-312
보충성의 원칙 32, 99
복지병 30
부산국제교류재단 185
북핵문제 575
분권화된 협력(체계) 31, 227, 482, 511
브란트(W.Brandt) 정권 314
비권력적인 하위정치(Low Politics) 576
비스마르크(O. von Bismarck) 65
비핵 3원칙 352
비핵화 정책 352

ㅅ

사법권의 독립 87
사법적 계약 33
사토 수상 347
사회주의의 수립 123
3대 대표 중요사상 378
상퀼로트운동 98, 121
생활외교 166, 495
생활정치 318
샤우프권고 105, 138, 142
서울국제경제자문단 184, 256
세계 단일 시장화 102
세계 호소(湖沼)환경회의 335
세계거버넌스(Global Governance) 23
세계과학도시연합(WTA) 233-235, 578
세계대도시정상회의 229
세계대도시협회(METROPOLIS) 230
세계도시정상회의 235, 335

세계무역기구(WTO) 564
세계시민사회 63, 233
세계시장회의 335
세계역사도시회의 335
세계은행(World Bank) 42
세계지방자치단체 연합(UCLG) 226, 404
세계지방자치선언 79-83, 101, 161,489
세계지방정부연합 235
세계화 24, 161, 243, 305, 481
세계화 시각 500
세계화 현상의 위기 27
세계화모델 26, 31, 50
세계화의 덫 288
세계화전략 26
세방화(世方化, Glocalization) 22
세방화시대의 국가경쟁력 27
세방화포럼(Glocal Forum) 42
소련(동구)형 사회주의국가 125
소련연방의 붕괴 30
소불(A. Soboul) 120
수출증대시책 246, 248
수출진흥 프로그램 개발 493
스탈린 정권 101
스포츠 국제교류원(SEA) 425
시드니(Sydney)구상 564
시라크 대통령 410
시민국제플라자 441
시민사회단체(NGO) 31
시민성 발전교육 63
시민의 공민적 형성 121
시민참가형 외교정책 68
시민헌법의 공리 85
시장개척활동 218, 246
시장참가이론 158

신가나가와 선언 346, 347
신동방정책 553,
신보수주의 혁명 45, 330
신자유주의 291
신제국론 387
신행정수도건설을 위한 특별조치법 90

ㅇ

아·태 관광협회 235
아데나워 수상 303
아래로부터의 혁명 66
아이젠하워 대통령 69, 326
안전보장이사회 상임이사국 370
알몬드(Gabriel A. Almond) 167
앤서니 기든스 54
엔고 불황 333
엔의 국제화 580
엘리제조약 303
여성의 참여 확대 프로그램 226
연방우위조항 152-155
연중회기제 120-121
영국병 30
오키나와의 국제전략 368
외교관계의 다변화 493
외교권의 분권화 논리 53, 290
외교안보연구원 489
외교통상부 95, 96, 170, 172
외국인 투자 유치 활동 256
외국인 학교 현황 261
외국인을 위한 행정서비스 168, 264, 479
외국인투자유치제도 95, 170, 174, 255
외국인투자자문단 183

외국인투자지역 245, 253
외국인투자촉진법 77, 176, 253
외국자본 및 기업의 유치 246, 478
외자유치 257, 258
요코하마 선언문 228
우호교류협약의 체결 202
원스톱(One-Stop) 서비스체제 494
위로부터의 근대화 97
유럽 게마인데 지역이사회 293
유럽 게마인데이사회 293
유럽문화협정 80
유럽사회헌장 80
유럽연합의 파트너십기금 305
유럽인권 조약 / 협약 79, 80
유럽지방자치헌장 79-81, 101, 161
유럽회의 79, 101
유엔외교 37
의제 21(Agenda 21) 222, 289
이미지의 국제화 279
2월 혁명 132-134
인간개발보고서 337
인간정주관리 정보은행 229
인권 외교 / 운동 37
인권의 국제화 79
인민대표의 선거방법 376
인민주권 국가 84, 105, 124
인재양성 프로그램 270, 275, 467
인재육성사업체계 447
인적교류 202, 358,
일본 외무성의 ODA 백서 337
일본 자치단체 노동조합 458
일본국 헌법 105-107
일본국제교류의 목적 323
일본의 국제화 전략 326

일본의 민간국제교류 단체 351
일본의 자치체 외교 44, 50, 321, 328
일본의 자치체 전략 51, 61
일본의 지방외교 455
일본의 지역자치체 333
일본의'충실한 지방자치'전통 135
일-중 지방정부 간 교류 569
APEC 정상회의 267, 577
APEC총회 577
ASEAN+3개국 회의 580
ILO 337
IULA 42, 80, 222, 226
NGO 22, 161, 227
NGO의 국제교류활동 221
ODA 예산 / 정책 50, 333
UNDP 230
UTO 42, 59, 226

ㅈ
자매결연 매뉴얼 27
자매도시간 국제교류유형 203
자매도시교류연합회 186
자매도시운동 37
자매자치체 교류 도서관 444
자매자치체 시스템 443
자본주의 경제체제 97
자본주의국가의 헌법 97, 98, 100
자원외교 37
자유무역지역 254
자주 기채권 82
자주외교 37
자주재정권 82
자치단체 개발(T&D) 227

자치단체 국제교류지원위원회 408
자치단체 국제환경협의회(ICLE) 231, 235
자치단체 국제활동 78, 96-97, 172, 472
자치법규 제정 운영 173
자치사무의 보장 121
자치사무의 승인 87
자치체 국제협력전문가 파견 사업 443
자치체 외교 37-38, 44-47, 55-61, 321-329,
　　362-366
자치체 외교의 지원체제 355
자치체 직원 협력교류사업 434
자치체 해외활동 지원 449
자치체 NGO 교류 광장 442
자치체 국제화협회(CLAIR) 334, 339,
　　418, 431
자치체 국제협력지원 434
자코뱅주의적인 사고 120
자코뱅헌법 122
재정자주권 121, 127
재정조정제도 82
전국인민대표대회 370-372
전미국제자매도시연합회 235
전통적인 사무배분 이론 22
정경유착 112
정부측 외교 389
정부혁신 21, 268
정상외교 389
정치교육 68, 482
정치혁명 330
제1차 산업혁명 121
제안형기술협력(PROTECO) 456
조례정정권 149
좋은 통치(Good Governance) 337
주권국가 29, 43, 49, 67, 124, 143,
　　319-320, 327, 330, 356, 364-365,
　　511
주민자치(센터) 81, 98, 499
주민자치의 원칙 81, 98, 116
주은래 378
주은래 외교사업사상 378, 400
주의 대외통상 153
준국가적인 국제법 행위 288
중국 민간외교이론 378, 400
중국 최고권력기관 371
중국공산당의 지도사상 378, 400
중국식 사회주의의 건설 370
중국의 지방외교 377
중국의 지방행정조직 371, 373
중국인민대외우호협회 380-391
중산계급 중심의 정치 132
중소기업청 463
중앙정부의 외교기능 76
중앙집권 체제 84, 97, 100, 104, 108,
　　111, 120
중앙집권 체제 인민주권론 122
중앙집권 체제의 문제점 109
중앙집권 체제의 폐해 85, 102, 111
지바현의 국제화정책 353
지방 의제 21(Local Agenda 21) 30,
　　41, 500
지방 인민정부의 권한 377
지방공무원 해외파견 연수사업 448
지방공무원법 96, 170, 171, 176
지방교부세 340
지방분권의지 40
지방분권특별법 90
지방분권화 23, 54, 64, 289, 336, 458,
　　481

지방분권화의 문제 53, 290, 314

지방세 137, 253, 255, 484

지방외교 전담조직 418, 472

지방외교(정책)의 이론개발 481

지방외교담당 전문기관 24, 510

지방외교의 비전정립 489

지방외교의 활성화 방안 471, 485

지방외교전담 조직 472

지방외교정책 22, 167, 251, 308, 473

지방외교정책 관련 사무범위 176

지방외교정책 관련 예산 194, 195, 473

지방외교정책 전담인력 190, 473

지방외교정책 전담조직 179

지방외교정책의 결정 구조 167

지방외교정책의 결정요인 118, 165, 166

지방외교정책의 목표 167, 168, 191, 196, 474

지방외교정책의 외부지원체제 368, 479

지방우호협회 380, 381

지방의 국제화 비전 486

지방의 세계화 전략 57

지방인민대표대회(의 권한) 374, 376

지방인민정부의 조직 377

지방자치권론 86

지방자치단체 국제교류매뉴얼 78

지방자치단체 국제통상관련 지원기관 272, 463

지방자치단체 발전협력 291, 292

지방자치단체 재해대책 국제회의 (LACDE) 231

지방자치단체 지원센터 559

지방자치단체국제화재단 77, 205

지방자치단체의 남북협력 309

지방자치단체의 외교관련 업무 172

지방자치단체의 자치입법권 92

지방자치단체의 재정적 출원 479

지방자치단체의 지방외교정책 466

지방자치의 국제화 79

지방자치의 본지 87

지방자치의 세계화 27, 79, 102

지방자치의 정당화론 107, 108

지방자치일반법 408

지방자치학 22

지방자치행정 11, 31, 88, 308, 314, 319

지방재정의 확충 92

지방정부 간의 외교관계 488

지방정부 외사판공실 380, 381

지방정부 해외홍보 77

지방정부간 발전교류협력 41

지방정부선언 289

지방정부의 구조 166

지방정부의 국제교류 77, 199, 270

지방정부의 국제협력 기능 241, 476

지방정부의 국제협력활동 76

지방정부의 국제화 326

지방정부의 권한 78, 282-283

지방정부의 예산 63, 467

지방정부의 외교활동 78, 242, 496

지방정부의 운영방법 136

지방정부의 자율성 484

지방정부의 재정 136, 497

지방정부의 조례제정권 484

지방정부의 해외시장 개척 활동 477

지방정부의 해외통상활동 77

지방정치 21 ,31, 108, 291, 314, 318, 415

지방주의(Localism) 328

지방화 21, 24, 38, 45, 59, 287, 322, 329, 349, 481, 485, 490, 507
지역 불균형 113
지역 협의체 183
지역거버넌스(Local Governance) 23
지역민주주의 31
지역의 국제경쟁력 강화 493
지역의 국제화 77, 168, 272, 332, 417, 478
지역주민의 외교수요 491
지역주의(Regionalism) 328
지역중심의 발전전략(CDI) 336
지역화 38, 367
지자체 국제교류의 모범 582
지정항만 현황 284
직접민주제의 대체물 109, 116, 120
진정행정(陳情行政) 112

ㅊ

참여정부 90, 112, 487
7월 혁명 126, 132
철의 장막 293, 551, 555
청주국제공항 280-283
초국가거버넌스 23
충실한 단체자치 98, 116
충실한 지방자치 79, 97, 98, 116, 134
충실한 지방자치 체제 83-85, 97-116

ㅋ

칸베 권고 105
케인즈주의적인 큰 정부 44
코카서스 도시네트워크 559

콜(H. Kohl) 30
CLAIR 후원사업 453

ㅌ

토크빌(Alexis de Tocqueville) 98
토크빌의 자치관 126
통상자문관 186, 189
통상협력기업인협의회 186
통치권 85, 86, 104, 161, 123
통합상승효과 559
투자환경의 개선 493
T&D(Towns & Development) 289

ㅍ

파리코뮌 98, 122-125
파슨스(Talcott Parsons) 167
파트너십 위원회 413
파트너십 증서 313, 552
파트너십 협약 288, 312, 553
파트너십 협회 413
파트너십의 이데올로기적 도구화 553
8·15 평양축전 414
패권주의 370, 386, 387
평화공존을 위한 5대원칙 388
평화외교 37, 348
평화운동 37
포스트 주권국가 510
풀뿌리 민주주의 35, 288, 317
풀뿌리 외교정책 35, 51, 67, 288, 510
프랑스 인권선언 110
프랑스 자치단체 국제교류 402
프랑스 혁명기 98, 110, 120-123

프랑스 혁명사　122
프랑스의 국제교류　406
프리드리히(C. J. Friedrich)　35

ㅎ

한·일 외교전쟁　576
한국·중국의 자매결연 현황　389
한국 지방외교의 문제점　508,
한국국제협력단법　170
한국무역협회　246, 272, 464
한국문화　410
한국의 세계화선언　564
한국의 지방외교 전담기관　461
한국적 지방외교모델　24
한국지방자치단체국제교류재단　77
한국지방자치단체국제화재단　176, 208,
　　218, 479, 509
한국지방정부의 국제교류　566, 572
한일 지방간 교류　568
한일경제교류회의　235
한일해협시도현지사회　235
한일FTA체결　580
한자동맹　35
한-중 간 지방정부의 국제교류　569
할슈타인 원칙　313, 552
해외 민간 네트워크　488
해외 주재관　183

해외기술협력추진사업 보조금　341
해외시민 네트워크　190, 472
해외시장동향　246, 248
해외청소년 초청사업(JET 프로그램)　339,
　　419
햇볕정책　414
행정사무 재배분　138
행정자치부　95, 171, 202, 267
향토애　66
헌법재판소　53, 72, 90, 290, 297
현대기본권사상　79
현대시민헌법　84, 98, 100-101, 142
협력합의각서　313
협조외교　37
호네커(E. Honecker)　294, 316, 553
홋카이도의 자치체 외교　362
환경문제 국제협력지원　272, 463
환경외교　37
환경운동　37, 162
환동해 심포지엄　584
환동해 지역의 국제교류　359
환동해권 지사·성장회의　233
환동해학회　584
환황해 경제·기술교류회의　235
회의외교　37
효고현의 국제화정책　357
후진타오(胡錦濤)주석　580
히틀러　101

공동 연구 및 집필진 소개

심익섭(沈翊燮, Ik-Sup Shim)

(현) 동국대학교 사회과학대학 교수

독일국립슈파이어행정대학원(DHV-Speyer) 행정학박사

한독사회과학회 회장(현), 한국민주시민교육학회 회장, 한국지방자치학회 부회장, 정부혁신지방분권위원회 자문위원, 한국지방행정연구원 자문위원, 한국정치학회 지방정치분과위원장

|주요 논문 및 저서|

「지방외교의 이론과 실제에 관한 연구」, 「한국민주시민교육론」, 「독일지방자치론」, 「마지막 남은 개혁@2001」, 「한국지방자치론」 외

강재규(姜在圭, Kang, Jae Gyeu)

(현) 인제대학교 인문사회과학대학 법학과 부교수

부산대학교 대학원, 법학박사

인제대학교 전자법학연구소장(전), 인제대학교 교수평의회의장(현), 부산광역시행정심판위원(현), 경상남도행정심판위원(현), 분권운동경남본부 정책위원장(현)

|주요 논문 및 저서|

「미국환경법과 법원」(1998), 「자연과 인간의 공생을 위한 환경사상」(2001), 「생태주의 환경법」(2002), 「지방자치법주해」(2004), 「법학입문」(2006) 외

박경국(朴景國, Park, KyungKook)

(현) 충청북도 기획관리실장

충북대학교 대학원 행정학박사

충청북도 단양군수, 내무국장, 경제통상국장, 충북대·청주대 강사, 충청대·주성대 겸임교수

|주요 논문 및 저서|

「지방정부의 재난관리행정체제 구축방안」, 「충청북도 산업정책의 기본 방향과 전략」, 「지방외교의 결정요인과 정책효과」, 「공동 기술개발 참여기업의 만족도 향상방안」 외

양기호(梁起豪, Yang, Kee-Ho)

(현) 성공회대학교 일어일본학과 교수

일본 게이오(慶應)대학교, 정치학박사

동북아시대위원회 자문위원, 한국국제정치학회 일본위원장, 한국지방자치학회
이사

|주요 논문 및 저서|

「한일지방자치단체간 교류실태 보고서」(2002.9), 「일본의 지방정부와 정책과정」
(2003), 「지방외교」(2006) 외

양현모(梁現謨, Hyunmo Yang)

(현) 한국행정연구원 연구위원

독일본(Bonn)대학교 정치학박사

독일포츠담(Posdam)대 지방자치연구소(KWI) 객원교수, 한독사회과학회 연구
이사, 행정자치부 자문위원, 통일문제협의회 운영위원

|주요 논문 및 저서|

「독일정부론」, 「국가중장기 발전전략」, 「대통령과 국무총리 업무분장에 관한
연구」, 「지방의 국제화」 외

이종국(李種國, Lee, Jong-Guk)

(현) 일본동경(東京)대학교 법학부 연구교수

일본동경(東京)대학교 대학원 법정치학박사

가와사키 지방자치센터 전임연구원, 호세이(法政)대학교 겸임강사, 동국대 및
이화여대 전임연구원

|주요 논문 및 저서|

「지방외교의 이론과 실제」, 「현대북한체제론」, 「21세기 개혁국가 일본」, 「일본
의 지방정부와 지역공동체」 외

한스 F. 일리(Hans F. Illy)

(현) 독일 콘스탄츠(Konstanz)대학교 정치행정학부 교수

독일 프라이부르크(Freiburg)대학교 정치학박사

아놀드베르크슐로서(ABI)연구소 연구위원, 독일슈파이어행정대학원 및 프라
이부르크대학교 교수, 독일 제3세계지원 전문컨설턴트

|주요 논문 및 저서|

국제교류 및 발전행정 관련 45개 저서 출판, 80여 개의 국제교류협력 및 지방
교류 관련 연구논문 발표

한국 지방정부외교론
-이론과 실제에 관한 연구

인 쇄: 2006년 7월 25일
발 행: 2006년 7월 31일

편저자: 심익섭
발행인: 부성옥
발행처: 도서출판 오름
등록번호: 제2-1548호(1993. 5. 11)

서울특별시 서초구 서초동 1420-6 통일시대연구소빌딩 301호
전화: (02) 585-9122, 9123 / 팩스: (02) 584-7952
E-mail: oruem@oruem.co.kr
URL: http://www.oruem.co.kr

ISBN 89-7778-264-3   93340   정가 23,000원

* 잘못된 책은 교환해 드립니다.